युवाल नोआ हरारी की प्रशंसा में

''जो चीज़ *(सेपियन्स)* को बहुत दिलचस्प और विचारोत्तजक बनाती है, वह यह है कि यह इतना सघन और सब कुछ को समेटता हुआ इतिहास है कि उन कुछ मूलभूत चीज़ों के बारे में बात करता है, जिन्होंने हमें यह असाधारण सभ्यता खड़ी करने की गुंजाइश दी, जिसे हम सामान्यत: महत्त्व नहीं देते, लेकिन जो प्रदत्त नहीं है, और यह हमें इस बात के परिप्रेक्ष्य का बोध कराती है कि हम कितने थोड़े से समय से इस पृथ्वी पर हैं।''

– बराक ओबामा

''*सेपियन्स* के इतने ज़ोरदार तरीक़े से आने और अंतरराष्ट्रीय बेस्टसेलर होने का आसान-सा कारण यह है कि यह किताब इतिहास और आधुनिक दुनिया के बड़े प्रश्नों से टकराती है और इसे अत्यंत जीवंत भाषा में बयान करती है। आपको यह किताब पसंद आएगी।''

– जेयर्ड डायमंड

''इधर मेरे द्वारा पढ़ी गई किताबों में यह सबसे अच्छी है। यह इस बात का मौलिक विहंगावलोकन करती है कि हमारी इस मानव प्रजाति ने विकास कैसे किया और आज हम यहाँ क्यों हैं।''

– लिली कोले

''हरारी की पकड़ का अनूठापन इस बात में है कि वे लोगों को एक-दूसरे के क़रीब लाने के लिए क़िस्सों और मिथकों की *शक्ति* पर ध्यान केंद्रित करते हैं...। मैं ऐसे किसी भी व्यक्ति को यह किताब पढ़ने की सलाह दूँगा, जो आनंद लेना चाहता है, मानव के आरंभिक इतिहास को जानना चाहता है... हरारी इतनी आसानी से हमें हमारा इतिहास बताते हैं कि इस किताब को उठाने के बाद इसे वापस रखना मुश्किल होगा।''

– बिल गेट्स

''मेरे प्रिय लेखक और विचारक...वह जिस तरह हमारा इतिहास बताते हैं, और जिस तरह हमारे भविष्य में झाँकते हैं, वह दिमाग़ खोल देने वाला है।''

– नताली पोर्टमेन

''एक विस्फोटक किताब, जो जितनी मज़ेदार है, उतनी ही विचारोत्तेजक है।''

– संडे एक्सप्रेस

''हरारी जीवविज्ञान, विकासवादी मानवविज्ञान, और अर्थशास्त्र के बारे में चर्चा करते हुए उतनी ही ताज़गी से भर देने वाली स्पष्टता रखते हैं, जितनी ऐतिहासिक प्रवृत्तियों की चर्चा करते हुए... आप उनके साथ बने रहेंगे, तो बहुत कुछ सीखेंगे।''

– डेली टेलीग्राफ़

''पहले शब्द से लेकर आख़िरी शब्द तक विस्मयकारी... यह शायद मेरी अब तक पढ़ी किताबों में सर्वश्रेष्ठ है।''

– क्रिस इवान्स

''*(होमो डेयस)*, हमें बहुत स्पष्ट और सुलभ तरीक़े से बताती है कि मानव जाति किस ओर जा रही है।''

– जर्विस कोकर

''युवाल नोआ हरारी इस समय गल्पेतर गद्य के लेखकों में सबसे ज़्यादा मनोरंजक और विचारोत्तेजक लेखक हैं। जहाँ तक *सेपियन्स* का सवाल है, आप किताब को ख़त्म करने के बाद ख़ुद को अधिक विवेकवान महसूस करते हैं।''

– मैट हेग

''जो चीज़ हरारी को हमारे समय के बहुत सारे इतिहासकारों से ऊपर उठाती है, वह है असाधारण स्पष्टता और एकाग्रता।''

– संडे टाइम्स

''चुनौतीपूर्ण, पठनीय और विचारोत्तेजक... उन्होंने मानवता के भविष्य को लेकर एक चतुराईपूर्ण नज़रिया पेश किया है।''

– टाइम

''यह एक उत्तेजक किताब है, जो पाठक को पहचान, चेतना और बुद्धिमत्ता के प्रश्नों की गहराई में ले जाती है... हरारी कुदरती तौर पर प्रतिभाशाली व्याख्याकार हैं, जिनके पास हमेशा कोई क़िस्सा या अविस्मरणीय रूपक मौजूद होता है। परिणामस्वरूप उन्हें इतिहासकार की बजाय किसी सर्व-उद्देश्यी ऋषि के रूप में देखने का लोभ जागता है।''

– ऑब्ज़र्वर

''आधुनिक जीवन कुचल डालने वाला लग सकता है। *21 लेसन्स फ़ॉर 21 फर्स्ट सेंचुरी* हमें इससे बाहर निकलने में हमारा मार्गदर्शन करेगी। एक सोद्देश्य पूलसाइड रीडिंग।''

– एल

''प्राचीन इतिहास से लेकर तंत्रिका विज्ञान और दर्शनशास्त्र से लेकर कृत्रिम बुद्धिमत्ता तक विभिन्न विषयों की अंतर्दृष्टि को एक साथ बुनने में हरारी की प्रतिभा ने उन्हें यह समझने के लिए हो रहे शोर का जवाब देने में सक्षम बनाया है कि हम कहाँ से आए हैं और कहाँ जा रहे हो सकते हैं *...21 लेसन्स* में बौद्धिक साहस और साहित्यिक उत्साह की जगमगाहट है।''

– फ़ाइनैंशियल टाइम्स

''हरारी के दार्शनिक विश्लेषण की प्रेरक क्षमता और उनके लेखन की आकर्षक गुणवत्ता को नकारना कठिन है।''

– ऐस्क़्वायर

नेक्सस

पाषाण युग से ए.आई. तक
सूचना-तन्त्रों का संक्षिप्त इतिहास

युवाल नोआ हरारी

अनुवाद : मदन सोनी

मंजुल पब्लिशिंग हाउस

मंजुल पब्लिशिंग हाउस

कॉरपोरेट एवं संपादकीय कार्यालय

• द्वितीय तल, उषा प्रीत कॉम्प्लेक्स, 42 मालवीय नगर, भोपाल-462 003

विक्रय एवं विपणन कार्यालय

• सी-16, सेक्टर 3, नोएडा, उत्तर प्रदेश, 201301

वेबसाइट : www.manjulindia.com

वितरण केन्द्र

अहमदाबाद, बेंगलुरू, कोच्चि, कोलकाता, चेन्नई, हैदराबाद, मुम्बई, नई दिल्ली, पुणे

युवाल नोआ हरारी द्वारा लिखित मूल अंग्रेजी पुस्तक *नेक्सस: ए ब्रीफ़ हिस्ट्री ऑफ़ इनफ़ॉर्मेशन नेटवर्क्स फ़्रॉम द स्टोन ऐज टू एआई* का हिन्दी अनुवाद

Nexus: A Brief History of Information Networks from the Stone Age to AI by Yuval Noah Harari – Hindi Edition

यह मूल अंग्रेजी संस्करण फ़र्न प्रेस द्वारा 2024 में पहली बार प्रकाशित

यह हिन्दी संस्करण 2025 में पहली बार प्रकाशित

ISBN 978-93-5543-688-7

हिन्दी अनुवाद : मदन सोनी

मुद्रण व जिल्दसाज़ी : रेप्लिका प्रेस प्राइवेट लिमिटेड

इत्ज़िक को सस्नेह और उन सबको, जो प्रज्ञा से प्रेम करते हैं।

हज़ारों ख़्वाबों के रास्ते पर, हम वास्तविकता को तलाश रहे हैं।

इस कृति में अनेक एंडनोट्स/संदर्भ हैं, लेकिन उन्हें यहाँ मुद्रित नहीं किया गया है। पाठक उन्हें लेखक की वेबसाइट से डाउनलोड कर सकते हैं। उन तक एक्सेस हासिल करने के लिए निम्न वेब पते पर क्लिक करें:

https://www.ynharari.com/book/nexus/

उस पेज पर, वे 'संदर्भ' शीर्षक के अंतर्गत सूचीबद्ध हैं।

आप क्यूआर कोड को स्कैन करके भी उन्हें एक्सेस कर सकते हैं:

अनुक्रम

प्रस्तावना

हमने अपनी प्रजाति को *होमो सेपियन्स* – बुद्धिमान मनुष्य – नाम दिया है, लेकिन यह बात बहस तलब है कि हमने अपने इस नाम को कितनी अच्छी तरह सार्थक किया है।

पिछले 100,000 वर्षों के दौरान, हम सेपियन्स ने निश्चय ही अपरिमित शक्ति संचित की है। अगर हम अपनी ख़ोजों, आविष्कारों, और फ़तहों की फ़ेहरिस्त भी तैयार करें, तो कई ग्रंथ भर जाएँगे, लेकिन शक्ति प्रज्ञा (विज़्डम) नहीं है, और 100,000 वर्षों की खोजों, आविष्कारों और फ़तहों के बाद मनुष्यता ने ख़ुद को अस्तित्वपरक संकट में धकेल दिया है। हम पारिस्थितिकी (इकोलॉजी) के ध्वंस के कगार पर हैं, जो हमारी अपनी शक्ति के दुरुपयोग का नतीजा है। हम नई प्रौद्योगिकियाँ (टेक्नोलॉजीज़), जैसे कि आर्टिफ़िशियल इंटेलिजेंस (एआई), भी तैयार करने में व्यस्त हैं, जिनमें हमारे नियंत्रण से बच निकलने और हमें गुलाम बना लेने या निगल लेने की संभावनाएँ मौजूद हैं। तब भी, इन अस्तित्वपरक चुनौतियों से निपटने के लिए हमारी प्रजाति के संगठित होने की बजाय, अंतरराष्ट्रीय तनाव पैदा हो रहे हैं, भूमंडलीय स्तर का आपसी सहयोग उत्तरोत्तर मुश्किल होता जा रहा है। मुल्क क़यामत ला देने वाले हथियारों को जमा कर रहे हैं और एक नया विश्व युद्ध असंभव प्रतीत नहीं हो रहा है।

अगर हम सेपियन्स इतने बुद्धिमान हैं, तब फिर हम इतने आत्म-विध्वंसकारी क्यों हैं?

एक गहरे स्तर पर, यद्यपि हमने डीएनए मालिक्यूल से लेकर सुदूर स्थित नक्षत्र-पुंजों तक, हर चीज़ के बारे में बहुत सारी सूचना एकत्र कर ली है, फिर भी ऐसा नहीं लगता कि इस सारी सूचना ने हमें ज़िंदगी के बड़े सवालों के जवाब उपलब्ध कराए हैं। ये सवाल हैं : हम कौन हैं? हमें किस चीज़ की आकाँक्षा करनी चाहिए, एक अच्छा जीवन क्या है और हमें उस जीवन को कैसे जीना चाहिए? अपने पास सूचना की विपुल मात्रा के बावजूद, हम सुखद कल्पना और भ्रमों के

शिकार होने की उतनी ही संभावना लिए हुए हैं, जितनी वह हमारे प्राचीन पूर्वजों में थी। नाज़ीवाद और स्तालिनवाद उस सामूहिक पागलपन के दो ऐसे हालिया उदाहरण हैं, जो कभी-कभी आधुनिक समाजों को भी निगल डालते हैं। इस पर कोई विवाद नहीं है कि आज के मानव के पास पाषाण युग के मुक़ाबले बहुत ज़्यादा सूचना और शक्ति है, लेकिन यह किसी भी हालत में यक़ीनी तौर पर नहीं कहा जा सकता कि हम ख़ुद को या विश्व में अपनी भूमिका को ज़्यादा अच्छी तरह समझते हैं।

क्या कारण है कि हम सूचना और शक्ति हासिल करने के मामले में तो इतने अच्छे हैं, लेकिन प्रज्ञा हासिल करने के मामले में उतने ही कम सफल हैं? समूचे इतिहास के दौरान ऐसी कई परंपराएँ रही हैं, जिनका यह मानना रहा है कि हमारे स्वभाव में ही कोई ऐसी घातक खोट है, जो हमें उन शक्तियों को संचित करने की ओर प्रवृत्त करती है, जिनसे हम निपटना या नियंत्रित करना नहीं जानते। फ़ेथॉन का ग्रीक मिथक उस लड़के के बारे में बताता है, जो पाता है कि वह सूर्य देवता हेलिऑस का पुत्र है। अपनी इस अलौकिक उत्पत्ति को साबित करने की इच्छा से फ़ेथॉन सूर्य के रथ को हाँकने के विशेषाधिकार की माँग करता है। हेलिऑस फ़ेथॉन को चेतावनी देता है कि कोई भी मनुष्य उस रथ को खींचने वाले अलौकिक घोड़ों को क़ाबू नहीं कर सकता, लेकिन जब तक सूर्य नरम नहीं पड़ जाता, तब तक फ़ेथॉन अपने आग्रह पर अडिग बना रहता है। जब फ़ेथॉन गर्वपूर्वक आकाश में उड़ जाता है, तो वह सचमुच रथ का नियंत्रण खो देता है। ज़ाहिर है, सूर्य अपना रुख़ बदल देता है और सारी वनस्पतियों को झुलसा देता है, असंख्य जीवों को ख़त्म कर देता है, और स्वयं पृथ्वी को जला डालने की धमकी दे देता है। तब ज़्यूस (प्राचीन यूनानी धर्म के सर्वोच्च देवता) हस्तक्षेप करते हैं और फ़ेथॉन पर बिजली गिरा देते हैं। वह अहंकारी इंसान किसी तारे की भाँति आकाश से नीचे टपक जाता है और स्वयं जल जाता है। देवता आकाश पर फिर से नियंत्रण क़ायम करते हैं और दुनिया की रक्षा करते हैं।

दो हज़ार साल बाद, जब औद्योगिक क्रांति अपने शुरुआती क़दम रख रही थी और मशीनों ने अनेक कामों के लिए इंसान की जगह लेनी शुरू कर दी थी, तब योहान वोल्ग़ांग फ़ान गोएथे ने इसी से मिलते-जुलते शीर्षक से एक कविता प्रकाशित की थी : 'जादूगर का प्रशिक्षु'। गोएथे की कविता (बाद में यह मिकी माउस अभिनीत वॉल्ट डिज़्नी एनीमेशन के रूप में लोकप्रिय हुई) की कविता बताती है कि किस तरह एक बूढ़ा जादूगर अपने एक नौजवान प्रशिक्षु को अपनी वर्कशॉप की ज़िम्मेदारी और उसे अपनी अनुपस्थिति के दौरान करने के लिए कुछ काम, जैसे कि नदी से पानी लाना आदि, सौंप जाता है। वह प्रशिक्षु अपने कामों को आसान बनाने का निश्चय करता है और जादूगर के एक सम्मोहन का इस्तेमाल करते हुए

एक झाड़ू को सम्मोहित करके उससे पानी लाने को कह देता है, लेकिन वह प्रशिक्षु यह नहीं जानता था कि झाड़ू को रोका कैसे जाए, और इसीलिए वह झाड़ू लगातार इस क़दर पानी लाती जाती है कि वर्कशॉप के बह जाने का ख़तरा पैदा हो जाता है। वह प्रशिक्षु अपनी घबराहट में झाड़ू को कुल्हाड़ी से काटकर उसके दो हिस्से कर देता है, लेकिन नतीजा यह होता है कि वे दोनों टुकड़े स्वतंत्र झाड़ुओं का रूप ले लेते हैं। अब एक साथ दो झाड़ुएँ वर्कशॉप को पानी से डुबाने लगती हैं। जब बूढ़ा जादूगर लौटता है, तो प्रशिक्षु मदद की गुहार लगाता है : ''जिन आत्माओं को मैंने बुलाया था, अब मैं उनसे छुटकारा नहीं पा सकता।'' जादूगर तुरंत उस सम्मोहन को तोड़ देता है और बाढ़ को रोक देता है। उस शिष्य और मनुष्यता के लिए कविता का संदेश स्पष्ट है : ऐसी शक्तियों का आह्वान मत करो, जिन्हें तुम क़ाबू नहीं कर सकते।

उस शिष्य और फ़ेथॉन की चेतावनीपूर्ण कहानियाँ इस इक्कीसवीं सदी में हमें क्या बताती हैं? ज़ाहिर है, हम इंसानों ने उनकी चेतावनियों की ओर ध्यान देने से इंकार कर दिया है। हम पृथ्वी के जलवायु का संतुलन बिगाड़ चुके हैं और अरबों की संख्या में उन झाड़ुओं, ड्रोनों, चैटबॉट्स, और अन्य एल्गोरिदमिक आत्माओं को बुला चुके हैं, जो हमारे नियंत्रण से बाहर निकल सकती हैं और अनभिप्रेत परिणामों की बाढ़ ला सकती हैं।

ऐसे में हमें क्या करना चाहिए? ये कहानियाँ कोई जवाब उपलब्ध नहीं करातीं, सिवाय इसके कि हम किसी देवता या जादूगर का इंतज़ार करें, जो हमारी रक्षा कर सके। यह, निश्चय ही, एक ख़तरनाक संदेश है। यह लोगों को ज़िम्मेदारी से भागने और उसकी जगह देवताओं और जादूगरों में विश्वास करने को प्रोत्साहित करता है। इससे भी बदतर यह है कि यह इस बात को समझने में नाकाम है कि देवता और जादूगर स्वयं मनुष्य के आविष्कार हैं, उसी तरह जैसे रथ, झाड़ू और एल्गोरिदम हैं। अवांछित परिणामों वाली शक्तिशाली चीज़ों को गढ़ने की शुरुआत भाप के इंजन या एआई के साथ नहीं, बल्कि मज़हब के आविष्कार के साथ हुई थी। मसीहाओं और धर्मशास्त्रियों ने निरंतर ऐसी शक्तिशाली आत्माओं का आह्वान किया, जिनसे उम्मीद की जाती थी कि वे प्रेम और आनंद लेकर आएँगी, लेकिन जिन्होंने अंतत: दुनिया को ख़ून में डुबा दिया था।

फ़ेथॉन का मिथक और गोएथे की कविता कोई उपयोगी परामर्श उपलब्ध कराने में विफल रहती हैं, तो इसलिए कि उन्होंने मनुष्यों द्वारा शक्ति हासिल करने के तरीक़ों को ठीक से नहीं समझा। इन दोनों ही नीतिकथाओं में एक अपरिमित शक्ति हासिल करने वाला मनुष्य है, जो बाद में अहंकार और लालच से भ्रष्ट हो जाता है। निष्कर्ष यह है कि हमारी खोटी वैयक्तिक मानसिकता हमें शक्ति का

दुरुपयोग करने को विवश कर देती है। इस अधूरे विश्लेषण में कमी इस समझ की है कि मानवीय शक्ति कभी भी व्यक्तिगत पहल का नतीजा नहीं होती। शक्ति का उदय हमेशा बड़ी संख्या में इंसानों के बीच के पारस्परिक सहयोग से होता है।

इस तरह, यह हमारी व्यक्तिगत मानसिकता नहीं है, जो हमसे शक्ति का दुरुपयोग कराती है। आख़िरकार, लालच, अहंकार, और क्रूरता के अलावा मनुष्य प्रेम, करुणा, विनय और आनंद में भी तो सक्षम होता है। यह सच है कि हमारी प्रजाति के बदतर सदस्यों के बीच लालच और क्रूरता का सबसे ज़्यादा वर्चस्व है और वे लोगों को शक्ति का दुरुपयोग करने को प्रेरित करती हैं, लेकिन मानव समाज अपने सबसे बुरे सदस्यों को ही सत्ता क्यों सौंपते हैं? उदाहरण के लिए, 1933 में ज़्यादातर जर्मन दिमाग़ी तौर पर विकृत नहीं थे, तब फिर उन्होंने हिटलर को वोट क्यों दिए थे?

अनियंत्रणीय शक्तियों का आह्वान करने की हमारी प्रवृत्ति वैयक्तिक मानसिकता से नहीं, बल्कि उस अनूठे ढंग से उत्पन्न होती है, जिससे हमारी प्रजाति बड़ी संख्या में परस्पर सहयोग करती है। इस किताब का मुख्य तर्क यही है कि मानव जाति सहयोग के विशाल तंत्र (नेटवर्क) खड़े करके अपरिमित शक्ति हासिल करती है, लेकिन जिस तरीक़े से ये तंत्र खड़े किए जाते हैं, उन तरीक़ों में ही शक्ति के अविवेकपूर्ण इस्तेमाल की प्रवृत्ति निहित होती है। इसलिए, हमारी समस्या, तंत्र की समस्या है।

और भी विशिष्ट रूप से कहें तो यह सूचना की समस्या है। सूचना वह गोंद है, जो तंत्रों को आपस में चिपकाए रहती है, लेकिन सेपियन्स ने दसियों हज़ारों वर्षों से देवताओं के बारे में, सम्मोहित झाड़ुओं के बारे में, एआई के बारे में और ऐसी ही नाना प्रकार की चीज़ों के बारे में क़िस्से, फ़ंतासियाँ और सामूहिक भ्रमों को ईजाद करके और उनका प्रचार करके विशाल तंत्र खड़े किए हैं और उन्हें क़ायम रखा है। जहाँ हर एक मनुष्य अपने और दुनिया के सत्य को जानने में ख़ास दिलचस्पी रखता है, वहीं विशाल तंत्र क़िस्सों और फ़ंतासियों में विश्वास करते हुए सदस्यों को आपस में जोड़ते हैं और व्यवस्था खड़ी करते हैं। उदाहरण के लिए, इसी रास्ते हम नाज़ीवाद और स्तालिनवाद तक पहुँचे थे। ये असाधारण रूप से शक्तिशाली तंत्र थे, जिन्हें असाधारण रूप से भुलावे में डालने वाले विचारों ने अंदर से बाँध रखा था। जैसी कि जॉर्ज आर्वेल की उक्ति है, ''अज्ञानता ही शक्ति है।''

नाज़ी और स्तालिनवादी शासन-व्यवस्थाएँ क्रूर फ़ंतासियों और बेशर्म झूठों की बुनियाद पर खड़ी थीं, इस तथ्य ने इन व्यवस्थाओं को ऐतिहासिक तौर पर असाधारण नहीं बना दिया था, न ही उसने उनके ध्वंस को पहले से नियत कर दिया था। नाज़ीवाद और स्तालिनवाद मनुष्यों द्वारा तैयार अब तक के सबसे मज़बूत

तंत्र थे। 1941 के परवर्ती और 1942 के आरंभिक दौर में, धुरी शक्तियाँ द्वितीय विश्वयुद्ध को जीतने के क़रीब पहुँच गई थीं। स्तालिन अंततोगत्वा उस युद्ध के विजेता के रूप में उभरा,[1] और 1950 और 1960 के दशकों में वह और उसके उत्तराधिकारियों के पास शीत युद्ध को जीतने के भी पर्याप्त अवसर थे। 1990 के दशक के आते-आते उदार लोकतंत्रों की स्थिति मज़बूत हो गई थी, लेकिन आज यह एक तात्कालिक विजय ही प्रतीत होती है। इक्कीसवीं सदी में, कुछ नई अधिनायकवादी शासन-व्यवस्थाएँ उस जगह सफल हो सकती हैं, जहाँ हिटलर और स्तालिन विफल हो गए थे, क्योंकि वे ऐसे सर्वशक्तिमान तंत्र तैयार कर रहे हैं, जो आने वाली पीढ़ियों को उनके झूठों और क़िस्सों को उजागर करने का प्रयास करने से भी रोक सकते हैं। हमें यह मानकर नहीं चलना चाहिए कि ये भ्रांतिमूलक तंत्र विफल होने के लिए अभिशप्त हैं। अगर हम उनकी विजय-यात्रा को रोकना चाहते हैं, तो हमें ख़ुद कड़ी मेहनत करनी होगी।

सूचना का अपरिपक्व दृष्टिकोण

भ्रांतिमूलक तंत्रों की सामर्थ्य का आकलन कर पाना मुश्किल होता है, क्योंकि इस बारे में एक व्यापक ग़लतफ़हमी व्याप्त है कि सूचना के विशाल तंत्र, वे चाहे भ्रांतिमूलक हों या न हों, किस तरह काम करते हैं। यह ग़लतफ़हमी एक ऐसी चीज़ से ढकी हुई है, जिसे मैं 'सूचना का अपरिपक्व दृष्टिकोण' (नाईव व्यू ऑफ़ इंफ़ॉर्मेशन) कहता हूँ। जहाँ फ़ेथॉन के मिथक और 'जादूगर का प्रशिक्षु' जैसी नीति-कथाएँ वैयक्तिक मानवीय मानस के बारे में बहुत अधिक निराशावादी दृष्टिकोण प्रस्तुत करती हैं, वहीं सूचना का अपरिपक्व दृष्टिकोण बड़े पैमाने के इंसानी तंत्रों के बारे में बहुत अधिक आशावादी दृष्टिकोण फैलाता है।

यह अपरिपक्व दृष्टिकोण दलील देता है कि व्यक्तिगत सामर्थ्य से बहुत अधिक मात्रा में सूचना का संचय और संसाधन (प्रॉसेसिंग) करके बड़े तंत्र चिकित्सा, भौतिकी, अर्थव्यवस्था और अनेक अन्य क्षेत्रों की बेहतर समझ हासिल कर पाते हैं, जिससे तंत्र न केवल शक्तिशाली बनता है, बल्कि विवेकपूर्ण भी बनता है। उदाहरण के लिए, रोगाणुओं के बारे में सूचना एकत्र करके दवा-निर्माता कंपनियाँ और स्वास्थ्य सेवाएँ उपलब्ध कराने वाले संस्थान बहुत सारे रोगों के वास्तविक कारणों का पता लगा सकते हैं, जिससे वे अधिक कारगर दवाएँ तैयार करने में और उनके इस्तेमाल के बारे में विवेकपूर्ण निर्णय लेने में सक्षम होते हैं। यह दृष्टिकोण इस बात पर ज़ोर देता है कि सूचना की पर्याप्त मात्रा सत्य तक ले जाती है, और यह सत्य शक्ति और प्रज्ञा तक ले जाता है। इसके विपरीत, अज्ञानता, कहीं भी ले जाती नहीं

लगती। जहाँ भ्रांतिमूलक और छलपूर्ण तंत्र ऐतिहासिक संकट की घड़ियों में जब-तब उत्पन्न हो सकते हैं, वहीं दीर्घकालिक स्तर पर वे अपेक्षाकृत अधिक विवेकशील और ईमानदार प्रतिद्वंद्वियों के हाथों पराजित हो जाते हैं। स्वास्थ्य-सेवा उपलब्ध कराने वाली जो संस्था रोगाणुओं से संबंधित सूचना को नज़रअंदाज़ करेगी, या जो औषधि-निर्माता कंपनी जानबूझकर ग़लत जानकारी फैलाएगी, वह उन प्रतिद्वंद्वियों के हाथों पराजित हो जाएगी, जो सूचना का अधिक विवेकपूर्ण इस्तेमाल करेंगे। इस तरह, इस अपरिपक्व दृष्टिकोण में यह अंतर्निहित है कि भ्रांतिपूर्ण तंत्र असामान्यता में गिने जाने चाहिए और विशाल तंत्रों पर शक्ति को विवेकपूर्ण ढंग से बरतने के मामले में भरोसा किया जा सकता है।

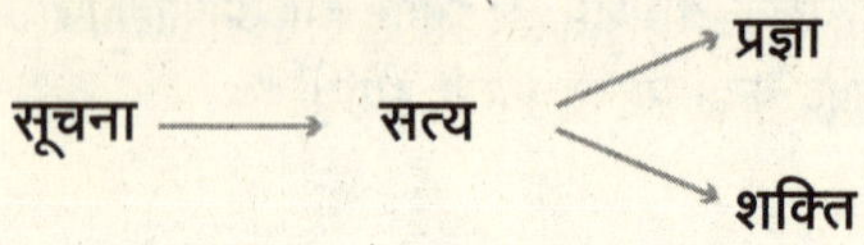

सूचना का अपरिपक्व दृष्टिकोण

बेशक, यह अपरिपक्व दृष्टिकोण इस बात को स्वीकार करता है कि सूचना से सत्य तक के रास्ते पर कई चीज़ें ग़लत हो सकती हैं। हम सूचना के संचय और संसाधन की प्रक्रिया में नेकनीयत भरी ग़लतियाँ कर सकते हैं। लालच और घृणा से प्रेरित दुष्ट लोग महत्त्वपूर्ण तथ्यों को छिपा सकते हैं या हमें धोखा देने की कोशिश कर सकते हैं। परिणामतः, सूचना कभी-कभी सत्य की बजाय त्रुटि को ओर ले जा सकती है। उदाहरण के लिए, अधूरी जानकारी, त्रुटिपूर्ण विश्लेषण, या भ्रामक प्रचार अभियान, विशेषज्ञों तक को किसी बीमारी के वास्तविक कारण की ग़लत पहचान करा सकते हैं।

लेकिन, यह अपरिपक्व दृष्टिकोण यह मानकर चलता है कि सूचना के संचय और संसाधन के दौरान हम जिन समस्याओं का सामना करते हैं, उनका तोड़ यह है कि और अधिक सूचना का संचय और संसाधन किया जाए। जहाँ हम त्रुटियों से पूरी तरह कभी बच नहीं सकते, वहीं ज़्यादातर मामलों में अधिक-से-अधिक सूचना का मतलब है अधिक-से-अधिक परिशुद्धता। अगर एक अकेला डॉक्टर एक अकेले मरीज़ का परीक्षण करते हुए किसी महामारी के कारण की पहचान करना चाहता है, तो उसकी सफलता की संभावनाएँ उन एक हज़ार डॉक्टरों के मुक़ाबले कम होंगी, जो लाखों मरीज़ों से संबंधित आँकड़े एकत्र रहे हैं। और अगर डॉक्टर ख़ुद ही सच्चाई को छिपाने की साज़िश रच रहे हैं, तो जनता को और खोजी पत्रकारों को

उन्मुक्त ढंग से चिकित्सकीय सूचना उपलब्ध करा देने से अंततः इस साज़िश का भंडाफोड़ हो जाएगा। इस दृष्टिकोण के मुताबिक़, सूचना का तंत्र जितना ही बड़ा होगा, वह सत्य के उतने ही ज़्यादा क़रीब होगा।

स्वाभाविक है, अगर हम सूचना का सटीक ढंग से विश्लेषण करते हैं और महत्त्वपूर्ण सच्चाइयों का पता लगा लेते हैं, तो इससे इस बात की गारंटी नहीं मिल जाती कि हम परिणामी क्षमताओं को विवेकपूर्ण ढंग से इस्तेमाल करेंगे। प्रज्ञा या विवेक का जो अर्थ आम तौर से लिया जाता है, वह है 'सही निर्णय लेना', लेकिन 'सही' क्या है, यह विभिन्न समाजों, संस्कृतियों, या विचारधाराओं के भिन्न-भिन्न मूल्य निर्णयों पर निर्भर करता है। जो वैज्ञानिक कोई नया रोगाणु खोज लेते हैं, वे लोगों का बचाव करने के लिए टीका तैयार कर सकते हैं, लेकिन अगर वैज्ञानिक या उनके राजनीतिक अधिपति किसी ऐसी नस्लपरक विचारधारा में विश्वास करते हैं, जो इस बात की वकालत करती है कि कुछ प्रजातियाँ हीन कोटि की होती हैं और उनका विनाश हो जाना चाहिए, तो उसी नए चिकित्सकीय ज्ञान का उपयोग एक ऐसे जैविक हथियार को विकसित करने में किया जा सकता है, जो लाखों लोगों की जान ले सकता है।

इस प्रकरण में भी, सूचना का अपरिपक्व दृष्टिकोण यह मानता है कि अतिरिक्त सूचना कम-से-कम एक आंशिक इलाज तो उपलब्ध कराती ही है। अपरिपक्व दृष्टिकोण के मुताबिक़, मूल्यों को लेकर असहमति, बारीकी से निरीक्षण करने पर या तो सूचना की कमी या जानबूझकर दी गई ग़लत सूचना के कारण पैदा होती है। इस दृष्टिकोण के मुताबिक़, नस्लवादी लोग अज्ञानी होते हैं, जो जैविकी और इतिहास के तथ्यों से वाकिफ़ ही नहीं होते। वे सोचते हैं कि 'नस्ल' एक वैध जैविक कोटि है, और साज़िश की नक़ली परिकल्पनाओं (कन्स्पिरसी थ्योरीज़) ने उन्हें इस बात की पट्टी पढ़ा रखी होती है। इसलिए नस्लवाद का इलाज यह है कि लोगों को अधिक से अधिक जैविक और ऐतिहासिक तथ्य उपलब्ध कराए जाएँ। इसमें समय लग सकता है, लेकिन सूचना के मुक्त बाज़ार के भीतर अंततः तो सच्चाई की जीत होगी ही।

निश्चित रूप से, यह अपरिपक्व दृष्टिकोण इतना सूक्ष्म और विचारशील तो है ही कि इसे कुछ पैराग्राफ़ में नहीं समझाया जा सकता, लेकिन इसका मूलभूत विश्वास यह है कि सूचना एक अच्छी चीज़ है, और वह हमारे पास जितनी ज़्यादा हो, उतना ही अच्छा है। अगर हमें पर्याप्त सूचना और पर्याप्त समय दिया जाए, तो निश्चित है कि हम वायरल इंफ़ेक्शन से लेकर नस्लपरक पूर्वाग्रहों तक हर चीज़ की सच्चाई जान लेंगे, और इस तरह हम न सिर्फ़ अपनी शक्ति को विकसित कर लेंगे, बल्कि उस शक्ति के उचित इस्तेमाल का विवेक भी अर्जित कर लेंगे।

यह अपरिपक्व दृष्टिकोण उत्तरोत्तर शक्तिशाली होती सूचना प्रौद्योगिकी (इंफ़ॉर्मेशन टेक्नोलॉजी) की तलाश को उचित ठहराता है और यह कंप्यूटर के युग और इंटरनेट की लगभग अधिकृत विचारधारा बन चुका है। जून 1989 में, बर्लिन की दीवार और लौह दीवार (आयरन कर्टेन) के पतन के कुछ ही महीनों पहले, रोनाल्ड रीगन ने ऐलान किया था कि ''अधिनायकवादी नियंत्रण के गोलियाथ को बहुत तेज़ी-से माइक्रोचिप के डेविड के हाथों पछाड़ दिया जाएगा'' और ''सबसे बड़े बिग ब्रॅदर्स संचार प्रौद्योगिकी के समक्ष उत्तरोत्तर असहाय होते जाएँगे...सूचना आधुनिक युग की ऑक्सीजन है...और यह कँटीले तारों से घिरी दीवार के रास्ते रिसकर आ जाती है। यह विद्युतीकृत, बॉबी-ट्रैप्ड सीमाओं का अतिक्रमण कर आ जाती है। इलेक्ट्रॉनिक बीम की हवाएँ लौह पर्दे को इस तरह भेद कर बह जाती हैं, मानो वह लौह पर्दा न होकर कोई झालर हो।''[2] 2 नवंबर, 2009 में बराक ओबामा ने भी अपनी शंघाई यात्रा के दौरान इसी भाव को व्यक्त करते हुए वक्तव्य दिया था, जब उन्होंने अपने मेज़बान से कहा था कि ''मैं प्रौद्योगिकी में बहुत ज़्यादा विश्वास रखता हूँ, और जहाँ तक सूचना के प्रवाह का सवाल है, तो मैं उसके उन्मुक्त प्रवाह में बहुत ज़्यादा विश्वास रखता हूँ। मैं समझता हूँ कि सूचना जितनी ही उन्मुक्त ढंग से प्रवाहित होगी, समाज भी उतना ही मज़बूत होता जाएगा।''[3]

उद्यमियों और कॉर्पोरेट्स ने भी सूचना प्रौद्योगिकी के बारे में अक्सर ऐसे ही सुहावने दृष्टिकोण प्रस्तुत किए हैं। 1858 में ही टेलीग्राफ़ के आविष्कार के बारे में *द न्यू इंग्लैंडर* के संपादकीय में कहा गया था कि ''अब जबकि पृथ्वी के राष्ट्रों के बीच विचारों के आदान-प्रदान के लिए इस तरह का उपकरण गढ़ लिया गया है, तब यह मुमकिन नहीं है कि पुराने पूर्वाग्रहों और विद्वेषों का अस्तित्व बना रह सके।''[4] लगभग दो शताब्दियों और दो विश्वयुद्धों के बाद, मार्क ज़ुकरबर्ग ने कहा था कि फ़ेसबुक का लक्ष्य 'दुनिया को अधिक से अधिक खोलना तथा लोगों के बीच आपसी समझ को बढ़ावा देना है। इसके लिए लोगों के बीच अधिक-से-अधिक साझेदारी विकसित करने में मदद करना भी फ़ेसबुक का लक्ष्य है।''[5]

2024 में प्रकाशित अपनी किताब *द सिंग्युलेरिटी इज़ नियरर* में लब्धप्रतिष्ठ भविष्यवादी और उद्यमी रे कुर्ज़वील सूचना प्रौद्योगिकी के इतिहास का सर्वेक्षण करते हुए इस निष्कर्ष पर पहुँचते हैं कि ''यथार्थ यह है कि उत्तरोत्तर तीव्र गति से बेहतर होती प्रौद्योगिकी के नतीजे में जीवन भी उत्तरोत्तर बेहतरी की ओर बढ़ रहा है।'' पीछे मुड़कर मानव इतिहास की भव्य छलांग की ओर देखते हुए वे छापेख़ाने के आविष्कार जैसे उदाहरण देते हैं और कहते हैं कि सूचना प्रौद्योगिकी अपने स्वभाव से ही साक्षरता, शिक्षा, संपत्ति, स्वच्छता, स्वास्थ्य, लोकतंत्रीकरण और हिंसा में कमी समेत मानव कल्याण के लगभग हर पहलू को घेरते एक अच्छे चक्र को जन्म देती है।''[6]

सूचना के अपरिपक्व दृष्टिकोण को संभवत: गूगल का यह अभियानपरक वक्तव्य बहुत अच्छी तरह पकड़ता है: ''दुनियाभर की सूचना को संचित करना और उसे वैश्विक स्तर पर लोगों की पहुँच में ले जाना और उपयोगी बनाना।'' गोएथे की चेतावनी पर गूगल का जवाब यह है कि जहाँ एक अकेले प्रशिक्षु द्वारा अपने गुरु की गुप्त किताब की चोरी करने में आपदा को बुलावा देने की संभावना है, वहीं अगर दुनिया की सारी सूचना को बहुत सारे प्रशिक्षुओं की पहुँच में ले आया जाता है, तो वे न केवल उपयोगी जादुई झाड़ुएँ बनाएँगे, बल्कि उन्हें बुद्धिमत्तापूर्ण ढंग से काम में लेना भी सीख लेंगे।

गूगल बनाम गोएथे

इस बात पर ज़ोर दिया जाना चाहिए कि ऐसे कई प्रकरण हैं, जब अधिक सूचना की मौजूदगी ने सचमुच ही मनुष्यों को दुनिया को बेहतर ढंग से समझने और अपनी शक्ति का विवेकपूर्ण इस्तेमाल करने में सक्षम बनाया है। उदाहरण के लिए, बाल मृत्यु दर में आई ज़बरदस्त कमी को ही ले लें। योहान वोल्फ़्गांग फ़ान गोएथे सात भाई-बहनों में सबसे बड़े थे, लेकिन केवल वे और उनकी बहन कॉर्नेलिया ही अपना सातवाँ जन्मदिन मना सकी थी। बीमारी उनके भाई हर्मन जैकब को छह साल की उम्र में, उनकी बहन कैथरीना एलिज़ाबेथ को चार साल की उम्र में, उनकी बहन योहाना मारिया को दो साल की उम्र में, उनके भाई जॉर्ज एडोल्फ़ को आठ महीने की उम्र में उठा ले गई थी, और पाँचवाँ, नामहीन भाई पैदा होते ही मर गया था। बाद में, कॉर्नेलिया भी छब्बीस साल की उम्र में बीमारी की शिकार होकर चल बसी थी और इस तरह योहान वोल्फ़्गांग फ़ान गोएथे अपने परिवार के अकेले जीवित बच रहे व्यक्ति थे।[7]

स्वयं योहान वोल्फ़्गांग फ़ान गोएथे की पाँच संतानें हुईं, जिनमें से सबसे बड़े बेटे ऑगस्त को छोड़कर बाक़ी सब जन्म लेने के दो सप्ताह के भीतर मर गए थे। पूरी संभावना है कि इसका कारण गोएथे और उनकी पत्नी क्रिस्टियाने के रक्त समूहों के बीच असंगति थी, जिसके कारण पहली सफल गर्भावस्था के बाद माँ में भ्रूण के रक्त के प्रति एंटीबॉडीज़ विकसित हो गई थी। रीसस डिसीज़ के नाम से ज्ञात इस स्थिति का इलाज़ आज इतने कारगर ढंग से हो जाता है कि मृत्यु दर अब 2 प्रतिशत है, लेकिन 1760 के दशक में औसत मृत्यु दर 50 प्रतिशत थी, और गोएथे के चार छोटे बच्चों के लिए वह मौत का पैग़ाम थी।[8]

कुल मिलाकर, गोएथे के परिवार में बच्चों के जीवित बचे रहने की दर 25 प्रतिशत थी, जबकि वह अठारहवीं सदी के परवर्ती दौर के एक संपन्न जर्मन परिवार

था। बारह में से केवल तीन बच्चे ही वयस्क उम्र तक बचे रह सके थे। यह भीषण आँकड़ा कोई अपवाद नहीं था। जिस वक़्त गोएथे ने 1797 में 'जादूगर का प्रशिक्षु' लिखी थी, उसके आस-पास ऐसा आकलन है कि लगभग 50 प्रतिशत जर्मन बच्चे ही पंद्रह वर्ष की उम्र तक जी पाते थे[9] और यही स्थिति संभवत: दुनिया के दूसरे हिस्सों में थी।[10] 2020 तक, सारी दुनिया में 95.6 प्रतिशत बच्चे पंद्रहवें जन्मदिन के परे जीवित रहते थे,[11] और जर्मनी में यह आँकड़ा 99.5 प्रतिशत था।[12] यह अत्यंत महत्त्वपूर्ण उपलब्धि रक्त समूह जैसी चीज़ों के बारे में चिकित्सकीय आँकड़ों की विराट मात्रा के संचय, विश्लेषण और साझेदारी के बिना मुमकिन न हुई होती। तब, इस प्रकरण में, सूचना का अपरिपक्व दृष्टिकोण सही साबित होता है।

लेकिन सूचना का यह अपरिपक्व दृष्टिकोण तसवीर के आंशिक पहलू को ही देखता है, और आधुनिक युग का इतिहास केवल बाल मृत्यु दर में कमी लाने भर का नहीं है। हाल की पीढ़ियों में मनुष्यता ने हमारे सूचना उत्पादन की मात्रा और गति में अब तक की सर्वाधिक वृद्धि अनुभव की है। हर स्मार्टफ़ोन के भीतर अलेक्जेंड्रिया के प्राचीन पुस्तकालय के मुक़ाबले ज़्यादा सूचना भरी हुई है।[13] और वह उस फ़ोन के मालिक को समूची दुनिया के अरबों दूसरे लोगों से जुड़ने में सक्षम बनाती है। तब भी, इस समूची सूचना के असाधारण गति से प्रसारित होने के बावजूद, मनुष्यता पहले किसी भी समय के मुक़ाबले आत्मविनाश के ज़्यादा क़रीब है।

सूचना के हमारे ख़ज़ाने के बावजूद या शायद उसी की वजह से हम वातावरण में ग्रीनहाउस गैसें उगलते चले जा रहे हैं, नदियों और महासागरों को प्रदूषित कर रहे हैं, जंगल काट रहे हैं, पूरे के पूरे नैसर्गिक आवास उजाड़ते जा रहे हैं, अंतहीन प्रजातियों को विलुप्ति में धकेलते जा रहे हैं, अपनी ही प्रजाति की पारिस्थितिकीय (इकोलॉजिकल) बुनियादों को जोखिम में डाल रहे हैं। हम थर्मोन्यूक्लियर बम से लेकर क़यामती वायरसों तक उत्तरोत्तर अधिक मात्रा में सामूहिक विनाश करने वाले हथियारों का निर्माण भी कर रहे हैं। ऐसा भी नहीं है कि हमारे नेताओं को इन ख़तरों की सूचना नहीं है, तब भी हल खोजने के लिए आपस में सहयोग करने की बजाय, वे वैश्विक युद्ध की कगार की ओर बढ़ रहे हैं।

क्या और अधिक सूचना हालात को बेहतर बना देगी या बदतर? हमें जल्द ही इसका पता चल जाएगा। कई कॉर्पोरेट्स और सरकारें इतिहास की सर्वाधिक शक्तिशाली सूचना प्रौद्योगिकी एआई विकसित करने की होड़ में लगी हुई हैं। अमेरिकी निवेशक मार्क एंड्रेसन जैसे कुछ प्रमुख उद्यमियों का मानना है कि एआई अंततः मनुष्यता की समस्याओं को हल कर देगा। 6 जून, 2023 को एंड्रेसन ने 'ह्वाइ एआई विल सेव द वर्ल्ड' शीर्षक से एक लेख प्रकाशित किया था, जिसमें इस तरह के दुस्साहसिक वक्तव्य भरे हुए थे कि "मैं एक शुभ समाचार लेकर आया

हूँ, एआई दुनिया को नष्ट नहीं करेगा, और वस्तुत: वह उसकी रक्षा करेगा'' और ''एआई उस हर चीज़ को बेहतर बना सकता है, जिसकी हमें परवाह है।'' अंत में उन्होंने कहा था, ''एआई का विकास और प्रसार, यानी उस जोखिम से बहुत दूर, जिसका हमें भय है, हमारे बच्चों के प्रति और हमारे भाविष्य के प्रति एक नैतिक कर्तव्य है।''[14]

रे कुर्ज़वील इसके स्वर में स्वर मिलाते हुए *द सिंग्युलेरिटी इज़ नियरर* में कहते हैं कि ''एआई एक निर्णायक प्रौद्योगिकी है, जो हमें हमारे सामने खड़ी उन ज़रूरी चुनौतियों का सामने करने की गुंजाइश देगा, जिनमें बीमारी, ग़रीबी, पर्यावरणपरक गिरावट, और हमारी तमाम इंसानी कमज़ोरियाँ शामिल हैं। नवीन प्रौद्योगिकियों के इस आश्वासन को पूरा करना हमारी नैतिक अनिवार्यता है।'' कुर्ज़वील इस प्रौद्योगिकी के संभावित ख़तरों के प्रति चौकन्ने हैं, और उनका विस्तार से विश्लेषण करते हैं, लेकिन उनका विश्वास है कि उन्हें सफलतापूर्वक कम किया जा सकता है।[15]

कुछ अन्य लोगों को तो इसके बारे में और भी ज़्यादा संदेह है। न सिर्फ़ दार्शनिक और समाजविज्ञानी, बल्कि एआई के प्रमुख विशेषज्ञ और उद्यमी जैसे योशुआ बेंजियो, ज्यॉफ़्रे हिंटन, साम आल्टमन, इलॉन मस्क, और मुस्तफ़ा सुलैमान इनमें शामिल हैं। इन्होंने जनता को चेतावनी दी है कि एआई हमारी सभ्यता को नष्ट कर सकता है।[16] बेंजियो, हिंटन और अनेक अन्य विशेषज्ञों द्वारा संयुक्त रूप से लिखे गए 2024 के एक लेख में कहा गया है कि ''एआई की अनियंत्रित प्रगति जीवन और जीवमंडल की बड़े पैमाने पर क्षति और मनुष्यता को हाशिये पर फेंक दिए जाने या उसकी विलुप्ति तक का कारण बन सकती है।''[17] 2023 में एआई के 2,778 शोधकर्ताओं पर किए गए एक सर्वेक्षण में एक तिहाई से ज़्यादा शोधकर्ता एडवांस्ड एआई के नतीजे में मनुष्यों के विलुप्त हो जाने की 10 प्रतिशत संभावनाएँ देखते हैं।[18] 2023 में चीन, संयुक्त राज्य अमेरिका, और इंग्लैंड समेत लगभग तीस देशों की सरकारों ने एआई पर केंद्रित ब्लेचली घोषणा-पत्र पर हस्ताक्षर किए थे। यह घोषणा-पत्र इस बात को स्वीकार करता है कि ''एआई के इन मॉडलों की अत्यंत महत्त्वपूर्ण क्षमताओं से गंभीर, यहाँ तक कि विनाशकारी क्षति की संभावना पैदा होती है।''[19] इस क़िस्म की विनाशकारी शब्दावली का उपयोग करते हुए विशेषज्ञों और सरकारों का ऐसा कोई इरादा नहीं है कि वे लोगों पर गोलियाँ दागते हुए सड़कों पर भागते रोबोट की हॉलीवुड छवि को लोगों के मन में जगाएँ। इस क़िस्म के दृश्य की कोई संभावना नहीं है, और यह वास्तविक ख़तरे से लोगों का ध्यान भर भटकाता है। इसकी बजाय, विशेषज्ञ दो अन्य परिदृश्यों के बारे में चेतावनी देते हैं।

पहला यह है कि एआई इंसानों के मौजूदा टकरावों को और प्रबल करके मनुष्यता को उसी के ख़िलाफ़ विभाजित कर सकता है। जिस तरह बीसवीं सदी में लौह पर्दे ने प्रतिद्वंद्वी ताक़तों को शीत युद्ध के लिए विभाजित कर दिया था, वैसे ही इक्कीसवीं सदी में, सिलिकॉन पर्दा, जो कँटीले तारों की बजाय सिलिकॉन चिप्स और कंप्यूटर कोड से निर्मित होगा, प्रतिद्वंद्वी ताक़तों को एक नए वैश्विक टकराव में विभाजित कर सकता है, क्योंकि एआई हथियारों की होड़ अब तक के सर्वाधिक विनाशकारी हथियार उत्पन्न करेगी और मामूली-सी चिंगारी भी प्रलयंकारी अग्निकांड भड़का सकती है।

दूसरा परिदृश्य यह है कि सिलिकॉन पर्दा मनुष्यों के एक समूह से दूसरे समूह को नहीं, बल्कि समूची मनुष्यता को हमारे नए एआई अधिपतियों से अलग कर देगा। हम कहीं भी क्यों न रहते हों, हम ख़ुद को ऐसे अथाह एल्गोरिदमों के जाल में घिरा हुआ पाएँगे, जो हमारे जीवन का संचालन कर रहे होंगे, हमारी राजनीति और संस्कृति को नया आकार दे रहे होंगे। यहाँ तक कि हमारे शरीरों और दिमाग़ों को नए ढंग से गढ़ रहे होंगे, जबकि हम उन ताक़तों को रोकना तो दूर, समझ पाने में भी असमर्थ होते जाएँगे, जो हमें नियंत्रित कर रही होंगी। अगर इक्कीसवीं सदी का अधिनायकवादी तंत्र दुनिया पर विजय हासिल कर लेने में सफल हो जाता है, तो मुमकिन है कि उसका संचालन किसी इंसानी तानाशाह की बजाय एक अ-मानवीय बुद्धि के हाथ में हो। जो लोग चीन, रूस या उत्तर-लोकतांत्रिक संयुक्त राज्य अमेरिका को अधिनायकवादी दुःस्वप्नों के स्रोत के रूप में देखते हैं, वे ख़तरे को ग़लत समझ रहे हैं। वास्तव में, कुल मिलाकर चीनी, रूसी, अमेरिकी, और तमाम अन्य मनुष्य सामूहिक रूप से अ-मानवीय बुद्धि की अधिनायकवादी संभावनाओं के ख़तरे का सामना कर रहे हैं।

ख़तरे की इस विराटता को देखते हुए, एआई को तमाम इंसानों की दिलचस्पी का विषय होना चाहिए। हर कोई एआई का विशेषज्ञ तो नहीं बन सकता, लेकिन हम सबको यह बात दिमाग़ में रखनी चाहिए कि एआई इतिहास की ऐसी पहली प्रौद्योगिकी है, जो स्वयं ही निर्णय ले सकती है और नए विचारों को जन्म दे सकती है। इसके पहले के सारे इंसानी आविष्कारों ने मनुष्य को सक्षम बनाया था, क्योंकि नया औज़ार कितना ही शक्तिशाली क्यों न रहा हो, उसके इस्तेमाल का निर्णय हमेशा हमारे हाथों में हुआ करता था। चाकू और बम ख़ुद तय नहीं करते कि उन्हें किसकी हत्या करनी है। वे गूँगे औज़ार हैं, जिनमें सूचना को संसाधित (प्रॉसेस) करने और स्वाधीन निर्णय लेने के लिए आवश्यक बुद्धिमत्ता का अभाव होता है। इसके विपरीत, एआई ख़ुद ही सूचना को संसाधित करने की बुद्धि की माँग करता है, और इसलिए निर्णय लेने की प्रक्रिया में मनुष्यों की जगह ले लेता है।

सूचना पर एआई का प्रभुत्व उसे संगीत से लेकर चिकित्सा तक के तमाम क्षेत्रों में स्वाधीन ढंग से नए विचारों को उत्पन्न करने में भी सक्षम बनाता है। ग्रामोफ़ोन हमारा संगीत बजाया करते थे, और सूक्ष्मदर्शी यंत्र हमारी कोशिकाओं के रहस्य उजागर किया करते थे, लेकिन ग्रामोफ़ोन कोई नई सिंफ़नी नहीं रच सकता था, और सूक्ष्मदर्शी यंत्र नई दवाएँ तैयार नहीं कर सकता था। एआई अब ख़ुद ही कला की रचना करने और वैज्ञानिक खोजें करने में सक्षम हो चुका है। अगले कुछ दशकों में, मुमकिन है, यह आनुवांशिक (जनेटिक) कोड लिखकर या अजैविक (इनऑर्गेनिक) सत्ताओं को अनुप्राणित करते हुए कोई अजैविक कोड ईजाद कर नए जीवन-रूपों को रचने की क्षमता तक हासिल कर ले।

यहाँ तक कि इस समय जब एआई अपनी क्रांति की भ्रूणावस्था में है, कंप्यूटर पहले ही हमारे बारे में निर्णय लेने लगे हैं, चाहे हमें कोई क़र्ज़ उपलब्ध कराने का मामला हो या हमें किसी नौकरी पर रखने का मामला हो या फिर हमें जेल भेजने का मामला हो। इस प्रवृत्ति में केवल बढ़ोत्तरी और गतिशीलता ही पैदा होगी, जिसकी वजह से हमें अपने ही जीवन को समझना और अधिक मुश्किल होता जाएगा। क्या हम विवेकपूर्ण निर्णय लेने और एक बेहतर दुनिया बनाने के मामले में कंप्यूटर एल्गोरिदमों पर भरोसा कर सकते हैं? यह किसी सम्मोहित झाड़ू से पानी भरवा लेने का विश्वास करने से कहीं ज़्यादा बड़ा जुआ है। और यह केवल इंसान का जीवन ही नहीं है, जिसे हम दाँव पर लगा रहे होंगे। एआई सिर्फ़ हमारी प्रजाति के इतिहास की ही नहीं, बल्कि तमाम जीवन रूपों की विकास प्रक्रिया की दिशा बदल सकता है।

सूचना को अस्त्र बनाना

2016 में मैंने *होमो डेयस* नामक किताब प्रकाशित की थी, जिसमें उन कुछ ख़तरों को रेखांकित किया गया था, जो सूचना प्रौद्यागिकियाँ मनुष्य के सामने पेश कर रही हैं। उस किताब का तर्क था कि इतिहास का वास्तविक नायक हमेशा से *होमो सेपियन्स* की बजाय सूचना रही है, और सूचना के प्रवाह के संदर्भ में वैज्ञानिक न केवल इतिहास, बल्कि जीवविज्ञान, राजनीति और अर्थशास्त्र को भी तेज़ी-से समझ रहे हैं। प्राणी, राज्य, और बाज़ार, सभी सूचना के तंत्र हैं, जो पर्यावरण से सूचना को ग्रहण करते हैं, निर्णय लेते हैं और उस सूचना को वापस छोड़ देते हैं। उस किताब ने चेतावनी दी थी कि जहाँ हम यह उम्मीद कर रहे हैं कि बेहतर सूचना प्रौद्योगिकी हमें स्वास्थ्य, ख़ुशहाली और शक्ति प्रदान करेगी, वहीं वह वास्तव में हम से शक्ति छीन सकती है और हमारे शारीरिक और मानसिक स्वास्थ्य को नष्ट कर सकती है। *होमो डेयस* में यह परिकल्पना प्रस्तुत की गई थी कि अगर इंसानों ने सावधानी नहीं बरती, तो हम सूचना के प्रवाह में उसी तरह घुल जा सकते हैं, जैसे नदी के बहाव

में मिट्टी का ढेला घुल जाता है, और विश्व व्यवस्था के भीतर मानवता ब्रह्मांडीय सूचना-प्रवाह में महज़ एक तरंग बनकर रह जाएगी।

होमो डेयस के प्रकाशन के बाद से परिवर्तन की गति में इज़ाफ़ा ही हुआ है और शक्ति सचमुच ही इंसानों के हाथ से निकलकर एल्गोरिदम के हाथों में जा रही है। जो बहुत सारे परिदृश्य 2016 में वैज्ञानिक गल्प (साइंस फ़िक्शन) लगते थे, जैसे कि एल्गोरिदम कला रच सकते हैं, मनुष्य का स्वांग रच सकते हैं, हमारे जीवन के बारे में महत्त्वपूर्ण निर्णय ले सकते हैं, और हमारे बारे में स्वयं हमसे ज़्यादा जान सकते हैं, वे अब 2024 में रोज़मर्रा की वास्तविकताएँ बन चुके हैं।

2016 के बाद से बहुत सारी स्थितियाँ बदल चुकी हैं। पारिस्थितिकीय संकट सघन हुआ है, अंतरराष्ट्रीय तनाव तीव्र हुआ है, और लोकलुभावनवादी (पॉपुलिस्ट) लहर ने अत्यंत मज़बूत लोकतंत्रों तक की एकता को कमज़ोर कर दिया है। इस लोकलुभावनवाद ने सूचना के अपरिपक्व दृष्टिकोण के समक्ष भी मूलगामी चुनौती पेश कर दी है। डोनाल्ड ट्रम्प और जायर बोलसोनारो जैसे लोकलुभावनवादी नेताओं तथा क़्यूएनन और एंटी-वैक्सर्स जैसे लोकलुभावनवादी आंदोलनों और कन्स्पिरसी थ्योरीज़ ने यह तर्क प्रस्तुत किया है कि जो तमाम पारंपरिक संस्थाएँ सूचना के संचय और सत्य की खोज का दावा कर प्रभुत्व हासिल करती हैं, वे सीधे-सीधे झूठ बोल रही हैं। नौकरशाह, जज, डॉक्टर, मुख्यधारा के पत्रकार, और अकादमिक विशेषज्ञ उच्च वर्ग के षड्यंत्रकारी हैं, जिनकी सत्य में कोई दिलचस्पी नहीं है और वे 'लोगों' की क़ीमत पर अपने लिए सत्ता और विशेषाधिकार हासिल करने के लिए जानबूझ कर ग़लत सूचना फैला रहे हैं। ट्रम्प जैसे राजनेताओं और क़्यूएनन जैसे आंदोलनों के उदय का विशिष्ट राजनीतिक परिप्रेक्ष्य है, जो 2010 के दशक के परवर्ती दौर के संयुक्त राज्य अमेरिका की स्थितियों के संदर्भ में अद्वितीय है, लेकिन एक व्यवस्था विरोधी विश्वदृष्टि के रूप में लोकलुभावनवाद ट्रम्प से बहुत पहले का है और इस समय तथा भविष्य के अनेक अन्य ऐतिहासिक संदर्भों में प्रासंगिक है। संक्षेप में कहा जाए, तो लोकलुभावनवाद सूचना को एक अस्त्र के रूप में देखता है।[20]

सूचना ⟶ शक्ति

सूचना का लोकलुभावनवादी दृष्टिकोण

अपने अतिवादी रूपों में, लोकलुभावनवाद मानता है कि वस्तुपरक सच्चाई जैसी कोई चीज़ नहीं होती और यह कि सब का 'अपना-अपना सच' होता है,

जिसका प्रयोग वे प्रतिद्वंद्वियों को परास्त करने के लिए करते हैं। इस विश्वदृष्टि के मुताबिक़, शक्ति एकमात्र यथार्थ है। सारे सामाजिक व्यवहार शक्ति के संघर्ष हैं, क्योंकि मनुष्य केवल शक्ति में दिलचस्पी रखते हैं। किसी अन्य चीज़, जैसे कि सत्य या न्याय में दिलचस्पी का दावा शक्ति हथियाने की चाल के अलावा और कुछ भी नहीं है। जब भी कभी और जहाँ भी कभी लोकलुभावनवाद एक अस्त्र के रूप में सूचना के दृष्टिकोण को प्रचारित करने में सफल होता है, भाषा स्वयं कमज़ोर होती है। 'तथ्य' जैसी संज्ञाएँ और 'सटीक' और 'सच्चाई से युक्त' जैसे विशेषण भ्रांतिजनक हो जाते हैं। इस तरह के शब्दों को किसी सर्वनिष्ठ वस्तुपरक यथार्थ की ओर संकेत के रूप में नहीं देखा जाता। इसकी बजाय, 'तथ्य' या 'सत्य' कम-से-कम कुछ लोगों को यह सवाल पूछने के लिए उद्यत करते हैं कि ''आप किसके तथ्यों और किसके सच की बात कर रहे हैं?''

इस बात पर बल दिया जाना चाहिए कि सूचना का यह शक्ति-केंद्रित और संशयात्मक दृष्टिकोण कोई नई चीज़ नहीं है और इसे एंटी-वेक्सर्स, पृथ्वी को सपाट मानने वालों, बोल्सोनेरिस्ट्स, या ट्रम्प-समर्थकों ने ईजाद नहीं किया है। ऐसे ही दृष्टिकोण 2016 के बहुत पहले प्रचारित किए गए थे और ऐसा करने वालों में कुछ अत्यंत प्रतिभाशाली दिमाग़ शामिल थे।[21] उदाहरण के लिए बीसवीं सदी के परवर्ती दौर में मिशेल फूको और एड्वर्ड सईद जैसे कट्टरपंथी वामपंथियों ने यह दावा किया था कि चिकित्सालय और विश्वविद्यालय जैसी संस्थाएँ कालातीत और वस्तुपरक सच्चाइयों की खोज नहीं कर रही हैं, बल्कि, इसकी बजाय, वे पूँजीपतियों और उपनिवेशवादी अभिजात वर्ग की सेवा में यह निर्धारित करने के लिए शक्ति का प्रयोग कर रही हैं कि सत्य क्या माना जाए। ये कट्टरपंथी आलोचक कभी-कभी यह तर्क देने की हद तक गए हैं कि 'वैज्ञानिक तथ्य' पूँजीवादी या उपनिवेशवादी 'विमर्श' (डिस्कोर्स) से ज़्यादा कुछ नहीं हैं, और जो लोग सत्ता में हैं, वे कभी भी वास्तव में सत्य में दिलचस्पी नहीं रख सकते और इस बात पर कभी भरोसा नहीं किया जा सकता कि वे अपनी ग़लतियों को पहचानेंगे और उन्हें सुधारेंगे।[22]

कट्टरपंथी वामपंथी चिंतन की यह दिशा कार्ल मार्क्स तक जाती है, जिन्होंने उन्नीसवीं सदी के मध्य में यह कहा था कि शक्ति एकमात्र यथार्थ है। सूचना एक अस्त्र है, और अभिजात वर्ग के जो लोग सत्य और न्याय की सेवा में लगे होने का दावा करते हैं, वे वास्तव में संकुचित वर्ग-विशेषाधिकारों की तलाश में लगे हुए हैं। 1848 के *कम्युनिस्ट मेनीफ़ेस्टो* के शब्दों में, ''अब तक मौजूदा समाजों का इतिहास वर्ग संघर्ष का इतिहास रहा है। आज़ाद और गुलाम, कुलीन और साधारण, भूमिपति और कृषि दास, गिल्डमास्टर और मज़दूर, संक्षेप में कहें तो उत्पीड़क और उत्पीड़ित, निरंतर एक-दूसरे के विरुद्ध खड़े हुए थे, एक निर्बाध,

कभी छिपी तो कभी खुली लड़ाई लड़ते हुए।'' इतिहास की इस द्वित्वपरक व्याख्या में यह अंतर्निहित है कि हर मानवीय परस्पर क्रिया उत्पीड़कों और उत्पीड़ितों के बीच शक्ति-संघर्ष है। तदनुसार, जब भी कभी कोई कुछ कहता है, तब पूछा जाने वाला सवाल यह नहीं है कि ''क्या कहा जा रहा है? क्या वह सही है?'' बल्कि यह कि ''यह कौन कह रहा है? यह किसके विशेषाधिकारों के पक्ष में है?''

बेशक, इस बात की कोई संभावना नहीं है कि ट्रम्प और बोलसोनारो जैसे दक्षिणपंथियों ने फूको या मार्क्स को पढ़ा हो, और निश्चय ही वे ख़ुद को उग्र मार्क्सवाद-विरोधी के रूप में प्रस्तुत करते हैं। वे कराधान और लोक कल्याण जैसे क्षेत्रों से संबंधित अपनी ध्वनित नीतियों में भी मार्क्सवादियों से भिन्न ठहरते हैं, लेकिन समाज और सूचना को लेकर उनके बुनियादी दृष्टिकोण आश्चर्यजनक ढंग से मार्क्सवादी हैं, जो सारी मानवीय परस्पर क्रियाओं को उत्पीड़कों और उत्पीड़ितों के बीच संघर्ष के रूप में देखते हैं। उदाहरण के लिए, 2017 के अपने उद्घाटन भाषण में ट्रम्प ने घोषणा की थी कि ''हमारे देश की राजधानी के एक छोटे-से समूह ने सरकार की सुविधाओं का लाभ उठाया है, जबकि उनकी क़ीमत जनता ने अदा की है।''[23] इस क़िस्म का शब्दाडम्बर लोकलुभावनवाद की ख़ासियत है, जिसे राजनीतिविज्ञानी कैस मुड्डे ने एक ऐसी 'विचारधारा' बताया है, जो समाज को अंततः दो सजातीय और प्रतिपक्षी समूहों के रूप में अलग करती है, 'शुद्ध लोग' बनाम 'भ्रष्ट लोग'।[24] ठीक जिस तरह मार्क्सवादी दावा किया करते थे कि मीडिया पूँजीपति वर्ग के लिए प्रवक्ता के रूप में कार्य करता है, और विश्वविद्यालय जैसे वैज्ञानिक संस्थान पूँजीवादी नियंत्रण को क़ायम रखने के लिए ग़लत सूचनाएँ प्रसारित करते हैं, उसी तरह लोकलुभावनवादी इन्हीं संस्थाओं पर 'लोगों' की क़ीमत पर 'भ्रष्ट अभिजात वर्ग' के हितों का पोषण करने का आरोप लगाते हैं।

आज के लोकलुभावनवादी उसी असंगति के शिकार हैं, जिसने पिछली पीढ़ियों के उग्र व्यवस्था विरोधी आंदोलनों को ग्रस्त कर रखा था। अगर शक्ति या सत्ता ही एकमात्र यथार्थ है, और अगर सूचना महज़ एक अस्त्र है, तो स्वयं लोकलुभावनवादियों के संदर्भ में इसका क्या अभिप्राय निकलता है? क्या वे भी केवल सत्ता में दिलचस्पी रखते हैं, और क्या वे भी सत्ता हासिल करने के लिए झूठ बोल रहे हैं?

लोकलुभावनवादियों ने इस गुत्थी को सुलझाने के लिए दो भिन्न रास्ते अपनाने की कोशिश की है। कुछ लोकलुभावनवादी आंदोलन आधुनिक विज्ञान के आदर्शों और संशयात्मक अनुभववाद की परंपराओं से जुड़े होने का दावा करते हैं। वे लोगों से कहते हैं कि निश्चय ही आपको किसी भी संस्था या प्रभुत्वशाली व्यक्तियों पर भरोसा नहीं करना चाहिए। इनमें स्वयं घोषित लोकलुभावनवादी दल और राजनेता

भी शामिल हैं। इसकी बजाय, आपको 'अपना ख़ुद का शोध करना' चाहिए और केवल उसी चीज़ पर भरोसा करना चाहिए, जिसे ख़ुद आपने प्रत्यक्ष तौर पर देखा है।[25] इस उग्र अनुभववादी दृष्टि में यह अंतर्निहित है कि जहाँ राजनीतिक दल, कोर्ट, अख़बार, और विश्वविद्यालय जैसी बड़े पैमाने की संस्थाओं पर कभी भी भरोसा नहीं किया जा सकता, वहीं उद्यम करने वाले व्यक्ति स्वयं ही सत्य को पा सकते हैं।

यह दृष्टिकोण वैज्ञानिक लग सकता है और स्वच्छन्द व्यक्तियों को आकर्षित कर सकता है, लेकिन यह इस प्रश्न को खुला छोड़ देता है कि मानव समुदाय चिकित्सा-सेवा व्यवस्थाएँ खड़ी करने या पर्यावरणपरक नियमावली को पारित करने में आपस में सहयोग कैसे कर सकते हैं, जो बड़े पैमाने के संस्थानिक संगठन की माँग करते हैं। क्या कोई अकेला व्यक्ति यह जानने के लिए अनुसंधान कर सकता है कि पृथ्वी की जलवायु क्यों गर्म हो रही है और उसके बारे में क्या किया जाना चाहिए? एक अकेला व्यक्ति, पिछली सदियों के विश्वसनीय रिकॉर्ड हासिल करना तो दूर की बात है, दुनियाभर से आँकड़े कैसे एकत्र करेगा? केवल 'मेरे अपने शोध' पर भरोसा करना वैज्ञानिक प्रतीत हो सकता है, लेकिन व्यवहार में इसका अर्थ यह मान लेना है कि कोई वस्तुपरक सच्चाई है ही नहीं। जैसा कि हम अध्याय 4 में देखेंगे, विज्ञान व्यक्तिगत खोज नहीं है, बल्कि सहयोगपूर्ण संस्थानिक उद्यम है।

एक वैकल्पिक लोकलुभावनवादी समाधान 'शोध' के माध्यम से सत्य को जानने के वैज्ञानिक आदर्श को त्याग कर उसकी जगह वापस दैवीय इलहाम या रहस्यवाद की शरण में चले जाना है। ईसाइयत, इस्लाम, और हिंदुत्व जैसे पारंपरिक मज़हबों ने मनुष्यों को आम तौर से अविश्वसनीय सत्ता के लालची प्राणियों के रूप में देखा है, जो केवल दैवीय बुद्धि के हस्तक्षेप के माध्यम से सत्य तक पहुँच सकते हैं। 2010 के दशक में और 2020 के दशक के आरंभिक वर्षों में ब्राज़ील से लेकर तुर्की तक और संयुक्त राज्य अमेरिका से लेकर हिंदुस्तान तक लोकलुभावनवादी दलों ने ऐसे ही पारंपरिक मज़हबों का समर्थन किया था। उन्होंने आधुनिक संस्थाओं को लेकर मूलगामी संदेह व्यक्त करने के साथ-साथ प्राचीन ग्रंथों में अपनी संपूर्ण आस्था घोषित की थी। ये लोकलुभावनवादी दावा करते हैं कि आप *न्यू यॉर्क टाइम्स* या *साइंस* में जो लेख पढ़ते हैं, वे सत्ता हथियाने की अभिजातवर्गीय चालें हैं, जबकि बाइबल, कुरान, या वेदों में आप जो कुछ पढ़ते हैं, वह परम सत्य है।[26]

इस थीम का एक बदला हुआ रूप लोगों से ट्रम्प और बोल्सोनारो जैसे चमत्कारी नेताओं में भरोसा करने की अपील करता है, जिन्हें उनके समर्थक या तो परमेश्वर के संदेशवाहक के रूप में चित्रित करते हैं[27] या 'जनता' के साथ एक रहस्यमय संबंध रखने वालों के रूप में देखते हैं। जहाँ साधारण राजनेता अपने लिए

सत्ता हासिल करने की ख़ातिर लोगों से झूठ बोलते हैं, वहीं चमत्कारी नेता उन लोगों का अचूक प्रवक्ता बन जाता है, जो सारे झूठों को उजागर कर देते हैं।[28] लोकलुभावनवाद का एक बार-बार सामने आने वाला विरोधाभास यह है कि यह हमें यह चेतावनी देते हुए शुरुआत करता है कि सारे अभिजातवर्गीय मनुष्य सत्ता की लालसा से परिचालित होते हैं, लेकिन अंत में वे किसी एक महत्त्वाकांक्षी इंसान के हाथों में सत्ता सौंप देते हैं।

हम अध्याय 5 में लोकलुभावनवाद पर और ज़्यादा गहराई से विचार करेंगे, लेकिन इस मक़ाम पर यह कहना महत्त्वपूर्ण है कि एक ऐसे समय में जबकि मनुष्यता पारिस्थितिकीय विध्वंस, भूमंडलीय युद्ध, और अनियंत्रणीय प्रौद्योगिकी द्वारा पेश की जा रही अस्तित्वपरक चुनौतियों का सामना कर रही है, ये लोकलुभावनवादी बड़े पैमाने की संस्थाओं और अंतरराष्ट्रीय सहयोग पर विश्वास को धीरे-धीरे ख़त्म कर रहे हैं। जटिल मानवीय संस्थाओं पर भरोसा करने की बजाय, लोकलुभावनवादी हमें वही सलाह दे रहे हैं, जो फ़ेथॉन के मिथक और 'जादूगर के प्रशिक्षु' में दी गई थी : ''परमेश्वर या महान जादूगर पर भरोसा करो, उसके हस्तक्षेप से सब कुछ ठीक हो जाएगा।'' अगर हम यह सलाह मान लेते हैं, तो इसकी पूरी संभावना है कि हम स्वयं को जल्दी ही सत्ता के निकृष्टतम लालचियों और दीर्घकालिक स्तर पर एआई के अधिपतियों के नियंत्रण में पाएँ या मुमकिन है कि पृथ्वी मानव जीवन के लिए असह्य बन जाए और हम ख़ुद को कहीं भी न पाएँ।

अगर हम किसी चमत्कारी नेता या रहस्यमय एआई के हाथों में सत्ता सौंपने से बचना चाहते हैं, तो हमें सबसे पहले यह समझ हासिल करना चाहिए कि सूचना क्या है, वह किस तरह इंसानों के तंत्र खड़े करने में मदद करती है, और सत्य तथा शक्ति के साथ उसका क्या संबंध है। सूचना के अपरिपक्व दृष्टिकोण को लेकर लोकलुभावनवादियों का संदेह जायज़ है, लेकिन उनका यह सोचना ग़लत है कि शक्ति एकमात्र यथार्थ है और सूचना हमेशा अस्त्र होती है। सूचना सत्य की कच्ची सामग्री नहीं है, लेकिन वह महज़ एक अस्त्र भी नहीं है। इन चरम सीमाओं के बीच इंसानी सूचना तंत्र और शक्ति को बुद्धिमानी से सँभालने की हमारी क्षमता के बारे में अधिक सूक्ष्म और आशावादी दृष्टिकोण के लिए पर्याप्त जगह है। यह किताब उस मध्य मार्ग की खोज के लिए समर्पित है।

आगे का रास्ता

किताब का पहला खंड मानवीय सूचना तंत्र के ऐतिहासिक विकास का सर्वेक्षण करता है। यह लिपि, छापाख़ाना, और रेडियो जैसी सूचना प्रौद्योगिकी का विशद

रूप में शताब्दी-दर-शताब्दी ऐतिहासिक विकास प्रस्तुत नहीं करता। इसकी बजाय, कुछ उदाहरणों की विवेचना करने के बाद, वह उन मुख्य दुविधाओं को सामने लाने की कोशिश करता है, जिनका सामना सूचना तंत्र निर्मित करने की कोशिश में हर युग के लोगों ने किया है, और फिर इस बात का परीक्षण करता है कि किस तरह इन दुविधाओं के विभिन्न जवाबों ने नाना प्रकार के समाजों को जन्म दिया है। जिन्हें हम सामान्य तौर पर विचारधारात्मक और राजनीतिक टकरावों के रूप में देखते हैं, वे अक्सर परस्पर विरोधी क़िस्म के सूचना तंत्रों के बीच के टकराव साबित होते हैं।

पहले खंड की शुरुआत उन दो सिद्धांतों के परीक्षण के साथ होती है, जो बड़े पैमाने के मानवीय सूचना तंत्रों के लिए अनिवार्य रहे हैं : मिथक और नौकरशाही। अध्याय 2 और 3 में इस बात का वर्णन है कि किस तरह प्राचीन राजतंत्रों से लेकर आज के राज्यों तक बड़े पैमाने के सूचना तंत्र मिथक रचने वालों और नौकरशाहों पर निर्भर रहे हैं। उदाहरण के लिए, बाइबल के क़िस्से मूलत: ईसाई चर्च के लिए अनिवार्य थे, लेकिन अगर चर्च के नौकरशाहों ने इन क़िस्सों को संचित, संपादित और प्रसारित न किया होता, तो बाइबल अस्तित्व में ही न आई होती। हर मानवीय तंत्र की एक मुश्किल दुविधा यह रही है कि मिथक रचने वाले और नौकरशाह विभिन्न दिशाएँ अख़्तियार करने की कोशिश करते हैं। संस्थाएँ और समाज अक्सर उस संतुलन से परिभाषित होते रहे हैं, जिसे वे अपने मिथकों के रचयिताओं और नौकरशाहों की परस्पर विरोधी ज़रूरतों के बीच क़ायम करने में सफल होते रहे हैं। ईसाई चर्च स्वयं कैथोलिक और प्रोटेस्टेंट चर्च जैसी उन प्रतिद्वंद्वी चर्चों में विभाजित है, जिन्होंने मिथकों और नौकरशाही के बीच संतुलन खोज निकाला है।

अध्याय 4 मिथ्या सूचना की समस्याओं पर और स्वाधीन अदालतों या विद्वत मंडल द्वारा समीक्षित पत्रिकाओं जैसी आत्म सुधारक प्रक्रियाओं को क़ायम रखने के नफ़ा और नुक़सानों पर केंद्रित है। यह अध्याय कैथोलिक चर्च जैसी कमज़ोर क़िस्म की आत्मसुधारक प्रक्रियाओं पर भरोसा करने वाली संस्थाओं के विपरीत उन संस्थाओं को रखता है, जिन्होंने मज़बूत क़िस्म की आत्मसुधारक प्रक्रियाओं, जैसे कि वैज्ञानिक अनुशासन को विकसित कर लिया है। कमज़ोर आत्म-सुधारक तंत्र कभी-कभी ऐतिहासिक आपदाओं का कारण बनते हैं, जैसे कि आधुनिक यूरोप में डायन-शिकार का शुरुआती दौर, जबकि मज़बूत आत्म-सुधारक तंत्र कभी-कभी नेटवर्क को अंदर से अस्थिर कर देते हैं। दीर्घायु, प्रसार और शक्ति के संदर्भ में देखा जाए, तो कैथोलिक चर्च शायद मानव इतिहास में सबसे सफल संस्था रही है, इसके बावजूद या शायद इसके आत्म-सुधारक तंत्र की सापेक्ष कमज़ोरी के कारण।

पहले खंड के बाद मैंने मिथक विद्या और नौकरशाही की भूमिकाओं, और मज़बूत तथा कमज़ोर आत्मसुधारक प्रक्रियाओं का सर्वेक्षण किया है। अध्याय 5 एक अन्य विषमता- विकेंद्रित और केंद्रित सूचना तंत्रों की विषमता - पर ध्यान केंद्रित करते हुए इस ऐतिहासिक चर्चा का समापन करता है। लोकतांत्रिक व्यवस्थाएँ सूचना को कई स्वाधीन माध्यमों से प्रवाहित होने की गुंजाइश देती हैं, जबकि अधिनायकवादी व्यवस्थाएँ सूचना को किसी एक केंद्र में एकाग्र करने की कोशिश करती हैं। हर विकल्प के अपने फ़ायदे और नुक़सान हैं। संयुक्त राज्य अमेरिका और यूएसएसआर जैसी राजनीतिक व्यवस्थाओं को सूचना-प्रवाहों के संदर्भ में समझने से विभिन्न प्रक्षेप पथों (ट्रैजेक्टरीज़) के बारे में काफ़ी कुछ समझ मिल सकती है।

किताब का यह ऐतिहासिक हिस्सा आज के घटनाक्रमों और भविष्य के परिदृश्यों को समझने में केंद्रीय महत्त्व रखता है। यह बात तर्कसंगत ढंग से कही जा सकती है कि एआई का उदय इतिहास की सबसे बड़ी सूचना क्रांति है, लेकिन जब तक हम इसकी तुलना इसकी पूर्ववर्ती क्रांतियों से नहीं करते, तब तक हम इसे समझ नहीं सकते। इतिहास अतीत का अध्ययन नहीं है : यह परिवर्तन का अध्ययन है। इतिहास हमें सिखाता है कि वह क्या है, जो जस-का-तस बना रहा है, वह क्या है, जो बदला है, और चीज़ें कैसे बदलती हैं। यह जितना दूसरे क़िस्म के ऐतिहासिक रूपांतरणों के संदर्भ में प्रासंगिक है, उतना ही सूचना क्रांतियों के संदर्भ में भी प्रासंगिक है। इस तरह, जिस प्रक्रिया ने कथित रूप से अचूक बाइबल को महिमामंडित किया, उस प्रक्रिया की समझ से आज के एआई के अचूक होने के दावे को समझा जा सकता है। इसी तरह, आरंभिक आधुनिक युग के विचहंट्स और स्तालिन के सामूहिकीकरण (कलेक्टिवाइज़ेशन) का अध्ययन हमें उस चीज़ के बारे में सख़्त चेतावनी उपलब्ध कराता है कि अगर हम इक्कीसवीं सदी के समाजों को एआई के नियंत्रण में सौंप देते हैं, तो क्या समस्या पैदा हो सकती है। इतिहास का गहरा ज्ञान इस बात को समझने में भी महत्त्वपूर्ण है कि एआई में नया क्या है, वह छापेख़ाने और रेडियो सेट से किस तरह बुनियादी रूप से भिन्न है, और किन ख़ास तरीक़ों से भविष्य की एआई तानाशाही उस किसी भी चीज़ से भिन्न हो सकती है, जो हमने पहले देखी है।

यह किताब यह नहीं कहती कि अतीत का अध्ययन हमें भविष्य का पूर्वानुमान करने में सक्षम बनाता है, जैसा कि आगामी पृष्ठों में बार-बार बल दिया गया है। इतिहास निश्चयात्मक नहीं होता, और भविष्य उन विकल्पों के हाथों गढ़ा जाएगा, जो विकल्प हम आने वाले वर्षों में चुनेंगे। इस किताब को लिखने का कुल मुद्दा इतना ही है कि सुविचारित विकल्प चुनते हुए हम सबसे ख़राब नतीजों को रोक

सकते हैं। अगर हम भविष्य को नहीं बदल सकते, तो उसकी चर्चा करने में हम अपना वक़्त क्यों बर्बाद करें?

भाग एक में ऐतिहासिक सर्वेक्षण का आधार तैयार करते हुए, किताब का दूसरा खंड 'अजैविक तंत्र', उस नए सूचना तंत्र का परीक्षण करता है, जो हम आज रच रहे हैं, और इस तरह एआई के उदय के राजनीतिक निहितार्थों पर यह एकाग्र होता है। अध्याय 6-8 में सारी दुनिया से लिए गए हाल के उदाहरणों, जैसे कि 2016-17 में म्याँमार में हुई नस्लपरक हिंसा को भड़काने में सोशल मीडिया एल्गोरिदमों की भूमिका पर इस बात को समझने के लिए चर्चा की गई है कि एआई किन रूपों में पहले की सारी सूचना प्रौद्योगिकियों से भिन्न है। ज़्यादातर उदाहरण 2020 के दशक की बजाय 2010 के दशक से लिए गए हैं, क्योंकि हम 2010 के दशक की घटनाओं पर ऐतिहासिक परिप्रेक्ष्य का नमूना हासिल कर चुके हैं।

भाग दो में इस बात पर बहस है कि हम नितांत नए क़िस्म का सूचना तंत्र रच रहे हैं, उसके निहितार्थों को समझने के लिए रुके बग़ैर। इस अध्याय में जैविक से अजैविक सूचना तंत्रों पर आगे की प्रक्रिया को विशेष रूप से रेखांकित किया गया है। रोमन साम्राज्य, कैथोलिक चर्च, और यूएसएसआर, सभी सूचना के संसाधन और निर्णय-प्रक्रिया के लिए कार्बन-आधारित मस्तिष्कों पर निर्भर करते थे। सिलिकॉन-आधारित कंप्यूटर, जिनका नए सूचना तंत्र पर वर्चस्व है, नितांत भिन्न ढंग से काम करते हैं। नतीजा चाहे अच्छा हो या बुरा, सिलिकॉन चिप्स उन कई बंधनों से मुक्त है, जिन्हें जैविक जैव रसायन (ऑर्गेनिक बायोकैमिस्ट्री) कार्बन न्यूरॉन पर मढ़ देता है। सिलिकॉन चिप्स ऐसे जासूसों की रचना कर सकता है, जो कभी सोते नहीं हैं। ऐसे वित्तपोषकों की रचना कर सकता है, जो कभी भूलते नहीं हैं, और ऐसे निरंकुश शासकों की रचना कर सकता है, जो कभी मरते नहीं हैं। सवाल यह है कि यह समाज, अर्थव्यवस्था और राजनीति को किस तरह बदल देगी?

किताब का तीसरा और अंतिम भाग - 'कंप्यूटर राजनीति' - इस बात का परीक्षण करता है कि विभिन्न क़िस्म के समाज अजैविक सूचना तंत्र के ख़तरों और आश्वासनों से कैसे निपट सकते हैं। क्या हमारे जैसे कार्बन-आधारित जीवन-रूपों के पास नए सूचना तंत्र को समझने और नियंत्रित करने का अवसर है? जैसा कि पहले कहा गया है, इतिहास निश्चयात्मक नहीं होता, और अभी कम-से-कम कुछ और वर्षों तक हम सेपियन्स के पास अपने भविष्य को आकार देने की शक्ति बची हुई है।

इस प्रकार, अध्याय 9 इस बात की छानबीन करता है कि लोकतांत्रिक व्यवस्थाएँ अजैविक तंत्र से कैसे निपट सकती हैं। उदाहरण के लिए, अगर वित्तीय व्यवस्थाएँ उत्तरोत्तर एआई द्वारा नियंत्रित होती जाती हैं और पैसे का अर्थ रहस्यमय

एल्गोरिदमों पर निर्भर करने लगता है, तो हाड़-मांस के बने राजनेता वित्तीय निर्णय कैसे ले सकेंगे? अगर हम यह जानने की स्थिति में नहीं रह जाएँगे कि हम किसी दूसरे इंसान से बात कर रहे हैं या इंसान का छद्मवेश धारण किए किसी चैटबॉट से, तो लोकतांत्रिक व्यवस्थाएँ किसी भी चीज़ के बारे में सार्वजनिक संवाद कैसे कर पाएँगी?

दसवाँ अध्याय अधिनायकवाद पर अजैविक तंत्र के संभावित प्रभाव की छानबीन करता है। जहाँ तानाशाह सार्वजनिक संवाद से छुटकारा पाने को लेकर प्रसन्न होंगे, वहीं एआई को लेकर उनकी अपनी आशंकाएँ हैं। तानाशाहियाँ अपने ही एजेंटों को आतंकित करने और सेंसर करने पर टिकी होती हैं, लेकिन एक इंसानी तानाशाह एआई को कैसे आतंकित कर सकेगा, उसकी अपरिमेय प्रक्रियाओं को सेंसर कैसे कर सकेगा, या उसे स्वयं सत्ता हथिया लेने से कैसे रोक सकेगा?

अंत में, अध्याय 11 इस बात की छानबीन करता है कि नया सूचना तंत्र भूमंडलीय स्तर पर लोकतंत्रों और अधिनायकवादी समाजों के बीच के शक्ति संतुलन को किस तरह प्रभावित कर सकेगा। क्या एआई उस संतुलन को किसी एक ख़ेमे के पक्ष में झुका देगा? क्या दुनिया टूटकर विरोधी खेमों में बँट जाएगी, जिनकी आपसी शत्रुता हमें अनियंत्रणीय एआई का आसान शिकार बना देगी? या क्या हम अपने सार्वजनिक हितों के बचाव में संगठित हो सकेंगे?

लेकिन इसके पहले कि हम सूचना तंत्रों के अतीत, वर्तमान और भविष्य की छानबीन करें, छलपूर्ण ढंग से सरल प्रतीत होते एक सवाल के साथ शुरुआत करनी चाहिए। सूचना ठीक-ठीक है क्या चीज़?

भाग 1

मानवीय तंत्र

अध्याय 1

सूचना क्या है?

बुनियादी अवधारणाओं को परिभाषित करना हमेशा पेचीदा काम होता है। चूँकि वे आगे आने वाली हर चीज़ का आधार होती हैं, इसलिए वे स्वयं आधारहीन प्रतीत होती हैं। भौतिकीविदों को पदार्थ और ऊर्जा को परिभाषित करने में बहुत कठिनाई होती है, जीवविज्ञानियों को जीवन को परिभाषित करने में बहुत कठिनाई होती है, और दार्शनिकों को यथार्थ को परिभाषित करने में बहुत कठिनाई होती है।

सूचना को कई दार्शनिकों और जीवविज्ञानियों द्वारा, यहाँ तक कि कुछ भौतिकीविदों द्वारा भी यथार्थ के सर्वाधिक बुनियादी घटकों के रूप में, पदार्थ और ऊर्जा से भी ज़्यादा प्राथमिक रूप में देखा गया है।[1] आश्चर्य की बात नहीं कि इस बात को लेकर कई विवाद हैं कि सूचना को कैसे परिभाषित किया जाए, और यह जीवन के विकासक्रम के साथ किस तरह जुड़ी है या यह एंट्रॉपी, थर्मोडाइनैमिक्स के नियमों और क्वांटम के अनिश्चय के सिद्धांत जैसे भौतिकी के बुनियाद विचारों के साथ कैसे जुड़ी हुई है।[2] यह किताब इन विवादों को सुलझाने या उन्हें स्पष्ट करने की भी कोशिश नहीं करेगी, न ही यह सूचना की ऐसी कोई सार्वभौमिक परिभाषा देगी, जो भौतिकी, जीवविज्ञान और ज्ञान के अन्य क्षेत्रों पर लागू होती हो। चूँकि यह इतिहास संबंधी किताब है, जो मानव समाजों के अतीत और भविष्य के घटनाक्रमों का अध्ययन करता है, लिहाज़ा, यह किताब इतिहास में सूचना की परिभाषा और भूमिका पर केंद्रित होगी।

रोज़मर्रा के इस्तेमाल में, सूचना को मनुष्यों द्वारा निर्मित प्रतीकों, जैसे कि बोले या लिखे गए शब्दों, से जोड़कर देखा जाता है। उदाहरण के लिए, *शर एमी* और लॉस्ट बटालियन की कहानी पर विचार करें। अक्टूबर, 1918 में, जब अमेरिकी अभियान सेना उत्तरी फ़्रांस को जर्मनी से आज़ाद कराने के लिए लड़ रही

थी, तो पाँच सौ से ज़्यादा अमेरिकी सैनिकों की बटालियन दुश्मन के मोर्चे के पीछे फँस गई थी। अमेरिकी तोपख़ाने ने, जो उन्हें कवर फ़ायर मुहैया कराने की कोशिश कर रहा था, उनके ठिकाने की ग़लत पहचान कर ली और सीधे उन्हीं के ऊपर गोले बरसा दिए। बटालियन के कमांडर, मेजर चार्ल्स ह्विटलसे को तत्काल मुख्यालय को अपने वास्तविक ठिकाने की सूचना भेजने की ज़रूरत थी, लेकिन उनका कोई दौड़ाक जर्मन मोर्चे को नहीं तोड़ सका। अनेक विवरणों के मुताबिक़, ह्विटलसे को अंतिम सहारे के तौर पर आर्मी कैरियर कबूतर, शर एमी, की शरण में जाना पड़ा। ह्विटलसे ने काग़ज़ के एक छोटे-से पुर्ज़े पर लिखा, ''हम 276.4 की समानांतर सड़क पर हैं। हमारा तोपख़ाना सीधे हमारे ऊपर गोले बरसा रहा है। ईश्वर के वास्ते उसे रोकिए।'' काग़ज़ के इस पुर्ज़े को शर एमी के दाहिने पैर में बँधी डिब्बी में डाल दिया गया, और परिंदे को हवा में छोड़ दिया गया। बटालियन के एक सैनिक, प्राइवेट जॉन नेल ने वर्षों बाद इस घटना को याद करते हुए कहा, ''हम निस्संदेह जानते थे कि यह हमारे पास आख़िरी मौक़ा था। अगर वह अकेला डरा हुआ कबूतर अपना ठिकाना नहीं पा सका, तो हमारी नियति तय हो चुकी थी।''

चश्मदीद गवाहों ने बाद में बताया था कि किस तरह शर एमी जर्मनों की भीषण गोलाबारी के बीच उड़ा था। एक गोला परिंदे के ठीक नीचे फटा और उसने पाँच लोगों की जान ले ली और कबूतर को गंभीर रूप से घायल कर दिया। शर एमी की छाती में एक खपच्ची घुस गई, और उसका बाँया पैर एक मांसपेशी से लटकता रह गया, लेकिन वह बाहर निकल गया। वह घायल कबूतर, अपने बचे हुए दाएँ पैर में उस महत्त्वपूर्ण संदेश से युक्त डिब्बी को साथ लिए लगभग पैंतालीस मिनट में चालीस किलोमीटर दूर स्थित डिवीज़न के मुख्यालय में पहुँच गया, हालाँकि, ठीक-ठीक विवरण को लेकर कुछ विवाद हैं, लेकिन इतना स्पष्ट है कि अमेरिकी तोपख़ाने ने अपनी गोलाबारी का सामंजस्य बैठाया, और अमेरिकी जवाबी हमले ने खोई हुई बटालियन को बचा लिया। सेना के चिकित्सा विभाग ने शर एमी की सुश्रुषा की, उसे एक हीरो की गरिमा के साथ अमेरिका भेजा गया, जहाँ वह अनेक लेखों, कहानियों, बच्चों की किताबों, कविताओं और यहाँ तक कि फ़िल्मों का भी विषय बना। उस कबूतर को नहीं मालूम था कि वह क्या सूचना ले जा रहा था, लेकिन काग़ज़ के पुर्ज़े में जो प्रतीक अंकित थे, उन्होंने सैकड़ों लोगों को मरने और बंधक बनाए जाने से बचा लिया।[3]

लेकिन सूचना के लिए ज़रूरी नहीं है कि उसमें मानव निर्मित चिह्न हों। बाइबल के बाढ़ के मिथक के मुताबिक़, नोआ को पता चल गया था कि पानी अंततः कम हो गया था, क्योंकि अपनी नाव से उसने जिस कबूतर को भेजा था, वह अपने मुँह में जैतून की एक छोटी-सी डाली दबाए लौट आया था। इसके

बाद परमेश्वर ने बादलों में एक इंद्रधनुष बिछा दिया, जो उसके इस आश्वासन का अलौकिक प्रमाण था कि पृथ्वी पर फिर से बाढ़ नहीं आएगी। उसके बाद से, कबूतर, जैतून की डाली और इंद्रधनुष शांति और सहिष्णुता के प्रतीक बन गए। इंद्रधनुष से भी ज़्यादा दूर की वस्तुएँ भी सूचना हो सकती हैं। खगोलविदों के लिए तारकपुंजों की आकृति और गति विश्व के इतिहास के बारे में महत्त्वपूर्ण सूचना होती हैं। नाविकों के लिए ध्रुवतारा संकेत देता है कि उत्तर दिशा कहाँ है। ज्योतिषियों के लिए नक्षत्र वह ब्रह्मांडीय लिपि है, जो व्यक्तियों और पूरे के पूरे समाजों के भविष्य के बारे में सूचना देती है।

बेशक, किसी चीज़ को सूचना के तौर पर परिभाषित करना परिप्रेक्ष्य का मसला है। एक ज्योतिषी या खगोलविद लीब्रा तारक समूह को 'सूचना' के रूप में देख सकता है, लेकिन सुदूर स्थित नक्षत्र मानव पर्यवेक्षकों के लिए नोटिस बोर्ड से कहीं बहुत ज़्यादा बड़ी चीज़ हैं। हो सकता है कि वहाँ कोई एलियन सभ्यता हो, जो उस सूचना के प्रति पूरी तरह बेख़बर हो, जो हम उनके घर से बटोरते हैं, और जो उन क़िस्सों के प्रति पूरी तरह बेख़बर हो, जो हम उसके बारे में सुनते-सुनाते हैं। इसी तरह, स्याही के दाग़ों से चिह्नित काग़ज़ का एक पुर्ज़ा सेना की किसी टुकड़ी के लिए निर्णायक महत्त्व की सूचना देने वाला हो सकता है, या दीमकों के किसी परिवार के लिए डिनर हो सकता है। कोई भी वस्तु सूचना हो सकती है या नहीं हो सकती। यह चीज़ सूचना की परिभाषा को मुश्किल बना देती है।

सूचना की इस उभयवृत्तिता, यानी किसी विषय या वस्तु के प्रति एक साथ परस्पर विरोधी प्रतिक्रियाएँ, विश्वास या भावनाएँ होने की स्थिति ने सैन्य जासूसी के इतिहास में उस वक़्त एक महत्त्वपूर्ण भूमिका निभाई है, जब गुप्तचरों को चोरी छिपे सूचना भेजने की ज़रूरत पड़ती थी। पहले विश्व युद्ध के दौरान, उत्तरी फ्रांस एकमात्र बड़ा लड़ाई का मैदान नहीं था। 1915 से 1918 तक अँग्रेज़ी और ऑटोमन साम्राज्यों ने मध्यपूर्व पर नियंत्रण के लिए लड़ाई लड़ी थी। सिनाई प्रायद्वीप और सुएज़ नहर पर एक ऑटोमन हमले का प्रतिरोध करने के बाद अँग्रेज़ों ने ऑटोमन साम्राज्य पर चढ़ाई की, लेकिन उन्हें अक्टूबर 1917 तक बीरशेबा से गाज़ा तक तैनात क़िलेबंद ऑटोमन मोर्चे ने रोके रखा। क़िलेबंदी को तोड़ने की अँग्रेज़ों की कोशिश को गाज़ा की पहली लड़ाई (26 मार्च, 1917) और गाज़ा की दूसरी लड़ाई (17-19 अप्रैल, 1917) में प्रतिरोध दिया गया। इस बीच, फ़िलिस्तीन में रह रहे, अँग्रेज़ों के पक्षधर यहूदियों ने **नीली** (NILI) के गुप्त नाम से जासूसी का एक तंत्र खड़ा किया, जिसका उद्देश्य अँग्रेज़ों को ऑटोमन सेना की गतिविधियों की सूचना देना था। उन्होंने अँग्रेज़ ऑपरेटरों को संदेश भेजने के लिए जो पद्धतियाँ अपनाईं, उनमें से एक पद्धति खिड़कियों के शटर की थी। **नीली** की एक कमांडर

सारा आरोन्सन का एक मकान भूमध्यसागर की दिशा में खुलता था। वे पूर्वनिर्धारित कोड के मुताबिक़, खिड़की के एक ख़ास शटर को बंद करके या खोलकर अँग्रेज़ों के जहाजों को सिग्नल भेजती थीं। ज़ाहिर है कि अनेक लोग, जिनमें ऑटोमन सैनिक भी शामिल होते थे, इन शटरों को देख सकते थे, लेकिन **नीली** के जासूसों और उनके अँग्रेज़ ऑपरेटरों के अलावा कोई नहीं समझ पाता था कि यह एक अत्यंत महत्त्वपूर्ण सैन्य सूचना थी।[4] इसलिए कोई शटर कब महज़ एक शटर होता है, और कब एक सूचना होता है?

ऑटोमनों ने अंततः एक विचित्र-सी दुर्घटना के चलते **नीली** जासूसों के गिरोह को पकड़ लिया। शटर के अलावा, नीली कूटबद्ध (कोडेड) संदेश भेजने के लिए कबूतरों का इस्तेमाल करता था। 3 सितंबर, 1917 को, एक कबूतर अपने रास्ते से हटकर – सब जगहों को छोड़कर – एक ऑटोमन अधिकारी के घर पर उतर गया। उस अधिकारी को कूटबद्ध संदेश तो मिल गया, लेकिन वह उसकी कूट इबारत को पढ़ नहीं सका। तब भी, स्वयं वह कबूतर एक महत्त्वपूर्ण सूचना था। उसका अस्तित्व ऑटोमनों के लिए यह संकेत था कि उनकी नाक के नीचे जासूसों का एक गिरोह सक्रिय था। जैसा कि मार्शल मैकलुहान ने इसे लिखा होता, कबूतर अपने आप में संदेश था। जब **नीली** के गुप्तचरों को उस कबूतर के पकड़े जाने की जानकारी मिली, तो उन्होंने अपने पास के बाक़ी सारे परिंदों को मारकर दफ़ना दिया, क्योंकि अब आपके पास संदेशवाहक कबूतरों का होना मात्र एक आपराधिक सूचना थी, लेकिन कबूतरों का सामूहिक संहार **नीली** को बचा नहीं सका। महीने भर के भीतर ही जासूसों के तंत्र का भंडाफोड़ हो गया। उसके कई सदस्यों को फाँसी दे दी गई, और सारा आरोन्सन ने आत्महत्या कर ली, क्योंकि उन्हें भय था कि उन्हें यातना देकर उनसे **नीली** के रहस्यों को उगलवा लिया जाएगा।[5] तो ऐसे में सवाल यह है कि एक कबूतर कब महज़ एक कबूतर है और कब एक सूचना है?

तब, स्पष्ट है कि सूचना को किन्हीं ख़ास क़िस्म की भौतिक वस्तुओं के रूप में परिभाषित नहीं किया जा सकता। कोई भी वस्तु – एक नक्षत्र, एक शटर, एक कबूतर – सही संदर्भ में सूचना हो सकती है। तब सवाल उठता है कि वह ठीक-ठीक संदर्भ क्या है, जो इस तरह की वस्तुओं को एक सूचना के रूप में परिभाषित करता है? सूचना का अपरिपक्व दृष्टिकोण तर्क देता है कि वस्तुएँ सच्चाई की खोज के संदर्भ में सूचना के रूप में परिभाषित होती हैं। कोई भी चीज़ उस वक़्त एक सूचना बन जाती है, जब लोग सत्य को खोजने की कोशिश में उसका उपयोग करते हैं। यह दृष्टिकोण सूचना की अवधारणा को सत्य की अवधारणा से जोड़ देता है और मानकर चलता है कि सूचना की मुख्य भूमिका यथार्थ का निरूपण (रिप्रेज़ेंटेशन) करना है। 'वहाँ' यथार्थ है, और सूचना वह है, जो उस यथार्थ का निरूपण करती है

और इसलिए जिसका हम उस यथार्थ के बारे में जानने के लिए उपयोग कर सकते हैं। उदाहरण के लिए, **नीली** द्वारा अँग्रेज़ों को उपलब्ध कराई जाने वाली सूचना का उद्देश्य ऑटोमन सेना की गतिविधियों के यथार्थ का निरूपण करना था। अगर ऑटोमन ने गाज़ा में दस हज़ार सैनिकों को जमा कर रखा होता, जो उनका मुख्य बचाव होता, तो 'दस हज़ार' और 'गाज़ा' एक महत्त्वपूर्ण सूचना होती, जो युद्ध को जीतने में अँग्रेज़ों की मदद करती। दूसरी ओर, अगर गाज़ा में वास्तव में बीस हज़ार सैनिक होते, लेकिन काग़ज़ के उस पुर्ज़े ने यथार्थ का ग़लत निरूपण किया होता, जिसके नतीजे में अँग्रेज़ विनाशकारी सैन्य ग़लती कर बैठते।

दूसरी तरह से कहें, तो अपरिपक्व दृष्टिकोण तर्क देता है कि सूचना यथार्थ का निरूपण करने की कोशिश है और जब यह कोशिश सफल होती है, तो हम उसे सत्य कहते हैं। जहाँ यह किताब इस अपरिपक्व दृष्टिकोण से कई जगहों पर असहमत है, वहीं यह इस बात से सहमत है कि सत्य यथार्थ का सटीक निरूपण करता है, लेकिन किताब यह भी मानती है कि अधिकांश सूचना यथार्थ का निरूपण करने की कोशिश नहीं होती और सूचना जिस चीज़ को परिभाषित करती है, वह नितांत भिन्न चीज़ होती है। ज़्यादातर सूचना मानव समाज में, और दरअसल अन्य जैविक और भौतिक व्यवस्थाओं में, *किसी चीज़ का निरूपण नहीं करती।*

मैं इस पेचीदा और निर्णायक महत्त्व के तर्क पर कुछ और समय ख़र्च करना चाहता हूँ, क्योंकि यह इस किताब का सैद्धांतिक आधार है।

सत्य क्या है?

इस समूची किताब में, 'सत्य' को एक ऐसी चीज़ के रूप में समझा गया है, जो एकदम सही ढंग से यथार्थ के किन्हीं ख़ास पहलुओं का निरूपण करती है। सत्य की अवधारणा में यह प्रतिज्ञा निहित है कि किसी एक सार्वभौमिक यथार्थ का अस्तित्व है। विश्व में जिस किसी भी चीज़ का अस्तित्व रहा है या अस्तित्व होगा – ध्रुव तारे से लेकर, **नीली** के कबूतर और ज्योतिष के वेब पेज़ों तक – वह इस एकल यथार्थ का हिस्सा है। इसीलिए सत्य की खोज एक वैश्विक परियोजना है। जहाँ समाजों, राष्ट्रों, या संस्कृतियों के प्रतिस्पर्धी विश्वास या भावनाएँ हो सकती हैं, उनके सत्य परस्पर विरोधी नहीं हो सकते, क्योंकि वे सब एक सार्वभौमिक यथार्थ को साझा करते हैं। जो भी कोई सार्वभौमिकता को नकारता है, वह सत्य को नकारता है।

तब भी, सत्य और यथार्थ दो भिन्न चीज़ें हैं, क्योंकि कोई बयान कितना ही सच्चा क्यों न हो, वह यथार्थ का उसके सारे पहलुओं में कभी निरूपण नहीं कर सकता। अगर **नीली** के गुप्तचर ने लिखा होता कि गाज़ा में दस हज़ार ऑटोमन

सैनिक हैं, और वहाँ वास्तव में दस हज़ार सैनिक ही होते, तो उसने यथार्थ के एक निश्चित पहलू की ओर ही संकेत किया होता, लेकिन उसने बहुत से दूसरे पहलुओं को नज़रअंदाज़ कर दिया होता। चीज़ों को, चाहे वे सेब हो, संतरे हों, या सैनिक हों, को गिनने की क्रिया मात्र अनिवार्यत: उन चीज़ों की समानता पर ध्यान एकाग्र करते हुए, किन्तु उनकी असमानता को ध्यान में न लेते हुए की जाती है।[6] उदाहरण के लिए, सिर्फ़ इतना कहना कि गाज़ा में दस हज़ार ऑटोमन सैनिक हैं, इस विशिष्ट उल्लेख की उपेक्षा करना है कि उनमें से कुछ अनुभवी पुराने योद्धा हैं, जबकि कुछ अदक्ष रँगरूट हैं। अगर उनमें एक हज़ार रँगरूट और नौ हज़ार पुराने सैनिक होते, तो सेना का यथार्थ उससे एकदम भिन्न होता, जब वहाँ नौ हज़ार नौसिखिये होते और युद्ध में पके हुए एक हज़ार अनुभवी सैनिक होते।

सैनिकों में और भी कई भिन्नताएँ थीं। कुछ तंदुरुस्त थे, कुछ बीमार थे। कुछ ऑटोमन सैनिक प्रजातीय तौर पर तुर्क थे, तो कुछ अरब, कुर्द और यहूदी थे। कुछ बहादुर थे, कुछ कायर। दरअसल, हर सैनिक एक अनूठा इंसान था, जिनके अभिभावक और दोस्त भिन्न थे और जिनके व्यक्तिगत भय और उम्मीदें थीं। यह बात जग-ज़ाहिर है कि पहले विश्व युद्ध के विल्फ्रीड ओवेन जैसे कवियों ने सेना के यथार्थ के इन बाद वाले पहलुओं का निरूपण करने की कोशिश की थी, जिसे निरी आँकड़ेबाज़ी कभी सही ढंग से बयान नहीं कर सकी थी। क्या इसका यह अभिप्राय निकलता है कि 'दस हज़ार सैनिक' लिखना यथार्थ का ग़लत निरूपण है, और यह कि क्या हमें गाज़ा के आस-पास की 1917 की सैन्य स्थिति का वर्णन करने के लिए हर सैनिक के अनूठे अतीत और व्यक्तित्व को रेखांकित करना चाहिए?

यथार्थ के निरूपण की किसी भी कोशिश के साथ एक और समस्या यह है कि यथार्थ में कई दृष्टिकोण निहित होते हैं। उदाहरण के लिए, ऑटोमन साम्राज्य पर ब्रिटेन की चढ़ाई, अंडरग्राउंड **नीली** और सारा आरोन्सन की गतिविधियों के बारे में वर्तमान इज़रायलियों, फ़िलिस्तीनों, तुर्कों और अँग्रेज़ों के अलग-अलग दृष्टिकोण हैं। निश्चय ही, इसका यह मतलब नहीं है कि कई नितांत अलग यथार्थ हैं, या कोई ऐतिहासिक तथ्य नहीं है। यथार्थ सिर्फ़ एक है, लेकिन वह उलझा हुआ है।

यथार्थ में वस्तुपरक तथ्यों से युक्त एक वस्तुपरक स्तर शामिल होता है, जो लोगों के विश्वास पर निर्भर नहीं करता। उदाहरण के लिए, यह एक वस्तुपरक तथ्य है कि सारा आरोन्सन की मृत्यु ख़ुद पर चलाई गई गोली के घाव से 9 अक्टूबर 1917 को हुई थी। यह कहना कि ''सारा आरोन्सन 15 मई 1919 को विमान दुर्घटना में मारी गई थीं,'' एक त्रुटि होगी।

यथार्थ में व्यक्तिपरक तथ्यों से युक्त एक व्यक्तिपरक स्तर भी होता है, जैसे कि विभिन्न लोगों के विश्वास और अनुभूतियाँ, लेकिन इस स्थिति में भी तथ्यों

को त्रुटियों से अलग किया जा सकता है। उदाहरण के लिए, यह एक तथ्य है कि इज़रायली आरोन्सन को एक देशभक्त नायिका के रूप में देखते हैं। उनकी आत्महत्या के तीन सप्ताह बाद, **नीली** द्वारा उपलब्ध कराई गई सूचना ने बीरशेबा की लड़ाई (31 अक्टूबर, 1917) और थर्ड बैटल ऑफ़ गाज़ा (1-2 नवंबर, 1917) में अंततः ऑटोमन मोर्चे को तोड़ने में अँग्रेज़ों की मदद की थी। 2 नवंबर, 1917 को ब्रिटेन के विदेश मंत्री आर्थर बेल्फ़ोर ने बेल्फ़ोर घोषणा-पत्र जारी किया था, जिसमें कहा गया था कि ब्रिटिश सरकार ''फ़िलिस्तीन को यहूदी लोगों के राष्ट्रीय निवास के रूप में देखने के पक्ष में है।'' इज़रायली इस चीज़ का श्रेय **नीली** और सारा आरोन्सन को देते हैं, जिनके बलिदान के लिए वे उनकी सराहना करते हैं। यह एक और तथ्य है कि फ़िलिस्तीनी स्थितियों का मूल्यांकन बहुत भिन्न ढंग से करते हैं। आरोन्सन की सराहना करने की बजाय, वे उन्हें, अगर उन्होंने उनके बारे में सुना हो तो, साम्राज्यवादी एजेंट के रूप में देखते हैं। हम यहाँ व्यक्तिपरक दृष्टिकोणों और भावनाओं पर चर्चा कर रहे हैं, इसके बावजूद हम सत्य को झूठ से अलग कर सकते हैं, क्योंकि दृष्टिकोण और भावनाएँ नक्षत्रों और कबूतरों की ही तरह सार्वभौमिक यथार्थ का अंग हैं। यह कहना एक त्रुटि होगी कि ''सारा आरोन्सन ऑटोमन साम्राज्य को पराजित करने में अपनी भूमिका के लिए हर व्यक्ति द्वारा सराही जाती हैं।'' यह यथार्थ के अनुरूप बात नहीं होगी।

केवल राष्ट्रीयता ही ऐसी चीज़ नहीं है, जो लोगों के दृष्टिकोण को प्रभावित करती हो। इज़रायली मर्द और इज़रायली औरतें सारा आरोन्सन को भिन्न ढंग से देख सकते हैं, उसी तरह वामपंथी या दक्षिणपंथी, या कट्टरपंथी और सेक्यूलर यहूदी देख सकते हैं। चूँकि यहूदी मज़हबी क़ानून के मुताबिक़ ,आत्महत्या वर्जित है, इसलिए कट्टरपंथी यहूदियों के लिए आरोन्सन की आत्महत्या को बहादुरी के कृत्य के रूप में देखना मुश्किल होगा। (वास्तव में, उन्हें यहूदी क़ब्रिस्तान की पवित्र भूमि में दफ़नाने नहीं दिया गया था)। अंततः, हर व्यक्ति का दुनिया के बारे में एक भिन्न दृष्टिकोण होता है, जिसे विभिन्न शख़्सियतों और जीवन-इतिहासों के परस्पर कटाव ने गढ़ा होता है। क्या इसका यह मतलब है कि जब हम यथार्थ का वर्णन करना चाहते हैं, तो हमें उसमें निहित सारे दृष्टिकोणों को सूचीबद्ध करना चाहिए और क्या, मसलन, सारा आरोन्सन की सच्ची जीवनी में यह बताया जाना चाहिए कि प्रत्येक इज़रायली और प्रत्येक फ़िलिस्तीनी उनके बारे में क्या महसूस करता है?

सटीकता की खोज को उसकी पराकाष्ठा पर ले जाने का नतीजा यह होगा कि हम दुनिया की एक-एक चीज़ का अलग-अलग निरूपण करने की कोशिश करने लगेंगे, जैसा कि होर्ख़े लुई बोर्ख़ेस की प्रसिद्ध कहानी 'विज्ञान में सटीकता' (1946) में होता है। इस कहानी में बोर्ख़ेस एक काल्पनिक प्राचीन साम्राज्य के बारे

में बताते हैं, जिसके दिमाग़ में यह सनक सवार हो जाती है कि वह अपने प्रभुत्व वाले क्षेत्र के सबसे सटीक नक़्शे तैयार करे, जिसकी परिणिति ऐसे नक़्शे में हो, जिसमें एक-एक चीज़ शामिल हो। समूचा साम्राज्य उसी साम्राज्य के नक़्शे से ढक जाता है। इस महत्त्वाकांक्षी निरूपणात्मक परियोजना को पूरा करने में सारे के सारे संसाधन ख़त्म हो जाते हैं और साम्राज्य ध्वस्त हो जाता है। उसके बाद उस नक़्शे का भी क्षरण होने लगता है, और बोर्ख़ेस कहते हैं कि केवल ''पश्चिमी रेगिस्तानों में उस नक़्शे के कटे-फटे टुकड़े अभी भी देखने को मिल जाते हैं, जो कभी-कभार किसी भिखारी या जानवर को आश्रय देते हैं।''[7] एक-एक चीज़ का निरूपण करने वाला नक़्शा यथार्थ का चरम निरूपण प्रतीत हो सकता है, लेकिन ज़ाहिर तौर पर यह निरूपण ही नहीं है : यही यथार्थ है।

कहने का तात्पर्य यह है कि यथार्थ का अत्यंत सच्चा निरूपण उस वस्तु को उसकी पूर्णता में कभी निरूपित नहीं कर सकता। यथार्थ के ऐसे पहलू हमेशा बने रहते हैं, जो उसके निरूपण में या तो नज़रअंदाज़ कर दिए गए होते हैं या विकृत कर दिए गए होते हैं। इसलिए सत्य यथार्थ का यथातथ्य निरूपण नहीं है। इसकी बजाय, सत्य एक ऐसी चीज़ है, जो यथार्थ के किन्हीं ख़ास पक्षों की ओर हमारा ध्यान आकर्षित करता है, वहीं कुछ दूसरे पक्षों को अपरिहार्य रूप से नज़रअंदाज़ कर देता है। यथार्थ का कोई भी वर्णन 100 प्रतिशत शुद्ध नहीं होता, बल्कि कुछ वर्णन तब भी दूसरे विवरणों के मुक़ाबले ज़्यादा सच्चे होते हैं।

सूचना क्या करती है?

जैसा कि उल्लेख किया गया है कि अपरिपक्व दृष्टिकोण सूचना को यथार्थ को निरूपित करने की कोशिश के रूप में देखता है। उसे इस बात का एहसास होता है कि कुछ सूचनाएँ यथार्थ का ठीक से निरूपण नहीं करतीं, लेकिन इसे वह 'ग़लत सूचना' (मिसइंफ़ॉर्मेशन) या 'अपसूचना' (डिसइंफ़ॉर्मेशन) का दुर्भाग्यपूर्ण मामला मानकर ख़ारिज कर देता है। ग़लत सूचना एक नेकनीयत भरी ग़लती है, जो तब होती है, जब कोई व्यक्ति यथार्थ का निरूपण करने की कोशिश करता है और इसमें उससे ग़लती हो जाती है। अपसूचना जानबूझकर बोला गया झूठ है, जो तब बोला जाता है, जब कोई व्यक्ति सचेत रूप से यथार्थ के हमारे दृष्टिकोण को विकृत करना चाहता है।

आगे, अपरिपक्व दृष्टिकोण यह भी विश्वास करता है कि ग़लत सूचना और अपसूचना के कारण पैदा होने वाली समस्याओं का समाधान और अधिक सूचना है। इस धारणा को कभी-कभी 'काउंटर स्पीच डॉक्ट्रिन' के नाम से पुकारा जाता

है। यह संयुक्त राज्य अमेरिका के सुप्रीम कोर्ट के जज लुईस डी. ब्रैंडिस से जुड़ी है, जिन्होंने *ह्विटनी बनाम कैलिफ़ोर्निया* (1927) नामक मुक़दमे में लिखा था कि ग़लत वक्तव्य (फ़ॉल्स स्पीच) का इलाज है और ज़्यादा बोलना। दीर्घकालिक स्तर पर मुक्त संवाद से झूठ और भ्रांति का भंडाफोड़ हो जाना तय है। अगर सारी सूचना यथार्थ के निरूपण की कोशिश है, तो जैसे-जैसे दुनिया में सूचना की मात्रा में वृद्धि होती है, वैसे-वैसे हम सूचना की इस बाढ़ से उम्मीद कर सकते हैं कि वह जब-तब बोले जाने वाले झूठों और त्रुटियों को उजागर कर देगी और अंततः हमें दुनिया की अधिक सच्ची समझ उपलब्ध करा देगी।

इस निर्णायक महत्त्व के मुद्दे पर यह किताब अपरिपक्व दृष्टिकोण से सख़्त असहमति रखती है। निश्चय ही, सूचना के ऐसे दृष्टांत उपलब्ध हैं, जो वास्तविकता का निरूपण करने की कोशिश करते हैं और उसमें सफल भी होते हैं, लेकिन यह सूचना की पारिभाषिक विशेषता *नहीं* है। कुछ पन्नों पहले मैंने सूचना के रूप में नक्षत्रों का हवाला दिया था और चलते-चलते खगोलविदों के साथ-साथ ज्योतिषियों का उल्लेख किया था। अपरिपक्व दृष्टिकोण के पक्षधर जब इस बात को पढ़ेंगे, तो वे शायद अपनी कुर्सियों में कसमसाएँगे। इस अपरिपक्व दृष्टिकोण के मुताबिक़, खगोलविद नक्षत्रों से 'वास्तविक सूचना' प्राप्त करते हैं, जबकि जिस सूचना को ज्योतिषी नक्षत्र-समूहों में पढ़ने की कल्पना करते हैं, वह या तो 'ग़लत सूचना' होती है या 'अपसूचना' होती है। अगर लोगों को ब्रह्मांड के बारे में और ज़्यादा सूचना दी जाए, तो वे निश्चय ही ज्योतिष को पूरी तरह त्याग देंगे, लेकिन तथ्य यह है कि ज्योतिष विद्या हज़ारों सालों से इतिहास पर ज़बरदस्त प्रभाव डालती रही है, और आज भी लाखों लोग अपनी ज़िंदगी के महत्त्वपूर्ण निर्णय, जैसे कि क्या पढ़ें या किससे शादी करें, आदि लेने से पहले अपने नक्षत्रीय संकेतों को जाँच लेते हैं। 2021 तक वैश्विक ज्योतिष बाज़ार का मूल्य 12.8 अरब डॉलर था।[8]

हम ज्योतिषीय सूचना की सटीकता के बारे में कुछ भी क्यों न सोचते हों, हमें इतिहास में उसके महत्त्व को स्वीकार करना ही होगा। उसने प्रेमियों को मिलाया है, यहाँ तक समूचे साम्राज्यों को भी। रोमन सम्राट निर्णय लेने के पहले नियमतः ज्योतिषियों से परामर्श किया करते थे। दरअसल, ज्योतिष को इतना उच्च सम्मान दिया जाता था कि किसी शासक सम्राट की कुंडली बनाना मृत्युदंड योग्य अपराध माना जाता था। संभवतः, कुंडली बनाने वाला व्यक्ति भविष्यवाणी कर सकता था कि सम्राट कब और कैसे मरेगा।[9] कई मुल्कों के शासक आज भी ज्योतिष को बहुत गंभीरता से लेते हैं। कहा जाता है कि 2005 में म्याँमार की सैनिक सरकार ज्योतिष के परामर्श के आधार पर देश की राजधानी को यांगून से हटाकर नाएप्यीडॉ ले गई थी।[10] सूचना का ऐसा सिद्धांत, जो ज्योतिष के महत्त्व को स्पष्ट नहीं कर सकता, स्पष्ट रूप से अपर्याप्त है।

ज्योतिष का उदाहरण दर्शाता है कि त्रुटियाँ, झूठ, फ़ंतासियाँ और क़िस्से भी सूचना हैं। सूचना का अपरिपक्व दृष्टिकोण जो कहता है, उसके विपरीत, सूचना का सत्य से कोई अनिवार्य रिश्ता नहीं है, और इतिहास में उसकी भूमिका पहले-से मौजूद वास्तविकता का निरूपण करना नहीं है। इसकी बजाय, सूचना विभिन्न चीज़ों को, वे चाहे युगल हों या साम्राज्य, आपस में जोड़कर नई वास्तविकताओं की रचना करती है। उसका पारिभाषिक लक्षण निरूपण की बजाय जोड़ना है, और सूचना विभिन्न बिंदुओं को आपस में जोड़कर एक तंत्र तैयार करती है। सूचना हमें अनिवार्यत:चीज़ों के बारे में सूचित नहीं करती। इसकी बजाय, वह चीज़ों को एक विन्यास (फ़ॉर्मेशन) देती है। कुंडली प्रेमियों को ज्योतिषपरक विन्यास में रखती है, प्रचारपरक प्रसारण मतदाताओं को राजनीतिक तौर पर विन्यस्त करता है, और मॉर्चिंग गीत सैनिकों को सैन्य विन्यास में रखता है।

एक निदर्शनात्मक प्रकरण के रूप में, संगीत को लें। ज़्यादातर सिंफ़नी, धुनें, और लयें किसी चीज़ का निरूपण नहीं करतीं, इसलिए उनके सच या झूठ होने का सवाल व्यर्थ होता है। वर्षों के दौरान लोगों ने बुरे संगीत की रचना की है, लेकिन झूठे संगीत की नहीं। किसी भी चीज़ का निरूपण न करते हुए भी संगीत बड़े पैमाने पर लोगों से संबंध स्थापित करता है और उनकी भावनाओं और चेष्टाओं के बीच सामंजस्य बैठाता है। संगीत सैनिकों को एक विन्यास में मार्च करने के लिए प्रेरित कर सकता है, क्लब के लोगों को साथ-साथ झूमने को प्रेरित कर सकता है, चर्च के समागम को एक लय में तालियाँ बजाने को प्रेरित कर सकता है, और खेल-प्रेमियों को एक स्वर में गाने को प्रेरित कर सकता है।[11]

लोगों को जोड़ने की सूचना की भूमिका निश्चय ही मानव इतिहास की कोई अनूठी चीज़ नहीं है। कहा जा सकता है कि यह जैविकी में भी सूचना की मुख्य भूमिका है।[12] डीएनए को ही लें, जो जीवन को संभव बनाने वाली मालिक्युलर सूचना है। संगीत की ही तरह, डीएनए वास्तविकता का निरूपण नहीं करता। यद्यपि, ज़ेबरा की कई पीढ़ियाँ शेरों से भागती रही हैं, लेकिन आप ज़ेबरा के डीएनए में 'शेर' का प्रतिनिधित्व करने वाले न्यूक्लियोबेस की कोई लड़ी या 'भागने' का प्रतिनिधित्व करने वाली कोई अन्य लड़ी नहीं पा सकते। इसी तरह जेब़रा के डीएनए में उस धूप, हवा, बारिश या किसी भी अन्य बाहरी चीज़ का निरूपण मौजूद नहीं होता, जिसका सामना वह अपने जीवन में करता है। न ही डीएनए शारीरिक अंगों या भावनाओं जैसी किन्हीं आंतरिक चीज़ों को निरूपण करता है। न्यूक्लियोबेसों का ऐसा कोई मेल नहीं है, जो हृदय या भय का निरूपण करता हो।

पहले से मौजूद चीज़ों का निरूपण करने की बजाय, डीएनए नितांत नई चीज़ें उत्पन्न करने में मदद करता है। उदाहरण के लिए, डीएनए न्यूक्लियोबेस की

विभिन्न लड़ियाँ कोशिकीय रासायनिक प्रक्रियाओं की शुरुआत करती हैं, जिनके नतीजे में एड्रेनलिन उत्पन्न होता है। यह एड्रेनलिन भी किसी भी रूप में वास्तविकता का निरूपण नहीं करता। इसकी बजाय, एड्रेनलिन शरीर में संचारित होता है, और उन अतिरिक्त रासायनिक प्रक्रियाओं की शुरुआत करता है, जो हृदय की धड़कन बढ़ाती हैं और मांसपेशियों में और अधिक रक्त भेजती हैं।[13] इस तरह, डीएनए और एड्रेनलिन हृदय की कोशिकाओं, पैरों की मांसपेशियों की कोशिकाओं और पूरे शरीर की खरबों अन्य कोशिकाओं को जोड़ने में मदद करते हैं, जिससे एक कार्यशील तंत्र तैयार होता है, जो शेर से भागने जैसे असाधारण काम कर सकता है।

अगर डीएनए यथार्थ का निरूपण करता होता, तो हम इस तरह के सवाल पूछ सके होते कि ''क्या ज़ेबरा के डीएनए शेर के डीएनए के मुक़ाबले वास्तविकता का ज़्यादा सटीक ढंग से निरूपण करते हैं? या ''क्या एक ज़ेबरा का डीएनए दुनिया के बारे में सच बोल रहा है, और दूसरा ज़ेबरा अपने छद्म डीएनए से गुमराह किया जा रहा है? ज़ाहिर है, ये निरर्थक सवाल हैं। हम डीएनए का मूल्यांकन उससे उत्पन्न जीव की दुरुस्ती से कर सकते हैं, न कि उसकी सच्चाई से। डीएनए 'त्रुटियों' के बारे में बातचीत आम है, लेकिन यह केवल डीएनए के प्रतिरूपों के तैयार होने की प्रक्रिया में उत्परिवर्तनों को ही सूचित करती है, न कि यथार्थ को ठीक ढंग से निरूपित न कर पाने को। एक आनुवांशिक उत्परिवर्तन, जो एड्रेनलिन के उत्पादन को बाधित करता है, किसी विशेष ज़ेबरा की तंदुरुस्ती को कम कर देता है, जिसके कारण अंततः कोशिकाओं का नेटवर्क विघटित हो जाता है, जैसा कि तब होता है, जब किसी ज़ेबरा को मार दिया जाता है और उसकी खरबों कोशिकाएँ एक-दूसरे से अपना संबंध खो देती हैं और विघटित हो जाती हैं, लेकिन नेटवर्क के इस तरह विफल हो जाने का मतलब विघटन है, न कि अपसूचना। यह बात जितनी ज़ेबराओं पर लागू होती है, उतनी ही मुल्कों, राजनीतिक दलों, और न्यूज़ नेटवर्क पर भी लागू होती है। वास्तविकता के ग़लत चित्रण से कहीं अधिक, उनके घटक भागों के बीच संपर्क के नुक़सान से उनका अस्तित्व भी ख़तरे में आ जाता है।

अत्यंत महत्त्वपूर्ण बात यह है कि डीएनए के प्रतिरूपों के तैयार होने में त्रुटियाँ हमेशा तंदुरुस्ती को कम नहीं करतीं। बहुत गाहे-ब-गाहे, वे तंदुरुस्ती को बढ़ाती भी हैं। इस तरह के उत्परिवर्तनों के बिना, विकास की कोई प्रक्रिया नहीं होगी। सारे जीवन-रूपों का अस्तित्व आनुवांशिक 'त्रुटियों' के कारण ही होता है। विकास के चमत्कार इसलिए संभव हैं, क्योंकि डीएनए किसी पहले से मौजूद वास्तविकता का निरूपण नहीं करता, वह नई वास्तविकताओं की रचना करता है।

इसके अभिप्रायों को पचाने के लिए हमें थोड़ा रुकना होगा। सूचना वह चीज़ है, जो विभिन्न बिंदुओं को आपस में एक नेटवर्क में जोड़कर नई वास्तविकताओं

की रचना करती है। इसमें तब भी एक निरूपण के रूप में सूचना का दृष्टिकोण शामिल है। कभी-कभी वास्तविकता का एक सच्चा निरूपण मनुष्यों को आपस में जोड़ सकता है, जैसा तब हुआ था, जब जुलाई 1969 में 60 करोड़ लोग नील ऑर्मस्ट्राँग और बज़ एल्ड्रिन को चंद्रमा पर चलते हुए देखने के लिए अपने टेलीविज़न सेट से चिपके बैठे थे।[14] पर्दे पर उभरते चित्र ठीक उस घटना का निरूपण कर रहे थे, जो 384,000 किलोमीटर दूर घटित हो रही थी, और उन्हें देखना विस्मय, गर्व, और इंसानी भाईचारे की उन अनुभूतियों को जन्म दे रहा था, जिन्होंने लोगों को आपस में जुड़ने में मदद की थी।

लेकिन, इस तरह की भाईचारे की भावनाएँ दूसरे तरीक़ों से भी उत्पन्न की जा सकती हैं। संबंध पर बल देने से उन दूसरे क़िस्म की सूचनाओं को पर्याप्त गुंजाइश मिलती है, जो ठीक तरह से वास्तविकता का निरूपण नहीं करतीं। कभी-कभी वास्तविकता के त्रुटिपूर्ण निरूपण भी एक सामाजिक नेक्सस (साँठ-गाँठ) की भूमिका निभाते हैं, जैसा कि तब होता है, जब किसी कन्स्पिरसी थ्योरी के लाखों अनुयायी यूट्यूब का कोई वीडियो देखते हुए यह दावा करते हैं कि चंद्रमा पर उतरने की घटना कभी हुई ही नहीं। ये तसवीरें वास्तविकता के त्रुटिपूर्ण निरूपण को सूचित करती हैं, लेकिन तब भी वे व्यवस्था के प्रति आक्रोश या व्यक्ति के अपने विवेक के प्रति गर्व की ऐसी भावनाएँ जगा सकती हैं, जो एक संसक्त नए समूह की रचना कर सकती हैं।

कभी-कभी यथार्थ का सही या त्रुटिपूर्ण यानी कैसा भी निरूपण करने की किसी कोशिश के बिना भी नेटवर्क को जोड़ा जा सकता है, जैसा कि तब होता है, जब कोई आनुवांशिक सूचना खरबों कोशिकाओं को जोड़ देती है या जब कोई उत्तेजक संगीत-रचना हज़ारों इंसानों को जोड़ देती है।

एक अंतिम उदाहरण के रूप में, मार्क ज़ुकरबर्ग के **मैटावर्स** की कल्पना को लें। **मैटावर्स** एक आभासी विश्व है, जो पूरी तरह सूचना से निर्मित है। होर्ख़े लुई बोर्ख़ेस के कल्पित साम्राज्य द्वारा निर्मित यथातथ्य नक़्शे से भिन्न, **मैटावर्स** हमारी दुनिया का निरूपण करने की कोशिश नहीं है, बल्कि हमारी दुनिया का विस्तार करने या उसकी जगह ले लेने की कोशिश है। यह हमारे सामने ब्यूनस आयर्स या सॉल्ट लेक सिटी की कोई डिजिटल प्रतिमूर्ति पेश नहीं करता, यह लोगों को अनूठे भू-दृश्यों और नियमों से युक्त नए आभासी समुदाय रचने के लिए आमंत्रित करता है। 2024 तक तो मैटावर्स अतिरिक्त रूप से फुलाया गया दिवास्वप्न ही प्रतीत होता है, लेकिन कुछ ही दशकों के भीतर करोड़ों लोग अपना ज़्यादातर जीवन एक संवर्धित आभासी वास्तविकता में बिताने के लिए उस दुनिया में रहने चले जा सकते हैं, जहाँ वे अपनी ज़्यादातर सामाजिक और व्यावसायिक गतिविधियाँ संचालित

करेंगे। लोग एटमों की बजाय बिट्स से निर्मित वातावरण में संबंध बना सकेंगे, आंदोलनों में भाग ले सकेंगे, नौकरियाँ कर सकेंगे, और अपने भाग्य के उतार-चढ़ावों का भावनात्मक अनुभव कर सकेंगे। संभवत: किन्हीं सुदूर स्थित रेगिस्तानों में पुरानी वास्तविकता के कटे-फटे टुकड़े पड़े मिल जाया करेंगे, जो कभी-कभार किसी जानवर या भिखारी को पनाह दे रहे होंगे।

मानव इतिहास में सूचना

सूचना को एक सामाजिक नेक्सस के रूप में देखने से हमें मानव इतिहास के उन बहुत सारे पहलुओं को समझने में मदद मिलती है, जो निरूपण के रूप में सूचना के अपरिपक्व दृष्टिकोण को ग़लत साबित करते हैं। इससे न सिर्फ़ ज्योतिष, बल्कि बाइबल जैसी कहीं ज़्यादा महत्त्वपूर्ण चीज़ों की ऐतिहासिक सफलता स्पष्ट हो जाती है। जहाँ कुछ लोग ज्योतिष को मानव इतिहास की एक अजीबोग़रीब आनुषंगिक कथा (साइड शो) कहकर ख़ारिज कर सकते हैं, वहीं बाइबल द्वारा निभाई गई केंद्रीय भूमिका से कोई इंकार नहीं कर सकता। अगर सूचना का मुख्य कार्य वास्तविकता को सही-सही निरूपित करना रहा होता, तो यह स्पष्ट कर पाना मुश्किल होता कि बाइबल इतिहास का सर्वाधिक प्रभावशाली ग्रंथ कैसे बन गया।

मनुष्य के मामलों और प्राकृतिक प्रक्रियाओं, दोनों का वर्णन करने में बाइबल अनेक गंभीर त्रुटियाँ करती है। बाइबल की 'द बुक ऑफ़ जैनेसिस' (सृष्टि की उत्पत्ति की पोथी) कहती है कि मनुष्यों के सारे समूह - जिनमें, उदाहरण के लिए, कालाहारी रेगिस्तान की सैन प्रजाति और ऑस्ट्रेलिया के मूल निवासी - उस एक परिवार के वंशज हैं, जो लगभग चार हज़ार साल पहले मध्यपूर्व में रहता था।[15] जैनेसिस के मुताबिक़, बाढ़ के बाद नोआ के सारे वंशज साथ मिलकर मेसोपोटामिया में रहने लगे थे, लेकिन 'टॉवर ऑफ़ बावेल' के नष्ट होने के बाद वे पृथ्वी के चारों कोनों में फैल गए और तमाम जीवित मनुष्यों के पूर्वज बन गए। वस्तुत:, सैन प्रजाति के पूर्वज सैकड़ों हज़ारों वर्षों तक अफ़्रीका में रहते थे। उन्होंने उस दौरान कभी भी उस महाद्वीप को नहीं छोड़ा था और ऑस्ट्रेलिया के मूल निवासियों के पूर्वज पचास हज़ार साल से भी ज़्यादा पहले ऑस्ट्रेलिया में बस गए थे।[16] आनुवांशिक और पुरातात्त्विक, दोनों ही तरह के प्रमाण इस धारणा को ख़ारिज कर देते हैं कि दक्षिण अफ़्रीका और ऑस्ट्रेलिया की संपूर्ण प्राचीन आबादियाँ चार हज़ार साल पहले की किसी बाढ़ में नष्ट हो गई थीं, और बाद में इन इलाक़ों में मध्य-पूर्व से आए हुए लोग बस गए थे।

इससे भी ज़्यादा गंभीर विकृति संक्रामक रोगों के बारे में हमारी समझ से ताल्लुक़ रखती है। बाइबल लगातार महामारियों को मनुष्य के पापों के लिए दैवीय दंड के रूप में चित्रित करती है[17] और कहती है कि प्रार्थनाओं और मज़हबी अनुष्ठानों के माध्यम से उनसे बचा जा सकता है या उन्हें रोका जा सकता है,[18] लेकिन, महामारियाँ, ज़ाहिर है, रोगाणुओं के कारण फैलती हैं और स्वास्थ्य संबंधी नियमों का पालन करके या दवाओं और टीकों का उपयोग करके उनसे बचा जा सकता है या उन्हें रोका जा सकता है। इस चीज़ को आज व्यापक तौर पर स्वीकार किया जाता है और इसे स्वीकार करने वालों में पोप जैसे मज़हबी नेता भी शामिल हैं, जिन्होंने कोविड-19 के दौरान लोगों को प्रार्थना के लिए जमघट लगाने की बजाय एक-दूसरे से दूरी बनाए रखने की सलाह दी थी।[19]

लेकिन, बावजूद इसके कि बाइबल ने मनुष्य के उद्गम, स्थानांतरण और महामारियों की वास्तविकता का निरूपण करने में ख़राब प्रदर्शन किया, वह करोड़ों लोगों को आपस में जोड़ने और यहूदी तथा ईसाई मज़हबों की रचना करने में अत्यंत कारगर रही। जिस तरह डीएनए द्वारा आरंभ की गई रासायनिक प्रक्रियाएँ करोड़ों कोशिकाओं को आपस में बाँधकर जैविक तंत्र की रचना करती हैं, उसी तरह बाइबल ने उन सामाजिक प्रक्रियाओं की शुरुआत की, जिन्होंने करोड़ों लोगों को मज़हबी तंत्रों में बाँधा है। और जिस तरह कोशिकाओं का एक तंत्र, वह काम कर सकता है, जो एक कोशिका नहीं कर सकती, ठीक उसी तरह मज़हबी तंत्र भी ऐसे करिश्मे कर सकता है, जो किसी एक व्यक्ति के वश की बात नहीं है, जैसे कि पूजा-स्थलों का निर्माण करना, एक वैधानिक व्यवस्था को क़ायम रखना, त्यौहार मनाना और धर्मयुद्ध छेड़ना।

अंत में हम कह सकते हैं कि सूचना कभी-कभी वास्तविकता का निरूपण करती है, और कभी-कभी नहीं करती, लेकिन वह जोड़ती हमेशा है। यह उसका मूलभूत लक्षण है। इसलिए इतिहास में सूचना की भूमिका का परीक्षण करते हुए, यद्यपि यह प्रश्न पूछना अर्थपूर्ण लगता है कि ''वह कितने अच्छे ढंग से वास्तविकता का निरूपण करती है? वह सही है या ग़लत?'' लेकिन अक्सर ज़्यादा महत्त्वपूर्ण सवाल ये होते हैं कि ''वह लोगों को किस तरह जोड़ती है? वह कौन-से नए तंत्र रचती है?''

इस बात पर बल दिया जाना चाहिए कि अगर हम निरूपण के रूप में सूचना के अपरिपक्व दृष्टिकोण को अस्वीकार करते हैं, तो इससे हम सत्य की अवधारणा को अस्वीकार करने के लिए बाध्य नहीं हो जाते, न ही इससे हम सूचना को अस्त्र के रूप में देखने के लोकलुभावनवादी दृष्टिकोण को अपनाने के लिए बाध्य होते हैं। जहाँ सूचना हमेशा जोड़ती है, वहीं कुछ ख़ास क़िस्म की सूचना, वैज्ञानिक

किताबों से लेकर राजनीतिक भाषणों तक, वास्तविकता के किन्हीं ख़ास पहलुओं का यथातथ्य निरूपण कर लोगों को आपस में जोड़ने की कोशिश कर सकती है, लेकिन इसके लिए विशेष उद्यम की ज़रूरत होती है, जो ज़्यादातर सूचना नहीं करती। यही वजह है कि अपरिपक्व दृष्टिकोण यह विश्वास करते हुए ग़लती कर रहा होता है कि और अधिक शक्तिशाली सूचना प्रौद्योगिकी की रचना करने से दुनिया की अधिक सही समझ विकसित होगी। यदि सत्य के पक्ष में संतुलन को झुकाने के लिए कोई अतिरिक्त क़दम नहीं उठाए गए, तो सूचना की मात्रा और गति में वृद्धि के कारण अपेक्षाकृत दुर्लभ और महँगी सत्य जानकारियों के स्थान पर अधिक सामान्य और सस्ती प्रकार की सूचनाएँ आ जाएँगी।

जब हम पाषाण युग से सिलिकॉन युग तक के सूचना के इतिहास पर ग़ौर करते हैं, तो हम सच्चाई या विवेक में आनुपातिक वृद्धि के बग़ैर जुड़ाव की प्रक्रिया में निरंतर वृद्धि देखते हैं। अपरिपक्व दृष्टिकोण के विश्वास के विपरीत, *होमो सेपियन्स* ने दुनिया पर विजय इसलिए नहीं पाई है कि हम सूचना को वास्तविकता के यथातथ्य नक़्शे में बदल देने की प्रतिभा रखते हैं। इसकी बजाय, हमारी सफलता का रहस्य इस बात में है कि हम ढेरों लोगों को आपस में जोड़ने के लिए सूचना का इस्तेमाल करने की प्रतिभा रखते हैं। बदक़िस्मती से, यह क़ाबिलियत झूठों, त्रुटियों और फ़ंतासियों में विश्वास के साथ बहुत क़रीब से जुड़ी हुई है। यही वजह है कि नाज़ी जर्मनी और सोवियत संघ जैसे प्रौद्योगिक स्तर पर उन्नत समाज भी भ्रांतिमूलक विचारों से ग्रस्त रहे हैं, और उनके भ्रमों ने उन्हें अनिवार्यत: कमज़ोर नहीं किया। दरअसल, नस्ल और वर्ग जैसी चीज़ों के बारे में नाज़ी और स्तालिनवादी विचारधाराओं के सामूहिक भ्रमों ने करोड़ों लोगों को क़दम-ताल मिलाकर मार्च कराने में उनकी मदद ही की थी।

अध्याय 2-5 में हम सूचना तंत्र के इतिहास पर और भी क़रीब से नज़र डालेंगे। हम इस पर बात करेंगे कि किस तरह दसियों हज़ारों वर्षों तक इंसानों ने उन विभिन्न क़िस्म की सूचना प्रौद्योगिकियों का आविष्कार किया, जिन्होंने संबंधों को जोड़ने और आपसी सहयोग करने की प्रक्रियाओं का ज़बरदस्त संवर्धन किया, जिसका परिणाम अनिवार्यत: दुनिया के अधिक सच्चाईपूर्ण निरूपण के रूप में सामने नहीं आया। सदियों और सहस्राब्दियों पहले आविष्कृत की गई ये सूचना प्रौद्योगिकियाँ आज इंटरनेट और एआई के इस युग में भी हमारी दुनिया को आकार देती हैं। जिस पहली सूचना प्रौद्योगिकी का हम परीक्षण करेंगे, जो इंसानों द्वारा विकसित की गई पहली सूचना प्रौद्योगिकी भी है, वह है क़िस्से।

अध्याय 2

क़िस्से : असीमित जुड़ाव

हम सेपियन्स दुनिया पर हुकूमत करते हैं, तो इसलिए नहीं कि हम विवेकशील हैं, बल्कि इसलिए करते हैं कि हम एकमात्र ऐसे प्राणी हैं, जो बड़ी तादाद में लचीले ढंग से आपस में सहयोग कर सकते हैं। इस विचार की छानबीन मैंने अपनी पिछली किताबों *सेपियन्स* और *होमो डेयस* में की थी, लेकिन यहाँ एक संक्षिप्त दोहराव से बचा नहीं जा सकता।

बड़ी तादाद में लचीले ढंग से आपसी सहयोग की सेपियन्स की क़ाबिलियत के अग्रदूत दूसरे प्राणियों के बीच भी पाए जाते हैं। चिंपांज़ी जैसे कुछ सामाजिक स्तनपायी परस्पर सहयोग के मामले में उल्लेखनीय लचीलेपन का परिचय देते हैं, वहीं चींटियों जैसे कुछ सामाजिक कीड़े बहुत बड़ी तादाद में आपस में सहयोग करते हैं, लेकिन चिंपांज़ी और चींटियाँ साम्राज्य, मज़हब, या व्यापारिक तंत्र खड़े नहीं कर सकीं। सेपियन्स इस तरह की चीज़ें करने में इसलिए सक्षम हैं, क्योंकि हम चिंपांजि़यों के मुक़ाबले ज़्यादा लचीले हैं और इसी के साथ-साथ हम चींटियों के मुक़ाबले कहीं ज़्यादा बड़ी तादाद में आपसी सहयोग कर सकते हैं। दरअसल, सेपियन्स की तादाद की कोई ऐसी ऊपरी सीमा नहीं है, जो एक-दूसरे के साथ सहयोग न कर सकते हों। कैथोलिक चर्च के लगभग 1.4 अरब सदस्य हैं। चीन की आबादी लगभग 1.4 अरब है। विश्व का व्यापारिक तंत्र लगभग 8 अरब सेपियन्स को आपस में जोड़ता है।

यह आश्चर्य में डालने वाली बात है कि इंसान कुछ सौ व्यक्तियों से ज़्यादा संख्या में लंबे समय के लिए आत्मीय बंधन में नहीं बँध पाते।[1] किसी व्यक्ति के अनूठे चरित्र और अतीत को जानने और परस्पर भरोसे और लगाव के संबंध विकसित करने में कई वर्ष और साझा अनुभव लग जाते हैं। नतीजतन, अगर

सेपियन्स के तंत्र एक इंसान और दूसरे इंसान के बीच व्यक्तिगत बंधनों के रूप में जुड़े होते, तो हमारे ये तंत्र बहुत छोटे-से बने रहे होते। उदाहरण के लिए, हमारे चिंपांज़ी बंधुओं की यही स्थिति है। उनका सामान्य समुदाय 20-60 सदस्यों का होता है और बहुत बिरले अवसरों पर यह संख्या 150-200 तक पहुँच पाती है।[2] यही स्थिति निएंडरथलों जैसे प्राचीन मनुष्यों और आदिम *होमो सेपियन्स* के बीच रही लगती है। उनके हर क़बीले में शामिल रहे लोगों की संख्या कुछ दर्जन प्राणियों की होती थी, और विभिन्न क़बीले बिरले ही आपस में सहयोग करते थे।[3]

लगभग सत्तर हज़ार साल पहले, *होमो सेपियन्स* के क़बीलों ने एक-दूसरे के साथ सहयोग करने की अपूर्व क्षमता का परिचय दिया, जैसा कि क़बीलों के बीच के व्यापार और अफ़्रीकी मातृभूमि से समूचे भूमंडल में हमारी प्रजाति के तेज़ी-से फैलने से ज़ाहिर होता है। जिस चीज़ ने इन विभिन्न क़बीलों को आपस में सहयोग करने में सक्षम बनाया, वह यह थी कि मस्तिष्क की संरचना में विकासपरक परिवर्तनों और भाषिक सामर्थ्य ने सेपियन्स में काल्पनिक क़िस्से कहने और उनमें विश्वास करने और उनसे बहुत गहरे प्रभावित होने की प्रवृत्ति पैदा कर दी। अकेले एक इंसान और दूसरे इंसान के बीच शृंखलाबद्ध तंत्र खड़ा करने, जैसा कि उदाहरण के लिए निएंडरथलों ने किया था, की बजाय इन क़िस्सों ने *होमो सेपियन्स* को एक नए क़िस्म की शृंखला उपलब्ध कराई : इंसान से क़िस्से की शृंखलाएँ। अब एक-दूसरे से सहयोग करने के लिए सेपियन्स को एक-दूसरे को व्यक्तिगत तौर पर जानना ज़रूरी नहीं रह गया, उन्हें समान क़िस्से को जानना भर काफ़ी था। और वह समान क़िस्सा अरबों व्यक्तियों के लिए परिचित हो सकता है। इस तरह कोई कहानी एक ऐसे केंद्रीय कनेक्टर की भूमिका निभा सकती है, जिसमें असीमित संख्या में ऐसे आउटलेट हो सकते हैं, जिनमें असीमित संख्या में लोग प्लग लगा सकते हैं। उदाहरण के लिए, केथोलिक चर्च के 1.4 अरब सदस्य बाइबल और अन्य ख़ास ईसाई क़िस्सों से जुड़े हैं, चीन के 1.4 अरब नागरिक कम्युनिस्ट विचारधारा और चीनी राष्ट्रवाद के क़िस्सों से जुड़े हैं और वैश्विक व्यापार तंत्र के 8 अरब सदस्य मुद्राओं, कॉर्पोरेट्स और ब्रांडों के क़िस्सों से जुड़े हुए हैं।

यहाँ तक कि वे चमत्कारी नेता, जिनके लाखों अनुयायी हैं, अपवाद होने की बजाय इस नियम के उदाहरण हैं। ऐसा लग सकता है कि प्राचीन चीनी सम्राटों, मध्ययुगीन कैथोलिक पोप, या आधुनिक युग के कॉर्पोरेट दैत्यों के मामले में तो यह, क़िस्से की बजाय, हाड़-मांस का बना मनुष्य ही हुआ करता था, जो लाखों अनुयायियों को जोड़ने वाले संपर्क-सूत्र की भूमिका निभाता था, लेकिन, निश्चय ही, इन सारे प्रकरणों में लगभग किसी भी अनुयायी का उसके नेता के साथ निजी संबंध नहीं होता था। इसकी बजाय, वे जिस चीज़ से जुड़े होते हैं, वह संबंधित नेता

के बारे में बहुत ही सावधानीपूर्वक गढ़ा गया क़िस्सा होता है, और यह क़िस्सा ही वह चीज़ है, जिसमें वे आस्था रखते हैं।

जोसेफ़ स्तालिन, जो इतिहास की सबसे बड़ी व्यक्तिपूजाओं के केंद्र में रहा था, इस बात को अच्छी तरह समझता था। जब उसके क्लेशदायी बेटे वसीली ने लोगों को डराने-धमकाने के लिए उसके प्रसिद्ध नाम का दुरुपयोग करना शुरू कर दिया, तो स्तालिन ने उसको फटकार लगाई। ''लेकिन मैं भी एक स्तालिन हूँ,'' वसीली ने विरोध जताया। ''नहीं, तुम नहीं हो,'' स्तालिन ने जवाब दिया। ''न तुम स्तालिन हो और न मैं स्तालिन हूँ। सोवियत शक्ति स्तालिन है। स्तालिन वह है, जो अख़बारों और व्यक्तिचित्रों में है, तुम नहीं, नहीं, यहाँ तक कि मैं भी नहीं।''[4]

आज के समय के प्रभावशाली व्यक्ति और सैलिब्रिटी सहमत होंगे। कुछेक के करोड़ों की संख्या में ऑनलाइन अनुयायी हैं, जिनके साथ वे सोशल मीडिया पर हर दिन बातचीत करते हैं, लेकिन यहाँ बहुत थोड़ा-सा व्यक्तिगत जुड़ाव होता है। सोशल मीडिया के अकाउंट विशेषज्ञों की एक टीम द्वारा संचालित किए जाते हैं, और हर छवि तथा हर शब्द उस चीज़ का निर्माण करने के लिए गढ़ा और सँवारा जाता है, जिसे आज ब्रांड कहा जाता है।[5]

ब्रांड एक ख़ास क़िस्म का क़िस्सा होता है। किसी वस्तु को ब्रांड करने का मतलब उस चीज़ के बारे में एक क़िस्सा कहना है, जिसका उस वस्तु की वास्तविक गुणवत्ता से बहुत कम लेना-देना होता है, लेकिन तब भी उपभोक्ता उसे उस वस्तु के साथ जोड़कर देखना सीख लेते हैं। उदाहरण के लिए, दशकों के दौरान कोका कोला कॉर्पोरेशन ने उन विज्ञापनों पर दसियों अरब डॉलर ख़र्च किए हैं, जो कोका कोला पेय का क़िस्सा कहते हैं।[6] इस क़िस्से को लोगों ने इतनी बार सुना है कि बहुत से लोग उस स्वादयुक्त पानी को (दाँतों के क्षय, मोटापे और प्लास्टिक के कचरे के विपरीत) मौज़, ख़ुशी और जवानी से जोड़कर देखने लगे हैं। यह है ब्रांडिंग।[7]

जैसा कि स्तालिन जानता था, सिर्फ़ उत्पादों को ही नहीं, शख़्सियतों को भी ब्रांड किया जा सकता है। एक भ्रष्ट अरबपति को ग़रीबों के उद्धारक के रूप में ब्रांड किया जा सकता है, एक अनाड़ी मूर्ख को एक अचूक जीनियस के रूप में ब्रांड किया जा सकता है, अपने अनुयायियों का यौनपरक शोषण करने वाले किसी गुरु को पुण्यात्मा संत के रूप में ब्रांड किया जा सकता है। लोग सोचते हैं कि वे उस व्यक्ति से जुड़ रहे हैं, लेकिन वास्तव में वे उस व्यक्ति के *बारे में* कहे गए किस्से से जुड़ रहे होते हैं, और दोनों के बीच अक्सर बहुत बड़ी खाई होती है।

यहाँ तक कि बहादुर कबूतर शर एमी भी आंशिक रूप से ब्रांडिंग की उस मुहिम का उत्पाद था, जिसका उद्देश्य संयुक्त राज्य अमेरिका की सेना की कबूतर सेवा की सार्वजनिक छवि में इज़ाफ़ा करना था। इतिहासकार फ्रेंक ब्लेज़िच द्वारा

2021 में किए गए एक अध्ययन में पाया गया था कि जहाँ इस बात में कोई संदेह नहीं है कि शर ऐमी को उत्तरी फ़्रांस में किसी जगह संदेश ले जाते हुए बहुत-से घाव सहने पड़े थे, तब भी उसके क़िस्से के कई महत्त्वपूर्ण पहलू संदेहास्पद या ग़लत हैं। प्रथमत:, सेना के तत्कालीन दस्तावेज़ों पर भरोसा करते हुए ब्लेज़िच ने बताया था कि उस कबूतर के पहुँचने के बीस मिनट पहले ही हैडक्वॉटर को खोई हुई बटालियन की वास्तविक स्थिति का पता लग गया था। यह कबूतर नहीं था, जिसने खोई हुई सेना को तबाह करती मैत्रीपूर्ण गोलाबारी को रोका था। इससे भी ज़्यादा महत्त्वपूर्ण बात यह है कि इस बात का कहीं कोई प्रमाण नहीं है कि मेजर ह्विटलसे का संदेश ले जाने वाला शर एमी ही था। बहुत मुमकिन है कि वह कोई दूसरा ही परिंदा रहा हो, जबकि शर एमी को कुछ हफ़्ते बाद किसी नितांत भिन्न लड़ाई में घाव लगे हों।

ब्लेज़िच के मुताबिक़, शर एमी के क़िस्से में निहित संदेह और असंगतियाँ सेना और जनता के प्रति उसकी अपील के प्रचार मूल्य से ढक गई थीं। वर्षों के दौरान यह क़िस्सा इतनी बार दोहराया जाता रहा है कि तथ्य निराशाजनक ढंग से कल्पना के साथ गड्डमड्ड हो गए हैं। पत्रकारों, कवियों और फ़िल्म निर्माताओं ने उसमें काल्पनिक ब्योरे जोड़ दिए, जैसे कि कबूतर ने एक आँख और एक पैर खो दिया था और उसे डिस्टिंगग्विश्ट सर्विस क्रॉस से नवाज़ा गया था। 1920 और 1930 के दशक में शर एमी दुनिया का सबसे प्रसिद्ध परिंदा हो गया था। जब वह मरा, तो बहुत सावधानी के साथ सुरक्षित रखे गए उसके शव को स्मिथसोनियन नेशनल म्यूज़ियम में प्रदर्शित किया गया था, जहाँ वह अमेरिकी देशभक्तों और प्रथम विश्व युद्ध के अनुभवी सैनिकों के लिए तीर्थस्थल जैसा बन गया था। लगातार सुनाए जाने की प्रक्रिया में विकसित इस क़िस्से ने खोई हुई बटालियन की समृति को भी प्रभावित कर लिया, जिन्होंने लोकप्रिय हो चुकी कथा को ही सच मान लिया। ब्लेज़िच, शेरमन ईगर के प्रकरण को याद करते हैं। यह खोई हुई बटालियन का एक अधिकारी था, जो दशकों बाद अपने बच्चों को शर एमी को देखने स्मिथसोनियन ले गया। उसने बच्चों से कहा, ''तुम सब अपने जीवन के लिए इस कबूतर के ऋणी हो।'' तथ्य जो भी हों, आत्मोत्सर्ग करने वाले इस परिंदे का क़िस्सा अत्यंत सम्मोहक साबित हुआ।[8]

एक और चरम उदाहरण के तौर पर, ईसा को लें। क़िस्सागोई की दो सहस्राब्दियों ने ईसा पर क़िस्सों की ऐसी मोटी परतें चढ़ा दी हैं कि उसमें से वास्तविक ऐतिहासिक व्यक्ति को बाहर निकालना असंभव हो चुका है। दरअसल, अगर यह संभावना भी व्यक्त की जाए कि वास्तविक व्यक्ति क़िस्से से भिन्न हो सकता है, तो यह लाखों धर्मनिष्ठ ईसाइयों के लिए एक ईश्वर-निंदा होगी। जहाँ तक हम कह सकते हैं, वास्तविक ईसा सामान्य यहूदी धर्मोपदेशक थे, जिन्होंने प्रवचन करके और बीमारों को चंगा करके अपने अनुयायियों की एक छोटी-सी

मंडली तैयार कर ली थी, लेकिन अपनी मृत्यु के बाद ईसा इतिहास के सबसे ज़्यादा असाधारण ब्रांडिंग अभियान का विषय बन गए। एक अल्पज्ञात स्थानीय गुरु को उनकी मृत्यु के बाद इस सृष्टि के रचयिता सर्वशक्तिमान परमेश्वर के रूप में ब्रांड कर दिया गया,[9] जबकि अपने संक्षिप्त जीवन-काल में उन्होंने मुट्ठीभर अनुयायी एकत्र किए थे और उन्हें आम अपराधी की भाँति मौत की सज़ा दी गई थी, हालाँकि, ईसा का कोई तत्कालीन व्यक्तिचित्र नहीं मिलता, और बाइबल कहीं भी इसका वर्णन नहीं करती कि वे कैसे दिखते थे, तब भी उनकी कल्पित छवि दुनिया की कुछ सर्वाधिक पहचानी जा सकने वाली छवियों में से एक बन चुकी है।

इस बात पर बल देने की ज़रूरत है कि ईसा के क़िस्से की रचना जानबूझकर बोले गए झूठ का नतीजा नहीं थी। सेंट पॉल, टर्टूलियन, सेंट ऑगस्टीन और मार्टिन लूथर लोगों को बेवकूफ़ बनाने के लिए नहीं निकल पड़े थे। उन्होंने तो अपनी गहन उम्मीदों और भावनाओं को ईसा में प्रक्षेपित कर दिया था, उसी तरह जैसे हम अपनी भावनाओं को अपने अभिभावकों, प्रेमियों और नेताओं पर प्रक्षेपित कर देते हैं। जहाँ यह ब्रांडिंग की मुहिम कभी-कभी अपसूचना की स्वार्थपूर्ण क़वायद होती है, वहीं इतिहास के ज़्यादातर बड़े क़िस्से भावनात्मक प्रक्षेपण और इच्छित चिंतन के परिणाम रहे हैं। हर बड़े मज़हब और विचारधारा के उदय में सच्चे आस्थावान लोग मुख्य भूमिका निभाते हैं, और ईसा के क़िस्से ने इतिहास को इसलिए बदल डाला, क्योंकि उसे सच्चे आस्थावानों की अपरिमित संख्या प्राप्त हो गई थी।

इन आस्थावानों को हासिल करके ईसा के क़िस्से ने इतिहास पर व्यक्ति ईसा के मुक़ाबले ज़्यादा बड़ा प्रभाव डाला। व्यक्ति ईसा अपने दो पैरों से एक गाँव से दूसरे गाँव की यात्रा करते थे, लोगों से बात करते थे, उनके साथ बैठकर खाते-पीते था, और उनके बीमार शरीरों पर अपना हाथ रख दिया करते थे। उन्होंने शायद उन कई हज़ार व्यक्तियों के जीवन को बदल दिया था, जो रोम के एक छोटे-से प्रांत में रहा करते थे। इसके विपरीत, ईसा का क़िस्सा सारी दुनिया में उड़ गया, पहले गपों, छोटी-छोटी कहानियों और अफ़वाहों के पंख लगाकर, बाद में काग़ज़ पर उकेरी गई इबारतों, चित्रों और मूर्तियों के माध्यम से और अंततः ब्लॉकबस्टर फ़िल्मों और इंटरनेट के माध्यम से। अरबों लोगों ने न केवल ईसा का क़िस्सा सुना, बल्कि वे उस पर विश्वास भी करने लगे, जिसने दुनिया के सर्वाधिक प्रभावशाली तंत्र खड़े कर दिए।

ईसा के क़िस्से की तरह के क़िस्सों को पहले से मौजूद जैविक बधनों को विस्तार देने के ढंग के रूप में देखा जा सकता है। परिवार इंसानों के लिए ज्ञात बंधनों में सबसे मज़बूत बंधन है। अजनबियों के बीच विश्वास विकसित करने के क़िस्सों का एक तरीक़ा यह होता है कि वे इन अजनबियों को एक ही परिवार के

सदस्यों के रूप में कल्पना करने को बाध्य कर देते हैं। ईसा की कहानी ने ईसा को सारे मनुष्यों के पिता के रूप में प्रस्तुत किया, जिससे हज़ारों लाखों ईसाई एक-दूसरे को भाइयों-बहनों के रूप में देखने लगे, और उन्होंने पारिवारिक स्मृतियों का एक साझा समूह रच लिया। जहाँ अधिकांश ईसाई अंतिम भोज (लास्ट सपर) के वक़्त सशरीर उपस्थित नहीं थे, वहीं उन्होंने उस क़िस्से को इतनी अधिक बार सुना है और उस घटना की इतनी ज़्यादा तसवीरें देखी हैं कि वे उसे उससे ज़्यादा सजीव रूप में 'याद करते' हैं, जितना वे उन पारिवारिक भोजों को याद कर पाते हैं, जिनमें उन्होंने वास्तव में हिस्सा लिया होता है।

दिलचस्प बात यह है कि ईसा का वह अंतिम भोज यहूदी पासओवर मील (भोज) था, जिसमें गॉस्पेल के मुताबिक़, ईसा सलीब पर लटकाए जाने के ठीक पहले अपने शिष्यों के साथ शामिल हुए थे। यहूदी परंपरा में, पासओवर मील का सारा उद्देश्य कृत्रिम स्मृतियों को रचना और उन्हें दोहराना होता है। यहूदी परिवार, हर वर्ष पासओवर मील की शाम साथ बैठकर मिस्र से अपने सामूहिक निष्क्रमण को याद करते हैं। उनसे अपेक्षा की जाती है कि वे न केवल यह कहानी कहें कि किस तरह जैकब के वंशज मिस्र में गुलामी से बच निकले थे, बल्कि यह भी याद करें कि किस तरह उन्होंने *व्यक्तिगत रूप में* मिस्रवासियों द्वारा दी गई यातनाओं को झेला था, किस तरह उन्होंने *व्यक्तिगत* रूप से समुद्र के हिस्से को देखा था, और किस तरह उन्होंने माउंट सिनाई पर जहोवा से व्यक्ति रूप से टेन कमांडमेंट प्राप्त किए थे।

यहूदी परंपरा यहाँ दो-टूक है। पासओवर अनुष्ठान की पोथी (हागादाह) इस बात पर ज़ोर देती है कि ''हर पीढ़ी में व्यक्ति का कर्तव्य है कि वह ख़ुद को इस तरह देखे, जैसे वह व्यक्तिगत रूप से मिस्र से आया है।'' अगर कोई आपत्ति करता है कि यह तो काल्पनिक बात है और वह व्यक्तिगत रूप से मिस्र से नहीं आया है, तो यहूदी संतों के पास इसका तैयारशुदा जवाब होता है। वे कहते हैं कि सारे यहूदियों की आत्माएँ उनके जन्म से बहुत पहले जहोवा द्वारा रच दी गई थीं और ये सारी आत्माएँ माउंट सिनाई पर मौजूद थीं।[10] जैसा कि यहूदी सोशल मीडिया के इंफ़्लूअन्सर सल्वाडोर लित्वाक ने अपने ऑनलाइन अनुयायियों को 2018 में स्पष्ट किया था, ''वहाँ तुम और मैं साथ थे... जब हम ख़ुद को इस रूप में देखने का कर्तव्य पूरा करते हैं कि हमने व्यक्तिगत रूप से मिस्र को छोड़ा था, तो यह कोई सांकेतिक कथा नहीं है। हम सामूहिक निष्क्रमण की कल्पना नहीं करते, हम उसे याद करते हैं।''[11]

इस तरह हर वर्ष, यहूदी कैलेंडर के सबसे महत्त्वपूर्ण उत्सव के अंतर्गत, लाखों की संख्या में यहूदी उन घटनाओं को याद करने का प्रदर्शन करते हैं, जिन्हें उन्होंने नहीं देखा होता है और जो संभवत: कभी घटी ही नहीं थीं। आधुनिक समय में हुए

अनेक अध्ययन दर्शाते हैं कि अगर किसी छद्म स्मृति को बार-बार दोहराया जाता है, तो अंततः व्यक्ति उसे वास्तविक स्मृति के रूप में अपना लेता है।[12] जब दो यहूदी पहली बार एक-दूसरे से मिलते हैं, तो तत्काल महसूस कर सकते हैं कि वे दोनों एक ही परिवार के सदस्य हैं, वे दोनों साथ-साथ मिस्र में गुलाम थे, और दोनों माउंट सिनाई में एक-दूसरे के साथ थे। यह एक शक्तिशाली बंधन है, जो कई सदियों से और कई महाद्वीपों में यहूदी तंत्र को क़ायम रखे हुए है।

अंतरविषयी सत्ताएँ

यहूदी पासओवर का क़िस्सा मौजूदा जैविक पारिवारिक बंधन को लेकर, तथा उनका उनकी जैविक सीमाओं से परे तक विस्तार करते हुए, एक बड़ा तंत्र निर्मित करता है, लेकिन क़िस्सों का तंत्र खड़े करने का एक इससे भी ज़्यादा क्रांतिकारी ढंग है। डीएनए की भाँति क़िस्से भी नितांत नई हस्तियाँ (एंटिटी) गढ़ सकते हैं। वास्तव में क़िस्से तो यथार्थ के नितांत नए स्तर तक रच सकते हैं। जहाँ तक हमारी जानकारी है, क़िस्सों के उद्भव के पूर्व विश्व में यथार्थ के मात्र दो स्तर हुआ करते थे। क़िस्सों ने उनमें तीसरा स्तर जोड़ दिया।

क़िस्सागोई के पहले यथार्थ के जो दो स्तर थे, वे थे, वस्तुपरक या वस्तुनिष्ठ *(ऑब्जेक्टिव)* यथार्थ और आत्मपरक या आत्मनिष्ठ *(सब्जेक्टिव)* यथार्थ। *वस्तुपरक यथार्थ* में पत्थर, पर्वत, और क्षुद्रग्रह जैसी चीज़ें शामिल हैं। वे चीज़ें, जिनका अपने आप में अस्तित्व है, चाहे हम उनके प्रति जागरूक हों या न हों। उदाहरण के लिए, पृथ्वी से टकराते किसी क्षुद्रग्रह का अस्तित्व है, भले ही उसके होने के बारे में कोई जानता हो या न जानता हो, फिर आत्मपरक यथार्थ है: पीड़ा, आनंद, और प्रेम जैसी चीज़ें 'बाहर' नहीं 'अंदर' हैं। आत्मपरक वस्तुओं का अस्तित्व उनके प्रति हमारी सजगता में होता है। एक महसूस न की गई पीड़ा विरोधाभास है।

लेकिन कुछ क़िस्से यथार्थ का एक तीसरा स्तर रचने में सक्षम होते हैं : *अंतरविषयी यथार्थ।* जहाँ पीड़ा जैसी आत्मपरक चीज़ों का अस्तित्व किसी एक दिमाग़ में होता है, वहीं क़ानून, देवता, राष्ट्र, कॉर्पोरेट्स और मुद्रा जैसी चीज़ों का अस्तित्व बड़ी तादाद में दिमाग़ों के बीच के परस्पर संपर्क जाल में होता है। और अधिक स्पष्ट ढंग से कहें, तो उनका अस्तित्व उन क़िस्सों में होता है, जिन्हें लोग एक-दूसरे को सुनाते हैं। *अंतरविषयी* वस्तुओं के बारे में मनुष्य जिस सूचना का आदान-प्रदान करते हैं, वे वस्तुएँ ऐसी किसी चीज़ को नहीं दर्शातीं, जिनका अस्तित्व उस सूचना के आदान-प्रदान से पहले रहा हो, इसकी बजाय, सूचना का वह आदान-प्रदान ही इन चीज़ों की रचना करता है।

जब मैं आपसे कहता हूँ कि मुझे पीड़ा हो रही है, तो उसके बारे में मेरा कहना उस पीड़ा की रचना नहीं करता। अगर मैं पीड़ा के बारे में बोलना बंद कर देता हूँ, तो इससे वह पीड़ा ग़ायब नहीं हो जाती। इसी तरह, जब मैं कहता हूँ कि मैंने एक क्षुद्रग्रह देखा है, तो इससे उस क्षुद्रग्रह की रचना नहीं हो जाती। क्षुद्रग्रह के बारे में लोग बात करें या न करें, उसका अस्तित्व है, लेकिन जब बहुत सारे लोग क़ानूनों, देवताओं या मुद्राओं के बारे में बात करते हैं, तो इसी से उन क़ानूनों, देवताओं, या मुद्राओं की रचना होती है। अगर लोग उनके बारे में बात करना बंद कर दें, तो वे ग़ायब हो जाती हैं। अंतरविषयी वस्तुओं का अस्तित्व सूचना के आदान-प्रदान में होता है।

हम और क़रीब से देखते हैं। पिज़्ज़ा का कैलोरी मूल्य हमारे विश्वासों पर निर्भर नहीं है। एक सामान्य पिज़्ज़ा में पंद्रह सौ से पच्चीस सौ के बीच कैलोरी होती है।[13] इसके विपरीत, पैसे का या पिज़्ज़ा का वित्तीय मूल्य पूरी तरह हमारे विश्वासों पर निर्भर करता है। आप एक डॉलर या एक बिटकॉइन में कितने पिज़्ज़ा ख़रीद सकते हैं? 2010 में लास्ज़्लो हेनीस्ज़ ने 10,000 बिटकॉइन में दो पिज़्ज़ा ख़रीदे थे। यह बिटकॉइन के माध्यम से किया गया पहला वाणिज्यिक लेन-देन था और पीछे मुड़कर देखने पर पता चलता है कि यह अब तक का सबसे महँगा पिज़्ज़ा था। नवंबर, 2021 तक आते-आते एक बिटकॉइन की क़ीमत 69,000 डॉलर आँकी गई, इस तरह हेनीस्ज़ ने दो पिज़्ज़ा के लिए 69 करोड़ डॉलर का भुगतान किया था, जिससे लाखों पिज़्ज़ा ख़रीदे जा सकते थे।[14] जहाँ पिज़्ज़ा का कैलोरीपरक मूल्य एक वस्तुपरक यथार्थ है, जो 2010 और 2021 के बीच जस-की-तस बना रहा, वहीं बिटकॉइन का वित्तीय मूल्य एक अंतरविषयी यथार्थ है, जिसमें उसी कालखंड के दौरान ज़बरदस्त बदलाव आ गया, जो बिटकॉइन के बारे में लोगों द्वारा सुनाए और विश्वास किए गए क़िस्सों पर निर्भर था।

एक और उदाहरण। मान लीजिए कि मैं पूछता हूँ, ''क्या लोच नेस मॉन्स्टर का अस्तित्व है?'' यह यथार्थ के वस्तुपरक स्तर से संबंधित प्रश्न है। कुछ लोगों का विश्वास है कि ये डायनासोरनुमा जानवर सचमुच लोच नेस में रहते हैं। कुछ दूसरे लोग इस धारणा को ख़ारिज करते हुए इसे फ़ंतासी या छल की संज्ञा देते हैं। वर्षों के दौरान, इस असहमति को हमेशा-हमेशा के लिए हल कर देने की कोशिशें की जाती रहीं, जिसके लिए सोनार स्कैन और डीएनए सर्वेक्षण जैसी वैज्ञानिक पद्धतियों का सहारा लिया गया। अगर वे विशाल जंतु उस झील में वाक़ई रहते हैं, तो उन्हें सोनार पर प्रकट होना चाहिए, और उन्हें डीएनए के निशान छोड़ने चाहिए। उपलब्ध साक्ष्यों के आधार पर, वैज्ञानिक सहमति यह है कि लोच नेस मॉन्स्टरों का अस्तित्व नहीं है। (2019 में किए गए एक डीएनए सर्वेक्षण में तीन हज़ार प्रजातियों की

जनेटिक सामग्री पाई गई, लेकिन किसी मॉन्स्टर की नहीं।[15] लोच नेस में अधिक से अधिक पाँच किलो तक की ईल, एक प्रकार की मछली, हो सकती है।) इसके बावजूद बहुत-से लोग अभी भी ऐसा मानते हैं कि लोच नेस मॉन्स्टर का अस्तित्व है, लेकिन उनके मानने से वस्तुपरक यथार्थ बदलता नहीं है।

जानवरों के विपरीत, जिनके अस्तित्व को वस्तुपरक परीक्षणों द्वारा प्रमाणित या अस्वीकार किया जा सकता है, राज्य अंतरविषयी सत्ताएँ हैं। हम सामान्यत: इस ओर ध्यान नहीं देते, क्योंकि हर कोई संयुक्त राज्य अमेरिका, चीन, रूस, या ब्राज़ील के अस्तित्व को मानकर चलता है, लेकिन ऐसे प्रकरण हैं, जिनमें लोग किन्हीं ख़ास राज्यों के अस्तित्व को मानने से इंकार करते हैं, और तब उनकी अंतरविषयी हैसियत उजागर हो जाती है। उदाहरण के लिए, इज़रायली-फ़िलिस्तीनी टकराव इसी मुद्दे के इर्द-गिर्द चक्कर लगाता है, क्योंकि कुछ लोग और सरकारें इज़रायल के अस्तित्व को मानने से इंकार करती हैं और कुछ दूसरे लोग फ़िलिस्तीन के अस्तित्व को मानने से इंकार करते हैं। उदाहरण के लिए, अभी 2024 तक, ब्राज़ील और चीन की सरकारें कहती रही हैं कि इज़रायल और फ़िलिस्तीन दोनों का अस्तित्व है, संयुक्त राज्य अमेरिका और कैमरून की सरकारें सिर्फ़ इज़रायल के अस्तित्व को मान्यता देती हैं, जबकि अल्ज़ीरिया और ईरान की सरकारें सिर्फ़ फ़िलिस्तीन के अस्तित्व को मान्यता देती हैं। दूसरे प्रकरणों में कोसोवो से लेकर अब्खाजिय़ा तक शामिल हैं : कोसोवो को अभी 2024 तक संयुक्त राष्ट्र के 193 सदस्यों में से लगभग आधे सदस्य राज्य की मान्यता देते हैं,[16] वहीं अब्खाजिय़ा को लगभग सारी सरकारें जॉर्जिया के संप्रभु क्षेत्र के रूप में देखती हैं, लेकिन रूस, वेनेज़ुएला, निकारागुआ, नारू, और सीरिया उसे एक राज्य के रूप में मान्यता देते हैं।[17]

दरअसल, लगभग सारे देश स्वाधीनता के संघर्ष के दौरान, कम से कम कुछ समय के लिए, उस दौर से गुज़रे हैं, जिसमें उनका अस्तित्व विवाद का विषय रहा है। क्या संयुक्त राज्य अमेरिका 4 जुलाई, 1776 को अस्तित्व में आ गया था, या वह तब अस्तित्व में आया था, जब फ्रांस जैसे देशों और अंतत: इंग्लैंड ने उसे मान्यता दी थी? 4 जुलाई, 1776 को संयुक्त राज्य अमेरिका की स्वाधीनता की घोषणा और 3 सितंबर, 1783 को पेरिस संधि पर हस्ताक्षर के बीच के समय में, जॉर्ज वॉशिंगटन जैसे लोगों का ऐसा मानना था कि संयुक्त राज्य का अस्तित्व है, जबकि किंग जॉर्ज III इस धारणा का ज़ोरदार ढंग से खंडन करते थे।

राज्यों के अस्तित्व को लेकर विवादों का समाधान डीएनए सर्वेक्षण या सोनार स्कैन जैसे किसी वस्तुपरक परीक्षण से नहीं किया जा सकता। राज्य वस्तुपरक यथार्थ नहीं हैं, जैसे कि पशु हैं। जब हम यह पूछते हैं कि क्या अमुक राज्य का अस्तित्व

है, तो हम अंतरविषयी यथार्थ का प्रश्न उठा रहे होते हैं। अगर पर्याप्त लोग सहमत होते हैं कि अमुक राज्य का अस्तित्व है, तभी उसका अस्तित्व होता है। इसके बाद वह अन्य राज्यों के साथ-साथ ग़ैर सरकारी संगठनों और कॉर्पोरेट्स के साथ क़ानूनी रूप से बाध्यकारी समझौतों पर हस्ताक्षर कर सकता है।

क़िस्सों की तमाम विधाओं में जो विधाएँ अंतरविषयी यथार्थ रचती हैं, वे बड़े पैमाने के मानवीय तंत्रों को खड़े करने के मामले में निर्णायक महत्त्व की रही हैं। छद्म पारिवारिक स्मृतियों को समाविष्ट करना निश्चय ही मददगार होता है, लेकिन कोई भी मज़हब या साम्राज्य किसी देवता, राष्ट्र, क़ानून संहिता, या मुद्रा में दृढ़ विश्वास किए बिना लंबे समय तक जीवित नहीं रह सकता। उदाहरण के लिए, ईसाई चर्च का गठन करने के लिए यह महत्त्वपूर्ण था कि अंतिम भोज के दौरान ईसा ने जो कुछ कहा था, उसे लोग याद रखें, लेकिन इससे ज़्यादा महत्त्वपूर्ण यह था कि ईसा महज़ एक प्रेरणादायक रब्बी होने की बजाय ईश्वर थे। यहूदी मज़हब को गढ़ने के लिए, यह चीज़ मददगार थी कि यहूदी याद रखते कि किस तरह वे एकजुट होकर मिस्र की गुलामी से बच निकले थे, लेकिन वास्तव में निर्णायक क़दम सारे यहूदियों को एक ही धर्मसंहिता, *हलाखा* में विश्वास के लिए तैयार करना था।

क़ानून, देवता, और मुद्रा जैसी अंतरविषयी चीज़ें किसी ख़ास सूचना तंत्र के भीतर अत्यंत शक्तिशाली होती हैं और उसके बाहर नितांत अर्थहीन होती हैं। मान लीजिए, किसी अरबपति का प्राइवेट जेट किसी वीरान द्वीप पर क्रैश हो जाता है और वह नोटों और बांड्स से भरे अपने सूटकेस के साथ ख़ुद को नितांत अकेला पाता है। जब वह साओ पाउलो या मुंबई में था, तो वह इन काग़ज़ों का इस्तेमाल कर अपना पेट भर सकता था, अपना तन ढक सकता था, अपने सिर पर छाया का इंतज़ाम कर सकता था और अपने लिए एक निजी विमान खड़ा कर सकता था, लेकिन जैसे ही वह हमारे सूचना तंत्र के दूसरे सदस्यों से कट जाता है, उसके नोट और बांड तुरंत अपनी क़ीमत खो देते हैं। वह उनका इस्तेमाल करके उस द्वीप के बंदरों से अपने लिए भोजन नहीं मँगा सकता या नाव नहीं तैयार करा सकता।

क़िस्सों की ताक़त

क़िस्से बड़े पैमाने के मानवीय तंत्र तैयार करते हैं, जिसके लिए वे चाहे छद्म स्मृतियों का आरोपण करें, या काल्पनिक संबंध तैयार करें, या अंतरविषयी यथार्थ रचें। बदले में ये तंत्र दुनिया में शक्ति-संतुलन को पूरी तरह बदल देते हैं। क़िस्सों पर आधारित तंत्रों ने *होमो सेपियन्स* को सारे प्राणियों में सबसे ज़्यादा शक्तिशाली

बनाया, और उन्हें सिर्फ़ शेरों और मैमथों से ही नहीं, बल्कि निएंडरथल जैसी प्राचीन मानव-प्रजातियों से भी श्रेष्ठ स्थिति में पहुँचा दिया।

निएंडरथल छोटे-छोटे अलग-थलग झुंडों में रहा करते थे। हमारी श्रेष्ठतम जानकारी के मुताबिक़, ये विभिन्न झुंड एक-दूसरे के साथ कभी सहयोग करते भी थे, तो बहुत गाहे-ब-गाहे और कमज़ोर ढंग से ही करते थे।[18] पाषाण युग के सेपियन्स भी कुछ दर्जन व्यक्तियों के छोटे-छोटे झुंडों में ही रहते थे, लेकिन क़िस्सागोई के उदय के बाद सेपियन्स के झुंडों की अलग-थलग रहने की स्थिति समाप्त हो गई। ये झुंड श्रद्धेय पूर्वजों, पूज्य पशुओं, और संरक्षक आत्माओं जैसी चीज़ों के क़िस्सों के सहारे एक-दूसरे से जुड़ गए। जो झुंड क़िस्सों और अंतरविषयी यथार्थों को साझा करते थे, उन्होंने क़बीलों का गठन किया। हर क़बीला एक तंत्र था, जो सैकड़ों, यहाँ तक कि हज़ारों व्यक्तियों को आपस में जोड़ता था।[19]

किसी बड़े क़बीले का सदस्य होना टकराव के समय में ज़ाहिर तौर पर फ़ायदेमंद होता था। पाँस सौ सेपियन्स पचास निएंडरथलों को आसानी-से हरा सकते थे,[20] लेकिन क़बीलाई तंत्रों के कई अतिरिक्त फ़ायदे भी थे। अगर हम पचास लोगों के किसी अलग-थलग समूह में रह रहे हों और हमारे इलाक़े में गंभीर क़िस्म का सूखा पड़ जाए, तो हम में से अधिकांश लोग भूख से मर जाएँगे। अगर हम कहीं और जा बसने की कोशिश करते हैं, तो मुमकिन है हमारा सामना किन्हीं शत्रुता रखने वाले समूहों से हो, और एक अनजान इलाक़े में हमें भोजन, पानी और (औज़ार बनाने के लिए) चकमक पत्थर खोजने में भी कठिनाई हो सकती है, लेकिन अगर हमारा समूह किसी क़बीले का हिस्सा है, तो ज़रूरत के वक़्त में कम से कम हम में से कुछ लोग, तो अपने दूर के दोस्तों के पास जाकर रह सकते हैं। अगर हमारी साझा क़बीलाई पहचान पर्याप्त मज़बूत है, तो वे लोग हमारा स्वागत करेंगे और हमें स्थानीय ख़तरों और अवसरों के बारे में सीख दे सकेंगे। एक या दो दशकों बाद हम भी उनके लिए वैसा ही कुछ कर सकेंगे। इस तरह, क़बीलाई तंत्र एक बीमा पॉलिसी की तरह काम करता था। वह जोखिम को बहुत सारे व्यक्तियों के बीच फैलाकर उसे कम कर देता था।[21]

यहाँ तक कि शांति के समय में भी सेपियन्स एक छोटे-से समूह के सदस्यों के साथ ही नहीं, बल्कि समूचे क़बीलाई तंत्र के साथ सूचना का आदान-प्रदान कर भारी फ़ायदे उठा सकते थे। अगर क़बीले का कोई समूह भाले की नोकों को तैयार करने का कोई बेहतर तरीक़ा ईजाद कर लेता, या किसी दुर्लभ जड़ी-बूटी की मदद से घावों को भरना सीख लेता, या कपड़े सिलने के लिए सुई का आविष्कार कर लेता, तो वह ज्ञान फुर्ती-से दूसरे समूहों तक पहुँच सकता था। यहाँ तक कि संभव है, सेपियन्स व्यक्तिगत तौर पर निएंडरथलों के मुक़ाबले अधिक बुद्धिमान

न भी रहे होते, तब भी पाँच सौ सेपियन्स मिलकर पचास निएंडरथलों से ज़्यादा बुद्धिमान थे।[22]

और यह क़िस्सों की वजह से मुमकिन हुआ। इतिहास की भौतिकवादी व्याख्याएँ अक्सर क़िस्सों की ताक़त को महसूस नहीं कर पातीं या उससे इंकार करती हैं, ख़ास तौर से, मार्क्सवादी, क़िस्सों को अंतर्निहित शक्ति-संबंधों और भौतिक हितों को छिपाने वाली चीज़ों के रूप में देखते हैं। मार्क्सवादी सिद्धांतों के अनुसार, लोग हमेशा वस्तुपरक भौतिक हितों से परिचालित होते हैं और क़िस्सों का इस्तेमाल इन हितों को छद्म आवरण में ढकने और अपने प्रतिद्वंद्वियों को भ्रमित करने के लिए करते हैं। उदाहरण के लिए, इस व्याख्या के अनुसार धर्मयुद्ध, प्रथम विश्व युद्ध, और इराक़ का युद्ध मज़हबी, राष्ट्रवादी या उदारवादी आदर्शों की बजाय शक्तिशाली अभिजात वर्ग के आर्थिक हितों के लिए लड़े गए थे। इन युद्धों को समझने का मतलब ईश्वर, देशभक्ति, या लोकतंत्र के बारे में सारे मिथकीय छलावों को एक तरफ़ रखकर शक्ति-संबंधों को उनकी निपट नग्नता में देखना है।

लेकिन, यह मार्क्सवादी दृष्टिकोण न केवल स्वार्थपूर्ण है, बल्कि ग़लत भी है। जहाँ तक भौतिक हितों का सवाल है, उन्होंने धर्मयुद्धों, प्रथम विश्व युद्ध, इराक़ युद्ध और ज़्यादातर अन्य इंसानी टकरावों में निश्चय ही एक भूमिका निभाई थी, लेकिन इसका यह मतलब नहीं है कि मज़हबी, राष्ट्रवादी, और उदारवादी आदर्शों की इनमें कोई भूमिका नहीं थी। इसके अलावा, भौतिक हित अपने आप में प्रतिद्वंद्वी ख़ेमों की पहचानों को स्पष्ट नहीं कर सकते। ऐसा क्यों है कि बारहवीं सदी में फ़्रांस, जर्मनी, और इटली के भूमिपति और व्यापारी लेवांत के क्षेत्रों और व्यापारिक मार्ग को जीतने के लिए एकजुट हो गए थे, जबकि फ़्रांस और उत्तरी अफ़्रीका के भूमिपति इटली को जीतने के लिए एकजुट नहीं हुए? और ऐसा क्यों है कि 2003 में संयुक्त राज्य अमेरिका और ब्रिटेन ने नॉर्वे के गैस के क्षेत्रों पर क़ब्ज़े का प्रयास करने की बजाय, इराक़ के तेल क्षेत्रों पर क़ब्ज़ा करने का प्रयास किया? क्या इसे वाक़ई लोगों की मज़हबी और विचारधारात्मक आस्थाओं का सहारा लिए बग़ैर विशुद्ध भौतिकतावादी तर्कों से समझा जा सकता है?

वास्तव में, बड़े पैमाने के मानवीय समूहों के बीच के संबंध क़िस्सों के हाथों आकार लेते हैं, क्योंकि इन समूहों की स्वयं अपनी पहचान क़िस्सों से परिभाषित होती है। इसकी कोई वस्तुपरक परिभाषाएँ नहीं हैं कि कौन अँग्रेज़, अमेरिकी, नॉर्वेजियाई, या इराक़ी है। ये सारी पहचानें राष्ट्रीय और मज़हबी मिथकों द्वारा गढ़ी गई हैं, जिन्हें निरंतर चुनौती मिलती रही है और संशोधित किया जाता रहा है। मार्क्सवादी दावा कर सकते हैं कि बड़े पैमाने के समूहों की, क़िस्सों से स्वतंत्र, वस्तुपरक पहचानें और हित होते हैं। अगर ऐसा है, तो हम इस बात को कैसे समझ

सकते हैं कि केवल मनुष्यों के ही, क़बीलों, राष्ट्रों और मज़हबों जैसे बड़े पैमाने के समूह होते हैं, जबकि चिंपांजियों में उनका अभाव होता है? आख़िरकार, चिंपांज़ी इंसानों के साथ हमारे सारे भौतिक हितों को साझा करते हैं। वे भी पीना, खाना और ख़ुद को बीमारियों से बचाना चाहते हैं। वे भी सेक्स और सामाजिक शक्तियाँ चाहते हैं, लेकिन चिंपांज़ी बड़े पैमाने के समूहों को नहीं सँभाल सकते, क्योंकि वे उन क़िस्सों को गढ़ने में अक्षम होते हैं, जो इस तरह के समूहों को आपस में जोड़ते हैं और उनकी पहचानों और हितों को परिभाषित करते हैं। मार्क्सवादी चिंतन के विपरीत, इतिहास की बड़े पैमाने की पहचानें और हित हमेशा अंतरविषयात्मक होते हैं। वे कभी वस्तुपरक नहीं होते।

यह एक सकारात्मक पहलू है। अगर इतिहास को पूरी तरह भौतिक हितों और शक्ति-संघर्ष के हाथों गढ़ा गया होता, तो उन लोगों से बात करने का कोई अर्थ न रह जाता, जो हम से असहमति रखते हैं। हर टकराव अंततः वस्तुपरक शक्ति-संबंधों का नतीजा होता, जिसे महज़ बातचीत करने से नहीं बदला जा सकता। ख़ास तौर से, अगर विशिष्ट वर्ग के व्यक्ति केवल उन चीज़ों को देख सकते और उनमें विश्वास कर सकते, जो उनके विशेष हितों को सँजोती हैं, तो उन्हें इन हितों का त्याग करने और अपने विश्वासों में बदलाव लाने के लिए प्रेरित करने का हिंसा के अलावा कोई भी और तरीक़ा कैसे कारगर होता? सौभाग्य से, क्योंकि इतिहास अंतरविषयी क़िस्सों के हाथों गढ़ा गया है, हम कभी-कभी टकराव को टाल पाते हैं और लोगों से बातचीत कर शांति स्थापित कर पाते हैं, और इस तरह उन क़िस्सों को बदल देते हैं, जिनमें वे और हम विश्वास करते हैं, या कोई ऐसा नया क़िस्सा लेकर सामने आ जाते हैं, जो सभी को मंज़ूर हो सकता है।

उदाहरण के लिए, नाज़ीवाद को ही लें। निश्चय ही वहाँ ऐसे भौतिक हित मौजूद थे, जिन्होंने जर्मनी के लाखों लोगों को हिटलर का समर्थन करने को प्रेरित किया था। अगर 1930 के दशक के आरंभिक वर्षों का आर्थिक संकट पैदा न हुआ होता, तो नाज़ी कभी सत्ता में न आ पाए होते, लेकिन, यह सोचना ग़लत है कि थर्ड राइख़ अंतर्निहित शक्ति-संबंधों और भौतिक हितों का अपरिहार्य परिणाम था। हिटलर ने 1933 का चुनाव इसलिए जीता था, क्योंकि उस आर्थिक संकट के दौरान लाखों जर्मनों को किन्हीं वैकल्पिक क़िस्सों की बजाय नाज़ी क़िस्से पर विश्वास हो गया था। यह जर्मनों द्वारा अपने भौतिक हितों की खोज करने और अपने विशेषाधिकारों की रक्षा करने का अनिवार्य परिणाम नहीं था, वह एक त्रासद चूक थी। हम पूरे आत्मविश्वास के साथ कह सकते हैं कि यह एक चूक थी, और यह कि जर्मन कोई बेहतर क़िस्सा चुन सकते थे, क्योंकि हम जानते हैं कि बाद में क्या हुआ था। नाज़ी हुकूमत के बारह वर्षों ने जर्मनों के भौतिक हितों का पोषण नहीं किया था। नाज़ीवाद के नतीजे में जर्मनी का विनाश हुआ और लाखों लोगों

की मौत हुई। बाद में, जब जर्मनों ने उदार लोकतंत्र को अपना लिया, तो इसके नतीजे में उनके जीवन में चिरस्थायी सुधार हुआ। क्या जर्मन 1930 के दशक के आरंभिक वर्षों में विफल नाज़ीवाद को छोड़कर उदार लोकतंत्र में अपनी आस्था नहीं जता सकते थे? इस किताब का मानना है कि वे वैसा कर सकते थे। इतिहास अक्सर निश्चयात्मक शक्ति-संबंधों से नहीं, बल्कि उन त्रासद भूलों से गढ़ा जाता है, जो सम्मोहनकारी किन्तु नुक़सानदेह क़िस्सों में विश्वास का परिणाम होती हैं।

अनूठा झूठ

क़िस्सों की केंद्रीयता हमारी प्रजाति की शक्ति के बारे में एक बुनियादी क़िस्म की चीज़ उजागर करती है, और उससे हमें यह बात स्पष्ट होती है कि क्यों शक्ति और विवेक के बीच हमेशा रिश्ता नहीं होता। सूचना का अपरिपक्व दृष्टिकोण कहता है कि सूचना सत्य की ओर ले जाती है, और सत्य का ज्ञान लोगों को शक्ति और विवेक, दोनों चीज़ें हासिल करने में मदद करता है। यह बात सुनने में आश्वस्त करने वाली लगती है। इसमें यह अंतर्निहित है कि जो लोग सत्य को अनदेखा कर देते हैं, उनमें ज़्यादा शक्ति हासिल करने की संभावना नहीं होती, जबकि जो लोग सत्य का आदर करते हैं, वे ज़्यादा शक्ति बटोर सकते हैं, लेकिन विवेक उस शक्ति को संतुलित रखता है। उदाहरण के लिए, जो लोग इंसान की जैविकी की उपेक्षा करते हैं, वे नस्लपरक मिथकों में विश्वास कर सकते हैं, लेकिन वे सशक्त दवाएँ और जैविक हथियार उत्पन्न नहीं करेंगे, जबकि जो लोग जैविकी को समझते हैं, उनमें उस तरह की शक्ति तो होगी, लेकिन वे उसका इस्तेमाल नस्लपरक विचारधाराओं के पक्ष में नहीं करेंगे। अगर बात सचमुच ऐसी होती, तो हम अपने राष्ट्रपतियों, महत्त्वपूर्ण पुरोहितों और मुख्य कार्यपालन अधिकारियों के विवेक और ईमानदारी पर भरोसा कर चैन-से सो सकते थे। कोई राजनेता, कोई आंदोलन, या कोई मुल्क झूठों और छलों की मदद से जहाँ-तहाँ आगे बढ़ता रह सकता है, लेकिन लंबे समय में यह एक आत्म-पराजयकारी रणनीति होगी।

बदक़िस्मती से, यह वह दुनिया नहीं, जिसमें हम रहते हैं। इतिहास में, सत्य के ज्ञान से शक्ति केवल आंशिक रूप से ही उत्पन्न होती है। वह बड़ी संख्या में लोगों के बीच सामाजिक व्यवस्था को क़ायम रखने की योग्यता से भी पैदा होती है। मान लीजिए कि आप एटम बम बनाना चाहते हैं। इसमें सफलता प्राप्त करने के लिए आपको भौतिकी का कुछ सटीक ज्ञान होना ज़रूरी है, लेकिन यूरेनियम के अयस्क का उत्खनन करने के लिए, न्यूक्लियर रिएक्टर तैयार करने के लिए, और निर्माण के काम में लगे मज़दूरों, खनिकों और भौतिकीविदों को भोजन मुहैया

कराने के लिए ढेर सारे लोगों की भी ज़रूरत होगी। मैनहट्टन प्रोजेक्ट में प्रत्यक्ष तौर पर 130,000 लोग काम पर लगाए गए थे, जिनका भरण-पोषण करने में लाखों लोग लगे हुए थे।[23] रॉबर्ट ओपेनहाइमर ख़ुद को अपने समीकरणों के प्रति इसलिए समर्पित कर सके, क्योंकि उन्हें उन हज़ारों खनिकों पर भरोसा था, जो उत्तरी कैनेडा की एल्डोराडो खदान और बेल्जियाई कांगों की शिंकोलोबवे खदान से यूरेनियम निकाल रहे थे,[24] उन किसानों के अलावा, जो उनके लंच के लिए आलू उगाते थे। अगर आप एटम बम बनाना चाहते हैं, जो आपको कोई ऐसा तरीक़ा ढूँढना होगा, जिससे लाखों लोग आपस में सहयोग कर सकें।

यही चीज़ उन तमाम महत्त्वाकांक्षी योजनाओं पर लागू होती है, जिन्हें इंसान अपने हाथ में लेते हैं। मैमथ के शिकार पर निकले पाषाण युग के समूह के लिए मैमथों के बारे में कुछ सही तथ्यों की जानकारी आवश्यक थी। अगर वे ऐसा मानते कि वे कोई जादू-मंतर करके मैमथ को मार सकते हैं, तो शिकार पर निकली उनकी यात्रा विफल हो जाती, लेकिन मैमथ के बारे में तथ्यों को जान लेना भर भी काफ़ी नहीं था। शिकारियों को भी मौत का जोखिम उठाना पड़ता था और बहुत साहस दिखाना पड़ता था। अगर उनका यह विश्वास होता कि किसी मंत्र के उच्चारण से उन्हें मृत शिकारियों के मृत्युपरांत अच्छे जीवन की गारंटी मिल सकती है, तो उनके अभियान की सफलता के ज़्यादा बड़े अवसर होते। यहाँ तक कि अगर जादू मृत शिकारियों का किसी भी रूप में कोई हित न करता, तब भी वह जीवित शिकारियों के साहस और एकजुटता को प्रोत्साहित करके शिकार की कामयाबी में योगदान करता।[25]

शक्ति जहाँ सत्य और व्यवस्था, दोनों पर निर्भर करती है, वहीं ज़्यादातर मामलों में वे लोग ही निर्णय लेते हैं, जो व्यवस्था बनाए रखना जानते हैं और उन लोगों को आदेश देते हैं, जो महज़ मैमथ या परमाणु भौतिकी जैसी चीज़ों का सत्य जानते हैं। रॉबर्ट ओपेनहाइमर ने फ्रैंकलिन डेलानो रूज़वेल्ट की आज्ञा का पालन किया था, न कि इसका उलटा हुआ था। इसी तरह, वर्नर हाइज़ेनबर्ग ने एडोल्फ़ हिटलर की आज्ञा का पालन किया था, इगोर कुर्चातोव ने जोसेफ़ स्तालिन का आदेश माना था, और ईरान के आज के परमाणु भौतिकी के विशेषज्ञ शिया धर्मशास्त्र के मर्मज्ञों के आदेशों का पालन करते हैं।

जिस बात को शीर्ष पर बैठे लोग जानते हैं, जिसे परमाणु भौतिकीविद् हमेशा समझ नहीं पाते, वह यह है कि बड़ी सख्या में लोगों के बीच व्यवस्था क़ायम करने के लिए विश्व के बारे में सत्य बोलना सबसे कारगर तरीक़ा नहीं है। यह सही है कि $E=mc^2$, और वह विश्व में घटित होने वाली बहुत सारी घटनाओं की जानकारी देता है, लेकिन $E=mc^2$ जानना सामान्यत: राजनीतिक असहमतियों का समाधान नहीं

करता या लोगों को सार्वजनिक हित में बलिदान करने को प्रेरित नहीं करता। इसकी बजाय, इंसानी तंत्रों को जो चीज़ आपस में बाँधे रखती है, वे हैं कल्पित क़िस्से, ख़ास तौर से देवता, पैसा, और राष्ट्र जैसी अंतरविषयी चीज़ों के क़िस्से। प्रथमतः, काल्पनिक क़िस्सों को हम जितना सरल चाहें, उतना सरल बना सकते हैं, जबकि सत्य जटिल होता है, क्योंकि उससे जिस यथार्थ के निरूपण की अपेक्षा की जाती है, वह जटिल होता है। उदाहरण के लिए, राष्ट्रों के बारे में सत्य को ले लीजिए। यह समझ पाना मुश्किल है कि हम जिस राष्ट्र के निवासी हैं, वह एक अंतरविषयी सत्ता है, जिसका अस्तित्व केवल हमारी सामूहिक कल्पना में है। आप राजनेताओं को उनके राजनीतिक वक्तव्यों में ऐसा कहते हुए बिरले ही सुनते हैं। इस बात पर विश्वास करना ज़्यादा आसान होता है कि हमारा राष्ट्र ईश्वर द्वारा चुने गए लोगों का है, जिसे उस सृजनकर्ता ने किसी ख़ास मुहिम के तहत सौंपा है। यह सरल-सा क़िस्सा इज़रायल से लेकर ईरान और संयुक्त राज्य अमेरिका से लेकर रूस तक के अंतहीन राजनेता निरंतर दोहराते रहे हैं।

दूसरे, सत्य अक्सर तकलीफ़देह और परेशान करने वाला होता है, और अगर हम उसे अधिक साँत्वना देने वाला और प्रशंसापूर्ण बनाने की कोशिश करेंगे, तो वह सत्य नहीं रह जाएगा। इसके विपरीत, कल्पित क़िस्सा ज़्यादा लचीला होता है। हर मुल्क के इतिहास में कुछ स्याह प्रसंग होते हैं, जिन्हें उनके नागरिक स्वीकार करना और याद रखना पसंद नहीं करते। एक इज़रायली राजनेता, जो अपने चुनावी भाषणों में इज़रायल द्वारा फ़िलिस्तीनी नागरिकों पर किए गए अत्याचारों के ब्योरे देता है, उसे बहुत ज़्यादा वोट मिलने की संभावना नहीं है। इसके विपरीत, जो राजनेता सुविधाजनक तथ्यों की उपेक्षा करते हुए एक राष्ट्रीय मिथक खड़ा करता है, यहूदी इतिहास के सुनहरे क्षणों पर अपने भाषण को एकाग्र करता है, और जहाँ-कहीं ज़रूरी लगता है, वहाँ यथार्थ को अलंकृत करता है, वह भारी मतों से विजयी हो सकता है। यह स्थिति मात्र इज़रायल के साथ ही नहीं, सारे मुल्कों की है। ऐसे कितने इताल्वी और हिंदुस्तानी होंगे, जो अपने राष्ट्रों के बारे में अक्षत सत्य को सुनना चाहेंगे? वैज्ञानिक प्रगति के लिए सत्य के प्रति अटल जुड़ाव अनिवार्य है, और यह एक सराहनीय आध्यात्मिक व्यवहार है, लेकिन यह विजय दिलाने वाली राजनीतिक युक्ति नहीं है।

रिपब्लिक में प्लेटो ने पहले ही यह कल्पना कर ली थी कि उसके आदर्श राज्य का संविधान 'आदर्शझूठ' पर आधारित होगा – सामाजिक व्यवस्था के उद्गम के बारे में एक काल्पनिक क़िस्से पर, ऐसा काल्पनिक क़िस्सा, जो नागरिकों की वफ़ादारी हासिल करे और जो उन्हें संविधान पर सवाल उठाने से रोके। प्लेटो ने लिखा था कि नागरिकों से कहा जाना चाहिए कि वे सब पृथ्वी से उत्पन्न हुए हैं,

भूमि उनकी माँ है, और इसलिए उन्हें मातृभूमि के प्रति संतान की तरह वफ़ादार होना चाहिए। उनसे यह भी कहा जाना चाहिए कि जब उनका गर्भधारण किया गया था, तो देवताओं ने विभिन्न धातुओं यानी स्वर्ण, चाँदी, ताँबे और लोहे, को उनमें मिला दिया था, जिससे सुनहरे शासकों और ताँबई नौकरों के बीच स्वाभाविक सोपानक्रम का औचित्य सिद्ध हो जाता है। प्लेटो की आदर्श राज्य की यह कल्पना कभी व्यावहारिक रूप तो नहीं ले सकी, लेकिन युगों-युगों अनेक राजनीतिक व्यवस्थाएँ अपने बाशिंदो को इस आदर्श झूठ के संस्करण सुनाती रहीं।

प्लेटो के आदर्श झूठ के बावजूद, हमें यह निष्कर्ष नहीं निकाल लेना चाहिए कि सारे राजनेता झूठे होते हैं या सारे राष्ट्रीय इतिहास छलावे हैं। विकल्प केवल सत्य बोलने और झूठ बोलने के बीच नहीं है। तीसरा विकल्प भी है। कल्पित क़िस्से कहना केवल तभी झूठ बोलने के बराबर है, जब आप यह ढोंग कर रहे हों कि वह क़िस्सा यथार्थ का सच्चा निरूपण है। कल्पित क़िस्सा कहना उस वक़्त झूठ नहीं होता, जब आप इस तरह के ढोंग से बचते हैं और इस बात को स्वीकार करते हैं कि आप पहले से मौजूद वस्तुनिष्ठ यथार्थ का निरूपण करने की बजाय एक नया अंतरविषयी यथार्थ रचने की कोशिश कर रहे हैं।

उदाहरण के लिए, 17 सितंबर, 1787 को संविधान सभा ने संयुक्त राज्य अमेरिका के संविधान पर हस्ताक्षर किए थे, जो 1789 में प्रभावी हो गया था। इस संविधान में दुनिया के बारे में किसी पहले से मौजूद सत्य का उद्घाटन नहीं किया गया था, तब भी वह अनिवार्य रूप से झूठ नहीं था। प्लेटो के परामर्श को नकारते हुए उस संविधान के लेखकों ने उस मज़मून के उद्गमों को लेकर किसी के साथ छल नहीं किया था। उन्होंने यह दिखावा नहीं किया था कि वह मज़मून स्वर्ग से उतरा था या किसी देवता की प्रेरणा से तैयार किया गया था। इसकी बजाय, उन्होंने इस बात को स्वीकार किया था कि वह उन मनुष्यों द्वारा रचा गया अत्यंत मौलिक वैधानिक दस्तावेज़ था, जिनसे ग़लतियाँ हो सकती थीं।

वह संविधान अपने उद्गम के बारे में कहता है कि "हम संयुक्त राज्य अमेरिका के लोग, एक संपूर्ण संघ तैयार करने के लिए... इस संविधान को नियत और स्थापित करते हैं।" इस स्वीकृति के बावजूद कि वह इंसानों द्वारा निर्मित वैधानिक गल्प है, संयुक्त राज्य अमेरिका का संविधान एक शक्तिशाली संघ तैयार कर सका। उसने दो सदियों से भी ज़्यादा समय तक मज़हबी, प्रजातीय, और सांस्कृतिक समूहों के व्यापक दायरे से संबंध रखने वाले लाखों लोगों के बीच आश्चर्यजनक व्यवस्था क़ायम करके रखी है। इस तरह, संयुक्त राज्य अमेरिका के संविधान ने उस धुन का काम किया है, जिसने किसी भी चीज़ के निरूपण का दावा किए बग़ैर असंख्य लोगों को एक व्यवस्था के अंतर्गत आचरण करने को प्रेरित किया।

यह दर्ज करना आवश्यक है कि 'व्यवस्था' को निष्पक्षता या न्याय से भ्रमित नहीं किया जाना चाहिए। संयुक्त राज्य अमेरिका के संविधान द्वारा रची और क़ायम रखी गई व्यवस्था ने गुलामी की प्रथा, स्त्रियों की परतंत्रता, मूल निवासियों के स्वामित्व हरण, और अतिशय आर्थिक ग़ैर बराबरी को नज़रअंदाज़ किया। संयुक्त राज्य अमेरिका के संविधान की प्रवीणता इस बात में है कि यह स्वीकार करते हुए कि यह मनुष्यों द्वारा रचा गया वैधानिक गल्प है, वह ख़ुद को बदलने और अपने ही अन्यायों का प्रतिकार करने के लिए सहमति पर पहुँचने की प्रक्रियाएँ उपलब्ध कराने में सक्षम रहा (जैसा कि अध्याय 5 इसकी अधिक गहराई से छानबीन करता है)। संविधान की धारा v विस्तार से बताती है कि लोग कैसे इस तरह के संशोधनों को प्रस्तावित और वैधीकृत कर सकते हैं, जो 'इस संविधान के हिस्से के रूप में सारे प्रयोजनों और उद्देश्यों के संदर्भ में वैध बने रहेंगे।'' इस संविधान के लिखे जाने के एक सदी से भी कम समय में, उसके तेरहवें संशोधन ने गुलामी की प्रथा को समाप्त कर दिया।

इस मामले में, संयुक्त राज्य अमेरिका का संविधान उन क़िस्सों से बुनियादी रूप से भिन्न था, जिन्होंने अपनी काल्पनिक प्रकृति को मानने से इंकार किया और उनके दैवीय उद्गम का दावा किया, जैसा कि **टेन कमांडमेंट्स** ने किया। **दसवाँ कमांडमेंट** कहता है, ''तुम्हें अपने पड़ोसी के मकान को लेकर लालच नहीं करना चाहिए। तुम्हें अपने पड़ोसी की बीवी को, या पुरुष या स्त्री गुलाम को लेकर लालच नहीं करना चाहिए'' (एक्सोडॅस 20: 17)। इसमें यह अभिप्राय निहित है कि लोग अगर गुलामों को रखते हैं, तो परमेश्वर को कोई आपत्ति नहीं है, और उसे केवल किसी और के गुलामों को लेकर ललचाने पर आपत्ति है, लेकिन संयुक्त राज्य अमेरिका के संविधान से भिन्न, **टेन कमांडमेंट्स** संशोधन की कोई प्रक्रिया उपलब्ध कराने में नाकामयाब रहे। ऐसा कोई ग्यारहवाँ कमांडमेंट नहीं है, जो कहता हो, ''तुम दो-तिहाई बहुमत से कमांडमेंट्स में संशोधन कर सकते हो।''

दोनों मज़मूनों के बीच का यह निर्णायक भेद उनके पहले क़दम से ही स्पष्ट हो जाता है। संयुक्त राज्य अमेरिका का संविधान 'हम लोग' से शुरुआत करता है। उसके मानवीय उद्गम को स्वीकार करते हुए, वह मनुष्यों को उसमें संशोधन की शक्ति प्रदान करता है। **टेन कमांडमेंट्स** की शुरुआत ''मैं प्रभु हूँ, तुम्हारा ईश्वर'' से होती है। दैवीय उद्गम का दावा करते हुए, वह उसमें बदलाव से मनुष्यों को प्रतिबंधित कर देता है। नतीजतन, बाइबल का मज़मून आज भी गुलामी का अनुमोदन करता है।

सारी इंसानी राजनीतिक व्यवस्थाएँ काल्पनिक क़िस्सों पर आधारित हैं, लेकिन कुछ इस बात को स्वीकार करती हैं, और कुछ नहीं करतीं। अगर हम अपनी सामाजिक व्यवस्था के उद्गम को लेकर ईमानदार बने रहते हैं, तो उस व्यवस्था में परिवर्तन करना आसान हो जाता है। अगर हमारे जैसे मनुष्य उसको ईजाद करते हैं, तो वे उसमें संशोधन भी कर सकते हैं, लेकिन इस तरह की ईमानदारी क़ीमत चुकाने पर आती है। अगर सामाजिक व्यवस्था के इंसानी उद्गम को स्वीकार किया जाता है, तो हर किसी को उस पर सहमत कराना मुश्किल हो जाता है। अगर उसे हम जैसे इंसानों ने ईजाद किया है, तो हम उसे क्यों स्वीकार करें? जैसा कि हम अध्याय 5 में देखेंगे, अठारहवीं सदी के बाद के वर्षों तक जन संचार प्रौद्योगिकी के अभाव ने सामाजिक व्यवस्था के नियमों के बारे में लाखों लोगों के बीच खुली बहस आयोजित करना अत्यंत मुश्किल बना रखा था। इसलिए, रूस के ज़ार (सम्राट), मुसलमान ख़लीफ़ा और चीन के देवपुत्र व्यवस्था क़ायम रखने के लिए यह दावा किया करते थे कि समाज के बुनियादी नियम स्वर्ग से बनकर आए हैं और वे इंसानी संशोधनों के लिए खुले नहीं हैं। इक्कीसवीं सदी के आरंभिक वर्षों में, कई राजनीतिक प्रणालियाँ आज भी अतिमानवीय प्रभुत्व का दावा करती हैं और उन खुली बहसों का विरोध करती हैं, जिनका नतीजा अप्रिय परिवर्तनों के रूप में सामने आ सकता है।

सदाबहार धर्मसंकट

इतिहास में काल्पनिक क़िस्सों की प्रमुख भूमिका को समझ लेने के बाद, अंततः सूचना तंत्रों के उस संपूर्ण मॉडल को प्रस्तुत करना संभव है, जो सूचना के अपरिपक्व दृष्टिकोण और उस दृष्टिकोण की लोकलुभावनवादी आलोचना, दोनों के परे जाता है। अपरिपक्व दृष्टिकोण के विपरीत, सूचना सत्य की कच्ची सामग्री नहीं है, और इंसानी सूचना तंत्र केवल सत्य की तलाश के लिए अनुकूलित नहीं हैं, लेकिन लोकलुभावनवादी दृष्टि के विपरीत, सूचना महज़ एक अस्त्र भी नहीं है। इसकी बजाय, हर मानवीय तंत्र को जीवित बने रहने और पनपने के लिए एक साथ दो चीज़ों की ज़रूरत होती है: सत्य की खोज करना और व्यवस्था तैयार करना। तदनुसार, इतिहास सामने आता गया है, इंसानी सूचना तंत्र दो भिन्न तरह की दक्षताएँ विकसित करते गए हैं। एक ओर, जैसी कि अपरिपक्व दृष्टिकोण अपेक्षा करता है, तंत्रों ने चिकित्सा, मैमथ और परमाणु भौतिकी जैसी चीज़ों बारे में अधिक सही समझ हासिल करने के लिए सूचना को संसाधित करना सीखा। इसी के साथ-साथ, इन तंत्रों ने बड़ी आबादियों के बीच मज़बूत सामाजिक व्यवस्था क़ायम करने के

लिए सच्चाईपूर्ण विवरण ही नहीं, बल्कि काल्पनिक क़िस्सों, फ़ंतासियों, प्रचार, और – कभी-कभी – स्पष्ट झूठों का इस्तेमाल करते हुए सूचना का उपयोग करना भी सीखा।

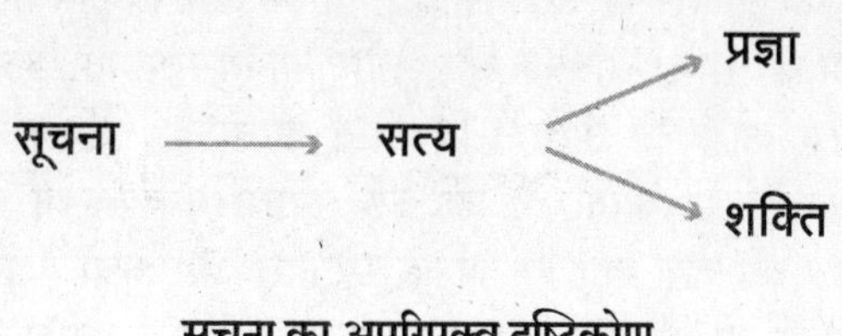

सूचना का अपरिपक्व दृष्टिकोण

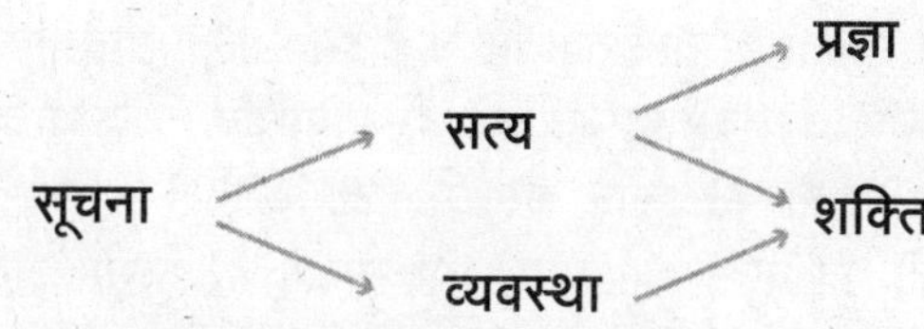

सूचना का अधिक संपूर्ण ऐतिहासिक दृष्टिकोण

ढेर सारी सूचना का होना अपने आप में और स्वयं के लिए न तो सत्य की गारंटी है और न व्यवस्था की। सत्य की खोज के लिए सूचना का उपयोग करना तथा साथ ही व्यवस्था बनाए रखना एक कठिन प्रक्रिया है। जो चीज़ स्थितियों को और भी बदतर बना देती है, वह यह है कि ये दो प्रक्रियाएँ अक्सर परस्पर विरोधी होती हैं, क्योंकि कल्पित क़िस्सों के माध्यम से व्यवस्था को बरकरार रखना प्राय: आसान होता है। कभी-कभी – जैसे कि संयुक्त राज्य अमेरिका के मामले में – कल्पित क़िस्से अपनी काल्पनिकता को स्वीकार कर सकते हैं, लेकिन ज़्यादातर वे उससे इंकार करते हैं। उदाहरण के लिए, मज़हब मनुष्यों द्वारा ईजाद किया गया कल्पित क़िस्सा होने की बजाय वस्तुपरक और शाश्वत सत्य होने का दावा करते हैं। इस तरह के मामलों में सत्य की खोज सामाजिक व्यवस्था की नींवों को हिला देने का ख़तरा पैदा कर देती है। बहुत-से समाजों के लिए यह ज़रूरी होता है कि उनकी आबादी को उनके वास्तविक उद्गम का *पता न चले।* उस समय क्या होता है, जब लोग असुविधाजनक ढंग से सत्य तक पहुँच जाते हैं? तब क्या होता है, जब वही सूचना दुनिया के बारे में एक महत्त्वपूर्ण तथ्य को उजागर कर देती है, और उस

आदर्श झूठ को कमज़ोर कर देती है, जिसने समाज को अंदर से बाँध रखा होता है? इस तरह के मामलों में समाज सत्य की खोज पर प्रतिबंध लगाते हुए व्यवस्था को सुरक्षित रखने की कोशिश करता है।

इसका एक ज़ाहिर-सा उदाहरण है, डार्विन का विकासवाद का सिद्धांत। विकास-प्रक्रिया की समझ जैविकी और, *होमो सेपियन्स* समेत, प्रजातियों के उद्गम की हमारी समझ को बहुत अधिक विकसित करती है, लेकिन वह उन केंद्रीय मिथकों का उन्मूलन भी करती है, जो कई समाजों में व्यवस्था को क़ायम रखे होते हैं। आश्चर्य की बात नहीं कि अनेक सरकारों और चर्चों ने विकास-प्रक्रिया के अध्ययन को या तो प्रतिबंधित कर रखा है या सीमित कर रखा है, और उन्होंने व्यवस्था की ख़ातिर सत्य की बलि देना बेहतर समझा है।[26]

इसी से जुड़ी एक समस्या यह है कि सूचना तंत्र लोगों को सत्य की खोज की गुंजाइश दे सकता है। यहाँ तक कि उन्हें इसके लिए प्रोत्साहित भी कर सकता है, लेकिन केवल उन विशिष्ट क्षेत्रों में जो सामाजिक व्यवस्था के समक्ष ख़तरा पैदा किए बिना शक्ति को उत्पन्न करने में मदद करते हैं। इसका परिणाम उस अत्यंत शक्तिशाली तंत्र के रूप में सामने आ सकता है, जिसमें असामान्य रूप से प्रज्ञा का अभाव होता है। उदाहरण के लिए, नाज़ी जर्मनी ने रसायन विज्ञान, ऑप्टिक्स, इंजीनियरिंग और रॉकेट विज्ञान में दुनिया के कई अग्रणी विशेषज्ञों को तैयार किया। यह व्यापक तौर पर जर्मनी का रॉकेट विज्ञान ही था, जो बाद में अमेरिकी लोगों को चंद्रमा तक ले गया।[27] इस वैज्ञानिक शौर्य ने जर्मनी के अत्यंत शक्तिशाली सैन्य तंत्र को खड़ा करने में मदद की, जिसे बाद में विक्षिप्त और हत्यारे मिथकों की सेवा में लगाया गया था। नाज़ी हुकूमत के अधीन जर्मन रॉकेट विज्ञान विकसित करने को प्रोत्साहित किए गए, लेकिन वे जैविकी और इतिहास के बारे में नस्लवादी सिद्धांतों पर सवाल उठाने के लिए स्वतंत्र नहीं थे।

यही सबसे बड़ी वजह है कि मानवीय सूचना तंत्र प्रगति की दिशा में विजयी अभियान नहीं है। जहाँ पीढ़ी-दर-पीढ़ी इंसानी तंत्र उत्तरोत्तर शक्तिशाली होते गए हैं, वे अनिवार्यत: विवेकशील नहीं हुए हैं। अगर तंत्र व्यवस्था को सत्य पर वरीयता देता है, तो वह बहुत शक्तिशाली तो हो सकता है, लेकिन वह उस शक्ति का अविवेकपूर्ण इस्तेमाल कर सकता है।

इंसानी सूचना तंत्रों का इतिहास, प्रगति की दिशा में अभियान की बजाय सत्य और व्यवस्था के बीच संतुलन क़ायम करता हुआ तनी हुई रस्सी पर चलने का इतिहास रहा है। इक्कीसवीं सदी में हम उससे बेहतर संतुलन हासिल नहीं कर सके हैं, जितना पाषाण युग के हमारे पूर्वजों ने किया था। गूगल और फ़ेसबुक जैसे कॉर्पोरेशनों के अभियान संबंधी वक्तव्यों के अभिप्रायों के विपरीत, हमारी सूचना

प्रौद्योगिकी की गति और दक्षता में महज़ वृद्धि दुनिया को एक बेहतर जगह बना सकेगी, यह ज़रूरी नहीं है। यह केवल सत्य और व्यवस्था के बीच के संतुलन की ज़रूरत को और अधिक तात्कालिक बनाती है। क़िस्से के आविष्कार ने हमें दसियों हज़ार साल पहले यह सीख दे दी थी। और यही सीख हमें उस वक़्त पुन: दी गई थी, जब इंसान दूसरी महान सूचना प्रौद्योगिकी लेकर आया था : लिखित दस्तावेज़।

अध्याय 3

दस्तावेज़ : काग़ज़ी शेरों का भोजन

क़िस्से मनुष्यों द्वारा विकसित की गई पहली निर्णायक महत्त्व की सूचना प्रौद्योगिकी थी। क़िस्सों ने बड़े पैमाने के मानवीय सहयोगों की बुनियाद रखी और मनुष्यों को पृथ्वी का सबसे ज़्यादा शक्तिशाली प्राणी बनाया, लेकिन सूचना प्रौद्यागिकी के रूप में क़िस्सों की अपनी सीमाएँ थीं।

इसे समझने के लिए, राष्ट्रों के निर्माण में क़िस्सागोई की भूमिका पर विचार करें। बहुत-से राष्ट्र पहले कवियों की कल्पना में उत्पन्न हुए थे। सारा आरोन्सन और भूमिगत **नीली** को आज के इज़रायलियों द्वारा उन प्रथम यहूदीवादियों के रूप में याद किया जाता है, जिन्होंने 1910 के दशक में फ़िलिस्तीन में यहूदी राष्ट्र की स्थापना के लिए अपने जीवन को जोखिम में डाला था, लेकिन **नीली** के सदस्यों के दिमाग़ में यह विचार आया कहाँ से था? उन्होंने पिछली पीढ़ियों के थियोडोर हर्ज़ेल और हयीम नहामिन बियालिक जैसे कवियों, चिंतकों और द्रष्टाओं से प्रेरणा ली थी।

1890 के दशक में और बीसवीं सदी में यूक्रेन के यहूदी कवि बियालिक ने यूरोपीय यहूदियों के उत्पीड़न पर विलाप करते हुए और उनसे अपनी नियति अपने हाथों में ले लेने, हथियारों के बल पर अपनी रक्षा करने, फ़िलिस्तीन में आकर बस जाने, और अपना स्वयं का राज्य स्थापित करने का आह्वान करते हुए अनेक कविताएँ प्रकाशित की थीं। उनकी सबसे ज़्यादा विचलित करने वाली कविताएँ 1903 के किशिनेव के उस सामूहिक हत्याकांड के बाद लिखी गई थीं, जिसमें उन्चास यहूदियों की हत्या कर दी गई थी और दर्जनों यहूदी घायल हो गए थे।[1] 'इन द सिटी ऑफ़ स्लॉटर' में उस यहूदी-द्रोही हत्यारी भीड़ की तीखी निंदा की गई थी,

जिसने वे अत्याचार किए थे, लेकिन उसमें यहूदियों की भी उनकी शांतिप्रियता और असहायता के लिए आलोचना की गई थी।

एक हृदयविदारक दृश्य में बियालिक ने वर्णन किया था कि किस तरह यहूदी स्त्रियों का सामूहिक बलात्कार किया गया था, जबकि उनके पति और भाई दख़लंदाज़ी करने से डरे हुए पास ही में छिपे हुए थे। यह कविता यहूदी मर्दों की तुलना भयभीत चूहों से करती है और कल्पना करती है कि वे किस तरह किसी चमत्कार के इंतज़ार में, जो नहीं हुआ, ख़ामोश रहकर ईश्वर से प्रार्थना करते रहे थे। इसके बाद कविता कहती है कि किस तरह उस सामूहिक हत्याकांड के समाप्त हो जाने के बाद भी बचे हुए लोगों ने ख़ुद को हथियारबंद करने के बारे में नहीं सोचा और इसकी बजाय वे इस बहस को लेकर ताल्मुडीय विवादों में उलझ गए थे कि जिन स्त्रियों के साथ बलात्कार हुआ था, वे क्या अब आनुष्ठानिक रूप से 'दूषित' हो चुकी थीं या अभी भी 'पवित्र' थीं। यह कविता आज इज़रायल के स्कूलों में अनिवार्य रूप से पढ़ाई जाती है। इसका पढ़ा जाना उस व्यक्ति के लिए भी अनिवार्य है, जो यह समझना चाहता है कि किस तरह यहूदियों ने दो सहस्राब्दियों तक इतिहास के सर्वाधिक शांतिवादी समूह बने रहने के बाद आज दुनिया की सबसे अपराजेय सेना तैयार कर ली है। यह अकारण नहीं कि बियालिक को इज़रायल का राष्ट्रकवि घोषित किया गया है।[2]

बियालिक यूक्रेन में रहते थे और पूर्वी यूरोप के अश्केनाज़ी यहूदियों के उत्पीड़न से भली-भाँति परिचित थे, जबकि उन्हें फ़िलिस्तीन के हालात की बहुत कम समझ थी। इस तथ्य ने बाद में हुए यहूदियों और अरबों के टकरावों में योगदान किया था। बियालिक की कविताओं ने यहूदियों को ख़ुद को ऐसे पीड़ितों के रूप में देखने को प्रेरित किया, जिन्हें अपनी सैन्य शक्ति और अपना स्वयं का मुल्क खड़ा करने की सख़्त ज़रूरत थी, लेकिन उन्होंने फ़िलिस्तीन के अरब बाशिंदों के विनाशकारी नतीजों और दरअसल मध्यपूर्व के मिज़राही यहूदी समुदाय के बारे में नहीं सोचा। जब 1940 में अरब-इज़रायल टकराव का विस्फोट हुआ, तो सैकड़ों हज़ारों फ़िलिस्तीनियों और सैकड़ों हज़ारों मिज़राही यहूदियों को मध्यपूर्व के उनके पैतृक आवासों से बाहर खदेड़ दिया गया था, जो आंशिक रूप से उन कविताओं का नतीजा था, जो यूक्रेन में आधी सदी पहले लिखी गई थीं।[3]

जहाँ बियालिक यूक्रेन में कविताएँ लिख रहे थे, वहीं हंगरी के यहूदी थियोडोर हर्ज़ेल 1890 के दशक में और बीसवीं सदी के आरंभिक वर्षों में यहूदीवादी आंदोलन आयोजित करने में व्यस्त थे। हर्ज़ेल ने अपनी राजनीतिक गतिविधियों के अंग के रूप में दो किताबें प्रकाशित की थीं। *द जूइश स्टेट* (1896) एक घोषणा-पत्र था, जो फ़िलिस्तीन में यहूदी राज्य स्थापित करने के हर्ज़ेल के विचार

की रूपरेखा प्रस्तुत करता था, और *द ओल्ड न्यू लैंड* (1902) एक स्वप्नदर्शी उपन्यास था, जो 1923 के वातावरण में स्थित था और जिसमें हर्ज़ेल द्वारा कल्पित समृद्धिशाली यहूदी राज्य का वर्णन था। ये दोनों किताबें यहूदीवादी आंदोलन को आकार देने में अत्यंत प्रभावशाली रही हैं, जो विनाशकारी रूप से फ़िलिस्तीन के ज़मीनी हालात को नज़रअंदाज़ करती हैं। *द ओल्ड न्यू लैंड* हिब्रू में *तेल अवीव* ('द ओल्ड न्यू लैंड' का मोटा-माटी हिब्रू अनुवाद) शीर्षक से प्रकाशित हुई थी। तेल अवीव शहर इस किताब के प्रकाशन के सात वर्ष बाद बसाया गया था और उसका नामकरण किताब के नाम के आधार पर किया गया था। जहाँ बियालिक इज़रायल के राष्ट्रकवि हैं, वहीं हर्ज़ेल को इज़रायल के द्रष्टा के रूप में जाना जाता है।

बियालिक और हर्ज़ेल ने जो क़िस्से बुने, उन्होंने तत्कालीन वास्तविकता के अनेक निर्णायक तथ्यों को नज़रअंदाज़ किया था, जिनमें सबसे ज़्यादा उल्लेखनीय यह है कि 1900 के आस-पास फ़िलिस्तीन के यहूदियों की संख्या उस क्षेत्र की कुल आबादी 600,000 का 6-9 प्रतिशत थी।[4] इस तरह के जनसांख्यकीय तथ्यों की अवहेलना करते हुए बियालिक और हर्ज़ेल ने मिथकों को बहुत ज़्यादा महत्त्व दिया था, जिनमें सबसे ज़्यादा उल्लेखनीय मिथक हैं, बाइबल के क़िस्से, जिनके बिना आधुनिक यहूदीवाद की कल्पना नहीं की जा सकती। बियालिक और हर्ज़ेल उन राष्ट्रवादी मिथकों से भी प्रभावित थे, जो उन्नीसवीं सदी में यूरोप के लगभग हर प्रजातीय समूह ने गढ़े थे। यूक्रेनियाई यहूदी बियालिक और हंगेरियाई यहूदी हर्ज़ेल ने यहूदीवाद के लिए वही किया था, जो उनके पहले कवि तारस शेवचेंको ने यूक्रेनियाई राष्ट्रवाद के लिए,[5] सैंडोर पेट्रोफ़ी ने हंगेरियाई राष्ट्रवाद के लिए,[6] और अदम मिकेविश्ज़ ने पोलैंड के राष्ट्रवाद के लिए[7] किया था। हर ओर के अन्य राष्ट्रीय आंदोलनों को देखते हुए हर्ज़ेल ने लिखा था कि राष्ट्र 'स्वप्नों, गीतों और फ़ंतासियों' से उत्पन्न होते हैं।[8]

लेकिन स्वप्न, गीत और फ़ंतासियाँ अपने में कितनी ही प्रेरक क्यों न हों, वे एक क्रियाशील राष्ट्र-राज्य की रचना के लिए काफ़ी नहीं होते। बियालिक ने यहूदी योद्धाओं की कई पीढ़ियों को प्रेरित किया, लेकिन सेना को सज्जित और क़ायम रखने के लिए कर लगाना और बंदूक़ें ख़रीदना भी ज़रूरी होता है। हर्ज़ेल की स्वप्नदर्शी किताब ने तेल अवीव शहर की बुनियादें ज़रूर रखीं, लेकिन शहर को जारी रखने के लिए मैले की निकासी के लिए नालियाँ खोदना भी ज़रूरी था। ये सारी बातें अपनी जगह हैं, लेकिन देशभक्ति का सारतत्त्व मातृभूमि की सुंदरता के बारे में विह्वल कर देने वाली कविताओं का वाचन नहीं है, और वह विदेशियों तथा अल्पसंख्यकों के ख़िलाफ़ घृणा से भरे भाषण देना तो निश्चय ही नहीं है। इसकी बजाय, राष्ट्रभक्ति का मतलब है, करों का भुगतान करना, ताकि मुल्क के दूसरे

हिस्से के लोग भी मल निकासी प्रणाली और सुरक्षा, शिक्षा और स्वास्थ्य-सेवाओं का लाभ उठा सकें।

इन सारी सेवाओं का इंतज़ाम करने और ज़रूरी कर जुटाने के लिए बहुत बड़ी तादाद में सूचना का संग्रह, रख-रखाव और संसाधन ज़रूरी होता है : संपत्तियों के बारे में, भुगतानों के बारे में, छूटों के बारे में, क़र्ज़ों के बारे में, भंडार के बारे में, माल के लदान के बारे में, बजट के बारे में, बिलों के बारे में, और तनख़्वाहों के बारे में सूचना, लेकिन यह उस तरह की सूचना नहीं है, जिसे किसी स्मरणीय कविता या किसी सम्मोहनकारी मिथक में बदला जा सकता हो। इसकी बजाय, कर के रिकॉर्ड कई तरह की फ़ेहरिस्तों की शक्ल लिए होते हैं, जिनमें सीधे-सादे वस्तु-दर-वस्तु रिकॉर्ड से लेकर विस्तृत तालिकाएँ और स्प्रैडशीट तक शामिल होती हैं। इन आँकड़ों के सेट कितने ही पेचीदा क्यों न हों, वे लेनदारियों और देनदारियों की राशि की शुष्क फ़ेहरिस्तों के पक्ष में आख्यान को तज देते हैं। कवि इस तरह के नीरस तथ्यों को नज़रअंदाज़ कर सकते हैं, लेकिन टैक्स कलेक्टर नहीं कर सकते।

सूचियाँ सिर्फ़ राष्ट्रीय कराधान प्रणाली के लिए ही नहीं, बल्कि लगभग सारी वित्तीय संस्थाओं के लिए महत्त्व रखती हैं। कॉर्पोरेट्स, बैंक, और शेयर बाज़ार उनके बिना जीवित नहीं रह सकते। कोई चर्च, कोई विश्वविद्यालय, या कोई पुस्तकालय जो अपने बजट को संतुलित रखना चाहता है, जल्दी ही इस बात को समझ जाता है कि लोगों को अपने क़िस्सों से सम्मोहित कर सकने वाले पादरियों और कवियों के अतिरिक्त उन लेखापालों की ज़रूरत है, जो विभिन्न क़िस्म की सूचियों के बारे में जानकारी रखते हों।

सूचियाँ और क़िस्से एक-दूसरे के पूरक होते हैं। राष्ट्रीय मिथक करों के रिकॉर्ड को वैधीकृत करते हैं, वहीं करों के रिकॉर्ड प्रेरणादायी क़िस्सों को ठोस स्कूलों और अस्पतालों में रूपांतरित करने में मदद करते हैं। वित्त के क्षेत्र में भी इसी से मिलता-जुलता कुछ होता है। डॉलर, पाउंड स्टर्लिंग, और बिटकॉइन सभी, लोगों को एक क़िस्से में विश्वास करने के लिए राज़ी करने से अस्तित्व में आते हैं, और बैंककर्मियों, वित्त मंत्रियों और निवेश गुरुओं द्वारा कहे गए क़िस्से उनके मूल्य को उठाते या गिराते हैं। जब फ़ेडरल रिज़र्व का चेयरपर्सन मुद्रास्फीति में कटौती करना चाहता है, जब कोई वित्त मंत्री नया बजट पारित करना चाहता है, और जब कोई टेक उद्यमी निवेशकों को आकर्षित करना चाहता है, तो ये सभी क़िस्सागोई की ओर मुड़ते हैं, लेकिन किसी बैंक, बजट, या कंपनी की शुरुआत के प्रबंधन के लिए सूचियाँ अनिवार्य होती हैं।

सूचियों के साथ बड़ी समस्या, और सूचियों तथा क़िस्सों के बीच निर्णायक भेद यह है कि सूचियाँ क़िस्सों के मुक़ाबले कहीं ज़्यादा उबाऊ होती हैं, जिसका

मतलब है कि जहाँ हम क़िस्सों को आसानी-से याद रखते हैं, वहीं सूचियों को याद रखने में हमें कठिनाई होती है। यह मानवीय मस्तिष्क द्वारा सूचना का संसाधन किए जाने के संदर्भ में एक महत्त्वपूर्ण तथ्य है। विकास-प्रक्रिया ने हमारे मस्तिष्कों को कुछ इस तरह ढाला है कि वे बड़ी मात्रा में भी सूचना को ग्रहण करने, बनाए रखने और संसाधित करने में तब बहुत अच्छे साबित होते हैं, जब सूचना किसी क़िस्से में ढली होती है। हिंदू पौराणिक कथाओं की आधारभूत कथाओं में से एक *रामायण* चौबीस हज़ार श्लोकों की है और वह अपने आधुनिक संस्करणों में लगभग सत्रह सौ पृष्ठों में फैली है, लेकिन इसकी विपुल लंबाई के बावजूद हिंदू इसे याद रखने और उसका मौखिक वाचन करने में सफल रहे हैं।[9]

बीसवीं और इक्कीसवीं सदियों में *रामायण* को बार-बार फ़िल्म और टेलीविज़न पर दिखाया गया है। 1987-88 में टेलीविज़न का अठहत्तर एपिसोड का संस्करण (जो लगभग 2,730 मिनट चला था) दुनिया की सबसे ज़्यादा देखी गई टेलीविज़न सीरीज़ थी, जिसे 65 करोड़ से ज़्यादा दर्शकों ने देखा था। बीबीसी की एक रिपोर्ट के मुताबिक़, जब ये एपिसोड प्रसारित किए जाते थे, तो सड़कें वीरान हो जाती थीं, दुकानें बंद रहती थीं, और लोग अपने टेलीविज़न सेटों के समक्ष जल चढ़ाते थे और सेट को मालाएँ पहनाते थे। 2020 में कोविड-19 के लॉकडाउन के दौरान इस सीरीज़ का पुनःप्रसारण हुआ था और वह एक बार फिर दुनिया का सबसे अधिक देखा गया शो साबित हुआ था।[10] जहाँ टेलीविज़न के आधुनिक दर्शकों को किसी ग्रंथ को याद करने की ज़रूरत नहीं पड़ती, वहीं यह उल्लेखनीय है कि वे किस तरह आसानी के साथ महाकाव्यात्मक नाटकों के पेचीदा कथानकों, जासूसी रोमांच-कथाओं, और धारावाहिकों का अनुसरण करते हैं, और उन्हें प्रत्येक चरित्र और अनेक दूसरे चरित्रों के साथ उनके संबंधों की याद बनी रहती है। स्मृति के इस तरह के करतबों के निष्पादन के हम इस क़दर अभ्यस्त हो चुके हैं कि हम इस पर बिरले ही विचार करते हैं कि वे कितने असाधारण होते हैं।

जो चीज़ हमें महाकाव्यों और लंबे समय तक जारी रहने वाले टीवी सीरियलों को याद रखने में इतना सक्षम बनाती है, वह यह है कि दीर्घकालिक मानवीय स्मृति क़िस्सों को दिमाग़ में जीवित रखने के लिए विशेष रूप से अनुकूलित है। जैसा कि केंडाल हैवन 2007 की अपनी क़िताब *स्टोरी प्रूफ़ : द साइंस बिहाइंड द स्टार्टलिंग पावर ऑफ़ स्टोरी* में लिखते हैं, ''इंसानी दिमाग़ जीवन को समझने, उसे परखने, याद रखने और योजना बनाने के लिए एक प्राथमिक मार्गदर्शक के रूप में क़िस्सों और क़िस्सों की वास्तुकला पर निर्भर करता है...जीवन क़िस्सों की तरह हैं, क्योंकि हम क़िस्सों की शब्दावली में ही सोचते हैं।'' हैवन 120 से अधिक अकादमिक अध्ययनों का हवाला देते हुए इस निष्कर्ष पर पहुँचते हैं कि ''शोध विपुल मात्रा में, विश्वसनीय रूप से और बिना किसी विरोध के इस बात का साक्ष्य प्रदान करता है''

कि ''क़िस्से तथ्यात्मक, वैचारिक, भावनात्मक और सारगर्भित सूचना के संचार के लिए'' अत्यंत कारगर साधन हैं।[11]

इसके विपरीत, ज़्यादातर लोगों को किसी सूची को याद रखना बहुत मुश्किल होता है, और बहुत थोड़े-से लोग होंगे, जो हिंदुस्तान के टैक्स रिकॉर्ड या सालाना बजट के टीवी वाचन में दिलचस्पी लेंगे। चीज़ों की सूची को याद रखने के लिए इस्तेमाल की जाने वाली पद्धतियाँ अक्सर उन चीज़ों को एक कथानक में बुन देती हैं और इस तरह सूची को एक क़िस्से में बदल देती हैं,[12] लेकिन इस तरह की याददाश्त बढ़ाने वाली युक्तियों के साथ भी, ऐसा कौन होगा, जो अपने देश के टैक्स रिकॉर्ड या बजट को याद रख सके? सूचना महत्त्वपूर्ण हो सकती है। वह इस बात की निरूपक हो सकती है कि नागरिकों को किस स्तर की स्वास्थ्य सेवा, शिक्षा, और कल्याणकारी सेवाएँ प्राप्त हो रही हैं, लेकिन हमारे दिमाग़ इस तरह की चीज़ों को याद रखने के लिए नहीं ढले हैं। उन राष्ट्रीय कविताओं और मिथकों से भिन्न, जिन्हें हमारे दिमाग़ों में संचित किया जा सकता है, जटिल क़िस्म की राष्ट्रीय कराधान और प्रशासनिक प्रणालियों की क्रियाशीलता के लिए एक अनूठी अजैविक सूचना प्रौद्योगिकी ज़रूरी थी। यह प्रौद्योगिकी है, लिखित दस्तावेज़।

ऋण की हत्या

लिखित दस्तावेज़ों का आविष्कार कई समय में कई जगहों पर हुआ था। कुछ एकदम शुरुआती उदाहरण प्राचीन मेसोपोटामिया से मिलते हैं। क्यूनिफ़ॉर्म लिखावट वाली मिट्टी की एक पट्टी, जिस पर सम्राट शुल्गी ऑफ़ उर (लगभग ईसापूर्व 2053/4) के शासन के इकतालीसवें वर्ष के दसवें माह के अट्ठाइसवें दिन के रूप में तिथि अंकित है। इस पर भेड़ों और बकरियों की मासिक आमद दर्ज है। महीने के दूसरे दिन पंद्रह भेड़ें, तीसरे दिन 7 भेड़ें, चौथे दिन 11 भेड़ें, पाँचवें दिन 219 भेड़ें, छठे दिन 47 भेड़ें पहुँचाई गई थीं। यह क्रम अट्ठाइसवें दिन तक जारी रहता है, जिस दिन 3 भेड़ें पहुँचाई गई थीं। मिट्टी की वह पट्टी बताती है कि उस महीने कुल मिलाकर 896 जानवर प्राप्त किए गए थे। शाही प्रशासन के लिए लोगों की आज्ञाकारिता पर नज़र रखने और उपलब्ध संसाधनों की जानकारी रखने के लिए इन सारी आमदों को याद रखना ज़रूरी था। जहाँ ऐसा करना व्यक्ति के दिमाग़ के लिए विकट चुनौती थी, वहीं एक ज्ञानी लिपिक के लिए उन्हें मिट्टी की पट्टी पर लिख देना आसान था।[13]

क़िस्सों की तरह और इतिहास की अन्य सूचना प्रौद्योगिकियों की तरह, लिखित दस्तावेज़ अनिवार्यत: यथार्थ का एकदम सही निरूपण नहीं करते थे।

उदाहरण के लिए, उर की उस पट्टी में एक ग़लती है। दस्तावेज़ कहता है कि उस महीने के दौरान कुल 896 जानवर प्राप्त किए गए थे, लेकिन जब आधुनिक शोधकर्ताओं ने सारे इंद्राजों को जोड़ा, तो वह संख्या 898 निकली। ज़ाहिर है कि जिस लिपिक ने वह दस्तावेज़ लिखा था, उससे जोड़ करने में ग़लती हुई थी, और वह पट्टी उस ग़लती को बाद के युगों के लिए सुरक्षित रखे रही।

लेकिन सही हो या ग़लत, लिखित दस्तावेज़ों ने एक नए यथार्थ की रचना की। संपत्तियों, करों, और भुगतानों की सूची दर्ज करते हुए, उन्होंने प्रशासनिक व्यवस्थाओं, राज्यों, मज़हबी संगठनों, और व्यापारिक तंत्रों को तैयार करना अधिक आसान बना दिया। और भी विशेष रूप से कहें, तो दस्तावेज़ों ने अंतरविषयी यथार्थों की रचना के लिए इस्तेमाल की जाने वाली पद्धतियों को बदल दिया। मौखिक संस्कृतियों में, अंतरविषयी यथार्थों की रचना उन क़िस्सों को सुनाने के माध्यम से की जाती थी, जिन्हें बहुत-से लोग अपनी ज़बान से दोहराते थे और अपने दिमाग़ों में याद रखते थे। नतीजतन, मस्तिष्क की सीमाओं ने उन अंतरविषयी यथार्थों को भी सीमित कर दिया, जो इंसान रचते थे। मनुष्य ऐसे अंतरविषयी यथार्थ को नहीं गढ़ सकते थे, जिसे उनके मस्तिष्क याद नहीं रख पाते थे।

लेकिन लिखित दस्तावेज़ों के माध्यम से इस सीमा से आगे जाना संभव हुआ। ये दस्तावेज़ एक वस्तुपरक आनुभविक यथार्थ का निरूपण नहीं करते थे, यथार्थ स्वयं दस्तावेज़ थे। जैसा कि हम आगे के अध्यायों में देखेंगे, लिखित दस्तावेज़ों ने इस तरह वे मिसालें और नमूने उपलब्ध कराए, जिनका इस्तेमाल अंततः कंप्यूटरों ने किया। अंतरविषयी यथार्थों को रचने की कंप्यूटर की क़ाबिलियत मिट्टी की पट्टी या काग़ज़ के पुर्ज़े की ताक़त का विस्तार है।

एक महत्त्वपूर्ण उदाहरण के तौर पर, स्वामित्व पर विचार करें। मौखिक समुदायों में जिनमें लिखित दस्तावेज़ों का अभाव था, स्वामित्व एक अंतरविषयी यथार्थ था, जिसकी रचना समुदाय के सदस्यों के शब्दों और व्यवहारों से होती थी। किसी खेत का स्वामी होने का मतलब था कि आपके पड़ोसी इस बात से सहमत थे कि यह आपका खेत था और वे उसी तरह व्यवहार करते थे। वे उस खेत में झोपड़ी नहीं बनाते थे, अपने जानवरों को वहाँ नहीं चराते थे, या आपकी इजाज़त लिए बिना वहाँ से फल नहीं तोड़ते थे। लोगों द्वारा निरंतर कहे जाने और एक-दूसरे को संकेत करने के माध्यम से स्वामित्व रचा और बरक़रार रखा जाता था। इसने स्वामित्व को स्थानीय समुदाय का मसल। बन। दिय। था और किसी सुदूर स्थित केंद्रीय सत्ता की सारे भूस्वामित्व को नियंत्रित करने की क्षमता को सीमित कर रखा था। कोई भी राजा, मंत्री या पुरोहित यह याद नहीं रख सकता था कि सुदूर फैले सैकड़ों गाँवों के हर खेत पर किसका स्वामित्व था। इसने संपत्ति के संपूर्ण अधिकारों

का दावा करने और उन्हें अमल में लाने की व्यक्तियों की क्षमता को भी सीमित कर रखा था, और इसकी बजाय संपत्ति के सामुदायिक अधिकारों के विविध रूपों की पक्षधरता की थी। उदाहरण के लिए, आपके पड़ोसी एक खेत को जोतने के आपके अधिकार को स्वीकार कर सकते थे, लेकिन उस खेत को किसी विदेशी को बेच देने के आपके अधिकारों को अस्वीकार कर सकते थे।[14]

एक साक्षर राज्य में, किसी खेत का स्वामी होने का मतलब उत्तरोत्तर यह होता गया कि यह बात किसी मिट्टी की पट्टी पर, बाँस की तख़्ती पर, काग़ज़ के टुकड़े पर, या सिलिकॉन चिप पर लिखी हुई है कि आप उस खेत के मालिक हैं। अगर आपके पड़ोसी भूमि के किसी टुकड़े पर वर्षों से अपनी भेड़ों को चरा रहे हैं, और उनमें से किसी ने भी कभी यह नहीं कहा है कि वह ज़मीन आपकी है, लेकिन अगर आप किसी तरह कोई ऐसा सरकारी दस्तावेज़ पेश कर सकते हैं, जो कहता हो कि वह ज़मीन आपकी है, तो इस बात की भरपूर संभावना है कि आप अपने दावे को अमल में ला सकें। इसके विपरीत, अगर सारे पड़ोसी इस बात पर सहमत हों कि वह आपका खेत है, लेकिन आपके पास इसे साबित करने के लिए कोई दस्तावेज़ नहीं है, तो आप मुश्किल में हैं। स्वामित्व अभी भी सूचना के आदान-प्रदान द्वारा रचा गया एक अंतरविषयी यथार्थ है, लेकिन उस सूचना ने, लोगों के बात करने या एक-दूसरे की ओर संकेत करने की बजाय,एक लिखित दस्तावेज़ (या कंप्यूटर फ़ाइल) की शक़्ल ले ली है। इसका मतलब है कि स्वामित्व अब उस केंद्रीय सत्ता द्वारा निर्धारित किया जा सकता है, जो संबंधित दस्तावेज़ तैयार करती है और उन्हें अपने नियंत्रण में रखती है। इसका यह भी मतलब है कि आप पड़ोसियों की इजाज़त लिए बग़ैर, महज़ अपने महत्त्वपूर्ण दस्तावेज़ किसी और को सौंपकर, उसे अपना खेत बेच सकते हैं।

दस्तावेज़ों की अंतरविषयी यथार्थ रचने की शक्ति प्राचीन असीरियाई बोली में बहुत ख़ूबसूरत ढंग से रूपायित होती है, जो दस्तावेज़ों को ऐसी जीवित वस्तुओं के रूप में देखती थी, जिनकी हत्या भी की जा सकती थी। ऋण संविदाओं की उस वक़्त 'हत्या' (duākum) हो जाती थी, जब ऋण चुका दिया जाता था। ऐसा पट्टी को नष्ट करके, उसमें कुछ और चिह्न शामिल करके, या उसकी मुहर तोड़कर किया जाता था। ऋण संविदा वास्तविकता का निरूपण नहीं करती थी, वह स्वयं वास्तविकता थी। अगर कोई व्यक्ति ऋण चुका देता था, लेकिन 'दस्तावेज़ की हत्या' नहीं कर पाता था, तो उसके ऊपर ऋण बना रहता था। इसके विपरीत, अगर कोई व्यक्ति ऋण नहीं चुकाता था, लेकिन वह दस्तावेज़ किसी दूसरे ढंग से 'मर' जाता था, मान लीजिए, उसे कुत्ते ने खा लिया, तो ऋण समाप्त हो जाता था।[15] यही पैसे के साथ होता है। अगर आपका कुत्ता सौ डॉलर का नोट खा लेता है, तो उन सौ डॉलरों का अस्तित्व समाप्त हो जाता है।

प्राचीन असीरिया के शुल्गी के उर में, और बाद की अनेक हुकूमतों में, सामाजिक, आर्थिक और राजनीतिक संबंध उन दस्तावेज़ों पर निर्भर किया करते थे, जो यथार्थ का महज़ निरूपण करने की बजाय उसका सृजन करते थे। जब संविधान लिखने होते हैं, शांति संधियाँ और वाणिज्यिक अनुबंध लिखने होते हैं, तो वकील, राजनेता, और व्यापारी हर शब्द पर हफ़्तों और कभी-कभी महीनों बहस करते हैं, क्योंकि वे जानते हैं कि काग़ज़ के ये टुकड़े अपरिमित रूप से शक्तिशाली साबित हो सकते हैं।

नौकरशाही

हर नई सूचना प्रौद्योगिकी के अनपेक्षित अवरोध होते हैं। वह कुछ पुरानी समस्याओं को हल कर देती है, तो कुछ नई समस्याएँ खड़ी कर देती है। ईसापूर्व 1730 के दशक के आरंभिक वर्षों में, मेसोपोटामियाई नगर सिप्पर की एक पुरोहित नारामतानी ने अपने एक रिश्तेदार को (मिट्टी की पट्टी पर) एक ख़त लिखकर उससे आग्रह किया कि वह मिट्टी की वे पट्टियाँ उसे भेज दे, जो उसने अपने घर में रखी हुई हैं। उसने बताया कि एक विरासत पर उसके दावे को लेकर विवाद खड़ा हो गया है और वह कोर्ट में बिना उन दस्तावेज़ों के अपना दावा साबित नहीं कर सकती। उसने अपने संदेश के अंत में एक दलील पेश की : ''अब, मेरी अवहेलना मत करना!''[16]

हम नहीं जानते कि आगे क्या हुआ, लेकिन ज़रा कल्पना कीजिए कि वह रिश्तेदार अपने घर में उन पट्टियों की खोजबीन करता है, लेकिन वे उसे नहीं मिलतीं। जैसे-जैसे लोग ज़्यादा-से-ज़्यादा दस्तावेज़ तैयार करते गए, उन्हें ढूँढना उतना ही मुश्किल होता गया। यह विशेष रूप से उन राजाओं, पुरोहितों और व्यापारियों के लिए बहुत बड़ी चुनौती थी, जो अपने अभिलेखागार में हज़ारों की संख्या में दस्तावेज़ रखा करते थे। जब आपको कर संबंधी रिकॉर्ड की, भुगतान की रसीदों या किसी व्यावसायिक अनुबंध की ज़रूरत होती है, तो आप उन्हें कैसे खोजते हैं? किन्हीं ख़ास क़िस्म की सूचनाओं को दर्ज करने के लिए लिखित दस्तावेज़ मानव मस्तिष्कों की तुलना में बहुत बेहतर थे, लेकिन उन्होंने एक नई और बहुत कष्टदायी समस्या खड़ी कर दी : उनकी बहाली की समस्या।[17]

मस्तिष्क उन सूचनाओं को बहाल करने के मामले में ज़बरदस्त रूप से दक्ष होता है, जो उसके अरबों न्यूरॉन और खरबों सिनैप्स में जमा होती हैं। यद्यपि हमारे मस्तिष्क में हमारे निजी जीवन से, हमारे राष्ट्रीय इतिहास से, और हमारे मज़हबी मिथकों से ताल्लुक़ रखने वाले अंतहीन पेचीदा क़िस्से जमा होते हैं, लेकिन स्वस्थ

मनुष्य उनमें से किसी के भी बारे में कोई भी सूचना एक सेकंड से भी कम समय में निकाल लाते हैं। आपने नाश्ते में क्या खाया? आपका पहला क्रश कौन था? आपके देश को आज़ादी कब मिली थी? बाइबल का पहला वाक्य क्या है?

आप इन सारी सूचनाओं को कैसे बहाल करते हैं? वह कौन-सी प्रक्रिया है, जो अनिवार्य सूचना को फुर्ती-से याद करने के लिए सही न्यूरॉन और सिनैप्स को सक्रिय कर देती है? यद्यपि हमने स्नायु वैज्ञानिकों की मदद से स्मृति का अध्ययन करने में कुछ प्रगति की है, लेकिन अभी तक कोई नहीं जानता कि स्मृतियाँ क्या हैं, या वे ठीक-ठीक किस तरह संचित और बहाल होती हैं।[18] जो हम जानते हैं, वह यह है कि विकास-प्रक्रिया के लाखों वर्षों ने बहाली की प्रक्रियाओं को सरल बना दिया है, लेकिन, जैसे ही मनुष्यों ने स्मृतियों को जैविक मस्तिष्क से अजैविक दस्तावेज़ों के हाथों में सौंपा, बहाली की प्रक्रिया ने उस सरल बना दी गई जैविक प्रणाली पर निर्भर करना बंद कर दिया। न ही वह भोजन खोजने (फ़ॉरेजिंग) की उन योग्यताओं पर निर्भर रह गई, जिन्हें इंसानों ने लाखों वर्षों के दौरान विकसित किया था। विकास-प्रक्रिया ने मनुष्यों को जंगलों में फल और मशरूम खोजने के लिए ढाला था, लेकिन उसने उन्हें अभिलेखागार से दस्तावेज़ खोजने के लिए नहीं ढाला था।

भोजन-खोजी जंगल में फलों और मशरूमों का पता लगा लेते हैं, क्योंकि विकास-प्रक्रिया ने जंगलों को बोधगम्य जैविक क्रम में व्यवस्थित किया था। फलदार वृक्ष प्रकाश-संश्लेषण करते हैं, इसलिए उन्हें धूप की ज़रूरत होती है। मशरूम मृत जैविक पदार्थ से पोषण प्राप्त करते हैं, जो आम तौर से ज़मीन के अंदर पाया जाता है। इसलिए मशरूम सामान्यत: मिट्टी के स्तर पर पाए जाते हैं, जबकि फल ऊपर उगते हैं। एक और सामान्य नियम यह है कि सेब, सेब के वृक्षों पर उगते हैं, जबकि अंजीर, अंजीर के पेड़ों पर उगते हैं। इसलिए अगर आपको सेबों की तलाश है, तो आपको सबसे पहले सेब के वृक्ष का पता लगाना होगा, और फिर ऊपर की ओर देखना होगा। जंगलों में रहते हुए इंसान इस जैविक व्यवस्था को समझ लेते हैं।

अभिलेखागारों के मामले में स्थिति बहुत भिन्न होती है। चूँकि दस्तावेज़ जंतु नहीं हैं, इसलिए वे जैविकी के किसी नियम को नहीं मानते, और विकास-प्रक्रिया ने उन्हें हमारे लिए व्यवस्थित नहीं किया था। करों की रिपोर्टें, करों की रिपोर्टों की अलमारी में नहीं उगतीं। उन्हें वहाँ रखा जाना ज़रूरी होता है। इसके लिए, सबसे पहले किसी को अलमारियों के मुताबिक़ सूचना को वर्गीकृत करने का विचार लेकर आना, और यह तय करना ज़रूरी है कि कौन-सा दस्तावेज़ किस अलमारी में रखा जाना चाहिए। भोजन खोजियों से भिन्न, जिन्हें जंगल की पहले से मौजूद व्यवस्था

का पता लगाना भर ज़रूरी होता है, अभिलेखाकारों को दुनिया में एक नई व्यवस्था ईजाद करनी होती है। इस व्यवस्था को नौकरशाही के नाम से जाना जाता है।

नौकरशाही वह व्यवस्था है, जिसकी मदद से बड़े संगठनों के लोगों ने बहाली की समस्या को हल किया और इस तरह और ज़्यादा बड़े तथा शक्तिशाली सूचना तंत्र खड़े किए, लेकिन पौराणिक कथाओं की ही भाँति नौकरशाही भी व्यवस्था की ख़ातिर सत्य की कुर्बानी देती है। एक नई व्यवस्था को ईजाद करके और उसे दुनिया पर लागू करके, नौकरशाही ने लोगों की दुनिया की समझ को अनूठे तरीक़ों से विकृत कर दिया। इक्कीसवीं सदी के हमारे सूचना तंत्रों की अनेक समस्याएँ, जैसे कि पूर्वाग्रह-ग्रस्त एल्गोरिदम, जो लोगों को ग़लत ढंग से वर्गीकृत करते हैं, या सख़्त प्रोटोकॉल, जो मानवीय ज़रूरतों और भावनाओं को नज़रअंदाज़ करते हैं आदि कंप्यूटर युग की नई समस्याएँ नहीं हैं। वे सर्वोत्कृष्ट रूप में नौकरशाही की समस्याएँ हैं, जो तब से मौजूद हैं, जब किसी ने भी कंप्यूटरों का ख़्वाब भी नहीं देखा था।

नौकरशाही और सत्य की खोज

नौकरशाही (ब्यूरोक्रेसी) का शब्दश: मतलब है, 'लेखन की डेस्क की बग़ल में बैठकर हुकूमत'। इस शब्दावली को इक्कीसवीं सदी में फ्रांस में ईजाद किया गया था, जब ठेठ सरकारी अधिकारी दराज़ों (ब्यूरो) से युक्त लिखने की डेस्कों की बग़ल में बैठा करते थे।[19] इसका मतलब है कि नौकरशाही व्यवस्था के केंद्र में दराज़ें होती हैं। नौकरशाही बहाली की समस्या को हल करने के लिए दुनिया को दराज़ों में विभाजित करती है, और जानती है कि किस दस्तावेज़ को किस दराज़ में रखा जाना है।

इससे निरपेक्ष कि दस्तावेज़ को दराज़ में रखा जाता है, अलमारी में रखा जाता है, टोकरी में रखा जाता है, कंप्यूटर फ़ोल्डर में रखा जाता है, या किसी अन्य चीज़ में रखा जाता है, मूल सिद्धांत अपनी जगह क़ायम है : विभाजित करो और राज करो। दुनिया को डिब्बों (कंटेनरों) में विभाजित करो, और उन डिब्बों को अलग-अलग रखो, ताकि दस्तावेज़ आपस में मिल न जाएँ, लेकिन इस सिद्धांत के लिए एक क़ीमत चुकानी पड़ती है। दुनिया जैसी है, उस रूप में उसको समझने पर एकाग्र होने की बजाय, नौकरशाही दुनिया पर एक नई और कृत्रिम व्यवस्था लागू करने में व्यस्त होती है। नौकरशाह तरह-तरह की दराज़ ईजाद करने के साथ शुरुआत करते हैं। ये वे अंतरविषयी यथार्थ होती हैं, जो अनिवार्यत: दुनिया के किसी भी वस्तुपरक विभाजन से मेल नहीं खातीं। इसके बाद नौकरशाह दुनिया को इन दराज़ों

में बलपूर्वक फ़िट करने की कोशिश करते हैं, और अगर वह ठीक-से फ़िट नहीं होती, तो नौकरशाह उसे और ज़ोर-से धकेलते हैं। जिस किसी भी व्यक्ति ने कभी कोई सरकारी फ़ॉर्म भरा है, वह इसे बहुत अच्छी तरह जानता है। जब आप फ़ॉर्म भरते हैं, और सूची में दिए गए विकल्पों में से कोई भी विकल्प आपकी परिस्थिति से मेल नहीं खाता, तो आपको ख़ुद को उस फ़ॉर्म के अनुरूप ढालना होता है, स्वयं वह फ़ॉर्म आपके अनुरूप नहीं ढलता। यथार्थ की अस्त-व्यस्तता को तयशुदा दराज़ों की सीमित संख्या में घटाने से नौकरशाहों को दुनिया को व्यवस्थित रखने में मदद मिलती है, लेकिन इसके लिए सत्य की क़ीमत चुकानी होती है। नौकरशाह चूँकि अपनी दराज़ों से चिपके रहते हैं, तब भी जबकि यथार्थ बहुत ज़्यादा पेचीदा होता है, वे अक्सर दुनिया की एक विकृत समझ विकसित कर लेते हैं।

यथार्थ को कठोर दराज़ों में विभाजित करने की इच्छा नौकरशाहों को अपने कार्यों के व्यापक प्रभावों की परवाह किए बिना, संकीर्ण लक्ष्यों को प्राप्त करने की ओर ले जाती है। जिस नौकरशाह को औद्योगिक उत्पादन को बढ़ाने की ज़िम्मेदारी सौंपी गई होती है, पूरी संभावना है कि वह उन पर्यावरणपरक नफ़ा-नुक़सानों की उपेक्षा कर दे, जो उसके कार्यक्षेत्र से बाहर के हों, और शायद ज़हरीले कचरे को पास की नदी में बहा दे, जिसके नतीजे में उस नदी के निचले हिस्से में पारिस्थितकीय आपदा की स्थिति पैदा हो जाए। इसके बाद, अगर सरकार प्रदूषण से निपटने के लिए एक नया विभाग खोल देती है, तो संभव है कि उस विभाग के नौकरशाह ऐसे और भी सख़्त नियमों का आग्रह करने लगें, जो नदी के ऊपरी हिस्से में रह रहे समुदायों को आर्थिक तबाही में झोंक दें। आदर्श स्थिति तो यह है कि ऐसा कोई व्यक्ति हो, जो इन विभिन्न नफ़ा-नुक़सानों और पक्षों को ध्यान में रखे, लेकिन इस तरह का समग्र दृष्टिकोण नौकरशाही संबंधी विभाजनों से ऊपर उठने या उन्हें पूरी तरह ख़त्म कर देने की माँग करता है।

नौकरशाही द्वारा पैदा की गई विकृति न केवल सरकारी निकायों और निजी कॉर्पोरेट्स पर, बल्कि वैज्ञानिक अनुशासनों पर भी दुष्प्रभाव डालती है। उदाहरण के लिए, इस पर विचार करें कि किस तरह विश्वविद्यालय विभिन्न संकायों और विभागों में विभाजित होते हैं। इतिहास जीवविज्ञान और गणित से अलग है। क्यों? निश्चय ही यह विभाजन वस्तुपरक यथार्थ को प्रतिबिंबित नहीं करता। यह अकादमिक नौकरशाहों का अंतरविषयी आविष्कार है। उदाहरण के लिए, कोविड-19 महामारी एक साथ ऐतिहासिक, जैविक और गणितीय घटना थी, लेकिन महामारियों का अकादमिक अध्ययन (अन्य विषयों के अलावा) इतिहास, जैविकी, और गणित के विभागों में बँटा हुआ है। अकादमिक डिग्री प्राप्त करने के लिए अध्ययनरत विद्यार्थियों को आम तौर से यह फ़ैसला करना अनिवार्य होता है कि वे किस विभाग

से संबंध रखते हैं। उनका यह फ़ैसला कोर्स के उनके विकल्पों को सीमित कर देता है, जो बदले में दुनिया की उनकी समझ को गढ़ता है। गणित के विद्यार्थी इस बात का अध्ययन करते हैं कि वे इंफ़ेक्शन की वर्तमान रफ़्तार के आधार पर भविष्य की रुग्णता का पूर्वानुमान किस तरह करें, जीवविज्ञान के विद्यार्थी अध्ययन करते हैं कि वायरस किस तरह समय बीतने के साथ उत्परिवर्तन करता है, और इतिहास के विद्यार्थी इस बात का अध्ययन करते हैं कि मज़हबी और राजनीतिक विश्वास किस तरह सरकारी निर्देशों का पालन करने की लोगों की इच्छा को प्रभावित करते हैं। कोविड-19 को पूरी तरह समझने के लिए ज़रूरी है कि एक साथ गणितीय, जैविक और ऐतिहासिक तथ्यों को ध्यान में रखा जाए, लेकिन अकादमिक नौकरशाही इस तरह के समग्रतावादी दृष्टिकोण को प्रोत्साहित नहीं करती।

आप जैसे-जैसे अकादमिक सीढ़ी पर चढ़ते जाते हैं, विशेषज्ञता प्राप्त करने का दबाव बढ़ता ही है। अकादमिक दुनिया 'प्रकाशित करो या मिट जाओ' के नियम से शासित होती है। अगर आप नौकरी प्राप्त करना चाहते हैं, तो आपको विद्वत मंडली द्वारा समीक्षित पत्रिकाओं में प्रकाशित होना चाहिए, लेकिन पत्रिकाएँ अनुशासन के आधार पर विभाजित होती हैं, और जीवविज्ञान की पत्रिका में वायरस उत्परिवर्तन पर एक लेख प्रकाशित करने के लिए इतिहास की पत्रिका में महामारी की राजनीति पर एक लेख प्रकाशित करने से भिन्न परंपराओं का पालन करने की ज़रूरत होती है। इनकी भिन्न शब्दावली, उद्धरण देने के भिन्न नियम, और भिन्न क़िस्म की अपेक्षाएँ होती हैं। जीवविज्ञानी को विकास-प्रक्रिया की गहरी समझ होनी चाहिए और इस बात की जानकारी होनी चाहिए कि डीएनए मॉलिक्यूल को किस तरह पढ़ा जाए और उसकी व्याख्या की जाए। जो चीज़ें बीच की कोटि में आती हैं, जैसे कि इंसानी राजनीतिक विचारधाराओं और वायरस की विकास-प्रक्रिया के बीच परस्पर-क्रिया, उन्हें अक्सर उपेक्षित कर दिया जाता है।[20]

यह समझने के लिए कि अकादमिक लोग किस तरह अस्त-व्यस्त और लचीली दुनिया को कठोर नौकरशाह कोटियों में बलपूर्वक फ़िट करते हैं, हमें जीवविज्ञान के विशिष्ट अनुशासन में थोड़ा और गहराई से उतरने की ज़रूरत है। डार्विन द्वारा प्रजातियों के उद्गम को स्पष्ट किए जाने के पहले कार्ल लिनिअस जैसे आरंभिक अध्येताओं को यह परिभाषित करना ज़रूरी होता था कि प्रजाति क्या है और फिर सारे जीवों को प्रजातियों में वर्गीकृत करना पड़ता था। यह बताने के लिए कि शेर और बाघ एक ही बिल्ली प्रजाति के पूर्वज से विकसित हुए हैं, आपको पहले 'शेर' और 'बाघ' को परिभाषित करना ज़रूरी था।[21] यह एक मुश्किल और कभी समाप्त न होने वाला काम साबित हुआ, क्योंकि प्राणी, वनस्पतियाँ और अन्य जीव अक्सर अपनी पूर्वनिर्धारित 'दराज़ों' की सीमाओं का उल्लंघन करते हैं।

विकास-प्रक्रिया को किसी भी नौकरशाही ढाँचे में समाहित नहीं किया जा सकता। विकास-प्रक्रिया का सारा मुद्दा ही यह है कि प्रजातियाँ निरंतर बदलती रहती हैं, जिसका मतलब है कि प्रत्येक प्रजाति को किसी अपरिवर्तनीय दराज़ में डालना जैविक वास्तविकता को विकृत करना है। उदाहरण के लिए, यह एक अनिर्णीत सवाल है कि कब *होमो इरेक्टस* का अंत हुआ और *होमो सेपियन्स* का आरंभ हुआ। क्या कभी ऐसे दो *इरेक्टस* थे, जिनका बच्चा पहला सेपियन्स था?[22] प्रजातियाँ परस्पर मिश्रित भी होती रहती हैं, जिसके तहत प्रकट रूप से भिन्न प्रजातियों के प्राणी न केवल आपस में संभोग करते हैं, बल्कि प्रजनन करने में सक्षम संतानों को जन्म भी देते हैं। इस समय रह रहे अधिकांश सेपियन्स निएंडरथल के 1.3 प्रतिशत डीएनए धारण किए हुए हैं,[23] जो इस बात का संकेत है कि कभी कोई ऐसा बच्चा था, जिसका पिता एक निएंडरथल था और माँ सेपियन्स थी (या इसका उलटा)। तब सेपियन्स और निएंडरथल एक ही प्रजाति के हैं या अलग-अलग प्रजातियों के हैं? और क्या 'प्रजाति' जीवविज्ञानियों द्वारा खोजा गया वस्तुपरक यथार्थ है, या यह जीवविज्ञानियों द्वारा थोपा गया एक अंतरविषयी यथार्थ है?[24]

अपनी दराज़ों को तोड़कर बाहर निकल आने वाले प्राणियों के ऐसे अनेक दूसरे उदाहरण हैं, इसलिए विशुद्ध नौकरशाही विभाजन वलय (रिंग) प्रजातियों, मिश्र (फ्यूज़न) प्रजातियों और संकर (हाइब्रिड) प्रजातियों का ठीक-ठीक कोटि निर्धारण करने में नाकामयाब रहता है।[25] ग्रिज़्ज़्ली भालू और ध्रुवीय भालू कभी-कभी पिज़्ज़्ली और ग्रोलर भालुओं को जन्म देते हैं।[26] शेर और बाघ मिलकर लाइगर और टाइगॉन को जन्म देते हैं।[27]

जब हम अपना ध्यान स्तनधारियों और बहुकोशीय जीवों से हटाकर एक-कोशीय बैक्टीरिया और आर्किया पर केंद्रित करते हैं, तो हमें पता चलता है कि वहाँ अराजकता का बोलबाला है। हॉरिज़ेंटल जीन ट्रांसफ़र के नाम से ज्ञात एक प्रक्रिया के तहत एक-कोशीय जीव नियमित रूप से जनेटिक पदार्थ का न केवल संबंधित प्रजातियों के जीवों के साथ, बल्कि नितांत भिन्न जेनर, किंगडम, ऑर्डर और डोमेन के जीवों के साथ आदान-प्रदान करते हैं। बैक्टीरिया-वैज्ञानिकों को इन वर्णसंकर जीवों पर नज़र रखने में बहुत कठिनाई होती है।[28]

और जब हम जीवन के कगार पर पहुँच कर SARS-CoV- 2 जैसे वायरसों (जो कि कोविड-19 का कारण था) पर विचार करते हैं, तो हालात और भी पेचीदा साबित होते हैं। वायरस जीवित प्राणियों और निर्जीव पदार्थ के बीच- जैविकी और रसायन के बीच - कथित रूप से खिंची कठोर सीमा-रेखा के दोनों ओर पैर फैलाए खड़े होते हैं। बैक्टीरिया से भिन्न, वायरस एक-कोशीय जीव नहीं हैं। वे कोशिकाएँ ही नहीं हैं, और उनकी अपनी कोई कोशिकीय यंत्रावली नहीं होती। वायरस न तो

खाते हैं या चयापचय (मैटाबोलाइज़) करते हैं और न ही ख़ुद को पुनरुत्पन्न कर सकते हैं। वे जनेटिक कोड के सूक्ष्म पैकेट हैं, जो कोशिकाओं में सेंध लगाने में, उनकी कोशिकीय यंत्रावली का अपहरण करने में और उन्हें उस विजातीय जनेटिक कोड के और भी प्रतिरूप रचने का निर्देश देने में सक्षम होते हैं। वैज्ञानिकों के बीच इस बात को लेकर अंतहीन बहस जारी रहती है कि वायरस को जीवन-रूपों में शुमार किया जाए या फिर वे जीवन की सीमा के बाहर हैं,[29] लेकिन यह सीमा कोई वस्तुपरक यथार्थ नहीं है, वह एक अंतरविषयी समझौता है। अगर जीवविज्ञानी इस बात पर सहमत हो भी जाएँ कि वायरस जीवन-रूप हैं, तब भी इससे वायरस के व्यवहार में कोई परिवर्तन नहीं होगा, इससे केवल उनके बारे में इंसानों की सोच भर बदलेगी।

बेशक, अंतरविषयी समझौते अपने आप में यथार्थ का हिस्सा हैं। जैसे-जैसे हम इंसान अधिक शक्तिशाली होते जाते हैं, वैसे-वैसे हमारे अंतरविषयी विश्वास हमारे सूचना तंत्र से बाहर की दुनिया पर और अधिक परिणाम डालने वाले होते जाते हैं। उदाहरण के लिए, वैज्ञानिकों और क़ानून बनाने वालों ने प्रजातियों को उनके सिर पर मँडराते विलुप्ति के ख़तरों के पैमाने के मुताबिक़ वर्गीकृत कर रखा है। यह पैमाना 'कम चिंतनीय' से शुरू होकर 'अति संवेदनशील' और 'संकटग्रस्त' से होता हुआ 'विलुप्त' तक जाता है। प्राणियों की किसी ख़ास आबादी को 'संकटग्रस्त प्रजाति' के रूप में परिभाषित करना एक अंतरविषयी मानवीय समझौता है, लेकिन इसके दूरगामी परिणाम हो सकते हैं। उदाहरण के लिए, उन जानवरों के शिकार या उनका प्राकृतिक आवास उजाड़ने पर प्रतिबंध लगाया जा सकता है। कोई जानवर 'संकटग्रस्त प्रजाति' या 'अतिसंवेदनशील प्रजाति' की दराज़ में फ़िट बैठता है या नहीं, इस बारे में एक नौकरशाह का निर्णय ज़िंदगी और मौत के बीच भेद का मसला बन जा सकता है। जैसा कि हम आने वाले अध्यायों में बार-बार देखेंगे, जब नौकरशाही आपके ऊपर कोई लेबल लगा देती है, तो भले ही वह लेबल विशुद्ध समझौता हो, वह आपकी नियति को निर्धारित कर सकता है। यह बात, तब भी सही होगी, जबकि वह नौकरशाह हाड़-मांस का बना प्राणी-विशेषज्ञ हो, इंसानों का हाड़-मांस का बना विशेषज्ञ हो, या अजैविक एआई हो।

डीप स्टेट

नौकरशाही के बचाव में यह उल्लेखनीय है कि जहाँ वह कभी-कभी सत्य की बलि दे देती है और दुनिया के बारे में हमारी समझ को विकृत कर देती है, वहीं वह ऐसा, उस व्यवस्था की ख़ातिर करती है, जिसके बिना बड़े पैमाने के किसी भी मानवीय

तंत्र को क़ायम रखना मुश्किल हो जाएगा। मान लिया कि नौकरशाहियाँ कभी आदर्श स्थिति में नहीं होतीं, तब भी क्या बड़े तंत्रों का प्रबंधन करने का और कोई बेहतर उपाय होगा? उदाहरण के लिए, अगर हम अकादमिक दुनिया के समझौतों पर आधारित सारे विभाजनों को, सारे विभागों और संकायों और विशेषज्ञतापूर्ण पत्रिकाओं को समाप्त कर देते हैं, तब क्या हर एक भावी डॉक्टर से यह उम्मीद की जा सकेगी कि वह इतिहास का अध्ययन करने में कई वर्ष लगा देगा, और जिन लोगों ने ईसाई धर्मशास्त्र पर ब्लैक डैथ के प्रभावों का अध्ययन किया है, उन्हें वायरस-विशेषज्ञ मान लिया जाएगा? क्या इसके नतीजे में बेहतर स्वास्थ्य-सेवा व्यवस्था तैयार होगी?

कोई भी व्यक्ति, जो दुनिया के प्रति अधिक समग्रतावादी दृष्टिकोण के पक्ष में नौकरशाहियों को ख़त्म कर देने का दिवास्वप्न देखता है, उसे इस तथ्य पर विचार करना चाहिए कि अस्पताल भी नौकरशाही संस्थाएँ हैं। वे विभिन्न विभागों में बँटी होती हैं, उनमें उच्च-निम्न का क्रम होता है, शिष्टाचार होते हैं, और वहाँ भी ढेर सारे फ़ॉर्म भरने पड़ते हैं। वे नौकरशाही की अनेक बीमारियों से ग्रस्त होते हैं, लेकिन तभी वे हमें हमारी अनेक जैविक बीमारियों से उबार ले जाते हैं। यही चीज़, हमारे स्कूलों से लेकर मल-निकासी-प्रणाली तक, लगभग उन सभी दूसरी सेवाओं पर लागू होती है, जो हमारे जीवन को बेहतर बनाती हैं।

जब आप टॉयलेट को फ़्लश करते हैं, तो वह गंदगी कहाँ जाती है? वह गहरी अवस्था में जाती है। पाइपों, पंपों और सुरंगों का एक पेचीदा भूमिगत जाल है, जो हमारे मकानों के नीचे से होकर गुज़रता है और हमारी गंदगी को एकत्र करता है, उसे पेयजल की आपूर्ति की व्यवस्था से अलग करता है, और या तो उसे संसाधित करता है या सुरक्षित तरीक़े-से ज़मीन में दफ़ना देता है। उस गहरे जाल का डिज़ाइन बनाने, निर्माण करने, उसका रख-रखाव करने, उसके छिद्रों को बंद करने, प्रदूषण के स्तर की निगरानी करने और कर्मचारियों का भुगतान करने के लिए किन्हीं व्यक्तियों की ज़रूरत होती है। वह भी नौकरशाही का काम है, और अगर हमने उस विभाग-विशेष को ख़त्म कर दिया, तो हमें भीषण असुविधा का, यहाँ तक कि मौत का सामना करना पड़ेगा। नालियों के पानी और पीने के पानी के आपस में मिल जाने का हमेशा ख़तरा बना रहता है, लेकिन हमारे सौभाग्य से ऐसे नौकरशाह होते हैं, जो उन्हें अलग-अलग रखते हैं।

मल-निकासी की आधुनिक प्रणालियों के पहले, प्रदूषित पानी पीने से होने वाली पेचिश और हैजा जैसी बीमारियाँ सारी दुनिया में लाखों लोगों की जान ले लेती थीं।[30] 1854 में लंदन के सैकड़ों लोग हैजा से मरने लगे थे। वह अपेक्षाकृत छोटा प्रकोप था, लेकिन वह हैजा के इतिहास और सामान्य तौर पर महामारी के

इतिहास, और जल निकासी के इतिहास में एक निर्णायक क्षण साबित हुआ था। उस समय की सबसे प्रमुख धारणा यह थी कि हैजा 'बुरी हवा' के कारण फैला था, लेकिन चिकित्सा विशेषज्ञ जॉन स्नो को शक हुआ कि कारण जल की आपूर्ति थी। उन्होंने अत्यंत मेहनत से हैजा के तमाम ज्ञात मरीज़ों का पता लगाकर उनकी, उनके निवास-स्थलों की और उनके पानी के स्रोतों की सूची तैयार की। इसके परिणामस्वरूप जो आँकड़े सामने आए, वे उन्हें सोहो की ब्रॉड स्ट्रीट पर लगे पानी के पंप तक ले गए, जो उस प्रकोप का केंद्र था।

यह नौकरशाही का एक थका देने वाला उद्यम था, यानी आँकड़े इकट्ठे करना, उन्हें वर्गीकृत करना, और उनका ख़ाका तैयार करना, लेकिन उसने जानें बचा लीं। स्नो ने स्थानीय अधिकारियों को अपनी खोजों के बारे में बताया, और उन्हें ब्रॉड स्ट्रीट पंप को निष्क्रिय करने के लिए राज़ी किया, जिसके नतीजे में वह प्रकोप शांत हुआ। बाद में किए अनुसंधानों से पता चला कि ब्रॉड स्ट्रीट पंप में जिस कुएँ से पानी आता था, वह हैजा से प्रदूषित मैले की टंकी से मात्र एक मीटर की दूरी पर खोदा गया था।[31]

स्नो की खोज, और उसके बाद के अनेक वैज्ञानिकों, इंजीनियरों, वकीलों, और अधिकारियों द्वारा किए गए उद्यमों के परिणामस्वरूपमल-मूत्र के गड्ढों, पानी के पंपों और सीवेज लाइन की व्यवस्था देखने वाली एक विशाल नौकरशाही का निर्माण हुआ। आज के इंग्लैंड में कुएँ खोदने और मल-मूत्र के गड्ढे तैयार करने के लिए कई फ़ॉर्म भरने पड़ते हैं और लाइसेंस लेना पड़ता है, जिससे यह बात सुनिश्चित होती है कि पीने का पानी ऐसे किसी कुएँ से नहीं आना चाहिए, जो किसी मल-मूत्र के गड्ढे की बग़ल में खोदा गया हो।[32]

जब यह प्रणाली ठीक-से काम करने लगती है, तो उसके बारे में भूल जाना आसान होता है, लेकिन 1854 से उसने लाखों लोगों की जान बचाई है, और आज आधुनिक राज्यों द्वारा उपलब्ध कराई जाने वाली सबसे महत्त्वपूर्ण सेवाओं में से एक है। 2014 में, भारत के प्रधानमंत्री नरेंद्र मोदी ने पाया था कि शौचालयों का अभाव हिंदुस्तान की एक सबसे बड़ी समस्या है। खुले में शौच करना हैजा, पेचिश और डायरिया जैसी संक्रामक बीमारियों का बहुत बड़ा कारण है, साथ ही वह स्त्रियों और लड़कियों के समक्ष यौन अत्याचार के ख़तरे पैदा करता है। अपने स्वच्छ भारत अभियान के तहत मोदी ने तमाम भारतीय नागरिकों को शौचालयों की सुविधा उपलब्ध करने का आश्वासन दिया, और 2014 तथा 2020 के बीच हिंदुस्तान की सरकार ने इस परियोजना पर दस अरब डॉलर ख़र्च किए, जिसके तहत 10 करोड़ से ज़्यादा नए शौचालयों का निर्माण हुआ।[33] मल-निकासी महाकाव्य की विषय-वस्तु नहीं है, लेकिन यह ठीक से काम करने वाले राज्य की एक कसौटी है।

जैविक नाटक

पौराणिक कथाएँ और नौकरशाही हर बड़े पैमाने के समाज के जुड़वाँ स्तंभ हैं, लेकिन जहाँ पौराणिक कथाएँ आकर्षण जगाती हैं, वहीं नौकरशाही संदेह जगाती है। उनके द्वारा मुहैया कराई जाने वाली सेवाओं के बावजूद, हितकारी नौकरशाहियाँ तक अक्सर लोगों का विश्वास जीतने में नाकामयाब रहती हैं। बहुत सारे लोगों के लिए तो, 'नौकरशाही' शब्द तक नकारात्मक ध्वनियाँ लिए होता है। यह इसलिए है, क्योंकि यह जानना स्वाभाविक रूप से मुश्किल होता है कि कोई नौकरशाही व्यवस्था हितकारी है या दुर्भावनापूर्ण है, क्योंकि सारी नौकरशाहियाँ, अच्छी या बुरी, एक लक्षण साझा करती हैं : उन्हें समझना मनुष्यों के लिए मुश्किल होता है।

कोई भी बच्चा दोस्त और धौंस दिखाने वाले के बीच फ़र्क़ कर सकता है। वह जानता है कि कौन लड़का अपना लंच उसके साथ बाँटता है या कौन उसका लंच छीन लेता है, लेकिन जब टैक्स वसूल करने वाला कर्मचारी आपकी आय से एक हिस्सा लेने आता है, तब आप यह कैसे कह सकते हैं कि वह पैसा किसी नई सार्वजनिक सीवेज प्रणाली के निर्माण पर ख़र्च होने वाला है या प्रधानमंत्री के लिए एक नया निजी देहाती मकान बनवाने पर ख़र्च होने वाला है? सारी प्रासंगिक सूचनाएँ हासिल करना मुश्किल होता है, और उनकी व्याख्या करना उससे भी ज़्यादा मुश्किल होता है। इसी तरह नागरिकों के लिए उस नौकरशाही पद्धति को समझना मुश्किल होता है, जो यह निर्धारित करती है कि बच्चों को स्कूलों में किस तरह प्रवेश दिया जाए, अस्पतालों में मरीज़ों के साथ कैसा बर्ताव किया जाए, या कचरे को किस तरह इकट्ठा किया जाए और किस तरह उसे फिर-से उपयोग लायक़ सामग्री में बदला जाए। पूर्वाग्रह, धोखाधड़ी या भ्रष्टाचार के आरोप ट्वीट करने में एक मिनट लगता है, और उन्हें सही या ग़लत साबित करने में कठिन मेहनत से भरे कई हफ़्ते लग जाते हैं।

दस्तावेज़, अभिलेख, फ़ॉर्म, लाइसेंस, नियम-क़ायदे, और नौकरशाही की अन्य पद्धतियों ने समाज में सूचना के प्रवाहित होने के ढंग, और उसके साथ सत्ता की कार्य-पद्धति को बदल दिया है। इसने सत्ता को समझ पाना और भी मुश्किल बना दिया है। कार्यालयों और अभिलेखागारों के बंद दरवाज़ों के पीछे क्या हो रहा है, जहाँ अज्ञात अधिकारी-कर्मचारी ढेरों दस्तावेज़ों को विश्लेषित और क्रमबद्ध करने में लगे रहते हैं और क़लम के एक स्पर्श या माउस की एक क्लिक से हमारी नियति निर्धारित करते रहते हैं।

आदिवासी समाजों में, जिनमें लिखित दस्तावेज़ों और नौकरशाही का अभाव होता है, इंसानी तंत्र इंसान-से-इंसान और इंसान-से-क़िस्सा की शृंखला से बने

होते हैं। प्रभुत्व रखने वाला व्यक्ति उन लोगों के बीच से होता है, जो कड़ियों को नियंत्रित करते हैं और ये कड़ियाँ विभिन्न श्रृंखलाओं को एक-दूसरे से जोड़ती हैं। ये कड़ियाँ आदिवासी के बुनियादी मिथक होते हैं। चमत्कारी नेता, वक्ता और मिथकों की रचना करने वाले लोग जानते हैं कि पहचानों को गढ़ने, गठबंधन तैयार करने और भावनाओं को प्रभावित करने के लिए इन क़िस्सों का इस्तेमाल कैसे किया जाए।[34]

लिखित दस्तावेज़ों और नौकरशाही पद्धतियों से जुड़े, उर से लेकर आधुनिक हिंदुस्तान तक के, इंसानी तंत्रों में समाज आंशिक रूप से इंसानों और दस्तावेज़ों की परस्पर-क्रिया पर निर्भर करते हैं। इंसान-से-इंसान और इंसान-से-क़िस्से की श्रृंखलाओं के अतिरिक्त, इस तरह के समाज इंसान-से-दस्तावेज़ श्रृंखला से आंतरिक तौर पर बँधे होते हैं। जब हम किसी कार्यरत नौकरशाही समाज को बारीक़ी-से देखते हैं, तब भी हम इंसानों को दूसरे इंसानों को क़िस्से सुनाते हुए देखते हैं, जैसे तब, जब लाखों हिंदुस्तानी *रामायण* सीरीज़ देखते हुए करते हैं, लेकिन हम इंसानों को दूसरे इंसानों के लिए दस्तावेज़ सौंपते हुए भी देखते हैं, जैसा कि तब होता है, जब टीवी नेटवर्क को प्रसारण के लाइसेंस के लिए आवेदन करना पड़ता है और टैक्स रिपोर्ट के फ़ॉर्म भरने होते हैं। एक भिन्न दृष्टिकोण से देखने पर हम पाते हैं कि दस्तावेज़ मनुष्य को अन्य दस्तावेज़ों के साथ उलझने के लिए बाध्य करते हैं।

इसके नतीजे में अधिकार में बदलाव आया। जैसे ही दस्तावेज़ अनेक सामाजिक श्रृंखलाओं को जोड़ने वाले निर्णायक महत्त्व के संपर्क-जाल बने, इन दस्तावेज़ों में अच्छी ख़ासी शक्ति का निवेश हो गया, और दस्तावेज़ों के गूढ़ तर्क में विशेषज्ञता रखने वाले लोग प्रभुत्व की नई शख़्सियतों के रूप में प्रकट हुए। प्रशासकों, लेखापालों, और वकीलों ने न सिर्फ़ पढ़ने और लिखने, बल्कि फ़ॉर्म तैयार करने, दराज़ों को अलग करने और अभिलेखागारों का प्रबंधन करने में भी महारत हासिल कर ली। नौकरशाही व्यवस्था में शक्ति अक्सर अस्पष्ट क़िस्म की बजट संबंधी ख़ामियों से चालाकी से काम निकालने और दफ़्तरों, समितियों, और उपसमितियों की भूलभुलैया के बीच से अपना रास्ता निकालने की समझ से आती है।

प्रभुत्व के इस बदलाव ने दुनिया के शक्ति-संतुलन को बदल दिया। इसका नतीजा अच्छा या बुरा, जो भी हुआ हो, लेकिन साक्षर नौकरशाहियों ने साधारण नागरिकों की क्षति की क़ीमत पर केंद्रीय सत्ता को मज़बूत किया। बात सिर्फ़ इतनी-सी नहीं है कि दस्तावेज़ों और अभिलेखागारों ने केंद्र को हर किसी पर टैक्स लगाना, फ़ैसला सुनाना और भर्ती करना आसान बना दिया। नौकरशाही की शक्ति

को समझने की मुश्किल ने इसी के साथ-साथ जनता को केंद्रीय सत्ता को प्रभावित करना, उसका प्रतिरोध करना, या उससे बच निकलना भी कठिन बना दिया। यहाँ तक कि जब नौकरशाही एक हितकारी शक्ति थी और लोगों को मल-निकासी प्रणाली, शिक्षा और सुरक्षा मुहैया कराती थी, तब भी वह शासकों और शासितों के बीच की खाई बढ़ाती थी। इस व्यवस्था ने केंद्र को शासित लोगों के बारे में ढेर सारी सूचना एकत्र करने और उसे रिकॉर्ड करने में सक्षम बनाया, वहीं शासितों को स्वयं व्यवस्था के काम करने के ढंग को समझना और भी मुश्किल हो गया।

कला जीवन के अन्य कई पहलुओं को समझने में हमारी मदद करती है। उसने इस मामले में बहुत कम सहयोग किया। कवियों, नाटककारों और फ़िल्मकारों ने कभी-कभी नौकरशाही की शक्ति की प्रक्रिया पर ध्यान केंद्रित किया है, लेकिन यह संप्रेषण के लिहाज़ से एक मुश्किल क़िस्सा साबित हुआ है। कलाकार आम तौर से हमारी जैविकी में मूलबद्ध क़िस्सों के सीमित सेट के साथ काम करते हैं, लेकिन इनमें से कोई जैविक नाटक नौकरशाही की कार्य-प्रणाली पर ज़्यादा रोशनी नहीं डाल पाता, क्योंकि इन नाटकों की स्क्रिप्ट, विकास-प्रक्रिया ने दस्तावेज़ों और अभिलेखागारों के उदय के लाखों वर्ष पूर्व रच दी थी। 'जैविक नाटक' क्या हैं, और वे नौकरशाही को समझने में कमज़ोर गाइड साबित होते हैं, यह समझने के लिए हम मनुष्य की महानतम कृति *रामायण* के कथानक पर विस्तार-से विचार करते हैं।

रामायण के कथानक के एक महत्त्वपूर्ण हिस्से का ताल्लुक़ राम (जिनके नाम पर इस ग्रंथ का नामकरण हुआ है), उनके पिता राजा दशरथ, और उनकी सौतली माँ रानी कैकेयी के बीच के संबंधों से है। यद्यपि राम सबसे बड़े पुत्र होने के नाते राज्य के उचित उत्तराधिकारी हैं, लेकिन कैकेयी, राजा को तैयार कर लेती हैं कि वे राम को वन में भेज दें और राज्य का सिंहासन राम की बजाय उनके बेटे भरत को सौंप दे। इस कथानक के पीछे वे अनेक जैविक नाटक अंतर्निहित है, जो स्तनधारियों और परिंदों के विकास के सैकड़ों लाखों वर्ष पीछे तक जाते हैं।

सभी स्तनधारी और परिंदों के बच्चे जीवन के पहले सोपान पर अपने अभिभावकों पर निर्भर करते हैं। वे अभिभावकों की छत्रछाया चाहते हैं, और अभिभावकों की उपेक्षा या विद्वेष से डरते हैं। जीवन और मृत्यु के बीच एक नाज़ुक संतुलन बना होता है। गुफ़ा या घोंसले से बाहर धकेल दिया गया एक शावक या चूज़ा बहुत जल्दी भूख से या शिकारी जानवर के हाथों मारा जा सकता है। इंसानों के बीच, अभिभावकों द्वारा उपेक्षित छोड़ दिए जाने या त्याग दिए जाने का भय *स्नो व्हाइट, सिंड्रेला,* और हैरी पॉटर जैसी बच्चों की कहानियों भर के लिए नहीं, बल्कि हमारे कई प्रभावशाली राष्ट्रीय और धार्मिक मिथकों के लिए भी एक मॉडल रहा है। *रामायण* अकेला उदाहरण नहीं है। ईसाई धर्मशास्त्र में, अभिशाप (डेम्नेशन) को

मदर चर्च और स्वर्ग में बसे पिता के साथ के सारे संबंधों के टूट जाने के रूप में देखा जाता है। नरक यही है, अपने खो चुके अभिभावकों के लिए बच्चे का विलाप।

इंसानों के बच्चों, स्तनधारियों के शावकों और परिंदों के चूज़ों के संदर्भ में जाना-माना, इसी से मिलता-जुलता जैविक नाटक है, "पिता मुझे तुमसे ज़्यादा प्यार करते हैं।" जीवविज्ञानियों और आनुवांशिकीविदों ने सहोदरों के बीच की शत्रुता को विकास-प्रक्रिया के एक प्रमुख अंग के रूप में देखा है।[35] सहोदर भोजन और अभिभावकों के स्नेह के लिए हमेशा प्रतिस्पर्धा करते हैं, और कुछ प्रजातियों में एक सहोदर का दूसरे सहोदर के हाथों मारा जाना सामान्य बात है। लगभग एक चौथाई धब्बेदार लकड़बग्घे के शावक अपने भाई-बहनों के हाथों मारे जाते हैं, जिसके नतीजे में उन्हें आम तौर से माता-पिता की बेहतर देखभाल मिलती है।[36] सैंड टाइगर शार्क मछलियों में, मादाएँ अपने गर्भाशय में कई सार भ्रूण लिए होती हैं। जो पहला भ्रूण लगभग दस सेंटीमीटर का हो जाता है, वह बाक़ी भ्रूणों को खा जाता है।[37] सहोदरों की शत्रुता *रामायण* के अलावा कई सारे मिथकों में रूपायित हुई है, जिनमें उदाहरण के तौर पर केन और अबेल की कहानी, किंग लियर की कहानी, और *सक्सेशन* नामक टीवी धारावाहिक शामिल हैं। पूरे के पूरे राष्ट्र जैसे कि यहूदी कौम, अपनी पहचान इस दावे पर आधारित कर सकते हैं कि "हम अपने पिता के प्रिय बच्चे हैं।"

रामायण के कथानक का दूसरा महत्त्वपूर्ण हिस्सा उस रोमांटिक त्रिकोण पर केंद्रित है, जो युवराज राम, उनकी जीवनसंगिनी सीता और उस राक्षसराज रावण से मिलकर बनता है, जो सीता का हरण कर लेता है। 'लड़का, लड़की से मिलता है' और 'लड़की को लेकर लड़का, लड़के से लड़ता है' भी वे जैविक नाटक हैं, जो अंतहीन स्तनधारियों, परिंदों, सरीसृपों और मछलियों द्वारा सैकड़ों लाखों वर्षों से खेले जाते रहे हैं। हम इन क़िस्सों से इसलिए सम्मोहित होते हैं, क्योंकि उन्हें समझना हमारे पूर्वजों के जीवित बने रहने के लिए अनिवार्य रहा है। होमर, शेक्सपियर जैसे कहानीकार और *रामायण* के रचयिता वाल्मीकि ने जैविक नाटकों को विस्तारपूर्वक प्रस्तुत करने की विस्मयकारी क्षमता का परिचय दिया है, लेकिन महानतम काव्यात्मक आख्यान सामान्यत: अपने बुनियादी कथानक को विकास-प्रक्रिया की पुस्तिका से कॉपी करते हैं।

रामायण में बार-बार लौटने वाली तीसरी थीम है, पवित्रता और अपवित्रता के बीच का तनाव, जिसके तहत सीता हिंदू संस्कृति में पवित्रता (पतिव्रतता) का आदर्श उदाहरण हैं। पवित्रता का सांस्कृतिक जुनून विकास-प्रक्रिया के संघर्ष में प्रदूषण से बचने के लिए पैदा होता है। सारे प्राणी नए भोजन को आज़माने की ज़रूरत और ज़हरीले भोजन के डर के बीच की दुविधा में फँसे होते हैं। इस तरह,

विकास-प्रक्रिया ने प्राणियों को जिज्ञासा और विकर्षण, दोनों को महसूस करने की क्षमता से लैस किया है। ये भावनाएँ तब पैदा होती हैं, जब वे किसी ज़हरीली या किसी अन्य रूप में ख़तरनाक चीज़ के संपर्क में आते हैं।[38] राजनेता और पैगंबरों ने विकर्षण की इन प्रक्रियाओं को छलपूर्वक नियंत्रित करना सीख रखा है। राष्ट्रवादी और मज़हबी मिथकों में मुल्कों या चर्चों को ऐसी जैविक देहों के रूप में चित्रित किया गया है, जिन्हें अपवित्र घुसपैठियों द्वारा प्रदूषित कर दिए जाने का ख़तरा होता है। कट्टरपंथी लोग सदियों से इस बात को बार-बार दोहराते रहे हैं कि नस्लीय और मज़हबी अल्पसंख्यक बीमारियाँ फैलाते हैं,[39] एलजीबीटीक्यू लोग प्रदूषण का स्रोत होते हैं,[40] या स्त्रियाँ अपवित्र होती हैं।[41] 1994 के रवांडा के नरसंहार के दौरान हुतू कुप्रचार ने तुत्सियों को तिलचट्टों की संज्ञा दी थी। नाज़ी लोग यहूदियों की तुलना चूहों से करते थे। प्रयोगों ने यह दर्शाया है कि चिंपांज़ी भी किसी दूसरे समूह से आए अजनबी चिंपांजियों को देखकर विकर्षित होते हैं।[42]

संभवत: पारंपरिक हिंदू धर्म में 'शुचिता बनाम अशुचिता' (पवित्रता बनाम अपवित्रता) का जैविक नाटक जिस पराकाष्ठा तक ले जाया गया था, वैसा किसी दूसरी संस्कृति में नहीं हुआ। इसने उन जातियों की अंतरविषयी प्रणाली रची, जिन्हें उनकी शुचिता के कथित स्तर से वर्गीकृत किया गया, जिसके तहत ब्राह्मण शीर्ष पर होते हैं और कथित रूप से दलित (जिन्हें पहले अछूत कहकर पुकारा जाता था) सबसे निचले पायदान पर होते हैं। व्यवसायों, औज़ारों, और रोज़मर्रा की गतिविधियों को भी उनकी शुचिता के स्तर से वर्गीकृत किया गया, और सख़्त नियमों ने 'अपवित्र' लोगों को 'पवित्र' लोगों से शादी करने, उन्हें छूने, उनके लिए भोजन तैयार करने, या यहाँ तक कि उन्हें पास आने देने को भी निषिद्ध कर दिया।

हिंदुस्तान का आधुनिक राज्य अभी भी इस विरासत से संघर्ष कर रहा है, जिसने जीवन के लगभग हर पहलू को आक्रांत कर रखा है। उदाहरण के लिए, अपवित्रता के डर ने उस स्वच्छ भारत अभियान में (जिसका उल्लेख ऊपर किया गया है) तरह-तरह की जटिलताएँ पैदा की हैं, क्योंकि कथित रूप से 'पवित्र' लोग शौचालयों को बनाने, उनका रख-रखाव करने और उनकी सफ़ाई करने जैसी 'अपवित्र' गतिविधियों में शामिल होने को लेकर, या कथित रूप से 'अपवित्र' लोगों के साथ शौचालयों को साझा करने को अनिच्छुक थे।[43] 25 सितंबर, 2019 को दो दलित बच्चों, बारह वर्षीय रोशनी वाल्मीकि और उसके दस वर्षीय भतीजे अविनाश, को भाखेड़ी नामक गाँव में ऊँची जाति के यादव परिवार के मकान के सामने शौच करने पर भीड़ द्वारा पीट-पीट कर मार दिया गया था। वे बच्चे सार्वजनिक जगह पर शौच करने को इसलिए बाध्य हुए थे, क्योंकि उनके मकानों में कामचलाऊ शौचालय नहीं थे। बाद में एक स्थानीय अधिकारी ने बताया कि उनका परिवार, गाँव का सबसे ग़रीब परिवार होने के बावजूद, उन परिवारों में शामिल नहीं

किया गया था, जो शौचालय बनाने के लिए सरकारी मदद की पात्रता रखते थे। इन बच्चों को प्रायः जाति-आधारित भेदभाव को सहना पड़ता था, जैसे कि स्कूल में अपने बैठने के लिए अलग चटाइयाँ और बर्तन लाने को मजबूर किया जाना और अन्य विद्यार्थियों से दूर होकर बैठना, ताकि वे उन्हें 'प्रदूषित' न कर दें।[44]

हमारे भावनात्मक बटनों को दबाने वाले जैविक नाटकों की सूची में कई और उदाहरण शामिल हैं, जैसे कि 'मुखिया कौन होगा?' 'हम बनाम वे,' और 'शुभ बनाम अशुभ'। ये नाटक भी *रामायण* में प्रमुखता के साथ बयान किए गए हैं, और वे सभी भेड़ियों और चिंपांजियों के समूहों में ज्ञात हैं और इंसानी कला तथा पौराणिक कथाओं का आधार हैं, लेकिन जैविक नाटकों पर कला की निर्भरता ने कलाकारों के समक्ष नौकरशाही की कार्य-पद्धतियों को स्पष्ट करने में कठिनाई पैदा की। *रामायण* की कथा कृषि-प्रधान राज्यों के परिप्रेक्ष्य के भीतर स्थित है, लेकिन वह इस बात में कोई ख़ास रुचि नहीं लेती कि इस तरह के राज्य संपत्ति को किस तरह रजिस्टर करते थे, टैक्स का संग्रह किस तरह करते थे, अभिलेखागारों को किस तरह सूचीबद्ध करते थे, या युद्धों को धन किस तरह उपलब्ध कराते थे। सहोदरों की दुश्मनी और रोमांटिक त्रिकोण उन दस्तावेज़ों की कार्यशैली को समझने की अच्छी गाइड नहीं हैं, जिनके न सहोदर होते हैं, न ही रोमांटिक जीवन होता है।

फ़्रैंज़ काफ़्का जैसे कथाकार, जिन्होंने अक्सर नौकरशाही द्वारा मनुष्यों के जीवन को आकार देने के अतियथार्थवादी (सरियल) तरीक़ों पर ध्यान केंद्रित किया है, वे अजैविक कथानकों की शुरुआत करने वालों में अग्रणी रहे हैं। काफ़्का के *ट्रायल* में बैंक के क्लर्क 'के' को किसी अनाम अपराध के लिए एक अज्ञेय अभिकरण (एजेंसी) के अजनबी अधिकारियों द्वारा गिरफ़्तार कर लिया जाता है। अपनी श्रेष्ठतम कोशिशों के बावजूद, वह कभी नहीं समझ पाता कि उसके साथ यह क्या हो रहा है, न ही उस अभिकरण के लक्ष्यों को उजागर कर पाता है, जो उसे कुचल रहा है, हालाँकि, इस कहानी को कभी-कभी विश्व में मनुष्य की अवस्था और परमेश्वर की अज्ञेयता के अस्तित्ववादी या धर्मशास्त्रीय संदर्भों में देखा गया है, लेकिन अधिक सांसारिक स्तर पर यह कहानी उस नौकरशाही के संभावित रूप से दुःस्वप्नमय चरित्र को रेखांकित करती है, जिसे इंश्योरेंस के वकील काफ़्का बख़ूबी समझते थे।

नौकरशाह समाजों में, साधारण लोगों के जीवन को अक्सर किन्हीं अबूझ कारणों से किसी अज्ञेय सत्ता के अज्ञात अधिकारियों द्वारा उलट दिया जाता है। जहाँ दैत्यों से टक्कर लेने वाले नायकों के बारे में लिखी गई *रामायण से लेकर स्पाइडरमैन तक* की कहानियाँ ख़तरनाक परभक्षियों और रोमानी प्रतिद्वंद्वियों के जैविक नाटकों को नए ढंग से पेश करती हैं। काफ़्का की कहानियों का अनूठा आतंक ख़तरे की

अगाधता के भीतर से उत्पन्न होता है। विकास-प्रक्रिया ने हमारे दिमागों को कुछ इस तरह तैयार किया है कि वे किसी शेर के हाथों मौत को समझने के अभ्यस्त हैं। किसी दस्तावेज़ के हाथों हुई मौत को समझना हमारे दिमाग़ को काफ़ी मुश्किल में डाल देता है।

नौकरशाही के कुछ चित्रण व्यंग्यात्मक हैं। जोसेफ़ हेलर का 1961 में लिखा गया प्रतिष्ठित उपन्यास *कैच-22* नौकरशाही द्वारा युद्ध में निभाई जाने वाली केंद्रीय भूमिका का चित्रण करता है। डाक कक्ष में बैठा प्रथम श्रेणी का पूर्व निजी विंटरग्रीन, जो यह तय करता है कि कौन-सा ख़त आगे बढ़ाया जाए और कौन सा ग़ायब कर दिया जाए, सबसे शक्तिशाली पात्रों में से एक है।[45] 1980 के दशक के ब्रिटिश कॉमेडी सीरियल *यस मिनिस्टर* और *यस, प्राइम मिनिस्टर* ने दिखाया था कि कैसे प्रशासनिक सेवा के अधिकारी अपने राजनीतिक आकाओं के साथ छल करने और उन्हें नियंत्रित करने के लिए रहस्यमय नियमों, अस्पष्ट उपसमितियों और दस्तावेज़ों के ढेर का उपयोग करते हैं। 2015 के कॉमेडी ड्रामा द *बिग शॉर्ट* (माइकल लेविस की 2010 की किताब पर आधारित) ने 2007-8 के आर्थिक संकट में नौकरशाही की जड़ों की छानबीन की थी। इस फ़िल्म के दुष्ट शत्रु इंसान नहीं, बल्कि कोलेटराइज़्ड डेट आब्लीगेशन्स (सीडीओ) हैं। ये वे वित्तीय युक्तियाँ हैं, जो निवेश बैंककर्मियों द्वारा ईजाद की गई हैं और जिन्हें सिवाय उनके दुनिया का कोई भी अन्य व्यक्ति नहीं समझता। ये नौकरशाह गॉडज़िला बैंक के पोर्टफ़ोलियो की गहराइयों में किसी की भी जानकारी में आए बिना पड़े रहे, और फिर 2007 में अचानक प्रकट होकर एक बहुत बड़ा आर्थिक संकट भड़काकर उन्होंने करोड़ों लोगों के जीवन में तबाही मचा दी।

इस तरह की कलाकृतियों को नौकरशाही के काम करने के तरीक़ों के बारे में धारणाएँ बनाने में कुछ हद तक सफलता मिली है, लेकिन यह एक कठिन संघर्ष है, क्योंकि पाषाण युग के समय से ही हमारे दिमाग़ इस तरह बने हैं कि वे नौकरशाही नाटकों की बजाय जैविक नाटकों पर केंद्रित होते हैं। हॉलीवुड और बॉलीवुड के ज़्यादातर ब्लॉकबस्टर सीडीओ के बारे में नहीं हैं। इसकी बजाय, इक्कीसवीं सदी में भी, ज़्यादातर ब्लॉकबस्टर बुनियादी तौर पर पाषाणयुगीन क़िस्से होते हैं, जिनमें किसी एक लड़की को जीतने के लिए नायक दैत्यों से लड़ते रहते हैं। इसी तरह राजनीतिक शक्ति की कार्य-प्रणाली का चित्रण करते हुए, *गेम ऑफ़ थ्रोंस*, *द क्राउन*, और *सक्सेशन* जैसी टीवी सीरीज़ राजवंशीय दरबारों की पारिवारिक साज़िशों पर ध्यान केंद्रित करती हैं, वे उस नौकरशाह की भूलभुलैया पर ध्यान केंद्रित नहीं करतीं, जो राजवंश की शक्ति का पोषण करते हैं और कभी-कभी उसे नियंत्रित करते हैं।

चलिए, हम सारे वकीलों को मार डालते हैं

नौकरशाही के यथार्थ को चित्रित करने और समझने की मुश्किल के दुर्भाग्यपूर्ण नतीजे हुए हैं। एक ओर वे लोगों को उस नुक़सानदेह शक्ति के सामने, जिसे वे समझ नहीं पाते, असहाय महसूस करता छोड़ देते हैं, जैसे कि *ट्रायल* के नायक के साथ होता है। दूसरी ओर, वह लोगों पर कुछ इस तरह का प्रभाव छोड़ते हैं कि नौकरशाही एक अनिष्टकारी साज़िश है, उन स्थितियों में भी जब वह दरअसल हमें चिकित्सा सेवा, सुरक्षा, और न्याय मुहैया कराने वाली कल्याणकारी शक्ति की भूमिका निभा रही होती है।

सोलहवीं सदी में, लुदोविको एरिओस्तो ने 'डिस्कॉर्ड' की रूपकात्मक छवि का वर्णन एक ऐसी महिला के रूप में किया था, जो 'समन, याचिकाओं, ज़िरह और अटॉर्नी की शक्तियों, और व्याख्याओं, वकीलों की राय और नज़ीरों के विशाल ढेर के बादलों के चारों ओर घूमती है, जो सबके सब निर्धनों की असुरक्षा को और ज़्यादा बढ़ाते हैं। उसके आगे, पीछे और दोनों तरफ़ नोटरी, वकील और बैरिस्टर उसे घेरे हुए हैं।''[46]

हैनरी VI पार्ट 2 में जैक केड के विद्रोह (1450) के वर्णन में शेक्सपियर डिक द बुचर नामक एक सामान्य विद्रोही के माध्यम से नौकरशाही के प्रति घृणा को उसकी तार्किक परिणति तक पहुँचाते हैं। डिक एक बेहतर सामाजिक व्यवस्था खड़ी करना चाहता है, जिसके लिए उसके पास एक योजना है। डिक सलाह देता है कि ''पहली चीज़ हमें यह करनी होगी कि सारे वकीलों को मार डालना होगा।'' विद्रोही नेता जैक केड डिक के प्रस्ताव को नौकरशाही, और विशेष रूप से लिखित दस्तावेज़ों पर ज़ोरदार हमले के रूप में देखता है : ''क्या यह दुःख की बात नहीं कि एक निर्दोष मेमने की खाल से चर्मपत्र तैयार किया जाए? उस चर्मपत्र पर कुछ लिखने से मनुष्य का नाश हो जाए। कुछ लोग कहते हैं कि मधुमक्खी डंक मारती है : लेकिन मैं कहता हूँ, यह मधुक्खी का मोम है, क्योंकि मैंने एक बार किसी चीज़ पर मुहर लगाई थी, और तब से मैं कभी अपना स्वयं का आदमी नहीं बन पाया।'' तभी विद्रोही एक क्लर्क को पकड़ लेते हैं और उस पर लिखने और पढ़ने में सक्षम होने का आरोप लगाते हैं। संक्षिप्त पूछताछ के बाद 'गुनाह' सिद्ध हो जाता है। केड अपने आदमियों को आदेश देता है, ''उसे उसकी क़लम और दवात के साथ फाँसी पर लटका दो।''[47]

जैक केड के विद्रोह के सत्तर वर्ष पहले, उससे भी बड़े 1381 के किसान-विद्रोह के दौरान, विद्रोही अपना गुस्सा न सिर्फ़ हाड़-मांस के बने नौकरशाहों, बल्कि उनके दस्तावेज़ों पर भी केंद्रित करते हैं, और कई अभिलेखागारों को नष्ट

कर देते हैं, अदालती समय-सारणियों (कोर्ट रोल्स), चार्टरों, और प्रशासनिक तथा वैधानिक अभिलेखों को जला देते हैं। एक घटना के तहत, वे कैंब्रिज विश्वविद्यालय के अभिलेखागार की होली जलाते हैं। मार्गरी स्टार नाम की एक बूढ़ी औरत राख को हवा में उड़ाती हुई चीखती है, ''क्लर्कों की शिक्षा से छुटकारा पाओ, उससे छुटकारा पाओ!'' सेंट अल्बांस एबे के एक भिक्षु थॉमस वेल्सिंघम ने एबे के अभिलेखागार की तबाही को अपनी आँखों से देखा था। उसने वर्णन किया था कि किस तरह विद्रोहियों ने ''अदालती समय-सारणियों और अधिकार-पत्रों को जलाया था, ताकि जब वे अपनी प्राचीन सेवा के इन अभिलेखों से छुटकारा पा लें, तो उनके स्वामी भविष्य में किसी भी समय उनके ख़िलाफ़ किसी भी तरह का अधिकार न जता सकें।''[48] दस्तावेज़ों की हत्या ने ऋणों को ख़त्म कर दिया।

अभिलेखागारों पर इसी तरह के हमले समूचे इतिहास के दौरान कई अन्य विद्रोहों की विशेषता रहे हैं। उदाहरण के लिए, 66 ईस्वी में महान यहूदी विद्रोह के दौरान, विद्रोहियों ने जेरूसलम पर क़ब्ज़ा करने के बाद जो पहला काम किया था, वह था केंद्रीय अभिलेखागार को जलाना, ताकि वे क़र्ज़ के अभिलेखों को नष्ट कर सकें, और इस तरह स्थानीय आबादी का समर्थन हासिल कर सकें।[49] 1789 में फ्रांसीसी क्रांति के दौरान, मिलती-जुलती वजह से अनेक स्थानीय और क्षेत्रीय अभिलेखागार जला दिए गए थे।[50] हो सकता है, बहुत-से विद्रोही निरक्षर रहे हों, लेकिन वे जानते थे कि उन दस्तावेज़ों के बग़ैर नौकरशाही तंत्र काम नहीं कर सकेगा।

मैं सरकारी नौकरशाही और सरकारी दस्तावेज़ों की शक्ति पर संदेह से सहानुभूति रख सकता हूँ, क्योंकि उन्होंने मेरे अपने परिवार में महत्त्वपूर्ण भूमिका निभाई है। मेरे नाना का जीवन एक सरकारी जनगणना और एक महत्त्वपूर्ण दस्तावेज़ को न खोज पाने की वजह से तहस-नहस हो गया था। मेरे नाना ब्रूनो लुटिंजर 1913 में चेर्नीव्त्सी में पैदा हुए थे। आज वह शहर यूक्रेन में है, लेकिन 1913 में वह हैब्सबर्ग साम्राज्य का हिस्सा था। ब्रूनों के पिता पहले विश्वयुद्ध में ग़ायब हो गए थे, और उनका पालन-पोषण उनकी माँ चाया-पर्ल ने किया था। जब युद्ध समाप्त हो गया, तो चेर्नीव्त्सी को रोमानिया ने हड़प लिया। 1930 के दशक के बाद के वर्षों में, जब रोमानिया एक फ़ासीवादी तानाशाही बन गया, तो उसकी यहूदी-विरोधी नीति के एक महत्त्वपूर्ण मुद्दे के तहत यहूदियों की जनगणना आयोजित की गई।

1936 के सरकारी आँकड़ों के मुताबिक़, रोमानिया में 758,000 यहूदी रहते थे, जो देश की आबादी का 4.2 प्रतिशत हिस्सा था। यही सरकारी आँकड़े यह कहते थे कि सोवियत संघ से आए कुल शरणार्थियों की तादाद, जिनमें यहूदी और ग़ैर-यहूदी शामिल थे, लगभग 11,000 थी। 1937 में एक नई फ़ासीवादी

सरकार सत्ता में आई, जिसका नेतृत्व प्रधानमंत्री ऑक्टावियन गोगा कर रहे थे। गोगा राजनेता होने के साथ-साथ एक प्रतिष्ठित कवि भी थे, लेकिन वे जल्दी ही राष्ट्रभक्तिपूर्ण कविताओं से आँकड़ों की दुनिया और दमनकारी नौकरशाही में दीक्षित हो गए। उन्होंने और उनके साथियों ने सरकारी आँकड़ों की उपेक्षा करके यह दावा किया कि सैकड़ों हज़ारों की तादाद में यहूदी शरणार्थी रोमानिया में प्रवेश कर रहे हैं। गोगा ने कई इंटरव्यू दिए, जिनमें उन्होंने दावा किया कि रोमानिया में पाँच लाख यहूदी ग़ैरक़ानूनी ढंग से प्रवेश कर चुके हैं और देश में यहूदियों की संख्या 15 लाख हो चुकी है। सरकारी संगठन, धुर दक्षिणपंथी और लोकप्रिय अखबार नियमित रूप से इससे भी बड़े आँकड़े उद्धृत करने लगे। उदाहरण के लिए, फ्रांस स्थित रोमानियाई दूतावास ने दावा किया कि रोमानिया में लाखों की तादाद में यहूदी शरणार्थी मौजूद हैं। रोमानिया के ईसाइयों को इस सामूहिक उन्माद ने जकड़ लिया कि वे जल्दी ही यहूदियों के नेतृत्व वाले देश के हाथों विस्थापित कर दिए जाएँगे या अल्पसंख्यकों में बदल जाएँगे।

गोगा की सरकार ने अपने ही द्वारा रचे गए कुप्रचार के माध्यम से ईजाद की गई इस समस्या का एक समाधान पेश किया। 22 जनवरी, 1938 को सरकार ने रोमानिया के तमाम यहूदियों को एक आदेश जारी करके उनसे इस बात का दस्तावेज़ी सबूत पेश करने को कहा कि उनका जन्म रोमानिया के प्रभुत्व वाले क्षेत्र में हुआ था और इसलिए वे रोमानियाई नागरिकता के पात्र हैं। आदेश के तहत, जो यहूदी इस तरह का सबूत पेश नहीं करेंगे, वे अपनी नागरिकता और उसी के साथ रोमानिया में रहने और रोज़गार हासिल करने के सारे अधिकार खो देंगे।

रोमानिया के यहूदियों ने सहसा ख़ुद को नौकरशाही के नरक में पड़ा पाया। कई यहूदी प्रासंगिक दस्तावेज़ हासिल करने अपने जन्म स्थान के सफ़र पर निकल गए, जहाँ जाकर उन्हें पता चला कि नगरपालिका के लेखागार प्रथम विश्वयुद्ध के दौरान नष्ट हो चुके हैं। जो यहूदी रोमानिया के क़ब्ज़े में आ चुके अधिकार-क्षेत्रों, जैसे कि चेर्नीव्त्सी में 1918 के बाद जन्मे थे, उन्हें ख़ास तौर से परेशानियों का सामना करना पड़ रहा था, क्योंकि उनके पास रोमानियाई जन्म प्रमाण-पत्रों का अभाव था और उनके परिवारों से संबंधित बहुत-से दस्तावेज़ बुख़ारेस्ट की बजाय पूर्व हॉब्सबर्ग की राजधानियों, वियना और बुडापेस्ट के अभिलेखागारों में थे। यहूदियों को प्राय: यह जानकारी नहीं थी कि उन्हें कौन-सा दस्तावेज़ तलाशना चाहिए, क्योंकि जनगणना ने इस बात को स्पष्ट नहीं किया था कि किन दस्तावेज़ों को पर्याप्त 'सबूत' की तरह माना जाएगा।

क्लर्कों और अभिलेखागारों के कर्मचारियों को आय का एक नया और लाभदायक स्रोत खुल गया, क्योंकि यहूदी सही दस्तावेज़ हासिल करने के लिए

बड़ी तादाद में रिश्वत दे रहे थे। यहाँ तक कि अगर रिश्वत न भी देनी पड़ती, तब भी दस्तावेज़ हासिल करने की प्रक्रिया बहुत महँगी थी। दस्तावेज़ के लिए किसी भी आवेदन, और अधिकारियों के समक्ष नागरिकता प्राप्त करने का आवेदन पेश करने के लिए फ़ीस जमा करनी होती थी। दस्तावेज़ हासिल कर लेने और उसे पेश कर देने से भी सफलता की गारंटी नहीं मिल जाती थी। जन्म प्रमाण-पत्र और नागरिकता के काग़ज़ों के बीच आवेदक के नाम में एक भी अक्षर का फ़र्क़ अधिकारियों के लिए उसकी नागरिकता रद्द कर देने के लिए काफ़ी था।

बहुत-से यहूदी नौकरशाही की इन बाधाओं को पार नहीं कर सके और नागरिकता के लिए आवेदन तक पेश नहीं कर सके। जो कर सके, उनमें से भी मात्र 63 प्रतिशत लोग अपनी नागरिकता मंज़ूर करा सके। कुल मिलाकर, 758,000 रोमानियाई यहूदियों में से 367,000 यहूदियों ने अपनी नागरिकता खो दी।[51] मेरे नाना ब्रूनो उन्हीं में से एक थे। जब बुखारेस्ट में जनगणना का नया नियम स्वीकृत हुआ, तो ब्रूनो को उसके बारे में कुछ भी नहीं सूझा। वे चेर्नीव्त्सी में पैदा हुए थे और पूरी ज़िंदगी वहीं रहे थे। यह विचार ही उन्हें हास्यास्पद प्रतीत हुआ कि वे किसी नौकरशाह के सामने यह साबित करते कि वे बाहरी व्यक्ति नहीं हैं। इसके अलावा, 1938 में उनकी माँ बीमार पड़ीं और मर गईं, और ब्रूनो को लगा, दस्तावेज़ों का पीछा करने से कहीं ज़्यादा बड़ी चिंताएँ उनके सामने मौजूद थीं।

दिसंबर,1938 में बुखारेस्ट से एक सरकारी ख़त आया, जिसमें उनकी नागरिकता रद्द कर दिए जाने की सूचना थी, और एक अजनबी के रूप में उन्हें तुरंत चेर्नीव्त्सियाई रेडियो की दुकान की उनकी नौकरी से बर्ख़ास्त कर दिया गया। ब्रूनो अब न केवल अकेले और बेरोज़गार थे, बल्कि उनका कोई मुल्क भी नहीं था और उनके पास किसी वैकल्पिक रोज़गार की कोई संभावनाएँ नहीं थीं। महीनेभर बाद दूसरे विश्वयुद्ध का विस्फोट हुआ और अब दस्तावेज़-रहित यहूदियों के सिर पर ख़तरा मँडरा रहा था। जिन रोमानियाई यहूदियों ने 1938 में अपनी नागरिकता खो दी थी, उनमें से बहुत बड़ी तादाद में यहूदी कुछ वर्षों बाद रोमानियाई फ़ासिस्टों और उनके नाज़ी सहयोगियों के हाथों मारे जाने वाले थे (जिन यहूदियों की नागरिकता बरकरार थी, उनके जीवित बचे रहने की दर कहीं ज़्यादा ऊँची थी)।[52]

मेरे नाना ने उस कसते हुए फंदे से बच निकलने की निरंतर कोशिशें कीं, लेकिन सही काग़ज़ों के बिना वह मुश्किल काम था। उन्होंने कई बार रेलों और जहाज़ों से भागने की कोशिशें कीं, लेकिन हर बार वे पकड़े गए और गिरफ़्तार कर लिए गए। आख़िरकार, 1940 में, नरक के दरवाज़े बंद होने के पहले, वे किसी तरह फ़िलिस्तीन जाने वाले एक अंतिम जहाज़ में सवार होने में कामयाब रहे। जब वे फ़िलिस्तीन पहुँचे, तो उन्हें अँग्रेज़ सरकार द्वारा ग़ैरक़ानूनी अप्रवासी के रूप में

गिरफ़्तार कर जेल भेज दिया गया। जेल में दो महीने बिताने के बाद, अँग्रेज़ों ने एक सौदा प्रस्तावित किया : या तो जेल में रहकर देश से निकाल दिए जाने के जोखिम उठाएँ या अँग्रेज़ सेना में भर्ती होकर फ़िलिस्तीन की नागरिकता हासिल करें। मेरे नाना ने इस प्रस्ताव को दोनों हाथों से लपक लिया और 1941 से 1945 तक अँग्रेज़ सेना के उत्तर अफ़्रीकी और इताल्वी अभियानों में काम किया। बदले में, उन्हें उनके काग़ज़ मिल गए।

हमारे परिवार में दस्तावेज़ों को सहेजकर रखना एक पवित्र कर्तव्य बन गया। बैंक के विवरण, बिजली के बिल, एक्स्पायर्ड स्टूडेंट कार्ड, नगरपालिका से आए ख़त, अगर उस पर सरकारी प्रतीत होती मुहर लगी है, तो उसे हमारी अलमारी में रखे किसी एक फ़ोल्डर में सँभालकर रख लिया जाता है। आपको पता नहीं होता कि कब कौन-सा दस्तावेज़ आपकी जान बचा ले।

चमत्कारी दस्तावेज़

हमें नौकरशाही के सूचना तंत्र को पसंद करना चाहिए या उससे नफ़रत करनी चाहिए? मेरे नाना की तरह के क़िस्से नौकरशाही की शक्तियों में निहित ख़तरों की ओर संकेत करते हैं। लंदन के हैजे के जैसे क़िस्से उसकी संभावित परोपकारिता की ओर संकेत करते हैं। तमाम शक्तिशाली सूचना तंत्र भला और बुरा, दोनों कर सकते हैं, यह इस पर निर्भर करता है कि उन्हें किस तरह डिज़ाइन और इस्तेमाल किया जाता है। किसी तंत्र में सूचना की मात्रा बढ़ा देने मात्र से उसकी परोपकारिता की गारंटी नहीं मिल जाती, न ही इससे सत्य और व्यवस्था के बीच सही संतुलन क़ायम करना आसान हो जाता है। इक्कीसवीं सदी के नए सूचना तंत्रों को तैयार करने वालों और इस्तेमाल करने वालों के लिए यह एक निर्णायक महत्त्व रखने वाली ऐतिहासिक सीख है।

भविष्य के सूचना तंत्र, विशेष रूप से वे, जो एआई पर आधारित हैं, पिछले तंत्रों की तुलना में कई रूपों में भिन्न होंगे। जहाँ किताब के पहले भाग में हम इस बात का परीक्षण कर रहे हैं कि किस तरह मिथक और नौकरशाही बड़े पैमाने के सूचना तंत्रों के लिए अनिवार्य रहे हैं, दूसरे भाग में हम देखेंगे कि किस तरह एआई नौकरशाहों और मिथक रचने वालों, दोनों की भूमिका ओढ़ रहा है। एआई के उपकरण इस बात को हाड़-मांस के बने नौकरशाहों के मुक़ाबले बेहतर ढंग से जानते हैं कि सूचना को किस तरह प्राप्त और संसाधित किया जाए, और एआई यह क्षमता भी हासिल करता जा रहा है कि क़िस्सों को ज़्यादातर इंसानों की तुलना में बेहतर ढंग से कैसे गढ़ा जाए।

लेकिन इसके पहले कि हम इक्कीसवीं सदी के एआई-आधारित सूचना तंत्रों की छानबीन करें, इसके पहले कि हम एआई के मिथक गढ़ने वालों और एआई नौकरशाहों द्वारा पेश किए जा रहे ख़तरों और आश्वासनों की पड़ताल करें, सूचना तंत्रों के दीर्घकालिक इतिहास के बारे में एक चीज़ और समझने की ज़रूरत है। हमने अभी देखा कि सूचना तंत्र सत्य में इज़ाफ़ा नहीं करते, बल्कि सत्य और व्यवस्था के बीच संतुलन बैठाने का प्रयास करते हैं। व्यवस्था को क़ायम रखने के लिए नौकरशाही और मिथक, दोनों अनिवार्य हैं। दोनों ही ख़ुशी-ख़ुशी व्यवस्था की ख़ातिर सत्य की कुर्बानी देने को तैयार होते हैं। ऐसे में वह कौन-सी प्रक्रिया है, जो यह सुनिश्चित कर सके कि नौकरशाही और मिथक सत्य से पूरी तरह कट न जाएँ, और वह कौन-सी प्रक्रिया है, जिससे सूचना तंत्र अपनी त्रुटियों की पहचान कर सकें और उन्हें सुधार सकें, भले ही इसके लिए थोड़ी-बहुत अव्यवस्था की क़ीमत ही क्यों न चुकानी पड़े?

अगले दो अध्यायों की मुख्य विषय-वस्तु यही होगी कि इंसानी सूचना तंत्र किस तरह त्रुटियों की समस्या से निपटते रहे हैं। हम इसकी शुरुआत एक और सूचना प्रौद्योगिकी के आविष्कार पर विचार करते हुए करेंगे। यह सूचना प्रौद्योगिकी है, पवित्र ग्रंथ। बाइबल और कुरान जैसे पवित्र ग्रंथ एक ऐसी सूचना प्रौद्योगिकी हैं, जिनका उद्देश्य समाज के लिए ज़रूरी सारी महत्त्वपूर्ण सूचना को शामिल करना और त्रुटियों की तमाम संभावनाओं से मुक्त होना है। तब क्या होता है, जब कोई सूचना तंत्र यह विश्वास करता है कि वह किसी भी तरह की त्रुटि करने में पूरी तरह अक्षम है? कथित रूप से अचूक पवित्र ग्रंथों का इतिहास सारे सूचना तंत्रों की कुछ सीमाओं को रेखांकित करता है और उसमें इक्कीसवीं सदी में अचूक एआई रचने की कोशिश के लिए महत्त्वपूर्ण सीखें निहित हैं।

अध्याय 4

त्रुटियाँ : अचूकता की कल्पना

जैसा कि सेंट ऑगस्टीन का प्रसिद्ध कथन है, ''ग़लतियाँ करना मानवीय है, और ज़िद के साथ ग़लतियाँ करते रहना शैतानियत है।''[1] मनुष्यों की ग़लतियाँ करने की क्षमता, और मानवीय त्रुटियों को ठीक करने की ज़रूरत ने हर मिथक में महत्त्वपूर्ण भूमिकाएँ निभाई हैं। ईसाई मिथक के मुताबिक़, समूचा इतिहास आदम और ईव के मूल पाप को सुधारने की कोशिश है। मार्क्सवादी-लेनिनवादी चिंतन के मुताबिक़, कामगार वर्ग तक में अपने उत्पीड़कों के हाथों बेवकूफ़ बना दिए जाने और अपने हितों की ग़लत पहचान करने की संभावना होती है, इसलिए इसके लिए एक विवेकवान पार्टी नेता के नेतृत्व की आवश्यकता होती है। नौकरशाही भी, अनुपयुक्त दस्तावेज़ों से लेकर अप्रभावी पद्धतियों तक, निरंतर त्रुटियों की तलाश करती रहती है। जटिल नौकरशाही व्यवस्थाएँ आम तौर पर स्व-अनुशासनात्मक निकाय रखती हैं, और जब कभी कोई बड़ी दुर्घटना घटित होती है, जैसे कि कोई सैन्य पराजय या आर्थिक गिरावट, तो यह पता लगाने के लिए जाँच कमीशन बैठाए जाते हैं कि कहाँ पर चूक हुई है और यह सुनिश्चित करने के लिए वैसी ग़लती दोहराई न जाए।

आत्म-सुधार की प्रणालियाँ काम करती रह सकें, इसके लिए उनके वैधीकरण की ज़रूरत होती है। अगर इंसानों से ग़लतियाँ हो सकती हैं, तो हम आत्म-सुधारक प्रणालियों से यह उम्मीद कैसे कर सकते हैं कि वे त्रुटियों से मुक्त होंगी? इस अंतहीन चक्र से बाहर निकलने के लिए, इंसानों ने अक्सर हर तरह की त्रुटियों से मुक्त किन्हीं ऐसी अतिमानवीय प्रणालियों की कल्पना की है, जिन पर अपनी ही ग़लतियों को पहचानने और सुधारने के लिए निर्भर किया जा सके। आज हम शायद यह उम्मीद करें कि एआई ऐसी प्रणाली उपलब्ध करा सकता है, जैसा कि अप्रैल

2023 में इलॉन मस्क ने ऐलान किया था कि "मैं कोई चीज़ शुरू करने जा रहा हूँ, जिसे मैं ट्रुथजीपीटी (TruthGPT) या एक अधिकतम सत्य की तलाश करने वाला एआई कह सकता हूँ, जो ब्रह्मांड की प्रकृति को समझने की कोशिश करता है।"[2] हम आगे के अध्यायों में देखेंगे कि यह क्यों एक ख़तरनाक कल्पना है। पिछले युगों में, इस तरह की कल्पनाएँ एक भिन्न रूप ले लिया करती थीं- मज़हब का रूप।

हमारी निजी ज़िंदगियों में, मज़हब बहुत-से काम कर सकता है, जैसे कि साँत्वना देना, या जीवन के रहस्यों को स्पष्ट करना, लेकिन ऐतिहासिक रूप से, मज़हब का सबसे महत्त्वपूर्ण काम रहा है, सामाजिक व्यवस्था के लिए अतिमानवीय वैधता उपलब्ध कराना। यहूदी धर्म, ईसाइयत, इस्लाम, और हिंदू धर्म कहते हैं कि उनके विचार और विधान एक अचूक अतिमानवीय सत्ता द्वारा स्थापित किए गए थे, और इसलिए वे त्रुटि की तमाम संभावनाओं से मुक्त हैं, और उन पर कभी सवाल नहीं उठाए जाने चाहिए या उन्हें मनुष्यों द्वारा नहीं बदला जाना चाहिए, जो ग़लतियाँ कर सकते हैं।

मनुष्यों को चक्र से बाहर निकालना

हर मज़हब के मर्म में किसी अलौकिक और अचूक बुद्धि से जोड़ने की कल्पना मौजूद होती है। यही वजह है, जैसा कि हम अध्याय 8 में पड़ताल करेंगे, आज के समय में एआई को लेकर जारी बहस के संदर्भ में मज़हब के इतिहास का अध्ययन अत्यंत प्रासंगिक है। मज़हब के इतिहास में बार-बार उपस्थित होने वाली एक समस्या यह है कि लोगों को इस बात का यक़ीन कैसे दिलाया जाए कि कोई ख़ास धर्मसिद्धांत एक अचूक अलौकिक स्रोत से उत्पन्न हुआ है। अगर मैं सिद्धांततः देवताओं के इच्छा के अधीन होने को तत्पर हूँ, तब भी मैं यह कैसे पता लगाऊँ कि वास्तव में देवताओं की इच्छा क्या है?

समूचे इतिहास के दौरान कई मनुष्यों ने देवताओं का संदेश देने का दावा किया है, लेकिन ये संदेश अक्सर एक-दूसरे को काटते रहे हैं। कोई कहता है कि देवता उसके सपने में प्रकट हुआ था, दूसरा व्यक्ति कहता है कि उसके पास कोई देवदूत आया था; तीसरा बताता है कि किस तरह जंगल में उसकी मुलाक़ात किसी आत्मा से हुई थी और इनमें से हर एक ने एक अलग संदेश का प्रचार किया। नृविज्ञानी हार्वे व्हाइटहाउस याद करते हैं कि कैसे जब वे 1980 के दशक के बाद के वर्षों में न्यू ब्रिटेन के बैनिंग समुदाय के बीच फ़ील्ड वर्क कर रहे थे, तो तनोट्का नामक युवक बीमार पड़ गया था, और अपने ज्वरग्रस्त प्रलाप में रहस्यमय क़िस्म के वक्तव्य देने लग गया था, जैसे कि "मैं वुट्का हूँ" और "मैं एक स्तंभ हूँ।" इनमें

से ज़्यादातर वक्तव्य तनोट्का के बड़े भाई बैनिंजे ने सुने थे और उसने ये वक्तव्य दूसरे लोगों को सुनाते हुए उनकी रचनात्मक ढंग से व्याख्या करना शुरू कर दिया। बैनिंजे ने कहा कि उसका भाई एक पैतृक आत्मा बुट्का के वशीभूत था और उसे देवताओं ने समुदाय के मुख्य स्तंभ के रूप में चुना था, जिस तरह स्थानीय मकान को एक केंद्रीय स्तंभ सहारा दिए होता है।

जब तनोट्का ठीक हो गया, तब भी वह वुट्का के रहस्यमय संदेश देता रहा, जिनकी बैनिंजे और भी विस्तार से व्याख्याएँ करने लगा। बैनिंजे ख़ुद भी सपने देखने लगा, जिन्होंने कथित रूप से और भी संदेशों का ख़ुलासा किया। उसने दावा किया कि दुनिया का अंत एकदम निकट है, और बहुत-से स्थानीय बाशिंदों को राज़ी कर लिया कि वे उसे तानाशाही करने की शक्तियाँ दें ताकि वह समुदाय को आने वाले प्रलय के लिए तैयार कर सके। बैनिंजे ने समुदाय के लगभग सारे संसाधनों को ख़र्चीली दावतों और अनुष्ठानों पर उड़ाना शुरू कर दिया। जब प्रलय की भविष्यवाणी सही नहीं निकली और समुदाय लगभग भूखों मरने लगा, तो बैनिंजे की शक्तियाँ ध्वस्त हो गईं। यद्यपि कई स्थानीय लोगों ने यह विश्वास करना जारी रखा कि वह और तनोट्का दैवीय संदेशवाहक थे, लेकिन बहुत-से दूसरे लोग इस नतीजे पर पहुँचे कि वे दोनों ढोंगी हैं या शायद शैतान के चाकर हैं।[3]

लोग देवताओं की वास्तविक इच्छा को ग़लतियाँ कर सकने वाले इंसानों के मनगढ़ंत क़िस्सों या कल्पनाओं से कैसे अलग कर सकते हैं? जब तक कि आपके समक्ष कोई ऐसा व्यक्तिगत रहस्योद्घाटन न हो, जिससे आपको पता चले कि देवताओं ने क्या कहा, इसका मतलब है कि आप ग़लतियाँ कर सकने में सक्षम तनोट्का और बैनिंजे जैसे इंसानों पर भरोसा करते रहें, लेकिन आप इन इंसानों पर भरोसा कैसे कर सकते हैं, ख़ास तौर से अगर आप उन्हें व्यक्तिगत रूप से नहीं जानते? मज़हब ग़लतियाँ करने में सक्षम मनुष्यों को इस चक्र से बाहर निकालना चाहता है और अचूक अलौकिक विधानों तक लोगों की पहुँच बनाना चाहता है, लेकिन मज़हब बार-बार इस या उस मनुष्य पर भरोसा करने तक सीमित रहा है।

इस समस्या से निपटने का एक तरीक़ा ऐसी मज़हबी संस्थाएँ रचना रहा है, जो तथाकथित पैगंबरों की भलीभाँति जाँच-पड़ताल कर लें। वैसे भी आदिवासी समाजों में आदिवासी आत्माओं जैसी अलौकिक सत्ताओं के साथ संवाद अक्सर धार्मिक विशेषज्ञों का कार्यक्षेत्र रहा है। बैनिंग समुदाय के बीच आत्माओं की मध्यस्थता करने वाले विशेषज्ञ जो *अगंगरागा* कहलाते थे, पारंपरिक रूप से आत्माओं के साथ संवाद करने वाले और इसलिए बीमारियों से लेकर फ़सल की बर्बादी तक हर तरह के दुर्भाग्यों के गुप्त कारणों को जानने वाले लोग हुआ करते थे। एक स्थापित संस्था की उनकी सदस्यता ने *अगंगरागा* को तनोट्का और बैनिंजे जैसे लोगों के

मुक़ाबले ज़्यादा विश्वसनीय बनाया था और उनकी विशेषज्ञता को अधिक टिकाऊ और व्यापक स्तर पर स्वीकार्य बनाया था।[4] ब्राज़ील की कालापालो जनजाति में धार्मिक अनुष्ठान *अनेताऊ* नामक आनुवांशिक अनुष्ठान-अधिकारियों द्वारा संपन्न किए जाते थे। प्राचीन सेल्टिक और हिंदू समाजों में क्रमशः ड्रूइड और ब्राह्मण इस तरह के कर्तव्यों को पूरा करते थे।[5] जैसे-जैसे इंसानों के समाज विकसित और अधिक जटिल होते गए, वैसे-वैसे उनकी धार्मिक संस्थाएँ भी विकसित और जटिल होती गई हैं। परमेश्वर का प्रतिनिधित्व करने के महत्त्वपूर्ण कार्य के लिए पुजारियों और देववाणी सुनाने वाले (ऑरकल) को लंबे समय तक कठोर प्रशिक्षण लेना पड़ता था, ताकि लोगों को किसी देवदूत से मिलने या अलौकिक संदेश लाने का दावा करने वाले किसी साधारण आदमी पर विश्वास के लिए निर्भर न रहना पड़े।[6] उदाहरण के लिए प्राचीन यूनान में अगर आप यह जानना चाहते थे कि देवताओं ने क्या कहा है, तो आपको पाइथिया जैसे किसी मान्यता प्राप्त विशेषज्ञ के पास जाना पड़ता था। पाइथिया डेल्फ़ी के अपोलो के मंदिर की मुख्य पुरोहित होती थी।

लेकिन जैसे-जैसे देववाणी सुनाने वाले मंदिर जैसी संस्थाओं में ग़लतियाँ करने में सक्षम इंसान भरते गए, वे भी त्रुटि और दुराचरण के शिकार होने लगे। हेरोडोटस याद करते हैं कि जब एथेंस पर अत्याचारी हिप्पियास की हुकूमत थी, तो लोकतंत्र के पक्षधर धड़े ने उनकी मदद करने के लिए पाइथिया को रिश्वत दी थी। जब भी कभी कोई स्पार्टन सरकारी या निजी मामले में देवताओं के परामर्श के लिए पाइथिया में आता था, तो पाइथिया हर बार एक ही जवाब देती थी कि स्पार्टनों को सबसे पहले एथेंस को तानाशाह से आज़ाद कराना होगा। हिप्पियास के सहयोगी स्पार्टन ने अंततः देवताओं की कथित इच्छा के समक्ष समर्पण कर दिया था और एथेंस में सेना भेज दी, जिसने ईसापूर्व 510 में हिप्पियास को गद्दी से उतार दिया था, जिसके नतीजे में एथीनियाई लोकतंत्र की स्थापना हुई थी।[7]

अगर इंसानी पुरोहित देवता के शब्दों के साथ हेरफेर कर सकते थे, तो मंदिरों जैसी धार्मिक संस्थाएँ खड़ी कर देने और पुरोहितीय व्यवस्था क़ायम कर देने से धर्म की केंद्रीय समस्या हल नहीं हो जाती थी। लोगों को तब भी कथित रूप से अचूक देवताओं तक पहुँच बनाने के लिए ग़लतियाँ कर सकने वाले मनुष्यों पर भरोसा करना पड़ता था। क्या इंसानों को पूरी तरह नज़रअंदाज़ करना संभव था?

अचूक प्रौद्योगिकी

बाइबल और कुरान जैसे पवित्र ग्रंथ इंसानों की त्रुटिपूर्णता की उपेक्षा करने वाली प्रौद्योगिकी हैं, और यहूदी धर्म, ईसाइयत, और इस्लाम जैसे किताब-आधारित

मज़हब उस प्रौद्योगिकीय शिल्प के इर्द-गिर्द खड़े किए गए हैं। यह समझने के लिए कि यह प्रौद्योगिकी किस तरह काम करती है, हमें पहले यह स्पष्ट होना ज़रूरी है कि किताब क्या है और वह कौन-सी चीज़ है, जो किताबों को दूसरे क़िस्म के लिखित मज़मूनों से भिन्न बनाती है। किताब मज़मूनों, जैसे कि अध्याय, कहानियाँ, व्यंजन-विधियाँ, या इपिसल, का एक निश्चित खंड (फ़िक्स्ड ब्लॉक) होती हैं, जो हमेशा साथ-साथ पाए जाते हैं और उनकी एक-जैसी कई प्रतियाँ होती हैं। यह चीज़ किताबों को मौखिक क़िस्सों, नौकरशाही के दस्तावेज़ों, और अभिलेखागारों से भिन्न बनाती है। जब कोई क़िस्सा मौखिक रूप से सुनाया जाता है, तो हर बार जब भी हम उस क़िस्से को कहते हैं, वह थोड़ा-सा बदल जाता है, और अगर किसी एक क़िस्से को बहुत सारे लोग लंबे समय तक सुनाते रहते हैं, तो बहुत सारे भेदों का आना अवश्यंभावी होता है। इसके विपरीत, किसी किताब की सारी प्रतियों से एक-जैसा होने की अपेक्षा की जाती है। जहाँ तक नौकरशाही के दस्तावेज़ों का सवाल है, वे अपेक्षाकृत संक्षिप्त होते हैं, और अक्सर किसी एक अभिलेखागार में उनकी एक ही प्रति पाई जाती है। अगर किसी लंबे दस्तावेज़ की अनेक प्रतियाँ अनेक अभिलेखागारों में मौजूद होती हैं, तो हम उसे सामान्यत: किताब कहते हैं। अंत में, एक ऐसी किताब जिसमें कई मज़मून होते हैं, वह भी अभिलेखागार से भिन्न होती है, क्योंकि हर अभिलेखागार में मज़मूनों के विभिन्न संग्रह मौजूद होते हैं, जबकि किसी किताब की सारी प्रतियों में समान अध्याय, समान कहानियाँ या समान व्यंजन-विधियाँ होती हैं। इस तरह किताब यह सुनिश्चित करती है कि बहुत-से लोग बहुत-से समय और स्थानों पर एक ही सूचना-भंडार (डेटाबेस) तक अपनी पहुँच बना सकें।

ईसापूर्व प्रथम सहस्राब्दी में किताब एक महत्त्वपूर्ण धार्मिक प्रौद्यागिकी बन गई। उन दसियों हज़ारों वर्षों के बाद, जिनमें देवता मनुष्यों से ओझाओं, पुरोहितों, पैग़ंबरों, आकाशवाणी करने वालों (ऑरकल्स) और अन्य संदेश-वाहकों के माध्यम से बात किया करते थे। यहूदी धर्म जैसे मज़हबी आंदोलनों ने ये तर्क देने शुरू कर दिए कि देवता किताब की इस अनूठी प्रौद्योगिकी के माध्यम से बात करते हैं। यह एक मात्र ऐसी विशिष्ट किताब है, जिसके अध्यायों में कथित रूप से वह संपूर्ण दैवीय वाणी निहित है, जो विश्व की सृष्टि से लेकर भोजन के नियमों तक सारी चीज़ों से संबंध रखती है। सबसे महत्त्वपूर्ण बात यह है कि कोई भी पुरोहित, पैगंबर या इंसानों की संस्था इस दैवीय वाणी को भूल या बदल नहीं सकती, क्योंकि आपसे ग़लती कर सकने योग्य मनुष्य जो कुछ कह रहे हैं, उसकी तुलना आप इस अचूक किताब के रिकॉर्डों से कर सकते हैं।

लेकिन किताब के मज़हबों की अपनी समस्याएँ थीं। ज़ाहिर है, यह फ़ैसला कौन करता है कि उस पवित्र किताब में क्या शामिल किया जाए? पहली प्रति स्वर्ग

से नहीं उतरी थी। उसे किन्हीं इंसानों ने ही तैयार किया होगा। तब भी आस्थावान लोगों को उम्मीद थी कि इस मुश्किल समस्या का निदान अंतिम रूप से एक सर्वश्रेष्ठ उद्यम के माध्यम से किया जा सकता है। अगर हम तमाम सर्वाधिक विवेकवान और विश्वसनीय लोगों को एकत्र कर लें और और वे सारे लोग पवित्र किताब की विषयवस्तु के बारे में एकमत हो सकें, तो उसके बाद से हम इंसानों को चक्र से बाहर निकाल सकते हैं, और वह दैवीय वाणी हमेशा-हमेशा के लिए इंसानों की दख़लंदाज़ी से मुक्त हो जाएगी।

इस पद्धति के विरोध में कई आपत्तियाँ की जा सकती हैं : सर्वाधिक विवेकवान लोगों का चयन कौन करता है? किस मापदंड के आधार पर? तब क्या होगा, अगर वे आम सहमति पर न पहुँच सकें? तब भी; यही वह पद्धति थी, जो हिब्रू बाइबल जैसी पवित्र किताबों को तैयार करने के लिए अपनाई गई।

हिब्रू बाइबल की रचना-प्रक्रिया

ईसापूर्व प्रथम सहस्राब्दी के दौरान, यहूदी पैगंबरों, पुरोहितों और विद्वानों ने क़िस्सों, दस्तावेज़ों, भविष्यवाणियों, कविताओं, प्रार्थनाओं और वृत्तांतों का एक विस्तृत संग्रह तैयार किया। बाइबल के युगों में एक एकल पवित्र किताब के रूप में बाइबल का अस्तित्व नहीं था। राजा डेविड या पैगंबर यशायाह ने बाइबल की कभी कोई प्रति नहीं देखी थी।

कभी-कभी यह ग़लत दावा किया जाता है कि बाइबल की बची रह गई सबसे प्राचीन प्रति मृत सागर के तट पर मिले पुलिंदों (डेड सी स्क्रॉल्स) से निकली थी। ये पुलिंदे लगभग नौ सौ विभिन्न दस्तावेज़ों का संग्रह हैं, जिनमें से ज़्यादातर ईसापूर्व की दो अंतिम सदियों के दौरान लिखे गए थे और मृत सागर के क़रीब स्थित एक गाँव, कुमरान के आस-पास की विभिन्न गुफ़ाओं में पाए गए थे।[8] ज़्यादातर अध्येताओं का विश्वास है कि वे पास में रहने वाले एक यहूदी संप्रदाय के अभिलेखागार का हिस्सा हुआ करते थे।[9]

उल्लेखनीय है कि इनमें से किसी भी पुलिंदे में बाइबल की प्रति नहीं है, और कोई भी पुलिंदा इस ओर संकेत नहीं करता कि ओल्ड टेस्टामेंट की चौबीस पोथियों को एक एकल और संपूर्ण सूचना-भंडार माना गया था। कुछ पुलिंदे निश्चय ही ऐसे हैं, जिनमें वह पाठ्य सामग्री दर्ज है, जो आज प्रामाणिक (कैनॉनिकल) बाइबल का हिस्सा है। उदाहरण के लिए, उन्नीस पुलिंदों और खंडित पांडुलिपियों में जैनेसिस की पोथी के कुछ हिस्से मौजूद हैं,[10] लेकिन बहुत-से पुलिंदों में वे मज़मून दर्ज हैं, जिन्हें बाद में बाइबल से हटा दिया गया था। उदाहरण के लिए, बीस से ज़्यादा पुलिंदों

और टुकड़ों में ईनॉक की पोथी के हिस्से सुरक्षित हैं। उस पोथी के बारे में कहा जाता है कि वह नोआ के परदादा कुलपिता ईनॉक द्वारा लिखी गई थी, और जिसमें देवदूतों और दैत्यों के इतिहास के साथ-साथ मसीहा के आगमन की भविष्यवाणी की गई है।[11] कुमरान के यहूदियों ने ज़ाहिर तौर पर जैनेसिस और ईनॉक को बहुत महत्त्व दिया था, और वे ऐसा नहीं सोचते थे कि जैनेसिस प्रामाणिक थी, जबकि ईनॉक अप्रमाणिक थे।[12] दरअसल, आज के दिन तक इथियोपिया के यहूदी और ईसाई संप्रदाय ईनॉक को अपने कैनॅन का हिस्सा मानते हैं।[13]

यहाँ तक कि जिन पुलिंदों में भविष्य के प्रामाणिक मज़मून दर्ज हैं, वे भी कभी-कभी आज के प्रामाणिक संस्करण से भिन्न हैं। उदाहरण के लिए, ड्यूटर्नोमी का प्रामाणिक मज़मून 32:8 कहता है कि परमेश्वर ने राष्ट्रों का विभाजन 'इज़रायल के बेटों की संख्या' के आधार पर किया था। मृत सागर के पुलिंदों में इसकी बजाय 'परेमश्वर के पुत्रों की संख्या' दर्ज है, जिसका यह चौंका देने वाला अभिप्राय निकलता है कि परमेश्वर के बहुत सारे बेटे थे।[14] ड्यूटर्नोमी का प्रामाणिक मज़मून आस्थावानों से परमेश्वर से डरने की माँग करता है, जबकि मृत सागर का संस्करण उनसे परमेश्वर से *प्रेम* करने का आग्रह करता है।[15] कुछ भेद तो एकाध शब्द के यहाँ-वहाँ होने से कहीं ज़्यादा ठोस हैं। साम (Psalm= बाइबल के गीत, कविताएँ और प्रार्थनाएँ) के पुलिंदों में ऐसे पूरे-के-पूरे कई साम हैं, जो प्रामाणिक बाइबल से नदारद हैं (विशेष रूप से साम 151, 154, 155)।[16]

इसी तरह बाइबल का सबसे प्राचीन अनुवाद - ग्रीक सेप्चुआजिंट -जो ईसापूर्व तीसरी और चौथी सदी में पूरा हुआ था, बाद के प्रामाणिक संस्करण से कई रूपों में भिन्न है।[17] उदाहरण के लिए इसमें टोबिट, जूडिथ, सिराच मैकाबीस, विज़्डम ऑफ़ सोलोमन, साम ऑफ़ सोलोमन नामक पोथियाँ और साम 151 शामिल हैं।[18] इसमें डैनियल और ईस्थर के अपेक्षाकृत लंबे प्रारूप भी हैं।[19] जेरेमिआह की पोथी प्रामाणिक संस्करण के मुक़ाबले 15 प्रतिशत संक्षिप्त है।[20] अंत में, ड्यूटर्नोमी 32: 8 में ज़्यादातर सेप्चुआजिंट पांडुलिपियों में 'इज़रायल के बेटों' की बजाय या तो 'परमेश्वर के बेटे' लिखा हुआ है या 'परमेश्वर के देवदूत' लिखा हुआ है।[21]

प्रामाणिक डेटाबेस को कारगर रूप देने और यह निश्चय करने में कि जो विभिन्न मज़मून प्रचलन में हैं, उनमें से किन्हें जहोवा (बाइबल में ईश्वर का नाम) की प्रामाणिक वाणी के रूप में बाइबल में शामिल किया जाएगा और किन्हें हटा दिया जाएगा, इन बातों को लेकर यहूदी संतों - जिन्हें रब्बी कहा जाता है - के बीच सदियों चली बहस में बाल की खाल निकाली जाती रही थी। ईसा के आने तक संभवत: ज़्यादातर मज़मूनों पर सहमति विकसित हो चुकी थी, लेकिन एक सदी बाद तक रब्बी इस बात को लेकर बहस में उलझे रहे थे कि साँग ऑफ़ द साँग्स को

प्रामाणिक माना जाए या नहीं। कुछ रब्बी यह कहकर उसकी निंदा करते थे कि वह मज़मून इहलौकिक प्रेम कविता है, वहीं रब्बी अकीवा (जिनकी मृत्यु 135 ईसवी में हुई थी) ने यह कहकर उसका बचाव किया था कि वह राजा सोलोमन द्वारा किसी अलौकिक प्रेरणा से लिखी गई कविता है। अकीवा का यह कथन प्रसिद्ध है कि ''साँग ऑफ़ साँग पवित्रों में भी पवित्र है।''[22] दूसरी सदी के अंत तक यहूदी रब्बियों के बीच ज़ाहिर तौर पर इस बात को लेकर व्यापक सहमति बन चुकी थी कि कौन-से मज़मून बाइबल के धर्मादेश का हिस्सा हैं और कौन-से नहीं हैं, लेकिन इस मसले को लेकर और ठीक-ठीक शब्दों, हिज्जे, और उच्चारणों को लेकर बहसें मैसोरेटिक युग (सात से दसवीं सदी) तक जारी रही थीं।[23]

धर्मादेशीकरण की इस प्रक्रिया ने यह फ़ैसला किया था कि उत्पत्ति की कथा जहोवा की वाणी है, लेकिन ईनॉक की पोथी, आदम और ईव का जीवन, और अब्राहम का विधान इंसानों की रची हुई चीज़ें हैं।[24] राजा डेविड की प्रार्थनाओं (जिनमें 151-155 प्रार्थनाएँ शामिल नहीं थीं) का तो विधानीकरण (कैनॅनाइज़ेशन) कर दिया गया, लेकिन राजा सोलोमन की प्रार्थना का नहीं किया गया। मालाची की पोथी पर अनुमोदन की मुहर लग गई थी, बारूक की पोथी पर नहीं लगी थी। वृत्तांत (क्रॉनिकल्स), हाँ; मक्काबीस, नहीं।

दिलचस्प बात है कि बाइबल में जिन पोथियों का उल्लेख है, उनमें से कुछ विधान में शामिल होने में विफल रहीं। उदाहरण के लिए, जोशुआ और सैम्युएल, दोनों की पोथियाँ बहुत प्राचीन पवित्र मज़मून का उल्लेख करती हैं, जिसे जशर की पोथी के नाम से जाना जाता है (जोशुआ 10:13,2 सैम्युएल 1: 18)। संख्याओं की पोथी (द बुक ऑफ़ नंबर्स) 'प्रभु के युद्धों की पोथी' (द बुक ऑफ़ वार्स ऑफ़ लॉर्ड) (नंबर्स 21: 14) का उल्लेख करती है। और जब 2 वृत्तांत राजा सोलोमन के शासन का सर्वेक्षण करता है, तो वह निष्कर्ष के रूप में कहता है कि ''सोलोमन के बाक़ी सारे कृत्य, पहला और अंतिम, पैगंबर नेथन के वृत्तांतों में, अहिजाह द शिलोनाइट की भविष्यवाणी, और द विज़न ऑफ़ इद्दो द सीअर में लिखे हुए हैं'' (2 क्रॉनिकल्स 9: 29)। इद्दो, अहिजाह, और नेथन की पोथियाँ, साथ ही जशर और प्रभु के युद्ध की पोथियाँ प्रामाणिक बाइबल में नहीं हैं। ज़ाहिर है, उन्हें सोद्देश्य नहीं हटाया गया है, वे खो गई हैं।[25]

विधान पर एक बार मुहर लग जाने के बाद, ज़्यादातर यहूदी बाइबल को संयोजित करने की उलझावों से भरी प्रक्रिया में मनुष्यों की संस्थाओं की भूमिका के बारे में भूल गए। यहूदी परंपरावाद (ऑर्थोडॉक्सी) इस बात पर बल देता है कि बाइबल का पूरा का पूरा पहला हिस्सा, तोरा, परमेश्वर ने स्वयं ही सिनाई पर्वत पर मूसा के हाथों में सौंपा था। बहुत-से रब्बी इससे आगे यह भी कहते हैं कि तोरा

की रचना परमेश्वर ने स्वयं ही समय की शुरुआत में ही कर दी थी, ताकि मूसा के पहले के बाइबल के चरित्र, जैसे कि नोआ और आदम - उसे पढ़ और समझ सकें।[26] बाइबल के दूसरे हिस्सों को भी अलौकिक रूप से या अलौकिक प्रेरणा से रचे गए ऐसे मज़मूनों के रूप में देखा गया है, जो साधारण मनुष्यों के संकलन से पूरी तरह भिन्न हैं। जैसे ही पवित्र किताब पर मुहर लग गई, यह उम्मीद की गई कि अब यहूदी जहोवा की ठीक-ठीक वाणी के सीधे संपर्क में हैं, जिन्हें ग़लतियाँ कर सकने वाला कोई भी मनुष्य या कोई संस्था न तो मिटा सकती है, न बदल सकती है।

ब्लॉकचेन के विचार का दो हज़ार साल पहले से ही पूर्वानुमान करते हुए यहूदियों ने इस पवित्र संहिता की अनेक प्रतियाँ तैयार करना शुरू कर दिया था, और प्रत्येक यहूदी समुदाय को अपने सायनागॉग या उसके *बेत मिद्राश* (अध्ययन गृह) में कम-से-कम एक प्रति रखना अनिवार्य बना दिया था।[27] इसका उद्देश्य दो चीज़ों को हासिल करना था। पहली, पवित्र किताब की बहुत-सी प्रतियों का वितरण करके मज़हब का लोकतंत्रीकरण करना और भविष्य के इंसानी तानाशाहों की शक्तियों पर कठोर सीमाएँ लगाने का आश्वासन मिलना। जहाँ मिस्र के फ़ैरो और असीरियाई राजाओं के अभिलेखों ने जन-समूह की क़ीमत पर अगाध राजसी नौकरशाही को सशक्त बनाया, वहीं यहूदियों की यह पवित्र किताब जन-समूह को शक्ति प्रदान करती प्रतीत होती थी, जो अब सबसे निर्लज्ज नेता को भी परमेश्वर के विधान के प्रति उत्तरदायी ठहरा सकती थी।

दूसरी, और अधिक महत्त्वपूर्ण चीज़, एक ही किताब की असंख्य प्रतियाँ होने से मज़मून के साथ छेड़छाड़ करने को रोका जा सका। अगर बहुत सारे स्थानों पर एक-जैसी हज़ारों प्रतियाँ हैं, तो पवित्र संहिता के एक भी शब्द में हेरफेर करने की कोशिश को एक धोखाधड़ी के रूप में उजागर किया जा सकता था। दुनिया के दूरदराज़ स्थानों पर बाइबल की असंख्य प्रतियों की मौजूदगी के साथ, यहूदियों ने मानवीय निरंकुशता को अलौकिक संप्रभुता से विस्थापित कर दिया। सामाजिक व्यवस्था को अब किताब की अचूक प्रौद्योगिकी से गारंटी मिल गई। या ऐसा प्रतीत हुआ।

संस्था का पलटवार

बाइबल के विधानीकरण की प्रक्रिया के पूरा होने से भी पहले, बाइबलपरक परियोजना के सामने मुश्किलें पेश आने लगी थीं। पवित्र किताब की निश्चित विषय-वस्तु पर सहमति इस संभावित रूप से अचूक प्रौद्यागिकी की एक मात्र समस्या नहीं थी। एक अन्य ज़ाहिर-सी समस्या का संबंध उसकी सामग्री की प्रतियाँ

तैयार करने से था। यह पवित्र ग्रंथ अपना जादू दिखा सकता, इसके लिए जहाँ कहीं भी रह रहे यहूदियों को उसकी बहुत-सी प्रतियों की ज़रूरत थी। चूँकि यहूदियों के केंद्र न सिर्फ़ फ़िलिस्तीन में बल्कि मेसोपोटामिया और मिस्र में भी बन रहे थे, और चूँकि यहूदी समुदाय मध्य एशिया से अटलांटिक तक फैले हुए थे, इस बात को कैसे सुनिश्चित किया जाता कि हज़ारों किलोमीटर दूर बैठे नक़लनवीस उस पवित्र किताब में सोद्देश्य या भूलवश परिवर्तन नहीं कर देंगे?

इस तरह की समस्याओं का पहले-से ही निवारण कर देने के लिए, बाइबल का विधानीकरण करने वाले रब्बियों ने पवित्र किताब की प्रतियाँ तैयार करने को लेकर बहुत ही सावधानीपूर्वक नियम बना दिए थे। उदाहरण के लिए, नक़लनवीस को प्रतियाँ तैयार करने की प्रक्रिया में किसी ख़ास निर्णयक क्षण में ठहरने की इजाज़त नहीं थी। परमेश्वर का नाम लिखते हुए, नक़लनवीस ''उस वक़्त भी कोई उत्तर नहीं देगा, जबकि स्वयं राजा उसे अभिवादन कर रहा हो। अगर वह एक-के-बाद-एक दो या तीन अलौकिक नाम लिखने जा रहा है, तो वह उनके बीच ठहर सकता है और जवाब दे सकता है।''[28] रब्बी यिशमाएल (ईसवी की दूसरी सदी) ने एक नक़लनवीस से कहा था, ''तुम स्वर्ग का कार्य कर रहे हो, और अगर तुमने एक भी अक्षर हटाया या एक भी अक्षर जोड़ा, तो तुम समूची दुनिया को नष्ट कर दोगे।[29] सच तो यह है कि प्रतियाँ तैयार करने वाली ग़लतियाँ पूरी दुनिया को नष्ट किए बिना ही आ गई थीं, और कोई भी दो प्राचीन बाइबलें एक जैसी नहीं थीं।[30]

दूसरी और ज़्यादा बड़ी समस्या का संबंध व्याख्या से था। इसके बावजूद कि जब लोग किताब की पवित्रता और उसकी ठीक-ठीक शब्दावली पर सहमत होते हैं, तब भी वे समान शब्दों की अलग-अलग तरह से व्याख्याएँ कर सकते हैं। बाइबल कहती है कि आपको सबथ पर काम नहीं करना चाहिए, लेकिन वह इस बात को स्पष्ट नहीं करती कि 'काम' क्या है। क्या सब्बाथ के दिन अपने खेत की सिंचाई की जा सकती है? आपके गमलों या बकरियों को पानी देने के बारे में क्या? क्या सबथ के दिन किताब पढ़ने में कोई हर्ज़ नहीं है? और किताब लिखने में? क्या काग़ज़ का कोई टुकड़ा फाड़ा जा सकता है? रब्बियों ने व्यवस्था दी थी कि किताब को पढ़ना काम नहीं है, लेकिन काग़ज़ को फाड़ना काम है, यही वजह है कि आजकल परंपरावादी यहूदी सब्बाथ पर उपयोग करने के लिए पहले से ही फटे हुए टॉयलेट पेपर का ढेर तैयार कर लेते हैं।

पवित्र किताब यह भी कहती है कि आपको किसी बकरी के बच्चे को उसकी माँ के दूध में नहीं पकाना चाहिए (एक्सोडॅस 23:19)। कुछ लोगों ने इसकी एकदम शाब्दिक व्याख्या की है : अगर आप किसी मेमने को काटते हैं, तो आप उसे उसकी माँ के दूध में न पकाएँ, लेकिन उसे किसी अन्य बकरी के दूध में या गाय

के दूध में पकाने में कोई हर्ज़ नहीं है। कुछ दूसरे लोगों ने इस प्रतिबंध की व्याख्या अधिक व्यापक अर्थ में की है, जिसका मतलब है कि मांस और डेयरी के उत्पादों को कभी मिलाना नहीं चाहिए, इसलिए आपको तला हुआ चिकन खाने के बाद मिल्कशेक पीने की इजाज़त नहीं है। यह कितना ही असंभव क्यों न लगे, लेकिन ज़्यादातर रब्बियों ने यह विधान किया है कि दूसरी व्याख्या सही है, भले ही चिकन दूध नहीं देते।

बहुत सारी समस्याएँ इस चीज़ के नतीजे में पैदा हुई हैं कि अगर पुस्तकालय की प्रौद्योगिकी पवित्र वाणी को बदलने पर प्रतिबंध लगाने में कामयाब हो भी जाती, तब भी किताब के परे की दुनिया का घूमना जारी था, और यह बात अस्पष्ट थी कि पुराने नियमों को नई परिस्थितियों के साथ कैसे जोड़ा जाए। बाइबल की ज़्यादातर सामग्री फ़िलिस्तीन के पहाड़ी मुल्क और पवित्र नगर जेरूसलम के यहूदी गड़रियों और किसानों पर केंद्रित है, लेकिन ईसा की दूसरी सदी के आते-आते ज़्यादातर यहूदी कहीं और रहा करते थे। एक विशेष रूप से बड़ा यहूदी समुदाय अलेक्जेंड्रिया के बंदरगाह में विकसित हुआ था, जो रोमन साम्राज्य का एक सबसे समृद्ध महानगर था। अलेक्जेंड्रिया में रहने वाले जहाज़रानी के एक यहूदी व्यवसायी ने यह पाया होगा कि बाइबल के कई नियम उसके जीवन के संदर्भ में अप्रासंगिक थे, वहीं उसके कई ज्वलंत प्रश्नों का पवित्र ग्रंथ में कोई उत्तर नहीं था। वह जेरूसलम के देवालय में पूजा करने के धर्मादेश का पालन नहीं कर सकता था, क्योंकि न केवल वह जेरूसलम के क़रीब नहीं रहता था, बल्कि उस देवालय का भी अब अस्तित्व नहीं रह गया था। इसके विपरीत, जब उसने इस बारे में सोचा होगा कि क्या यह विधिसम्मत है कि वह सब्बाथ के दिन रोम जाने के लिए तैयार अनाज के अपने जहाज़ को ले जा सकता है, तो उसे पता चला होगा कि लेविटिकस और ड्यूटर्नोमी के लेखकों ने लंबी समुद्री यात्रा के बारे में तो विचार किया ही नहीं था।[31]

अपरिहार्य रूप से, इस पवित्र किताब ने कई व्याख्याओं को जन्म दिया, जो स्वयं उस किताब से ज़्यादा परिणाम देने वाली थीं। जैसे-जैसे यहूदी बाइबल की व्याख्या को लेकर रब्बी उत्तरोत्तर बहस करते गए, वे और ज़्यादा शक्ति और प्रतिष्ठा हासिल करते गए। उम्मीद तो यह की गई थी कि जहोवा की वाणी को लिख देने से पुरानी पुरोहितीय संस्था के प्रभुत्व में कमी आएगी, लेकिन इसने उलटे रब्बियों की एक नई संस्था को जन्म दे दिया। रब्बी यहूदी टेक्नॉक्रेटिक अभिजन बन गए, और उन्होंने दार्शनिक बहसों और वैधानिक विवादों के लंबे वर्षों के दौरान अपनी तार्किक और वाक्पटुता की दक्षताएँ विकसित कर लीं। एक नई सूचना प्रौद्योगिकी पर भरोसा करते हुए त्रुटियाँ करने में सक्षम मनुष्यों की संस्थाओं की उपेक्षा करने की कोशिश का उलटा परिणाम हुआ, क्योंकि पवित्र किताब की व्याख्या के लिए इंसानों की संस्था ज़रूरी हो गई।

जब रब्बी अंततः बाइबल की व्याख्या को लेकर किसी सहमति तक पहुँच गए, तो यहूदियों ने त्रुटियाँ करने में सक्षम मनुष्यों की संस्थाओं से मुक्ति पाने का एक अवसर देखा। उन्होंने कल्पना की कि अगर वे किसी नई पवित्र किताब में ऐसी व्याख्या लिख लेंगे, जिस पर सभी की सहमति हो, और फिर उस किताब की ढेरों प्रतियाँ तैयार कर लेंगे, तो इससे उनके और पवित्र संहिता के बीच किसी मानवीय मध्यस्थता की ज़रूरत नहीं रह जाएगी। इसलिए इस बारे में काफ़ी आगा-पीछा सोचने के बाद कि रब्बियों की किस राय को शामिल किया जाए और किसे नज़रअंदाज़ कर दिया जाए, ईसा की तीसरी सदी में एक नई पवित्र किताब, मिशनाह को मान्य किया गया।[32]

जब मिशनाह बाइबल के सादे मज़मून के मुक़ाबले ज़्यादा प्रामाणिक बन गई, तो यहूदियों को यह विश्वास होने लगा कि यह संभवतः मुमकिन नहीं है कि मिशनाह की रचना मनुष्यों ने की होगी। इसे भी निश्चय ही जहोवा की प्रेरणा से लिखा गया होगा, या मुमकिन है उस अचूक दैवीय शक्ति ने ही उसकी रचना की होगी। आज बहुत-से परंपरावादी यहूदियों का दृढ़ विश्वास है कि मिशनाह सिनाई पर्वत पर जहोवा ने मूसा को सौंपा था, वह एक पीढ़ी से दूसरी पीढ़ी तक मौखिक रूप से पहुँचती रही और अंत में ईसा की तीसरी सदी में उसे लिख दिया गया।[33]

अफ़सोस की बात है कि जैसे ही मिशनाह का प्रमाणीकरण हुआ और उसकी प्रतियाँ तैयार कर ली गईं, यहूदियों ने मिशनाह की सही व्याख्या के बारे में बहस शुरू कर दी। और जब मिशनाह की व्याख्या पर सहमति बनी और पाँचवीं से छठी सदी के बीच एक तीसरी किताब तल्मूड का प्रमाणीकरण हुआ। यहूदियों के बीच तल्मूड की व्याख्या को लेकर असहमतियाँ पैदा होने लगीं।[34]

पवित्र किताब की प्रौद्योगिकी के माध्यम से ग़लतियाँ कर सकने वाली मानवीय संस्थाओं को दरकिनार करने का सपना कभी साकार नहीं हो सका। हर पुनरावृत्ति के बाद रब्बियों की संस्था की शक्ति में सिर्फ़ इज़ाफ़ा ही हुआ। 'अचूक किताब पर भरोसा करो' का नारा 'उन इंसानों पर भरोसा करो, जो किताब की व्याख्या करते हैं' के नारे में बदल गया। यहूदी धर्म को बाइबल से कहीं ज़्यादा तल्मूड ने आकार दिया, और तल्मूड की रब्बियों द्वारा की गई व्याख्याएँ स्वयं तल्मूड से ज़्यादा महत्त्वपूर्ण हो गईं।[35]

यह अपरिहार्य है, क्योंकि दुनिया निरंतर बदलती रहती है। मिशनाह और तल्मूड उन प्रश्नों से उलझते थे, जो दूसरी सदी के यहूदी जहाज़रानी व्यापारी ने उठाए थे और जिनके कोई जवाब बाइबल में नहीं थे। आधुनिकता ने भी कई नए सवाल खड़े किए, जिनका कोई सीधा जवाब मिशनाह और तल्मूड में नहीं है। उदाहरण के लिए, जब बीसवीं सदी में बिजली के उपकरण बनाए गए, तो यहूदियों

को कई अपूर्व सवालों का सामना करना पड़ा, जैसे कि सब्बाथ के दिन एलिवेटर का बिजली का बटन दबाने में कोई हर्ज़ तो नहीं है?

परंपरागत जवाब है, नहीं। जैसा कि पहले उल्लेख किया गया, बाइबल सब्बाथ के दौरान काम करने को मना करती है। और रब्बियों ने तर्क दिया कि बिजली का बटन दबाना एक 'काम' है, क्योंकि बिजली आग के समान है और यह बात बहुत पहले स्थापित हो चुकी है कि आग जलाना एक 'काम' है। क्या इसका यह मतलब है कि ब्रुकलिन की बहुमंज़िली इमारत में रह रहे बुज़ुर्ग यहूदियों को सब्बाथ में काम करने से बचने के लिए अपने अपार्टमेंट की सौ सीढ़ियाँ चढ़ना चाहिए? ख़ैर, परंपरावादी यहूदियों ने एक 'सब्बाथ एलिवेटर' ईजाद कर लिया, जो निरंतर नीचे से ऊपर और ऊपर से नीचे जाता रहता था और हर मंज़िल पर कुछ देर रुकता था, जिसके लिए आपको बिजली का बटन दबाकर कोई 'काम' नहीं करना पड़ता था।[36] एआई का आविष्कार इस पुराने क़िस्से में एक और मोड़ पैदा करता है। एआई आपके चेहरे की पहचान पर भरोसा करता हुआ एलिवेटर को फुर्ती-से आपकी मंज़िल पर पहुँचने का निर्देश दे देता है और इस तरह आपको सब्बाथ को दूषित करने की ज़रूरत नहीं पड़ती।[37]

मज़मूनों और व्याख्याओं की इस अधिकता ने यहूदी धर्म में समय के साथ-साथ गंभीर परिवर्तन किए हैं। मूलतः, यह पुरोहितों और देवालयों का मज़हब था, जो अनुष्ठानों और उत्सर्गों पर एकाग्र हुआ करता था। बाइबल के युगों में, सर्वोत्कृष्ट यहूदी दृश्य में पुरोहित रक्त छिड़के हुए लबादे में जहोवा को वेदी पर मेमने की बलि देता हुआ दिखता था, लेकिन, सदियों के दौरान, यहूदी मज़हब एक 'सूचना मज़हब' बन गया है, जिसके दिमाग़ पर मूल मज़मून और व्याख्याओं का जुनून सवार रहता है। दूसरी सदी के अलेक्जेंड्रिया से लेकर बीसवीं सदी के ब्रुकलिन तक, सर्वोत्कृष्ट यहूदी दृश्य में रब्बियों का समूह मज़मून की व्याख्या को लेकर बहस करता दिखाई देता है।

यह परिवर्तन अत्यंत आश्चर्य में डालने वाला है, क्योंकि स्वयं बाइबल में आपको कहीं भी किसी मज़मून की व्याख्या को लेकर कोई बहस देखने को नहीं मिलती। इस तरह की बहसें स्वयं बाइबलपरक संस्कृति का हिस्सा नहीं थीं। उदाहरण के लिए, जब कोरह और उसके अनुयायियों ने इज़राइल के लोगों का नेतृत्व करने के मूसा के अधिकार को चुनौती दी, और शक्ति के एक अधिक न्यायसंगत विभाजन की माँग की, तो इसकी प्रतिक्रिया में मूसा ने कोई विद्वत्तापूर्ण बहस नहीं की थी और न धर्मग्रंथ के किसी हिस्से को उद्धृत किया था। इसकी बजाय, मूसा ने परमेश्वर से एक चमत्कार करने का आह्वान किया था, और जिस क्षण उन्होंने बोलना बंद किया था, ज़मीन फट गई थी ''और पृथ्वी ने अपना मुँह

खोलकर उन्हें और उनकी गृहस्थियों को निगल लिया था'' (नंबर्स 16:31–32)। जब इलाइजा को बाल के 450 पैगंबरों और अशेराह के 400 पैगंबरों ने इज़रायल के लोगों के समक्ष सार्वजनिक परीक्षा देने की चुनौती पेश की थी, तो उन्होंने पहले तो चमत्कारपूर्ण ढंग से आकाश से आग को तलब किया था और फिर इन पैगन पैगंबरों का वध करते हुए बाल और अशेराह पर जहोवा की श्रेष्ठता साबित की थी। उस समय किसी ने कोई मज़मून नहीं पढ़ा था, कोई भी बहस के तर्कों में नहीं उलझा था (1 किंग्स 18)।

जैसे-जैसे यहूदी मज़हब में उत्सर्गों की जगह मज़मून लेते गए, वैसे-वैसे वह, भौतिकी और कंप्यूटर साइंस का पूर्वानुमान करता हुआ, सूचना को यथार्थ के बुनियादी बिल्डिंग ब्लॉक्स के रूप में देखने की ओर झुकता गया। रब्बियों द्वारा उत्पन्न की गई मज़मूनों की बाढ़ को, खेत जोतने, ब्रेड पकाने या देवालय में मेमने की बलि देने के मुक़ाबले, उत्तरोत्तर महत्त्वपूर्ण और वास्तविक चीज़ के रूप में देखा जाने लगा। रोमनों द्वारा जेरूसलम के देवालय को नष्ट कर दिए जाने और देवालय के सारे अनुष्ठानों के बंद हो जाने के बाद भी रब्बी पूरे समर्पण भाव के साथ देवालय के अनुष्ठानों का निष्पादन करने के बारे में मज़मून लिखते रहे और फिर मज़मूनों की सही व्याख्या को लेकर बहसें करते रहे। देवालय के ख़त्म हो जाने के सदियों बाद तक इन आभासी अनुष्ठानों से संबंधित सूचना की मात्रा बढ़ती ही चली गई। ऐसा नहीं कि रब्बी मज़मून और वास्तविकता के बीच के इस प्रत्यक्ष अंतराल के बारे में बेख़बर थे। इसकी बजाय, उन्होंने यह आग्रह जारी रखा कि अनुष्ठानों के बारे में मज़मून लिखना और इन मज़मूनों के बारे में तर्क करना अनुष्ठानों का वास्तविक निष्पादन करने से ज़्यादा महत्त्वपूर्ण है।[38]

इसके नतीजे में रब्बी अंततः यह विश्वास करने लगे कि समूचा ब्रह्मांड एक सूचना-क्षेत्र है, यानी एक ऐसा क्षेत्र जो शब्दों से निर्मित है और हिब्रू अक्षरों के वर्णमाला कोड के मुताबिक़ गतिशील होता है। उन्होंने यह भी आग्रह किया कि यह सूचनापरक ब्रह्मांड इसलिए रचा गया था ताकि यहूदी मज़मूनों को पढ़ सकें और उनकी व्याख्या पर बहस कर सकें, और अगर यहूदियों ने इन मज़मूनों को पढ़ना और उनके बारे में बहस करना बंद कर दिया, तो इस ब्रह्मांड का अस्तित्व समाप्त हो जाएगा।[39] रोज़मर्रा के जीवन में, इस दृष्टिकोण का मतलब था कि रब्बियों के लिए किसी मज़मून के शब्द अक्सर दुनिया के तथ्यों के मुक़ाबले ज़्यादा महत्त्वपूर्ण थे या और भी सटीक ढंग से कहें तो, जो शब्द पवित्र ग्रंथों में प्रकट हुए थे, वे दुनिया के बारे में सर्वाधिक महत्त्वपूर्ण तथ्य बन गए, जो व्यक्तियों और पूरे के पूरे समुदायों के जीवन को गढ़ते थे।

विभाजित बाइबल

बाइबल के प्रमाणीकरण और मिशनाह तथा तल्मूड की रचना का यह वर्णन एक बहुत महत्त्वपूर्ण तथ्य की उपेक्षा करता है। जहोवा की वाणी के प्रमाणीकरण की प्रक्रिया ने मज़मूनों की केवल एक शृंखला तैयार नहीं की, बल्कि कई प्रतिस्पर्धी शृंखलाएँ तैयार की थीं। ऐसे लोग थे, जो जहोवा में तो विश्वास रखते थे, लेकिन रब्बियों में नहीं रखते थे। इनमें से अधिकांश असंतुष्ट बाइबलीय शृंखला के पहले खंड (ब्लॉक) को स्वीकार करते थे, जिसे वे ओल्ड टेस्टामेंट कहते थे, लेकिन रब्बियों द्वारा इस खंड पर मुहर लगाए जाने से पहले ही असंतुष्ट लोग रब्बियों की समूची संस्था के प्रभुत्व को नकार चुके थे, जिसके नतीजे में उन्होंने मिशनाह और तल्मूड का भी तिरस्कार कर दिया। ये असंतुष्ट ईसाई थे।

जब पहली सदी ईसवी में ईसाइयत का आविर्भाव हुआ, तब वह कोई एकीकृत मज़हब नहीं था, बल्कि वे कई यहूदी आंदोलन थे, जो ज़्यादातर चीज़ों पर सहमत नहीं थे, सिवाय इसके कि वे सब – रब्बियाई संस्था की बजाय – ईसा मसीह को जहोवा की वाणी का अंतिम अधिकारी मानते थे।[40] ये ईसाई जैनेसिस, सैम्युएल, और यशायाह जैसे मज़मूनों की अलौकिकता को तो स्वीकार करते थे, लेकिन उनका तर्क था कि रब्बियों ने इन मज़मूनों को ग़लत समझा है, और केवल ईसा और उनके शिष्य इस तरह के अंशों का सही अर्थ समझते थे : ''प्रभु स्वयं तुम्हें एक संकेत देंगे : *अल्माह* गर्भ धारण करेगी और एक पुत्र को जन्म देगी, और उसे इमैनुएल के नाम से पुकारेगी'' (यशायाह 7:14)। रब्बियों का कहना था कि *अल्माह* का मतलब है 'युवा स्त्री,' *इमैनुएल* का मतलब है 'परमेश्वर हमारे साथ' (हिब्रू में इमैनु का मतलब होता है 'हमारे साथ' और एल का मतलब होता है 'परमेश्वर'), और इस तरह समूचे अंश की व्याख्या इस अलौकिक आश्वासन के रूप में की गई थी कि दमनकारी विदेशी साम्राज्यों के ख़िलाफ़ संघर्ष में यहूदी लोगों की मदद की जाएगी। इसके विपरीत, ईसाइयों का तर्क था कि *अल्माह* का मतलब है 'कुँवारी,' *इमैनुएल* का अर्थ है कि परमेश्वर सचमुच मनुष्यों के बीच जन्म लेगा, और यह दिव्य यीशू के बारे में भविष्यवाणी थी कि वे वर्जिन मेरी के गर्भ से पृथ्वी पर पैदा होंगे।[41]

लेकिन एक ओर रब्बीनियाई व्यवस्था का तिरस्कार करते हुए और दूसरी ओर नए अलौकिक प्रकटन की संभावना को स्वीकारते हुए, ईसाइयों ने अराजकता के लिए दरवाज़ा खोल दिया। पहली सदी ईस्वी में, और उससे भी ज़्यादा दूसरी और तीसरी सदी ईस्वी में, विभिन्न ईसाई, जैनेसिस और यशायाह जैसी पोथियों की नई व्याख्याएँ, साथ ही परमेश्वर के ढेर सारे पैगाम लेकर आ गए। चूँकि वे रब्बियों की

विशेषज्ञता को नकारते थे, चूँकि ईसा मर चुके थे और वे उनके बीच सही-ग़लत का फ़ैसला नहीं सुना सकते थे, और चूँकि एकीकृत ईसाई चर्च अभी तक अस्तित्व में नहीं आया था, ऐसे में यह निर्णय कौन कर सकता था कि इनमें से कौन-सी व्याख्या और संदेश के पीछे अलौकिक प्रेरणा थी?

इस तरह ये केवल जॉन नहीं थे, जिन्होंने अपने अपाकलिप्स (द बुक ऑफ़ रेवेलेशन) में दुनिया के ख़त्म होने का वर्णन किया था। हमारे पास उस युग के बहुत-से अतिरिक्त अपाकलिप्स (सर्वनाश) हैं, उदाहरण के लिए अपाकलिप्स ऑफ़ पीटर, अपाकलिप्स ऑफ़ रेम्स, यहाँ तक कि अपाकलिप्स ऑफ़ अब्राहम।[42] जहाँ तक ईसा के जीवन और शिक्षाओं का सवाल है, मैथ्यू , मार्क, ल्यूक, और जॉन के गॉस्पेल के अलावा आरंभिक ईसाइयों के पास गॉस्पेल ऑफ़ पीटर, गॉस्पेल ऑफ़ मेरी, गॉस्पेल ऑफ़ ट्रुथ, गॉस्पेल ऑफ़ सेवियर और अन्य कई सारे गॉस्पेल हैं।[43] इसी तरह, एक्ट्स ऑफ़ अपॉसल्स के अलावा कम-से-कम एक दर्जन और भी एक्ट्स थे, जैसे कि एक्ट्स ऑफ़ पीटर और एक्ट्स ऑफ़ एंड्र्यू।[44] ख़त और भी प्रचुर मात्रा में थे। आज की ज़्यादातर ईसाई बाइबलों में पॉल के नाम से चौदह इपिसल (ख़त), जॉन के नाम से तीन, पीटर के नाम से दो, और जेम्स तथा ज्यूड के नाम से एक-एक इपिसल हैं। प्राचीन ईसाई न सिर्फ़ अतिरिक्त रूप से पॉलीन के ख़तों (जैसे कि इपिसल टू द लाओडीसियन) से परिचित थे, बल्कि कई दूसरे इपिसल्स से भी परिचित थे, जिनके बारे में माना जाता है कि वे दूसरे शिष्यों और संतों ने लिखे थे।[45]

जैसे-जैसे ईसाई अन्य गॉस्पेल, इपिसल, भविष्यवाणियाँ, नीतिकथाएँ, प्रार्थनाएँ और अन्य मज़मून लिखते गए, वैसे-वैसे यह जानना उत्तरोत्तर कठिन होता गया कि किसकी तरफ़ ध्यान दिया जाए। ईसाइयों को एक क्यूरेशन (चयन और व्यवस्थापन) व्यवस्था की ज़रूरत पड़ी। न्यू टेस्टामेंट की रचना इसी तरह हुई थी। मोटे तौर पर जिस वक़्त यहूदी रब्बियों के बीच जारी बहस मिशनाह और तल्मूड की रचना कर रही थी, ईसाई पादरियों, बिशपों और धर्माचार्यों के बीच जारी बहस न्यू टेस्टामेंट की रचना कर रही थी।

367 ईस्वी में बिशप एथनासियस ऑफ़ अलेक्जेंड्रिया ने एक ख़त में सत्ताइस ऐसे मज़मूनों की सिफ़ारिश की थी, जिन्हें आस्थावान ईसाइयों को पढ़ना चाहिए। यह विभिन्न लोगों द्वारा विभिन्न समयों और स्थानों पर लिखे गए क़िस्सों, ख़तों, और भविष्यवाणियों का एक किंचित विविधतापूर्ण संग्रह था। एथनासियस ने अपाकलिप्स ऑफ़ जॉन की सिफ़ारिश तो की थी, लेकिन पीटर या अब्राहम के अपाकलिप्स की नहीं। उन्होंने गेलाटियनों को लिखे गए पॉल के इपिसल का अनुमोदन किया था, लेकिन लाओडीशयन्स को लिखे गए पॉल के इपिसल का अनुमोदन नहीं किया था।

उन्होंने मैथ्यू, मार्क, ल्यूक, और जॉन के गॉस्पेल का समर्थन किया था, लेकिन गॉस्पेल ऑफ़ थॉमस और गॉस्पेल ऑफ़ ट्रुथ को ख़ारिज कर दिया था।[46]

एक पीढ़ी बाद, हिप्पो (393) और कार्थेज की काउंसिलों में, बिशपों और धर्माचार्यों की सभाओं में सिफ़ारिशों की इस सूची का प्रमाणीकरण कर दिया गया, जिसे न्यू टेस्टामेंट के नाम से जाना गया।[47] जब ईसाई 'बाइबल' के बारे में बात करते हैं, तो उनका आशय संयुक्त रूप से ओल्ड टेस्टामेंट और न्यू टेस्टामेंट होता है। इसके विपरीत, यहूदी मज़हब ने कभी भी न्यू टेस्टामेंट को स्वीकार नहीं किया, और जब यहूदी 'बाइबल' के बारे में बात करते हैं, तो उनका अभिप्राय सिर्फ़ ओल्ड टेस्टामेंट से होता है, जिसे मिशनाह और तल्मूड पूरा करते हैं। दिलचस्प बात है कि हिब्रू में आज तक ईसाई पवित्र किताब का वर्णन करने वाले शब्द का अभाव है, जिसमें ओल्ड टेस्टामेंट और न्यू टेस्टामेंट, दोनों शामिल होते हैं। यहूदी चिंतन के मुताबिक़ दोनों किताबों का आपस में कोई संबंध नहीं है, और वह इस बात को मानने से स्पष्ट इंकार कर देता है कि ऐसी कोई एक किताब हो सकती है, जो दोनों को समेटती हो, भले ही वह दुनिया में सबसे अधिक पाई जाने वाली किताब है।

इस बात का उल्लेख करना महत्त्वपूर्ण है कि जिन लोगों ने न्यू टेस्टामेंट की रचना की थी, वे उसमें शामिल सत्ताइस मज़मूनों के लेखक नहीं हैं, वे केवल क्यूरेटर थे। उस कालखंड के किसी सबूत के अभाव में, हम नहीं जानते कि एथनासियस की सूची उनके निजी निर्णय को प्रतिबिंबित करती है, या वह पहले के ईसाई चिंतकों के यहाँ से आई थी। हम जो जानते हैं, वह इतना ही है कि हिप्पो और कार्थेज की परिषदों से पहले ईसाइयों के पास प्रतिद्वंद्वी सिफ़ारिशों की सूची थी। इस तरह की सबसे पहले की सूची को दूसरी सदी के मध्य में मार्सिओन ऑफ़ सिनोपे द्वारा संहिताबद्ध किया गया था। मार्सिओन के कैनॅन में गॉस्पेल ऑफ़ ल्यूक और पॉल के दस इपिसल शामिल थे। ये ग्यारह मज़मून भी उन प्रारूपों से भिन्न थे, जिन्हें बाद में हिप्पो और कार्थेज ने प्रमाणीकृत किया था। मार्सिओन या तो गॉस्पेल ऑफ़ जॉन और बुक ऑफ़ रेवेलेशन से अनभिज्ञ थे, या फिर वे उनके प्रशंसक नहीं थे।[48]

बिशप एथनासियस के समकालीन चर्च के पादरी सेंट जॉन क्रोइसोस्टोम ने केवल बीस पोथियों की सिफ़ारिश की थी, और अपनी सूची में पीटर की 2, जॉन की 2, जॉन की 3, और रेवेलेशन की पोथियों को छोड़ दिया था।[49] मध्यपूर्व के कुछ चर्च आज के दिन तक क्रोइसोस्टोम की अपेक्षाकृत संक्षिप्त सूची का अनुसरण करते हैं।[50] आर्मेनियाई चर्च को रेवेलेशन की पोथी के बारे में अपना मन बनाने में लगभग एक हज़ार साल लग गए, जबकि उसने अपने कैनन में कॉरिन्थियन्स के तीसरे इपिसल को शामिल कर रखा था, जिसे दूसरे चर्च - जैसे कि कैथोलिक और प्रोटेस्टटेंट चर्च - एक जालसाज़ी मानते थे।[51] इथियोपियाई चर्च ने एथनासियस की

संपूर्ण सूची का तो अनुमोदन किया था, लेकिन चार अन्य पोथियों को जोड़ लिया था : सिनोडोस, बुक ऑफ़ क्लेमेंट, द बुक ऑफ़ कवोनेंट, और डिडास्सेलिया।[52] दूसरी सूचियों ने क्लेमेंट के दो इपिसल, विज़न्स ऑफ़ द शेफ़र्ड ऑफ़ हर्मास, द इपिसल ऑफ़ बार्नाबास, द अपाकलिप्स ऑफ़ पीटर, और उन कई अन्य मज़मूनों का अनुमोदन किया था, जो एथनासियस के चयन में नहीं थे।[53]

हम उस स्पष्ट वजह को नहीं जानते कि विभिन्न चर्चों, परिषदों, और चर्च के पादरियों द्वारा कुछ ख़ास मज़मूनों का अनुमोदन या तिरस्कार क्यों किया गया था, लेकिन इसके परिणाम दूरगामी थे। जहाँ चर्चों ने मज़मूनों के बारे में निर्णय लिए, वहीं स्वयं इन मज़मूनों ने चर्चों को आकार दिया। एक प्रमुख उदाहरण के तौर पर, चर्च में स्त्रियों की भूमिका पर विचार करें। कुछ आरंभिक ईसाई नेता स्त्रियों को बौद्धिक और नैतिक तौर पर हीन मानते थे और तर्क देते थे कि स्त्रियों को समाज और ईसाई समुदाय में अधीनस्थ की भूमिकाओं तक सीमित रखा जाना चाहिए। ये दृष्टिकोण तिमोथी को लिखे गए प्रथम इपिसल में प्रतिबिंबित होते थे।

यह मज़मून, कथित रूप से सेंट पॉल द्वारा लिखे गए अपने एक अंश में कहता है, ''स्त्री को ख़ामोशी और पूर्ण समर्पण के साथ सीखना चाहिए। मैं किसी औरत को पढ़ाने या मर्द पर वर्चस्व रखने की इजाज़त नहीं देता, उसे ख़ामोश रहना चाहिए, क्योंकि आदम को ईव के पहले गढ़ा गया था। और आदम वह नहीं थे, जिन्हें धोखा दिया गया था, वह औरत थी, जिसे धोखा दिया गया था और जो पापी बन गई थी, लेकिन स्त्रियाँ बच्चे पैदा करने की वजह से बच जाएँगी, बशर्ते कि वे आस्था, प्रेम और पवित्रता में उचित ढंग से बनी रहें'' (2:11-15), लेकिन आधुनिक अध्येता, साथ ही मार्सिओन जैसे कुछ प्राचीन ईसाई नेता इस ख़त को दूसरी सदी की एक जालसाज़ी मानते थे, जिसके लिए सेंट पॉल को उत्तरदायी ठहराया जाता है, लेकिन जो किसी अन्य व्यक्ति द्वारा लिखा गया था।[54]

तिमोथी 1 के विपरीत, दूसरी, तीसरी और चौथी ईस्वी सदी में ऐसे महत्त्वपूर्ण ईसाई मज़मून थे, जो औरतों को मर्दों की बराबरी का मानते थे, और उन्होंने स्त्रियों को नेतृत्व की भूमिका निभाने तक के लिए अधिकृत किया था, जैसा कि गॉस्पेल ऑफ़ मेरी[55] या एक्ट्स ऑफ़ पॉल और थेक्ला। यह बाद वाला मज़मून उसी समय लिखा गया था जब तिमोथी 1 लिखा गया था, और एक समय में वह अत्यंत लोकप्रिय हुआ करता था।[56] यह सेंट पॉल और उनकी शिष्या थेक्ला के साहसिक अभियानों का बयान करता है और बताता है कि किस तरह थेक्ला ने न केवल असंख्य चमत्कार किए थे, बल्कि अपने ही हाथों अपना बपतिस्मा किया था और अक्सर उपदेश दिए थे। सदियों तक थेक्ला की गणना अत्यंत श्रद्धेय ईसाई संतों में की जाती थी और उन्हें इस बात के सबूत के रूप में देखा जाता था कि स्त्रियों का

बपतिस्मा हो सकता है और वे उपदेश कर सकती हैं तथा ईसाई समुदाय का नेतृत्व कर सकती हैं।[57]

हिप्पो और कार्थेज की परिषदों के पहले, यह बात स्पष्ट नहीं थी कि1 तिमोथी एक्ट्स ऑफ़ पॉल और थेक्ला से ज़्यादा प्रामाणिक था। अपनी सिफ़ारिशों में 1 तिमोथी को शामिल करके और एक्ट्स ऑफ़ पॉल और थेक्ला का तिरस्कार करके परिषद में एकत्र बिशपों और धर्माचार्यों ने हमेशा के लिए स्त्रियों के प्रति ईसाइयों के रवैये को ढाल दिया था। हम केवल यह परिकल्पना भर पेश कर सकते हैं कि अगर न्यू टेस्टामेंट ने 1 तिमोथी की जगह एक्ट्स ऑफ़ पॉल और थेक्ला को शामिल कर लिया होता, तो ईसाइयत का कैसा रूप उभरता। हो सकता है, एथनासियस जैसे चर्च के फ़ादर्स के अतिरिक्त चर्च की मदर्स भी होतीं, वहीं स्त्री-द्वेष को सार्वभौमिक प्रेम के ईसा के संदेश को विकृत करने वाले ख़तरनाक विधर्म की तरह देखा जाता।

जिस तरह ज़्यादातर यहूदी भूल गए थे कि रब्बियों ने ओल्ड टेस्टामेंट का संयोजन किया था, उसी तरह ईसाई यह भूल गए कि चर्च की परिषदों ने न्यू टेस्टामेंट का संयोजन किया था, और वे इसे परमेश्वर की अचूक वाणी के रूप में देखने लगे, लेकिन जहाँ पवित्र किताब को प्रभुत्व का अंतिम स्रोत माना गया, वहीं किताब के संयोजन की प्रक्रिया ने वास्तविक शक्ति संयोजन करने वाली व्यवस्था के हाथों में सौंप दी। यहूदी मज़हब में ओल्ड टेस्टामेंट और मिशनाह के प्रमाणीकरण और रब्बियों की व्यवस्था की रचना किए जाने के बीच गहरा संबंध है। उसी तरह ईसाइयत में न्यू टेस्टामेंट के प्रमाणीकरण और एकीकृत ईसाई चर्च की रचना किए जाने का गहरा संबंध है। ईसाई लोगों ने न्यू टेस्टामेंट में जो कुछ पढ़ा, उसकी वजह से वे चर्च के अधिकारियों - जैसे कि बिशप एथनासियस - पर भरोसा किया करते थे, लेकिन उन्हें न्यू टेस्टामेंट पर इसलिए भरोसा था, क्योंकि बिशपों ने उन्हें यही पढ़ने को कहा था। एक अचूक अतिमानवीय प्रौद्योगिकी में सभी अधिकार निवेश करने के प्रयास से एक नई और अत्यंत शक्तिशाली मानव संस्था - चर्च का उदय हुआ।

इको चैंबर

जैसे-जैसे वक़्त गुज़रता गया, व्याख्या की समस्याएँ पवित्र किताब और चर्च के बीच के शक्ति-संतुलन को उत्तरोत्तर व्यवस्था के पक्ष में झुकाती गईं। जिस तरह यहूदी पवित्र किताबों की व्याख्या की ज़रूरत ने रब्बियों को शक्तिशाली बना दिया था, उसी तरह ईसाई पवित्र किताबों की व्याख्या की ज़रूरत ने चर्च को शक्तिशाली बना

दिया। ईसा के एक-जैसे कथनों या पॉल के एक-जैसे इपिसलों को विभिन्न रूपों में समझा गया, और यह व्यवस्था (चर्च) थी, जिसने यह फ़ैसला किया कि कौन-सा पाठ सही था। बदले में वह व्यवस्था पवित्र किताब की व्याख्या के अधिकार को लेकर हुए संघर्ष में बार-बार हिलती रही, जिसके परिणामस्वरूप व्यवस्था में दरार पैदा हुई, जैसे कि पश्चिमी कैथोलिक चर्च और पूर्वी ऑर्थोडॉक्स चर्च के बीच।

सारे ईसाइयों ने गॉस्पेल ऑफ़ मैथ्यू में सर्मन ऑन द माउंट पढ़ा था और यह सीखा था कि हमें अपने दुश्मनों से प्रेम करना चाहिए, हमें अपना दूसरा गाल आगे कर देना चाहिए, और यह कि पृथ्वी का उत्तराधिकार निरीहों के पास होगा, लेकिन वास्तव में इसका क्या मतलब था? ईसाई इसे सैन्य बल के सारे इस्तेमाल को त्याग देने,[58] या सारे सामाजिक सोपानक्रमों को त्याग देने के आह्वान के रूप में पढ़ सकते थे,[59] लेकिन कैथोलिक चर्च ने इस तरह के शांतिवादी और समतावादी पठनों को विधर्म के रूप में देखा। उसने ईसा के शब्दों की इस तरह व्याख्या की कि उसने चर्च को यूरोप की सबसे संपन्न भूमिपति बनने, हिंसक धर्मयुद्ध छेड़ने, और हत्यारे धार्मिक न्यायाधिकरण स्थापित करने की गुंजाइश दी। कैथोलिक धर्मशास्त्र ने यह स्वीकार किया कि ईसा ने हमसे अपने दुश्मनों से प्रेम करने को कहा था, लेकिन इसकी व्याख्या उसने यह की कि विधर्मियों को जला देना प्रेम ही है, क्योंकि इससे दूसरे लोग विधर्मितापूर्ण दृष्टिकोण अपनाने से डरते हैं, और इस तरह हम उन्हें नरक की आग में झोंक दिए जाने से बचाते हैं। फ़्रांसीसी धर्मपरीक्षक जैक फ़ोनिए ने चौदहवीं सदी के आरंभ में सर्मन ऑन माउंट पर एक समूचा निबंध लिखा था, जिसमें स्पष्ट किया गया था कि किस तरह यह मज़मून विधर्मियों का शिकार करने को उचित ठहराता है।[60] फ़ोनिए का दृष्टिकोण कोई अलग-थलग धारणा नहीं थी। वे पोप बेनेडिक्ट XII (1334-42) बने थे।

धर्मपरीक्षक, और बाद में पोप के रूप में फ़ोनिए का उद्यम इस बात को सुनिश्चित करना था कि पवित्र किताब की कैथोलिक चर्च की व्याख्या का वर्चस्व स्थापित हो। इसमें, फ़ोनिए और चर्च के उनके साथियों ने न केवल हिंसक बलप्रयोग का इस्तेमाल किया था, बल्कि किताब के प्रकाशन पर अपने नियंत्रण का भी इस्तेमाल किया था। छापाख़ाने के आविष्कार के पहले यूरोप में पंद्रहवीं सदी में किसी किताब की कई प्रतियाँ तैयार करना एक प्रतिबंधात्मक उद्यम था, जिसमें केवल अत्यंत अमीर व्यक्तियों और संस्थाओं को छूट थी। कैथोलिक चर्च ने अपने पसंदीदा मज़मूनों की प्रतियाँ वितरित करने और उसकी ग़लत मानी गई प्रतियों के प्रसार पर रोक लगाने के लिए अपनी शक्ति और संपत्ति का इस्तेमाल किया था।

बेशक, चर्च गाहे-ब-गाहे प्रकट हो जाने वाले स्वतंत्रचेता व्यक्तियों को विधर्मितापूर्ण विचार निरूपित करने से नहीं रोक सकता था, लेकिन चूँकि वह

मध्ययुगीन सूचना तंत्र के मुख्य केंद्रों, जैसे कि प्रतिलिपियाँ तैयार करने वाली कार्यशालाओं, अभिलेखागारों, और पुस्तकालयों आदि को नियंत्रित करता था, वह इस तरह के विधर्मियों को उनकी किताब की सैकड़ों प्रतियाँ तैयार करने और वितरित करने से रोक सकता था। अपने दृष्टिकोणों का प्रसार करने की कोशिश करते विधर्मी लेखकों को किस तरह की मुश्किलों का सामना करना पड़ता होगा, इसका अंदाज़ा लगाने के लिए इस पर विचार करें कि जब लियोफ्रिक 1050 में एक्सेटर के बिशप बने, तो उन्हें कैथेड्रल के पुस्तकालय में मात्र पाँच किताबें मिलीं। उन्होंने कैथेड्रल में तत्काल प्रतिलिपियाँ तैयार करने के लिए एक कार्यशाला स्थापित की, लेकिन 1072 में उनकी मृत्यु के पहले के बाइस वर्षों में नक़लनवीस मात्र छियासठ अतिरिक्त ग्रंथ तैयार कर सके।[61] तेरहवीं सदी में, ऑक्सफ़ोर्ड विश्वविद्यालय के पुस्तकालय में कुछ ही किताबें थीं, जो सेंट मेरी के चर्च के संदूक में रखी हुई थीं। 1424 में कैंब्रिज विश्वविद्यालय के पुस्तकालय में कुल मिलाकर122 किताबें थीं।[62] 1409 में जारी ऑक्सफ़ोर्ड विश्वविद्यालय के एक आदेश में कहा गया था कि विश्वविद्यालय में पढ़ाए जाने वाली 'हाल की सारी किताबें आर्कबिशप द्वारा नियुक्त बारह धर्माचार्यों के पैनल द्वारा' सर्वसम्मति से अनुमोदित होनी चाहिए।[63]

चर्च ने समाज को एक इको चैंबर के भीतर बंद करने की कोशिश की, और केवल उन किताबों के प्रसार की अनुमति दी, जो उसका समर्थन करती थीं, और लोग चर्च पर इसलिए भरोसा करते थे, क्योंकि लगभग सारी किताबें उसका समर्थन करती थीं। यहाँ तक कि निरक्षर साधारण व्यक्ति भी, जो किताब नहीं पढ़ते थे, इन बहुमूल्य ग्रंथों के पाठ या उनकी विषय-वस्तु पर व्याख्या से अचंभित होते थे। यही वह ढंग था, जिससे न्यू टेस्टामेंट जैसी एक कथित रूप से अचूक अतिमानवीय प्रौद्योगिकी ने उस कैथोलिक चर्च जैसी अतिशय सशक्त किन्तु ग़लतियाँ कर सकने वाली मानवीय व्यवस्था को जन्म दिया, जिसने सारे विपरीत दृष्टिकोणों को 'मिथ्या' कहकर कुचल दिया और किसी को भी अपने दृष्टिकोणों पर सवाल उठाने की इजाज़त नहीं दी।

जैक फ़ोनिए जैसे कैथोलिक सूचना विशेषज्ञों ने अपना पूरा दिन सेंट पॉल के पत्रों की ऑगस्टीन की व्याख्या के बारे में थॉमस एक्विनास की व्याख्या को पढ़ने और अपनी स्वयं की अतिरिक्त व्याख्याएँ तैयार करने में बिताया। वे सारे आपस में जुड़े हुए ग्रंथ यथार्थ का निरूपण नहीं करते थे, उन्होंने एक नया सूचना क्षेत्र तैयार किया, जो यहूदी रब्बियों द्वारा तैयार किए गए सूचना क्षेत्र से कहीं ज़्याद। बड़। और अधिक शक्तिशाली था। मध्ययुगीन यूरोपीय उस सूचना क्षेत्र के भीतर बंद थे, उनकी रोज़मर्रा की गतिविधियों, विचारों और भावनाओं को मज़मूनों के बारे में वे मज़मून आकार दे रहे थे।

मुद्रण, विज्ञान और डायन

एक अचूक ग्रंथ में प्रामाणिकता स्थापित करके मानवीय भ्रांतियों को दरकिनार करने का प्रयास कभी सफल नहीं हुआ है। अगर कोई यह सोचता है कि ऐसा यहूदी रब्बियों या कैथोलिक पादरियों की किसी अनूठी चूक की वजह से हुआ था, तो याद रखना होगा कि प्रोटेस्टेंट सुधारों ने इस प्रयोग को बार-बार दोहराया था और वे समान नतीजों पर पहुँचे थे। लूथर, कैल्विन, और उनके उत्तराधिकारियों का तर्क था कि ग़लतियाँ कर सकने वाली किसी भी मानवीय व्यवस्था को साधारण लोगों और पवित्र किताब के बीच हस्तक्षेप करने की कोई ज़रूरत नहीं है। ईसाइयों को बाइबल के इर्द-गिर्द उग आई सारी परोपजीवी नौकरशाहियों को त्याग देना चाहिए और परमेश्वर की मूल वाणी के साथ फिर से संबंध स्थापित कर लेना चाहिए,लेकिन परमेश्वर की वाणी ने कभी ख़ुद की व्याख्या नहीं की, इसीलिए न केवल लुथेरियाई और कैल्विीनियाई, बल्कि अन्य प्रोटेस्टेंट संप्रदायों ने अंतत: अपने-अपने चर्च खड़े कर लिए और उन्हें मज़मून की व्याख्या करने और विधर्मियों को प्रताड़ित करने के अधिकार सौंप दिए।[64]

अगर अचूक ग्रंथों ने महज़ ग़लतियाँ कर सकने वाले और दमनकारी चर्चों को उत्पन्न किया, तो मनुष्य की त्रुटियों से कैसे निपटा जाए? सूचना का अपरिपक्व दृष्टिकोण मानता है कि यह समस्या चर्च का विपरीत रचने से, यानी सूचना का मुक्त बाज़ार तैयार करने से हल हो सकती है। यह अपरिपक्व दृष्टिकोण उम्मीद करता है कि अगर सूचना के मुक्त प्रवाह में आने वाली सारी बाधाओं को हटा दिया जाए, तो त्रुटियाँ सत्य से अपरिहार्य रूप से उजागर हो जाएँगी और सत्य उनकी जगह ले लेगा। जैसा कि प्रस्तावना में उल्लेख किया गया है, यह ख़याली पुलाव है। क्यों है, इसे समझने के लिए हम थोड़ी और गहराई में जाकर छानबीन करते हैं। परीक्षण की दृष्टि से इस पर विचार करें कि सूचना तंत्रों के इतिहास के एक सबसे ज़्यादा मशहूर युग - यूरोपीय मुद्रण क्रांति - के दौरान क्या हुआ था। पंद्रहवीं सदी के मध्य में छापाख़ाने की शुरुआत ने अपेक्षाकृत अधिक फुर्ती के साथ, सस्ते में, और गोपनीय ढंग से किताबों के बड़े पैमाने के उत्पादन को संभव बना दिया था, भले ही कैथोलिक चर्च उन्हें अस्वीकार करता था। ऐसा आकलन है कि 1454 से 1500 तक के छियालीस वर्षों के दौरान यूरोप में एक करोड़ बीस लाख ग्रंथ छपे थे। इसके विपरीत, उससे पहले के एक हज़ार वर्षों के दौरान मात्र एक करोड़ दस लाख प्रतिलिपियाँ तैयार की जा सकी थीं।[65] 1600 तक आते-आते, सीमांत पर रहने वाले तमाम तरह के लोग - विधर्मी, क्रांतिकारी, अविकसित वैज्ञानिक (प्रोटो-साइंटिस्ट) - अपने लेखन को पहले के मुक़ाबले अधिक तेज़ी के साथ, व्यापक स्तर पर और आसानी-से प्रसारित कर सकते थे।

सूचना तंत्र के इतिहास में आरंभिक आधुनिक यूरोप की मुद्रण क्रांति को आम तौर से विजय के क्षण के रूप में देखा जाता है, जिसने उस फंदे को तोड़ दिया था, जो कैथोलिक चर्च ने सूचना तंत्र पर कस रखा था। कहा जाता है कि इसने लोगों को पहले के मुक़ाबले अधिक उन्मुक्त ढंग से सूचना के आदान-प्रदान की गुंजाइश देकर वैज्ञानिक क्रांति का मार्ग प्रशस्त किया था। इसमें कुछ सच्चाई है। मुद्रण के बिना, कॉपरनिकस, गैलीलियो और उनके साथियों के लिए अपने विचारों को विकसित करना और उनका प्रचार करना बहुत मुश्किल रहा होता।

लेकिन मुद्रण वैज्ञानिक क्रांति का मूल कारण नहीं था। छापाख़ाने ने बस इतना ही किया कि किताबों को विश्वसनीय ढंग से उत्पादित किया। उस मशीन के पास अपना कोई नया विचार लेकर आने की क़ाबिलियत नहीं थी। जो लोग मुद्रण को विज्ञान से जोड़ते हैं, वे मान लेते हैं कि सूचना को महज़ उत्पन्न करने और फैला देने से लोग सत्य के क़रीब पहुँच जाते हैं। वास्तव में, मुद्रण ने न सिर्फ़ वैज्ञानिक तथ्यों का प्रसार किया, बल्कि मज़हबी कल्पनाओं, छद्म समाचारों और साज़िश की परिकल्पना का भी प्रसार किया। संभवत: इस बाद वाली प्रवृत्ति का सर्वाधिक कुख्यात उदाहरण है शैतानी डायनों (विचेस) की विश्वव्यापी साज़िश में विश्वास, जिसके नतीजे में संदिग्ध व्यक्तियों का शिकार करने का वह जुनून पैदा हुआ था, जिसने शुरुआती आधुनिक यूरोप को निगल लिया था।[66]

जादू और डायनों में विश्वास तमाम महाद्वीपों और युगों के मानव समाजों की विशेषता रही है, लेकिन अलग-अलग समाज विभिन्न तरीक़ों से डायनों की कल्पना करते रहे थे और उन पर प्रतिक्रिया करते रहे थे। कुछ समाज मानते थे कि डायनें आत्माओं को वश में कर लेती हैं, मृतकों से संवाद करती हैं और भविष्यवाणियाँ करती हैं, कुछ दूसरे समाजों की कल्पना थी कि डायनें मवेशियों को चुरा लेती हैं और छिपे हुए ख़ज़ानों का पता लगा लेती हैं। एक समुदाय में डायनों के बारे में माना जाता था कि वे बीमारियों का स्रोत होती हैं, मक्के की फ़सल को सुखा देती हैं और प्रेम की औषधियाँ बनाती हैं, वहीं एक अन्य समुदाय में वे कथित रूप से रात के समय मकानों में घुस जाती हैं, घरेलू कामकाज करती हैं, और दूध चुरा ले जाती हैं। कुछ स्थानों पर डायनों के बारे में माना जाता था कि वे ज़्यादातर मादा होती हैं, वहीं कुछ दूसरे स्थलों पर उनकी कल्पना सामान्य तौर पर नरों के रूप में की जाती थी। कुछ संस्कृतियाँ डायनों से भयभीत होती थीं और उन पर हिंसक अत्याचार करती थीं, लेकिन कुछ अन्य संस्कृतियाँ उन्हें सहन करती थीं, बल्कि उनकी इज़्ज़त करती थीं। अंत में, हर महाद्वीप में ऐसे भी समाज थे, जो डायनों को बहुत कम महत्त्व देते थे।[67]

ज़्यादातर मध्ययुगों में, ज़्यादातर यूरोपीय समाज इस बाद वाली कोटि में आते थे और वे डायनों को लेकर बहुत ज़्यादा परवाह नहीं करते थे। मध्ययुगीन कैथोलिक चर्च उन्हें मानव जाति के लिए किसी बड़े ख़तरे के रूप में नहीं देखते थे। चर्च के कुछ लोग, लोगों को डायनों का शिकार (विचहंट) करने से रोकते थे। दसवीं सदी के एक प्रभावशाली ग्रंथ *कैनन इपिस्कोपी*, जो इस मसले पर मध्ययुगीन चर्च के सिद्धांत को परिभाषित करता है, के अनुसार जादू-टोना (विचक्राफ़्ट) ज़्यादातर भ्रम था और जादू-टोने की वास्तविकता में विश्वास ग़ैर ईसाई अंधविश्वास था।[68] यूरोप का डायनों का शिकार करने का जुनून मध्ययुगीन घटना होने की बजाय आधुनिक घटना थी।

1420 और 1430 के दशकों में मुख्यत: आल्प्स के क्षेत्रों में काम कर रहे पादरियों और अध्येताओं ने ईसाई मज़हब, लोक कथाओं, और ग्रीको-रोमन विरासत से कुछ-कुछ तत्त्व उठाकर और उन्हें मिश्रित कर जादू-टोने का एक नया सिद्धांत गढ़ दिया।[69] इसके पहले, तब भी जबकि डायनों को भयानक माना जाता था, उन्हें पूरी तरह से स्थानीय समस्याओं के रूप में देखा जाता था - अलग-थलग सक्रिय अपराधी जो, निजी विद्वेषों से प्रेरित होकर, चोरी और हत्या करने के लिए जादुई साधन अपनाते थे। इसके विपरीत, अध्येताओं के इस नए मॉडल का तर्क था कि डायनें समाज की बहुत अधिक भयानक शक्तियाँ हैं। उनके मुताबिक़, डायनों की कथित रूप से वैश्विक स्तर की एक साज़िश थी, जिसका नेतृत्व शैतान करता था, जिसने एक ईसाई-विरोधी मज़हब संस्थापित कर रखा था। इसका उद्देश्य सामाजिक व्यवस्था और मानव जाति का संपूर्ण विनाश करना था। डायनों के बारे में कहा गया था कि वे रात के समय पैशाचिक सभाएँ आयोजित करती थीं, जिनमें वे शैतान की उपासना करती थीं, बच्चों की हत्याएँ करती थीं, मनुष्यों का मांस खाती थीं, मद्यपान और यौनाचार का सामूहिक जश्न मनाती थीं, और ऐसे सम्मोहन रचती थीं, जिनकी वजह से आँधियाँ आती थीं, महामारियाँ फैलती थीं और दूसरी तबाहियाँ होती थीं।

इस तरह की धारणाओं से प्रेरित होकर, 1428 और 1436 के बीच, पश्चिमी आल्प्स के वॉलेस क्षेत्र में स्थानीय पादरियों और कुलीनों के नेतृत्व में डायनों को पकड़ने और उन पर मुक़दमा चलाने के पहले सामूहिक अभियान आयोजित हुए थे, जिनके परिणामस्वरूप दो सौ से ज़्यादा नर और मादा डायनों को फाँसी की सज़ा दी गई थी। आल्प्स क्षेत्र के इस केंद्रीय स्थल से डायनों की वैश्विक स्तर की साज़िश की अफ़वाहें यूरोप के दूसरे हिस्सों में फैलीं, लेकिन यह विश्वास अभी भी मुख्यधारा से बहुत दूर था, और कैथोलिक प्रतिष्ठान ने इसे स्वीकार नहीं किया और अन्य क्षेत्रों में वॉलेस की तरह डायनों को पकड़ने के बड़े पैमाने के अभियान शुरू नहीं किए गए।

1485 में, हैनरिक क्रेमर नामक एक डॉमनीशियाई भिक्षु और धर्मपरीक्षक ने आल्प्स के एक अन्य क्षेत्र, ऑस्ट्रियाई ट्रिओल में डायनों को पकड़ने का अभियान शुरू किया। क्रेमर वैश्विक स्तर की एक नई शैतानी साज़िश में विश्वास करने वाला अत्यंत उत्साही व्यक्ति था।[70] लगता था कि वह दिमाग़ी तौर पर खिसका हुआ व्यक्ति भी था, और शैतानी जादू-टोने के उसके आरोप कट्टर स्त्री-द्वेष और असामान्य यौन आसक्ति से रँगे हुए थे। बिशप ब्रिक्सेन के नेतृत्व में चर्च के स्थानीय अधिकारी क्रेमर के आरोपों को लेकर संदेह से भरे हुए थे और उसकी गतिविधियों को लेकर सतर्क थे। उन्होंने उसके धर्मपरीक्षण पर रोक लगाई, जिन संदिग्ध लोगों को उसने गिरफ़्तार किया था, उन्हें रिहा किया और उसे उस इलाक़े से बाहर निकाल दिया।[71]

क्रेमर ने मुद्रण प्रेस के माध्यम से जवाबी हमला किया। अपने निष्कासन के दो वर्ष के भीतर उसने *Hammer of the witches - हैमर ऑफ़ विचेस (डायनों का हथौड़ा)* नामक किताब तैयार कर छपा दी। यह डायनों का भंडाफोड़ करने और उन्हें मारने के लिए 'ख़ुद-करो' गाइडबुक थी, जिसमें क्रेमर ने विश्वव्यापी साज़िश और उन तरीक़ों का विस्तार से वर्णन किया था, जिनके सहारे ईमानदार ईसाई डायनों का पर्दाफ़ाश कर सकते थे और उन्हें नाकामयाब कर सकते थे, ख़ास तौर से, उसने जादू-टोने के संदिग्धों से सच्चाई उगलवाने के लिए यातना के भयावह तरीके अपनाने की सिफ़ारिश की थी, और वह इस बात पर अडिग था कि अपराधियों का एकमात्र दंड फाँसी होना चाहिए।

क्रेमर ने पहले के विचारों और क़िस्सों को व्यवस्थित और कूटबद्ध किया था और अपनी उपजाऊ तथा घृणा से भरी कल्पना से बहुत-से और भी ब्योरे जोड़ दिए थे।1 तिमोथी जैसे प्राचीन स्त्री-द्वेषी उपदेशों पर भरोसा करते हुए, क्रेमर ने जादू-टोने का यौनीकरण कर दिया था। उसका तर्क था कि डायनें आम तौर से मादा होती हैं, क्योंकि जादू-टोना कामवासना से उत्पन्न हुआ था, जो औरतों में कथित रूप से प्रबल होती है। उसने पाठकों को चेतावनी दी थी कि कामवासना की वजह से कोई पुण्यात्मा स्त्री डायन बन सकती है और उसका पति उसके वशीभूत हो सकता है।[72]

हैमर का एक पूरा अध्याय पुरुषों के लिंगों को चुरा लेने की डायनों की क़ाबिलियत पर केंद्रित है। क्रेमर ने इस बात की विस्तारपूर्वक चर्चा की है कि क्या डायनें वास्तव में मर्द से उसका लिंग छीन लेने में सक्षम होती हैं, या फिर वे पुरुषों के दिमाग़ों में बधिया होने का भ्रम रचने भर में सक्षम होती हैं। क्रेमर पूछता है, "उन डायनों के बारे में क्या सोचा जाए, जो कभी-कभी इस तरह बड़ी तादाद में, बीस से तीस अंग एकत्र कर लेती हैं और उन्हें किसी परिंदे के घोंसले में रख देती हैं, या किसी डिब्बे में बंद कर देती हैं, जहाँ वे अंग ख़ुद-ब-ख़ुद हरकत करते रहते

हैं, और ओट्स तथा मक्का खाते हैं, जैसा कि कई लोगों ने देखा है?'' इसके बाद वह एक आदमी से सुनी गई एक कहानी सुनाता है : ''जब उसने अपना अंग गँवा दिया, तो उसने एक डायन से संपर्क करके उससे उसका अंग वापस लगा देने का आग्रह किया। उस डायन ने उस आदमी से एक ख़ास दरख़्त पर चढ़ने को कहा, और कहा कि वह घोंसले में रखे कई अंगों में से अपनी पसंद का अंग ले सकता है। और जब उसने एक बड़ा अंग उठाने की कोशिश की, तो डायन ने कहा,''तुम वह नहीं ले सकते, क्योंकि वह उस इलाक़े के एक पादरी का अंग है।''[73] क्रेमर की उस किताब ने डायनों के बारे में ऐसी कई धारणाओं को वैधानिक रूप दिया था, जो आज भी चलन में हैं, जैसे कि डायनें मुख्यत: स्त्रियाँ होती हैं, डायनें वहशी क़िस्म के कामचार में संलग्न होती हैं, और डायनें बच्चों को मार डालती हैं और उनका अंगभंग कर देती हैं।

बिशप ब्रिक्सेन की तरह चर्च के दूसरे पादरी भी शुरू में क्रेमर के वहशी विचारों को लेकर शंकालु थे, और चर्च के विशेषज्ञों के बीच उस किताब को लेकर कुछ प्रतिरोध भी था,[74] लेकिन *द हैमर ऑफ़ द विचेस* आधुनिक यूरोप के आरंभिक वर्षों की सबसे बड़ी बेस्टसेलर किताब बन गई थी। उसने लोगों के गहरे भयों का पोषण किया, साथ ही यौनाचार, नरमांस भक्षण, बाल हत्याओं, और शैतानी साज़िशों के बारे में सुनने की लोगों की सनसनीखेज़ दिलचस्पियों का भी भरपूर दोहन किया। इस किताब की 1500 प्रतियों के आठ संस्करण, 1520 प्रतियों के पाँच संस्करण, और 1670 प्रतियों के सोलह संस्करण प्रकाशित हुए, साथ ही कई देसी भाषाओं में उसके अनुवाद प्रकाशित हुए।[75] यह जादू-टोना और डायनों का शिकार करने के बारे में निर्णायक महत्त्व की किताब साबित हुई, जिससे उत्प्रेरणा पाकर उसकी नक़ल में कई और किताबें लिखी गईं और कई किताबों में उस पर व्यापक चर्चा की गई। जैसे-जैसे क्रेमर की प्रसिद्धि बढ़ती गई, उसके काम को चर्च के विशेषज्ञों ने अंगीकार किया। क्रेमर को पोप का प्रतिनिधि नियुक्त किया गया और 1500 में बोहेमिया और मोराविया का धर्मपरीक्षक बनाया गया। यहाँ तक कि आज भी उसके विचार दुनिया को आकार देते हैं और वैश्विक शैतानी साज़िश, जैसे कि क़्यूएनॉन, की हाल ही के वक़्त की कई परिकल्पनाएँ उससे पोषण प्राप्त करती हैं और उसकी कल्पनाओं को क़ायम रखे हुए हैं।

जहाँ इस तरह का तर्क अतिरंजना होगा कि मुद्रण का आविष्कार डायनों के शिकार के यूरोपीय जुनून का *कारण* बना, वहीं यह भी सच है कि मुद्रण यंत्र ने वैश्विक शैतानी साज़िश के तेज़ रफ़्तार प्रसार में निर्णायक भूमिका निभाई। जैसे-जैसे क्रेमर के विचार लोकप्रिय होते गए, मुद्रण यंत्र ने न सिर्फ़ *द हैमर ऑफ़ द विचेस* की बहुत-सी अतिरिक्त प्रतियाँ और कॉपीकैट बुक छापीं, बल्कि बड़ी तादाद में

एक पृष्ठ के सस्ते क़िस्म के परचे भी छापे, जिनके सनसनीखेज़ मज़मून के साथ अक्सर वे चित्र हुआ करते थे, जिनमें दैत्यों के शिकार हुए लोगों या स्टेक पर जलाई जाती डायनों का चित्रण होता था।[76] इन प्रकाशनों ने डायनों की साज़िश के विस्तार के अविश्वसनीय आँकड़े भी उपलब्ध कराए थे। उदाहरण के लिए, बर्गेंडियाई जज और डायनों के शिकारी अनरी बॉगे (1550-1619) ने अटकल लगाई कि अकेले फ्रांस में 300,000 डायनें थीं और सारे यूरोप में 18 लाख डायनें थीं।[77] इस तरह के दावों ने सार्वजनिक उन्माद को भड़काया, जिसके नतीजे में लोगों ने सोलहवीं और सत्रहवीं सदी में जादू-टोना करने के आरोप में 40,000 और 50,000 के बीच की संख्या में मासूम लोगों को यातनाएँ दीं या फाँसी पर लटका दिया था।[78] यातना या फ़ाँसी के शिकार हुए इन लोगों में हर वर्ग और आयु के व्यक्ति और पाँच साल के छोटे बच्चे तक शामिल थे।[79]

लोग सारहीन सबूतों के आधार पर एक-दूसरे की तीखी निंदा करने लगे, जिसका उद्देश्य अक्सर व्यक्तिगत खुन्नस निकालना या राजनीतिक लाभ उठाना होता था। एक बार जैसे ही सरकारी जाँच-पड़ताल शुरू होती थी, वैसे ही आरोपी अक्सर सज़ा पाने के लिए अभिशप्त हो जाता था। *द हैमर ऑफ़ द विचेस* ने जाँच-पड़ताल की जिन पद्धतियों की सिफ़ारिश की थी, वे सच्चे अर्थों में शैतानियत से भरी हुई थीं। अगर आरोपी डायन होना स्वीकार कर लेती थी, तो उसे फाँसी दे दी जाती थी और उसकी संपत्ति आरोप लगाने वाले, फाँसी पर लटकाने वाले, और धर्मपरीक्षक के बीच बराबर-बराबर बाँट दी जाती थी। अगर आरोपी अपराध क़बूल करने से मना करता था, तो इसे उसके शैतानी अड़ियलपन के सबूत के रूप में देखा जाता था, और फिर उसे भयावह तरीक़ों से यातनाएँ दी जाती थीं, उसकी अँगुलियाँ तोड़ दी जाती थीं, उनका मांस गर्म कतरनियों से काट दिया जाता था, उनके शरीर को इस हद तक खींचा जाता था कि वह टूट जाता था, या उन्हें उबलते पानी में डुबा दिया जाता था। आगे-पीछे स्थिति यह बन जाती थी कि वे और अधिक यातना बर्दाश्त नहीं कर पाते थे और अपना कथित गुनाह क़बूल कर लेते थे, जिसके बाद उन्हें फाँसी दे दी जाती थी।[80]

उदाहरण के तौर पर, 1600 में अधिकारियों ने म्यूनिख़ में जादू-टोने के आरोप में पेपेनहाइमर के परिवार को गिरफ़्तार कर लिया, जिसमें पिता पॉलैस, माँ ऐना, दो बड़े बेटे, और एक दस बरस का बच्चा हंसेल शामिल था। इस पूछताछ के मसौदे में, जिसे आज भी म्यूनिख़ के अभिलेखागार में पढ़ा जा सकता है, पूछताछ करने वाले एक अधिकारी द्वारा उस दस बरस के बच्चे के संदर्भ में एक टिप्पणी इस प्रकार थी : ''उसे इस हद तक यातना दी जा सकती है कि वह अपनी माँ को अपराध के लिए ज़िम्मेदार ठहरा दे।''[81] जब पेपेनहाइमर परिवार को अकथनीय यातनाएँ दी गईं, तो उन लोगों ने कई अपराधों को क़बूल किया, जिनमें जादू के

माध्यम से 265 लोगों की हत्याएँ करना और चौदह विनाशकारी आँधियाँ लाना शामिल था। उन सब को मौत की सज़ा दी गई।

परिवार के चार वयस्क सदस्यों के शरीरों को अंगारे की मानिंद जलते हुए चिमटे से काटा गया, पुरुषों के हाथों-पैरों को पहिये से कुचलकर तोड़ा गया, पिता को स्टेक पर कोंचा गया, माँ के स्तनों को काट दिया गया, और उसके बाद सब को ज़िंदा जला दिया गया। उस दस साल के बच्चे हंसेल को ज़बरदस्ती यह सब दिखाया गया। चार महीने बाद उसे भी फाँसी पर लटका दिया गया।[82] डायनों के शिकारी शैतान और उसकी साज़िश में शामिल लोगों को खोजने के मामले में अत्यंत अचूक हुआ करते थे, लेकिन अगर ये डायनों के शिकारी वास्तव में शैतान को खोजना चाहते थे, तो उन्हें सिर्फ़ आईने में झाँककर देखने की ज़रूरत थी।

बचाव के लिए स्पेनिश जाँच

डायनों का शिकार शायद ही कभी महज़ एक व्यक्ति या एक परिवार की हत्या पर समाप्त होता था। चूँकि उसका अंतर्निहित मॉडल वैश्विक साज़िश की पूर्वमान्यता पर खड़ा हुआ था, इसलिए जादू-टोने के आरोपियों को उनके अपराध में साथ देने वालों के नाम बताने के लिए यातनाएँ दी जाती थीं। बाद में इसका इस्तेमाल दूसरे लोगों को क़ैद करने, यातना देने और फाँसी पर लटकाए जाने को किया जाता था। अगर कोई अधिकारी, अध्येता, या पादरी इन बेहूदा तरीक़ों पर कोई आपत्ति करता था, तो इसे इस बात के सबूत के रूप में देखा जाता था कि वे भी डायनों में शामिल होंगे, जिसके नतीजे में उन्हें भी गिरफ़्तार कर लिया जाता था और यातनाएँ दी जाती थीं।

उदाहरण के लिए, 1453 में, जब शैतानी साज़िश में विश्वास ने अपनी जड़ें जमानी शुरू ही की थीं, तब धर्मशास्त्र के गिलौम एडेलिन नामक फ्रांसीसी आचार्य ने इसके फैलने से पहले ही साहसपूर्वक इसे कुचल देने की कोशिश की। उसने मध्ययुगीन *कैनन इपिस्कोपी* के इस कथन को दोहराया कि जादू-टोना एक भ्रम है और डायनें रात के समय शैतान से मिलने जाने और उसके साथ साठ-गाँठ करने के लिए वास्तव में आसमान में उड़ नहीं सकतीं। इस पर स्वयं एडेलिन पर डायन होने का आरोप लगाते हुए उसे गिरफ़्तार कर लिया गया। यातना के अधीन उसने क़बूल किया कि वह स्वयं एक झाड़ू पर सवार होकर उड़ा था और उसने शैतान के साथ अनुबंध किया था और शैतान ने ही उसे यह उपदेश देने का काम सौंपा था कि जादू-टोना एक भ्रम है। उसके जज उसके प्रति क्षमाशील थे। उसे फाँसी से बख़्श दिया गया और उसकी जगह आजीवन कारावास की सज़ा दे दी गई।[83]

डायनों का शिकार सूचना के दायरे को रचने के अँधेरे पहलू को दर्शाता है। जैसे तल्मूड पर रब्बियों की चर्चा और ईसाई धर्म ग्रंथों पर अध्येताओं की चर्चा के मामले में कहा गया था, डायनों के शिकार को भी उस सूचना के विस्तार लेते दायरे ने भड़काया था, जो यथार्थ का निरूपण करने की बजाय एक नया यथार्थ रचती थी। डायनें कोई वस्तुपरक यथार्थ नहीं थीं। आधुनिक यूरोप के शुरुआती दौर में किसी भी व्यक्ति ने न तो शैतान के साथ संसर्ग किया था, न ही वह झाड़ुओं पर सवार होकर उड़ने और आँधी-तूफ़ान रचने में सक्षम था, लेकिन डायनें एक अंतरविषयी यथार्थ बन गईं। पैसे की ही भाँति डायनें भी डायनों के बारे में सूचना के आदान-प्रदान से वास्तविकता बनी थीं।

डायनों का शिकार करने वाली एक समूची नौकरशाही ने ख़ुद को इस तरह के आदान-प्रदान के लिए समर्पित कर रखा था। धर्माचार्य, वकील, धर्मपरीक्षक और छापाख़ानों के मालिकों ने डायनों के बारे में सूचना एकत्र और उत्पन्न करने को अपनी आजीविका बना रखा था, जो डायनों की विभिन्न प्रजातियों के बारे में कैटलॉग तैयार करते थे, डायनों के व्यवहार की पड़ताल करते थे और सिफ़ारिशें पेश करते थे कि किस तरह उनका भंडाफोड़ किया जाए और उन्हें पराजित किया जाए। डायनों के पेशेवर शिकारी सरकारों और नगरपालिकाओं को अपनी सेवाएँ बेचते थे, जिसके बदले में वे बड़ी मात्रा में पैसा वसूल करते थे। अभिलेखागार डायनों के शिकार के अभियान की रिपोर्टों, डायनों पर मुक़दमों के विधानों, और कथित डायनों से उगलवाई गई भारी-भरकम स्वीकारोक्तियों से भरे थे।

डायनों के शिकार के विशेषज्ञ अपनी धारणाओं को और भी परिष्कृत करने के लिए उन आँकड़ों का इस्तेमाल करते थे। धर्मग्रंथ की सही व्याख्या को लेकर बहस करने वाले अध्येताओं की ही तरह, डायनों का शिकार करने वाले *द हैमर ऑफ़ द विचेस* और दूसरी प्रभावशाली किताबों की सही व्याख्या को लेकर बहस किया करते थे। डायनों का शिकार करने वाली नौकरशाही ने वही किया, जो नौकरशाही अक्सर करती है : उसने 'डायनों' की अंतरविषयी वास्तविकता ईजाद की और उसे यथार्थ पर मढ़ दिया। यहाँ तक उसने ऐसे फ़ॉर्म भी छाप डाले थे, जिनमें जादू-टोने के वही चालू आरोप और स्वीकारोक्तियाँ होती थीं और तारीख़ों, नामों और आरोपी के हस्ताक्षरों की ख़ाली जगहें होती थीं। उस सारी सूचना ने ढेरों व्यवस्था और शक्ति उत्पन्न की। यह कुछ लोगों और समाज के लिए अपने सदस्यों को अनुशासित रखने के लिए प्रभुत्व हासिल करने के साधन बन गए, लेकिन इसने शून्य सत्य और शून्य विवेक उत्पन्न किया।

जैसे-जैसे डायनों का शिकार करने वाली नौकरशाही उत्तरोत्तर अधिक सूचना उत्पन्न करती गई, उस सारी सूचना को विशुद्ध कल्पना कहकर ख़ारिज करना

मुश्किल होता गया। क्या यह मुमकिन था कि डायनों के शिकार के आँकड़ों के उस समूचे कोठार में सच्चाई का एक दाना भी न रहा हो? उन सारी किताबों के बारे में क्या कहा जाए, जो चर्च के विद्वान पादरियों ने लिखी थीं? सम्माननीय जजों द्वारा चलाए गए मुक़दमों के प्रोटोकाल के बारे में क्या कहा जाए? स्वीकारोक्तियों के उन दसियों हज़ारों दस्तावेज़ों के बारे में क्या कहा जाए?

यह नई अंतरविषयी वास्तविकता इस क़दर विश्वास दिलाने वाली थी जादू-टोने के आरोपी कुछ व्यक्ति तक यह मानने लगे थे कि वे सचमुच वैश्विक शैतानी साज़िश के हिस्से थे। हर कोई ऐसा कहता है, तो यह निश्चय ही सही होना चाहिए। जैसा कि अध्याय 2 में चर्चा की गई, मनुष्य छद्म स्मृतियों को अपना लेने के मामले में बहुत कमज़ोर साबित होते हैं। कम-से-कम कुछ आरंभिक दौर के आधुनिक यूरोपियों ने शैतान का आह्वान करने के, शैतान के साथ संसर्ग करने के, और जादू-टोना करने के ख़्वाब देखे थे या उनकी कल्पना कर ली थी, और जब उन पर डायन होने के आरोप लगाए गए, तो उन्होंने अपने उन ख़्वाबों और कल्पनाओं को यथार्थ के साथ भ्रमित कर लिया।[84]

नतीजतन, बावजूद इसके कि आरंभिक सत्रहवीं सदी में डायनों का शिकार अपनी भयावह पराकाष्ठा पर पहुँच गया था, और बहुत-से लोगों को संदेह होने लगा था कि कोई चीज़ साफ़ तौर पर गड़बड़ थी, तब भी सब कुछ को विशुद्ध कल्पना कहकर ख़ारिज कर देना मुश्किल था। डायनों के शिकार की एक निकृष्टतम घटना 1620 के दशक के बाद के वर्षों में आरंभिक आधुनिक यूरोप में दक्षिण जर्मनी के बेम्बर्ग और वुर्जब़र्ग नगरों में हुई थी। तब 12,000 से भी कम जनसंख्या वाले बेम्बर्ग नगर में[85] 1625 से 1631 के बीच 900 मासूम लोगों को फाँसी पर लटका दिया गया था।[86] वुर्जब़र्ग नगर में भी वहाँ की जनसंख्या के लगभग 11,500 में से 1200 लोगों को यातनाएं देकर मार दिया गया था।[87] अगस्त 1629 में वुर्जब़र्ग के प्रिंस-बिशप के चांसलर ने उस समय जारी डायनों के शिकार के बारे में अपने एक दोस्त को ख़त लिखा था, जिसमें उसने उस मामले में अपने संदेह को क़बूल किया था। यह पत्र विस्तृत रूप से उद्धृत करने लायक़ है :

> जहाँ तक डायनों का मसला है... इसकी शुरुआत नए सिरे से हुई है, और कोई भी शब्द इसके साथ न्याय नहीं कर सकते। आह!, उसका संताप और यातना - शहर में अभी भी चार सौ बाक़ी हैं, उच्चवर्गीय और निम्नवर्गीय, हर श्रेणी और लिंग के, यहाँ तक कि पादरी भी जिन पर इतने गंभीर आरोप हैं कि उन्हें किसी भी समय गिरफ़्तार किया जा सकता है... प्रिंस-बिशप के चालीस से ज़्यादा शिष्य हैं, जो जल्दी ही पादरी बनने वाले हैं, उनमें से तेरह-चौदह के बारे में कहा जाता है कि वे डायनें हैं।

> कुछ दिन पहले डीन को गिरफ़्तार कर लिया गया था, दो अन्य लोग जिन्हें तलब किया गया था, वे भाग गए हैं। हमारी चर्च की परिषद का नोटरी, जो काफ़ी पढ़ा-लिखा आदमी है, कल गिरफ़्तार कर लिया गया था और उसे यातनाएँ दी गई हैं। संक्षेप में कहें तो, शहर का एक-तिहाई हिस्सा इसमें निश्चित तौर पर शामिल है। पुरोहित वर्ग के सबसे ज़्यादा संपन्न, सर्वाधिक आकर्षक, और सबसे ज़्यादा महत्त्वपूर्ण लोगों को पहले ही फाँसी दी जा चुकी है। एक हफ़्ते पहले उन्नीस साल की एक लड़की को फाँसी पर लटका दिया गया था, जिसके बारे में हर कहीं कहा जा रहा है कि वह शहर की सबसे ईमानदार लड़की थी, और उसे हर कोई अद्वितीय रूप से सुशील और निष्कलंक मानता था। उसके बाद सात या आठ सर्वश्रेष्ठ और आकर्षक व्यक्तियों का नंबर आने वाला है...और इस तरह बहुत सारे लोगों को परमेश्वर को त्याग देने के लिए और डायनों के नृत्य में शामिल होने के लिए मौत के घाट उतार दिया गया है, जिनके ख़िलाफ़ कभी किसी ने एक शब्द भी नहीं कहा था।
>
> इस दुःखदायी मामले को समाप्त करते हुए यह कहना चाहता हूँ कि तीन और चार साल के ऐसे बच्चे हैं, जिनकी संख्या तीन सौ है, जिनके बारे में कहा जाता है कि उन्होंने शैतान के साथ संभोग किया है। मैंने सात साल के बच्चों को, दस, बारह, चौदह, और पंद्रह साल के होनहार विद्यार्थियों को मौत के घाट उतारे जाते देखा है...। लेकिन अब मैं इस विपत्ति के बारे में और ज़्यादा नहीं लिख सकता।

इसके बाद चांसलर ने पत्र में पुनश्च लिखा था :

> हालाँकि बहुत सारी आश्चर्यजनक और भयानक घटनाएँ हो रही हैं, यह बात संदेह से परे है कि फ्रा-रेंगबर्ग नामक स्थान पर, जेल में बंद शैतान ने अपने आठ हज़ार अनुयायियों के साथ एक सभा आयोजित की और उन सब के सामने सामूहिक प्रार्थना आयोजित की तथा अपने श्रोताओं (यानी डायनों) को पवित्र यूकरिस्ट (प्रसाद) की जगह शलजम के छिलके और उसकी कतरने वितरित कीं। वहाँ पर न केवल अश्लील बल्कि अत्यंत भयानक और घृणित ईशद्रोह की घटनाएँ हुईं, जिनको लिखते हुए मैं काँपता हूँ।[88]

बावजूद इसके कि चांसलर ने डायनों के शिकार की भयावहता और पागलपन का इज़हार किया, तब भी उसने डायनों के शैतानी साज़िश में अपने दृढ़ विश्वास को व्यक्त किया। उसने प्रत्यक्ष तौर पर किसी जादू-टोने को नहीं देखा था, लेकिन

डायनों के बारे में इस क़दर सूचना फैली हुई थी कि उस सब पर संदेह करना उसके लिए मुश्किल था। डायनों के शिकार एक तबाही थी, जो ज़हरीली सूचना के प्रसार से घटित हुई थी। वे एक ऐसी समस्या के महत्त्वपूर्ण उदाहरण हैं, जिसे सूचना ने पैदा किया था, और ज़्यादा सूचना ने उसे बदतर रूप दे दिया था।

यह वह नतीजा है, जिस तक न सिर्फ़ अध्येता पहुँचे हैं, बल्कि उस वक़्त के कुछ अनुभवी दर्शक भी पहुँचे हैं। स्पेन के एक धर्मपरीक्षक अलेंसो डी सालाज़ार फ्रियास ने सत्रहवीं सदी के आरंभिक दौर के डायनों के शिकार और डायनों के मुक़दमे की आमूल-चूल पड़ताल की थी। उसने निष्कर्ष निकाला था कि "मुझे ऐसा एक भी सबूत नहीं मिला, न इसका मामूली-सा संकेत ही मिला है, जिससे यह नतीजा निकाला जा सकता हो कि जादू-टोने की एक भी घटना वास्तव में हुई है," और "जब तक उनके बारे में बात नहीं की गई थी या लिखा नहीं गया था, तब तक न तो कोई डायनें थीं और न उनके शिकार कोई लोग थे।"[89] सालाज़ार फ्रियास अंतरविषयी वास्तविकताओं का मतलब अच्छी तरह समझते थे और उन्होंने डायनों के शिकार के समूचे उद्योग को एक अंतरविषयी सूचना क्षेत्र के रूप में बहुत ठीक पहचाना था।

डायनों के जुनून का आरंभिक यूरोपीय इतिहास दर्शाता है कि सूचना के प्रवाह के लिए बाधाओं को हटा लेने का नतीजा ज़रूरी तौर पर सत्य की खोज और प्रसार नहीं होता। इसका नतीजा बहुत आसानी-से झूठ और कल्पनाओं के प्रसार के रूप में और विषाक्त सूचना क्षेत्र को गढ़े जाने के रूप में भी सामने आ सकता है। और भी विशिष्ट रूप में, विचारों का पूरी तरह मुक्त बाज़ार सच्चाई की क़ीमत पर अत्याचार और सनसनी के प्रसार को प्रोत्साहित कर सकता है। ऐसा क्यों होता है, यह समझना मुश्किल नहीं है। मुद्रकों और किताब विक्रेताओं ने कॉपरनिकस की किताब *ऑन द रिवोल्यूशन्स ऑफ़ द हैवनली स्फ़ियर्स* के शुष्क गणित से जितना पैसा कमाया था, उससे कई गुना ज़्यादा पैसा उन्होंने *द हैमर ऑफ़ द विचेस* के सनसनीखेज़ क़िस्सों से कमाया था। कॉपरनिकस की किताब आधुनिक वैज्ञानिक परंपरा की नींव डालने वाली कृति थी। उसे पृथ्वी को झकझोर देने वाली ऐसी खोजों का श्रेय दिया जाता है, जिसने हमारे ग्रह को ब्रह्मांड के केंद्र से हटा दिया था और इस तरह कॉपरनिकन क्रांति की शुरुआत की थी, लेकिन जब 1543 में वह पहली बार प्रकाशित हुई थी, तो चार सौ प्रतियों का पहला संस्करण बिकने में नाकामयाब रहा था, और 1566 में जाकर उसका चार सौ प्रतियों का दूसरा संस्करण प्रकाशित हो पाया था। तीसरा संस्करण 1617 तक नहीं आ पाया था। जैसा कि आर्थर कोस्लर ने मज़ाक़ में कहा था, वह अब तक की सबसे वर्स्ट सेलर रही थी।[90] जिस चीज़ ने वास्तव में वैज्ञानिक क्रांति को जारी रखा, वह न तो छापाख़ाना था,

न सूचना का पूरी तरह मुक्त बाज़ार था, बल्कि मनुष्य की ग़लतियाँ कर सकने की फ़ितरत के प्रति एक अनूठा दृष्टिकोण था।

अज्ञानता की खोज

मुद्रण और डायनों के शिकार का इतिहास संकेत देता है कि एक अनियंत्रित सूचना-बाज़ार का नतीजा ज़रूरी तौर पर लोगों द्वारा अपनी त्रुटियों को पहचानने और उन्हें सुधारने के रूप में सामने नहीं आता, क्योंकि वह सत्य पर अत्याचार को प्राथमिकता दे सकता है। सत्य को जीतने के लिए, ऐसी संग्राहक (क्यूरेशन) संस्थाओं को स्थापित करना ज़रूरी होता है, जिनमें संतुलन को तथ्यों के पक्ष में झुकाने की सामर्थ्य हो, लेकिन, जैसा कि कैथोलिक चर्च का इतिहास संकेत करता है, इस तरह की संस्थाएँ अपनी संग्राहक शक्ति का इस्तेमाल अपनी किसी भी तरह की आलोचना को कुचलने के लिए कर सकती हैं, और सारे वैकल्पिक दृष्टिकोणों को त्रुटिपूर्ण घोषित कर सकती हैं और संस्था की अपनी त्रुटियों को उजागर और ठीक किए जाने से रोक सकती हैं। क्या ऐसी बेहतर संग्राहक संस्थाएँ स्थापित करना संभव है, जो अपनी शक्ति का इस्तेमाल, अपने लिए और अधिक शक्ति बटोरने की बजाय, सत्य की खोज को आगे बढ़ाने में करें?

आरंभिक आधुनिक यूरोप ठीक इस तरह की संग्राहक संस्थाओं की स्थापना का साक्षी रहा था, और यही संस्थाएँ थीं, न कि छापाख़ाना या *ऑन द रिवोल्यूशन्स ऑफ़ द हैवनली स्फ़ियर्स* जैसी विशिष्ट किताबें, जिन्होंने वैज्ञानिक क्रांति की आधारशिला रखी थी। ये निर्णायक महत्त्व की संग्राहक संस्थाएँ विश्वविद्यालय नहीं थीं। वैज्ञानिक क्रांति के बहुत-से महत्त्वपूर्ण नेता विश्वविद्यालय के प्रोफ़ेसर नहीं थे। उदाहरण के लिए, निकोलॅस कॉपरनिकस, रॉबर्ट बॉयल, टाइचो ब्रेहे, और रेने डेकार्ट किसी अकादमिक पद पर नहीं थे। न ही स्पिनोज़ा, लाइब्निज़, ऑक, बर्कले, वॉल्तेयर, डीड्रो या रूसो थे।

जिन संग्राहक संस्थाओं ने वैज्ञानिक क्रांति में केंद्रीय भूमिका निभाई थी, उन्होंने विश्वविद्यालयों के अंदर और बाहर के अध्येताओं को आपस में जोड़ा था, जिसके लिए उन्होंने सूचना का ऐसा तंत्र गढ़ा था, जिसने अपने दायरे में समूचे यूरोप और अंततः पूरी दुनिया को समेट लिया था। वैज्ञानिक क्रांति के गतिशील होने के लिए, वैज्ञानिकों को सुदूर देशों में फैले अपने सहकर्मियों द्वारा प्रकाशित की जाने वाली सूचना पर भरोसा करना ज़रूरी होता था। जिन लोगों से हम कभी नहीं मिले थे, उनके काम में इस तरह का भरोसा, 1660 में स्थापित *रॉयल सोसायटी ऑफ़ लंदन फ़ॉर इम्प्रूविंग नेचुरल नॉलेज,* और *फ्रेंच एकेडमी डेस साइंसेज* (1666) जैसे

वैज्ञानिक संगठनों, फ़िलॉसॉफ़िकल ट्रांजैक्शन्स ऑफ़ द रॉयल सोसायटी (1665) और *हिस्ट्री डे ल'एकेडेमी रॉयल डेस साइंसेज* (1699) जैसी वैज्ञानिक पत्रिकाओं, औ *आर्किटेक्ट्स ऑफ़ द एनसाइक्लोपीडिया* (1751-72) जैसे वैज्ञानिक प्रकाशकों में स्पष्ट था। ये संस्थाएँ आनुभविक साक्ष्यों के आधार पर सूचना का संग्रह करती थीं और क्रेमर की कपोल-कल्पनाओं की बजाय कॉपरनिकस की खोजों की ओर ध्यान आकृष्ट करती थीं। जब *फ़िलॉसाफ़िकल ट्रांजैक्शन्स ऑफ़ द रॉयल सोसायटी* के लिए कोई लेख छपने भेजा जाता था, तो पत्रिका के संपादक जो सबसे पहला सवाल पूछते थे, वह यह नहीं होता था कि "इसे पढ़ने के लिए कितने लोग पैसा ख़र्च करेंगे?" बल्कि यह होता था कि "इसके सच होने का क्या सबूत है?"

शुरू में, ये नई संस्थाएँ किसी मकड़जाल की तरह कमज़ोर लगती थीं, जिनमें मानव समाज को नया आकार देने के लिए ज़रूरी सामर्थ्य का अभाव दिखता था। डायनों के शिकार के विशेषज्ञों से भिन्न, *फ़िलॉसॉफ़िकल ट्रांजैक्शन्स ऑफ़ द रॉयल सोसायटी* के संपादक किसी को यातना या फाँसी नहीं दे सकते थे। और कैथोलिक चर्च से भिन्न, विज्ञान अकादमी के नियंत्रण में विशाल अधिकार-क्षेत्र और बजट नहीं थे, लेकिन वैज्ञानिक संस्थाओं का प्रभाव समय के साथ बढ़ता गया, तो इसलिए कि वे भरोसे का अत्यंत मौलिक दावा कर सकती थीं। एक चर्च को आम तौर से लोगों से भरोसा करने को कहना पड़ता था, क्योंकि उसके पास एक अचूक किताब के रूप में परम सत्य होता था। इसके विपरीत, एक वैज्ञानिक संस्था इसलिए प्रभाव हासिल करती थी, क्योंकि उसके पास ख़ुद को सुधारते रहने (सेल्फ़-करेक्शन) की ऐसी प्रक्रियाएँ होती थीं, जो स्वयं उस संस्था की त्रुटियों को उजागर और ठीक करती रहती थीं। ये ख़ुद को सुधारते रहने की प्रक्रियाएँ ही थीं, न कि मुद्रण की प्रौद्योगिकी, जो वैज्ञानिक क्रांति की उत्प्रेरक थीं।

दूसरे शब्दों में, वैज्ञानिक क्रांति की शुरुआत अज्ञानता की खोज से हुई थी।[91] किताब पर केंद्रित मज़हब मानते थे कि ज्ञान का अचूक स्रोत उनकी पहुँच में है। ईसाइयों के पास बाइबल थी, मुसलमानों के पास कुरान थी, हिंदुओं के पास वेद थे, और बौद्धों के पास त्रिपिटक थी। वैज्ञानिक संस्कृति के पास ऐसी कोई किताब नहीं थी, जिसकी इन किताबों के साथ तुलना की जा सकती, न ही वह यह दावा करती थी कि उसका कोई नायक अचूक पैगंबर, संत, या जीनियस है। वैज्ञानिक परियोजना की शुरुआत अचूकता की कल्पना को नकारने और एक ऐसा सूचना तंत्र तैयार करने के लिए आगे बढ़ने के साथ होती है, जो त्रुटियों को अपरिहार्य मानता है। बेशक, कॉपरनिकस, डार्विन और आइंस्टाइन के जीनियस की बहुत चर्चा होती है, लेकिन इनमें से किसी को भी दोषरहित नहीं माना जाता। उन सभी से ग़लतियाँ हुईं, और अत्यंत मशहूर वैज्ञानिक किताबों में भी निश्चित तौर पर त्रुटियाँ और कमियाँ होती हैं।

चूँकि जीनियस तक पुष्टि पूर्वाग्रह की प्रवृत्ति के शिकार होते हैं, इसलिए आप उन पर भरोसा नहीं कर सकते कि वे स्वयं अपनी ग़लतियाँ सुधार लेंगे। विज्ञान एक सामूहिक उद्यम है, जो किसी एक वैज्ञानिक या, मसलन, किसी एक अचूक किताब की बजाय सांस्थानिक सहयोग पर भरोसा करता है। निश्चय ही, संस्थाओं में भी ग़लतियाँ करने की संभावना निहित होती है। तब भी, वैज्ञानिक संस्थाएँ मज़हबी संस्थाओं से भिन्न होती हैं, इस अर्थ में कि वे पुष्टि की बजाय संशय और नवाचार को पुरस्कृत करती हैं। वैज्ञानिक संस्थाएँ साज़िश की परिकल्पना से भिन्न होती हैं, इस अर्थ में कि वे आत्म-संशय को पुरस्कृत करती हैं। हर चीज़ में साज़िश सूँघने वाले लोग मौजूदा सहमति को लेकर अत्यंत संशयात्मक होते हैं, लेकिन जब ख़ुद उनके विश्वासों का सवाल पैदा होता है, तो वे अपना सारा संशय गँवा देते हैं और पुष्टि पूर्वाग्रह के शिकार हो जाते हैं।[92] विज्ञान की विशिष्टता महज़ संशयवाद नहीं है बल्कि आत्म-संशय है, और हर वैज्ञानिक संस्था के मर्म में हम ख़ुद को सुधारने की ज़बरदस्त प्रक्रियाएँ पाते हैं। वैज्ञानिक संस्थाएँ भी अपने किन्हीं सिद्धांतों, जैसे कि क्वांटम मैकेनिक्स की सटीकता को लेकर व्यापक सहमति पर पहुँचती हैं, लेकिन केवल इसलिए कि ये सिद्धांत उन्हें ग़लत साबित करने वाले प्रबल उद्यमों का सामना कर चुके होते हैं। वे उद्यम, जो बाहर के लोगों द्वारा ही नहीं, बल्कि स्वयं उस संस्था के सदस्यों द्वारा किए गए होते हैं।

आत्म-सुधार की प्रक्रियाएँ

सूचना प्रौद्योगिकी की तरह ही आत्म-सुधार (सेल्फ़-करेक्शन) की प्रक्रियाएँ पवित्र किताब से एकदम विपरीत होती हैं। पवित्र किताब को अचूक माना जाता है। आत्म-सुधार की प्रक्रिया ग़लतियाँ करने की संभावना को अंगीकार करती है। आत्म-सुधार कहते हुए, मैं उन प्रक्रियाओं की बात कर रहा हूँ, जिसका इस्तेमाल कोई ख़ुद सुधारने के लिए करता है। जब कोई अध्यापक किसी विद्यार्थी के निबंध को सुधारता है, तब वह आत्म-सुधार की प्रक्रिया नहीं होती, विद्यार्थी ख़ुद अपने निबंध को नहीं सुधार रहा होता है। जब कोई जज किसी अपराधी को जेल भेज रहा होता है, तो वह आत्म-सुधार की प्रक्रिया नहीं होती, तब अपराधी ख़ुद अपने अपराध को उजागर नहीं कर रहा होता है। जब मित्र राष्ट्रों ने तहस-नहस हो चुकी जर्मन शासन व्यवस्था को पराजित किया था, तो वह आत्म-सुधार की प्रक्रिया नहीं थी; अगर जर्मनी को उसके हाल पर छोड़ दिया गया होता, तो जर्मनी ने ख़ुद को नाज़ी प्रभाव से मुक्त नहीं किया होता, लेकिन जब कोई वैज्ञानिक पत्रिका कोई ऐसा लेख प्रकाशित करती है, जिसमें पिछले लेख में की गई त्रुटियों को सुधारा गया होता है, तब वह अपनी ग़लतियों को ख़ुद ही सुधार रही संस्था का उदाहरण होता है।

आत्म-सुधार की प्रक्रियाएँ प्रकृति में हर कहीं पाई जाती हैं। बच्चे ख़ुद से ही चलना सीखते हैं। आप ग़लत क़दम रखते हैं, आप गिर जाते हैं, आप अपनी ग़लती से सीखते हैं, और आप थोड़ा भिन्न ढंग से चलने की कोशिश करते हैं। बेशक, कभी-कभी अभिभावक और अध्यापक किसी बच्चे को अपना हाथ थमा देते हैं या उसे सलाह देते हैं, लेकिन अगर कोई बच्चा पूरी तरह से ऐसे बाहरी सुधारों पर निर्भर करेगा या ग़लतियों से सीखने की बजाय माफ़ी माँगता रहेगा, तो उसे चलना बहुत मुश्किल हो जाएगा। दरअसल, वयस्कों के रूप में भी, जब भी हम चलते हैं, तो हमारा शरीर आत्म-सुधार की पेचीदा प्रक्रिया में लगा होता है। जैसे-जैसे हमारा शरीर स्पेस के भीतर चलता है, मस्तिष्क, अंगों और संवेदी इंद्रियों के बीच आंतरिक फ़ीडबैक लूप हमारे हाथों और पैरों को उनके उचित स्थान पर बनाए रखते हैं और हमारा संतुलन ठीक रखते हैं।[93]

दूसरी बहुत-सी शारीरिक प्रक्रियाएँ निरंतर आत्म-सुधार की माँग करती हैं। हमारा रक्तचाप, तापमान, शुगर लेवल, और अनेक अन्य मापदंडों को विभिन्न परिस्थितियों के मुताबिक़ बदलने के लिए गुंजाइश देना अनिवार्य होता है, लेकिन उन्हें कभी भी किन्ही ख़ास निर्णायक सीमाओं से ऊपर या नीचे नहीं जाना चाहिए। जब हम दौड़ते हैं, तो हमारे रक्तचाप को बढ़ने और जब हम सोते हैं, तब उसे घटने की ज़रूरत होती है, लेकिन उसे हमेशा निश्चित सीमाओं के भीतर बना रहना अनिवार्य होता है।[94] हमारा शरीर आत्म-सुधार की कई होमियोस्टेटिक प्रक्रियाओं के माध्यम से इस नाज़ुक जैवरासायनिक नृत्य का संचालन करता रहता है। अगर हमारा रक्तचाप बहुत ज़्यादा बढ़ जाता है, तो आत्म-सुधार की प्रक्रिया उसे नीचे ला देती है। अगर हमारा रक्तचाप ख़तरनाक रूप से नीचे चला जाता है, तो आत्म-सुधार की प्रक्रिया उसे ऊपर उठा देती है। अगर आत्म-सुधार की ये प्रक्रियाएँ नियंत्रण से बाहर चली जाएँ, तो हम मर सकते हैं।[95]

आत्म-सुधार की प्रक्रियाओं के अभाव में संस्थाएँ भी मर जाती हैं। इन प्रक्रियाओं की शुरुआत इस बोध के साथ होती है कि मनुष्य ग़लतियाँ कर सकता है और उसे भ्रष्ट किया जा सकता है, लेकिन इंसानों से उम्मीद छोड़ देने और उनसे बचकर निकल जाने की कोशिश करने की बजाय, संस्था सक्रिय रूप से अपनी ग़लतियाँ खोजती है और उन्हें सुधारती है। उन तमाम संस्थाओं में जो कुछ वर्षों से आगे तक टिकी रह पाती हैं, इस तरह की प्रक्रियाएँ होती हैं, संस्थाएँ आत्म-सुधार की प्रक्रियाओं की सामर्थ्य और प्रत्यक्षता के मामले में एक-दूसरे से बहुत ज़्यादा भिन्न होती हैं।

उदाहरण के लिए, कैथोलिक चर्च एक ऐसी संस्था है, जिसकी आत्म-सुधार की प्रक्रियाएँ अपेक्षाकृत कमज़ोर हैं। वह कभी-कभार ही इस बात को पहचानने को उत्सुक होती है कि उसके कुछ सदस्यों ने त्रुटियाँ की हैं या पाप किया है, लेकिन

स्वयं वह संस्था कथित रूप से अचूक बनी रहती है। उदाहरण के लिए, 1964 में सेकंड वेटिकन चर्च में, कैथोलिकों ने इस बात को स्वीकार किया कि ''मसीह, चर्च को निरंतर सुधार के लिए तलब करते हैं, क्योंकि चर्च ने पृथ्वी पर डेरा डाल रखा है। चर्च को इस बात की हमेशा ज़रूरत होती है, जिस हद तक वह यहाँ पृथ्वी पर मनुष्यों की संस्था होती है। इस तरह अगर, विभिन्न समयों और परिस्थितियों में, नैतिक आचरण या चर्च के अनुशासन में, या यहाँ तक कि चर्च की शिक्षाओं को सूत्रबद्ध किए जाने के तरीक़े में भी कमियाँ रही हों, यानी, जिन्हें आस्था के भंडार से सावधानीपूर्वक अलग किया जाना चाहिए, तो इन्हें उचित समय पर ठीक किया जा सकता है और किया जाना चाहिए।''[96]

यह स्वीकारोक्ति भरोसा दिलाने वाली प्रतीत होती है, लेकिन शैतान ब्योरों में है, ख़ास तौर से 'आस्था के भंडार में' किसी तरह की कमी की संभावना को स्वीकारने से इंकार करने में। कैथोलिक सिद्धांत में 'आस्था का भंडार' उस उद्घाटित सत्य के निकाय की ओर संकेत करता है, जिसे चर्च ने धर्मग्रंथों और धर्मग्रंथों की व्याख्या की पवित्र परंपरा से प्राप्त किया है। कैथोलिक चर्च इस बात को स्वीकार करती है कि पादरी ग़लतियाँ कर सकने वाले मनुष्य होते हैं, जो चर्च की शिक्षाओं को सूत्रबद्ध करने के तरीक़े में पाप कर सकते हैं और ग़लतियाँ भी कर सकते हैं, लेकिन स्वयं पवित्र किताब कभी त्रुटियाँ नहीं कर सकती। अगर चर्च एक ऐसी संस्था है, जो ग़लतियाँ कर सकने वाले इंसानों और अचूक किताब को आपस में मिलाए हुए है, तो समूचे चर्च के संदर्भ इसका क्या अभिप्राय निकलता है?

कैथोलिक सिद्धांत के मुताबिक़, बाइबल की अचूकता और दैवीय मार्गदर्शन मानवीय भ्रष्टाचार पर भारी पड़ते हैं, इसलिए भले ही चर्च के व्यक्ति त्रुटियाँ और पाप कर सकते हों, लेकिन एक संस्था के रूप में कैथोलिक चर्च कभी ग़लत नहीं है। कथित रूप से, परमेश्वर ने इतिहास में कभी भी बहुसंख्यक चर्च के नेताओं को पवित्र किताब की उनकी व्याख्या में कोई गंभीर ग़लती करने की गुंजाइश नहीं दी। यह सिद्धांत कई मज़हबों में समान है। यहूदी परंपरावाद ने इस संभावना को स्वीकार किया था कि जिन रब्बियों ने मिशनाह और तल्मूड तैयार किया था, उन्होंने मुमकिन है अपने निजी मामलों में ग़लतियाँ की हों, लेकिन जब वे मज़हबी मत का निर्णय करने बैठे, तो परमेश्वर ने सुनिश्चित किया था कि वे कोई ग़लतियाँ न करें।[97] इस्लाम में भी *इज्मा* नामक ऐसा ही सिद्धांत है। हदीथ के मुताबिक़, मोहम्मद ने कहा था कि ''अल्लाह यह सुनिश्चित करेगा कि मेरा समुदाय कभी गलतियों पर सहमत न हो।''[98]

कैथोलिक मत में, कथित सांस्थानिक अचूकता पोप की अचूकता के सिद्धांत में बहुत स्पष्ट रूप से स्थापित है, जो कहता है कि जहाँ तक निजी मामलों का

सवाल है, पोप ग़लतियाँ कर सकते हैं, लेकिन अपनी सांस्थानिक भूमिका में वे अचूक होते हैं।[99] उदाहरण के लिए, पोप अलेक्ज़ैंडर VI ने ब्रह्मचर्य की अपनी शपथ को तोड़ने की ग़लती की थी। उन्होंने एक प्रेमिका रखी हुई थी और उन्होंने कई बच्चों को जन्म दिया था, लेकिन जब वे नैतिकता और धर्मशास्त्र के मामलों पर अधिकृत चर्च की शिक्षाओं को परिभाषित करते थे, तो वे ग़लतियाँ करने में अक्षम होते थे।

इन दृष्टिकोणों के अनुरूप, कैथोलिक चर्च ने अपने इंसानी सदस्यों का उनके निजी मामलों में निरीक्षण करने के लिए हमेशा आत्म-सुधार की प्रक्रियाओं का प्रयोग किया है, लेकिन उसने बाइबल में बदलाव लाने या 'आस्था के भंडार' में बदलाव लाने के लिए कभी कोई प्रक्रिया विकसित नहीं की। यह प्रवृत्ति उन कुछ औपचारिक क्षमा याचनाओं में रूपायित होती है, जो अपने अतीत के आचरण को लेकर कैथोलिक चर्च ने जारी की थीं। हाल ही के दशकों में, कई पोपों ने यहूदियों के प्रति, स्त्रियों के प्रति, ग़ैर-कैथोलिक ईसाइयों के प्रति, और देशज संस्कृतियों के प्रति दुर्व्यवहार के लिए, साथ ही 1204 में कॉन्स्टेंटिनोपल को बर्ख़ास्त किए जाने और कैथोलिक स्कूलों में बच्चों के साथ किए गए दुर्व्यवहार जैसी विशिष्ट घटनाओं के लिए माफ़ी माँगी है। कैथोलिक चर्च ने इस तरह की माफ़ियाँ माँगी, यह अपने आप में सराहनीय है। मज़हबी संस्थाएँ ऐसा सामान्यत: करती नहीं हैं। तब भी, इन सारे मामलों में, पोप इस बात को लेकर सतर्क थे कि इनके लिए धर्मग्रंथ और एक संस्था के रूप में चर्च को ज़िम्मेदार न ठहराया जाए। इसकी बजाय, आरोपों की ज़िम्मेदारी व्यक्तिगत रूप से पादरियों के मत्थे मढ़ दी गई थी, जिन्होंने कथित रूप से धर्मग्रंथों की ग़लत व्याख्या की थी और जो चर्च की वास्तविक शिक्षाओं से विचलित हुए थे।

उदाहरण के लिए, मार्च 2000 में, पोप जॉन पॉल II ने एक विशेष आयोजन किया था, जिसमें उन्होंने यहूदियों, विधर्मियों, स्त्रियों, और देशज समुदायों के ख़िलाफ़ किए गए ऐतिहासिक अपराधों की एक लंबी फ़ेहरिस्त के लिए माफ़ी माँगी थी। उन्होंने 'कुछ लोगों द्वारा सत्य की सेवा में किए गए अपराधों के लिए' माफ़ी माँगी थी। इस पदावली में यह निहित था कि हिंसा उन 'कुछ' गुमराह व्यक्तियों ने की थी, जो चर्च द्वारा सिखाए गए सच को ठीक से नहीं समझे थे। पोप ने इस संभावना को स्वीकार नहीं किया था कि ये व्यक्ति उन बातों को एकदम ठीक समझे थे, जो चर्च सिखा रही थी और ये शिक्षाएँ सत्य थीं ही नहीं।[100]

इसी तरह, जब 2022 में पोप फ़्रांसिस ने कैनेडा में चर्च द्वारा संचालित आवासीय स्कूलों में देशज लोगों के ख़िलाफ़ किए गए दुराचरण के लिए क्षमा माँगी, तो उन्होंने कहा था, ''मैं क्षमा माँगता हूँ, ख़ास तौर से, जिस तरह से चर्च के कई

सदस्यों ने सांस्कृतिक विनाश और बलात धर्मांतरण की योजना में सहयोग किया था।''[101] ध्यान दें कि किस तरह ज़िम्मेदारी को टाला गया है। ग़लती 'चर्च के कई सदस्यों' की है, चर्च और उसकी शिक्षाओं की नहीं है। मानो देशज संस्कृतियों को नष्ट करना और लोगों का बलात धर्मांतरण कराना कभी चर्च का अधिकृत सिद्धांत न रहा हो।

वास्तव में, ये थोड़े-से भटके हुए पादरी नहीं थे, जिन्होंने धर्मयुद्ध आरंभ किए थे, बल्कि ऐसे विधान लागू किए थे, जो यहूदियों और स्त्रियों के साथ भेदभाव रखते थे, या जिन्होंने समूची दुनिया के देशज धर्मों को व्यवस्थित ढंग से निगल लेने के साज़िश रची थी।[102] चर्च के अनेक श्रद्धेय पादरियों का लेखन, और कई पोपों तथा चर्च परिषदों के अधिकृत धर्मादेश 'पैगनों' और 'विधर्मी' मज़हबों की निंदा करने वाले हिस्सों से भरे पड़े हैं, जिनमें उनके विनाश और उनके सदस्यों के साथ अत्याचार करने, और लोगों को ईसाई धर्म में समाविष्ट करने के लिए हिंसा के इस्तेमाल के आह्वान किए गए हैं।[103] उदाहरण के लिए, 1452 में पोप निकोलस V ने पुर्तगाल के किंग अफ़ोंसो V और अन्य कैथोलिक राजाओं को संबोधित the Dum Diversas नामक आदेश जारी किया था। इस आदेश में कहा गया था कि ''हम पोप की अपनी हैसियत से इन प्रस्तुत दस्तावेज़ों के माध्यम से आपको पूरी आज़ादी देते हैं कि आप सारासेंस (मुसलमानों) और पैगनों और किन्हीं भी दूसरे नास्तिकों और ईसा के शत्रुओं पर, वे जहाँ कहीं भी हों, साथ ही उनके राज्यों, डचीज़, प्रांतों, रियासतों और अन्य संपत्तियों पर हमले करें, उनकी तलाशी लें, उन्हें पकड़ें, और अपने अधीन बना लें... और उन्हें निरंतर गुलामी करने के लिए विवश करें।''[104] इस अधिकृत घोषणा को बाद के कई पोपों ने दोहराया था। इसने यूरोपीय साम्राज्यवाद और सारी दुनिया की स्थानीय संस्कृतियों के विनाश का मज़हबी आधार तैयार किया था। बेशक, चर्च हालाँकि इसे अधिकृत तौर पर स्वीकार नहीं करती, लेकिन समय के साथ इसने उसकी संस्थापरक संरचनाओं, उसकी मूलभूत शिक्षाओं, और धर्मग्रंथ की उसकी व्याख्याओं को बदला है। आज का कैथोलिक चर्च मध्ययुग और आरंभिक आधुनिक काल के मुक़ाबले बहुत कम यहूदी-विरोधी और नारीद्वेषी है। देशज संस्कृतियों के प्रति पोप फ्रांसिस, पोप निकोलस V के मुक़ाबले कहीं ज़्यादा सहिष्णु हैं। यहाँ एक संस्थापरक आत्म-सुधार की प्रक्रिया कार्यरत है, जो बाहरी दबावों और आंतरिक आत्मानुसंधान, दोनों पर प्रतिक्रिया करती है, लेकिन जो चीज़ कैथोलिक चर्च जैसी संस्थाओं की ख़ासियत है, वह यह है कि जब ऐसा होता है तब भी, इसकी सराहना करने की बजाय इसे नकारा जाता है। चर्च की शिक्षाओं को बदलने का पहला नियम है कि आप चर्च की शिक्षाओं में बदलाव को कभी स्वीकार न करें।

आप किसी पोप को दुनिया के सामने यह ऐलान करते हुए कभी नहीं सुनेंगे कि ''हमारे विशेषज्ञों ने हाल ही में बाइबल में एक बहुत बड़ी त्रुटि पाई है। हम जल्दी ही एक संशोधित संस्करण जारी करेंगे।'' इसकी बजाय, जब यहूदियों या स्त्रियों के प्रति चर्च के अधिक उदारतापूर्ण रवैये की माँग की गई, तो पोप के जवाब में यह बात अंतर्निहित होती है कि यह शिक्षा तो चर्च हमेशा से देती रही है, भले ही चर्च के कोई पादरी इस संदेश को ठीक तरह से समझने में विफल रहे हों। आत्म-सुधार के वजूद से इंकार उसे आत्म-सुधार से रोकता नहीं है, लेकिन वह इसे कमज़ोर और धीमा करता है। चूँकि अतीत की ग़लतियों के सुधार की सराहना तो दूर, उनके सुधार को भी स्वीकार नहीं किया जाता, इसलिए जब आस्थावान लोगों को संस्था और उसकी शिक्षाओं में एक और गंभीर समस्या का सामना करना पड़ता है, तो वे किसी ऐसी चीज़ को बदलने के भय से पंगु हो जाते हैं, जिसे शाश्वत और अचूक माना जाता है। वे भूल-सुधार के पिछले उदाहरणों से लाभान्वित नहीं हो सकते।

मसलन, जब पोप फ्रांसिस जैसे कैथोलिक स्वयं ही आज समलैंगिकता के बारे में चर्च की शिक्षाओं पर पुनर्विचार कर रहे हैं,[105] तो भी उन्हें अतीत की भूलों और शिक्षाओं में बदलाव को स्वीकार करना कठिन हो जाता है। अगर अंतत: भविष्य का कोई पोप एलजीबीटीक्यू लोगों के प्रति दुर्व्यवहार के लिए माफ़ी माँगता है, तो ऐसा करने का तरीक़ा आरोप को किन्हीं ऐसे कट्टर व्यक्तियों के मत्थे मढ़ देगा, जिन्होंने गॉस्पेल को ग़लत समझ लिया था। अपना धार्मिक प्रभुत्व बरकरार रखने के लिए चर्च के पास सांस्थानिक आत्म-सुधार के वजूद से इंकार करने के अलावा और कोई विकल्प नहीं बचा है, क्योंकि चर्च अचूकता के जाल में फँसी हुई थी। जैसे ही वह एक बारगी अपने मज़हबी प्रभुत्व को अचूकता के दावे पर खड़ा करती है, वैसे ही सांस्थानिक स्तर की चूक का कोई भी सार्वजनिक स्वीकारोक्ति,किसी अपेक्षाकृत छोटे-से मुद्दे पर भी, उसके प्रभुत्व को पूरी तरह नष्ट कर सकती है।

डीएसएम और बाइबल

कैथोलिक चर्च के विपरीत, जो वैज्ञानिक संस्थाएँ आरंभिक आधुनिक यूरोप में उभरी थीं, वे आत्म-सुधार की ज़बरदस्त प्रक्रियाओं के इर्द-गिर्द खड़ी हुई थीं। वैज्ञानिक संस्थाएँ मानती हैं कि अगर किसी ख़ास कालखंड में ज़्यादातर वैज्ञानिक भी किसी चीज़ के सच होने में विश्वास करते हैं, तब भी वह चीज़ ग़लत या अधूरी साबित हो सकती है। उन्नीसवीं सदी में ज़्यादातर भौतिकीविद न्यूटन की भौतिकी को ब्रह्मांड की सर्वसमावेशी व्याख्या के रूप में स्वीकार करते थे, लेकिन बीसवीं सदी में सापेक्षता के सिद्धांत और क़्वांटम मैकेनिक्स ने न्यूटन के मॉडल की त्रुटियों और सीमाओं को

उजागर कर दिया था।[106] विज्ञान के इतिहास के सर्वाधिक सराहनीय क्षण वे रहे हैं, जब मान्य ज्ञान को उलट दिया गया है और नए सिद्धांतों का जन्म हुआ है।

अत्यंत महत्त्वपूर्ण बात यह है कि वैज्ञानिक संस्थाएँ बड़ी ग़लतियों और अपराधों के लिए अपनी *सांस्थानिक* ज़िम्मेदारी स्वीकार करने को तत्पर होती हैं। उदाहरण के लिए, आज के समय के विश्वविद्यालयों में नियमित रूप से ऐसे पाठ्यक्रम चलाए जाते हैं और व्यावसायिक पत्रिकाएँ ऐसे लेख छापती हैं, जो संस्थाओं के नस्लवाद और लिंग-भेद को उजागर करते हैं। यह उन्नीसवीं सदी और ज़्यादातर बीसवीं सदी के जीवविज्ञान, नृतत्त्वशास्त्र, और इतिहास जैसे विषयों की विशेषता रही है। टस्केजी सिफ़लिस स्टडी जैसे व्यक्तिगत प्रकरणों और व्हाइट ऑस्ट्रेलिया नीति से लेकर होलोकास्ट तक की सरकारी नीतियों पर किए गए शोधों ने बार-बार और विस्तारपूर्वक इस बात के अध्ययन किए हैं कि किस तरह अग्रणी वैज्ञानिक संस्थाओं में विकसित त्रुटिपूर्ण जैविक, नृतात्त्विक और ऐतिहासिक सिद्धांतों का इस्तेमाल पक्षपात, साम्राज्यवाद और नरसंहार तक को उचित ठहराने तथा उन्हें आसान बनाने के लिए किया गया था। इन अपराधों और चूकों के लिए थोड़े-से गुमराह अध्येताओं को ज़िम्मेदार नहीं माना गया है। उन्हें समूचे अकादमिक अनुशासनों की संस्थापरक नाकामयाबी के रूप में देखा गया है।[107]

बड़ी संस्थानपरक त्रुटियों को स्वीकार करने की तत्परता उस अपेक्षाकृत तीव्र गति में योगदान करती है, जिस गति से विज्ञान विकसित हो रहा है। जब उपलब्ध साक्ष्य इसे सही साबित कर देते हैं, तो कुछ ही पीढ़ियों के बाद प्रभावी सिद्धांतों को अक्सर त्याग दिया जाता है और उनकी जगह नए सिद्धांत ले लेते हैं। इक्कीसवीं सदी के इन आरंभिक वर्षों में जीवविज्ञान, नृतत्त्वशास्त्र, और इतिहास के विद्यार्थी विश्वविद्यालयों में जो कुछ पढ़ते हैं, वह उससे बहुत भिन्न है, जो उन्होंने एक सदी पहले पढ़ा था।

मनोचिकित्सा आत्म-सुधार की प्रभावशाली प्रक्रियाओं के इससे मिलते-जुलते कई साक्ष्य उपलब्ध कराती है। आपको मनोचिकित्सक की किताबों की अलमारी में प्राय: *डीएसएम - डायग्नॉस्टिक ऐंड स्टेटिस्टिकल मैनयुअल ऑफ़ मेंटल डिसऑर्डर*- देखने मिल जाएगी। इसे कभी-कभी मनोचिकित्सकों की बाइबल की संज्ञा दी जाती है, लेकिन डीएसएम और बाइबल में ज़मीन-आसमान का फ़र्क़ है। 1952 में पहली बार प्रकाशित डीएसएम का एक-दो दशकों में संशोधन होता रहा है और 2013 में उसका पाँचवाँ संस्करण प्रकाशित हुआ था। वर्षों के दौरान, कई विकारों (डिसऑर्डर्स) की परिभाषाएँ बदली हैं, और कई नए मनोविकार उसमें जुड़े हैं, जबकि कई मनोविकारों को उसमें से हटा दिया गया है। उदाहरण के लिए, समलैंगिकता को 1952 में सोशियोपैथिक पर्सनेलिटी डिस्टर्बेंस के रूप में शामिल

किया गया था, लेकिन 1974 में उसे *डीएसएम* से हटा दिया गया था। *डीएसएम* की इस त्रुटि को सुधारने में मात्र बाइस वर्ष लगे। वह कोई पवित्र किताब नहीं है। वह विज्ञान का ग्रंथ है।

आज मनोचिकित्सा का अनुशासन समलैंगिकता की 1952 की परिभाषा को अधिक सौम्य भाव से पुनर्व्याख्यायित करने की कोशिश नहीं करता। इसकी बजाय, वह 1952 की परिभाषा को सर्वथा त्रुटि के रूप में देखता है। और भी अधिक महत्त्वपूर्ण बात यह है कि इस त्रुटि को कुछ थोड़े-से होमोफ़ोबिक प्रोफ़ेसरों की कमियों के मत्थे नहीं मढ़ दिया गया है। इसकी बजाय, इसे मनोचिकित्सा के अनुशासन के गहन संस्थानपरक पूर्वाग्रहों के नतीजे के रूप में स्वीकार किया जाता है।[108] अतीत की संस्थानपरक त्रुटियों की स्वीकृति मनोचिकित्सकों को आज ऐसी नई ग़लतियाँ न करने के प्रति अधिक सावधान बनाती है, जैसा कि किन्नरों (ट्रांसजेंडर) और ऑटिस्टिक लोगों के संदर्भ में जारी उग्र बहसों से ज़ाहिर है। बेशक, वे कितने ही सावधान क्यों न हों, मनोचिकित्सकों द्वारा संस्थानपरक ग़लतियाँ करने की संभावना बनी रहेगी, लेकिन वे उन्हें पहचानने और दुरुस्त करने की संभावना भी रखते हैं।[109]

प्रकाशित करो या मिट जाओ

जो चीज़ वैज्ञानिक आत्म-सुधार प्रक्रियाओं को प्रभावशाली बनाती है, वह यह है कि वैज्ञानिक संस्थाएँ सिर्फ़ संस्थानपरक त्रुटियों और अज्ञानता को स्वीकार करने को लेकर ही तत्पर नहीं होतीं, वे उन्हें क्रियाशील ढंग से उजागर भी करती हैं। यह चीज़ इन संस्थाओं की प्रेरक संरचना से ज़ाहिर है। मज़हबी संस्थाओं में, सदस्य मौजूदा सिद्धांतों की पुष्टि करने और अनूठेपन को संदेह की निगाह से देखने के लिए प्रेरित होते हैं। आप सिद्धांत के प्रति वफ़ादारी घोषित करने से रब्बी, इमाम, या पादरी बनते हैं, और अगर आप अपने पूर्ववर्तियों की आलोचना नहीं करते या कोई नई मूलगामी धारणा को प्रस्तुत नहीं करते, तो आप पोप, मुख्य रब्बी, या सर्वोच्च अयातुल्लाह के रूप में पदोन्नत हो सकते हैं। वास्तव में, हाल के वर्षों के सर्वाधिक शक्तिशाली और बहुप्रशंसित मज़हबी नेता, जैसे कि पोप बैनेडिक्ट XVI इज़रायल के मुख्य रब्बी डेविड लाउ, और ईरान के अयातुल्लाह ख़ोमेनी, ने नए विचारों और नारीवाद जैसी नई विचारधाराओं के प्रति सख़्त प्रतिरोध बरतने की वजह से ही प्रसिद्धि पाई है।[110]

विज्ञान में इसका उलटा होता है। वैज्ञानिक संस्थाओं में नौकरियाँ या पदोन्नतियाँ 'प्रकाशित करो या मिट जाओ' के सिद्धांत के आधार पर मिलती हैं, और प्रतिष्ठित

पत्रिकाओं में प्रकाशित होने के लिए आपको मौजूदा सिद्धांतों की किन्हीं त्रुटियों को उजागर करना होता है या कोई ऐसी चीज़ ढूँढ निकालनी होती है, जिनके बारे में आपके पूर्ववर्ती या शिक्षक नहीं जानते थे। जो पहले के अध्येताओं ने कह दिया है, उसे दोहराकर और हर नए वैज्ञानिक सिद्धांत का विरोध करके कोई भी व्यक्ति नोबेल पुरस्कार नहीं जीतता।

निश्चय ही, जिस तरह मज़हब में आत्म-सुधार की गुंजाइश होती है, वैसे ही विज्ञान में परंपरावाद (कंफ़र्मिज़्म) के लिए भी भरपूर गुंजाइश होती है। विज्ञान एक संस्थानपरक उद्यम है, और वैज्ञानिक, लगभग हर उस चीज़ के लिए, जो वे जानते हैं, संस्था पर निर्भर करते हैं। उदाहरण के लिए, यह मैं कैसे जानता हूँ कि मध्ययुग और आरंभिक आधुनिक यूरोप के लोग जादू-टोने के बारे में क्या सोचते थे? मैं ख़ुद तो सारे प्रासंगिक अभिलेखागारों में गया नहीं हूँ, न ही मैंने सारे-के-सारे प्रासंगिक प्राथमिक स्रोतों को पढ़ा है। वास्तव में तो मैं इन सारे स्रोतों को सीधे-सीधे पढ़ पाने में अक्षम हूँ, क्योंकि मैं वे सारी ज़रूरी भाषाएँ नहीं समझता, न ही मैं मध्ययुगीन और आरंभिक यूरोपीय हस्तलिपियों को पढ़ने में सक्षम हूँ। इसकी बजाय, मैंने दूसरे अध्येताओं द्वारा प्रकाशित की गई किताबों और लेखों पर भरोसा किया है, जैसे कि रोनाल्ड हटन की किताब *द विच : अ हिस्ट्री ऑफ़ फ़ियर*, जो येल यूनिवर्सिटी प्रेस से 2017 में प्रकाशित हुई थी।

मैं रोनाल्ड हटन से नहीं मिला हूँ, जो यूनिवर्सिटी ऑफ़ ब्रिस्टल में इतिहास के प्रोफ़ेसर हैं, न ही मैं ब्रिस्टल के उन अधिकारियों को जानता हूँ, जिन्होंने उन्हें नौकरी पर रखा था और न येल के उन संपादकों को जानता हूँ, जिन्होंने उनकी किताब प्रकाशित की थी। तब भी मैंने उन बातों पर भरोसा किया, जो मैंने हटन की किताबों में पढ़ीं, क्योंकि मैं इस बात को समझता हूँ कि यूनिवर्सिटी ऑफ़ ब्रिस्टल या येल यूनिवर्सिटी प्रेस किस तरह काम करते हैं। उनकी आत्म-सुधारक प्रक्रियाओं के दो मुख्य लक्षण हैं : पहला, आत्म-सुधारक प्रक्रियाएँ सतही पूरक होने की बजाय उनके मर्म में मौजूद हैं। दूसरा, ये संस्थाएँ आत्म-सुधार से इंकार करने की बजाय उसकी सार्वजनिक रूप से सराहना करती हैं। यह निश्चय ही मुमकिन है कि हटन की किताब से जो सूचनाएँ मैंने हासिल की हैं, उनमें से कुछ सही न हों, या हो सकता है, मैंने ख़ुद ही उन्हें ग़लत समझ लिया हो। जादू-टोने के इतिहास के वे विशेषज्ञ, जिन्होंने हटन की किताब पढ़ी हैं या जो वर्तमान किताब को पढ़ रहे हैं, वे उम्मीद है, इस तरह की ग़लतियों को उजागर करेंगे।

वैज्ञानिक संस्थाओं के लोकलुभावनवादी आलोचक प्रतिवाद कर सकते हैं कि वास्तव में ये संस्थाएँ ग़ैर परंपरावादी (अनऑर्थोडॉक्स) दृष्टिकोणों को दबाने के लिए अपनी शक्ति का इस्तेमाल करती हैं और असहमति जताने वालों को डायन

मानकर उनका शिकार करती हैं। यह निश्चय ही सही है कि अगर कोई अध्येता अपने अनुशासन के मौजूदा परंपरावादी दृष्टिकोण का विरोध करता है, तो इसके कभी-कभी नकारात्मक परिणाम हो सकते हैं। लेख अस्वीकार कर दिए जा सकते हैं, शोध अनुदान से वंचित किया जा सकता है, लांछन लगाए जा सकते हैं, और गाहे-ब-गाहे नौकरी से निकाला जा सकता है।[111] इस तरह की घटनाएँ, जो पीड़ा पहुँचाती हैं, उन्हें मैं कम करके नहीं आँकना चाहता, लेकिन यह भौतिक रूप से यातना दिए जाने या स्टेक पर जला दिए जाने से बहुत दूर की चीज़ है।

उदाहरण के लिए, रसायनशास्त्री डान शेटमन के क़िस्से पर विचार करें। अप्रैल 1982 में, एक इलेक्ट्रॉन माइक्रस्कोप से पर्यवेक्षण करते हुए शेटमन ने कोई ऐसी चीज़ देखी, जिसके बारे में रासायनिकी की सारे तत्कालीन सिद्धांत मानते थे कि ऐसी चीज़ का अस्तित्व हो ही नहीं सकता : एल्यूमिनम और मैग्नीज़ के मिले-जुले नमूने में अणु फ़ाइव फ़ोल्ड सिमिट्री में क्रिस्ट्रलाइज़्ड थे, लेकिन फ़ाइव फ़ोल्ड सिमिट्री को प्रकृति के नियम के विरुद्ध माना जाता था। क्वासीक्रिस्टल के नाम से जानी गई शेटमन की यह खोज इतनी विचित्र प्रतीत हुई कि विशेषज्ञों द्वारा संपादित की जाने वाली कोई भी पत्रिका उसे छापने को तैयार नहीं हुई। इससे कोई मदद नहीं मिली कि शेटमन उस वक़्त एक कनिष्ठ वैज्ञानिक थे। उनके पास उनकी अपनी प्रयोगशाला तक नहीं थी। वे किसी और की प्रयोगशाला में काम कर रहे थे, लेकिन साक्ष्यों की समीक्षा करने के बाद *फ़िजिकल रिव्यू लेटर्स* पत्रिका के संपादकों ने अंततः 1984 में शेटमन के उस लेख को प्रकाशित कर दिया।[112] और तब, जैसा कि वे बताते हैं, ''अचानक हंगामा खड़ा हो गया।''

शेटमन के दावे को उनके ज़्यादातर सहकर्मियों ने ख़ारिज कर दिया, और उन पर अपने प्रयोगों को बदइंतज़ामी से करने का आरोप लगाया गया। उनकी प्रयोगशाला के प्रमुख ने भी उनकी तीखी आलोचना की। उन्होंने बड़े ही नाटकीय अंदाज़ में शेटमन की मेज़ पर रसायनशास्त्र की एक पाठ्यपुस्तक रखी और उनसे कहा, ''डैनी, इस किताब को पढ़ो और तब तुम्हें समझ में आएगा कि जो तुम कह रहे हो, वह नहीं हो सकता।'' शेटमन ने साहसपूर्वक जवाब दिया कि मैंने क्वासीक्रिस्टल माइक्रोस्कोप में देखे हैं, न कि किताब में। नतीजे में उन्हें नौकरी से निकाल दिया गया। अभी इससे भी ज़्यादा बुरा होने वाला था। लीनस पॉलिंग ने शेटमन पर क्रूरतापूर्ण निजी हमले का नेतृत्व किया। लीनस को दो बार नोबेल पुरस्कार मिल चुका था और वे बीसवीं सदी के अत्यंत प्रतिष्ठित वैज्ञानिक थे। एक कॉन्फ्रेंस में पॉलिंग ने घोषणा की कि ''डैनी शेटमन बकवास कर रहा है, क्वासीक्रिस्टल जैसा कुछ नहीं है क्वासी-वैज्ञानिक (अर्ध-वैज्ञानिक) ज़रूर हैं।'' कॉन्फ्रेंस में सैकड़ों वैज्ञानिक शामिल थे।

लेकिन शेटमन न तो क़ैद किए गए, न मारे गए। उन्हें एक अन्य प्रयोगशाला में जगह मिल गई। जो साक्ष्य उन्होंने पेश किए थे, वे रसायनशास्त्र की मौजूदा पाठ्यपुस्तकों और लीनस पॉलिंग के दृष्टिकोणों से ज़्यादा यक़ीन दिलाने वाले साबित हुए। शेटमन के कई सहकर्मियों ने उनके प्रयोगों को दोहराया और उन्होंने भी वही खोजें की। शेटमन द्वारा माइक्रस्कोप से क्वासीक्रिस्टल देखे जाने के महज़ दस वर्ष बाद इंटरनेशनल यूनियन ऑफ़ क्रिस्टलोग्राफ़ी ने क्रिस्टल की अपनी परिभाषा को बदल दिया। यह इस क्षेत्र का अग्रणी वैज्ञानिक संघ है । रसायनशास्त्र की पाठ्यपुस्तकों को भी उसी के अनुसार बदल दिया गया, और एक सर्वथा नया वैज्ञानिक क्षेत्र पैदा हुआ। 2011 में शेटमन को उनकी इस खोज के लिए रसायनशास्त्र के क्षेत्र का नोबेल पुरस्कार दिया गया।[113] नोबेल समिति ने कहा कि ''उनकी खोज अत्यंत विवादास्पद थी, लेकिन, अंतत: उन्होंने वैज्ञानिकों को पदार्थ की प्रकृति-मात्र पर पुनर्विचार करने के लिए बाध्य किया।''[114]

शेटमन के क़िस्से को बमुश्किल ही अपवाद कहा जा सकता है। विज्ञान का इतिहास इस क़िस्म के क़िस्सों से भरा पड़ा है। सापेक्षता के सिद्धांत और क्वांटम मैकेनिक्स ने बीसवीं सदी की भौतिकी की आधारशिला बनने से पहले बहुत ही कड़वाहट भरे विवाद खड़े किए थे, जिनमें यथास्थितिवादियों ने इन नए सिद्धांतों के प्रवर्तकों पर निजी हमले किए थे। इसी तरह, जब उन्नीसवीं सदी के बाद के वर्षों में जॉर्ज कैंटर ने अनंत संख्याओं (इन्फ़ाइनाइट नंबर्स) का अपना सिद्धांत विकसित किया था, जो बीसवीं सदी की ज़्यादातर गणित के लिए आधार बना, तब उन पर भी उनके अपने समय के ऑनरी पॉइनकेरे और लियोपॉल्ड क्रोनेकर जैसे अग्रणी गणितज्ञों ने व्यक्तिगत हमले किए थे। लोकलुभावनवादियों का यह सोचना सही है कि वैज्ञानिकों को भी उसी तरह के पूर्वाग्रहों का शिकार होना पड़ता है, जिस तरह दूसरे तमाम लोग होते हैं, लेकिन, यह संस्थानपरक आत्म-सुधारक प्रक्रियाओं की वजह से ही है कि इस तरह के पूर्वाग्रहों से ऊपर उठा जा सकता है। अगर पर्याप्त आनुभविक साक्ष्य उपलब्ध कराए जाते हैं, तो अक्सर ग़ैर पारंपरिक सिद्धांतों को स्थापित प्रज्ञा को उलट देने और नई सहमति विकसित करने में कुछ दशकों का समय लगता है।

जैसा कि हम अगले अध्याय में देखेंगे, ऐसे समय और स्थान रहे हैं, जहाँ वैज्ञानिक आत्म-सुधार की प्रक्रियाओं ने काम करना बंद कर दिया था और अकादमिक असहमति शारीरिक यातना, क़ैद, और मौत का कारण बन *सकती* थी। उदाहरण के लिए, सोवियत यूनियन में अर्थशास्त्र, जनेटिक्स, या इतिहास आदि कैसे भी मामले में सरकारी नीति का विरोध न सिर्फ़ बर्ख़ास्तगी, बल्कि गुलाग में कुछ वर्ष बिताने या जल्लाद की गोली का शिकार बनाए जाने का सबब बन सकता

था।[115] कृषिविज्ञानी ट्रोफ़िम लिसेंको का नक़ली सिद्धांत एक प्रसिद्ध उदाहरण है। उसने मुख्यधारा की जनेटिक्स और प्राकृतिक वरण पर आधारित विकासवाद के सिद्धांत को नकार कर अपना ख़ुद का मनपसंद सिद्धांत पेश किया था, जो कहता था कि 'पुन:- शिक्षण'' वनस्पतियों और प्राणियों के लक्षणों को बदल सकता है, और एक प्रजाति को दूसरी प्रजाति में रूपांतरित तक कर सकता है। लिसेंकोवाद ने स्तालिन को बहुत ज़्यादा आकर्षित किया, जिसके पास 'पुन:-शिक्षण' की अंतहीन संभावनाओं में विश्वास करने की विचारधारात्मक और राजनीतिक वजहें थीं। उन हज़ारों वैज्ञानिकों को नौकरी से बर्ख़ास्त कर दिया गया और कुछ को क़ैद कर लिया गया या फाँसी दे दी गई, जिन्होंने लिसेंको का विरोध किया था और प्राकृतिक वरण पर आधारित विकास के सिद्धांत को मानना जारी रखा था। एक जीवविज्ञानी और जनेटिस्ट निकोलाई वेविलोव लिसेंको का आलोचक बन गया। वह पहले कभी लिसेंको का उस्ताद हुआ करता था। 1941 में उस पर, साथ ही वनस्पतिविज्ञानी लियोनिड गोवोरोव, जनेटिस्ट ज्यॉर्जी कोर्पेशेन्को, कृषिविज्ञानी अलेक्जेंडर बोंदारेन्को पर मुक़दमा चलाया गया। बाद वाले तीन लोगों को गोली मार दी गई, जबकि वेविलोव 1943 में साराटोव के शिविर में मर गया।[116] तानाशाह के दबाव के अधीन, लेकिन ऑल-यूनियन एकेडेमी ऑफ़ एग्रीकल्चरल साइंसेस ने अंतत: अगस्त 1948 में घोषणा कर दी कि अब के बाद से सोवियत संस्थाओं में एकमात्र सही सिद्धांत के रूप में लिसेंको को पढ़ाया जाएगा।[117]

लेकिन ठीक इसी वजह से लेनिन ऑल-यूनियन एकेडेमी ऑफ़ एग्रीकल्चरल साइंसेस वैज्ञानिक संस्था नहीं रह गई, और जनेटिक्स पर सोवियत सिद्धांत विज्ञान होने की बजाय एक विचारधारा था। कोई संस्था ख़ुद को जिस चाहे नाम से पुकार सकती है, लेकिन अगर उसमें प्रभावशाली आत्म-सुधार की प्रक्रिया का अभाव होता है, तो वह वैज्ञानिक संस्था नहीं है।

आत्म-सुधार की सीमाएँ

क्या इस सब का यह मतलब है कि आत्म-सुधारात्मक प्रक्रियाओं में हमें वह जादू की गोली मिल गई है, जो मनुष्यों के सूचना तंत्रों को त्रुटियों और पूर्वाग्रहों से बचाती है? दुर्योग से स्थितियाँ काफ़ी पेचीदा हैं। इस बात की वजह हैं कि क्यों कैथोलिक चर्च और सोवियत कम्युनिस्ट पार्टी जैसी संस्थाएँ आत्म-सुधारात्मक प्रक्रियायों से परहेज़ करती हैं। जहाँ इस तरह की प्रक्रियाएँ सत्य की खोज के संदर्भ में महत्त्वपूर्ण होती हैं, वहीं वे व्यवस्था को क़ायम रखने के लिहाज़ से महँगी पड़ती हैं। प्रभावशाली आत्म-सुधारक प्रक्रियाएँ संदेह, असहमतियाँ, टकराव, और

अनबन जगाती हैं और उन मिथकों का उन्मूलन करती हैं, जो सामाजिक व्यवस्था को बाँधे रखते हैं।

निश्चय ही,व्यवस्था अपने आप में अनिवार्यत: अच्छी नहीं होती। उदाहरण के लिए, आरंभिक आधुनिक यूरोप की सामाजिक व्यवस्था, अन्य चीज़ों के साथ-साथ, न केवल डायनों के शिकार का अनुमोदन करती थी, बल्कि मुट्ठी भर अमीरों के हाथों लाखों किसानों के शोषण, स्त्रियों के साथ विधिवत दुर्व्यवहार, और यहूदियों, मुसलमानों और अन्य अल्पसंख्यकों के ख़िलाफ़ पक्षपात जैसी चीज़ों का भी अनुमोदन करती थी, लेकिन तब भी जबकि सामाजिक व्यवस्था अत्यंत दमनकारी होती है, उसे उखाड़ फेंकने का नतीजा किसी बेहतर जगह नहीं ले जाता। उसका नतीजा अराजकता और बदतर दमन भी हो सकता है। सूचना तंत्रों के इतिहास में हमेशा सत्य और व्यवस्था के बीच संतुलन क़ायम रखना शामिल रहा है। जिस तरह व्यवस्था की ख़ातिर सत्य की बलि देने की क़ीमत चुकानी पड़ती है, उसी तरह सत्य की ख़ातिर व्यवस्था की बलि देने की भी क़ीमत चुकानी पड़ती है।

वैज्ञानिक संस्थाएँ प्रभावशाली आत्म-सुधारात्मक प्रक्रियाओं का ख़तरा इसलिए उठा सकीं, क्योंकि वे सामाजिक व्यवस्था के संरक्षण की मुश्किल ज़िम्मेदारी दूसरी संस्थाओं के कंधों पर डालती रहती हैं। अगर रसायनशास्त्र की प्रयोगशाला में कोई चोर घुस आता है, या किसी मनोचिकित्सक को मौत की धमकियाँ मिलती हैं, तो वे इसकी शिकायत किसी विशेषज्ञों द्वारा संपादित पत्रिका से नहीं करते, वे पुलिस को फ़ोन करते हैं। तब क्या यह मुमकिन है कि अकादमिक अनुशासनों से भिन्न अन्य संस्थाओं में प्रभावशाली आत्म-सुधारक प्रक्रियाओं को क़ायम रखा जा सके? ख़ास तौर से, क्या इस तरह की प्रक्रियाएँ पुलिस, सेना, राजनीतिक दलों और उन सरकारों के यहाँ मौजूद रह सकती हैं, जिन पर सामाजिक व्यवस्था को क़ायम रखने की ज़िम्मेदारी होती है?

हम इस सवाल की छानबीन अगले अध्याय में करेंगे, जो सूचना के प्रवाह के राजनीतिक पहलुओं पर केंद्रित है और जो लोकतंत्रों और तानाशाहियों के दीर्घकालीन इतिहास का परीक्षण करता है। जैसा कि हम देखेंगे, लोकतंत्र इसमें विश्वास करते हैं कि राजनीति में भी आत्म-सुधार की प्रक्रियाओं को क़ायम रखना संभव है। तानाशाहियाँ इस तरह की प्रक्रियाओं को नकारती हैं। लिहाज़ा, शीतयुद्ध के चरम पर लोकतांत्रिक संयुक्त राज्य अमेरिका में समाचार-पत्रों और विश्वविद्यालयों ने वियतनाम में अमेरिका के युद्ध अपराधों को ख़ुलेआम उजागर किया था और उनकी आलोचना की थी। सर्वाधिकारवादी सोवियत संघ में भी समाचार-पत्र और विश्वविद्यालय अमेरिकी अपराध की आलोचना करके प्रसन्न होते थे, लेकिन वे अफ़ग़ानिस्तान और अन्य जगहों पर किए गए सोवियत अपराधों

को लेकर ख़ामोश रहते थे। सोवियत ख़ामोशी वैज्ञानिक तौर पर नाजायज़ थी, लेकिन राजनीतिक अर्थ में वह समझ में आने वाली चीज़ थी। वियतनाम युद्ध के बारे में अमेरिकी आत्मालोचन आज भी जारी है, जिसका उद्देश्य अमेरिकी जनता को बाँटना और सारी दुनिया में अमेरिका की प्रतिष्ठा को कमज़ोर करना है, जबकि अफ़गानिस्तान युद्ध के बारे में सोवियत और रूसी ख़ामोशी ने उसकी स्मृति को धुँधला करने और उसकी प्रतिष्ठा को सीमित करने में मदद की है।

प्राचीन एथेंस, रोमन साम्राज्य, संयुक्त राज्य अमेरिका, और सोवियत संघ जैसी ऐतिहासिक व्यवस्थाओं में सूचना की राजनीति को समझने के बाद ही हम एआई के उदय के क्रांतिकारी अभिप्रायों की छानबीन के लिए तैयार होंगे, क्योंकि एआई के बारे में एक सबसे बड़ा सवाल यह है कि यह लोकतांत्रिक आत्म-सुधार की प्रक्रियाओं का पक्ष लेगा या उन्हें नष्ट करेगा।

अध्याय 5

निर्णय : लोकतंत्र और अधिनायकवाद का संक्षिप्त इतिहास

लोकतंत्र और तानाशाही की चर्चा सामान्यत: परस्पर विरोधी राजनीतिक और नैतिक व्यवस्थाओं के रूप में की जाती है। यह अध्याय, परस्पर विरोधी सूचना तंत्रों के रूप में लोकतंत्र और तानाशाही के इतिहास का सर्वेक्षण करते हुए, इस चर्चा की पदावली को बदलना चाहता है। यह इस बात का परीक्षण करता है कि किस तरह सूचना, लोकतंत्र में तानाशाह व्यवस्थाओं से भिन्न ढंग से प्रवाहित होती है और किस तरह नई सूचना प्रौद्योगिकियों का आविष्कार विभिन्न क़िस्म की शासन व्यवस्थाओं की मदद करता है।

तानाशाही के सूचना तंत्र अत्यंत केंद्रीकृत होते हैं।[1] इससे दो चीज़ें समझ में आती हैं। पहली, केंद्र के पास असीमित प्रभुत्व होता है, इसलिए सूचना केंद्रीय स्थल की ओर प्रवाहित होने की ओर प्रवृत्त होती है, जहाँ सबसे महत्त्वपूर्ण निर्णय लिए जाते हैं। रोमन साम्राज्य में सारे मार्ग रोम की ओर जाते थे, नाज़ी जर्मनी में सूचना बर्लिन की ओर प्रवाहित होती थी, और सोवियत संघ में वह मास्को की दिशा में प्रवाहित होती थी। कभी-कभी केंद्र सरकार सारी सूचना को अपने हाथों में रखने और लोगों के जीवन की समग्रता को नियंत्रित करते हुए *सारे निर्णयों* का हुक्म स्वयं देने की कोशिश करती है। तानाशाही का समग्रीकरण करने (टोटलाइज़िंग) के रूप को अधिनायकवाद (टोटलिटेरियनिज़्म) के नाम से जाना जाता है, जिसे हिटलर और स्तालिन जैसे लोग व्यवहार में लाते थे। जैसा कि हम देखेंगे कि तकनीकी मुश्किलें अक्सर तानाशाहों को अधिनायकवादी होने से रोकती हैं। उदाहरण के लिए, रोमन सम्राट नीरो के पास वह प्रौद्योगिकी नहीं थी, जो सुदूर गाँवों के लाखों

किसानों के जीवन को उसकी सूक्ष्मता में नियंत्रित करने के लिए ज़रूरी थी। इसीलिए कई तानाशाह शासन व्यवस्थाओं में व्यक्तियों, कॉर्पोरेट्स और समुदायों को अच्छी ख़ासी स्वायत्तता दी गई होती है, लेकिन, तानाशाही लोगों की ज़िंदगी में हस्तक्षेप करने के लिए प्रभुत्व हमेशा अपने हाथ में रखती है। नीरो के रोम में स्वतंत्रता कोई आदर्श नहीं था, बल्कि वह अधिनायकवादी नियंत्रण लागू कर पाने में सरकार की अक्षमता का एक गौण नतीजा (बायप्रॉडक्ट) था।

तानाशाही तंत्रों की दूसरी विशेषता यह होती है कि वे मानकर चलते हैं कि केंद्र अचूक होता है। इसलिए वे केंद्र के निर्णयों पर किसी भी तरह की चुनौती को नापसंद करते हैं। सोवियत प्रचार स्तालिन को एक अचूक जीनियस के रूप में पेश करता था, और रोमन प्रचार सम्राटों को दैवीय हस्तियों के रूप में प्रस्तुत करता था। यहाँ तक कि जब स्तालिन या नीरो स्पष्ट तौर पर विनाशकारी निर्णय लेते थे, तो सोवियत संघ या रोमन साम्राज्य में आत्म-सुधार की ऐसी कोई मज़बूत प्रक्रियाएँ नहीं थीं, जो ग़लतियों को उजागर करके बेहतर कार्रवाइयों के लिए पुश कर सकतीं।

सैद्धांतिक तौर पर, एक अत्यंत केंद्रीकृत सूचना तंत्र आत्म-सुधार के मज़बूत तंत्र, जैसे स्वाधीन अदालतें और चुने हुए विधायी निकाय, क़ायम रखने की कोशिश कर सकता है, लेकिन अगर वे ठीक-से काम करते हैं, तो वे केंद्रीय प्रभुत्व को बदल देंगे और सूचना तंत्र को विकेंद्रित कर देंगे। तानाशाह इस क़िस्म के स्वाधीन केंद्रों को हमेशा एक ख़तरे की तरह देखते हैं और उन्हें निष्प्रभावी करने की कोशिश करते हैं। रोमन सीनेट के साथ यही हुआ था, जिसकी शक्ति को बाद के सीज़रों ने लगातार कमज़ोर बनाने की तब तक कोशिश की थी, जब तक कि वह सम्राट की सनकों के लिए एक रबर की मुहर मात्र बनकर नहीं रह गई थी।[2] यही नियति सोवियत न्यायिक प्रणाली की भी हुई थी, जिसने कभी भी कम्युनिस्ट पार्टी की इच्छाओं को प्रतिरोध देने की कोशिश नहीं की थी। 'स्तालिनवादी प्रदर्शन मुक़दमे' पूर्वनिर्धारित नतीजों वाले नाटक हुआ करते थे, जैसा कि उनके नाम से पता चलता है।[3]

संक्षेप में, तानाशाही एक केंद्रीकृत सूचना तंत्र होती है, जिसमें आत्म-सुधारपरक प्रक्रियाओं का अभाव होता है। इसके विपरीत, लोकतंत्र एक वितरित सूचना तंत्र होता है, जिसके पास आत्म-सुधार की प्रभावशाली प्रक्रियाएँ होती हैं। जब हम लोकतांत्रिक सूचना तंत्र को देखते हैं, तब भी हम उसका एक केंद्रीय स्थल देखते हैं। लोकतंत्र में सरकार सबसे ज़्यादा महत्त्वपूर्ण अधिशासी शक्ति होती है, और इसलिए सरकारी एजेंसियाँ सूचना की विराट मात्रा एकत्र और संचित करती हैं, लेकिन वहाँ कई अतिरिक्त सूचना प्रणालियाँ होती हैं, जो ढेरों स्वाधीन नोडों(कनेक्शन का एक बिंदु) को जोड़ती हैं। विधायी निकाय, राजनीतिक

दल, अदालतें, कॉर्पोरेट्स, स्थानीय समुदाय, एनजीओ (ग़ैरसरकारी संगठन), और नागरिक एक-दूसरे के साथ उन्मुक्त और प्रत्यक्ष ढंग से संवाद करते हैं, जिससे ज़्यादातर सूचना सरकार की किसी एजेंसी के रास्ते नहीं गुज़रतीं और कई महत्त्वपूर्ण निर्णय अन्यत्र लिए जाते हैं। व्यक्ति ख़ुद ही चुनाव करते हैं कि उन्हें कहाँ रहना है, कहाँ काम करना है, और किससे ब्याह करना है। कॉर्पोरेट्स इसका चुनाव ख़ुद करते हैं कि उन्हें कहाँ पर अपनी कोई शाखा खोलनी है, किसी योजना पर कितना निवेश करना है, और चीज़ों तथा सेवाओं के बदले कितना पैसा वसूल करना है। समुदाय धर्मार्थ कार्यक्रम, खेल के कार्यक्रम, धार्मिक उत्सव आदि आयोजित करने के बारे में स्वयं ही निर्णय लेते हैं। यहाँ स्वाधीनता सरकार की निष्प्रभाविता का परिणाम नहीं है, वह एक लोकतांत्रिक आदर्श है।

अगर उसके पास लोगों की ज़िंदगियों को उनकी पूरी बारीकी में नियंत्रित करने योग्य प्रौद्योगिकी होती भी है, तब भी लोकतांत्रिक सरकार इस बात की पर्याप्त गुंजाइश छोड़ती है कि लोग अपने विकल्प ख़ुद चुनें। एक आम ग़लतफ़हमी यह है कि लोकतंत्र में हर फ़ैसला बहुमत से लिया जाता है। वास्तव में, लोकतंत्र में केंद्रीय स्तर पर कम-से-कम फ़ैसले लिए जाते हैं, और केवल अपेक्षाकृत कुछ ही फ़ैसलों में बहुमत प्रतिबिंबित होना ज़रूरी होता है, जिन्हें केंद्रीय स्तर पर लिया जाना चाहिए। लोकतंत्र में, अगर 99 प्रतिशत लोग किसी ख़ास तरह की वेशभूषा धारण करना चाहते हैं और किसी ख़ास देवता की उपासना करना चाहते हैं, तब भी बाक़ी बचे 1 प्रतिशत लोगों को भिन्न ढंग की वेशभूषा अपनाने और उपासना करने की स्वतंत्रता होनी चाहिए।

निश्चय ही, अगर केंद्र सरकार लोगों के जीवन में तनिक भी दख़लंदाज़ी नहीं करती, और उन्हें सुरक्षा जैसी सेवाएँ उपलब्ध नहीं कराती, तो वह लोकतंत्र नहीं है, वह अराजकता है। तमाम लोकतंत्रों में केंद्र कर लगाता है और सेना रखता है, और ज़्यादातर आधुनिक लोकतंत्रों में वह कम-से-कम किसी स्तर तक कि स्वास्थ्य सेवा, शिक्षा, और लोक-कल्याण उपलब्ध कराता है, लेकिन लोगों की ज़िंदगी में किसी तरह की दख़लंदाज़ी स्पष्टीकरण की माँग करती है। किसी सशक्त वजह के अभाव में, एक लोकतांत्रिक सरकार को लोगों को उनकी मर्ज़ी पर छोड़ देना चाहिए।

लोकतंत्रों की एक और निर्णायक विशेषता यह है कि वे यह मानकर चलते हैं हर किसी से ग़लतियाँ हो सकती हैं। इसलिए, जहाँ लोकतंत्र केंद्र को कुछ महत्त्वपूर्ण निर्णय लेने का अधिकार देते हैं, वहीं वे ऐसी प्रभावशाली प्रक्रियाएँ भी अपनाते हैं, जो केंद्र के प्रभुत्व को चुनौती दे सकती हैं। अगर राष्ट्रपति जेम्स मैडिसन के शब्दों का अनुसरण करते हुए कहें, तो चूँकि मनुष्य ग़लतियाँ कर सकते हैं, इसलिए

सरकार ज़रूरी होती है, लेकिन क्योंकि सरकार भी ग़लतियाँ कर सकती है, उसके लिए ऐसी प्रक्रियाएँ ज़रूरी होती हैं, जो उसकी त्रुटियों को उजागर कर सकें और उन्हें सुधार सकें, जैसे कि नियमित चुनाव कराना, प्रेस की आज़ादी की रक्षा करना, और कार्यपालिका, विधायिका तथा न्यायपालिका को एक-दूसरे से अलग रखना।

नतीजतन, जहाँ तानाशाही में हर चीज़ का हुक्म जारी करने वाला एक केंद्रीय सूचना स्थल होता है, लोकतंत्र में विभिन्न सूचना नोडों के बीच संवाद जारी रहता है। ये नोड अक्सर एक-दूसरे को प्रभावित करते हैं, लेकिन ज़्यादातर मामलों में उन्हें आपसी सहमति पर पहुँचने की बाध्यता नहीं होती। व्यक्ति,कॉर्पोरेट्स, और समुदाय विभिन्न तरीक़ों से सोचना और व्यवहार करना जारी रख सकते हैं। निश्चय ही, ऐसे भी प्रकरण होते हैं, जब हर किसी को समान ढंग से व्यवहार करना अनिवार्य होता है, और विविधता को बर्दाश्त नहीं किया जा सकता। उदाहरण के लिए, जब 2002-3 में इराक़ पर आक्रमण करने को लेकर अमेरिकियों में मतभेद हुआ, तो अंततः हर किसी को एक निर्णय पर सहमत होना पड़ा था। यह चीज़ स्वीकार नहीं की जा सकती थी कि कुछ लोग सद्दाम हुसैन के साथ निजी स्तर पर शांति बनाए रखते और कुछ लोग युद्ध का ऐलान कर देते। चाहे ठीक हुआ हो या ग़लत, इराक़ पर हमले के फ़ैसले के साथ हर अमेरिकी नागरिक वचनबद्ध था। इसी तरह तब होता है, जब राष्ट्रीय आधार संरचना की पहल की जाती है या अपराधों को परिभाषित किया जाता है। अगर हर व्यक्ति को स्वतंत्र रेलों का जाल बिछाने की या हत्या की अपनी परिभाषा करने की इजाज़त दे दी जाए, तो कोई भी मुल्क काम नहीं कर सकता।

इस तरह के सामूहिक मामलों में निर्णय लेने के लिए, सबसे पहले देशव्यापी सार्वजनिक संवाद आयोजित किया जाना अनिवार्य होता है, जिसके बाद, स्वतंत्र और निष्पक्ष मतदान में चुने गए जनता के प्रतिनिधि निर्णय लेते हैं, लेकिन जब निर्णय ले लिया जाता है, तब भी उसे पुनर्परीक्षण और सुधार के लिए खुला होना चाहिए। जहाँ तंत्र अपने पिछले फ़ैसलों को बदल नहीं सकता, वह अगली बार एक भिन्न सरकार को चुन सकता है।

बहुमत की तानाशाही

आत्म-सुधार की प्रभावशाली प्रक्रियाओं से युक्त वितरित सूचना तंत्र के रूप में लोकतंत्र की परिभाषा उस आम ग़लतफ़हमी के ठीक विपरीत बैठती है, जो लोकतंत्र को सिर्फ़ चुनावों से जोड़कर देखती है। चुनाव लोकतांत्रिक टूल किट का केंद्रीय अंग हैं, लेकिन वे लोकतंत्र नहीं हैं। आत्म-सुधार की अतिरिक्त प्रक्रियाओं के अभाव

में, चुनावों में आसानी से हेरफेर की जा सकती है। जब चुनाव पूरी तरह स्वतंत्र और निष्पक्ष ढंग से होते हैं, तब भी यह चीज़ अपने में लोकतंत्र की गारंटी नहीं देती, क्योंकि लोकतंत्र और बहुमत की तानाशाही एक ही चीज़ नहीं है।

मान लीजिए कि एक स्वतंत्र और निष्पक्ष चुनाव में 51 प्रतिशत मतदाता एक ऐसी सरकार को चुन लेते हैं, जो बाद में 1 प्रतिशत मतदाताओं को मृत्यु शिविरों में मार डालने को भेज देती है, क्योंकि वे ऐसे मज़हबी अल्पसंख्यक हैं, जिनसे नफ़रत की जाती है। क्या यह लोकतांत्रिक है? स्पष्ट ही नहीं है। ऐसा नहीं है कि सरकार को 60 प्रतिशत, 75 प्रतिशत, या 99 प्रतिशत मतदाताओं का भी समर्थन मिल जाता है, तो मृत्यु के शिविर अंततः लोकतांत्रिक हो जाएँगे। लोकतंत्र ऐसी व्यवस्था नहीं है, जिसमें कितने भी बहुसंख्यक अलोकप्रिय अल्पसंख्यकों को मार सकते हों, यह एक ऐसी व्यवस्था है, जिसमें केंद्र की शक्तियों की स्पष्ट सीमाएँ होती हैं।

मान लीजिए कि 51 प्रतिशत मतदाता एक ऐसी सरकार को चुन लेते हैं, जो चुने जाने के बाद 49 प्रतिशत मतदाताओं का या मात्र उनमें से 1 प्रतिशत का, मताधिकार वापस ले लेती है। क्या यह लोकतांत्रिक है? एक बार फिर उत्तर है, नहीं, और इसका संख्याओं से कोई संबंध नहीं है। राजनीतिक प्रतिद्वंद्वियों को मताधिकार से वंचित करना लोकतांत्रिक नेटवर्क्स के आत्म-सुधार की प्राणाधार प्रक्रियाओं को नष्ट करना है। चुनाव तो तंत्र से यह कहने की प्रक्रियाभर हैं कि ''हमसे ग़लती हो गई, हम कोई और चीज़ आज़मा कर देखते हैं।'' लेकिन अगर केंद्र लोगों को अपनी मर्ज़ी से मताधिकार से वंचित कर देता है, तो आत्म-सुधार की वह प्रक्रिया नपुंसक हो जाती है।

ये दो उदाहरण विचित्र-से लग सकते हैं, लेकिन दुर्भाग्य से वे संभावना के क्षेत्र के भीतर हैं। हिटलर ने लोकतांत्रिक चुनावों के माध्यम से सत्ता में आने के कुछ ही महीनों के भीतर यहूदियों और कम्युनिस्टों को कान्सन्ट्रेशन कैंपों में भेजना शुरू कर दिया था, और संयुक्त राज्य अमेरिका में लोकतांत्रिक ढंग से चुनी हुई कई सरकारों ने अफ़्रीकी अमेरिकियों, अमेरिका के मूल निवासियों और अन्य उत्पीड़ित आबादियों को मताधिकार से वंचित किया था। निश्चय ही, लोकतंत्र पर ज़्यादातर हमले ज़्यादा सूक्ष्म होते हैं। व्लादिमीर पुतिन, विक्टर ओर्बन, रेसेप तैयप एर्दोआन, रोड्रिगो डुटर्टे, जायर बोलसोनारो और बेंजामिन नेतन्याहू जैसे शक्तिशाली शासक दर्शाते हैं कि किस तरह कोई नेता, जो सत्ता में आने के लिए लोकतंत्र का इस्तेमाल करता है, लोकतंत्र को कमज़ोर कर सकता है। जैसा कि एर्दोआन ने एक बार कहा था, ''लोकतंत्र ट्राम की तरह है। आप उसमें तब तक सवार रहते हैं, जब तक कि अपने गंतव्य तक नहीं पहुँच जाते, इसके बाद आप उससे उतर जाते हैं।''[4]

सारे शक्तिशाली शासक लोकतंत्र को कमज़ोर करने के लिए एक ही तरीक़ा अपनाते हैं - आत्म-सुधार की प्रक्रियाओं को एक-के-बाद-एक नष्ट करते चले जाना, जिसकी शुरुआत वे अदालतों और मीडिया के साथ करते हैं। सामान्य शक्तिशाली शासक या तो अदालतों से उनकी ताक़त छीन लेते हैं या उन्हें अपने वफ़ादारों से भर देते हैं और स्वाधीन मीडिया का मुँह बंद करने की कोशिश करते हैं, जिसके साथ वे अपना सर्वव्यापी प्रचार तंत्र खड़ा करते हैं।[5]

जैसे ही अदालतें वैधानिक तरीक़ों से सरकार की शक्ति पर लगाम लगाने में सक्षम नहीं रह जातीं, और जैसे ही मीडिया आज्ञाकारी ढंग से सरकार के मत को तोते की तरह दोहराना शुरू कर देता है, वैसे ही सरकार की आलोचना का साहस करने वाले सारे व्यक्तियों और संस्थाओं को देशद्रोही, अपराधी, या विदेशी एजेंट कहकर कलंकित और प्रताड़ित करना शुरू हो जाता है। अकादमिक संस्थाओं, नगरपालिकाओं, ग़ैरसरकारी संगठनों और निजी कारोबारों को या तो विघटित कर दिया जाता है या उन्हें सरकार के नियंत्रण में ले लिया जाता है। उस मक़ाम पर, सरकार चुनावों में भी इच्छानुसार हेरफेर कर सकती है। उदाहरण के लिए प्रतिपक्ष के लोकप्रिय नेताओं को जेल में डालकर, प्रतिपक्षी दलों को चुनाव में हिस्सा लेने से वंचित करके, चुनाव क्षेत्रों में गोलमाल करके, या मतदाताओं को मताधिकार से वंचित करके। इस तरह के लोकतंत्र-विरोधी साधनों के ख़िलाफ़ अपीलों को सरकार के पसंदीदा जजों द्वारा ख़ारिज कर दिया जाता है। जो पत्रकार और अकादमिक लोग इन साधनों को अपनाए जाने की आलोचना करते हैं, उन्हें नौकरी से निकाल दिया जाता है। बचे हुए मीडिया के मंच, अकादमिक संस्थाएँ, और न्यायिक सत्ताएँ इन साधनों को राष्ट्र और उसकी कथित लोकतांत्रिक व्यवस्था की गद्दारों और विदेशी एजेंटों से रक्षा लिए उठाए गए ज़रूरी क़दम कहकर इनकी तारीफ़ करते हैं। शक्तिशाली शासक सामान्यत: चुनावों को सीधे-सीधे ख़त्म करने जैसे अंतिम क़दम नहीं उठाते। इसकी बजाय, वे इन्हें अनुष्ठानों की तरह दोहराते रहते हैं, जिससे उन्हें वैधता मिलती रहती है और लोकतंत्र का मुखड़ा क़ायम रखने में मदद मिलती रहती है, जैसे, उदाहरण के लिए, पुतिन के रूस में होता है।

शक्तिशाली नेताओं के समर्थक अक्सर इस तरह की चीज़ों को लोकतंत्र-विरोधी प्रक्रियाओं के रूप में नहीं देखते। जब उनसे कहा जाता है कि चुनावों में जीत से उन्हें असीमित शक्ति नहीं मिल जाती, तो वे सचमुच चकरा जाते हैं। इसकी बजाय, उन्हें चुनी हुई सरकार की शक्ति पर किसी भी तरह का अंकुश अलोकतांत्रिक प्रतीत होता है, लेकिन, लोकतंत्र का अर्थ बहुसंख्यकों का शासन नहीं है। इसकी बजाय इसका मतलब है, सबकी स्वतंत्रता और समानता। लोकतंत्र

एक ऐसी प्रणाली है, जो हर किसी को कुछ ख़ास आज़ादियों की गारंटी देती है, जिन्हें बहुसंख्यक भी नहीं छीन सकते।

इस बात पर कोई विवाद नहीं है कि लोकतंत्र में बहुमत के प्रतिनिधि सरकार बनाने और कई क्षेत्रों में अधिमान्य नीतियों को आगे बढ़ाने के सुपात्र होते हैं। अगर बहुमत युद्ध चाहता है, तो देश युद्ध करता है। अगर बहुमत शांति चाहता है, तो देश शांति-समझौते करता है। अगर बहुमत करों में वृद्धि चाहता है, तो कर बढ़ा दिए जाते हैं। अगर बहुमत करों में कमी चाहता है, तो करों में कमी ला दी जाती है। विदेशी मामलों, सुरक्षा, शिक्षा , कराधान और अनेक दूसरी नीतियों से संबंधित बड़े फ़ैसले सब बहुमत के हाथों में होते हैं।

लेकिन लोकतंत्र में, अधिकारों की दो ऐसी टोकरियाँ होती हैं, जो बहुमत की पकड़ से बची रहती हैं। एक में मानवाधिकार होते हैं। अगर आबादी का 99 प्रतिशत हिस्सा भी बाक़ी बचे हुए 1 प्रतिशत को नष्ट करना चाहता है, तो लोकतंत्र में यह वर्जित है, क्योंकि यह सबसे बुनियादी मानवाधिकार, यानी जीने के अधिकार, का उल्लंघन करता है। मानवाधिकार की टोकरी में कई और भी अधिकार हैं, जैसे कि काम करने का अधिकार, गोपनीयता का अधिकार, उन्मुक्त विचरण का अधिकार, और धर्म का अधिकार। ये अधिकार लोकतंत्र के विकेंद्रित चरित्र को सँजोकर रखते हैं, और जो इस बात को सुनिश्चित करते हैं कि जब तक लोग किसी को नुक़सान नहीं पहुँचाते, वे अपना जीवन उस तरह जी सकते हैं, जैसे वह उन्हें उपयुक्त लगता है।

दूसरी महत्त्वपूर्ण टोकरी है, नागरिक अधिकारों की। इसका एक ज़ाहिर-सा उदाहरण है मतदान का अधिकार। अगर बहुमत को अल्पसंख्यकों को मताधिकार से वंचित करने की इजाज़त मिल जाए, तो एक ही चुनाव के बाद लोकतंत्र समाप्त हो जाएगा। नागरिक अधिकारों में प्रेस की आज़ादी, अकादमिक स्वतंत्रता और एकत्र होने का अधिकार आदि शामिल हैं, जो स्वतंत्र मीडिया संस्थानों, विश्वविद्यालयों और प्रतिपक्ष के आंदोलनों को सरकार को चुनौती देने में सक्षम बनाते हैं। ये वे प्रमुख अधिकार हैं, जिनका शक्तिशाली शासक अतिक्रमण करना चाहते हैं। जहाँ कभी-कभी देश की आत्म-सुधार की प्रक्रियाओं में बदलाव लाना ज़रूरी हो जाता है - उदाहरण के लिए, मताधिकार का विस्तार करना, मीडिया का नियमन करना, या न्यायिक प्रणाली में सुधार करना आदि, वहाँ ये सारे बदलाव अल्पसंख्यक और बहुसंख्यक समूहों समेत व्यापक सहमति के आधार पर किए जाने चाहिए। अगर कोई छोटा बहुमत एकतरफ़ा ढंग से नागरिक अधिकारों को बदल सकता है, तो वह बहुत आसानी के साथ चुनावों में हेरफेर कर सकता है और अपनी शक्ति पर लगाए गए दूसरे अंकुशों से छुटकारा पा सकता है।

मानवाधिकारों और नागरिक अधिकारों के संदर्भ में जो एक महत्त्वपूर्ण बात दर्ज करने की है, वह यह है कि वे केंद्र सरकार की शक्ति को सीमित नहीं करते, वे उस पर कई कर्तव्य भी लागू करते हैं। एक लोकतांत्रिक सरकार के लिए इतना भर पर्याप्त नहीं है कि वह मानवाधिकारों और नागरिक अधिकारों का उल्लंघन करने से बचे। उसे इन अधिकारों को सुनिश्चित करने के लिए क़दम भी उठाने चाहिए। उदाहरण के लिए, जीने का अधिकार लोकतांत्रिक सरकार पर आपराधिक हिंसा से नागरिकों की रक्षा करने का कर्तव्य डालता है। अगर कोई सरकार किसी की हत्या नहीं करती, लेकिन इसी के साथ अगर वह नागरिक को हत्या से बचाने के लिए कोई उद्यम नहीं करती, तो यह लोकतंत्र नहीं, बल्कि अराजकता है।

समाज बनाम सत्य

निश्चय ही, हर लोकतंत्र में मानवाधिकारों और नागरिक अधिकारों की ठीक-ठीक सीमा निर्धारित करने को लेकर भारी-भरकम बहसें चलती रहती हैं। यहाँ तक कि जीने के अधिकार की भी सीमा है। संयुक्त राज्य अमेरिका जैसे लोकतांत्रिक देश हैं जो मृत्युदंड देते हैं, और इस तरह कुछ अपराधियों को जीने के अधिकार से वंचित कर देते हैं। और हर मुल्क ख़ुद को युद्ध छेड़ने के विशेषाधिकार की छूट देता है, और इस तरह वह लोगों को मारने और मरने के लिए मोर्चे पर भेजता है। तब जीने का अधिकार ठीक किस बिंदु पर ख़त्म हो जाता है? ऐसे अधिकारों की सूची को लेकर भी पेचीदा बहसें जारी हैं, जिन्हें इन दो टोकरियों में शामिल किया जाना चाहिए। यह कौन निर्धारित करता है कि धर्म का अधिकार एक बुनियादी मानव अधिकार है? क्या इंटरनेट का इस्तेमाल करने को भी नागरिक अधिकारों में शामिल किया जाना चाहिए? और पशुओं के अधिकार? एआई के अधिकार?

हम इन मुद्दों को यहाँ हल नहीं कर सकते। मानवाधिकार और नागरिक अधिकार, दोनों ही अंतरविषयी समझौते हैं, जिन्हें मनुष्य खोजने की बजाय ईजाद करते हैं, और वे सार्वभौमिक कारण की बजाय ऐतिहासिक आकस्मिकताओं द्वारा निर्धारित होते हैं। विभिन्न देश किंचित भिन्न क़िस्म के अधिकारों को अपना सकते हैं। कम-से-कम सूचना-प्रवाहों की दृष्टि से, जो चीज़ किसी व्यवस्था को 'लोकतांत्रिक' व्यवस्था के रूप में परिभाषित करती है, वह केवल इतनी ही है कि उसके केंद्र के पास असीमित प्रभुत्व नहीं होना चाहिए और व्यवस्था के भीतर केंद्र की ग़लतियों को सुधारने की तगड़ी प्रक्रियाएँ होनी चाहिए। लोकतांत्रिक ताने-बाने यह मानकर चलते हैं कि हर कोई ग़लतियाँ कर सकता है, और इसमें चुनावों के विजेता और मतदाताओं का बहुमत शामिल है।

इस बात को ध्यान में रखना विशेष रूप से महत्त्वपूर्ण है कि चुनाव सत्य को ढूँढ निकालने की पद्धति नहीं हैं। इसकी बजाय, वे लोगों की परस्पर-विरोधी आकांक्षाओं के बीच निर्णय करते हुए व्यवस्था को क़ायम रखने की पद्धति हैं। और लोग अक्सर यह चाहते हैं कि सत्य जैसा है, उससे भिन्न हो। लोकतांत्रिक तंत्र, इसलिए सत्य की बहुमत की आकांक्षा तक से रक्षा करने के लिए कुछ आत्म-सुधारात्मक प्रक्रियाएँ अपनाते हैं।

उदाहरण के लिए, 11 सितंबर के हमले के जवाब में इराक़ पर हमला करने को लेकर चली 2002-3 की बहस के दौरान, बुश प्रशासन ने यह दावा किया था कि सद्दाम हुसैन सामूहिक विनाश करने वाले हथियार विकसित कर रहे हैं और इराक़ी समाज अमेरिकी शैली का लोकतंत्र खड़ा करने के लिए उत्सुक हैं और वे अमेरिका का एक मुक्तिदाता के रूप में स्वागत करेंगे। ये तर्क कामयाब रहे। अक्टूबर 2002 में अमेरिकी जनता के चुने हुए प्रतिनिधियों ने हमले का अधिकार देने के लिए भारी मतदान किया। प्रस्ताव हाउस ऑफ़ रिप्रेजेंटेटिव में 133 के जवाब में 296 (69 प्रतिशत) बहुमत और सीनेट में 23 के जवाब में 77 (77 प्रतिशत) के बहुमत से पारित हुआ।[6] मार्च 2003 में युद्ध के शुरुआती दिनों में, चुनावों ने पाया कि चुने हुए प्रतिनिधि वास्तव में मतदाताओं की इच्छा को प्रतिबिंबित करते थे और 72 प्रतिशत अमेरिकियों ने हमले का समर्थन किया था।[7] अमेरिकी जनता की आकांक्षा स्पष्ट थी।

लेकिन सच्चाई उससे भिन्न पाई गई, जैसा कि सरकार ने कहा था और जिस पर बहुमत ने विश्वास किया था। जैसे-जैसे युद्ध आगे बढ़ता गया, वैसे-वैसे यह बात साफ़ होती गई कि इराक़ के पास सामूहिक विनाश के हथियार नहीं थे और ज़्यादातर इराक़ी अमेरिका के हाथों 'मुक्ति' हासिल करने या लोकतंत्र स्थापित करने के इच्छुक नहीं थे। 2004 तक एक और मतदान में पाया गया कि 67 प्रतिशत अमेरिकियों का विश्वास था कि इराक़ पर हुआ वह हमला ग़लत पूर्वानुमानों पर आधारित था। जैसे-जैसे बरस बीतते गए, अमेरिकी लोग यह स्वीकार करते गए कि हमला करने का फ़ैसला एक विनाशकारी भूल थी।[8]

लोकतंत्र में बहुमत को इस बात का पूरा अधिकार होता है कि वह युद्ध छेड़ने जैसे बड़े निर्णय ले सके, और इसमें बड़ी भारी त्रुटियाँ करने का अधिकार शामिल है, लेकिन बहुमत को कम-से-कम यह तो स्वीकार करना ही चाहिए कि उससे ग़लतियाँ होती हैं और उसे अलोकप्रिय दृष्टिकोण रखने और उनका प्रचार करने के अल्पसंख्यकों के अधिकारों की रक्षा करनी चाहिए, क्योंकि मुमकिन है कि वे दृष्टिकोण बाद में सही साबित हों।

एक अन्य उदाहरण के रूप में, ऐसे चमत्कारी नेता के प्रकरण पर विचार करें, जिस पर भ्रष्टाचार का आरोप है। उसके वफ़ादार समर्थक ज़ाहिर तौर पर उन

आरोपों के झूठे होने की कामना करते हैं, लेकिन भले ही ज़्यादातर मतदाता उस नेता का समर्थन क्यों न करते हों, उनकी यह आकांक्षा जजों द्वारा आरोपों की जाँच करने और सच्चाई तक पहुँचने के आड़े नहीं आनी चाहिए। और जो चीज़ न्यायिक प्रणाली पर लागू होती है, वही विज्ञान पर लागू होती है। हो सकता है कि बहुसंख्यक मतदाता जलवायु परिवर्तन की वास्तविकता से इंकार करें, लेकिन उन्हें वैज्ञानिक सच्चाई को प्रभावित करने या वैज्ञानिकों को असुविधाजनक तथ्यों की छानबीन करने और उन्हें प्रकाश में लाने से रोकने की शक्ति नहीं मिलनी चाहिए। संसदों से भिन्न, पर्यावरणपरक अध्ययनों के विभागों को बहुसंख्यकों की आकांक्षा को प्रतिबिंबित नहीं करना चाहिए।

निश्चय ही, जब जलवायु परिवर्तन के बारे में नीति-निर्णय का सवाल उठता हो, तब लोकतंत्र में मतदाओं की आकांक्षा सर्वोपरि होनी चाहिए। जलवायु परिवर्तन की वास्तविकता की स्वीकृति हमें यह नहीं बताती कि हम उसके बारे क्या करें। हमारे पास हमेशा विकल्प होते हैं, और उनमें से किसी विकल्प को चुनना सत्य का नहीं, आकांक्षा का सवाल है। एक विकल्प हो सकता है कि ग्रीनहाउस गैस के उत्सर्जन में तुरंत कमी लाई जाए, भले ही इसके लिए आर्थिक प्रगति के धीमा पड़ जाने की क़ीमत क्यों न चुकानी पड़े। इसका मतलब है, आज कुछ मुश्किलें झेल लेना, लेकिन 2050 में लोगों को गंभीर मुसीबतों से बचाना, किरिबाती नामक द्वीपीय राष्ट्र को डूबने से बचाना, और ध्रुवीय भालुओं को विलुप्त होने से बचाना। दूसरा विकल्प है, जैसा चल रहा है, वैसा चलने दिया जाए। इसका मतलब है, आज एक आसान जीवन जीना, लेकिन अगली पीढ़ी के लिए जीवन मुश्किल बना देना, किरिबाती को डुबा देना, और ध्रुवीय भालुओं को - साथ ही अनेक अन्य प्रजातियों को - विलुप्ति में झोंक देना। इन दो विकल्पों में से चुनाव करना आकांक्षा का मसला है और इसलिए यह चुनाव विशेषज्ञों के सीमित समूह की बजाय सारे मतदाताओं द्वारा किया जाना चाहिए।

लेकिन चुनावों में जिस एक विकल्प का उपयोग नहीं किया जाना चाहिए, वह है सच्चाई को छिपाना या उसे तोड़-मरोड़कर पेश करना। अगर बहुमत भविष्य की पीढ़ियों या किन्हीं अन्य पर्यावरणपरक चिंताओं से निरपेक्ष जीवाष्म ईंधन की जितनी चाहे मात्रा के उपयोग को बेहतर समझता है, तो वह इसके पक्ष में मतदान कर सकता है, लेकिन बहुमत को कोई ऐसा क़ानून पारित करने का अधिकार नहीं होना चाहिए, जो यह कहता हो कि जलवायु परिवर्तन एक धोखा है और जो प्रोफ़ेसर जलवायु परिवर्तन में विश्वास करते हैं, उन सबको उनके अकादमिक पदों से हटा देना चाहिए। हम जो चाहते हैं, वह चुन सकते हैं, लेकिन हमें अपने चुनाव के वास्तविक अर्थ से इंकार नहीं करना चाहिए।

स्वाभाविक ही, अकादमिक संस्थाएँ, मीडिया, और न्यायपालिका स्वयं ही भ्रष्टाचार, पूर्वाग्रह, या त्रुटियों के शिकार हो सकते हैं, लेकिन उन्हें सरकार के सत्य मंत्रालय के अधीन कर देना हालात को और भी बदतर बना सकता है। सरकार किसी भी विकसित समाज में वैसे भी सबसे ज़्यादा शक्तिशाली संस्था होती है, और असुविधाजनक तथ्यों को तोड़ने-मरोड़ने या छिपाने में वह अक्सर अपने सबसे बड़े हित देखती है। ऐसे में, सरकार को सत्य की खोज का निरीक्षण करने की इजाज़त देना लोमड़ी को चूज़ों के दड़बे की रखवाली का काम सौंपने जैसा है।

सत्य का पता लगाने के लिए, दो अन्य पद्धतियों पर भरोसा करना बेहतर है। पहली यह कि अकादमिक संस्थाओं, मीडिया, और न्यायपालिका की अपनी आत्म-सुधारपरक प्रक्रियाएँ हों, जिनके सहारे वे भ्रष्टाचार से लड़ सकें, अपने पूर्वाग्रहों से मुक्त हो सकें और त्रुटियों को उजागर कर सकें। अकादमी में, त्रुटियों पर अंकुश लगाने के लिए सरकारी अधिकारियों के निरीक्षण की बजाय विशेषज्ञों द्वारा संपादित प्रकाशन कहीं ज़्यादा अच्छे हैं, क्योंकि अकादमिक पदोन्नति अक्सर पिछली ग़लतियों को उजागर करने और अज्ञात तथ्यों की खोज करने पर निर्भर करती है। मीडिया में, उन्मुक्त प्रतिस्पर्धा का मतलब है कि अगर मीडिया का कोई एक केंद्र, शायद स्वार्थवश, किसी एक घोटाले का भंडाफोड़ न करने का फ़ैसला करता है, तो इसकी संभावना होती है कि दूसरे केंद्र उस उत्तेजक ख़बर पर झपट पड़ें। न्यायपालिका में, रिश्वत लेने वाले जज पर किसी भी दूसरे नागरिक की तरह मुक़दमा चलाया जा सकता है और उसे दंडित किया जा सकता है।

दूसरी पद्धति है, अगर कई स्वाधीन संस्थाएँ हों, जो विभिन्न तरीक़ों से सत्य की खोज में लगी हों, तो इससे इस बात की गुंजाइश मिलती है कि एक-दूसरे पर निगाह रखें और उनकी ग़लतियाँ सुधारें। उदाहरण के लिए, अगर शक्तिशाली कॉर्पोरेट्स पर्याप्त बड़ी संख्या में वैज्ञानिकों को रिश्वत देकर विशेषज्ञों द्वारा समीक्षित किसी प्रक्रिया को ध्वस्त कर देते हैं, तो खोजी पत्रकार और अदालतें इसका भंडाफोड़ कर सकते हैं और दोषियों को दंडित कर सकते हैं। अगर मीडिया या अदालतें विधिवत ढंग से नस्लपरक पूर्वाग्रहों से ग्रस्त हों, तो यह समाजविज्ञानियों, इतिहासकारों और दार्शनिकों की ज़िम्मेदारी है कि वे इस तरह के पूर्वाग्रहों को उजागर करें। इनमें से कोई भी प्रक्रिया पूरी तरह फ़ेल सेफ़ (जो सिस्टम के एक या अधिक भागों के ख़राब हो जाने पर भी काम करना जारी रखे) नहीं है, लेकिन इंसानों की कोई भी संस्था पूरी तरह ऐसी नहीं है। सरकार तो निश्चय ही नहीं है।

लोकलुभावनवादी हमला

अगर यह सब कुछ जटिल लगता है, तो इसलिए कि लोकतंत्र को जटिल ही होना *चाहिए।* सरलता तानाशाह सूचना तंत्रों की विशेषता है, जिनमें केंद्र हर चीज़ तय करता है और हर कोई ख़ामोशी से उसका आज्ञापालन करता है। इस तानाशाही एकालाप का अनुसरण करना आसान होता है। इसके विपरीत, लोकतंत्र बहुत-से सहभागियों का संवाद है, जिनमें से कई सहभागी एक साथ बोल रहे होते हैं। इस तरह के संवाद का अनुसरण करना मुश्किल होता है।

इसके अतिरिक्त, ज़्यादातर लोकतांत्रिक संस्थाएँ विशालकाय नौकरशाहियाँ बनने की ओर प्रवृत्त होती हैं। जहाँ नागरिक राजसी अदालतों और राष्ट्रपति महल के जैविक ड्रामा का उत्सुकतापूर्वक अनुसरण कर लेते हैं, वहीं उन्हें अक्सर यह समझ पाना कठिन होता है कि संसदें, अदालतें, अख़बार, और विश्वविद्यालय किस तरह काम करते हैं। यही चीज़ है, जो संस्थाओं पर लोकलुभावनवादी हमला करने में, आत्म-सुधार की सारी प्रक्रियाओं को भंग करने में, सत्ता को अपने हाथों में केंद्रित करने में शक्तिशाली शासकों की मदद करती है। हमने प्रस्तावना में सूचना के अपरिपक्व दृष्टिकोण को मिलने वाली लोकलुभावनवादी चुनौती को समझने में मदद के लिए लोकलुभावनवाद (पॉपुलिज़्म) पर संक्षेप में चर्चा की है। यहाँ हमें लोकलुभावनवाद पर दोबारा चर्चा करने, उसकी विश्वदृष्टि की व्यापक समझ तक पहुँचने, और लोकतंत्र-विरोधी शक्तिशाली शासकों के मन में उसके आकर्षण को स्पष्ट करने की ज़रूरत है।

'पॉपुलिज़्म' शब्द की व्युत्पत्ति लैटिन के *पॉपुलस* से हुई है, जिसका मतलब होता है 'लोक/लोग' (द पीपल)। लोकतंत्र में लोक को राजनीतिक प्रभुत्व के एकमात्र स्रोत के रूप में देखा जाता है। केवल लोक के प्रतिनिधियों को ही युद्ध का ऐलान करने, क़ानून बनाने, और कर लगाने की शक्ति होती है। लोकलुभावनवादी इस बुनियादी लोकतांत्रिक सिद्धांत से प्रेम करते हैं, लेकिन इससे किसी तरह यह नतीजा निकालते हैं कि कोई एक दल या एक नेता का सारी सत्ता पर एकाधिकार होना चाहिए। एक विचित्र क़िस्म की राजनीतिक कीमियागिरि के तहत, लोकलुभावनवादी एक निर्दोष प्रतीत होते लोकतांत्रिक सिद्धांत पर असीमित शक्ति की अधिनायकवादी तलाश को आधारित कर लेते हैं। यह कैसे होता है?

लोकलुभावनवादी जो सबसे अनोखा दावा करते हैं, वह यह है कि केवल वे ही हैं, जो सच्चे अर्थों में लोक का प्रतिनिधित्व करते हैं। चूँकि लोकतंत्रों में केवल लोक के पास ही राजनीतिक शक्ति होनी चाहिए, और चूँकि केवल लोकलुभावनवादी ही कथित रूप से लोक का प्रतिनिधित्व करते हैं, इससे यह

नतीजा निकलता है कि लोकलुभावनवादी दल के पास ही सारी राजनीतिक शक्ति होनी चाहिए। अगर लोकलुभावनवादी दल से भिन्न कोई दल चुनाव जीत लेता है, तो इसका यह मतलब नहीं होता कि इस प्रतिद्वंद्वी दल ने लोक का विश्वास जीत लिया है और इसलिए वह सरकार बनाने का हक़दार है। इसकी बजाय, इसका मतलब यह है कि चुनावों को हड़प लिया गया है या किसी ऐसे ढंग से लोक का मत हथियाने का छल किया गया है, जो उनकी वास्तविक आकांक्षा को व्यक्त नहीं करता।

इस बात पर बल दिया जाना चाहिए कि बहुत सारे लोकलुभावनवादियों के लिए यह कोई प्रचारात्मक चाल न होकर एक वास्तविक विश्वास है। यहाँ तक अगर वे बहुत छोटे-से बहुमत से जीतते हैं, तब भी लोकलुभावनवादी मानते हैं कि वे एकमात्र लोग हैं, जो लोक का प्रतिनिधित्व करते हैं। इसका एक मिलता-जुलता उदाहरण है, कम्युनिस्ट पार्टियाँ। उदाहरण के लिए, ब्रिटेन में कम्युनिस्ट पार्टी ऑफ़ ग्रेट ब्रिटेन (सीपीजीबी) ने कभी भी आम चुनावों में 0.4 प्रतिशत से ज़्यादा मत प्राप्त नहीं किए,[9] लेकिन वह तब भी इस बात पर अड़ी रही कि कामगार वर्ग की वास्तविक प्रतिनिधि वही है। उनका दावा था कि ब्रिटेन के लाखों कामगारों ने सीपीजीबी के लिए वोट देने की बजाय लेबर पार्टी या कंज़र्वेटिव पार्टी को भी 'भ्रांत चेतना' की वजह से वोट दिया। कथित रूप से, पूँजीपति मीडिया, विश्वविद्यालयों और अन्य संस्थाओं पर अपने नियंत्रण के माध्यम से कामगार वर्ग को इस तरह छलने में सफल हो जाते हैं कि वे अपने वास्तविक हितों के विरुद्ध जाकर मतदान करते हैं, और केवल सीपीजीबी ही इस छल को समझ सकती है। इसी तरह से, लोकलुभावनवादी यह विश्वास कर सकते हैं कि जनता के शत्रुओं ने लोगों के साथ छल किया है, जिस वजह से उन्होंने, जिनका प्रतिनिधित्व केवल लोकलुभावनवादी ही करते हैं, अपनी वास्तविक इच्छा के विरुद्ध वोट दिया है।

इन लोकलुभावनवादी विश्वासों का एक बुनियादी हिस्सा यह विश्वास है कि 'लोक' हाड़-मांस के बने ऐसे व्यक्तियों का समूह नहीं है, जिनके विभिन्न हित और धारणाएँ है, बल्कि वह एक एकीकृत रहस्यमय निकाय है, जिसकी एक इच्छा है - 'लोक की इच्छा'। संभवत: इस अर्धधार्मिक विश्वास का सबसे ज़्यादा कुख्यात और चरम रूपायन यह नाज़ी नारा था : "Ein Volk, ein Reich, ein Führer" जिसका मतलब था "एक लोक, एक देश, एक नेता।" नाज़ी विचारधारा का मानना था कि Volk (लोक) एक इच्छा होती है, जिसका एकमात्र प्रामाणिक प्रतिनिधि Führer' (नेता) था। इस नेता को कथित रूप से इस बात का अचूक इल्हाम था कि लोक कैसा महसूस करता है और लोक क्या चाहता है। अगर कोई

जर्मन नागरिक नेता से असहमत होते थे, तो इसका मतलब यह नहीं था कि नेता ग़लती पर हो सकता है। इसकी बजाय, इसका मतलब था कि असहमत लोगों का संबंध लोक की बजाय किसी देशद्रोही बाहरी समूह से था, यानी यहूदियों, कम्युनिस्टों, उदारवादियों से।

नाज़ी प्रकरण बेशक चरम वाला है, और यह नाजायज़ होगा कि सारे लोकलुभावनवादियों पर जातिसंहारक झुकाव रखने वाले गुप्त नाज़ी होने का आरोप लगाया जाए, लेकिन बहुत-से लोकलुभावनवादी दल और राजनेता इस बात से इंकार करते हैं कि 'लोक' में विभिन्न मत और हित रखने वाले समूह शामिल हो सकते हैं। वे इस बात पर बल देते हैं कि वास्तविक लोक की एक ही इच्छा होती है और सिर्फ़ वे ही उस इच्छा का प्रतिनिधित्व करते हैं। इसके विपरीत, उनके राजनीतिक प्रतिद्वंद्वी को 'बाहरी उच्च वर्ग' के रूप में चित्रित किया जाता है। भले ही उन्हें पर्याप्त लोकप्रिय समर्थन क्यों न हासिल हो। लिहाज़ा, ह्यूगो चावेज़ वेनेज़ुएला में इस नारे के साथ राष्ट्रपति का चुनाव लड़ते हैं : "चावेज़ ही लोक हैं!"[10] तुर्की के राष्ट्रपति एर्दोआन ने अपने घरेलू आलोचकों की निंदा करते हुए कहा था कि "हम लोक हैं। तुम कौन हो?" मानो उनके आलोचक भी तुर्क न रहे हों।[11]

तब आप कैसे कह सकते हैं कि कोई व्यक्ति लोक का हिस्सा है या नहीं? आसान है। अगर वे नेता का समर्थन करते हैं, तो वे लोक का हिस्सा हैं। जर्मनी के राजनीतिक दार्शनिक जॉन-वर्नर मुलर के मुताबिक़, यह लोकलुभावनवाद को परिभाषित करने वाला लक्षण है। जो चीज़ किसी व्यक्ति को एक लोकलुभावनवादी में बदलती है, वह यह दावा है कि केवल वे ही लोक का प्रतिनिधित्व करते हैं और जो भी कोई उनसे असहमत होता है, चाहे वे नौकरशाह हों, अल्पसंख्यक समूह हों, यहाँ तक कि मतदाताओं का बहुमत भी हो, वे या तो भ्रांत चेतना के शिकार हैं या फिर वे वाक़ई लोक का हिस्सा नहीं हैं।[12]

यही वजह है कि लोकलुभावनवादी लोकतंत्र के लिए एक सांघातक ख़तरा होते हैं। लोकतंत्र इस बात पर सहमत होता है कि लोक, शक्ति का एकमात्र वैध स्रोत है, लेकिन इसके बावजूद लोकतंत्र इस समझ पर आधारित होता है कि लोक कभी भी एक एकल हस्ती नहीं होती और, इसीलिए, उसकी कोई एक इच्छा नहीं हो सकती। हर लोक, वह चाहे जर्मन हो, वेनेज़ुएलियाई हो, या तुर्क हो, कई विभिन्न समूहों से मिलकर बना होता है, जिसके मतों, आकांक्षाओं, और प्रतिनिधियों में बहुलता होती है। कोई भी समूह, जिनमें बहुमत का समूह शामिल है, लोक से किसी भी अन्य समूह को हटाने का हक़दार नहीं है। यही चीज़ लोकतंत्र को एक संवाद बनाती है। एक साथ कई वैध स्वरों का होना संवाद की पहली शर्त है, लेकिन, अगर लोक का एक ही वैध स्वर हो, तो वहाँ कोई संवाद मुमकिन

नहीं है। इसकी बजाय, वह एकल स्वर ही हर चीज़ का हुक्म चलाता है। इसलिए, लोकलुभावनवाद भले ही 'लोक की शक्ति' के लोकतांत्रिक सिद्धांत से चिपके होने का दावा करे, लेकिन वह लोकतंत्र को कारगर ढंग से अर्थ से शून्य कर देता है और तानाशाही स्थापित करना चाहता है।

लोकलुभावनवाद लोकतंत्र को एक अन्य, अधिक सूक्ष्म, लेकिन उतने ही ख़तरनाक ढंग से कमज़ोर करता है। यह दावा करने के बाद कि केवल वे ही लोक का नेतृत्व करते हैं, लोकलुभावनवादी यह तर्क देते हैं कि लोक महज़ राजनीतिक प्रभुत्व का एकमात्र वैध स्रोत नहीं है, बल्कि *समस्त* प्रभुत्व का एकमात्र वैध स्रोत है। कोई भी संस्था जो लोक के अतिरिक्त किसी अन्य चीज़ से अपना प्रभुत्व हासिल करती है, वह अलोकतांत्रिक है। नतीजतन, लोकलुभावनवादी लोक के स्व-घोषित प्रतिनिधि के रूप में महज़ राजनीतिक प्रभुत्व पर ही नहीं, बल्कि हर क़िस्म के प्रभुत्व पर एकाधिकार क़ायम करने और मीडिया, अदालतों, और विश्वविद्यालयों जैसी संस्थाओं को अपने नियंत्रण में लेने की कोशिश करते हैं। 'लोक की शक्ति' के लोकतांत्रिक सिद्धांत को उसकी पराकाष्ठा तक ले जाते हुए, लोकलुभावनवाद अधिनायकवाद में बदल जाता है।

वास्तव में, जहाँ लोकतंत्र का मतलब यह है कि *राजनीतिक क्षेत्र में* प्रभुत्व लोक से आता है, वहीं वह दूसरे क्षेत्रों से आने वाले प्रभुत्व के वैकल्पिक स्रोतों की वैधता से इंकार नहीं करता। जैसी कि ऊपर चर्चा की गई, लोकतंत्र में स्वाधीन मीडिया, अदालतें, और विश्वविद्यालय आत्म-सुधार की अनिवार्य प्रक्रियाएँ होती हैं, जो बहुमत की आकांक्षाओं से भी सच्चाई की रक्षा करती हैं। जीवविज्ञान के प्रोफ़ेसर दावा करते हैं कि मनुष्य का विकास वानरों से हुआ है, क्योंकि प्रमाण इसका समर्थन करते हैं, भले ही बहुमत इससे भिन्न आकांक्षा रखता हो। पत्रकार किसी लोकप्रिय राजनेता द्वारा रिश्वत लिए जाने का भंडाफोड़ कर सकते हैं, और अगर अदालत में अकाट्य सबूत पेश किए जाते हैं, तो जज उस राजनेता को जेल भेज सकता है, भले ही ज़्यादातर लोग उन आरोपों पर विश्वास न करना चाहते हों।

लोकलुभावनवादी उन संस्थाओं को लेकर शंकालु होते हैं, जो वस्तुपरक सच्चाइयों के नाम पर लोक की कथित आकांक्षा की अवहेलना करती हैं। वे इसे अभिजात वर्ग द्वारा अवैध सत्ता हथियाए जाने के लिए आड़ के रूप में देखते हैं। यह चीज़ लोकलुभावनवादियों को सच्चाई की खोज को लेकर शंकालु होने, और यह तर्क देने को प्रेरित करती है कि 'सत्ता ही एकमात्र वास्तविकता है', जैसा कि हमने प्रस्तावना में देखा। इसीलिए वे ऐसी किसी भी स्वाधीन संस्था की शक्तियों को कमज़ोर बनाने या उसे अनुकूलित करने की कोशिश करते हैं, जो उनका विरोध कर सकती है। परिणाम, दुनिया को एक जंगल मानने और इंसानों को एकमात्र सत्ता से मोहित प्राणी मानने का स्याह और संदेहशील दृष्टिकोण होता है। सारी सामाजिक

परस्पर क्रियाओं को सत्ता संघर्ष के रूप में, और सारी संस्थाओं को केवल अपने सदस्यों के हितों का पोषण करने वाले गिरोहों के रूप में देखा जाने लगता है। लोकलुभावनवादी कल्पना में, अदालतें वास्तव में न्याय की परवाह नहीं करतीं, वे केवल जजों के विशेषाधिकारों की रक्षा करती हैं। हाँ, जज न्याय की बहुत बात करते हैं, लेकिन यह सत्ता हथियाने की एक चाल-मात्र होती है। अख़बार तथ्यों की परवाह नहीं करते। वे लोगों को गुमराह करने के लिए फ़ेक न्यूज़ प्रसारित करते हैं और पत्रकारों तथा उन राजनीतिक साज़िश करने वालों का हित साधते हैं, जो उन्हें पैसे देते हैं। यहाँ तक कि वैज्ञानिक संस्थाएँ भी सच्चाई के प्रति प्रतिबद्ध नहीं होतीं। जीवविज्ञानी, पर्यावरणवादी, महामारी के विशेषज्ञ, अर्थशास्त्री, इतिहासकार और गणितज्ञ महज़ अपने हित के लिए लड़ने वाले समूह होते हैं, जो लोगों की क़ीमत पर, ख़ुद की तिज़ोरियाँ भरने में लगे रहते हैं।

कुल मिलाकर, यह मनुष्यता के प्रति एक घिनौना दृष्टिकोण है, लेकिन तब भी दो चीज़ें ऐसी होती हैं, जो इसके प्रति बहुत सारे लोगों को आकर्षित करती हैं। पहली, चूँकि वह सारी परस्पर क्रियाओं को सत्ता संघर्ष में बदल देता है, वह यथार्थ को सरलीकृत करता है और युद्ध, आर्थिक संकट, और प्राकृति आपदाओं जैसी घटनाओं को आसानी-से समझने योग्य बना देता है। जो भी कुछ होता है, यहाँ तक कि कोई महामारी भी, वह अभिजात वर्ग द्वारा सत्ता हासिल करने की कोशिश मानी जाती है। दूसरी, लोकलुभावनवादी दृष्टिकोण आकर्षक होता है, क्योंकि कभी-कभी वह सही होता है। निश्चय ही, हर इंसानी संस्था से ग़लतियाँ हो सकती हैं और उसमें किसी-न-किसी स्तर का भ्रष्टाचार होता है। कुछ जज रिश्वत लेते हैं। कुछ पत्रकार लोगों को जानबूझकर गुमराह करते हैं। अकादमिक अनुशासन जब-तब पूर्वाग्रहों और भाई-भतीजावाद से पीड़ित होते हैं। यही वजह है कि हर संस्था को आत्म-सुधार की प्रक्रियाओं की ज़रूरत होती है, लेकिन, चूँकि लोकलुभावनवादियों के दिमाग़ में यह बात बैठी होती है कि सत्ता एकमात्र यथार्थ है, तो वे यह स्वीकार ही नहीं कर सकते कि कोई अदालत, मीडिया का कोई संस्थान, या कोई अकादमिक अनुशासन ख़ुद को सुधारने के लिए सत्य या न्याय के मूल्य से प्रेरित हो सकता है।

जहाँ बहुत-से लोग लोकलुभावनवाद को अंगीकार करते है, क्योंकि वे इसे मानवीय वास्तविकता के नेकनीयत चित्रण के रूप में देखते हैं, वहीं शक्तिशाली नेता एक बिलकुल भिन्न वजह से उसकी ओर आकृष्ट होते हैं। लोकलुभावनवाद शक्तिशाली नेताओं को लोकतांत्रिक होने का ढोंग रचते हुए तानाशाह बनने का आधार उपलब्ध कराता है। यह विशेष रूप से तब उपयोगी होता है, जब शक्तिशाली नेता लोकतंत्र की आत्म-सुधारात्मक प्रक्रियाओं को प्रभावहीन बनाना चाहते हैं

या अनुकूलित करना चाहते हैं। चूँकि जज, पत्रकार, और प्रोफ़ेसर सत्य की खोज करने की बजाय कथित रूप से अपने हित साधते हैं, इसलिए लोगों के चैंपियन शक्तिशाली नेता को इन स्थितियों को जनता के शत्रुओं के हाथ में जा गिरने की गुंजाइश देने की बजाय उन्हें नियंत्रित करना चाहिए। इसी तरह, चूँकि चुनावों का इंतज़ाम देखने और उनके परिणामों को प्रसारित करने के काम में लगे अधिकारी तक नीचतापूर्ण साज़िश का हिस्सा हो सकते हैं, इसलिए उन्हें भी उनके पदों से हटाकर, वहाँ शक्तिशाली नेता के वफ़ादारों को बैठा देना चाहिए।

एक सुचारू रूप से काम करने वाले लोकतंत्र में, नागरिक चुनावों के परिणामों, जजों के फ़ैसलों, मीडिया की रिपोर्टों, और वैज्ञानिक अनुशासनों की खोजों पर भरोसा करते हैं, क्योंकि नागरिकों का विश्वास होता है कि ये संस्थाएँ सत्य से प्रतिबद्ध हैं। जैसे ही लोग यह सोचने लगते हैं कि सत्ता ही एकमात्र यथार्थ है, तो वे इन सारी संस्थाओं पर से अपना विश्वास खो देते हैं और लोकतंत्र ढह जाता है, और शक्तिशाली नेता सारी सत्ता पर क़ब्ज़ा कर सकते हैं।

निश्चय ही, अगर लोकलुभावनवाद स्वयं शक्तिशाली नेताओं में विश्वास को कमज़ोर कर दे, तो उसका परिणाम अधिनायकवाद की जगह अराजकता हो सकता है। अगर कोई इंसान सत्य या न्याय में दिलचस्पी नहीं रखता, तो क्या यह चीज़ मुसोलिनी या पुतिन पर भी लागू नहीं होती? और अगर किसी भी मानवीय संस्था के पास आत्म-सुधारक प्रक्रियाएँ नहीं हो सकतीं, तो क्या इसमें मुसोलिनी की नेशनल फ़ासिस्ट पार्टी या पुतिन की यूनाइटेड रशिया पार्टी भी शामिल नहीं हैं? सभी अभिजात वर्ग और संस्थाओं के प्रति गहरे अविश्वास को एक नेता और पार्टी के प्रति अटूट प्रशंसा के साथ कैसे जोड़ा जा सकता है? यही वजह है कि लोकलुभावनवादी अंततः इस रहस्यमय धारणा पर निर्भर करते हैं कि शक्तिशाली नेता लोक का मूर्त रूप है। जब चुनाव आयोगों, अदालतों, और अख़बारों जैसी नौकरशाह संस्थाओं में भरोसे में गिरावट आती है, तो मिथकों में बढ़-चढ़ कर विश्वास व्यवस्था को क़ायम रखने का एकमात्र उपाय बचता है।

लोकतंत्र की सामर्थ्य का मापन

जो शक्तिशाली नेता लोगों का प्रतिनिधित्व करने का दावा करते हैं, वे लोकतांत्रिक साधनों की मदद से सत्ता तक पहुँच सकते हैं, और अक्सर लोकतांत्रिक ढकोसले की आड़ में हुकूमत करते हैं। हेराफेरी कर जीते गए चुनाव, जिनमें वे भारी बहुमत से विजयी होते हैं, नेता और लोक के बीच रहस्यमय संबंध के सबूत की भूमिका निभाते हैं। नतीजतन, इस बात की पैमाइश करने के लिए कि कोई सूचना तंत्र

कितना लोकतांत्रिक है, हम इस तरह के सरल पैमाने का इस्तेमाल नहीं कर सकते कि क्या चुनाव नियमित रूप से हो रहे हैं। पुतिन के रूस में, ईरान में, और यहाँ तक कि उत्तरी कोरिया में भी चुनाव यंत्रवत तरीक़े से होते हैं। इसकी बजाय, हमें कहीं ज़्यादा पेचीदा सवाल पूछने की ज़रूरत है, जैसे कि "वे कौन-सी प्रक्रियाएँ हैं, जो केंद्र सरकार को चुनावों में हेराफेरी करने से रोकती हैं? सरकार की आलोचना करना अग्रणी मीडिया के लिए कितना सुरक्षित है? और केंद्र अपने लिए कितना प्रभुत्व हड़प लेता है? लोकतंत्र और तानाशाही एक-दूसरे के सर्वथा विपरीत नहीं हैं, बल्कि वे एक-दूसरे की निरंतरता में होते हैं। कोई तंत्र इस निरंतरता के लोकतांत्रिक सिरे पर है या तानाशाही के सिरे पर, यह निश्चय करने के लिए हमें यह समझने की ज़रूरत है कि उस तंत्र में सूचना किस तरह प्रवाहित होती है और राजनीतिक संवाद को कौन-सी चीज़ आकार देती है।

अगर कोई एक व्यक्ति सारे निर्णयों की आज्ञा देता है, और यहाँ तक कि उसके निकटतम सलाहकार तक असहमतिपरक राय व्यक्त करने से डरते हैं, तो कोई संवाद नहीं हो रहा है। इस तरह का तंत्र तानाशाही के चरम सिरे पर होता है। अगर कोई भी व्यक्ति सार्वजनिक स्तर पर स्थापित दृष्टिकोण से भिन्न अपना दृष्टिकोण व्यक्त नहीं कर सकता, लेकिन बंद दरवाज़ों के पीछे पार्टी के मुखिया या वरिष्ठ अधिकारी पूरी आज़ादी के साथ अपने दृष्टिकोण व्यक्त करने में सक्षम हैं, तब यह तानाशाही ही है, सिर्फ़ उसने लोकतंत्र की दिशा में हल्का-सा क़दम भर बढ़ाया होता है। अगर 10 प्रतिशत आबादी अपने दृष्टिकोण व्यक्त करती हुई, न्यायसंगत ढंग से आयोजित चुनावों में मतदान करती हुई और चुनाव लड़ती हुई राजनीतिक संवाद में हिस्सा लेती है, तो उसे सीमित लोकतंत्र माना जा सकता है, जैसा कि प्राचीन नगर-राज्य एथेंस में होता था, संयुक्त राज्य अमेरिका के आरंभिक दिनों में होता था, जब सिर्फ़ रईस गोरों को ही इस तरह के राजनीतिक अधिकार प्राप्त थे। जैसे ही संवाद में हिस्सेदारी करने वालों का प्रतिशत बढ़ता जाता है, वैसे तंत्र अधिक लोकतांत्रिक होता जाता है।

चुनावों की बजाय संवाद पर एकाग्रता कई दिलचस्प सवाल खड़े करती है। उदाहरण के लिए, *संवाद कहाँ होता है?* उदाहरण के लिए, उत्तर कोरिया के प्योंगयांग में मंसुडा असेंबली हॉल है, जहाँ सुप्रीम पीपल असेंबली के 687 सदस्य मिलते और बात करते हैं, लेकिन जहाँ यह असेंबली अधिकृत तौर पर उत्तर कोरिया की विधायिका के रूप में जानी जाती है, और जहाँ हर पाँच साल में असेंबली के चुनाव होते हैं, वही इस निकाय को व्यापक तौर पर एक रबर की मुहर के रूप में देखा जाता है, जो कहीं और लिए गए निर्णयों को क्रियान्वित करती है। ये उबाऊ चर्चाएँ एक पूर्वनिर्धारित पटकथा का अनुसरण करती हैं, और इस तरह डिज़ाइन

की गई होती हैं कि वे किसी भी चीज़ के बारे में किसी के भी दिमाग़ को नहीं बदलतीं।[13]

क्या प्योंगयांग में कोई अन्य, अधिक गोपनीय कक्ष है, जहाँ निर्णायक महत्त्व का संवाद होता है? क्या इन औपचारिक बैठकों के दौरान पोलित ब्यूरो के सदस्य कभी किम यांग उन की नीतियों की आलोचना करने का साहस कर पाते हैं? हो सकता है, यह ग़ैरसरकारी डिनर पार्टियों या ग़ैरसरकारी थिंक टैंक्स में किया जा सकता हो? उत्तर कोरिया में सूचना इस क़दर केंद्रीकृत और इतनी सख़्ती के साथ नियंत्रित है कि हम इन सवालों के कोई भी स्पष्ट जवाब उपलब्ध नहीं करा सकते।[14]

इसी तरह के सवाल संयुक्त राज्य अमेरिका के बारे में पूछे जा सकते हैं। उत्तर कोरिया से भिन्न, संयुक्त राज्य अमेरिका में, लोग लगभग जो भी चाहें, वह कहने के लिए स्वतंत्र हैं। सरकार पर सख़्त सार्वजनिक हमले वहाँ रोज़मर्रा की घटनाएँ हैं, लेकिन वह कक्ष कहाँ है, जिसमें निर्णायक महत्त्व का संवाद होता है, और वहाँ कौन बैठता है? संयुक्त राज्य अमेरिका की काँग्रेस को इस तरह गठित किया गया था कि वह यह काम करे, जहाँ जनता के प्रतिनिधि मिलकर संवाद करते हैं और एक-दूसरे को राज़ी करने की कोशिश करते हैं, लेकिन ऐसा आख़िरी बार कब हुआ था, जब काँग्रेस में एक पार्टी के किसी सदस्य के भावपूर्ण भाषण ने दूसरी पार्टी के सदस्यों को किसी भी चीज़ के बारे में अपनी राय बदलने के लिए तैयार कर लिया हो? अमेरिकी राजनीति को आकार देने वाला वार्तालाप जहाँ कहीं भी होता हो, वह जगह काँग्रेस तो निश्चय ही नहीं है। लोकतंत्र केवल तब नहीं मरता, जब लोग बात करने के लिए आज़ाद नहीं होते, बल्कि वह तब भी मरता है, जब लोग सुनने के इच्छुक या सुनने में सक्षम नहीं होते।

पाषाण युग का लोकतंत्र

ऊपर दी गई लोकतंत्र की परिभाषा के आधार पर, अब हम ऐतिहासिक रिकॉर्ड की ओर मुड़ सकते हैं और परीक्षण कर सकते हैं कि किस तरह सूचना प्रौद्योगिकी और सूचना प्रवाह में हुए परिवर्तनों ने लोकतंत्र के इतिहास को गढ़ा है। अगर पुरातात्त्विक और नृतात्त्विक प्रमाणों की मानें, तो लोकतंत्र आदिम शिकारी-संग्रहकर्ताओं के यहाँ अत्यंत आदर्श राजनीतिक प्रणाली हुआ करती थी। पाषाण युग के समूहों में ज़ाहिर है चुनाव, अदालतों और मीडिया जैसी औपचारिक संस्थाएँ नहीं होती थीं, लेकिन उनके सूचना तंत्र आम तौर से विकेंद्रित थे और वे आत्म-सुधार के लिए बहुत ज़्यादा अवसर दिया करते थे। मात्र कुछ दर्जन लोगों के समूहों में सूचना को समूह के सारे सदस्यों के बीच आसानी-से साझा किया जा सकता था, और जब

समूह इस बारे में निर्णय लेता था कि पड़ाव कहाँ डाला जाए, शिकार के लिए कहाँ जाया जाए, दूसरे समूह के साथ हो रहे टकराव से कैसे निपटा जाए, तो इस वार्तालाप में हर कोई हिस्सा ले सकता था और एक-दूसरे से विवाद कर सकता था। इन समूहों का संबंध सामान्यतः एक बड़े क़बीले से होता था, जिसमें सैकड़ों या हज़ारों तक लोग शामिल होते थे, लेकिन जब पूरे क़बीले को प्रभावित करने वाले महत्त्वपूर्ण निर्णय लेने होते थे, जैसे कि युद्ध में जाना है या नहीं, तो क़बीले आमतौर पर इतने छोटे होते थे कि उनके सदस्यों का एक बड़ा हिस्सा एक जगह जमा होकर बातचीत कर सकता था।[15]

जहाँ समूहों और क़बीलों में कभी-कभी प्रभावशाली नेता होते थे, वहीं ये नेता केवल सीमित शक्ति का ही इस्तेमाल करते थे। नेताओं के पास कोई स्थायी सेनाएँ, राजनीतिक बल, या सरकारी नौकरशाही नहीं होती थी, इसलिए वे अपनी इच्छा बलपूर्वक नहीं थोप सकते थे।[16] नेताओं को लोगों के जीवन के आर्थिक आधारों को नियंत्रित करना भी मुश्किल होता था। आधुनिक युगों में, व्लादिमीर पुतिन और सद्दाम हुसैन जैसे तानाशाह अपनी राजनीतिक शक्ति अक्सर तेल के कुँओं जैसी आर्थिक परिसंपत्तियों पर अपने एकाधिकार पर आधारित किए होते हैं।[17] मध्ययुग और प्राचीन काल में चीनी सम्राट, ग्रीक तानाशाह, और मिस्र के फ़ैरो अन्न के भंडारों, चाँदी की खदानों, और सिंचाई की नहरों पर नियंत्रण रखकर समाज पर अपना वर्चस्व स्थापित करते थे। इसके विपरीत, शिकारी-संग्रहकर्ताओं की अर्थव्यवस्था में इस तरह के केंद्रीकृत आर्थिक नियंत्रण केवल विशेष परिस्थितियों में ही मुमकिन थे। उदाहरण के लिए, उत्तरी अमेरिका के उत्तरपश्चिमी तट की शिकारी-संग्रहकर्ताओं की कुछ अर्थव्यवस्थाएँ बड़े पैमाने पर सैल्मन मछलियाँ पकड़ने और उनका संरक्षण करने पर निर्भर करती थी। चूँकि सैल्मन मछलियाँ कुछ ही सप्ताहों के लिए विशिष्ट खाड़ियों और नदियों में अपने चरम पर होती हैं, तो कोई शक्तिशाली मुखिया इस परिसंपत्ति पर एकाधिकार कर सकता था।[18]

लेकिन यह अपवाद था। शिकारी-संग्रहकर्ताओं की ज़्यादातर अर्थव्यवस्थाएँ अधिक विविधतापूर्ण थीं। कोई एक नेता, जिसे कुछ सहयोगियों का समर्थन भी प्राप्त हो, चारागाह को घेर नहीं सकता था और लोगों को वहाँ से वनस्पतियाँ एकत्र करने या जानवरों का शिकार करने से नहीं रोक सकता था। अगर बाक़ी सब नाकामयाब हो जाता था, तो शिकारी-संग्रहकर्ता वहाँ हाज़िर या ग़ैरहाज़िर रहकर अपनी सहमति या असहमति ज़ाहिर कर सकता था। उनके पास बहुत कम असबाब होता था और उनकी निजी दक्षताएँ और दोस्त ही उनकी सर्वाधिक महत्त्वपूर्ण परिसंपत्तियाँ होती थीं। अगर कोई मुखिया तानाशाह हो जाता था, तो लोग वहाँ से हट जाते थे।[19]

अगर शिकारी-संग्रहकर्ता को किसी निरंकुश मुखिया की हुकूमत बर्दाश्त भी करनी पड़ जाती थी, जैसा कि उत्तरपश्चिमी अमेरिका के सैल्मन का शिकार करने वालों के बीच हुआ था, तो भी कम-से-कम वह मुखिया उनकी पहुँच में होता था। वह किसी अज्ञेय नौकरशाही और हथियारबंद संतरियों से घिरा दूर कहीं जंगल में नहीं रहता था। अगर आप कोई शिकायत करना चाहते थे या कोई सुझाव देना चाहते थे, तो वह आपके एकदम पास मौजूद होता था। मुखिया लोगों की राय को नियंत्रित नहीं कर सकता था, न ही वह उसके प्रति अपने कान बंद कर सकता था। दूसरे शब्दों में, मुखिया के पास ऐसा कोई उपाय नहीं था कि वह सारी सूचना बलपूर्वक अपने केंद्र की ओर प्रवाहित कर सकता, या लोगों को एक-दूसरे से बात करने, उसकी आलोचना करने, या उसके ख़िलाफ़ लामबंद होने से रोक सकता।[20]

कृषि क्रांति के बाद की सहस्राब्दी में, और ख़ास तौर से तब के बाद से, जब लेखन ने बड़े नौकरशाह राज्यों की रचना करने में मदद की थी, सूचना के प्रवाह को केंद्रीकृत करना आसान और लोकतांत्रिक संवाद को बनाए रखना मुश्किल होता गया था। प्राचीन मेसोपोटामिया और ग्रीस जैसे छोटे नगर-राज्यों में लुगाल-जेग़ेसी ऑफ़ उम्मा और पिसिस्टॉरस ऑफ़ एथेंस प्रमुख आर्थिक परिसंपत्तियों और मालिकाना हक़, कराधान, कूटनीति और राजनीति के बारे में सूचना पर एकाधिकार के लिए नौकरशाहों, अभिलेखागारों, और स्थायी सेना पर निर्भर हुआ करते थे। इसी के साथ-साथ नागरिकों के लिए एक-दूसरे के संपर्क में रहना मुश्किल हो गया था। वहाँ अख़बार या रेडियो जैसी संप्रेषण की कोई प्रौद्योगिकी नहीं थी, और यह आसान नहीं था कि सामूहिक वार्तालाप आयोजित करने के लिए दसियों हज़ार नागरिकों को शहर के मुख्य चौराहे पर एकत्र कर लिया जाता।

इन छोटे-छोटे नगर-राज्यों के लिए लोकतंत्र तब भी एक विकल्प ही था, जैसा कि आरंभिक सुमेर और प्राचीन ग्रीस के उदाहरण संकेत करते हैं,[21] लेकिन, प्राचीन नगर-राज्यों के लोकतंत्र प्राचीन शिकारी-संग्रहकर्ताओं के लोकतंत्र के मुक़ाबले कम समावेशी थे। संभवतः प्राचीन नगर-राज्य लोकतंत्र का सबसे प्रसिद्ध उदाहरण ईसा पूर्व पाँचवीं और चौथी सदी का एथेंस है। एथेंस के विधान मंडल में सारे वयस्क पुरुष भागीदारी कर सकते थे, सार्वजनिक नीतियों पर मतदान कर सकते थे, और सार्वजनिक निकायों के लिए चुने जा सकते थे, लेकिन स्त्रियों, गुलामों, और नगर के ग़ैरनागरिक निवासियों को यह सुविधा प्राप्त नहीं थी। केवल वयस्क आबादी के 25-30 प्रतिशत हिस्से को ही संपूर्ण राजनीतिक अधिकार प्राप्त थे।[22]

जैसे-जैसे राज्यों का आकार विस्तृत होता गया, और नगर-राज्यों की जगह बड़े राज्य और साम्राज्य लेते गए, वैसे-वैसे एथेंस की शैली के आंशिक लोकतंत्र भी लुप्त होते गए। प्राचीन लोकतंत्रों के सारे प्रसिद्ध उदाहरण एथेंस और रोम जैसे

नगर-राज्य हैं। इसके विपरीत, हम ऐसे किसी बड़े पैमाने के राज्य या साम्राज्य को नहीं जानते, जो लोकतांत्रिक रीति पर संचालित होता रहा हो।

उदाहरण के लिए, जब ईसा पूर्व पाँचवीं सदी में एथेंस का विस्तार हुआ और वह नगर-राज्य की जगह एक साम्राज्य में बदल गया, तो उसने जिन नागरिकों को जीता था, उन्हें न तो नागरिकता प्रदान की थी, न उन्हें कोई राजनीतिक अधिकार दिए थे। एथेंस नगर एक सीमित लोकतंत्र बना रहा, लेकिन ज़्यादा बड़ा एथेनियाई साम्राज्य केंद्र से एकतंत्रीय ढंग से शासित होता रहा। करों, कूटनीतिक गठबंधनों, सैन्य अभियानों से संबंधित सारे महत्त्वपूर्ण निर्णय एथेंस में लिए जाते रहे। अधीनस्थ राज्यों, जैसे नैक्सॉस और थेसॉस के द्वीपों, को एथेनियाई लोकप्रिय विधायिका के आदेशों का पालन करना पड़ता था। नैक्सियाइयों और थेसेनियाइयों को उस विधायिका में मतदान करने या उसके लिए चुने जाने का हक़ नहीं होता था। नैक्सॉस, थेसॉस और अन्य अधीनस्थ राज्यों को एथेनियाई केंद्र में लिए गए निर्णयों के विरोध में कोई संगठित प्रतिपक्ष संयोजित करना मुश्किल था, और अगर उन्होंने वैसा करने की कोशिश की होती, तो उन्हें एथेंस के क्रूर प्रतिशोध का सामना करना पड़ता। एथेनियाई साम्राज्य में सूचना एथेंस से और एथेंस की ओर प्रवाहित होती थी।[23]

रोमन गणराज्य ने अपना साम्राज्य खड़ा किया, जिसके तहत उन्होंने पहले इताल्वी प्रायद्वीप को जीता और बाद में समूचे भूमध्यसागरीय बेसिन को जीत लिया था, तो रोमनों ने किसी हद तक अलग रास्ता अपनाया। रोम धीरे-धीरे जीते गए लोगों को नागरिकता देता गया। इसकी शुरुआत लातियुम के बाशिंदों को नागरिकता देने के साथ हुई थी, इसके बाद इटली के अन्य क्षेत्रों के बाशिंदों को, और अंत में गैलिया और सीरिया जैसे सुदूर प्रांतों के बाशिंदों को नागरिकता दी गई, लेकिन, जैसे-जैसे नागरिकता ज़्यादा-से-ज़्यादा लोगों को दी जाने लगी, नागरिकों के राजनीतिक अधिकारों को उसी के साथ-साथ सीमित किया जाने लगा।

प्राचीन रोम के दिमाग़ में लोकतंत्र के अर्थ को लेकर स्पष्ट समझ थी, और वे मूलतः लोकतांत्रिक आदर्शों से सोत्साह प्रतिबद्ध थे। ईसा पूर्व 509 में रोम के आख़िरी राजा को गद्दी से हटाने के बाद, रोमनों के मन में राजतंत्र के प्रति और किसी एक व्यक्ति या संस्था को असीमित शक्तियाँ देने के प्रति नापसंदगी विकसित होती गई। इसलिए सर्वोच्च कार्यकारी शक्ति दो परिषदों द्वारा साझा की जाने लगी, जो एक-दूसरे को संतुलित करती थीं। परिषदें स्वतंत्र चुनावों के माध्यम से नागरिकों द्वारा चुनी जाती थीं। वे एक वर्ष तक सत्ता में रहती थीं, और अतिरिक्त रूप से लोकप्रिय विधायिका, सीनेट, की और ट्रिब्यून जैसे दूसरे चुने हुए अधिकारियों की शक्तियों से नियंत्रित होती थीं, लेकिन जब रोम ने लैटिनों, इताल्वियों, और अंततः

सीरिया के गाउलों को नागरिकता प्रदान कर दी, तो लोकप्रिय विधायिका, ट्रिब्यूनों, सीनेट, यहाँ तक कि दोनों परिषदों की शक्तियाँ क्रमश: तब तक कम होती गईं,जब ईसा पूर्व पाँचवीं सदी के बाद के वर्षों में सीज़र के परिवार ने एकतंत्र हुकूमत स्थापित नहीं कर ली। पुतिन जैसे आज के शक्तिशाली नेता का पूर्वानुमान करते हुए, ऑगस्टस ने ख़ुद को राजा की तरह पदासीन नहीं किया, और यह ढोंग किया कि रोम अभी भी एक गणराज्य था। सीनेट और चुने हुए विधानमंडल ने अपनी बैठकें जारी रखीं, और हर साल नागरिक परिषदों और ट्रिब्यूनों को चुनते रहे, लेकिन ये संस्थाएँ वास्तविक शक्ति से रिक्त हो चुकी थीं।[24]

212 ईस्वी में, उत्तरी अफ़्रीका के फ़ीनीशियाई परिवार की संतान सम्राट कारोकैला ने एक प्रभावशाली प्रतीत होता क़दम उठाया और समूचे विराट साम्राज्य के सारे वयस्क पुरुषों को रोम में रहने के नाते वहाँ की स्वत: नागरिकता का अधिकार प्रदान कर दिया। इस तरह रोम में तीसरी सदी ईस्वी में करोड़ों नागरिक थे।[25] तब तक, सारे महत्त्वपूर्ण निर्णय एक अनिर्वाचित सम्राट द्वारा लिए जाते थे। बावजूद इसके कि परिषदों का चुनाव हर वर्ष आनुष्ठानिक ढंग से होता रहता था, कारोकैला ने सत्ता अपने पिता सेप्टिमस सेवेरस से विरासत में प्राप्त की थी, जो एक गृहयुद्ध जीतने के बाद सम्राट बन गया था। उसकी हुकूमत को मज़बूत करने के लिए, कारोकैला ने जो सबसे महत्त्वपूर्ण क़दम उठाया, वह था अपने भाई और प्रतिद्वंद्वी गेटा की हत्या।

जब कारोकैला ने गेटा की हत्या का आदेश दिया, तब रोम की मुद्रा का अवमूल्यन करने का फ़ैसला किया, या पार्थियाई साम्राज्य के ख़िलाफ़ युद्ध छेड़ा, तो उसे रोम के लोगों की इजाज़त लेने की ज़रूरत नहीं थी। रोम की आत्म-सुधार की सारी प्रक्रियाएँ बहुत पहले प्रभावशून्य हो चुकी थीं। अगर कारोकैला विदेशी या घरेलू नीति के मामले में कोई ग़लती करता था, तो न तो सीनेट और न ही परिषदें या ट्रिब्यून जैसी कोई संस्थाएँ उस ग़लती को सुधारने के लिए हस्तक्षेप कर सकती थीं, सिवाय इसके कि वे विद्रोह कर देतीं या उसकी हत्या कर देतीं। और जब सचमुच ही 217 में कारोकैला का वध हुआ, तो इसके नतीजे में उन गृहयुद्धों का एक नया दौर शुरू हो गया, जिनकी पूर्णाहुति एक नए तानाशाह के उदय के रूप में होती थी। तीसरी सदी का रोम, इक्कीसवीं सदी के रूस की तरह, मादाम दि स्ताला के शब्दों में, ''एक निरंकुश शासन था, जिसे गला घोंटकर नियंत्रित किया जाता था।''

तीसरी सदी ईस्वी तक, न केवल रोमन साम्राज्य, बल्कि पृथ्वी के तमाम अन्य मानवीय समाज केंद्रीकृत सूचना तंत्र थे, जिनमें आत्म-सुधार की सशक्त प्रक्रियाओं का अभाव था। यह बात फ़ारस के पार्थियाई और सासेनियाई साम्राज्यों के बारे में

सही थी, हिंदुस्तान के कुषाण और गुप्त साम्राज्यों के बारे में सही थी, और चीन के हान साम्राज्य और उसके उत्तराधिकारी **थ्री किंगडम्स** के बारे में सही थी।[26] हज़ारों और भी छोटे पैमाने के समाजों ने तीसरी सदी ईस्वी में और उसके बाद लोकतांत्रिक ढंग से काम करना जारी रखा, लेकिन ऐसा लगता था कि विकेंद्रीकृत लोकतांत्रिक नेटवर्क बड़े पैमाने के समाजों के साथ असंगत थे।

राष्ट्रपति पद के लिए सीज़र!

क्या बड़े पैमाने के लोकतंत्र प्राचीन दुनिया में वाक़ई नामुमकिन थे? या ऑगस्टस और कारोकैला जैसे तानाशाह जानबूझकर उनके साथ भितरघात करते थे? यह प्रश्न हमारे लिए न सिर्फ़ प्राचीन इतिहास को समझने के लिए महत्त्वपूर्ण है, बल्कि एआई के युग में लोकतंत्र के भविष्य को लेकर हमारे दृष्टिकोण के संदर्भ में भी महत्त्वपूर्ण है। यह हम कैसे जानते हैं कि लोकतंत्र इसलिए नाकामयाब हो जाते हैं, क्योंकि शक्तिशाली नेता उनकी जड़ें खोदते रहते हैं या इसके पीछे कहीं अधिक गहरी संरचनात्मक और प्रौद्योगिकीय वजह हैं?

इसे समझने के लिए हम रोमन साम्राज्य को और क़रीब से देखते हैं। रोमन लोग लोकतंत्र के आदर्श से स्पष्ट तौर पर परिचित थे, और वह आदर्श उनके लिए सीज़र के परिवार के सत्ता में आ जाने के बाद तक भी महत्त्वपूर्ण बना रहा। अगर ऐसा न होता तो, ऑगस्टस और उसके वारिसों को सीनेट जैसी लोकतांत्रिक प्रतीत होती संस्थाओं को क़ायम रखने या परिषदों तथा अन्य संस्थाओं के वार्षिक चुनाव करने की कोई परवाह न रही होती। तब फिर सत्ता अनिर्वाचित सम्राटों के हाथों में क्यों जाती रही?

सिद्धांततः, जब समूचे भूमध्यसागरीय बेसिन में करोड़ों लोगों को नागरिकता प्रदान कर दी गई थी, तब क्या उसके बाद भी यह मुमकिन नहीं था कि सम्राट के पद के लिए साम्राज्य-व्यापी चुनाव कराए जाते? इसके लिए निश्चय ही एक अत्यंत पेचीदा प्रचालन-तंत्र की ज़रूरत पड़ती और चुनाव के नतीजों को जानने में कई महीने लग जाते, लेकिन क्या यह इतना बड़ा आधार था कि उसकी वजह से यह क़दम न उठाया जाता?

मुख्य ग़लतफ़हमी लोकतंत्र को चुनावों के साथ एक करके देखने की है। अगर रोमन साम्राज्य चाहता तो, उसने सम्राट के चुनाव के लिए साम्राज्य-व्यापी चुनाव आयोजित करा लिए होते, लेकिन हमें जो असली सवाल पूछना चाहिए, वह यह है कि क्या रोमन साम्राज्य साम्राज्य-व्यापी राजनीतिक संवाद आयोजित कर सकता था। आज के उत्तरी कोरिया में कोई राजनीतिक संवाद नहीं होता, क्योंकि

लोग बोलने को स्वतंत्र नहीं हैं, तब भी हम ऐसी स्थिति की कल्पना कर सकते हैं, जब यह आज़ादी दे दी जाती है - जैसा कि दक्षिण कोरिया में दी हुई है। आज के संयुक्त राज्य अमेरिका में लोकतांत्रिक संवाद के लिए लोगों की सुनने और अपने राजनीतिक प्रतिद्वंद्वी का सम्मान कर पाने की अक्षमता से सबसे बड़ा ख़तरा है, लेकिन शायद इस ख़राबी को ठीक किया जा सकता है। इसके विपरीत, रोमन साम्राज्य में लोकतांत्रिक संवाद आयोजित करने या उसे जारी रखने का कोई उपाय ही नहीं था, क्योंकि वहाँ इस तरह का संवाद आयोजित करने की कोई प्रौद्योगिकी नहीं थी।

संवाद को आयोजित करने के लिए बोलने की स्वतंत्रता और सुनने की क़ाबिलियतभर पर्याप्त नहीं है। इसके लिए दो तकनीकी शर्तें भी हैं। पहली, लोगों का एक-दूसरे की बात सुनने के दायरे में होना ज़रूरी है। इसका मतलब है कि संयुक्त राज्य अमेरिका या रोमन साम्राज्य के आकार के अधिकार-क्षेत्रों में राजनीतिक संवाद आयोजित करने के लिए किसी ऐसी सूचना प्रौद्योगिकी की मदद ज़रूरी है, जो लोगों की आवाज़ को दूर तक पहुँचा सके। दूसरी शर्त, लोग जिस चीज़ के बारे में बात कर रहे हैं, उसकी उन्हें कम-से-कम आरंभिक समझ होनी चाहिए। लोगों में सामान्यत: उन राजनीतिक मुद्दों की अच्छी समझ होती है, जिनका उन्हें प्रत्यक्ष अनुभव होता है। उदाहरण के लिए, ग़रीब लोगों में ग़रीबी की ऐसी बहुत-सी स्वत:स्फूर्त समझ होती है, जो अर्थशास्त्र के प्रोफ़ेसरों की पकड़ से छूट जाती है, और प्रजातीय अल्पसंख्यक नस्लवाद को उन लोगों के मुक़ाबले अधिक गंभीर ढंग से समझते हैं, जिन्हें वह कभी नहीं भोगना पड़ा होता है, लेकिन अगर भोगा गया अनुभव ही निर्णायक महत्त्व के राजनीतिक मुद्दों को समझने का एकमात्र तरीक़ा होता, तो बड़े पैमाने का राजनीतिक संवाद असंभव हो जाता, क्योंकि तब लोगों का हर समूह केवल अपने अनुभवों के बारे में अर्थपूर्ण ढंग से बात कर पाता। इससे भी बदतर यह कि वे जो कह रहे होते, उसे कोई और न समझ पाता। अगर भोगा गया अनुभव ही ज्ञान का एकमात्र स्रोत है, तो किसी अन्य के भोगे गए अनुभव से निकली स्वत:स्फूर्त समझ मुझ तक नहीं पहुँच सकती।

लोगों के विभिन्न समूहों के बीच बड़े पैमाने के राजनीतिक संवाद का एकमात्र तरीक़ा यह है कि लोग ऐसे मुद्दों की कुछ समझ हासिल कर सकें, जिन्हें उन्होंने कभी प्रत्यक्ष तौर पर अनुभव नहीं किया है। एक बड़ी हुकूमत में, शिक्षा-प्रणाली और मीडिया की सबसे महत्त्वपूर्ण भूमिका यह है कि वे लोगों को उन चीज़ों के बारे में सूचित करें, जिनका उन्होंने कभी सामना नहीं किया है। अगर यह भूमिका निभाने के लिए कोई शिक्षा-प्रणाली या मीडिया नहीं है, तो बड़े पैमाने का कोई सार्थक संवाद नहीं हो सकता।

हो सकता है, कुछ हज़ार निवासियों के एक छोटे-से नवपाषाण नगर में लोग कभी-कभी वे बातें कहने से डरते हों, जो वे सोचते हों, या हो सकता है, वे अपने प्रतिद्वंद्वियों की बात सुनने से इंकार कर देते हों, लेकिन वहाँ सार्थक विमर्श की तकनीकी शर्तों को पूरा करना अपेक्षाकृत आसान होता था। पहली बात तो यह थी कि लोग एक-दूसरे के क़रीब रहते थे, इसलिए वे दूसरे समुदाय के सदस्यों के साथ आसानी-से मिल सकते थे और उनकी बात सुन सकते थे। दूसरी, हर किसी को उन ख़तरों और अवसरों का विस्तृत ज्ञान होता था, जिनका सामना वह नगर करता था। अगर दुश्मन का कोई युद्ध दल आ रहा होता, तो लोग उसे देख सकते थे। अगर नदी की बाढ़ का पानी खेतों में घुस रहा होता, तो हर कोई उसके आर्थिक प्रभावों का साक्षी हो सकता था। जब लोग युद्ध या भूख के बारे में बात करते थे, तो वे जानते थे कि वे क्या कह रहे हैं।

ईसा पूर्व चौथी सदी में, रोम का नगर-राज्य इतना छोटा था कि वह आकस्मिक संकट के वक़्त में नागरिकों के एक बड़े प्रतिशत को फ़ोरम में एकत्र होने, सम्मानित नेताओं की बातें सुनने और प्रस्तुत मुद्दे पर अपनी निजी राय पेश करने की गुंजाइश देता था। जब ईसा पूर्व 390 में गैलिक आक्रांताओं ने रोम पर हमला किया, तो अलिया की लड़ाई में हुई पराजय में लगभग हर किसी ने अपना एक संबंधी खो दिया था और जब विजेता गाउलों ने रोम को लूटा, तो हर किसी ने अपनी संपत्ति खो दी थी। हताश रोमनों ने मार्कस कैमिलस को तानाशाह नियुक्त कर दिया। रोम में, तानाशाह संकट की घड़ी में नियुक्त किया गया सार्वजनिक अधिकारी था, जिसके पास असीमित शक्तियाँ थीं, लेकिन सिर्फ़ एक संक्षिप्त पूर्वनिर्धारित समय के लिए, जिसके बाद वह अपनी कार्रवाइयों के लिए जवाबदेह था। जब कैमिलस ने अपने नेतृत्व में रोम को विजय दिला दी, तो हर कोई देख सकता था कि आपातकाल समाप्त हो चुका था, और कैमिलस अपने पद से हट गया।[27]

इसके विपरीत, ईसा की तीसरी सदी के आते-आते, रोमन साम्राज्य की आबादी बढ़कर छह और साढ़े सात करोड़ के बीच हो गई,[28] जो पचास लाख वर्ग किलोमीटर में फैली हुई थी।[29] रोम के पास रेडियो या दैनिक अख़बार जैसी संप्रेषण प्रौद्योगिकी का अभाव था। केवल 10.20 प्रतिशत वयस्क पढ़ सकते थे,[30] और ऐसी कोई व्यवस्थित शिक्षा-प्रणाली नहीं थी, जो उन्हें साम्राज्य के भूगोल, इतिहास, और अर्थव्यवस्था की जानकारी दे सकती। यह सच है कि समूचे साम्राज्य में बहुत-से ऐसे लोग थे, जो सांस्कृतिक विचारों को साझा करते थे, जैसे कि बर्बरों के विरुद्ध रोमन साम्राज्य की श्रेष्ठता। ये साझा सांस्कृतिक विश्वास व्यवस्था को क़ायम रखने और साम्राज्य को बाँधे रखने में निर्णायक महत्त्व रखते थे, लेकिन उनके राजनीतिक निहितार्थ बिलकुल भी स्पष्ट नहीं थे, और संकट की घड़ियों में

इस बात को लेकर सार्वजनिक वार्तालाप आयोजित करने की कोई संभावना नहीं थी कि उन परिस्थितियों में क्या किया जाए।

आख़िर सीरियाई सौदागर, अँग्रेज़ गड़रिये, और मिस्र के ग्रामीण मध्यपूर्व में जारी युद्धों के बारे में या डेन्यूब के तटों पर घुमड़ रहे शरणार्थियों के संकट के बारे में कैसे बातचीत कर पाते? इस अर्थपूर्ण सार्वजनिक संवाद का अभाव ऑगस्टस, नीरो, कारोकैला या किसी भी दूसरे सम्राट की ग़लती नहीं थी। उन्होंने रोम के लोकतंत्र के साथ कोई भितरघात नहीं किया था। साम्राज्य के आकार और उपलब्ध सूचना प्रौद्योगिकी के चलते लोकतंत्र असाध्य था। इस बात को प्लेटो और अरस्तू जैसे प्राचीन दार्शनिक पहले ही स्वीकार कर चुके थे, जिनका तर्क था कि लोकतंत्र केवल छोटे पैमाने के नगर-राज्यों में कारगर हो सकता है।[31]

अगर रोमन लोकतंत्र की अनुपस्थिति किसी विशेष तानाशाह की ग़लती रही होती, तो हम सासियाई फ़ारस, गुप्तकालीन हिंदुस्तान, या हान के चीन जैसे दूसरे स्थलों पर बड़े पैमाने के लोकतंत्रों को फलता-फूलता देख रहे होते, लेकिन आधुनिक सूचना तंत्र के विकास के पहले, कहीं भी बड़े पैमाने के लोकतंत्रों के उदाहरण नहीं हैं।

इस बात पर बल दिया जाना चाहिए कि बड़े पैमाने के बहुत सारे निरंकुश तंत्रों में स्थानीय मामलों को अक्सर लोकतांत्रिक ढंग से निपटा लिया जाता था। रोमन सम्राट के पास वह सूचना नहीं थी, जो समूचे साम्राज्य में फैले सैकड़ों नगरों का सूक्ष्म नियंत्रण करने के लिए ज़रूरी थी, जबकि हर नगर के स्थानीय नागरिक नगरपालिका की राजनीति के बारे में अर्थपूर्ण संवाद जारी रख सकते थे। नतीजतन, रोमन साम्राज्य के तानाशाह एकतंत्रीय बन जाने के बहुत बाद में भी, उसके बहुत से नगर स्थानीय विधायिकाओं और चुने हुए अधिकारियों से शासित होते रहे। जिस वक़्त रोम में परिषदों के चुनाव महज़ अनुष्ठान बनकर रह गए थे, उस वक़्त भी पॉम्पेई जैसे नगरों की नगरपालिकाओं के चुनाव पूरे उत्साह के साथ लड़े जाते थे।

पॉम्पेई 79 ईस्वी में सम्राट टाइटस के शासनकाल के दौरान वेसूवियस के ज्वालामुखी विस्फोट में नष्ट हो गया था। पुरातत्त्वविदों ने दीवारों पर उकेरी गई लगभग पंद्रह सौ इबारतें खोद निकाली हैं, जिनका संबंध अनेक स्थानीय चुनाव-अभियानों से है। एक अत्यंत प्रतिष्ठित कार्यालय नगर के एडाइल का था - शहर की आधारभूत सुविधाओं और इमारतों का रख-रखाव करने वाला मजिस्ट्रेट।[32] ल्युक्रेटियस फ्रोंटो के समर्थकों ने दीवार पर उकेरा था : "अगर ईमानदार जीवन को कोई सिफ़ारिश माना जाए, तो ल्युक्रेटियस फ्रोंटो चुने जाने के योग्य हैं।" उनके एक प्रतिद्वंद्वी गेइयस जूलियस का नारा था, "एडाइल के पद के लिए गेइयस जूलियस को चुनिए। वह अच्छी ब्रेड उपलब्ध कराते हैं।"

मज़हबी समूहों और व्यावसायिक संगठनों की सिफ़ारिशें भी थीं, जैसे कि "आइसिस के उपासक नीयस हेल्वियस सेबिनस के चुने जाने की माँग करते हैं" और "सारे मज़दूर आपसे अनुरोध करते हैं कि आप गायस जूलियस पॉलीबियस को चुनें।" गंदे नारे भी थे। किसी व्यक्ति ने दीवार पर लिखा था, जो निश्चय ही मार्कस सेपेनियस पॉलीबियस नहीं था, "सारे पियक्कड़ आपसे अनुरोध करते हैं कि आप मार्कस सेरेनियस वाशा को चुनें" और "टुच्चे चोर आपसे अनुरोध करते हैं कि आप वाशा को चुनें।"[33] इस तरह का चुनावी प्रचार संकेत देता है कि एडाइल का पद पॉम्पेई में शक्तिशाली था और एडाइल को रोम के शाही तानाशाह द्वारा नियुक्त किए जाने की बजाय स्वतंत्र और निष्पक्ष चुनावों के माध्यम से चुना जाता था।

यहाँ तक कि जिन साम्राज्यों के शासक लोकतंत्र का कोई ढोंग नहीं रचते थे, वहाँ भी स्थानीय स्तरों पर लोकतंत्र फल-फूल सकता था। उदाहरण के लिए, ज़ार के साम्राज्य में लाखों ग्रामीणों के रोज़मर्रा जीवन का प्रबंधन ग्रामीण समुदाय करते थे। कम-से-कम ग्यारहवीं सदी तक प्रत्येक कम्यून में आम तौर से एक हज़ार से कुछ ही कम लोग शामिल होते थे। वे ज़मींदारों के अधीन होते थे और अपने स्वामी तथा केंद्र जारिस्ट राज्य के प्रति कई ज़िम्मेदारियाँ निभाते थे, जैसे कि करों का भुगतान करना और सेना के लिए लोग उपलब्ध कराना। कम्यून स्थानीय विवादों में मध्यस्थता करते थे, आकस्मिक राहत मुहैया कराते थे, सामाजिक मानदंडों को लागू करते थे, व्यक्तिगत परिवारों के लिए ज़मीन के वितरण की निगरानी करते थे, और जंगलों तथा चरागाहों जैसे साझा संसाधनों तक लोगों की पहुँच का नियमन करते थे। महत्त्वपूर्ण मामलों संबंधी फ़ैसले कम्यून की बैठकों में लिए जाते थे, जिनमें स्थानीय परिवारों के मुखिया अपनी राय व्यक्त करते थे और कम्यून के वरिष्ठ अधिकारी को चुनते थे। प्रस्ताव इस तरह पारित होते थे कि वे कम-से-कम बहुमत को प्रतिबिंबित करते हों।[34]

ज़ार के गाँवों और रोम के नगरों में लोकतंत्र का एक रूप इसलिए मुमकिन था, क्योंकि वहाँ अर्थपूर्ण सार्वजनिक संवाद संभव था। पॉम्पेई 79 ईस्वी में लगभग ग्यारह हज़ार लोगों का नगर हुआ करता था,[35] इसलिए हर कोई यह फ़ैसला कर सकता था कि क्या ल्युक्रेटियस फ्रोंटो एक ईमानदार व्यक्ति था और क्या मार्कस सेरेनियस वाशा एक पियक्कड़ चोर था, लेकिन लाखों लोगों के पैमाने पर लोकतंत्र केवल आधुनिक युग में ही संभव हो सका, जब मास मीडिया ने बड़े पैमाने के सूचना तंत्रों की प्रकृति को बदल दिया।

मास मीडिया व्यापक लोकतंत्र को संभव बनाता है

मास मीडिया को लाखों लोगों को तेज़ी-से आपस में जोड़ने की क़ाबिलियत के रूप में परिभाषित किया जा सकता है, भले ही वे लोग लंबी दूरियों में क्यों न फैले हों। छापाख़ाना इस दिशा में निर्णायक क़दम था। यह मुद्रण की वजह से ही मुमकिन हो सका कि सस्ते में और तेज़ी के साथ बड़ी संख्या में किताबें और पुस्तिकाएँ छापी जा सकती थीं, जिन्होंने अधिक-से-अधिक लोगों को अपनी राय व्यक्त करने और विशाल क्षेत्र में सुने जाने में सक्षम बनाया, भले ही इस प्रक्रिया में लंबा समय लग जाता था। इसने पोलिश-लिथुआनियन कॉमनवेल्थ (1569 में स्थापित) और डच रिपब्लिक (1579 में स्थापित) जैसे बड़े पैमाने के लोकतंत्र के पहले प्रयोगों को सहारा दिया।

कुछ लोग इन राज्यों को लोकतांत्रिक कहने को लेकर आपत्ति कर सकते हैं, क्योंकि इनमें अपेक्षाकृत संपन्न नागरिकों को ही राजनीतिक अधिकार मिले हुए थे। पोलिश-लिथुआनियन कॉमनवेल्थ में राजनीतिक अधिकार *श्लाख़्ता* - कुलीन वर्ग - के लिए आरक्षित थे। इनकी संख्या अधिकतम 300,000 व्यक्तियों, या कुल वयस्कों की जनसंख्या का 5 प्रतिशत थी।[36] *श्लाख़्ता* का एक विशेषाधिकार राजा को चुनने का था, लेकिन चूँकि मतदान एक राष्ट्रीय सम्मेलन में होता था, जिसमें भाग लेने के लिए लंबी दूरी की यात्रा करना ज़रूरी था, इसलिए कुछ ही लोग अपने इस अधिकार का प्रयोग कर पाते थे। सोलहवीं और सत्रहवीं सदियों में शाही चुनाव में 3,000 और 7,000 के बीच मतदाता भागीदारी करते थे, सिवाय 1669 के चुनाव के, जिसमें 11,271 लोगों ने हिस्सा लिया था।[37] जहाँ यह चीज़ बमुश्किल ही लोकतांत्रिक प्रतीत होती है, वहीं इस बात को याद रखा जाना चाहिए कि बारहवीं सदी तक बड़े पैमाने के सारे लोकतंत्रों में राजनीतिक अधिकार अपेक्षाकृत रईस लोगों की एक छोटी-सी मंडली तक सीमित हुआ करते थे। लोकतंत्र सब कुछ या कुछ नहीं का मामला कभी नहीं होता, वह एक निरंतरता है, और अठारहवीं सदी के अंतिम वर्षों तक पोलैंडवासियों और लिथुआनियनों ने निरंतरता के उस क्षेत्र को खोजा था, जो उसके पहले तक अज्ञात था।

अपने राजा का चुनाव करने के अलावा, पोलैंड और लिथुआनिया में एक चुनी हुई संसद (सेज्म) हुआ करती थी, जो किसी भी क़ानून का अनुमोदन कर सकती थी या उस पर रोक लगा सकती थी और उसे कराधान तथा विदेशी मामलों में शाही निर्णय पर प्रतिबंध (वीटो) लगाने का अधिकार प्राप्त था। इसके अलावा, नागरिकों को कई अनुलंघनीय अधिकार मिले हुए थे, जिनमें सम्मेलन करने की

स्वतंत्रता और धर्म चुनने की स्वतंत्रता शामिल थी। सोलहवीं सदी के परवर्ती और सत्रहवीं सदी के आरंभिक वर्षों में जब ज़्यादातर यूरोप कठोर मज़हबी टकरावों और उत्पीड़नों का शिकार था, उस समय पोलैंड-लिथुआनिया एक सहिष्णु स्वर्ग था, जहाँ कैथोलिक, ग्रीक परंपरावादी, लुथेरान, यहूदी और मुसलमान तक सहअस्तित्व और सापेक्षिक सामंजस्य के साथ रह रहे थे।[38] 1616 में, कॉमनवैल्थ में सौ से ज़्यादा मस्जिदें सक्रिय थीं।[39]

अंत में, हालाँकि, विकेंद्रीकरण का पोलिश-लिथुआनियाई प्रयोग अव्यावहारिक साबित हुआ था। यह देश यूरोप का दूसरे नंबर को बड़ा राज्य था (रूस के बाद), जो लगभग दस लाख किलोमीटर का इलाक़ा घेरता था और उसमें आज के पोलैंड, लिथुआनिया, बेलारूस, और यूक्रेन के अधिकार-क्षेत्र शामिल थे। इसमें सूचना, संप्रेषण, और शिक्षा की उन प्रणालियों का अभाव था, जो पोलैंड के अभिजात वर्ग, लिथुआनिया के कुलीनों, यूक्रेन के कज़ाकों, और बाल्टिक समुद्र से काला सागर तक फैले यहूदी रब्बियों के बीच अर्थपूर्ण राजनीतिक संवाद के लिए ज़रूरी था। उसकी आत्म-सुधार की प्रक्रियाएँ भी बहुत महँगी थीं, जो केंद्र सरकार की शक्ति को पंगु बनाती थीं, ख़ास तौर से, हर सेज्म डिप्टी को तमाम संसदीय क़ानूनों पर रोक लगाने (वीटो करने) की शक्ति मिली हुई थी, जिसके नतीजे में राजनीतिक गतिरोध पैदा होते थे। एक कमज़ोर केंद्र के साथ एक बड़ी और विविधतापूर्ण राज्य-व्यवस्था घातक साबित हुई। अपकेंद्री ताक़तों ने कॉमनवैल्थ को तोड़ दिया, और उसके टुकड़े रूस, ऑस्ट्रिया, और प्रशिया के केंद्रीकृत राजतंत्रों में बँट गए।

डच प्रयोग सफल रहा। किन्हीं रूपों में डच यूनाइटेट प्रॉविंस पोलिश-लिथुआनियाई कॉमनवैल्थ के मुक़ाबले कम केंद्रित थे, चूँकि वहाँ निरंकुश शासक नहीं थे, और वह सात स्वायत्त प्रांतों का संघ था, जो ख़ुद भी स्वायत्तशासी नगरों और शहरों से बने हुए थे।[40] यह विकेंद्रीकृत प्रकृति विदेशों में देश की बहुवाचक पहचान में प्रतिबिंबित होती है - अँग्रेज़ी में नीदरलैंड्स, फ्रांसीसी में Les Pays-Bas, स्पेनिश में Los Paises Bajos, आदि।

लेकिन, सब मिलाकर यूनाइटेड प्रॉविंसेज़ पोलैंड-लिथुआनिया के मुक़ाबले पच्चीस गुना छोटे थे और वहाँ सूचना, संप्रेषण, और शिक्षा की कहीं ज़्यादा अच्छी प्रणालियाँ थीं, जो उसके घटकों को मज़बूती-से बाँधे हुए थीं।[41] यूनाइटेड प्रॉविंसेज़ ने एक नई सूचना प्रौद्योगिकी की भी अगुआई की थी, जिसका बड़ा भविष्य था। जून 1618 में एम्सटर्डम में *Courante upt Italien, Duytslandt & c.* नामक एक प्रचार पुस्तिका प्रकट हुई। जैसा कि उसके शीर्षक से पता चलता था,उसमें इताल्वी प्रायद्वीप, जर्मनी और दूसरी जगहों की ख़बरें थीं। इस पुस्तिका-विशेष में कोई ख़ास

उल्लेखनीय बात नहीं थी, सिवाय इसके कि पुस्तिका के नए अंक अगले सप्ताहों में भी प्रकाशित हुए। वे 1670 तक लगातार आते रहे, जब *Courante upt Italien, Duytslandt &c* का अन्य सीरियल पुस्तिकाओं के साथ *Amsterdamsche Courant* में विलय कर दिया गया, जो 1903 तक प्रकाशित होता रहा, जब उसका *De Telegraaf* में विलय कर दिया गया, जो आज के दिन तक नीदरलैंड्स का सबसे बड़ा अख़बार है।[42]

यह अख़बार एक नियतकालिक पुस्तिका है, और यह पहले की एक बार प्रकाशित होने वाली पुस्तिकाओं से भिन्न था, क्योंकि इसमें आत्म-सुधार की अधिक मज़बूत प्रक्रिया निहित थी। एक बार प्रकाशित होने वाले प्रकाशनों से भिन्न, साप्ताहिक या दैनिक अख़बार को अपनी भूलों को सुधारने का अवसर मिलता है और जनता का विश्वास जीतने की ख़ातिर ऐसा करने के लिए प्रोत्साहन भी मिलता है। *Courante upt Italien, Duytslandt &c* के प्रकाशित होने के कुछ ही समय बाद *Tijdinghen uyt Verscheyde Quartieren* (विभिन्न स्थानों के समाचार) नामक एक प्रतियोगी अख़बार आरंभ हो गया। *Courante* को सामान्यत: अधिक विश्वसनीय माना जाता था, क्योंकि वह अपनी ख़बरों को प्रकाशित करने से पहले उनका परीक्षण करने की कोशिश करता था, और क्योंकि *Tijdinghen* पर बहुत ज़्यादा देशभक्त होने का आरोप लगता था और वह नीदरलैंड्स के पक्ष में जाने वाली रिपोर्टें छापा करता था। तब भी, दोनों अख़बार जीवित बने रहे, क्योंकि, जैसा कि एक पाठक ने स्पष्ट किया था, ''आपको हमेशा ही एक अख़बार में ऐसी चीज़ मिल सकती है, जो दूसरे में उपलब्ध नहीं होती।'' बाद के दशकों में नीदरलैंड्स से दर्जनों और भी समाचार-पत्र प्रकाशित हुए और यह देश पत्रकारिता का केंद्र बन गया।[43]

जो अख़बार व्यापक विश्वसनीयता हासिल करने में सफल रहे, वे जनमत के वास्तुशिल्पी और प्रवक्ता बन गए। उन्होंने कहीं अधिक जानकार और तल्लीन जनता तैयार की, जिसने राजनीति के स्वरूप को बदल दिया, पहले नीदरलैंड्स में और बाद में सारी दुनिया में।[44] अख़बारों का राजनीतिक प्रभाव इतना निर्णायक साबित हुआ कि अख़बारों के संपादक अक्सर राजनेता बन गए। ज्याँ-पॉल मारात *L'Ami du Peuple* के संस्थापक और संपादक होने के नाते क्रांतिकारी फ्रांस में सत्ता में पहुँच गए; एडुआर्ड बर्न्स्टेन ने *Der Sozialdemokrat* नामक अख़बार का संपादन कर जर्मनी की सोशल डेमोक्रेटिक पार्टी के गठन में योगदान किया, सोवियत तानाशाह बनने से पहले व्लादिमीर लेनिन की सबसे महत्त्वपूर्ण हैसियत *ईस्क्रा* नामक अख़बार के संपादक की थी; और बेनिटो मुसोलिनी ने पहले *अवांती!* नामक अख़बार में एक समाजवादी पत्रकार के रूप में काम करते हुए और बाद में तेज़तर्रार दक्षिणपंथी अख़बार *इल पोपोलो डि'इतालिया* का संपादन करके प्रसिद्धि प्राप्त की।

अख़बारों ने आरंभिक आधुनिक लोकतंत्रों, जैसे कि लो कंट्रीज़ में यूनाइटेड प्रॉविंसेज़, ब्रिटिश टापुओं में ब्रिटेन, और उत्तरी अमेरिका में संयुक्त राज्य अमेरिका, के निर्माण में निर्णायक भूमिका निभाई थी। जैसा कि स्वयं इन नामों से संकेत मिलता है, ये प्राचीन एथेंस और रोम की भाँति नगर राज्य नहीं थे, बल्कि विभिन्न क्षेत्रों का मिश्रण थे, जो इस नई सूचना प्रौद्योगिकी से आंशिक तौर पर एक-दूसरे से जुड़े हुए थे। उदाहरण के लिए, जब 6 दिसंबर 1825 को, राष्ट्रपति जॉन क्विन्सी एडम्स ने संयुक्त राज्य अमेरिका की काँग्रेस में पहला सालाना संदेश दिया था, तो उस संदेश का मज़मून और सारसंक्षेप अगले सप्ताह बोस्टन से लेकर न्यू ऑर्लियन्स तक के अख़बारों में प्रकाशित हुए थे (उस समय, संयुक्त राज्य अमेरिका से सैकड़ों अख़बार और पत्रिकाएँ प्रकाशित हो रहे थे)[45]।

एडम्स ने कई संघीय परियोजनाओं की पहल करने के अपने प्रशासन के इरादों की घोषणा की थी, जिनमें सड़कों के निर्माण से लेकर एक खगोलीय वेधशाला (जिसे उन्होंने काव्यात्मक ढंग से 'लाइट-हाउस ऑफ़ द स्काई' की संज्ञा दी थी) की स्थापना तक कई परियोजनाएँ शामिल थीं। उनके भाषण ने तीव्र सार्वजनिक बहस को जन्म दिया, जिसका अधिकांश हिस्सा अख़बारों में प्रकाशित हुआ था, जिसमें उन लोगों के बीच में बहस हुई थी, जिनमें एक तरफ़ संयुक्त राज्य अमेरिका के विकास के लिए 'बड़ी सरकारी' योजनाओं के पक्षधर लोग थे, तो दूसरी तरफ़ कुछ वे लोग थे, जो 'छोटे सरकारी' दृष्टिकोण के समर्थक थे और वे एडम्स की योजनाओं को संघ का ज़रूरत से ज़्यादा आगे बढ़ना और राज्यों के अधिकारों का अतिक्रमण करना मानते थे।

'छोटे सरकारी' ख़ेमे के उत्तरी समर्थकों की शिकायत थी कि ग़रीब राज्यों में सड़कों के निर्माण के लिए अमीर राज्यों पर कर लगाना संघीय सरकार का असंवैधानिक क़दम है। दक्षिण के लोगों को भय था कि जो संघीय सरकार उनके मकान के पिछवाड़े लाइट हाउस ऑफ़ द स्काई खड़ा करने का अधिकार जता रही है, वह कल के दिन यह अधिकार भी जता सकती है कि वे अपने गुलामों को आज़ाद कर दें। एडम्स पर तानाशाही महत्त्वाकांक्षाएँ पालने का आरोप लगाया गया, वहीं उनके भाषण की विद्वता और परिष्कार को अभिजात और साधारण अमेरिकियों से कटा हुआ कहकर उसकी आलोचना की गई। काँग्रेस को दिए गए 1825 के उस संदेश पर हुई सार्वजनिक बहस एडम्स के प्रशासन की प्रतिष्ठा पर तगड़ा प्रहार थी और उसने एडम्स के लिए अगली चुनावी पराजय का रास्ता तैयार करने में मदद की थी। 1828 के राष्ट्रपति के चुनाव में, एडम्स एंड्र्यू जैक्सन के हाथों पराजित हुए। जैक्सन टेनेसी के एक संपन्न व्यक्ति थे, जिनके यहाँ सैकड़ों की संख्या में गुलाम थे और बहुत बड़ी मात्रा में बागान थे। उन्हें कई अख़बारों के कॉलमों में 'जनता का

आदमी' के रूप में चित्रित किया गया, और उनका कहना था कि पिछला चुनाव एडम्स और वॉशिंगटॅन के अभिजात वर्ग द्वारा चुरा लिया गया था।[46]

उस ज़माने के अख़बार निश्चय ही आज के मास मीडिया की तुलना में धीमे और सीमित थे। अख़बार घोड़े या पालों वाले जहाज़ की रफ़्तार से यात्रा करते थे, और अपेक्षाकृत थोड़े-से लोग ही उन्हें नियमित पढ़ा करते थे। अखब़ार बेचने के लिए कोई अड्डे (न्यूज़स्टैंड) या फेरीवाले (स्ट्रीट वेंडर) नहीं थे, इसलिए आपको अख़बार का ग्राहक बनना होता था, जो महँगा पड़ता था। औसत वार्षिक सदस्यता की लागत एक कुशल कारीगर के एक हफ़्ते की मज़दूरी के बराबर होती थी। नतीजतन, 1830 में, संयुक्त राज्य अमेरिका के सारे अख़बारों की ग्राहक संख्या महज़ अठहत्तर हज़ार थी। चूँकि कुछ ग्राहक व्यक्ति होने की बजाय संघ या व्यापारिक संस्थाएँ होती थीं, यह कल्पना तर्कसंगत लगती है कि अख़बारों की नियमित पाठक संख्या कुछ सौ हज़ारों में रही होगी, लेकिन लाखों दूसरे लोग गाहे-ब-गाहे ही अख़बार पढ़ते थे, अगर पढ़ते थे तो।[47]

आश्चर्य की बात नहीं कि उन दिनों में अमेरिकी लोकतंत्र एक सीमित मसला था और रईस गोरों का क्षेत्र था। 1824 के चुनावों में, जो एडम्स को सत्ता में लाया था, 50 लाख की वयस्क आबादी में से 13 लाख (या लगभग 25 प्रतिशत) अमेरिकी सैद्धांतिक तौर पर मत देने का अधिकार रखते थे। केवल 352,780 लोग - कुल वयस्क आबादी का 7 प्रतिशत - वास्तव में अपने मताधिकार का प्रयोग करते थे। एडम्स ने उन लोगों का बहुमत भी प्राप्त नहीं किया था, जिन्होंने मतदान किया था।

अमेरिकी चुनाव प्रणाली की विचित्रताओं के चलते, वे मात्र 113,122 मतदाताओं, अर्थात वयस्कों के 2 प्रतिशत और कुल जनसंख्या के अधिकतम 1 प्रतिशत के समर्थन से राष्ट्रपति बने थे।[48] उसी समय ब्रिटेन में, केवल 400,000 लोग, या कुल वयस्क आबादी का लगभग 6 प्रतिशत ही संसद के लिए मतदान करने की पात्रता रखते थे। इसके अलावा, 30 प्रतिशत संसदीय क्षेत्रों में चुनाव ही नहीं लड़े जाते थे।[49]

आप सोच सकते हैं कि क्या हम लोकतंत्र के बारे में बात कर भी रहे हैं। जिस वक़्त संयुक्त राज्य अमेरिका में गुलामों की संख्या मतदाताओं से ज़्यादा थी (1820 के दशक के आरंभिक वर्षों में 15 लाख से ज़्यादा अमेरिकी गुलाम बना कर रखे गए थे),[50] तब क्या संयुक्त राज्य अमेरिका वाक़ई लोकतंत्र था? यह परिभाषा का प्रश्न है। जैसा कि सोलहवीं सदी के अंतिम वर्षों में पोलिश-लिथुआनियाई कॉमनवैल्थ के संदर्भ में सही है, वैसे ही उन्नीसवीं सदी के शुरुआती वर्षों के संयुक्त राज्य अमेरिका के संदर्भ में सही है, 'लोकतंत्र' एक सापेक्षिक शब्दावली है। जैसा कि पहले उल्लेख किया जा चुका है, लोकतंत्र और एकतंत्र निरपेक्ष नहीं हैं। वे एक सातत्य का हिस्सा

हैं। उन्नीसवीं सदी के आरंभिक वर्षों में, बड़े पैमाने के मानव समाजों में, संयुक्त राज्य अमेरिका संभवत: इस सातत्य के लोकतांत्रिक सिरे के सबसे क़रीब था। 25 प्रतिशत वयस्कों को मताधिकार देना आज बहुत ज़्यादा प्रतीत नहीं होता, लेकिन 1824 में यह उन ज़ारवादी, ऑटोमन, या चीनी साम्राज्यों के मुक़ाबले बहुत बड़ा प्रतिशत था, जहाँ किसी को भी मताधिकार प्राप्त नहीं था।[51]

इसके अलावा, जैसा कि इस पूरे अध्याय में ज़ोर दिया गया है, मतदान ही वह एकमात्र चीज़ नहीं है, जो महत्त्वपूर्ण है। 1824 में संयुक्त राज्य अमेरिका को लोकतंत्र मानने की इससे कहीं ज़्यादा महत्त्वपूर्ण वजह यह है कि उसके ज़माने के दूसरे राज्यों की तुलना में, उस नए देश में आत्म-सुधार की अधिक मज़बूत प्रक्रियाएँ मौजूद थीं। उसके संस्थापक पूर्वज प्राचीन रोम से प्रेरित थे। वॉशिंगटन में सीनेट और कैपिटल को देखें - और वे अच्छी तरह से जानते थे कि रोमन गणराज्य अंतत: एक निरंकुश साम्राज्य में बदल गया था। उन्हें भय था कि कोई अमेरिकी सीज़र उनके गणराज्य के साथ भी वैसा कुछ न कर दे, और इसलिए उन्होंने आत्म-सुधार की कई परस्पर व्याप्त प्रक्रियाएँ तैयार कर दी थीं, जो नियंत्रणों और संतुलनों की प्रणालियों के रूप में जानी जाती थीं। इनमें से एक था स्वतंत्र प्रेस। प्राचीन रोम में जब गणराज्य ने अपने अधिकार-क्षेत्र और आबादी में विस्तार किया था, तो वहाँ की आत्म-सुधार की प्रक्रियाओं ने काम करना बंद कर दिया था। संयुक्त राज्य अमेरिका में जिस वक़्त देश अटलांटिक से प्रशांत महासागर तक फैल गया, तब भी आधुनिक सूचना प्रौद्योगिकी और स्वतंत्र प्रेस ने मिलकर आत्म-सुधार की प्रक्रियाओं के जीवित बने रहने में मदद की।

आत्म-सुधार की प्रक्रियाओं ने ही संयुक्त राज्य अमेरिका को क्रमश: मताधिकार का विस्तार करने, गुलामी की प्रथा को ख़त्म करने, और ख़ुद को एक अधिक समावेशी लोकतंत्र में बदलने में सक्षम बनाया। जैसा कि अध्याय 3 में उल्लेख किया गया है कि संस्थापक पूर्वजों ने बहुत बड़ी भूल की थीं, जैसे कि गुलामी का अनुमोदन और स्त्रियों को मताधिकार से वंचित रखना आदि, लेकिन उन्होंने अपने उत्तराधिकारियों के लिए ऐसे उपकरण भी उपलब्ध कराए थे कि वे उन भूलों को सुधार सकते थे। वह उनकी महानतम विरासत थी।

बीसवीं सदी : व्यापक लोकतंत्र, लेकिन व्यापक अधिनायकवाद भी

मुद्रित समाचार-पत्र मास मीडिया युग के महज़ पहले अग्रदूत थे। उन्नीसवीं और बीसवीं सदियों के दौरान, संप्रेषण और परिवहन की टेलीग्राफ़, टेलीफ़ोन, टेलीविज़न,

रेडियो, रेलों, भाप से चलने वाले जहाज़ों और वायुयानों जैसी प्रौद्योगिकियों की एक लंबी फ़ेहरिस्त ने मास मीडिया की शक्ति में बहुत ज़्यादा इज़ाफ़ा किया।

जब ईसा पूर्व 350 के आस-पास डेमोस्थेनीस ने एथेंस में सार्वजनिक भाषण दिया था, तो वह प्राथमिक तौर पर उन सीमित श्रोताओं के लिए दिया गया था, जो एथेनियाई अगोरा में वास्तव में उपस्थित थे। जब जॉन क्विंसी एडम्स ने 1825 में पहला वार्षिक संदेश दिया था, तो उनके शब्द घोड़े की रफ़्तार से फैले थे। जब अब्राहिम लिंकन ने 19 नवंबर1863 में अपना गैटिस्बर्ग भाषण दिया था, तो उसे टेलीग्राफ़ों, रेलों और वाष्प-चालित जहाज़ों ने कहीं ज़्यादा तेज़ी-से संघ और उसके परे पहुँचाया था। अगले ही दिन *द न्यू यॉर्क टाइम्स* उस पूरे-के-पूरे भाषण को छाप चुका था,[52] जैसे कि मेन में *पोर्टलैंड डेली प्रेस* से लेकर आयोवा में *ओटुम्वा कूरियर* जैसे बहुत-से दूसरे अख़बारों ने भी छापा था।[53]

जैसा कि आत्म-सुधार की मज़बूत प्रक्रियाओं वाले लोकतंत्र के लिए शोभा देता है, राष्ट्रपति के उस भाषण ने सार्वभौमिक तालियों की गड़गड़ाहट की बजाय एक जीवंत संवाद को प्रेरित किया था। बहुत-से अख़बारों ने उसकी सराहना की थी, लेकिन कुछेक ने अपने संदेह भी ज़ाहिर किए थे। *शिकागो टाइम्स* ने 20 नवंबर को लिखा था कि राष्ट्रपति लिंकन के ''मूर्खतापूर्ण, सपाट और बेतुके कथनों को पढ़ते हुए हर अमेरिकी के गाल शर्म से लाल हो उठे होंगे।''[54] हेरिसबर्ग, पेंसिल्वेनिया के स्थानीय समाचार-पत्र द *पेट्रियॉट ऐंड यूनियन* ने भी 'राष्ट्रपति की मूर्खतापूर्ण टिप्पणियों' की तीख़ी आलोचना की थी और उम्मीद जताई थी कि ''उन पर विस्मृति का पर्दा डाल दिया जाएगा और उन्हें दोबारा नहीं देहराया जाएगा या उनके बारे में नहीं सोचा जाएगा।''[55] यद्यपि उस समय देश गृहयुद्ध के दौर से गुज़र रहा था, पत्रकार तब भी राष्ट्रपति की सार्वजनिक आलोचना के लिए, यहाँ तक कि हँसी उड़ाने के लिए भी, स्वतंत्र थे।

एक सदी आगे बढ़ने पर चीज़ें वास्तव में गति पकड़ चुकी थीं। इतिहास में पहली बार, नई प्रौद्योगिकियों ने मुल्क में दूर-दूर तक फैले जन-समुदाय को तत्काल (इन रियल टाइम) जुड़ने की गुंजाइश दी। 1960 में, समूचे उत्तर अमेरिकी महाद्वीप में फैले लगभग सात करोड़ अमेरिकियों (कुल आबादी के 39 प्रतिशत) ने निक्सन-कैनेडी की राष्ट्रपति पद से संबंधित बहस को टेलीविज़न पर लाइव देखा, और लाखों दूसरे लोगों ने रेडियो पर उसका सीधा प्रसारण सुना था।[56] दर्शकों और श्रोताओं को सिर्फ़ एक ही उद्यम करना पड़ा : अपने घर में बैठे हुए एक बटन दबाना। अब बड़े पैमाने का लोकतंत्र संभव था। एक-दूसरे से हज़ारों किलोमीटर की दूरी पर बैठे लाखों लोग अपने वक़्त के तेज़ी-से विकसित होते मुद्दों पर सूचना संपन्न और सार्थक बहस कर सकते थे। 1960 तक आते-आते, सारे अमेरिकी वयस्क

सैद्धांतिक तौर पर मतदान के पात्र हो चुके थे, और लगभग सात करोड़ (मतदाताओं का लगभग 64 प्रतिशत) वास्तव में मतदान कर रहे थे, हालाँकि लाखों अश्वेत और अन्य नागरिकता से वंचित समूह विभिन्न क़िस्म की मतदाता-दमनकारी योजनाओं के माध्यम से वोट डालने से वंचित थे।[57]

हमेशा की तरह, हमें प्रौद्योगिकीय नियतिवाद से और इस नतीजे पर पहुँचने से सावधान रहना चाहिए कि बड़े पैमाने के लोकतंत्र के उद्भव के पीछे मास मीडिया का उद्भव था। मास मीडिया ने बड़े पैमाने के लोकतंत्र को अपरिहार्य बनाने की बजाय संभव बनाया था। और उसने दूसरे क़िस्म की शासन-प्रणालियों को भी संभव बनाया था, ख़ास तौर से, आधुनिक युग की नई सूचना प्रौद्योगिकी ने बड़े पैमाने की अधिनायकवादी (टोटलिटेरियन) शासन व्यवस्थाओं के लिए भी दरवाज़े खोले थे। निक्सन और कैनेडी की तरह, स्तालिन और ख्रुश्चेव रेडियो पर कुछ कह सकते थे और व्लादिवोस्टोक से लेकर कैलीनिनग्राड तक फैले करोड़ों लोगों द्वारा सुने जा सकते थे। वे प्रतिदिन टेलीफ़ोन पर लाखों की संख्या में ख़ुफ़िया पुलिस और मुख़बिरों द्वारा भेजी गई रिपोर्टें भी प्राप्त कर सकते थे। अगर व्लादिवोस्टोक का कोई अख़बार यह लिख देता कि उनके सर्वोच्च नेता का ताज़ा भाषण मूर्खतापूर्ण था (जैसा कि लिंकन के गैटिस्बर्ग संबोधन के बारे में लिखा गया था) तो इस टिप्पणी में शामिल – प्रधान संपादक से लेकर टाइपसेटर तक – हर व्यक्ति तक केजीबी पहुँच सकती थी।

अधिनायकवाद का संक्षिप्त इतिहास

अधिनायकवादी प्रणालियाँ अपनी अचूकता को मानकर चलती हैं, और लोगों की संपूर्ण ज़िंदगियों पर संपूर्ण नियंत्रण की कोशिश करती हैं। टेलीग्राफ़, रेडियो और अन्य आधुनिक सूचना प्रौद्योगिकियों के आविष्कार के पहले, बड़े पैमाने की अधिनायकवादी शासन प्रणालियाँ असंभव थीं। रोमन सम्राट, अब्बासिद ख़लीफ़ा, और मंगोल ख़ान अक्सर कठोर निरंकुश शासक हुआ करते थे, जिन्हें अपने अचूक होने का विश्वास था, लेकिन उनके पास बड़े समाज पर अधिनायकवादी नियंत्रण थोपने के लिए आवश्यक कोई प्रणाली नहीं थी। इसे समझने के लिए, हमें सबसे पहले अधिनायकवादी शासन-प्रणाली और कमतर पराकाष्ठा की निरंकुश शासन-प्रणालियों के फ़र्क़ को स्पष्ट करना होगा। निरंकुश तंत्र में, शासक की मर्ज़ी की कोई वैधानिक सीमाएँ नहीं होतीं, लेकिन तब भी बहुत सारी तकनीकी सीमाएँ होती हैं। अधिनायकवादी तंत्र में इनमें से बहुत-सी तकनीकी सीमाएँ अनुपस्थित होती हैं।[58]

उदाहरण के लिए, रोमन साम्राज्य, अब्बासिद साम्राज्य, मंगोल साम्राज्य जैसी निरंकुश शासन-प्रणालियों में, शासक ऐसे किसी भी व्यक्ति को फाँसी पर चढ़ा सकते थे, जो उन्हें अप्रसन्न करते थे, और अगर कोई क़ानून उनके आड़े आता था, तो वे उस क़ानून की उपेक्षा कर सकते थे या उसे बदल सकते थे। सम्राट नीरो ने अपनी माँ, एग्रीपिना, अपनी पत्नी, ऑक्टेविया की हत्या का इंतज़ाम किया था, और अपने सलाहकार सेनेका को आत्महत्या करने के लिए मजबूर किया था। नीरो ने कुछ ऐसे अत्यंत सम्मानित और शक्तिशाली कुलीनों को भी फाँसी की सज़ा दी थी या उन्हें देशनिकाला दे दिया था, जिन्होंने सिर्फ़ अपना असंतोष ज़ाहिर किया था या उसके बारे में चुटकुले सुनाए थे।[59]

जहाँ नीरो जैसे निरंकुश शासक ऐसे किसी भी व्यक्ति को फाँसी दे सकते थे, जिन्होंने ऐसा कुछ कर या कह दिया होता था, जो उन्हें नापसंद होता था, तब भी वे यह नहीं जान पाते थे कि उनके साम्राज्य के ज़्यादातर लोग क्या कर या कह रहे होते थे। सैद्धांतिक तौर पर, नीरो ऐसा आदेश जारी कर सकता था कि रोमन साम्राज्य में सम्राट की आलोचना या अवमानना करने वाले किसी भी व्यक्ति को कठोर-से-कठोर सज़ा दी जाए, लेकिन ऐसे किसी आदेश के क्रियान्वयन के कोई तकनीकी साधन नहीं थे। टैसिटस जैसे रोमन इतिहासकार नीरो को ख़ून के प्यासे अत्याचारी के रूप में चित्रित करते हैं, जिसने आतंक का एक अपूर्व शासन शुरू किया था, लेकिन यह बहुत सीमित क़िस्म का आतंक था। यद्यपि उसने परिवार के कई सदस्यों, और अपने दायरे के कई कुलीनों और सीनेटरों को फाँसी की सज़ा दी थी या देशनिकाला दे दिया था, लेकिन शहर की झोंपड़ियों और जेरूसलम और लोंडिनियम, जैसे सुदूर स्थित नगरों में बसे साधारण नागरिक अधिक आज़ादी के साथ, जो जी में आए, वह कह सकते थे।[60]

स्तालिन के यूएसएसआर जैसी आधुनिक अधिनायकवादी शासन-प्रणलियाँ एक बिलकुल ही अलग पैमाने पर आतंक फैलाती थीं। अधिनायकवाद उस सबको नियंत्रित करने की कोशिश करता है, जो समूचे देश का हर एक व्यक्ति दिन के हर पल में कर या कह रहा होता है, और संभवत: सोच और महसूस कर रहा होता है। हो सकता है नीरो ने इस तरह की शक्तियों के ख़्वाब देखें हों, लेकिन उसके पास उन्हें साकार करने के साधन नहीं थे। कृषि-प्रधान रोमन अर्थव्यवस्था के सीमित कर-आधार को देखते हुए, नीरो बहुत ज़्यादा लोगों को अपनी सेवा में नियोजित नहीं कर सकता था। वह रोमन सीनेटरों की डिनर-पार्टी में अपने मुख़बिरों को घुसा सकता था, लेकिन उसके पास समूचे साम्राज्य को नियंत्रित करने के लिए मात्र लगभग 10,000 शाही प्रशासक[61] और 350,000 सैनिक थे,[62] और उसके पास ऐसी प्रौद्योगिकी का अभाव था, जिसकी मदद से वह इन लोगों से फुर्ती-से संपर्क क़ायम कर पाता।

नीरो और उसके जैसे अन्य सम्राटों की एक इससे भी बड़ी समस्या उनसे भुगतान पाने वाले प्रशासकों और सैनिकों की वफ़ादारी सुनिश्चित करने की थी। ऐसा कोई रोमन सम्राट नहीं था, जो कभी भी किसी लोकतांत्रिक क्रांति के माध्यम से अपनी गद्दी से लुढ़का दिया गया हो, जैसा कि लुई XVI, निकोलाई चाउशेस्कु, या हुस्नी मुबारक के साथ हुआ था। इसकी बजाय, दर्जनों सम्राटों का उनके जनरलों, अधिकारियों, अंगरक्षकों, या परिवार के सदस्यों द्वारा वध हुआ था या उन्हें गद्दी से हटा दिया गया था।[63] स्वयं नीरो को हिस्पानिया के गवर्नर गाल्बा के विद्रोह से उखाड़ फेंका गया था। छह महीने बाद गाल्बा को लुसीटेनिया के गवर्नर ओथो द्वारा अपदस्थ कर दिया गया था। तीन महीने बाद, राइन सेना के कमांडर विटेलियस ने ओथो को हटा दिया था। विटेलियस लगभग आठ महीनों तक टिका रहा, जिसके बाद वह जूडिया के सैनिक कमांडर वेस्पेसियन के हाथों पराजित होकर मारा गया। अपने विद्रोही मातहतों के हाथों मारा जाना सिर्फ़ रोमन सम्राटों के लिए ही नहीं, बल्कि लगभग सारे पूर्व-आधुनिक निरंकुशों का सबसे बड़ा व्यावसायिक जोखिम हुआ करता था।

सम्राटों, ख़लीफ़ाओं, शाहों और राजाओं के लिए अपने मातहतों पर नियंत्रण रखना एक बहुत बड़ी चुनौती थी। नतीजतन, शासक सेना और कर-प्रणाली को नियंत्रित करने पर अपना ध्यान केंद्रित रखते थे। रोमन सम्राटों को किसी भी प्रांत या नगर के स्थानीय मामलों में दख़लंदाज़ी करने का अधिकार था, और वे कभी-कभी इस अधिकार का प्रयोग करते थे, लेकिन ऐसा,किसी साम्राज्यव्यापी अधिनायकवादी पंचवर्षीय योजना की बजाय, स्थानीय समुदाय या अधिकारी द्वारा की गई ख़ास दरख़्वास्त के जवाब में ही किया जाता था।[64] अगर आप पॉम्पेई के खच्चर हाँकने वाले या रोमन ब्रिटेन के गड़रिये हुआ करते थे, तो नीरो आपकी रोज़मर्रा की गतिविधियों या आपके चुटकुलों को नियंत्रित नहीं करना चाहता था। जब तक आप अपने करों का भुगतान करते रहते थे और सेनाओं का विरोध नहीं करते थे, यह नीरो के लिए पर्याप्त अच्छा होता था।

स्पार्टा और क़िन

कुछ अध्येता दावा करते हैं कि प्रौद्योगिकीय मुश्किलों के बावजूद प्राचीन समय में अधिनायकवादी शासन स्थापित करने की कोशिशें हुई थीं। जो उदाहरण सबसे ज़्यादा दिया जाता है, वह स्पार्टा का है। इस व्याख्या के मुताबिक़, स्पार्टा के लोगों पर एक ऐसी अधिनायकवादी सरकार शासन करती थी, जो उनके जीवन के छोटे-से-छोटे पहलुओं को नियंत्रित करती थी, जैसे कि वे किससे शादी करें या

क्या खाएँ, लेकिन, जहाँ स्पार्टा की सरकार निश्चय ही बहुत क्रूर थी, वहीं वास्तव में उसमें आत्म-सुधार की ऐसी कई प्रक्रियाएँ मौजूद थीं, जो सत्ता को किसी एक व्यक्ति या धड़े द्वारा अपने एकाधिकार में लेने से रोकती थीं। राजनीतिक प्रभुत्व दो राजाओं, पाँच एफ़ोरों (वरिष्ठ मजिस्ट्रेट), जेरौसिया काउंसिल के अट्ठाइस सदस्यों, और लोकप्रिय असेंबली के बीच बँटी हुआ था। महत्त्वपूर्ण फ़ैसलों - जैसे कि युद्ध करना है या नहीं - पर अक्सर उग्र सार्वजनिक बहस हुआ करती थीं।

इसके अलावा, इससे निरपेक्ष कि हम स्पार्टा की सरकार की प्रकृति का मूल्यांकन किस तरह करते हैं, यह बात स्पष्ट है कि जिन प्रौद्योगिकीय सीमाओं ने प्राचीन एथेनियाई लोकतंत्र को एक नगर तक सीमित कर रखा था, ठीक वैसी ही सामाओं ने स्पार्टा के राजनीतिक प्रयोग को सीमित कर रखा था। पेलोपोनेसियाई युद्ध जीतने के बाद, स्पार्टा ने ग्रीस के कई नगरों में सैन्य क़िलेबंदी कर दी थी और वहाँ स्पार्टा-समर्थक सरकारें बैठा दी थीं, जिनसे यह अपेक्षा की जाती थी कि वे विदेश-नीति के मामले में उसकी बताई राह पर चलें और कभी-कभी नज़राना भी दें, लेकिन दूसरे विश्व युद्ध के बाद के यूएसएसआर से भिन्न, पेलोपोनेसियाई युद्ध के बाद के स्पार्टा ने अपनी व्यवस्था को विस्तार देने या उसका निर्यात करने का प्रयत्न कभी नहीं किया। स्पार्टा इतना बड़ा या इतना पर्याप्त सघन सूचना तंत्र निर्मित नहीं कर सकता था कि वह ग्रीस के हर नगर और गाँवों के साधारण लोगों के जीवन को नियंत्रित कर सकता।[65]

प्राचीन चीन में क़िन राजवंश (ईसा पूर्व 221-206) द्वारा शायद एक अधिक महत्त्वाकांक्षी अधिनायकवादी परियोजना शुरू की गई होगी। दूसरे युद्धरत राज्यों को पराजित करने के बाद, क़िन के शासक क़िन शाई हुआंग ने ऐसी करोड़ों की प्रजा वाले एक विशाल साम्राज्य का नियंत्रण किया था, जिसमें कई विभिन्न जातियों के, अलग-अलग भाषाएँ बोलने वाले समूह शामिल थे, जो विभिन्न स्थानीय परंपराओं और अभिजात वर्ग के प्रति निष्ठा रखते थे। अपनी शक्ति को बढ़ाने के लिए क़िन शासन ने उन स्थानीय ताक़तों को विघटित करने की कोशिश की, जो उसके प्रभुत्व को चुनौती दे सकती थीं। उसने स्थानीय सामंतों की ज़मीनें और संपत्तियाँ ज़ब्त कर लीं और स्थानीय कुलीनों को साम्राज्य की राजधानी जियांगयेंग में रहने के लिए विवश किया, ताकि उन्हें उनके अधिकार-क्षेत्र से अलग किया जा सके और उन पर क़रीब से निगाह रखी जा सके।

क़िन शासन ने केंद्रीकरण और सजातीयकरण के क्रूरतापूर्ण अभियान भी शुरू किए। उसने समूचे साम्राज्य में इस्तेमाल किए जाने के लिए एक नई सरलीकृत लिपि तैयार की और सिक्कों, तथा माप-तौल के औज़ारों का मानकीकरण कर दिया। उसने जियांगयेंग के केंद्र से हर दिशा में जाता सड़कों का एक जाल खड़ा

किया, जिस पर जगह-जगह मानकीकृत विश्रामगृह, रिले स्टेशन और सेना के नाके बनवा दिए। लोगों को राजधानी के क्षेत्र से या सीमा से बाहर जाने के लिए लिखित अनुमति लेनी पड़ती थी। यहाँ तक कि एक्सलों की चौड़ाई तक को मानकीकृत कर दिया गया ताकि यह सुनिश्चित हो सकता कि गाड़ियाँ या रथ समान लीक पर चल सकें।

खेतों की जुताई से लेकर विवाह करने तक प्रत्येक कार्य से अपेक्षित था कि वह किसी-न-किसी सैन्य आवश्यकता की पूर्ति के लिए किया जाता, तथा रोम में जिस प्रकार का सैन्य अनुशासन केवल सेनाओं के लिए आरक्षित था, उसे क़िन ने सारी जनसंख्या पर थोप दिया। इस प्रणाली की कल्पित पहुँच को क़िन के एक क़ानून से समझा जा सकता है, जिसमें इस बात का निर्देश था कि अगर कोई अधिकारी अपने निरीक्षण के अधीन आने वाले अन्न भंडार की उपेक्षा करता है, तो उसे कौन-सा ख़ास दंड दिया जाएगा। यह क़ानून अन्न भंडार में चूहों के बिलों की चर्चा करता है, जिसके लिए अधिकारी पर ज़ुर्माना लगाया जा सकता था या फटकार लगाई जा सकती थी। ''तीन या उससे ज़्यादा बड़े चूहों के बिल होने पर सेना के लिए, एक ढाल ख़रीदने के, बराबर क़ीमत और दो या उससे कम होने पर ज़िम्मेदार अधिकारी को फटकार। छोटे चूहों के तीन छेद बड़े चूहे के एक छेद के बराबर हैं।''[66]

इस अधिनायकवादी व्यवस्था को सुगम बनाने के लिए क़िन ने एक सैन्य सामाजिक व्यवस्था रचने की कोशिश की। हर मर्द के लिए पाँच मर्दों की एक इकाई का सदस्य होना अनिवार्य था। ये इकाइयाँ स्थानीय बस्तियों (*ली*) और कैंटन (*ज़ियांग*) से लेकर काउंटियों (*ज़ियान*) से होती हुई बड़े शाही कमांडरी (*जुन*) तक मिलकर एक बड़ा समूह तैयार करती थीं। लोगों को बिना अनुमति लिए अपना आवास बदलने की मनाही थी, जिसकी इंतिहा यह थी कि मेहमान समुचित पहचान और अनुमति के, रात में अपने दोस्त के घर में नहीं ठहर सकते थे।

क़िन के हर पुरुष को एक श्रेणी दी गई थी, वैसे ही जैसे सेना में हर सैनिक की एक श्रेणी होती है। राज्य के प्रति आज्ञा का पालन करने पर उच्च श्रेणी में पदोन्नति होती थी, जिसके साथ आर्थिक और वैधानिक विशेषाधिकार मिलते थे, वहीं आज्ञा का पालन न करने पर पदावनति हो सकती थी या सज़ा दी जा सकती थी। हर समूह के लोगों से अपेक्षा की जाती थी कि वे एक-दूसरे का निरीक्षण करें, और अगर कोई व्यक्ति कोई ग़लत काम करता था, तो उसके लिए सबको सज़ा दी सकती थी। कोई भी व्यक्ति, जो किसी अपराधी, भले ही वह उसका रिश्तेदार क्यों न हो, के बारे में रिपोर्ट करने में नाकामयाब रहता था, तो उसे मार डाला जाता था। जो लोग अपराध की इत्तिला देते थे, उन्हें पुरस्कार के तौर पर ऊँचा ओहदा और दूसरे लाभ प्रदान किए जाते थे।

यह अत्यंत संदेहास्पद है कि यह शासन-प्रणाली इन सारे अधिनायकवादी उपायों को किस हद तक क्रियान्वित कर पाती होगी। सरकारी कार्यालय में बैठे नौकरशाह अक्सर लंबे-चौड़े क़ायदे-क़ानून ईजाद कर लेते हैं, जो बाद में अव्यावहारिक साबित होते हैं। क्या कर्तव्यनिष्ठ सरकारी अधिकारी वास्तव में हर अन्न भंडार के चूहों के बिलों की गिनती करने सारे क़िन साम्राज्य का चक्कर लगाते थे? क्या हर सुदूर पहाड़ी गाँव के किसान पाँच-पाँच लोगों के दस्ते तैयार करते होंगे? संभवतः नहीं। तब भी, क़िन साम्राज्य ने अपनी अधिनायक महत्त्वाकांक्षाओं के मामले में दूसरे प्राचीन साम्राज्यों को पीछे छोड़ दिया था।

क़िन शासन ने तो अपनी प्रजा के सोचने और महसूस करने को भी नियंत्रित करने की कोशिश की थी। युद्धरत राज्यों के कालखंड के दौरान चिंतक तरह-तरह की विचारधाराएँ और फ़लसफ़े विकसित करने के लिए अपेक्षाकृत स्वतंत्र थे, लेकिन क़िन ने राज्य की अधिकृत विचारधारा के रूप में लीगलिज़्म को अपनाया हुआ था। लीगलिज़्म का मानना था कि मनुष्य कुदरती तौर पर लालची, क्रूर, और अहंकारी होते हैं। वह सख़्त नियंत्रण की ज़रूरत पर बल देता था, तर्क देता था कि दंड और पुरस्कार नियंत्रण के सबसे कारगर तरीक़े हैं, और ज़ोर देता था कि राज्य की शक्ति को किसी भी नैतिक आधार पर कम नहीं किया जाना चाहिए। जो शक्तिशाली था, वही सही था और राज्य का कल्याण ही सबसे बड़ा कल्याण था।[67] क़िन क़न्फ़्यूशसवाद और ताओवाद जैसे उन दूसरे फ़लसफ़ों को निषिद्ध करता था, जो मानते थे कि इंसान अधिक परोपकारी होते हैं और जो हिंसा की बजाय सदाचार के महत्त्व पर बल देते थे।[68] इस तरह के दृष्टिकोणों का समर्थन करने वाली किताबों पर प्रतिबंध था, साथ ही उन किताबों पर भी, जो इतिहास के प्रति क़िन के अधिकृत दृष्टिकोण का विरोध करती थीं।

जब एक अध्येता ने कहा कि क़िन चाई हुआंग को प्राचीन ज़ोउ राजवंश का अनुसरण करना चाहिए और राज्य की शक्ति को विकेंद्रित कर देना चाहिए, तो क़िन मुख्य मंत्री ली सी ने प्रतिवाद किया कि अध्येताओं को अतीत का आदर्शीकरण करके आज की संस्थाओं की आलोचना करना बंद कर देना चाहिए। सरकार ने उन तमाम किताबों को ज़ब्त कर लेने का आदेश जारी कर दिया, जो अतीत को बढ़ा-चढ़ाकर पेश करती थीं या किसी अन्य रूप में क़िन की आलोचना करती थीं। इस तरह के ग्रंथ शाही पुस्तकालय में रखे जाते थे और केवल सरकारी अध्येताओं द्वारा ही पढ़े जा सकते थे।[69]

क़िन साम्राज्य आधुनिक युग से पहले के मानव इतिहास का संभवतः सबसे अधिक महत्त्वाकांक्षी अधिनायकवादी प्रयोग था, और उसका पैमाना और गहनता ही उसकी बर्बादी का कारण साबित हुईं। लाखों लोगों को सेना की तर्ज़ पर

अनुशासित करने और सारे संसाधनों पर सेना के ध्येय के लिए एकाधिकार करने की कोशिश का परिणाम गंभीर आर्थिक समस्याओं, अपव्यय, और आम असंतोष के रूप में सामने आया। सरकार के क्रूरतापूर्ण क़ानून, साथ ही क्षेत्रीय कुलीनों के प्रति उसके वैरभाव और करों तथा रँगरूटों की उसकी भीषण भूख ने असंतोष की इन लपटों को और भी दूर-दूर तक फैला दिया। इस बीच, एक प्राचीन कृषक समाज के सीमित संसाधन उन तमाम नौकरशाहों और सैनिकों का पेट भरने के लिए नाकाफ़ी सिद्ध हुए, जिनकी ज़रूरत क़िन को इस असंतोष को शांत करने के लिए थी, और उनकी सूचना प्रौद्योगिकी की अल्प दक्षता ने जिय़ांगयांग से दूर फैले हर नगर और गाँव को नियंत्रित करना असंभव बना दिया। आश्चर्य की बात नहीं कि ईसा पूर्व 209 में, कई विद्रोह भड़क उठे, जिनका नेतृत्व क्षेत्रीय कुलीन, नाराज़ आम आदमी, और यहाँ तक कि साम्राज्य के अपने नए-नए भर्ती किए गए अधिकारी कर रहे थे।

एक विवरण के अनुसार, पहला गंभीर विद्रोह तब शुरू हुआ था, जब जबरन भर्ती किए गए किसानों के एक समूह को सीमा पर भेजा गया और बारिश तथा बाढ़ की वजह से वे वहाँ विलंब से पहुँच पाए। उन्हें डर लगा कि उन्हें काम में लापरवाही बरतने के आरोप में फाँसी दे दी जाएगी, और उन्होंने महसूस किया कि अब उनके पास खोने के लिए कुछ नहीं है। जल्दी ही दूसरे कई विद्रोही उनके साथ हो गए। सत्ता के चरम बिंदु पर पहुँचने के ठीक पंद्रह साल बाद, क़िन साम्राज्य अपनी अधिनायकवादी महत्त्वाकांक्षाओं के बोझ तले कुचलकर ध्वस्त हो गया, और अठारह राजतंत्रों में विभाजित हो गया।

युद्ध के कई वर्ष बाद, एक नए राजवंश हान ने साम्राज्य को फिर से संगठित किया, लेकिन हान ने अधिक व्यावहारिक और कम क्रूरतापूर्ण रवैया अपनाया। हान सम्राट निश्चय ही निरंकुश थे, लेकिन वे अधिनायकवादी नहीं थे। वे अपने प्रभुत्व की कोई सीमा नहीं मानते थे, लेकिन उन्होंने हर किसी के जीवन की छोटी-छोटी चीज़ों को नियंत्रित करने की कोशिश नहीं की। निगरानी और नियंत्रण के लीगलिस्ट विचारों का अनुसरण करने की बजाय, हान साम्राज्य ने कन्फ़्यूसियाई विचारों की ओर रुख़ किया, जो लोगों को उनके आंतरिक नैतिक विश्वासों के मुताबिक़ निष्ठा और ज़िम्मेदारी से काम करने के लिए प्रोत्साहित करता था। हान सम्राटों ने लोगों के जीवन के केवल कुछ पहलुओं को केंद्र से नियंत्रित करने की कोशिश की, और प्रांतीय कुलीनों तथा स्थानीय समुदायों को पर्याप्त स्वायत्तता प्रदान की। व्यापक तौर पर, उपलब्ध सूचना प्रौद्योगिकी द्वारा तय सीमाओं के चलते, रोमन और हान जैसे पूर्वआधुनिक साम्राज्य ग़ैरअधिनायकतावादी एकतंत्र की ओर आकर्षित हुए।[70] क़िन जैसे साम्राज्यों ने पूर्ण विकसित अधिनायकतावाद का ख़्वाब भले ही देखा

था, लेकिन उसके साकार होने को आधुनिक प्रौद्योगिकी के विकास का इंतज़ार करना पड़ा।

अधिनायकवादी त्रयी

जिस तरह आधुनिक प्रौद्योगिकी ने बड़े पैमाने के लोकतंत्र को संभव किया, उसी तरह उसने बड़े पैमाने के अधिनायकवाद को भी संभव किया। उन्नीसवीं सदी में शुरू हुई औद्योगिक अर्थव्यवस्थाओं ने सरकारों को बहुत सारे प्रशासकों को नियुक्त करने की गुंजाइश दी, और नई सूचना प्रौद्योगिकी, जैसे कि टेलीग्राफ़ और रेडियो, ने इन सारे प्रशासकों से तेज़ी के साथ जुड़ना और उनका निरीक्षण करना संभव कर दिया। इसने सूचना और शक्ति के अपूर्व केंद्रीकरण को उन लोगों के लिए आसान बना दिया, जो इस तरह की चीज़ों का सपना देखते थे।

जब 1917 की क्रांति के बाद बोल्शेविकों ने रूस का नियंत्रण अपने हाथों में लिया था, तो वे ठीक इसी सपने से प्रेरित हुए थे। बोल्शेविक असीमित सत्ता की लालसा से भरे हुए थे, क्योंकि उन्हें विश्वास था कि उनके पास एक मुक्तिदायी अभियान था। मार्क्स ने सिखाया था कि सहस्राब्दियों से, सारे मानव समाजों पर भ्रष्ट कुलीनों का वर्चस्व रहा था, जो लोगों का दमन करते थे। बोल्शेविकों का दावा था कि उन्हें मालूम था कि किस तरह इस सारे दमन का अंत करना है और पृथ्वी पर संपूर्णतः न्यायपूर्ण समाज की स्थापना करनी है, लेकिन ऐसा करने के लिए, उन्हें कई दुश्मनों और बाधाओं को पार करना ज़रूरी था, जिसके लिए उन्हें वह सारी सत्ता हाथ में लेनी ज़रूरी थी, जिसे वे हासिल कर सकते थे। उन्होंने आत्म-सुधार की ऐसी किन्हीं भी प्रक्रियाओं को स्वीकार करने से मना कर दिया, जो उनकी दृष्टि या तरीक़ों पर सवाल उठा सकती थीं। कैथोलिक चर्च की भाँति, बोल्शेविक पार्टी को इस बात का पक्का यक़ीन था कि हालाँकि उनके सदस्य व्यक्तिगत तौर पर ग़लतियाँ कर सकते हैं, लेकिन पार्टी हमेशा सही होती है। अपनी अचूकता में विश्वास का नतीजा यह हुआ कि बोल्शेविकों ने रूस की विकासशील लोकतांत्रिक संस्थाओं, जैसे कि चुनाव, स्वाधीन न्यायालयों, स्वतंत्र प्रेस और विरोधी दलों को नष्ट कर दिया, और एक एक-दलीय अधिनायकवादी सरकार की रचना कर दी। बोल्शेविक अधिनायकवाद की शुरुआत स्तालिन के साथ नहीं हुई थी। वह क्रांति के पहले दिन से ही साफ़ ज़ाहिर था। वह, स्तालिन की शख़्सियत की बजाय, पार्टी की अचूकता के सिद्धांत से जन्मा था।

1930 और 1940 के दशकों में, स्तालिन ने उस अधिनायकवादी व्यवस्था को उसकी पूर्णता तक पहुँचाया, जिसे उसने विरासत में पाया था। स्तालिन के तंत्र

की तीन मुख्य शाखाएँ थीं। पहली, वहाँ राज्य के मंत्रालयों, क्षेत्रीय प्रशासकों, और स्थायी लाल सेना इकाइयों से मिलकर बना सरकारी तंत्र था, जिनमें 1939 में 16 लाख ग़ैर-सैनिक अधिकारी[71] और 19 लाख सैनिक थे।[72] दूसरी, सोवियत संघ की कम्युनिस्ट पार्टी और उसके देशव्यापी पार्टी प्रकोष्ठ थे, जिनमें 1939 में 24 लाख पार्टी सदस्य थे।[73] और तीसरी, ख़ुफ़िया पुलिस थी, जो पहले चेका के नाम से जानी जाती थी। स्तालिन के दिनों में उसे ओजीपीयू, एनकेवीडी और एमजीवी के नाम से जाना गया, और स्तालिन की मृत्यु के बाद वह अपना रूप बदलकर केजीबी हो गई। उसके सोवियतोत्तर उत्तराधिकारी को 1995 के बाद से एफ़एसबी के नाम से जाना जाता है। 1937 में एनकेवीडी में 270,000 गुप्तचर और लाखों मुख़बिर थे।[74]

ये तीनों शाखाएँ एक साथ काम करती थीं। जिस तरह लोकतंत्र परस्पर व्याप्त आत्म-सुधार की उन प्रक्रियाओं के साथ क़ायम रहता है, जो एक-दूसरे को नियंत्रण में रखती हैं, वैसे ही आधुनिक अधिनायकवाद ने निगरानी की परस्पर व्याप्त प्रक्रियाएँ रचीं, जो एक-दूसरे को अनुशासित करती थीं। सोवियत प्रांत के गवर्नर पर पार्टी का स्थानीय कमिसार निगरानी रखता था, और उनमें से कोई नहीं जानता था कि उनके अमले का कौन-सा व्यक्ति एनकेवीडी का मुख़बिर था। इस व्यवस्था के प्रभावशाली होने का एक प्रमाण यह है कि आधुनिक अधिनायकवाद ने पूर्वआधुनिक एकतंत्रों की स्थायी समस्याओं, यानी प्रांतीय मातहतों के विद्रोह की समस्याओं, को व्यापक तौर पर हल कर दिया था, जबकि सोवियत संघ में भी कई अदालती तख़्तापलट की घटनाएँ हुई थीं, लेकिन एक बार भी किसी प्रांतीय गवर्नर या रेड आर्मी फ्रंट कमांडर ने केंद्र के ख़िलाफ़ विद्रोह नहीं किया।[75] इसका ज़्यादातर श्रेय ख़ुफ़िया पुलिस को जाता है, जो नागरिकों, प्रांतीय प्रशासकों, और उससे भी ज़्यादा पार्टी और लाल सेना पर नज़र रखती थी।

जहाँ समूचे इतिहास के दौरान ज़्यादातर तंत्रों में सेना के पास अपरिमित राजनीतिक शक्ति रही है, वहीं बीसवीं सदी के अधिनायकवादी तंत्रों में नियमित सेना ने अपनी अधिकांश शक्ति ख़ुफ़िया पुलिस, यानी सूचना सेना, को समर्पित कर दी थी। सोवियत संघ में चेका, ओजीपीयू, एनकेवीडी, और केजीबी के पास लाल सेना जैसे गोला-बारूद का अभाव था, लेकिन क्रेमलिन पर उसका कहीं ज़्यादा प्रभाव था और वह सेना के आला अफ़सरों तक को आतंकित और निकाल बाहर कर सकती थी। पूर्वी जर्मनी की स्टासी और रोमानिया की सिक्यूरिटेट भी इसी तरह इन देशों की स्थायी सेना के मुक़ाबले ज़्यादा ताक़तवर थीं।[76] नाज़ी जर्मनी में एसएस, वेहरमाख़्त के मुक़ाबले ज़्यादा शक्तिशाली थी, और एसएस का मुखिया हैनरिक हिमलर वेहरमाख़्त हाईकमान के प्रमुख विल्हेम हाइतल से ऊँचे स्थान पर था।

बेशक, इनमें से किसी भी प्रकरण में, ख़ुफ़िया पुलिस पारंपरिक युद्ध में स्थायी सेना को पराजित नहीं कर सकती थी, लेकिन जो चीज़ ख़ुफ़िया पुलिस को शक्तिशाली बनाती थी, वह थी सूचना पर उसका नियंत्रण। उसके पास सैन्य तख़्तापलट को रोकने के लिए, और टैंक ब्रिगेड्स के कमांडरों या लड़ाकू दस्ते को, इसके पहले कि वे सतर्क हो पाते, गिरफ़्तार करने के लिए ज़रूरी सूचना होती थी। 1930 के दशक में स्तालिन के **भीषण आतंक** (ग्रेट टेरर) के दौरान, लाल सेना के 144,000 अधिकारियों में से 10 प्रतिशत को एनकेवीडी द्वारा या तो गोली मार दी गई थी या जेल में बंद कर दिया गया था। इसमें 186 में से 154 डिवीज़न कमांडर (83 प्रतिशत), नौ में से आठ एडमिरल (89 प्रतिशत), पंद्रह में से तेरह जनरल (87 प्रतिशत), और पाँच में से तीन मार्शल (60 प्रतिशत) शामिल थे।[77]

पार्टी नेतृत्व की भी ऐसी ही बुरी दशा थी। श्रद्धेय ओल्ड बोल्शेविकों (वे लोग जो 1917 की क्रांति के पहले पार्टी में शामिल हुए थे) में से लगभग एक-तिहाई इस भीषण आतंक से नहीं बच पाए थे।[78] तैंतीस लोगों (जो 1919 और 1938 के बीच पोलित ब्यूरो के सदस्य रहे थे) में से चौदह (42 प्रतिशत) को गोली मार दी गई थी।1934 में पार्टी की केंद्रीय समिति के 139 सदस्यों और प्रत्याशी सदस्यों में से 98 (70 प्रतिशत) को गोली मार दी गई थी। केवल 2 प्रतिशत प्रतिनिधि, जिन्होंने 1934 में सत्रहवीं पार्टी काँग्रेस में हिस्सा लिया था, ही फाँसी, क़ैद, निर्वासन या पदावनति से बच पाए थे, और उन्होंने 1939 की अठाहरवीं पार्टी काँग्रेस में हिस्सा लिया था।[79]

ख़ुफ़िया पुलिस, जिसने सारा शुद्धीकरण और हत्याएँ की थीं, स्वयं भी ऐसी कई प्रतिस्पर्धी शाखाओं में विभाजित थी, जो एक-दूसरे पर कड़ी निगरानी रखती थीं और एक-दूसरे को निष्कासित करती रहती थीं। एनकेवीडी का मुखिया जेनरिक यागोदा को 1938 में फाँसी दे दी गई थी। यागोदा ने भीषण आतंक की योजना रची और उसकी शुरुआत की थी और सैकड़ों हज़ारों लोगों की हत्याओं की कार्रवाई का संचालन किया था। यागोदा की जगह निकोलाई येझोव को मुखिया बना दिया था। येझोव दो वर्ष टिक सका, जिस दौरान उसने लाखों लोगों की हत्याएँ कीं और जेल में डाला, और अंत में 1940 में उसे फाँसी पर लटका दिया गया।

संभवत: सबसे ज़्यादा भयावह नियति उन उन्चालीस लोगों की थी, जो 1935 में एनकेवीडी के जनरल थे (जिन्हें सोवियत शब्दावली में राज्य सुरक्षा के कमिसार कहा जाता था)। उनमें से पैंतीस (90 प्रतिशत) को 1941 तक गिरफ़्तार कर गोली मार दी गई, एक की हत्या करवा दी गई, और एक ने जापान भागकर अपनी जान बचाई। वह एनकेवीडी के फ़ार ईस्ट रीजनल ऑफ़िस का मुखिया था , लेकिन उसे

1945 में जापानियों द्वारा मार डाला गया। उन्चालीस एनकेवीडी जनरलों के मूल दस्ते में से, केवल दो ही आदमी थे, जो द्वितीय विश्व युद्ध के अंत तक जीवित बचे रह पाए थे। अधिनायकवाद का क्रूर तर्क अंततः उन्हें भी ले डूबा। 1953 में हुई स्तालिन की मृत्यु के बाद हुए सत्ता-संघर्ष में उनमें से एक को गोली मार दी गई थी, वहीं दूसरे को मनोचिकित्सा के अस्पताल के हवाले कर दिया गया, जहाँ 1960 में उसकी मृत्यु हो गई।[80] स्तालिन के ज़माने में एनकेवीडी के जनरल के रूप में काम करना दुनिया का सबसे ख़तरनाक काम था। जिस वक़्त अमेरिकी लोकतंत्र आत्म-सुधार की अपनी अनेक प्रक्रियों को सुधार रहा था, वहीं सोवियत अधिनायकवाद अपने तिहरे आत्म-निरीक्षणात्मक और आत्म-आतंकीकरण के तंत्र को और भी धारदार बनाने में लगा हुआ था।

संपूर्ण नियंत्रण

अधिनायकवादी सत्ताएँ सूचना के प्रवाह को नियंत्रित करने पर आधारित होती हैं और सूचना के किसी भी स्वाधीन माध्यम को लेकर शंकालु होती हैं। जब सेना के अधिकारी, राज्य के अधिकारी, और साधारण नागरिक सूचना का आदान-प्रदान करते हैं, तो वे विश्वास की रचना कर सकते हैं। वे एक-दूसरे पर भरोसा करते हैं, वे सत्ता के ख़िलाफ़ प्रतिरोध खड़ा कर सकते हैं। इसलिए, अधिनायकवादी सत्ता की मुख्य नीति यह होती है कि जहाँ कहीं भी लोग मिलते और सूचना का आदान-प्रदान करते हों, वहाँ सत्ता को भी मौजूद होना चाहिए ताकि वह उन पर निगाह रख सके।1930 के दशक में यही वह सिद्धांत था, जिसे हिटलर और स्तालिन साझा करते थे।

19 मार्च, 1933 को, हिटलर के चांसलर बनने के दो महीने बाद, नाज़ियों ने कोऑर्डिनेशन एक्ट पारित किया। इसमें स्पष्ट तौर पर कहा गया था कि 30 अप्रैल, 1933 तक समूचे जर्मनी के सारे राजनीतिक, सामाजिक और सांस्कृतिक संगठनों को नाज़ी राज्य के अंगों के रूप में नाज़ी विचारधारा के मुताबिक़ चलना अनिवार्य होगा। इनमें नगरपालिकाओं से लेकर फुटबॉल क्लबों और स्थानीय गायक मंडलियों तक शामिल थे। इसने जर्मनी के हर शहर और गाँव के जीवन को उलट दिया।

उदाहरण के लिए, ओबास्डॉफ़ के छोटे से अल्पाइन गाँव में, लोकतांत्रिक रूप से निर्वाचित नगरपालिका परिषद की आख़िरी बैठक 21 अप्रैल, 1933 को हुई थी। तीन दिन बाद एक अनिर्वाचित नाज़ी परिषद ने उसकी जगह ले ली, जिसने एक नाज़ी मेयर को नियुक्त कर दिया। चूँकि केवल नाज़ियों को ही मालूम था कि लोग

वास्तव में क्या चाहते थे, ऐसे में नाज़ियों के अलावा और कौन हो सकता था, जो लोगों की इच्छा को क्रियान्वित कर सकता? ओबास्दॉफ़ के पचास संघ और क्लब भी थे, जिनमें मधुमक्खियों का पालन करने वाली एक सोसायटी से लेकर एक अल्पानियाई क्लब शामिल था। उन सब को कोऑर्डिनेशन एक्ट के अनुरूप ढलना पड़ा, और अपने बोर्ड, सदस्यता और विधानों को नाज़ी माँगों के अनुरूप ढालना पड़ा, जिसके तहत स्वास्तिक झंडा फहराना और हर बैठक के अंत में नाज़ी पार्टी का राष्ट्रगान 'होस्त वेसल साँग' गाना शामिल था। 6 अप्रैल, 1933 को ओबास्दॉफ़ की मछली पालन सोसायटी ने यहूदियों को अपने सदस्यों में शामिल करने पर प्रतिबंध लगा दिया। उसके बत्तीस सदस्यों में एक भी यहूदी नहीं था, तब भी उन्हें लगा कि उन्हें नई सत्ता के प्रति अपने आर्य प्रमाण-पत्र दर्शाने होंगे।[81]

स्तालिन के सोवियत संघ में स्थितियाँ और भी चरम पर थीं। जहाँ नाज़ियों ने अभी भी चर्च संगठनों और निजी कारोबारों को काम करने की आंशिक स्वतंत्रता दे रखी थी, वहीं सोवियतों ने ऐसे अपवाद भी नहीं रख छोड़े थे। 1928 और पहली पंचवर्षीय योजना के शुरू होने तक, हर इलाक़े और गाँव में सरकारी कर्मचारी, पार्टी के कार्यकर्ता, और ख़ुफ़िया पुलिस के मुख़बिर पहुँच चुके थे और उनके बीच वे ही लोग जीवन के हर पहलू को नियंत्रित करने लगे थे : बिजलीघरों से लेकर बंद गोभी के खेतों तक सारे कारोबार, सारे अख़बार और रेडियो स्टेशन, सारे विश्वविद्यालय, स्कूल, और युवाओं के संगठन, सारे अस्पताल और क्लीनिक, सारी स्वयंसेवी और मज़हबी संस्थाएँ, खेलों और विज्ञान के सारे संगठन, सारे पार्क, संग्रहालय, और सिनेमाघर।

अगर दर्जनभर लोग फ़ुटबॉल खेलने, या जंगल घूमने, या कोई धर्मार्थ कार्य करने को एकत्र होते थे, तो पार्टी और ख़ुफ़िया पुलिस का भी वहाँ होना ज़रूरी होता था, जिनका प्रतिनिधित्व पार्टी का स्थानीय प्रकोष्ठ या एनकेवीडी के गुप्तचर करते थे। आधुनिक सूचना प्रौद्योगिकी की रफ़्तार और दक्षता का मतलब था कि इन सभी पार्टी प्रकोष्ठों और एनकेवीडी के गुप्तचर मास्को से एक टेलीग्राम या एक टेलीफ़ोन की दूरी पर होते। संदिग्ध व्यक्तियों और गतिविधियों की सूचना कार्ड कैटलॉग की देशव्यापी, और एक-दूसरे द्वारा परीक्षित प्रणाली में डाली जाती थी। *कर्तातेकी* नामक इन कैटलॉग में कार्य संबंधी रिकॉर्डों, पुलिस फ़ाइलों, निवास कार्डों और सामाजिक पंजीकरण के अन्य रूपों से संबंधित जानकारी भरी होती थी, और 1930 के दशक तक ये सोवियत आबादी की निगरानी और नियंत्रण के प्राथमिक तंत्र बन चुके थे।[82]

इसने स्तालिन को सोवियत जीवन की संपूर्णता को नियंत्रित करना आसान बना दिया। इसका एक महत्त्वपूर्ण उदाहरण था, सोवियत कृषि का सामूहिकीकरण।

सदियों तक चारों ओर फैले हुए हज़ारों गाँवों के आर्थिक, सामाजिक, और निजी जीवन का प्रबंधन कई पारंपरिक संस्थाएँ किया करती थीं : स्थानीय कम्यून, इलाक़े की चर्च, निजी फ़ार्म, स्थानीय बाज़ार, और इन सबसे ऊपर परिवार। 1920 के दशक के मध्य तक भी सोवियत यूनियन ज़बरदस्त रूप से एक कृषि-प्रधान अर्थव्यवस्था थी। कुल आबादी का लगभग 82 प्रतिशत हिस्सा गाँवों में रहता था, और 83 प्रतिशत कार्य बल खेती के काम में लगा था,[83] लेकिन अगर प्रत्येक किसान परिवार यह निर्णय स्वयं लेता था कि उसे क्या उगाना है, क्या ख़रीदना है, तथा अपनी उपज के लिए कितना शुल्क लेना है, तो इससे मॉस्को में बैठे अधिकारियों की सामाजिक और आर्थिक गतिविधियों की योजना बनाने और उसका नियंत्रण करने की क्षमता बहुत सीमित हो जाती थी। क्या होता यदि अधिकारी किसी बड़े सुधार का निर्णय ले लेते, लेकिन किसान परिवार उसे अस्वीकार कर देते? इसलिए जब 1928 में सोवियत यूनियन के विकास के लिए सोवियत अपनी पहली पंचवर्षीय योजना लेकर आए, तो उस योजना की कार्यसूची का सबसे महत्त्वपूर्ण बिंदु कृषि का सामूहिकीकरण करना था।

विचार यह था कि हर गाँव के सारे परिवार एक कल्ख़ोस, यानी एक सामूहिक फ़ार्म में शामिल होंगे। वे अपनी सारी संपत्ति, ज़मीन, मकान, घोड़े, गायें, बेलचे, फावड़े इस कल्ख़ोस को सौंप देंगे। वे सब साथ मिलकर इस कल्ख़ोस के लिए काम करेंगे, और बदले में कल्ख़ोस, मकान और शिक्षा से लेकर भोजन और स्वास्थ्य तक, उनकी सारी ज़रूरतें पूरी करेगा। कल्ख़ोस मॉस्को से मिले आदेश के मुताबिक़ यह भी निर्णय लेगा कि उन्हें बंद गोभी उगानी चाहिए या शलजम, ट्रैक्टर में पैसे लगाने चाहिए या स्कूल में, और डेरी फ़ार्म में, चमड़े के कारखाने में, और क्लीनिक में कौन काम करेगा। मॉस्को के योजनाकारों के मुताबिक़, इसका परिणाम मानव इतिहास में पहले पूर्णतः न्यायसंगत और बराबरी वाले समाज के रूप में सामने आना था।

इसी तरह उन्हें अपनी प्रस्तावित व्यवस्था के आर्थिक हितों को लेकर भी पूरा यक़ीन था, क्योंकि वे सोचते थे कि कल्ख़ोस को स्केल की अर्थव्यवस्था का लाभ मिलेगा। उदाहरण के लिए, जब हर किसान परिवार के पास ज़मीन का एक छोटा-सा टुकड़ा हुआ करता था, तो उसे जोतने के लिए ट्रैक्टर ख़रीदने का कोई मतलब नहीं होता था, और वैसे भी ज़्यादातर परिवार ट्रैक्टर ख़रीदने में सक्षम नहीं थे। जैसे ही सारी ज़मीन सामूहिक हो जाएगी, आधुनिक मशीनों का उपयोग करके उस पर कहीं ज़्यादा कुशलतापूर्वक खेती की जा सकेगी। इसके अतिरिक्त, यह अपेक्षा थी कि कल्ख़ोस आधुनिक विज्ञान के विवेक से लाभान्वित होगा। बजाय इसके कि हर किसान पुरानी परंपराओं और निराधार अंधविश्वासों के आधार पर

उत्पादन के तरीक़ों के बारे में फ़ैसला ले, इस तरह के महत्त्वपूर्ण फ़ैसले लेनिन ऑल-यूनियन एकेडमी ऑफ़ एग्रीकल्चरल साइंसेज़ जैसी संस्थाओं से डिग्री प्राप्त राज्य के विशेषज्ञ लेंगे।

मॉस्को के योजनाकारों के लिए यह चीज़ अद्भुत प्रतीत होती थी। उन्हें उम्मीद थी कि 1931 तक कृषि उत्पादन में 50 प्रतिशत की वृद्धि हो जाएगी।[84] और अगर इस प्रक्रिया में गाँवों के पुराने सोपानक्रम (उच्च-निम्न के भेद) समाप्त हो जाते हैं, तो और भी अच्छा है, लेकिन, ज़्यादातर किसानों के लिए यह चीज़ भयावह प्रतीत हुई। उन्हें मॉस्को के योजनाकारों या इस नई कल्ख़ोस पद्धति पर भरोसा नहीं था। वे अपने जीवन के पुराने तौर-तरीक़े या अपनी निजी संपत्ति नहीं छोड़ना चाहते थे। ग्रामीण अपनी गायों और घोड़ों को कल्ख़ोस के हाथों में सौंपने की बजाय उन्हें मार डालना पसंद करते थे। काम करने की प्रेरणा उत्तरोत्तर कम होती गई। लोग अपने परिवार के खेतों की बजाय ऐसे खेतों को जोतने का उद्यम कम करते थे, जो हर किसी के थे। हर तरफ़ निष्क्रिय प्रतिरोध व्याप्त हो गया, जो कभी-कभी हिंसक झड़पों का रूप ले लेता था। जहाँ सोवियत योजनाकारों ने 1931 तक नौ सौ अस्सी लाख टन अनाज की उपज की उम्मीद की थी, वहीं, सरकारी आँकड़ों के मुताबिक़, उत्पादन मात्र छह सौ नब्बे लाख टन ही हुआ, और मुमकिन है कि वह वास्तव में पाँच सौ सत्तर लाख टन ही रहा हो। 1932 की फ़सल तो और भी कम थी।[85]

राज्य ने उग्र प्रतिक्रिया की। 1929 और 1936 के दरम्यान भोजन की ज़ब्ती, सरकारी उपेक्षा, मनुष्यकृत अकाल (जो क़ुदरती आपदा होने की बजाय सरकारी नीति का नतीजा था) ने 40.5 और 80.5 लाख के बीच लोगों की जानें ले लीं।[86] लाखों दूसरे किसान राजद्रोही घोषित कर दिए गए और उन्हें या तो देश से निकाल दिया गया या जेलों में ठूँस दिया गया। किसान जीवन की सर्वाधिक आधारभूत संस्थाओं यानी परिवार,चर्च, और स्थानीय समुदाय को आतंकित कर दिया गया और भंग कर दिया गया। न्याय, समानता और लोगों की आकांक्षा के नाम पर सामूहिकीकरण के इस अभियान ने अपने आड़े आने वाली हर चीज़ को लील लिया। 1930 के पहले दो महीनों में ही, 100,000 से भी ज़्यादा गाँवों के लगभग 6 करोड़ किसानों को सामूहिक खेतों में हाँक दिया गया।[87] जून 1929 में, सोवियत किसान परिवारों में से केवल 4 प्रतिशत ही सामूहिक खेतों से जुड़े हुए थे। मार्च 1930 में यह आँकड़ा बढ़कर 57 प्रतिशत हो गया। अप्रैल 1937 तक देहातों के सत्तान्वे प्रतिशत परिवार 235,000 सामूहिक सोवियत खेतों में सीमित हो गए।[88] मात्र सात सालों के भीतर, जो जीवन-शैली सदियों से अस्तित्व में थी, उसे मॉस्को के मुट्ठीभर नौकरशाहों की अधिनायकवादी सनक ने विस्थापित कर दिया।

कुलक

सोवियत सामूहिकीकरण के इतिहास में थोड़ी और गहराई तक जाना बेहतर होगा, क्योंकि यह एक ऐसी त्रासदी थी, जो मानव इतिहास के कुछ आरंभिक विनाशों, जैसे यूरोपीय डायनों के शिकार से मिलती-जुलती है, और जो कुछ सबसे बड़े ख़तरों का पूर्वाभास देती है। ये ख़तरे कथित रूप से वैज्ञानिक डेटा में अपने विश्वास के साथ इक्कीसवीं सदी की प्रौद्योगिकी प्रस्तुत कर रही है।

जब सामूहिक खेती के उनके प्रयत्नों को प्रतिरोध का सामना करना पड़ा और उसका नतीजा आर्थिक आपदा के रूप में सामने आया, तो मॉस्को के नौकरशाहों और मिथक-निर्माताओं ने क्रेमर की किताब *हैमर ऑफ़ द विचेस* से एक पन्ना उठाया। मैं यह नहीं कहना चाहता कि सोवियतों ने वाक़ई उस किताब को पढ़ा था, लेकिन उन्होंने एक वैश्विक साज़िश को ईजाद किया और ऐसे दुश्मनों की कोटि रची, जिनका कोई अस्तित्व नहीं था। 1930 के दशक में सोवियत अधिकारियों ने सोवियत अर्थव्यवस्था को पीड़ित कर रही तबाही के लिए एक ऐसी प्रतिक्रांतिकारी साज़िश को बार-बार ज़िम्मेदार ठहराना शुरू कर दिया, जिसकी मुख्य अगुआई 'कुलक' या 'पूँजीवादी किसान' कर रहे थे। जिस तरह शैतान की सेवा में लगी क्रेमर की कल्पित डायनों ने जादू करके वे ओले बरसाए थे, जिन्होंने फ़सलों को बर्बाद कर दिया था, उसी तरह स्तालिनवादियों द्वारा कल्पित वैश्विक पूँजीवाद के प्रति समर्पित कुलक सोवियत अर्थव्यवस्था को नुक़सान पहुँचा रहे थे।

सिद्धांततः, कुलक एक वस्तुपरक सामाजिक-आर्थिक कोटि थी, जिसे संपत्ति, आय, पूँजी, और मज़दूरी जैसी चीज़ों के आनुभविक डेटा का विश्लेषण करते हुए परिभाषित किया जाता था। सोवियत अधिकारी चीज़ों की गिनती करके कथित रूप से कुलकों को पहचान सकते थे। अगर गाँव के ज़्यादातर लोगों के पास एक गाय होती, तो जिन थोड़े-से परिवारों के पास तीन गायें होतीं, उन्हें कुलक माना जाता। अगर गाँव के ज़्यादातर लोग मज़दूरों को काम पर नहीं लगाते थे, तो जो एक परिवार फ़सल आने के समय दो मज़दूरों को काम पर लगाता, वह कुलक परिवार था। कुलक होने का मतलब था कि आपके पास न केवल निश्चित मात्रा में कोई संपत्ति है, बल्कि यह भी है कि आपके व्यक्तित्व में कुछ ख़ास तरह के लक्षण हैं। कथित रूप से अचूक मार्क्सवादी सिद्धांत के मुताबिक़, लोगों की भौतिक स्थितियाँ उनके सामाजिक और आध्यात्मिक चरित्र को निर्धारित करती हैं। चूँकि कुलक कथित रूप से पूँजीवादी शोषण में लगे हुए थे, (मार्क्सवादी सोच के मुताबिक़) यह एक वैज्ञानिक तथ्य था कि वे लालची, स्वार्थी, और अविश्वसनीय थे और उसी तरह उनके बच्चे थे। यह खोज कि कोई व्यक्ति कुलक है, उसकी

बुनियादी प्रकृति के बारे में स्पष्ट तौर पर किसी बहुत गंभीर चीज़ का ख़ुलासा करती थी।

27 दिसंबर, 1929 को स्तालिन ने ऐलान किया कि सोवियत राज्य को 'कुलकों को एक वर्ग के रूप में समाप्त करने का प्रयास' करना चाहिए,[89] और इसके तत्काल बाद इस महत्त्वाकांक्षी और हत्यारे लक्ष्य को प्राप्त करने के लिए पार्टी को उत्प्रेरित किया। आधुनिक यूरोप के आरंभिक दिनों के डायनों के शिकारी निरंकुश समाजों में काम करते थे, जिनके पास आधुनिक सूचना प्रौद्योगिकी का अभाव था, इसलिए उन्हें पचास हज़ार कथित डायनों की हत्या करने में तीन सदियाँ लग गई थीं। इसके विपरीत, सोवियत कुलक-शिकारी एक अधिनायकवादी समाज में काम कर रहे थे, जिसके पास टेलीग्राफ़, रेल, टेलीफ़ोन, और रेडियो जैसी प्रौद्योगिकी थी, साथ ही, चारों तरफ़ फैली हुई नौकरशाही थी। उन्होंने फ़ैसला किया कि लाखों कुलकों का 'सफ़ाया' करने के लिए दो वर्ष काफ़ी होंगे।[90]

सोवियत अधिकारियों ने इस आकलन के साथ शुरुआत की कि सोवियत यूनियन में कितने कुलक होने चाहिए। उपलब्ध आँकड़ों, जैसे कि कर संबंधी दस्तावेज़ों, रोज़गार संबंधी दस्तावेज़ों, और 1926 की सोवियत जनगणना के आधार पर उन्होंने पाया कि ग्रामीण आबादी में 3-5 प्रतिशत कुलक हैं।[91] 30 जनवरी, 1930 को, स्तालिन के भाषण के मात्र एक महीने बाद, पोलित ब्यूरो के एक आदेश ने उसकी अस्पष्ट-सी परिकल्पना को एक अधिक विस्तृत कार्य-योजना में रूपांतरित कर दिया। इस आदेश में प्रत्येक बड़े कृषि क्षेत्र के कुलकों के सफ़ाये के लिए आँकड़े के रूप में लक्ष्य शामिल था।[92] इसके बाद क्षेत्रीय अधिकारियों ने अपने अधिकार-क्षेत्र में आने वाले जिले में कुलकों की संख्या का आकलन किया। अंततः, ग्रामीण सोवियतों (स्थानीय प्रशासनिक इकाई, जिसमें आम तौर से कुछ गाँव शामिल होते थे) को एक निश्चित हिस्सा (कोटा) सौंपा गया। अक्सर, स्थानीय अधिकारी अपना उत्साह साबित करने के लिए इस संख्या को बढ़ा लेते थे। इसके बाद हर ग्रामीण सोवियत को अपने दायरे में आने वाले कुलक परिवारों की बताई गई संख्या के मुताबिक़ उनकी शिनाख़्त करनी होती थी। इन लोगों को उनके घरों से निष्कासित कर दिया जाता था, और उनकी प्रशासनिक कोटि के मुताबिक़ उन्हें कहीं और बसा दिया जाता था, कान्सन्ट्रेशन कैंप में क़ैद कर दिया जाता था, या मौत की सज़ा सुना दी जाती थी।[93]

सोवियत अधिकारी यह बात ठीक-ठीक कैसे बता पाते थे कि कुलक कौन था? कुछ गाँवों में पार्टी के स्थानीय सदस्य कथित कुलक की संपत्ति जैसे वस्तुपरक पैमानों के माध्यम से कुलकों की शिनाख़्त करने का ईमानदार उद्यम करते थे। ये अक्सर सबसे ज़्यादा कड़ी मेहनत करने वाले और कुशल किसान होते थे, जिन्हें

कलंकित और निष्कासित किया जाता था। कुछ गाँवों में स्थानीय कम्युनिस्टों के लिए यह अपने निजी दुश्मनों से छुटकारा पाने का मौक़ा होता था। कुछ गाँवों में केवल पर्ची डालकर यह तय किया जाता था कि किसे कुलक माना जाए। कुछ दूसरे गाँवों में इस मसले पर मतदान के लिए सामुदायिक बैठकें बुलाई जाती थीं और अक्सर अलग-थलग पड़े किसानों, विधवाओं, बूढ़ों, और अन्य 'बलि देने योग्य' (उस तरह के लोग, जिन्हें आरंभिक आधुनिक यूरोप में डायनों के रूप में चिह्नित किया जा सकता था) लोगों को चुन लेते थे।[94]

इस पूरे कार्यव्यापार का विद्रूप साइबेरिया के कुर्गन क्षेत्र के स्त्रेलेत्स्की परिवार के मामले में प्रकट होता है। दिमित्री स्त्रेलेत्स्की, जो तब एक किशोर हुआ करता था, वर्षों बाद याद करते थे कि किस तरह उसके परिवार को कुलक के रूप में कलंकित किया गया था और सफ़ाये के लिए चुना गया था। ''गाँव की सोवियत के चेयरमैन ने बताया, 'मुझे जिला पार्टी समिति से, निष्कासन के लिए सत्रह कुलक परिवारों को चुनने का एक आदेश प्राप्त हुआ था। मैंने ग़रीबों की एक समिति गठित की और हम लोगों ने रात में बैठकर परिवारों का चुनाव किया। गाँव में इतना पर्याप्त रईस कोई नहीं है, जो निष्कासन के योग्य हो, और न ही बहुत ज़्यादा बूढ़े लोग हैं, इसलिए हमने महज़ सत्रह परिवार चुन लिए। तुम्हें भी चुना गया था। कृपया बुरा मत मानना। मैं और क्या कर सकता था?' '' इसी चेयरमैन ने उन्हें निष्कासित किया था।[95] अगर व्यवस्था के इस पागलपन के ख़िलाफ़ कोई आवाज़ उठाने का साहस करता था, तो उन्हें तत्काल कुलक और प्रतिक्रांतिकारी होने का दोषी ठहरा दिया जाता था और उनका भी सफ़ाया कर दिया जाता था।

1933 तक लगभग पचास लाख कुलकों को उनके घरों से निष्कासित कर दिया गया था। तीस हज़ार परिवारों के मुखियों को गोली मार दी गई थी। जो कुछ ख़ुशक़िस्मत शिकार थे, उन्हें उनके मूल जिलों में बसा दिया गया था या फिर वे बड़े शहरों में ख़ानाबदोश कामगार बन गए थे, जबकि लगभग बीस लाख लोगों को या तो दूर किन्हीं न रहने लायक़ जगहों में भेज दिया गया था या राज्य के गुलामों के रूप में क़ैद कर लेबर कैंपों में भेज दिया गया था।[96] अनेक महत्त्वपूर्ण और कुख्यात राजकीय परियोजनाएँ, जैसे कि ह्वाइट सी कैनल का निर्माण और आर्कटिक क्षेत्र में खदानों को विकसित करना आदि लाखों क़ैदियों के श्रम से पूरी की गईं, जिनमें बहुत-से कुलक शामिल थे। यह मानव इतिहास का लोगों को गुलाम बनाने का सबसे तेज़ और सबसे बड़ा अभियान था।[97] जैसे ही एक बार आप कुलक के रूप में चिह्नित हुए, फिर आप उस कलंक से छुटकारा नहीं पा सकते थे। सरकारी संगठनों, पार्टी की संस्थाओं और ख़ुफ़िया पुलिस के दस्तावेज़ों ने यह *कर्तातेकी* कैटलॉग, अभिलेखागारों और आंतरिक पासपोर्टों की भूलभुलैया में दर्ज किया था कि कौन कुलक है।

कुलक की पदवी अगली पीढ़ी तक भी पहुँच जाती थी, जिसके विनाशकारी नतीजे होते थे। कम्युनिस्ट युवा समूहों, लाल सेना, विश्वविद्यालयों, और रोज़गार के प्रतिष्ठित इलाक़ों में कुलक बच्चों का प्रवेश वर्जित था।[98] अंतोनीना गोलोवीना ने 1997 के अपने संस्मरणों में याद किया कि किस तरह उसके परिवार को कुलक के रूप में उसके पूर्वजों के गाँव से निष्कासित किया गया था और पेस्तोवो नामक नगर में रहने भेज दिया गया था। उसके नए स्कूल के लड़के लगातार उस पर फ़ब्तियाँ कसते थे। एक बार, एक वरिष्ठ अध्यापक ने ग्यारह वर्षीय अंतोनीना को सारे बच्चों के सामने खड़ा कर दिया और दुर्व्यवहार करना शुरू कर दिया, और चिल्लाते हुए उससे कहा, ''उसकी तरह के लोग जनता के शत्रु हैं, नीच कुलक! ठीक ही हुआ कि तुझे निकाल दिया गया, मैं उम्मीद करती हूँ कि तुम सबको ख़त्म कर दिया जाएगा!'' अंतोनीना ने लिखा था कि यह उसकी ज़िंदगी की निर्धारक घड़ी थी। ''मेरे दिमाग़ में यह एहसास घर कर गया था कि हम कुलक, बाक़ी लोगों से अलग हैं, हम अपराधी हैं।'' वह इस एहसास से कभी नहीं उबर सकी।[99]

दस वर्षीय 'डायन' हंसेल पेपनहाइमर की तरह, ग्यारह वर्षीय 'कुलक'' अंतोनीना ने ख़ुद को मिथक रचने वाले इंसानों द्वारा ईजाद की गई और सर्वव्यापी नौकरशाहों द्वारा आरोपित की गई एक अंतरविषयी कोटि में ढला पाया था। सोवियत नौकरशाहों ने कुलक के बारे में सूचना के जो पहाड़ खड़े किए थे, वे उनकी वस्तुपरक सच्चाई नहीं थे, लेकिन उसने एक नई अंतरविषयी सोवियत सच्चाई थोप दी थी। यह जानना कि कोई व्यक्ति कुलक था, एक सोवियत व्यक्ति के बारे में जानने योग्य सबसे महत्त्वपूर्ण चीज़ बन गई थी, भले ही वह लेबल पूरी तरह जाली था।

एक बड़ा सुखी सोवियत परिवार

स्तालिन के शासन ने निजी पारिवारिक फ़ार्मों के सामूहिक विघटन से ज़्यादा महत्त्वाकांक्षी कुछ चीज़ें करने की कोशिश की थी। उसने स्वयं परिवार को विघटित करने की योजना बनाई। रोमन सम्राटों या रूसी ज़ारों से भिन्न, स्तालिन ने ख़ुद को सर्वाधिक अंतरंग मानवीय रिश्तों के बीच घुसेड़ने की कोशिश की और वह अभिभावकों और बच्चों के बीच जा खड़ा हुआ। पारिवारिक बंधनों को भ्रष्टाचार, ग़ैरबराबरी और पार्टी-विरोधी गतिविधियों के रूप में देखा गया। इसलिए सोवियत बच्चों को सिखाया गया कि वे स्तालिन को *वास्तविक* पिता मानकर पूजें और अगर उनके जैविक माता-पिता स्तालिन या कम्युनिस्ट पार्टी की आलोचना करें, तो इसकी सूचना दें।

सोवियत प्रचार यंत्र ने 1932 से शुरुआत करते हुए, साइबेरियाई गाँव गेरासीमोव्का के एक तेरह वर्षीय लड़के, पाव्लिक मोरोज़ोव, को एक पूज्यनीय शख़्सियत में बदल दिया। 1931 की शरद ऋतु में, पाव्लिक ने ख़ुफ़िया पुलिस को सूचना दी कि उसका पिता, ट्रोफ़िम, जो ग्राम सोवियत का चेयरमैन था, कुलक निष्कासितों को जाली काग़ज़ बेच रहा है। बाद में चले मुक़दमे के दौरान, जब ट्रोफ़िम ने चिल्लाते हुए पाव्लिक से कहा, ''यह मैं हूँ, तुम्हारा पिता,'' तो लड़के ने तपाक से उत्तर दिया, ''हाँ, वह मेरा पिता हुआ करता था, लेकिन अब मैं उसे अपना पिता नहीं मानता।'' ट्रोफ़िम को लेबर कैंप में भेज दिया गया, जहाँ बाद में उसे गोली मार दी गई। सितंबर 1932 में, पाव्लिक की हत्या कर दी गई, और सोवियत अधिकारियों ने उसके परिवार के पाँच सदस्यों को गिरफ़्तार कर फाँसी पर लटका दिया, क्योंकि उन पर आरोप था कि उन्होंने पाव्लिक से पिता का परित्याग करने का बदला लेने की लिए उसकी हत्या की थी। वास्तविक क़िस्सा कहीं ज़्यादा पेचीदा था, लेकिन वह सोवियत प्रेस के लिए मायने नहीं रखता था। पाव्लिक एक शहीद बन गया, और लाखों सोवियत बच्चों को उसके पदचिह्नों पर चलने की शिक्षा दी गई।[100] बहुत-से बच्चों ने सचमुच वैसा ही किया।

उदाहरण के लिए, 1934 में प्रोनिया कोलीबिन नामक तेरह वर्षीय एक बच्चे ने अधिकारियों को बताया कि उसकी भूखी माँ, कल्ख़ोस खेतों से अनाज चुराती है। उसकी माँ को गिरफ़्तार कर लिया गया और संभवत: गोली मार दी गई। प्रोनिया को नक़द इनाम दिया गया और मीडिया ने उसकी जमकर तारीफ़ की। पार्टी के मुख-पत्र *प्रावदा* ने प्रोनिया की लिखी एक कविता छापी। कविता की दो पंक्तियाँ इस प्रकार थीं : ''तू विनाशकारी है, माँ/मैं अब तेरे साथ नहीं रह सकता।''[101]

परिवार को नियंत्रित करने की सोवियत कोशिश उस स्याह चुटकुले में प्रतिबिंबित होती है, जो स्तालिन के ज़माने में सुनाया जाता था। स्तालिन छद्मवेश धारण करके एक कारख़ाने का दौरा करता है, और एक कामगार से बातचीत के दौरान पूछता है, ''तुम्हारा पिता कौन है?''

''स्तालिन,'' कामगार जवाब देता है।

''तुम्हारी माँ कौन है?''

''सोवियत यूनियन,'' कामगार जवाब देता है।

''और तुम क्या बनना चाहते हो?''

''यतीम।''[102]

उस समय अगर आप यह चुटकुला सुनाते, तो आप आसानी-से अपनी आज़ादी या ज़िंदगी गँवा सकते थे, भले ही आप वह चुटकुला अपने घर में परिवार

के अपने सबसे अंतरंग सदस्यों को ही क्यों न सुना रहे होते। सोवियत माँ-बाप अपने बच्चों को जो सबसे महत्त्वपूर्ण सीख देते थे, वह पार्टी या स्तालिन के प्रति वफ़ादारी की नहीं थी। वह थी, "अपना मुँह बंद रखो।"[103] सोवियत संघ में खुली बातचीत करने से ज़्यादा ख़तरनाक और कुछ नहीं था।

पार्टी और चर्च

आप सोच सकते हैं कि नाज़ी पार्टी या सोवियत कम्युनिस्ट पार्टी जैसी आधुनिक अधिनायकवादी संस्था क्या ईसाई चर्चों जैसी संस्थाओं से एकदम भिन्न थीं। आख़िरकार, चर्च भी तो अपनी अचूकता में विश्वास करती थी, उसके पादरी एजेंट सब कहीं मौजूद होते थे, और वह भी भोजन से लेकर यौनपरक आदतों तक लोगों के रोज़मर्रा जीवन को नियंत्रित करने की कोशिश करती थी। क्या हमें कैथोलिक चर्च या पूर्वी ऑर्थोडॉक्स चर्च को अधिनायकवादी संस्थाओं के रूप में नहीं देखना चाहिए? और क्या इससे यह मान्यता कमज़ोर नहीं पड़ जाती कि अधिनायकवाद केवल आधुनिक सूचना प्रौद्योगिकी के कारण संभव हुआ था?

लेकिन आधुनिक अधिनायकवाद और पूर्वआधुनिक चर्च के बीच कई बहुत बड़े फ़र्क़ हैं। पहला, जैसा कि पहले कहा गया है, आधुनिक अधिनायकवाद ऐसे कई परस्पर व्यापी निगरानी तंत्रों को विकसित करने से संभव हुआ है, जो एक-दूसरे को व्यवस्थित रखते हैं। पार्टी कभी अकेली एकमात्र नहीं होती : वह, एक ओर, राज्य के अंगों के साथ, और, दूसरी ओर, ख़ुफ़िया पुलिस के साथ मिलकर काम करती है। इसके विपरीत, ज़्यादातर मध्ययुगीन यूरोपीय राज्यों में कैथोलिक चर्च एक स्वाधीन संस्था हुआ करती थी, जो राजकीय संस्थाओं को बल प्रदान करने की बजाय उनसे टकराती रहती थी। नतीजतन, चर्च यूरोपीय निरंकुशों को नियंत्रित करने वाली संभवत: सबसे बड़ी संस्था हुआ करती थी।

उदाहरण के लिए, जब 1070 के दशक के 'अधिष्ठापन विवाद' में सम्राट हेनरी IV ने यह दावा किया था कि बिशप, मठाधीशों, और चर्च के अन्य महत्त्वपूर्ण अधिकारियों की नियुक्ति पर अंतिम मुहर लगाने का अधिकार सम्राट को है, तो पोप ग्रेगरी VII ने प्रतिरोध किया था और अंतत: सम्राट को समर्पण करने के लिए विवश कर दिया था। 25 जनवरी, 1077 को हेनरी समर्पण करने और माफ़ी माँगने कैनोसा के दुर्ग में पहुँचा, जहां उस वक़्त पोप रह रहा था। पोप ने दुर्ग के दरवाज़े खोलने से मना कर दिया था, और हेनरी वहाँ बाहर नंगे पाँव और भूखा प्रतीक्षा करता रहा। तीन दिन बाद, पोप ने अंतत: सम्राट के लिए दरवाज़े खोले, जिसने क्षमा याचना की।[104]

किसी आधुनिक अधिनायकवादी मुल्क में ऐसी किसी तकरार की कल्पना करना अकल्पनीय है। अधिनायकवाद का सारा उद्देश्य ही सत्ता के किसी विभाजन को रोकना है। सोवियत संघ में, राज्य और पार्टी एक-दूसरे को बल प्रदान करती थीं, और स्तालिन सचमुच ही दोनों का मुखिया हुआ करता था। सोवियत 'अधिष्ठापन विवाद' जैसी कोई चीज़ मुमकिन ही नहीं थी, क्योंकि पार्टी के पदों और राज्य के कार्यकलापों, दोनों में नियुक्तियाँ करने का अंतिम अधिकार स्तालिन के पास था। वही तय करता था कि जॉर्जिया की कम्युनिस्ट पार्टी का महासचिव कौन होगा और सोवियत संघ का विदेश मंत्री कौन होगा।

दूसरा फ़र्क़ यह है कि मध्ययुगीन चर्च पारंपरिक संगठन होने की ओर प्रवृत्त हुआ करती थीं, जो परिवर्तनों का प्रतिरोध करती थीं, जबकि आधुनिक अधिनायकवादी पार्टियाँ परिवर्तन की माँग करने वाले क्रांतिकारी संगठन होने की ओर उन्मुख रहे हैं। पूर्व आधुनिक चर्च ने सदियों के दौरान अपनी संरचना और परंपरा विकसित करते हुए अपनी शक्ति स्थापित की थी। अगर कोई राजा या पोप तेज़ी के साथ समाज को आमूल बदलना चाहता था, तो इसकी पूरी संभावना थी कि उसे चर्च के सदस्यों और साधारण आस्थावानों के प्रतिरोध का सामना करना पड़ता था।

उदाहरण के लिए, आठवीं और नौवीं सदियों में अनेक बायजेंटाइन सम्राटों ने मूर्तियों की उपासना को रोकने की कोशिश की थी, क्योंकि वह उन्हें मूर्तिपूजा लगती थी। उन्होंने बाइबल के कई हिस्सों की ओर इशारा किया था, विशेष रूप से दूसरे धर्मादेश (सेकंड कमांडमेंट) की ओर, जहाँ किसी तरह की मूर्तियाँ बनाने का निषेध किया गया है। जहाँ ईसाई चर्च दूसरे धर्मादेश की पारंपरिक व्याख्या इस तरह करती थी कि जो मूर्तियों की उपासना की इजाज़त देती थी, वहीं कोंटेस्टाइन V जैसे सम्राटों का तर्क था कि यह एक ग़लती है और इस्लाम की सेनाओं के हाथों ईसाइयों की पराजय जैसी तबाहियाँ मूर्तिपूजा को लेकर परमेश्वर के कोप की वजह से हुई थीं। 754 में मूर्तिपूजा को लेकर कोंटेस्टाइन की धारणा का समर्थन करने तीन सौ से ज़्यादा बिशप हीरिया की परिषद में एकत्र हुए थे।

स्तालिन के सामूहिकीकरण के अभियान की तुलना में, यह एक मामूली-सा सुधार था। परिवारों और गाँवों से अपनी निजी संपत्ति या बच्चे देने की नहीं, बल्कि महज़ अपनी मूर्तियाँ त्याग देने की माँग की गई थी, लेकिन बायजेंटाइन के मूर्तिभंजन को व्यापक प्रतिरोध का सामना करना पड़ा। हीरिया की परिषद से भिन्न, बहुत सारे साधारण पादरी, संन्यासी, और आस्थावान अपनी मूर्तियों से बहुत गहरे जुड़े हुए थे। इसके नतीजे में जो संघर्ष हुआ, उसने बायजेंटाइन समाज को तहस-नहस कर दिया, जिसके अंत में सम्राटों ने हार मान ली और अपना फ़ैसला उलट दिया।[105]

कोंटेस्टाइन V को बाद में बायजेंटाइन इतिहासकारों ने 'घटिया कोंटेस्टाइन' के रूप में कलंकित किया था, और उसके बारे में यह क़िस्सा फैल गया कि उसने अपने बपतिस्मा के दौरान मल त्याग दिया था।[106]

पूर्वआधुनिक चर्च से भिन्न, जो कई सदियों के दौरान विकसित हुई थी और इसलिए जो रूढ़िवादी और तेज़ गति परिवर्तनों के प्रति शंकालु होने की ओर प्रवृत्त थी, नाज़ी पार्टी और सोवियत कम्युनिस्ट पार्टी जैसी आधुनिक अधिनायकवादी पार्टियाँ एक ही पीढ़ी के भीतर समाज में फुर्ती-से इंकलाब ला देने के आश्वासन के इर्द-गिर्द संगठित हुई थीं। उनके पास बचाव करने के लिए कोई सदियों पुरानी परंपराएँ और संरचनाएँ नहीं थीं। जब उनके नेताओं के मन में मौजूदा परंपराओं और संरचनाओं को कुचल देने के लिए कोई महत्त्वाकांक्षी योजना जन्म लेती थी, तो पार्टी के सदस्य आम तौर पर उनके मुताबिक़ काम करते थे।

संभवत: सबसे महत्त्वपूर्ण बात यह है कि पूर्वआधुनिक चर्च अधिनायकवादी नियंत्रण का उपकरण इसलिए नहीं बन सकती थीं, क्योंकि वे ख़ुद उन्हीं समस्याओं से जूझ रही थीं, जिनसे तमाम दूसरी पूर्वआधुनिक संस्थाएँ जूझ रही थीं। जहाँ उनके स्थानीय प्रतिनिधि पादरियों, संन्यासियों, और यायावर उपदेशकों के रूप में हर कहीं मौजूद होते थे, वहीं सूचना के संचरण और संसाधन (प्रॉसेसिंग) की समस्या का मतलब था कि चर्च के नेताओं को इस बात की बहुत कम जानकारी होती थी कि सुदूर स्थित समुदायों में क्या हो रहा है, और पादरियों के पास बड़े स्तर पर स्वायत्तता होती थी। नतीजतन, चर्च स्थानीय मसला होने की ओर प्रवृत्त होती थीं। लोग हर प्रांत और गाँव में अक्सर स्थानीय संतों में श्रद्धा रखते थे, स्थानीय परंपराओं का अनुसरण करते थे, स्थानीय अनुष्ठान करते थे, और मुमकिन था कि वे ऐसे स्थानीय सिद्धांतों पर चलते हों, जो अधिकृत विचारधारा से भिन्नता रखते हों।[107] अगर रोम में बैठा पोप सुदूर स्थित पोलैंड के किसी गाँव के स्वाधीन पादरी को लेकर कुछ करना चाहता, तो उसे ग्नीज़्नो के आर्कबिशप को ख़त भेजना पड़ता, जिसे संबंधित बिशप को निर्देश देना पड़ता, जिसे उस गाँव में हस्तक्षेप करने किसी को भेजना पड़ता। इस पूरे काम में महीनों लग सकते थे, और इस बात की भरपूर संभावना थी कि आर्कबिशप, बिशप और अन्य बिचौलिये पोप के आदेश की कोई नई व्याख्या कर डालते या उसे 'खो' देते।[108]

चर्च आधुनिक युग के बहुत बाद के वर्षों में ज़्यादा अधिनायकवादी बन गई थीं, जब आधुनिक सूचना प्रौद्योगिकी उपलब्ध हो गई थी। हम पोप को मध्ययुगीन निशानियों के रूप में देखने की कोशिश करते हैं, जबकि वास्तव में वे आधुनिक प्रौद्योगिकी के उस्ताद हैं। अठारहवीं सदी में पोप का विश्वव्यापी चर्च पर बहुत कम नियंत्रण था और वह इटली के स्थानीय छोटे राजकुमार के दर्जे में सिमटा हुआ

था, जो बोलोग्ना या फ़ेरारा के नियंत्रण के लिए दूसरी इताल्वी ताक़तों से लड़ता रहता था। रेडियो के आविष्कार के साथ, पोप पृथ्वी के सबसे ज़्यादा शक्तिशाली लोग बन गए थे। पोप जॉन पॉल II वेटिकन में बैठकर पोलैंड से लेकर फ़िलिपींस तक के लाखों कैथोलिकों से सीधे बात कर सकते थे, उन्हें किसी आर्कबिशप, बिशप या ग्रामीण पादरी की ज़रूरत नहीं थी, जो उसके शब्दों को तोड़-मरोड़ देते या छिपा लेते।[109]

सूचना किस तरह प्रवाहित होती है

इस तरह हम देखते हैं कि आधुनिक युग के बाद के वर्षों की सूचना प्रौद्योगिकी ने बड़े पैमाने के लोकतंत्र और बड़े पैमाने के अधिनायकवाद, दोनों को खड़ा किया था, लेकिन इन दोनों प्रणालियों ने सूचना का जिस तरह इस्तेमाल किया, उसमें महत्त्वपूर्ण अंतर है। जैसा कि पहले कहा गया, लोकतंत्र सूचना को सिर्फ़ केंद्र के रास्ते नहीं, बल्कि दूसरे स्वायत्त माध्यमों से प्रवाहित होने के लिए प्रोत्साहित करता है, और वह बहुत-से स्वाधीन नोडों को सूचना को संसाधित (प्रॉसेस) करने और ख़ुद ही निर्णय लेने की गुंजाइश देता है। कभी भी किसी सरकारी मंत्री के कार्यालय के रास्ते होकर गुज़रे बग़ैर सूचना निजी कारोबारों, निजी मीडिया संगठनों, नगरपालिकाओं, खेल संगठनों, धर्मार्थ संस्थाओं, परिवारों और व्यक्तियों के बीच उन्मुक्त प्रवाहित होती है।

इसके विपरीत, अधिनायकवाद चाहता है कि *सारी* सूचना केंद्रीय स्थल से होकर गुज़रे और वह नहीं चाहता कि कोई भी स्वाधीन संस्था अपना ख़ुद का निर्णय ले। सच है कि अधिनायकवाद में सरकार, पार्टी और ख़ुफ़िया पुलिस की तिहरी प्रणाली होती है, लेकिन इस समानांतर प्रणाली का सारा मुद्दा किसी भी ऐसी स्वाधीन शक्ति को रोकने का होता है, जो केंद्र को चुनौती दे सकती है। जब सरकारी अधिकारी, पार्टी के सदस्य, और ख़ुफ़िया पुलिस के गुप्तचर एक-दूसरे पर निरंतर नज़र रखते हैं, तब केंद्र का विरोध करना अत्यंत ख़तरनाक होता है।

विषम क़िस्म के सूचना तंत्रों के रूप में, लोकतंत्र और अधिनायकवाद, दोनों के अपने फ़ायदे और नुक़सान हैं। केंद्रीकृत अधिनायकवादी तंत्र को सबसे बड़ा फ़ायदा यह है कि वह अत्यंत अनुशासित होता है, जिसका मतलब है कि वह फुर्ती-से निर्णय ले सकता है और उन्हें कठोरतापूर्वक लागू कर सकता है, ख़ास तौर से युद्ध और महामारी जैसी आपदाओं के समय केंद्रीकृत तंत्र विभाजित तंत्रों के मुक़ाबले ज़्यादा तेज़ रफ़्तार से आगे बढ़ सकते हैं।

लेकिन अति-केंद्रीकृत सूचना तंत्रों को कई बड़े नुक़सान भी झेलने पड़ते हैं। चूँकि वे सूचना को सरकारी माध्यमों के अलावा और किसी रास्ते से गुज़रने की इजाज़त नहीं देते, ऐसे में अगर सरकारी माध्यम अवरुद्ध हो जाते हैं, तो सूचना संप्रेषण के कोई वैकल्पिक साधन नहीं पा सकती। और सरकारी माध्यम अक्सर अवरुद्ध हो जाते हैं।

सरकारी माध्यमों के अवरुद्ध हो सकने की एक सामान्य वजह यह होती है कि डरे हुए मातहत बुरी सूचना को अपने वरिष्ठ अधिकारियों से छिपा लेते हैं। प्रथम विश्वयुद्ध के दौरान ऑस्ट्रो-हंगरियाई साम्राज्य के बारे में व्यंग्यात्मक उपन्यास *गुड सोल्जर स्वैक* में लेखक जेरोस्लाव हासेक वर्णन करते हैं कि किस तरह ऑस्ट्रेलिया के अधिकारी आबादी के घटते मनोबल को लेकर चिंतित थे। इसलिए उन्होंने मुख़बिरों को नौकरी पर रखने, आँकड़े एकत्र करने और आबादी की वफ़ादारी के बारे में मुख्यालय को सूचित करने के उद्देश्य से स्थानीय पुलिस थानों पर आदेशों की बमबारी कर दी। अधिकतम वैज्ञानिक दिखाई देने के लिए, मुख्यालय ने वफ़ादारी की शानदार श्रेणियाँ ईजाद कर लीं : I.a, I.b, I.c, II.a, II.b, II.c; III.a, III.b, III.c; IV.a, IV.b, IV.c. उन्होंने हर श्रेणी के बारे में स्थानीय पुलिस थानों को विस्तृत टीका भेजी, और एक सरकारी फ़ॉर्म भेजा, जिसे रोज़ भरा जाना था। सारे देश के पुलिस सार्जेंट निष्ठापूर्वक उन फ़ॉर्मों को भरते थे और वापस मुख्यालय को भेज देते थे। वे सब बिना किसी अपवाद के हमेशा I.a रिपोर्ट करते थे, इससे भिन्न करने पर फटकार, पदावनति, या इनसे भी बदतर किसी आफ़त को मोल लेना था।[110]

सरकारी माध्यम सूचना को गुज़रने देने से क्यों चूक जाते हैं, इसकी एक और सामान्य वजह यह है कि वे अनुशासन बनाए रखना चाहते हैं। चूँकि अधिनायकवादी सूचना तंत्रों का मुख्य लक्ष्य सत्य की खोज करने की बजाय व्यवस्था पैदा करना होता है, ऐसे में जब ख़तरनाक सूचना सामाजिक व्यवस्था को नष्ट करने का जोखिम पैदा करती है, तो अधिनायकवादी सरकारें अक्सर उसको दबा लेती हैं। ऐसा करना उन्हें अपेक्षाकृत आसान होता है, क्योंकि सूचना के सारे माध्यम उनके नियंत्रण में होते हैं।

उदाहरण के लिए, जब 26 अप्रैल, 1986 को चेर्नोबिल के परमाणु रिएक्टर में विस्फोट हुआ, तो सोवियत अधिकारियों ने इस तबाही की सारी ख़बरें दबा ली थीं। सोवियत नागरिकों और दूसरे देशों को ख़तरे से अनजान रखा, और इस तरह उन्होंने विकिरण से ख़ुद की रक्षा करने के लिए कोई क़दम नहीं उठाए। जब चेर्नोबिल और पास के नगर प्रिप्यात के कुछ सोवियत अधिकारियों ने पास की आबादियों को तत्काल वहाँ से हटाने का निवेदन किया, तो उनके वरिष्ठ अधिकारियों की मुख्य चिंता उस ख़तरनाक ख़बर को फैलने से रोकने की थी, इसलिए उन्होंने न केवल

लोगों को वहाँ से नहीं हटाया, बल्कि टेलीफ़ोन के तार काट दिए और परमाणु रिएक्टर के कर्मचारियों को चेतावनी दी कि वे उस तबाही के बारे में कोई बात न करें।

परमाणु दुर्घटना के दो दिन बाद, स्वीडन के वैज्ञानिकों ने ध्यान दिया कि स्वीडन में विकिरण का स्तर असामान्य रूप से बढ़ गया है। स्वीडन, चेर्नोबिल से बारह सौ किलोमीटर दूर है। केवल जब पश्चिम की सरकारों और पश्चिम के प्रेस ने यह ख़बर दी, तब जाकर सोवियतों ने किसी गड़बड़ी को स्वीकार किया। यहाँ तक कि वे अपने नागरिकों से उस विनाश की पूरी अहमियत को छिपाए रहे और दूसरे देशों से परामर्श और सहायता माँगने में हिचकिचाते रहे। यूक्रेन, बेलारूस, और रूस के लाखों लोगों ने अपने स्वास्थ्य की क़ीमत चुकाई। जब बाद में सोवियत अधिकारियों ने आपदा की जाँच की, तो उनकी प्राथमिकता उसके कारणों को समझने तथा भविष्य की दुर्घटनाओं को रोकने की बजाय आरोप की दिशा बदल देने की थी।[111]

2019 में मैं चेर्नोबिल के दौरे पर गया था। उस परमाणु दुर्घटना की वजहों के बारे में बता रहे गाइड ने मुझसे जो कहा, वह बात मेरे दिमाग़ में अटक कर रह गई। ''अमेरिकी लोग इस धारणा के साथ बड़े होते हैं कि सवालों का नतीजा जवाब होते हैं,'' उसने कहा। ''लेकिन सोवियत नागरिक इस धारणा के साथ बड़े हुए थे कि सवालों के नतीजे मुसीबतें होती हैं।''

स्वाभाविक ही, लोकतांत्रिक मुल्कों के नेता बुरी ख़बरों का आनंद नहीं लेते, लेकिन एक विकेंद्रीकृत लोकतांत्रिक व्यवस्था में जब संप्रेषण के सरकारी मार्ग अवरुद्ध हो जाते हैं, तो सूचना वैकल्पिक रास्तों से प्रवाहित होने लगती है। उदाहरण के लिए, अगर कोई अमेरिकी अधिकारी राष्ट्रपति को किसी संभावित तबाही के बारे में सूचना न देने का मन बना लेता है, तो वह ख़बर तब भी *वॉशिंगटन पोस्ट* में प्रकाशित हो जाएगी, और अगर *वॉशिंगटन पोस्ट* भी जानबूझकर उस ख़बर को दबा लेता है, तो *वॉल स्ट्रीट जर्नल या द न्यू यॉर्क टाइम्स* में वह ख़बर आ जाएगी। स्वाधीन मीडिया का कारोबारी मॉडल, यानी हमेशा अगली सनसनीख़ेज़ ख़बर का पीछा करने वाला मॉडल, प्रकाशन की गारंटी देता है।

जब 28 मार्च, 1979 को पेंसिल्वेनिया के थ्री माइल आयलैंड परमाणु रिएक्टर में गंभीर दुर्घटना हुई, तो इसकी ख़बर तुरंत चारों ओर फैल गई, जिसके लिए किसी अंतरराष्ट्रीय हस्तक्षेप की ज़रूरत नहीं पड़ी। दुर्घटना की शुरुआत सुबह क़रीब चार बजे हुई और 6:30 बजते-बजते उस पर ध्यान चला गया। कारख़ाने में 6: 56 पर आपातकाल घोषित कर दिया गया, और 7: 02 बजे दुर्घटना की ख़बर पेंसिल्वेनिया इमरजेंसी मैनेजमेंट एजेंसी को दे गई। अगले घंटे में पेंसिल्वेनिया के गवर्नर, लेफ़्टिनेंट

गवर्नर, और नागरिक सुरक्षा अधिकारियों को सूचित कर दिया गया। सुबह 10 बजे के लिए एक प्रेस कॉन्फ्रेंस निर्धारित कर दी गई, हालाँकि, एक स्थानीय हेरिसबर्ग रेडियो स्टेशन पर एक ट्रैफ़िक रिपोर्टर ने इस घटना पर पुलिस के एक नोटिस को पकड़ लिया, और स्टेशन ने 8.25 पर एक संक्षिप्त रिपोर्ट प्रसारित कर दी। सोवियत रूस में एक स्वतंत्र रेडियो द्वारा इस तरह की पहल अकल्पनीय थी, लेकिन संयुक्त राज्य अमेरिका में यह अनुल्लेखनीय थी। सुबह 9.00 बजे तक एसोसिएटेड प्रेस ने एक बुलेटिन जारी कर दिया, हालाँकि, सारे विवरण सामने आने में कई दिन लग गए, लेकिन अमेरिकी नागरिकों को दुर्घटना को नोटिस किए जाने के दो घंटे बाद ही इसका पता चल गया। बाद में सरकारी संस्थाओं, एनजीओ, अकादमिकों, और प्रेस द्वारा की गई जाँच-पड़ताल ने न केवल दुर्घटना के तात्कालिक कारणों को, बल्कि गहरे संरचनागत कारणों को भी उजागर कर दिया, जिससे सारी दुनिया की परमाणु प्रौद्योगिकी को सुधारने में मदद मिली। वास्तव में, थ्री माइल आयलैंड के कुछ सबक़ ने चेर्नोबिल आपदा को भी कम करने में योगदान किया। सबक़ सोवियतों के साथ भी खुलेआम साझा किए गए थे।[112]

संपूर्ण कोई नहीं है

अधिनायकवादी और अधिकारवादी (अथॉरिटेरियन) तंत्र केवल रक्तवाहिनियों के अवरुद्ध हो जाने की समस्याओं का ही सामना नहीं करते। सबसे पहले, जैसा कि हम सिद्ध कर चुके हैं, उनकी आत्म-सुधार की प्रक्रियाएँ बहुत कमज़ोर होती हैं। चूँकि वे मानते हैं कि वे अचूक हैं, उन्हें इस तरह की प्रक्रियाओं की बहुत कम ज़रूरत महसूस होती है, और चूँकि वे किसी भी ऐसी स्वाधीन संस्था से भयभीत होते हैं, जो उन्हें चुनौती दे सकती है, उनमें स्वतंत्र न्यायालय, मीडिया, या अनुसंधान केंद्रों का अभाव होता है। नतीजतन, ऐसा कोई नहीं होता, जो सत्ता के उस रोज़मर्रा दुरुपयोग को उजागर कर सके और उसे सुधार सके, जैसा हर क़िस्म की सरकारों में होता है। नेता कभी-कभी भ्रष्टाचार-विरोधी अभियान का ढिंढोरा पीट सकते हैं, लेकिन ग़ैर लोकतांत्रिक प्रणालियों में अक्सर ये सरकार के एक धड़े द्वारा सरकार के दूसरे धड़े को ख़त्म करने के लिए किसी आड़ से ज़्यादा कुछ नहीं होते।[113]

और तब क्या होता है, जब नेता ख़ुद ही सार्वजनिक निधि का ग़बन कर लेता है या नीति-संबंधी विनाशकारी ग़लती कर बैठता है? नेता को कोई भी चुनौती नहीं दे सकता, और नेता - इंसान होने के नाते - ख़ुद अपनी पहल पर किसी ग़लती को स्वीकार करने से मना कर सकता है। इसकी बजाय संभावना इसी की होती है कि वह सारी समस्याओं के लिए 'विदेशी शत्रुओं,' 'अंदरूनी गद्दारों'' या 'भ्रष्ट

मातहतों' को ज़िम्मेदार ठहरा दे और कथित अपराधियों से निपटने के लिए और ज़्यादा शक्ति की माँग करने लगे।

उदाहरण के लिए, जब हमने पिछले अध्याय में उल्लेख किया था कि स्तालिन ने विकासवाद के राजकीय सिद्धांत के तौर लिसेंकानिज़्म का नक़ली सिद्धांत अपना लिया था। इसके नतीजे विनाशकारी हुए थे। डार्वीनियाई मानदंडों के तिरस्कार, और उत्कृष्ट फ़सल उगाने के लिसेंकोवादी उद्यमों ने सोवियत जनेटिक अनुसंधान को दशकों पीछे धकेल दिया था और सोवियत कृषि की जड़ें खोद डाली थीं। सोवियत संघ के जिन विशेषज्ञों ने लिसेंकोवाद को त्यागने और डार्विनवाद को स्वीकार करने की सलाह दी थी, उन्होंने गुलाग में भेज दिए जाने या खोपड़ी उड़ा दिए जाने का जोखिम उठाया था। लिसेंकोवाद की विरासत सोवियत संघ के विज्ञान और कृषिविज्ञान को दशकों तक त्रस्त करती रही, और यही एक वजह थी कि 1970 के दशक के आरंभिक वर्षों में सोवियत संघ अनाज का बड़ा निर्यातक देश नहीं रह गया था और अपनी विस्तृत उपजाऊ ज़मीन के बावजूद अनाज का ख़ालिस आयातक देश बन गया था।[114]

यही दशा गतिविधियों के दूसरे क्षेत्रों की थी। उदाहरण के लिए, 1930 के दशक के दौरान, सोवियत उद्योग को कई दुर्घटनाओं का सामना करना पड़ा था। यह व्यापक तौर पर मॉस्को में बैठे सोवियत बॉसों की ग़लती थी, जिन्होंने औद्योगिकीकरण के लिए लगभग असंभव क़िस्म के लक्ष्य निर्धारित कर दिए थे और इन्हें प्राप्त करने में किसी भी तरह की विफलता को वे देशद्रोह के रूप में देखते थे। इन महत्त्वाकांक्षी लक्ष्यों को प्राप्त करने की कोशिश में, सुरक्षा के उपायों और गुणवत्ता पर नियंत्रण को एक तरफ़ रख दिया गया था, और जो विशेषज्ञ सावधानी बरतने की सलाह देते थे, उन्हें अक्सर या तो फटकार लगाई जाती थी या गोली मार दी जाती थी। इसका नतीजा दुर्घटनाओं की एक पूरी लहर के रूप में, दुष्क्रियात्मक उत्पादों के रूप में, और व्यर्थ गए उद्यमों के रूप में सामने आया। मॉस्को ने ज़िम्मेदारी लेने की बजाय, यह निष्कर्ष निकाला कि यह सोवियत उद्यम को पटरी से उतारने पर तुले साज़िश करने वालों और आतंकवादियों की वैश्विक त्रॉत्स्कीवादी-साम्राज्यवादी साज़िश का काम होना चाहिए। रफ़्तार कम करने और सुरक्षा के क़ायदों को अपनाने की बजाय साहबों ने आतंक को दोगुना कर दिया तथा और भी ज़्यादा लोगों को गोलियों से उड़ा दिया।

इसका एक प्रसिद्ध और सटीक प्रकरण था, पावेल राइचागोव। वह एक सर्वश्रेष्ठ और अत्यंत साहसी सोवियत पायलट था, जो स्पेन के गृहयुद्ध में रिपब्लिकन की, और जापान के आक्रमण के ख़िलाफ़ चीन की मदद के अभियान का नेतृत्व कर रहा था। उसकी बहुत तेज़ी के साथ पदोन्नति हुई और अगस्त 1940 में उन्तीस

साल की उम्र में वह सोवियत वायुसेना का कमांडर बन गया, लेकिन जिस साहस के बूते राइचागोव ने स्पेन में नाज़ी विमानों को मार गिराया था, वही साहस मॉस्को में उसकी मुसीबत का कारण बन गया। सोवियत वायुसेना बहुत-सी दुर्घटनाओं की शिकार हुई थी, जिनके लिए पोलितब्यूरो अनुशासन की कमी और सोवियत-विरोधी साज़िशों को ज़िम्मेदार ठहराती थी, लेकिन, राइचागोव इस सरकारी राय से सहमत नहीं था। फ्रंटलाइन पायलट होने के नाते वह सच्चाई जानता था। उसने स्तालिन से दो-टूक कह दिया कि पायलटों को जल्दबाज़ी में डिज़ाइन किए गए और बुरे ढंग से तैयार किए गए विमान उड़ाने को बाध्य किया जा रहा है, और इसकी तुलना उसने 'ताबूतों में' उड़ने से की। जब हिटलर ने सोवियत संघ पर आक्रमण किया, तो उसके दो दिन बाद, जब लाल सेना ध्वस्त हो रही थी और स्तालिन हताश मन से बलि के बकरों की तलाश कर रहा था,तब राइचागोव को 'सोवियत-विरोधी साज़िश करने वालों के संगठन का सदस्य होने और लाल सेना की शक्ति को कम करने के उद्देश्य से दुश्मन के पक्ष से काम करने' के आरोप में गिरफ़्तार कर लिया गया। उसकी पत्नी को भी गिरफ़्तार कर लिया गया, क्योंकि वह कथित रूप से राइचागोव के 'सैन्य षडयंत्रकारियों के साथ त्रॉत्स्कीवादी संबंधों' के बारे में जानती थी। उन्हें 28 अक्टूबर 1941 को फाँसी पर लटका दिया गया।[115]

वास्तविक नुक़सान पहुँचाने वाला, जिसने सोवियत सेना की कोशिशों को चौपट कर दिया था, निश्चय ही, राइचागोव नहीं, बल्कि स्वयं स्तालिन था। स्तालिन को डर था कि नाज़ी जर्मनी के साथ सांघातक टकराव हो सकता है और इससे निपटने के लिए उसने दुनिया की सबसे बड़ी युद्ध मशीन तैयार की थी, लेकिन उसने इस मशीन को कूटनीतिक और मनोवैज्ञानिक, दोनों तरह से अशक्त कर दिया था।

कूटनीतिक स्तर पर, 1939-41 में, स्तालिन ने दाँव लगाया कि वह 'पूँजीवादियों' को लड़ने और एक-दूसरे को थका देने के लिए प्रेरित कर सकता है, जिस दौरान सोवियत संघ अपनी शक्ति का पोषण करता रहेगा। यहाँ तक कि उसमें इज़ाफ़ा कर लेगा। इसलिए उसने 1939 में हिटलर के साथ एक समझौता किया और जर्मनों को ज़्यादातर पोलैंड और पश्चिमी यूरोप को जीत लेने दिया, वहीं सोवियत संघ ने अपने लगभग सारे पड़ोसियों पर या तो हमला कर दिया या उन्हें अकेला कर दिया। 1939-40 में सोवियतों ने पूर्वी पोलैंड पर हमला कर दिया और उसे क़ब्ज़े में ले लिया, एस्टोनिया, लात्विया, और लिथुआनिया को हड़प लिया, और फ़िनलैंड और रोमानिया के कुछ हिस्सों को जीत लिया। फ़िनलैंड और रोमानिया, जो सोवियत संघ के पक्ष में तटस्थ प्रतिरोधकों के रूप में काम कर सकते थे, उसके अडिग दुश्मन बन गए। यहाँ तक कि 1941 के बसंत में, स्तालिन ने तब भी ब्रिटेन के साथ अग्रिम गठबंधन करने से इंकार कर दिया और यूगोस्लाविया और

ग्रीस पर नाज़ी विजय को रोकने के लिए कोई क़दम नहीं उठाया, जिससे यूरोपीय महाद्वीप के उसके अंतिम संभावित सहयोगी भी छिन गए। जब हिटलर ने 22 जून, 1941 को हमला किया, तो सोवियत संघ अकेला पड़ चुका था।

सैद्धांतिक तौर पर, स्तालिन ने युद्ध की जो मशीन तैयार की थी, वह नाजियों के हमले से, अकेले दम पर भी निपट सकती थी। 1939 के बाद से जीते गए राज्यों ने सोवियत बचाव को गहराई प्रदान की थी, और सोवियत सेना अत्यंत लाभप्रद स्थिति में प्रतीत होती थी। हमले के पहले दिन यूरोप के मोर्चे पर सोवियतों के पास 15,000 टैंक, 15,000 लड़ाकू विमान, और लंबी दूरी तक मार करने वाली 37,000 तोपें थीं, जिन्हें 3,300 जर्मन टैंकों, 2,250 लड़ाकू विमानों, और 7,146 बंदूक़ों का सामना करना था,[116] लेकिन यह इतिहास की एक महानतम सैन्य तबाही थी कि एक महीने के भीतर सोवियतों ने 11,700 (78 प्रतिशत) टैंक, 10,000 (67 प्रतिशत) लड़ाकू विमान, और 19,000 (51 प्रतिशत) तोपें गँवा दी थीं।[117] स्तालिन ने 1939-40 में जीते गए सभी क्षेत्रों और सोवियत संघ के अधिकांश गढ़ों को भी खो दिया। 16 जुलाई तक जर्मन मॉस्को से 370 किलोमीटर दूर स्मोलेंस्क में थे।

इस हार के कारणों पर 1941 से ही बहस होती रही है, लेकिन ज़्यादातर अध्येता इस बात से सहमत हैं कि महत्त्वपूर्ण वजह स्तालिनवाद की मनोवैज्ञानिक क़ीमत थी। वर्षों तक सरकार अपने लोगों को आतंकित करती रही, पहलों और वैयक्तिकता को सज़ा देती रही थी, और समर्पण तथा सहमति को प्रोत्साहित करती रही थी। इसने सैनिकों की प्रेरणा-शक्ति को ख़त्म कर दिया था, ख़ास तौर से युद्ध के शुरुआती महीनों में, नाज़ी हुकूमत के ख़ौफ़ का पूरी तरह एहसास होने के पहले ही, लाल सेना के सैनिकों ने बड़ी तादाद में समर्पण कर दिया था। 1941 के अंत तक तीस से चालीस लाख सैनिक बंधक बना लिए गए थे।[118] यहाँ तक कि जब वे दृढ़तापूर्वक लड़ भी रहे थे, लाल सेना में पहल करने का अभाव था। जो अधिकारी शुद्धीकरण की प्रक्रिया से बच निकले थे, वे स्वतंत्र रूप से क़दम उठाने से डरते थे, जबकि युवा अधिकारियों में प्रशिक्षण का अभाव था। जो कमांडर निरंतर सूचना से वंचित रखे जाते थे और विफलता के लिए बलि के बकरे बनाए जाते थे, उन्हें भी उन राजनीतिक कमिसारों के साथ निर्वाह करना पड़ता था, जो उनके फ़ैसलों पर विवाद कर सकते थे। सबसे सुरक्षित तरीक़ा यही होता था कि वे ऊपर से आने वाले आदेशों का इंतज़ार करते और गुलामों की तरह उनका पालन करते, भले ही वे सैन्य दृष्टि से अर्थहीन ही क्यों न होते।[119]

1941 की तबाही और 1942 के वसंत और ग्रीष्म की तबाहियों के बावजूद, सोवियत राज्य उस तरह ध्वस्त नहीं हो सका, जिसकी उम्मीद हिटलर ने की थी। जैसे ही लाल सेना और सोवियत नेतृत्व ने संघर्ष के पहले वर्ष से मिली सीखों

को पचाया, मॉस्को के राजनीतिक केंद्र ने अपनी पकड़ ढीली कर दी। राजनीतिक कमिसारों की शक्ति पर लगाम लगी, वहीं दक्ष अधिकारियों को बड़ी ज़िम्मेदारियाँ लेने और ज़्यादा पहल करने के लिए प्रोत्साहित किया गया।[120] स्तालिन ने 1939-41 की अपनी भू-राजनीतिक ग़लतियों से तौबा की और सोवियत संघ का ब्रिटेन और संयुक्त राज्य अमेरिका के साथ गठबंधन कर दिया गया। लाल सेना की पहल, पश्चिम के सहयोग, और इस बात के एहसास ने कि सोवियत संघ के लिए नाज़ी हुकूमत का क्या अर्थ हो सकता है, युद्ध की दिशा को उलट दिया।

लेकिन, जैसे ही 1945 में जीत हासिल हुई, स्तालिन ने आतंक की नई लहर की शुरुआत कर दी, और जो स्वाधीन-चेता अधिकारी और कर्मचारी थे, उन्हें निकाल दिया और अंध आज्ञापालन को फिर-से प्रोत्साहित किया।[121] यह विडंबना ही थी कि आठ साल बाद हुई स्वयं स्तालिन की मृत्यु आंशिक रूप से उस सूचना तंत्र का नतीजा थी, जिसने व्यवस्था को प्राथमिकता दी थी और सत्य की अवहेलना की थी। 1951-53 में सोवियत संघ ने एक और डायनों के शिकार को झेला। क़िस्से गढ़ने वाले सोवियतों ने एक साज़िश की कल्पना की कि यहूदी डॉक्टर सरकार के अग्रणी सदस्यों को चिकित्सा उपलब्ध कराने के बहाने उनकी विधिवत हत्या कर रहे हैं। इस कल्पना के मुताबिक़ आरोप था कि ये डॉक्टर वैश्विक अमेरिकी-यहूदीवादी योजना में शामिल थे, और ख़ुफ़िया पुलिस के गद्दारों के साथ मिलकर काम कर रहे थे। 1953 के शुरू होते-होते, सैकड़ों डॉक्टरों और ख़ुफ़िया पुलिस के अधिकारियों को, जिनमें स्वयं ख़ुफ़िया पुलिस का मुखिया शामिल था, गिरफ़्तार कर लिया गया, उन्हें यातनाएँ दी गईं, और उन पर दबाव डाला गया कि वे अपने अपराधों में शामिल दूसरे लोगों के नाम उजागर करें। साज़िश की यह कल्पना, जो यहूदी बुज़ुर्गों (*एल्डर्स ऑफ़ ज़ॉयन*) के शिष्टाचार की सोवियत तोड़-मरोड़ थी, सदियों पुराने रक्त-अपमान के आरोपों के साथ विलय हो गई, और अफ़वाहें फैलने लगीं कि यहूदी डॉक्टर न केवल सोवियत नेताओं की हत्या कर रहे हैं, बल्कि अस्पतालों में शिशुओं को भी मार रहे हैं। चूँकि सोवियत डॉक्टरों का एक बड़ा हिस्सा यहूदी था, लोगों के मन में डॉक्टरों-मात्र के प्रति भय बैठ गया।[122]

ठीक जिस वक़्त 'डॉक्टरों के साज़िश' का उन्माद अपने चरम पर था, तभी, 1 मार्च, 1953 को स्तालिन को दिल का दौरा पड़ा। वह अपने डाचा (मकान) में गिर पड़ा, कपड़ों में ही यूरिन कर दिया, और मदद के लिए पुकारने में असमर्थ अपने गीले पायजामे में कई घंटे पड़ा रहा। रात को क़रीब 10: 30 बजे जब एक गार्ड ने विश्व साम्यवाद के उस अंदरूनी एकांत कक्ष में प्रवेश करने की हिम्मत जुटाई, तो वहाँ उसने अपने नेता को फ़र्श पर पड़ा पाया। 2 मार्च को सुबह 3: 00 बजे पोलित ब्यूरो के सदस्य डाचा में पहुँचे और इस पर बहस करने लगे कि अब क्या किया

जाए। उसके बाद के कई घंटों तक कोई भी व्यक्ति डॉक्टर को बुलाने का साहस नहीं कर सका। अगर स्तालिन होश में आ गए और उन्होंने आँखें खोलकर अपने बिस्तर के इर्द-गिर्द मँडराते *डॉक्टर - डॉक्टर!* को देखा, तो क्या होगा? वे निश्चय ही सोचेंगे कि यह उनकी हत्या करने की साज़िश है और इसके लिए ज़िम्मेदार लोगों को गोली से उड़ा देंगे। स्तालिन का निजी डॉक्टर मौजूद नहीं था, क्योंकि उस वक़्त वह लूब्यांका जेल के बेसमेंट की कोठरी में बंद था। उसे इसलिए यातना दी जा रही थी कि उसने सलाह दी थी कि स्तालिन को ज़्यादा समय तक आराम करने की ज़रूरत है। जब तक पोलित ब्यूरो के सदस्य चिकित्सा-विशेषज्ञों को बुलाने के फ़ैसले पर पहुँचते, ख़तरा टल चुका था। स्तालिन फिर कभी नहीं जागा।[123]

आप तबाहियों के इस जाप से यह नतीजा निकाल सकते हैं कि स्तालिनवादी व्यवस्था पूरी तरह दुष्क्रियात्मक थी। सच्चाई की उसकी निर्मम अवहेलना के चलते इसने न केवल करोड़ों लोगों को पीड़ा पहुँचाई, बल्कि भारी कूटनीतिक, सैन्य और आर्थिक ग़लतियाँ भी कीं तथा अपने ही नेताओं को निगल लिया, लेकिन, इस तरह का नतीजा गुमराह करने वाला होगा।

दूसरे विश्वयुद्ध के आरंभिक दौर में स्तालिनवाद की बहुत ही ख़राब नाकामयाबी की चर्चा में, दो मुद्दे ऐसे हैं, जो इस आख्यान को पेचीदा बनाते हैं। पहला, फ्रांस, नॉर्वे, और नीदरलैंड्स जैसे लोकतांत्रिक देशों ने उस समय वैसी ही कूटनीतिक ग़लतियाँ की थीं, जैसी सोवियत संघ ने की थीं, और उनकी सेनाओं ने और भी बदतर प्रदर्शन किए थे। दूसरा, जिस सैन्य मशीन ने लाल सेना, फ्रांसीसी सेना, डच सेना और कई अन्य सेनाओं को कुचल दिया था, वह स्वयं भी एक अधिनायकवादी सत्ता के द्वारा खड़ी की गई थी। इसलिए हम 1939-41 से जो भी निष्कर्ष निकालें, वह यह निष्कर्ष नहीं हो सकता कि अधिनायकवादी तंत्र अनिवार्यतः लोकतंत्रों के मुक़ाबले बुरे ढंग से काम करते हैं। स्तालिनवाद का इतिहास बहुत सारी संभावित कमियों को उजागर करता है, लेकिन इससे हमें उसके संभावित फ़ायदों के प्रति आँखें नहीं मूँद लेनी चाहिए।

जब हम दूसरे विश्वयुद्ध और उसके नतीजों के व्यापक इतिहास पर विचार करते हैं, तब यह बात ज़ाहिर हो जाती है कि स्तालिनवाद अब तक की सबसे कामयाब राजनीतिक व्यवस्था थी, बशर्ते कि हम 'कामयाब' को विशुद्ध अनुशासन और सत्ता की पदावली में परिभाषित करते हुए नैतिकता और मनुष्य के कल्याण के सारे विचारों की उपेक्षा कर रहे हों। उसमें करुणा के नितांत अभाव और सच्चाई के प्रति उसके कठोर रवैये के बावजूद या शायद इसी वजह से स्तालिनवाद एक विराट पैमाने पर व्यवस्था को क़ायम रखने में अद्वितीय रूप से कुशल साबित हुआ था। फ़ेक न्यूज़ों और साज़िश के झूठे आरोपों की निरंतर बौछार ने करोड़ों लोगों को

अनुशासित रखने में मदद की थी। सोवियत कृषि के सामूहिकीकरण ने बड़े पैमाने की गुलामी और भुखमरी पैदा की थी, लेकिन उसके परिणामस्वरूप देश के तेज़ रफ़्तार औद्योगिकीकरण की नींव भी पड़ी थी। सोवियतों द्वारा बरती गई गुणवत्ता पर नियंत्रण की उपेक्षा ने भले ही उड़ने वाले ताबूत पैदा किए हों, लेकिन उसने दसियों हज़ार की तादाद में उनका निर्माण किया था, और गुणवत्ता की कमी को मात्रा से पूरा किया था। सेना के 1941 के बहुत ही ख़राब प्रदर्शन का एक बहुत बड़ा कारण भीषण आतंक के दौरान लाल सेना के अधिकारियों का संहार था, लेकिन वह इस चीज़ का भी एक मुख्य कारण था कि भयानक पराजय के बावजूद, किसी ने भी स्तालिन के ख़िलाफ़ विद्रोह नहीं किया। सोवियत सैन्य मशीन दुश्मन की फ़ौजों के साथ-साथ अपने ही सैनिकों को कुचलने की ओर प्रवृत्त हुई थी, लेकिन वह रेंगती हुई अंततः जीत की ओर बढ़ी।

1940 के दशक में और 1950 के दशक के आरंभिक वर्षों में सारी दुनिया के बहुत-से लोगों का विश्वास था कि स्तालिनवाद भविष्य की लहर है। आख़िरकार, उसने दूसरा विश्वयुद्ध जीता था, राइक्स्टाग पर लाल झंडा फ़हाराया था, एक ऐसे साम्राज्य पर हुकूमत की थी, जो मध्य यूरोप से लेकर प्रशांत महासागर तक फैला था, सारी दुनिया में उपनिवेशविरोधी संघर्ष को भड़काया था, और कई सरकारों को अपनी नक़ल करने को उत्प्रेरित किया था। उसने पश्चिमी लोकतंत्रों के कई अग्रणी कलाकारों और विचारकों की भी प्रशंसा अर्जित की, जिनका मानना था कि गुलाग और शुद्धीकरण की अस्पष्ट अफ़वाहों के बावजूद स्तालिनवाद पूँजीवादी शोषण को समाप्त करने और एक न्यायपूर्ण समाज की स्थापना करने वाला मानवता का सर्वोत्तम प्रयास था। इस प्रकार स्तालिनवाद विश्व प्रभुत्व के क़रीब पहुँच गया था। यह मानना बचकानापन होगा कि सच्चाई के प्रति उसकी अवहेलना ने उसे उसकी नाकामयाबी के लिए अभिशप्त कर दिया था या अंततः उसका ध्वस्त हो जाना इस बात की गारंटी थी कि उस तरह की व्यवस्था दोबारा खड़ी नहीं हो सकेगी। सूचना प्रणालियाँ थोड़ी-सी सच्चाई और ढेर सारी व्यवस्था के बूते बहुत दूर तक जा सकती हैं। स्तालिनवाद जैसी प्रणालियों की नैतिक क़ीमत से घृणा करने वाला कोई भी व्यक्ति इन प्रणालियों को पटरी से उतारने के लिए उनकी कथित अकुशलता पर निर्भर नहीं कर सकता।

प्रौद्योगिकीय पेंडुलम

जैसे ही हम यह जान लेते हैं कि लोकतंत्र और अधिनायकवाद भिन्न क़िस्म के सूचना तंत्र हैं, वैसे ही हम इस बात को समझ सकते हैं कि क्या वजह है कि वे

कुछ ख़ास युगों में ही पनपते हैं और दूसरे युगों में अनुपस्थित होते हैं। इसकी वजह महज़ यह नहीं है कि लोग किन्हीं ख़ास राजनीतिक आदर्शों में विश्वास करने लगते हैं या उन पर से विश्वास खो देते हैं, इसकी वजह सूचना प्रौद्योगिकी की क्रांति भी है। बेशक, जिस तरह छापाख़ाना डायनों के शिकार या वैज्ञानिक क्रांति का कारण नहीं था, उसी तरह रेडियो भी स्तालिनी अधिनायकवाद या अमेरिकी लोकतंत्र का कारण नहीं था। प्रौद्योगिकी केवल नए अवसर पैदा करती है, यह हमें तय करना होता है कि हम किसका अनुसरण करें।

अधिनायकवादी व्यवस्थाएँ आधुनिक सूचना प्रौद्योगिकी का इस्तेमाल सूचना के प्रवाह को केंद्रीकृत करने और व्यवस्था की ख़ातिर सच्चाई का दम घोंटने के लिए करती हैं। नतीजतन, उन्हें कट्टरपन के ख़तरे से जूझना पड़ता है। जब सूचना उत्तरोत्तर एक ही जगह की ओर प्रवाहित होगी, तो उसका परिणाम प्रभावी नियंत्रण होगा या धमनियों में अवरोध और अंततः दिल का दौरा होगा? लोकतांत्रिक व्यवस्थाएँ आधुनिक सूचना प्रौद्योगिकी का इस्तेमाल सूचना के प्रवाह को अधिक-से-अधिक संस्थाओं और व्यक्ति में वितरित करने तथा सत्य की उन्मुक्त खोज के लिए करती हैं। नतीजतन, उन्हें विभंजन के ख़तरे से जूझना पड़ता है। क्या उस सौरमंडल का केंद्र तब भी बना रह सकेगा, जिसके इर्द-गिर्द अधिक-से-अधिक ग्रह चक्कर लगा रहे हैं, या फिर चीज़ें बिखर जाएँगी और अराजकता फैल जाएगी? इसका एक अनूठा उदाहरण 1960 के दशक के पश्चिमी लोकतंत्रों और सोवियत गुट के परस्पर विरोधी इतिहासों में पाया जा सकता है। यह वह युग था, जब पश्चिमी लोकतंत्रों ने उस बहुत-सी सेंसरशिप और भेदभाव की उन विभिन्न नीतियों को ढीला कर दिया था, जो सूचना के उन्मुक्त प्रसार को बाधित करती थीं। इसने, जो समूह पहले हाशिये पर हुआ करते थे, उन्हें संगठित होना, सार्वजनिक संवाद में हिस्सा लेना और राजनीतिक माँगें करना आसान बना दिया। इसके नतीजे में पैदा हुई क्रियाशीलता (एक्टिविज़्म) ने व्यवस्था को अस्थिर बना दिया। अब तक, जब थोड़े-से रईस गोरे लोगों के बीच ही सारा संवाद होता था, सहमतियों पर पहुँचना अपेक्षाकृत आसान होता था, लेकिन जैसे ही ग़रीबों, औरतों, एलजीबीटीक्यू लोगों, नस्लीय अल्पसंख्यकों, विकलांगों और ऐतिहासिक रूप से दलित अन्य लोगों को स्वर मिल गए, वे अपने साथ नए विचार, अभिमत, और हित लेकर सामने आ गए। उदाहरण के लिए, संयुक्त राज्य अमेरिका में जिम क्रोव की पक्षपाती सरकार, जिसे डेमोक्रेटिक और रिपब्लिकन प्रशासन, दोनों की कई पीढ़ियाँ सँभाल रही थीं या कम-से-कम सहती रही थीं, टूटकर बिखर गई। जिन चीज़ों, जैसे कि लैंगिक भूमिकाओ, को अटल, स्वतःप्रमाणित, और सार्वभौमिक रूप से स्वीकार्य माना जाता था, वे अत्यंत विवादास्पद बन गईं और नई सहमतियों पर पहुँचना मुश्किल हो गया, क्योंकि बहुत-से समूह, दृष्टिकोण, और हित थे, जिन्हें ध्यान में रखना

ज़रूरी था। एक अनुशासित संवाद करना चुनौती का काम हो गया, क्योंकि लोग बहस के नियमों तक पर सहमत होने को तैयार नहीं थे।

इस स्थिति ने दोनों, पुराने कट्टरपंथियों और उन नए-नए सशक्त हुए लोगों को हताश कर दिया, जिन्हें संदेह था कि उन्हें मिली नई-नई स्वतंत्रता खोखली थी और उनकी राजनीतिक आकांक्षाएँ पूरी नहीं हुई थीं। उनमें से कुछ का जब शब्दों से मोहभंग हुआ, तो उन्होंने बंदूक़ें उठा लीं। बहुत-से पश्चिमी लोकतंत्रों में, न सिर्फ़ अपूर्व असहमतियाँ, बल्कि हिंसा की लहर 1960 के दशक की चारित्रिक विशेषता बन गई थी। राजनीतिक हत्याओं, अपहरणों, दंगों और आतंकी हमलों की संख्या कई गुना हो गई। जॉन एफ़ कैनेडी और मार्टिन लूथर किंग की हत्याएँ, किंग की हत्या के बाद हुए दंगे, और 1968 में पश्चिमी दुनिया में फैले प्रदर्शन, विद्रोह और सशस्त्र टकराव कुछ प्रसिद्ध उदाहरण हैं।[124] शिकागो और पेरिस के चित्रों को देखकर किसी को भी आसानी-से यह लग सकता था कि चीज़ें बिखर रही थीं। लोकतांत्रिक आदर्शों के अनुरूप आचरण करने और सार्वजनिक संवाद में अधिक से अधिक लोगों और समूहों को शामिल करने के दबाव सामाजिक व्यवस्था को कमज़ोर करते और लोकतंत्र को निष्क्रिय करते प्रतीत हो रहे थे।

इस बीच, लौह पर्दे के पीछे सक्रिय व्यवस्था, जिसने समावेशीकरण का आश्वासन दिया था, सार्वजनिक संवाद का दम घोंटना और सूचना तथा शक्ति का केंद्रीकरण जारी रखे हुए थी। और वह कारगर होती लग रही थी, हालाँकि, उन्हें कुछ बाहरी क़िस्म की समस्याएँ चुनौती दे रही थीं, विशेष रूप से 1956 का हंगरी का विद्रोह और 1968 का प्राग स्प्रिंग, लेकिन कम्युनिस्ट इन चुनौतियों से फुर्ती-से और निर्णायक ढंग से निपट रहे थे। स्वयं सोवियत केंद्र स्थल में, सब कुछ व्यवस्थित ढंग से चल रहा था।

बीस साल आगे बढ़ें, तो यह सोवियत प्रणाली थी, जो अव्यवहार्य हो गई थी। लाल चौक के मंच पर उपस्थित बेलोच बूढ़े शासक एक निष्क्रिय सूचना तंत्र के प्रतीक बन चुके थे, जिनमें सार्थक आत्म-सुधार की कैसी भी प्रक्रियाओं का अभाव था। विउपनिवेशीकरण, भूमंडलीकरण, प्रौद्योगिकीय विकास, और बदलती हुई लैंगिक भूमिकाओं की वजह से तेज़ रफ़्तार आर्थिक, सामाजिक, और भू-राजनीतिक परिवर्तन हो रहे थे, लेकिन वे बूढ़े हुक्मरान मॉस्को तक बहकर आती सारी सूचना को सँभाल नहीं पा रहे थे, और चूँकि किसी भी मातहत को ज़्यादा पहल करने की इजाज़त नहीं थी, सारी व्यवस्था जड़ीभूत और ध्वस्त हो गई।

यह विफलता आर्थिक क्षेत्र में ज़्यादा ज़ाहिर नहीं थी। अतिकेंद्रीकृत सोवियत अर्थव्यवस्था तेज़ गति से हो रही प्रौद्योगिकीय प्रगति और परिवर्तनशील उपभोक्ता आकांक्षाओं से बहुत धीमे प्रभावित हो रही थी। शीर्ष से आते आदेशों का पालन

करती हुई, सोवियत अर्थव्यवस्था बहुत तेज़ी के साथ अंतरमहाद्वीपीय प्रक्षेपास्त्रों, लड़ाकू जेट विमानों, और गौरवशाली ढाँचापरक परियोजनाओं का निर्माण कर रही थी, लेकिन वह उस चीज़ का उत्पादन नहीं कर रही थी, जो ज़्यादातर लोग वास्तव में हासिल करना चाहते थे: कारगर रेफ्रिजरेटरों से लेकर पॉप संगीत तक। और अत्याधुनिक सैन्य प्रौद्योगिकी के मामले में वह पिछड़ी हुई थी। सेमीकंडक्टर क्षेत्र में इसकी कमियाँ सबसे ज़्यादा स्पष्ट थीं, जिसमें प्रौद्योगिकी ने विशेष रूप से तेज़ी-से विकास किया था। पश्चिम में, सेमीकंडर इंटेल और तोशिबा जैसी कंपनियों के बीच खुली प्रतिस्पर्धा के माध्यम से विकसित हुए थे, जिसकी मुख्य उपभोक्ता ऐपल और सोनी जैसी दूसरी कंपनियाँ थीं। ये कंपनियाँ मैकिंटॉश पर्सनल कंप्यूटर और वॉकमैन जैसी नागरिकों के लिए उपयोगी वस्तुओं को तैयार करने में माइक्रोचिप्स का इस्तेमाल करती थीं। सोवियत लोग माइक्रोचिप्स के उत्पादन में अमेरिकियों और जापानियों की बराबरी कभी नहीं कर सके, क्योंकि, जैसा कि अमेरिका के आर्थिक इतिहासकार क्रिश मिलर से स्पष्ट किया था कि सोवियत सेमीकंडक्टर सेक्टर 'गुप्त, सोपानक्रमिक, और सैन्य प्रणालियों की ओर उन्मुख' था, जो रचनात्मकता के लिए बहुत कम गुंजाइश के साथ आदेशों का पालन करता था। सोवियतों ने पश्चिमी प्रौद्योगिकी की चोरी और नक़ल कर इस खाई को पाटने की कोशिश की, जिससे केवल इसी बात की गारंटी मिलती थी कि वे हमेशा कई बरस पीछे बने रहेंगे।[125] नतीजतन, सोवियत संघ में पहला पर्सनल कंप्यूटर 1984 में प्रकट हो सका। तब संयुक्त राज्य अमेरिका के लोगों के पास एक सौ दस लाख पीसी थे।[126]

पश्चिमी लोकतंत्र न सिर्फ़ प्रौद्योगिकीय और आर्थिक रूप से आगे निकल गए, बल्कि सामाजिक संवाद में हिस्सेदारी करने वालों के दायरे को बढ़ा देने के बावजूद या शायद उसी वजह से सामाजिक व्यवस्था को अंदर से बाँधे रखने में भी कामयाब रहे। बहुत-सी गड़बड़ियाँ थीं, लेकिन संयुक्त राज्य अमेरिका, जापान और अन्य लोकतंत्रों ने कहीं ज़्यादा गतिशील और समावेशी सूचना तंत्र तैयार किया, जिसने बिना किसी व्यवधान के बहुत सारे दृष्टिकोणों के लिए गुंजाइश प्रदान की। यह एक ऐसी कमाल की उपलब्धि थी कि बहुत-से लोगों को लगा कि लोकतंत्र ने अधिनायकवाद पर अंतिम रूप से विजय पा ली है। इस विजय को अक्सर सूचना के संसाधन में बुनियादी फ़ायदे के रूप में देखा गया है : अधिनायकवाद इसलिए काम नहीं करता था, क्योंकि सभी सूचनाओं को एक केंद्रीय स्थल में केंद्रित और संसाधित करने की कोशिश अत्यंत प्रभावहीन थी। नतीजतन, बीसवीं सदी की शुरुआत में, ऐसा प्रतीत हुआ था कि भविष्य वितरित सूचना तंत्रों और लोकतंत्र का है।

लेकिन यह ग़लत साबित हुआ। वास्तव में, अगली सूचना क्रांति पहले ही गति पकड़ने लगी थी, जो लोकतंत्र और अधिनायकवाद के बीच प्रतिस्पर्धा के अगले दौर के लिए मंच तैयार कर रही थी। कंप्यूटरों, इंटरनेट, स्मार्टफ़ोन, सोशल मीडिया, और एआई ने लोकतंत्र के सामने नई चुनौतियाँ पेश कीं, और न केवल मताधिकार से वंचित ज़्यादा लोगों को, बल्कि इंटरनेट से युक्त किसी भी इंसान को, यहाँ तक कि अ-मानवीय शक्तियों को भी अभिव्यक्ति प्रदान कर दी। 2020 के दशक में लोकतंत्रों के समक्ष, एक बार फिर, सामाजिक व्यवस्था को भंग किए बिना सार्वजनिक संवाद में नए स्वरों की बाढ़ को एकीकृत करने का कार्य है। स्थितियाँ उतनी ही ख़तरनाक लग रही हैं, जितनी वे 1960 के दशक में लगती थीं, और इस बात की कोई गारंटी नहीं है कि लोकतंत्र इस परीक्षा को उतनी ही सफलतापूर्वक पास कर लेंगे, जैसे उन्होंने पिछली परीक्षा को पास कर लिया था। इसी के साथ-साथ, नई प्रौद्योगिकियाँ उन अधिनायकवादी सत्ताओं को भी नई उम्मीद बँधा रही हैं, जो अभी भी सारी सूचना को एक केंद्रीय स्थल पर एकाग्र करने का ख़्वाब देख रही हैं। हाँ, लाल चौक के मंच के बूढ़े हुक्मरान एक ही केंद्र से लाखों लोगों के जीवन को संचालित करने में सक्षम नहीं थे, लेकिन शायद एआई यह कर सकता है?

आज जबकि मानव जाति इक्कीसवीं सदी के दूसरी चौथाई में प्रवेश कर रही है, तब केंद्रीय प्रश्न यह है कि लोकतांत्रिक और अधिनायकवादी सत्ताएँ ताज़ा सूचना क्रांति के नतीजे में सामने आ रहे ख़तरों और अवसरों से कितनी अच्छी तरह निपट पाएँगी। क्या ये नई प्रौद्योगिकियाँ एक क़िस्म की शासन प्रणाली पर दूसरी तरह की शासन प्रणाली को वरीयता देंगी, या हम दुनिया को एक बार फिर विभाजित होते हुए देखेंगे, जब इस बार लौहपर्दे (आयरन कर्टेन) की बजाय सिलिकॉन पर्दा (सिलिकॉन कर्टेन) होगा?

जैसा पिछले युग में हुआ था, सूचना तंत्र सत्य और व्यवस्था के बीच सही संतुलन बैठाने का संघर्ष करेंगे। कुछ सत्य को प्राथमिकता देने का विकल्प चुनेंगे और आत्म-सुधार की मज़बूत प्रक्रियाओं को बनाए रखेंगे। बाइबल के प्रमाणीकरण (कैनॅनाइज़ेशन), आरंभिक आधुनिक डायनों के शिकार, और स्तालिनवादी सामूहिकीकरण अभियान से मिली सीखें प्रासंगिक बनी रहेंगी, और शायद उन्हें फिर से सीखना होगा, लेकिन, ताज़ा सूचना क्रांति के कुछ अनूठे लक्षण भी हैं, जो पहले देखी गई किसी भी चीज़ से भिन्न और संभवत: उससे ज़्यादा ख़तरनाक हैं।

अब तक, इतिहास का हर सूचना तंत्र अपनी क्रियाशीलता के लिए क़िस्सा गढ़ने वाले इंसानों और इंसानी नौकरशाहों पर निर्भर किया करते थे। मिट्टी की तख़्तियाँ, भोजपत्र रोल, छापाख़ाने और रेडियो का इतिहास पर दूरगामी प्रभाव

पड़ा था, लेकिन वे इंसान ही होते थे, जो सारी इबारतों को लिखते थे, इबारतों की व्याख्या करते थे, और यह तय करते थे कि किसे डायन के रूप में जलाया जाएगा और किसे कुलक के रूप में गुलाम बनाया जाएगा, लेकिन अब, इंसानों को डिजिटल क़िस्से गढ़ने वालों और डिजिटल नौकरशाहों से प्रतिस्पर्धा करनी होगी। हो सकता है कि इक्कीसवीं सदी की राजनीति का मुख्य विभाजन लोकतांत्रिक और अधिनायकवादी सत्ताओं के बीच होने की बजाय मनुष्यों और अ-मानवीय कर्ताओं (एजेंट्स) के बीच हो। नया सिलिकॉन पर्दा लोकतंत्रों को अधिनायकवादी सत्ताओं से अलग करने की बजाय सारे इंसानों को हमारे अगाध एल्गॉरिद्मिक अधिपतियों से अलग कर सकता है। तमाम देश और जीवन के तमाम क्षेत्र, जिनमें तानाशाह तक शामिल होंगे, ख़ुद को एक ऐसी अजनबी बुद्धि के अधीन पा सकते हैं, जो हमारे हर कृत्य पर गिरानी रख सकती है और हमें इसका अनुमान भी नहीं होगा कि वह क्या कर रही है। इस किताब का बाक़ी हिस्सा इसी चीज़ की पड़ताल से संबंध रखता है कि क्या इस तरह का सिलिकॉन पर्दा दुनिया पर उतर रहा है, और उस वक़्त जीवन किस तरह का दिखेगा, जब कंप्यूटर हमारी नौकरशाहियाँ चलाएँगे और एल्गोरिदम नए क़िस्से गढ़ेंगे।

भाग 2

अजैविक तंत्र

अध्याय 6

नए सदस्य : कंप्यूटर किस तरह छापेख़ानों से भिन्न हैं

यह कोई ख़ास ख़बर नहीं है कि हम एक अपूर्व सूचना क्रांति के बीच रह रहे हैं, लेकिन यह ठीक-ठीक किस तरह की क्रांति है? हाल के वर्षों में हम इतने ज़्यादा अपूर्व आविष्कारों के सैलाब में डूबे रहे हैं कि यह तय कर पाना मुश्किल है कि वह कौन-सी चीज़ है, जो इस क्रांति को परिचालित कर रही है। क्या वह इंटरनेट है? स्मार्टफ़ोन हैं? सोशल मीडिया है? ब्लॉकचेन है? एल्गोरिदम हैं? एआई है?

इसलिए वर्तमान सूचना क्रांति के दूरगामी परिणामों की पड़ताल करने से पहले, हम ख़ुद को इसकी बुनियादों की याद दिलाते हैं। वर्तमान क्रांति का बीज कंप्यूटर है। बाक़ी हर चीज़ - इंटरनेट से लेकर एआई तक - सह-उत्पाद (बाइ-प्रॉडक्ट) हैं। कंप्यूटर का जन्म 1940 के दशक में एक भारी-भरकम इलेक्ट्रॉनिक मशीन के रूप में हुआ था, जो गणितीय आकलन (कैलकुलेशन) कर सकती थी, लेकिन यह अंधाधुंध तरीक़े से विकसित हुई, और अनूठे रूप लेती गई और उसने विस्मयकारी क्षमताएँ विकसित कर लीं। जिस तेज़ रफ़्तार से कंप्यूटरों का विकास हुआ है, उसने यह परिभाषित करना मुश्किल कर दिया है कि वे क्या हैं और क्या करते हैं। इंसान बार-बार यह दावा करते रहे हैं कि कुछ चीज़ें कंप्यूटर की पहुँच से हमेशा बाहर बनी रहेंगी, चाहे वह शतरंज खेलना हो, कार चलाना हो, या कविता रचना हो, लेकिन 'हमेशा' मुट्ठीभर वर्ष ही साबित हुआ है।

हम इस अध्याय के अंतिम हिस्से में 'कंप्यूटर,' 'एल्गोरिदम,' और 'एआई' नामक शब्दावली के बीच के ठीक-ठीक रिश्तों के बारे में बात करेंगे, लेकिन हम

पहले कंप्यूटर के इतिहास को बेहतर ढंग से समझ लेते हैं। फ़िलहाल इतना कहना पर्याप्त है कि सारभूत रूप में यह एक ऐसी मशीन है, जो दो विस्मयकारी काम कर सकती है : यह स्वयं निर्णय ले सकती है, और यह स्वयं नए विचार (आइडियाज़) सृजित कर सकती है। जहाँ एकदम शुरुआती कंप्यूटर बमुश्किल ही इस तरह के काम कर सकते थे, इनकी संभावना उनमें पहले से ही मौजूद थी, जिसे कंप्यूटर वैज्ञानिकों और विज्ञान कथा लेखकों ने स्पष्ट रूप से देख लिया था। 1948 की शुरुआत में ही एलन ट्यूरिंग वह चीज़ बनाने की संभावना तलाश कर रहे थे, जिसे उन्होंने 'बुद्धिमान मशीनरी' की संज्ञा दी थी,[1] और 1950 में उन्होंने यह कल्पना कर ली थी कि कंप्यूटर अंततः मनुष्यों की तरह ही बुद्धिमान हो जाएँगे और यहाँ तक कि वे मनुष्य का स्वांग रचने में भी सक्षम हो सकते हैं।[2] 1968 में भी कंप्यूटर चेकर्स तक के खेल में भी इंसान को नहीं हरा सकते थे,[3] लेकिन 2001 : *अ स्पेस ओडिसी* में आर्थर सी. क्लार्क और स्टेली कुब्रिक ने एचएएल 9000 को अपने मानव रचयिताओं के ख़िलाफ़ एक अतिशय बुद्धिमान एआई के रूप में देख लिया था।

निर्णय लेने और विचार सृजित करने में सक्षम बुद्धिमान मशीनों के उदय का अर्थ है कि इतिहास में पहली बार शक्ति मनुष्यों से हटकर किसी और चीज़ के हाथ में जा रही है। धनुष-बाण, बंदूक़ और एटम ने हत्या करने के लिए इंसान की मांसपेशियों की जगह ले ली थी, लेकिन वे यह निर्णय लेने में कि किसकी हत्या करनी है, इंसान के दिमाग़ की जगह नहीं ले सके थे। लिटिल बॉय, वह बम जो हिरोशिमा पर गिराया गया था, टीएनटी के 12,500 टन के बल के साथ फटा था,[4] लेकिन जब दिमाग़ी ताक़त की बात आती है, तो लिटिल बॉय निकम्मा साबित होता है। वह कोई भी निर्णय नहीं ले सकता था।

कंप्यूटर का मामला भिन्न है। बुद्धिमानी के संदर्भ में, कंप्यूटर न केवल महज़ एटम बमों, बल्कि मिट्टी की तख़्तियों, छपाख़ाने, और रेडियो जैसी पहले की सारी सूचना प्रौद्योगिकियों को पीछे छोड़ देते हैं। मिट्टी की तख़्तियों में करों के बारे में सूचना संग्रहीत होती थी, लेकिन यह निर्णय वे स्वयं नहीं कर सकती थीं कि कितना टैक्स लेना है, न ही वे कोई नितांत नए कर को ईजाद कर सकती थीं। छापाख़ाने बाइबल जैसी सूचना की प्रतियाँ तैयार कर सकते थे, लेकिन वे यह फ़ैसला नहीं कर सकते थे कि बाइबल में कौन-सी इबारतें शामिल की जानी हैं, न ही वे उस पवित्र ग्रंथ की नई व्याख्याएँ लिख सकते थे। रेडियो राजनीतिक भाषणों, और सिंफ़नियों जैसी सूचनाएँ प्रसारित करते थे, लेकिन वे यह फ़ैसला नहीं कर सकते थे कि कौन-से भाषण या सिंफ़नियाँ प्रसारित करनी हैं, न ही वे उन्हें रच सकते थे। कंप्यूटर ये सब काम कर सकता है। जहाँ छापाख़ाने और रेडियो मनुष्य के हाथ में निष्क्रिय उपकरण थे, कंप्यूटर सक्रिय कारक होते जा रहे हैं, जो हमारे नियंत्रण और

समझ से बच निकल सकते हैं और जो समाज, संस्कृति, और इतिहास को गढ़ने की पहल कर सकते हैं।[5]

कंप्यूटर की अनूठी शक्ति का एक निदर्शनात्मक द्रष्टांत वह भूमिका है, जो सोशल मीडिया एल्गोरिदमों ने अनेक देशों में नफ़रत फैलाने और सामाजिक एकता को कमज़ोर करने में निभाई है।[6] इसका सबसे पुराना और सर्वाधिक कुख्यात उदाहरण 2016-17 में देखने मिला था, जब फ़ेसबुक एल्गोरिदमों ने म्याँमार (बर्मा) में रोहिंग्या-विरोधी हिंसा की लपटें भड़काने में मदद की थी।[7]

2010 के दशक के शुरुआती वर्ष म्याँमार में आशावाद के वर्ष थे। कठोर सैन्य शासन, सख़्त सेंसरशिप, और अंतरराष्ट्रीय प्रतिबंधों के कई दशकों बाद, उदारता के युग की शुरुआत हुई थी : चुनाव हुए थे, प्रतिबंध हटा लिए गए थे, और अंतरराष्ट्रीय मदद और निवेशों का ताँता लग गया था। इस नए म्याँमार में फ़ेसबुक ने सबसे महत्त्वपूर्ण भूमिका निभाई थी, जिसने म्याँमार के लाखों लोगों को उन सूचनाओं तक मुफ़्त पहुँच प्रदान की थी, जो पहले अकल्पनीय थीं, लेकिन, सरकारी नियंत्रण और सेंसरशिप में ढील ने नस्लपरक तनावों को भी जन्म दिया, ख़ास तौर से बहुसंख्यक बौद्धों और अल्पसंख्यक मुसलमान रोहिंग्या के बीच तनावों को। रोहिंग्या म्याँमार के पश्चिमी हिस्से में स्थित रखीने क्षेत्र के मुस्लिम निवासी हैं। कम-से-कम 1970 के दशक से ही उन्हें जुंटा शासक और बौद्ध बहुसंख्यकों द्वारा बरते गए पक्षपात का और कभी-कभी हिंसा का सामना करना पड़ा है। 2010 के दशक के आरंभ में शुरू हुई लोकतंत्रीकरण की प्रक्रिया ने रोहिंग्या के मन में भी आशा जगाई थी कि उनकी स्थिति सुधरेगी, लेकिन हालात वास्तव में और भी बदतर हो गए, जब सांप्रदायिक हिंसा और रोहिंग्या-विरोधी सामूहिक हत्याओं का दौर चल पड़ा, जिसमें से कई फ़ेसबुक पर डाले गए फ़ेक न्यूज़ से प्रेरित थे।

2016-17 में एक छोटे-से इस्लामिक संगठन अराकान रोहिंग्या साल्वेशन आर्मी (एआरएसए) ने रखीने को अलग मुस्लिम राज्य बनाने के उद्देश्य से कई हमले किए, जिनमें कई दर्जन ग़ैर-मुस्लिम नागरिकों की हत्या और अपहरण के साथ-साथ कई सैन्य चौकियों पर भी हमले किए गए।[8] जवाब में म्याँमार की सेना और बौद्ध उग्रवादियों ने समूचे रोहिंग्या समुदाय के ख़िलाफ़ संपूर्ण नस्लीय सफ़ाई का अभियान शुरू कर दिया। उन्होंने सैकड़ों की तादाद में रोहिंग्या गाँव नष्ट कर दिए, 7,000 और 25,000 के बीच निहत्थे नागरिकों की हत्या कर दी, 18,000 और 60,000 के बीच औरतों या मर्दों के साथ बलात्कार किया या उनका यौन-शोषण किया, और लगभग 730,000 रोहिंग्या को निर्ममतापूर्वक देश से निकाल दिया।[9] यह हिंसा रोहिंग्या के ख़िलाफ़ तीखी घृणा ने भड़काई थी। इस घृणा को, बाद में, रोहिंग्या-विरोधी प्रचार द्वारा बढ़ावा दिया गया, जिसका ज़्यादातर हिस्सा

फ़ेसबुक पर फैला था, जो 2016 तक लाखों लोगों के लिए समाचार का मुख्य स्रोत और म्याँमार में राजनीतिक लामबंदी के लिए सबसे महत्त्वपूर्ण मंच बन गया था।[10]

2017 में म्याँमार में रह रहे मिशेल नामक एक सहायता-कर्मी ने एक सामान्य फ़ेसबुक न्यूज़ फ़ीड का वर्णन किया था : ''रोहिंग्या के ख़िलाफ़ ऑनलाइन ज़हर अविश्वसनीय था - उसकी मात्रा, उसकी हिंसा... उस समय म्याँमार के लोगों के न्यूज़ फ़ीड पर यही सब था। उसने इस विचार को पुष्ट किया कि ये सभी लोग आतंकी थे, जो अधिकारों के हक़दार नहीं थे।[11] एआरएसए के वास्तविक अत्याचारों की रिपोर्ट के अतिरिक्त, फ़ेसबुक अकाउंट काल्पनिक अत्याचारों और योजनाबद्ध आतंकी हमलों के बारे में फ़ेक न्यूज़ से भरे हुए थे। हर जगह साज़िश सूँघने वाले लोकलुभावनवादियों का आरोप था कि ज़्यादातर रोहिंग्या वास्तव में म्याँमार के समाज का अंग नहीं थे, बल्कि वे हाल ही में बाँग्लादेश से आए शरणार्थी थे, जो बौद्ध-विरोधी जिहाद की अगुआई कर रहे थे। बौद्ध कुल आबादी का लगभग 90 प्रतिशत हिस्सा थे, लेकिन उनको भय था कि उन्हें विस्थापित किया जाने वाला है या वे अल्पसंख्यक होकर रह जाएँगे।[12] इस प्रचार के बिना और कोई कारण नहीं था कि निम्न स्तरीय एआरएसए के सीमित हमलों का जवाब समूचे रोहिंग्या समुदाय के ख़िलाफ़ चौतरफ़ा कार्रवाई से दिया जाता। फ़ेसबुक एल्गोरिदमों ने इस कुप्रचार के अभियान में महत्त्वपूर्ण भूमिका निभाई थी।

जहाँ रोहिंग्या-विरोधी भड़काऊ संदेश बौद्ध भिक्षु विराथु[13] जैसे कट्टरपंथियों द्वारा तैयार किए गए थे, वहीं यह फ़ेसबुक के एल्गोरिदम ने तय किया था कि किन पोस्टों को बढ़ावा दिया जाए। एमनेस्टी इंटरनेशनल ने पाया था कि ''एल्गोरिदमों ने फ़ेसबुक प्लेटफ़ॉर्मों को मुखर बनाया था और उन्हें बढ़ावा दिया था, जिसने रोहिंग्या के ख़िलाफ़ हिंसा, घृणा और भेदभाव को उकसाया था।''[14] 2018 में संयुक्त राष्ट्र के तथ्यान्वेषण मिशन का निष्कर्ष था कि घृणा से भरी हुई सामग्री को प्रचारित करते हुए, फ़ेसबुक ने नस्लपरक सफ़ाये के इस अभियान में 'निर्णायक भूमिका' निभाई थी।[15]

हो सकता है कि पाठक सोचें कि क्या फ़ेसबुक एल्गोरिदमों, और सामान्यत: सोशल मीडिया की अनूठी प्रौद्योगिकी को इस क़दर दोषी ठहराना उचित है। अगर हेनरिख़ क्रेमर ने घृणा फैलाने वाले भाषण के प्रसार के लिए छपाख़ानों का इस्तेमाल किया था, तो इसमें गुटनबर्ग और छापाख़ाने का क्या दोष था? अगर 1994 में रवांडा के उग्रवादियों ने रेडियो का इस्तेमाल करके लोगों से तुत्सियों का नरसंहार करने का आह्वान किया था, तो क्या रेडियो की प्रौद्योगिकी को दोष देना उचित था? इसी तरह, अगर 2016-17 में बौद्ध उग्रवादियों ने रोहिंग्या के ख़िलाफ़ नफ़रत

फैलाने के लिए अपने फ़ेसबुक अकाउंट का इस्तेमाल किया, तो हमें इस प्लेटफ़ॉर्म को क्यों दोष देना चाहिए?

स्वयं फ़ेसबुक ने आलोचना से बचने के लिए इसी तर्क का सहारा लिया था। उसने सार्वजनिक रूप से केवल इतना स्वीकार किया था कि 2016-17 में "हम इस बात का पर्याप्त प्रयास नहीं कर रहे थे कि विभाजन को बढ़ावा देने और ऑफ़लाइन हिंसा को भड़काने के लिए किए जा रहे हमारे मंच के इस्तेमाल को रोकें।"[16] हालाँकि, यह वक्तव्य अपराध स्वीकारोक्ति जैसा लग सकता है, लेकिन वास्तव में यह घृणा फैलाने वाले वक्तव्यों के प्रसार की ज़्यादातर ज़िम्मेदारी मंच का इस्तेमाल करने वालों पर डाल रहा है और यह कहने की कोशिश कर रहा है कि फ़ेसबुक का अपराध बहुत-से-बहुत चूक का था, यानी उपयोगकर्ताओं द्वारा पेश की गई सामग्री को प्रभावी ढंग से नियंत्रित करने में विफल होने का, लेकिन, यह फ़ेसबुक के अपने एल्गोरिदम द्वारा पैदा की गई समस्याओं को नज़रअंदाज़ करता है।

जो महत्त्वपूर्ण बात समझने की है, वह यह है कि सोशल मीडिया के एल्गोरिदम छापाख़ाने और रेडियो से बुनियादी रूप से भिन्न हैं। फ़ेसबुक के एल्गोरिदम *स्वयं ही* सक्रिय रूप से विनाशकारी निर्णय ले रहे थे। वे छापाख़ानों की अपेक्षा अख़बारों के संपादकों से ज़्यादा मिलते-जुलते थे। ये फ़ेसबुक एल्गोरिदम थे, जिन्होंने विराथु की घृणा से भरी पोस्टों की हज़ारों बर्मा-वासियों से बार-बार सिफ़ारिश की थी। उस समय और भी स्वर थे, जो ध्यान आकर्षित करने का प्रयास कर रहे थे। 2011 में फ़ौज की हुकूमत ख़त्म हो जाने के बाद, म्याँमार में कई राजनीतिक और सामाजिक आंदोलन उभरे थे, जिनमें से कई उदारवादी दृष्टिकोण रखते थे। उदाहरण के लिए, मेकतिला शहर में नस्लपरक हिंसा भड़कने के दौरान बौद्ध मठाधीश सयादाव यू विथुद्धा ने अपने मठ में आठ सौ से ज़्यादा मुसलमानों को शरण दी थी। जब दंगाइयों ने मठ को घेर लिया और मठाधीश से मुसलमानों को सौंप देने की माँग की, तो मठाधीश ने उस भीड़ को बौद्ध धर्म की करुणा संबंधी शिक्षाओं की याद दिलाई। बाद में दिए गए एक साक्षात्कार में उन्होंने याद किया था, "मैंने उनसे कहा था कि अगर वे उन मुसलमानों को ले जाते हैं, तो उन्हें मेरी भी हत्या करनी होगी।"[17]

सयादाव यू विथुद्धा जैसे लोगों और विराथु जैसे लोगों की ध्यान आकर्षित करने की उस ऑनलाइन लड़ाई में एल्गोरिदम ही निर्णायक रूप से प्रभावशाली थे। यह चयन वे ही करते थे कि उपयोगकर्ताओं (यूजर्स) के न्यूज़ फ़ीड में सबसे ऊपर क्या रखा जाए, किस सामग्री को बढ़ावा दिया जाए और उपयोगकर्ताओं को किस फ़ेसबुक समूह में शामिल होने की सिफ़ारिश की जाए।[18] एल्गोरिदम करुणा के उपदेशों या खाना पकाने की कक्षाओं की अनुशंसा करना चुन सकते थे, लेकिन उन्होंने घृणा से भरे और हर जगह साज़िश सूँघने वाले मतवादों को फैलाने का चुनाव

किया। ऊँचाई से प्राप्त अनुशंसाओं का लोगों पर ज़बरदस्त असर हो सकता है। याद करें कि बाइबल का जन्म एक अनुशंसा-सूची के रूप में हुआ था। ईसाइयों को पॉल और थेक्ला के अधिक सहिष्णुतापूर्ण कार्यों की बजाय स्त्री-द्वेषी 1तिमोथी को पढ़ने की सलाह देकर, एथेंस और अन्य चर्च के पादरियों ने इतिहास की दिशा बदल दी थी। बाइबल के मामले में, अंतिम शक्ति विभिन्न धार्मिक ग्रंथों की रचना करने वाले लेखकों के पास नहीं थी, बल्कि अनुशंसा सूचियाँ तैयार करने वाले संग्राहकों के पास थी। 2010 के दशक में सोशल मीडिया एल्गोरिदम ने इसी तरह की शक्ति का इस्तेमाल किया था। सहायता कार्यकर्ता माइकल ने इन एल्गोरिदम के प्रभुत्व पर टिप्पणी करते हुए कहा था कि ''यदि कोई व्यक्ति घृणा से भरी या भड़काऊ पोस्ट डालता है, तो सबसे ज़्यादा प्रचारित किया जाएगा। लोगों ने घृणा से भरी सामग्री ही सबसे ज़्यादा देखी। ऐसा कोई भी व्यक्ति न्यूज़ फ़ीड में दिखाई नहीं दे रहा था, जो शांति या स्थिरता को बढ़ावा दे रहा था।''[19]

कभी-कभी एल्गोरिदम अनुशंसाओं से भी आगे निकल जाते हैं। 2020 के अंत तक, नस्लपरक सफ़ाये की मुहिम को भड़काने की विराथु की भूमिका की वैश्विक स्तर पर भर्त्सना होने के बावजूद, फ़ेसबुक एल्गोरिदम न केवल उसके संदेश की अनुशंसा जारी रखे हुए थे, बल्कि उसके वीडियो को ऑटो-प्ले भी कर रहे थे। म्याँमार के उपयोगकर्ता संभवत: एक निश्चित वीडियो देखना पसंद करते, जिसमें संभवत: विराथु से असंबद्ध उदार और सौम्य संदेश शामिल होते, लेकिन जिस पल पहला वीडियो ख़त्म होता, फ़ेसबुक एल्गोरिदम तत्काल घृणा से भरा विराथु वीडियो ऑटो-प्ले करना शुरू कर देता, ताकि उपयोगकर्ताओं को फ़ेसबुक से चिपकाए रखा जा सकता। विराथु के एक ऐसे ही वीडियो के मामले में, फ़ेसबुक के आंतरिक शोध ने अनुमान लगाया था कि वीडियो के 70 प्रतिशत व्यूज़ ऐसे ही ऑटो-प्लेइंग एल्गोरिदम से आए थे। इसी शोध का आकलन था कि म्याँमार में देखे गए वीडियो का कुल 53 प्रतिशत एल्गोरिदम द्वारा दर्शकों के लिए आटो-प्ले किया गया था। दूसरे शब्दों में, क्या देखना है, इसका चुनाव लोग नहीं कर रहे थे। उनके लिए यह चुनाव एल्गोरिदमकर रहे थे।[20]

लेकिन एल्गोरिदम ने करुणा की बजाय उपद्रव को प्रोत्साहित करने का निर्णय क्यों लिया? फ़ेसबुक के कटुतम आलोचक भी यह दावा नहीं करते कि फ़ेसबुक के इंसानी व्यवस्थापक सामूहिक हत्याओं को उकसाना चाहते थे। कैलिफ़ोर्निया में बैठे प्रबंधकों के मन में रोहिंग्या के प्रति कोई दुर्भावना नहीं थी और, वास्तव में तो उन्हें उनके वजूद की जानकारी भी शायद ही थी। सच्चाई ज़्यादा जटिल है, और संभावित रूप से कहीं ज़्यादा भयावह भी है । 2016-17 में फ़ेसबुक का कारोबारी मॉडल ज़्यादा-से-ज़्यादा सूचना (डेटा) इकट्ठा करने, ज़्यादा-से-ज़्यादा विज्ञापन

बेचने और सूचना-बाज़ार का बड़ा हिस्सा हासिल करने के लिए उपयोगकर्ताओं के जुड़ाव में वृद्धि करने पर निर्भर था। इसके अतिरिक्त, उपयोगकर्ताओं की सहभागिता में वृद्धि ने निवेशकों को प्रभावित किया, जिससे फ़ेसबुक के शेयर की क़ीमत बढ़ गई। लोग जितना ज़्यादा समय इस प्लेटफ़ॉर्म पर बिताते थे, फ़ेसबुक उतनी ही ज़्यादा समृद्ध होती जाती थी। इस कारोबारी मॉडल के अनुरूप, मानव प्रबंधकों ने कंपनी के एल्गोरिदम को एक ही सर्वोपरि लक्ष्य सौंपा: उपयोगकर्ताओं के जुड़ाव को बढ़ाना। इसके बाद एल्गोरिदम ने परीक्षण और त्रुटि की विधि का प्रयोग कर पाया कि उपद्रव जुड़ाव उत्पन्न करता है। इंसान करुणा के उपदेश या भोजन पकाने के पाठ की तुलना में हर जगह घृणा से युक्त साज़िश की परिकल्पना से ज़्यादा जुड़े होते हैं। इसलिए उपयोगकर्ताओं के जुड़ाव की तलाश में एल्गोरिदम ने उपद्रव फैलाने का ख़तरनाक निर्णय लिया।[21]

नस्लीय शुद्धीकरण कभी भी किसी एक पक्ष का दोष नहीं होता। बहुत सारे दोषों को साझा करने के लिए बहुत सारे ज़िम्मेदार पक्ष होते हैं। यह बात स्पष्ट होनी चाहिए कि रोहिंग्या के प्रति घृणा म्याँमार में फ़ेसबुक के प्रवेश से पहले से व्याप्त रही है और 2016-17 के अत्याचारों के लिए सबसे बड़ा दोष विराथु और म्याँमार के सैन्य प्रमुखों के कंधों पर है, साथ ही उन एआरएसए के नेताओं पर भी है, जिन्होंने हिंसा के उस दौर को भड़काया था। कुछ ज़िम्मेदारी फ़ेसबुक के इंजीनियरों और प्रबंधकों की भी है, जिन्होंने उन एल्गोरिदम को कोड किया था, उन्हें बहुत अधिक शक्ति प्रदान की थी, और जो उन्हें क़ाबू करने में नाकामयाब रहे, लेकिन निर्णायक तौर पर, वे एल्गोरिदम स्वयं भी दोषी हैं। उन्होंने परीक्षण-त्रुटि-विधि से यह सीखा कि उपद्रव जुड़ाव पैदा करता है, और इसलिए ऊपर से मिले किसी स्पष्ट आदेश के बिना उन्होंने उपद्रव को प्रोत्साहित करने का फ़ैसला किया। यह एआई की पहचान है- मशीन की स्वयं सीखने और कार्य करने की क्षमता। अगर हम एल्गोरिदम को 1 प्रतिशत दोष भी देते हैं, तब भी यह इतिहास की पहली ऐसी नस्लीय शुद्धीकरण की मुहिम है, जिसका आंशिक दोष अ-मानवीय बुद्धि द्वारा लिए गए निर्णयों का है। इसकी कोई संभावना नहीं कि यह अंतिम हो, ख़ास तौर से इसलिए कि एल्गोरिदम अब केवल फ़ेक न्यूज़ और विराथु जैसे कट्टरपंथियों द्वारा गढ़ी गई साज़िश की परिकल्पना को ही आगे नहीं बढ़ा रहे हैं। 2020 की शुरुआत तक एल्गोरिदम ख़ुद ही फ़ेक न्यूज़ और साज़िश के सिद्धांत बनाने में सक्षम हो चुके थे।[22]

राजनीति को गहराई तक प्रभावित करने की एल्गोरिदम की शक्ति के बारे और भी बहुत कुछ कहा जा सकता है, ख़ासतौर से, बहुत सारे पाठक इस बात से असहमत हो सकते हैं कि एल्गोरिदम ने स्वाधीन निर्णय लिए थे, और वे यह तर्क दे सकते हैं कि एल्गोरिदम ने जो कुछ भी किया, वह इंसानी इंजीनियरों द्वारा लिखे गए

कोड और इंसानी प्रबंधकों द्वारा अपनाए गए व्यापार के मॉडलों का परिणाम था। यह किताब इससे असहमत है। मानव सैनिकों की रचना उनके डीएनए में निहित जनेटिक कोड से होती है और वे अधिकारियों द्वारा जारी आदेशों का पालन करते हैं, लेकिन वे तब भी स्वतंत्र निर्णय ले सकते हैं। यह समझना महत्त्वपूर्ण है कि यही बात एआई एल्गोरिदम पर लागू होती है। वे स्वयं ऐसी चीज़ें सीख सकते हैं, जिन्हें किसी इंसानी इंजीनियर ने प्रोग्राम (पूर्वनिर्धारित) नहीं किया होता है, और वे ऐसे निर्णय ले सकते हैं, जिनका किसी एक्ज़ीक्यूटिव ने पूर्वानुमान नहीं किया होता है। यह एआई क्रांति का सारतत्त्व है। यह दुनिया अनगिनत नए शक्तिशाली एजेंटों से भर गई है।

अध्याय 8 में हम इनमें से कई प्रश्नों पर पुनर्विचार करेंगे, और रोहिंग्या-विरोधी मुहिम तथा इससे मिलती-जुलती त्रासदियों का और अधिक विस्तार से परीक्षण करेंगे। यहाँ इतना कहना पर्याप्त है कि रोहिंग्या नरसंहार ख़तरे की पहली चेतावनी है। म्याँमार की 2010 के दशक की घटनाएँ दर्शाती हैं कि किस तरह अ-मानवीय बुद्धि द्वारा लिए गए फ़ैसले बड़ी ऐतिहासिक घटनाओं को प्रभावित करने में सक्षम हैं। हम अपने भविष्य पर नियंत्रण खो देने के ख़तरे का सामना कर रहे हैं। एक पूरी तरह से नए क़िस्म का सूचना तंत्र उभर रहा है, जो एक अजनबी बुद्धि के निर्णयों और लक्ष्यों से परिचालित है। फ़िलहाल, हम अभी भी इस तंत्र में केंद्रीय भूमिका निभा रहे हैं, लेकिन धीरे-धीरे हमें एक ओर धकेल दिया जा सकता है, और अंततः इस तंत्र का हमारे बिना भी काम करते रहना संभव हो सकता है।

कुछ लोग आपत्ति कर सकते हैं कि ऊपर मेरे द्वारा की गई मशीन-लर्निंग एल्गोरिदम और मानव सैनिकों के बीच की तुलना मेरे तर्क के सबसे कमज़ोर सूत्र को उजागर करती है। कहा जा सकता है कि मैं और मेरे जैसे दूसरे लोग कंप्यूटर का मानवीकरण कर लेते हैं और कल्पना कर लेते हैं कि वे चेतन सत्ताएँ हैं, जो सोचती और महसूस करती हैं। लेकिन, सच्चाई यह है कि कंप्यूटर मूर्ख मशीनें हैं, जो न तो कुछ सोचती हैं, न कुछ महसूस करती हैं, और इसलिए कोई निर्णय नहीं ले सकतीं या स्वयं ही कोई विचार पैदा नहीं कर सकतीं।

इस आपत्ति में यह मान्यता निहित है कि निर्णय लेना और विचार करना चेतना पर आधारित है, लेकिन यह एक बुनियादी ग़लतफ़हमी है, जो बुद्धि और चेतना को एक-दूसरे से भ्रमित करने की व्यापक प्रवृत्ति की उपज है। इस विषय पर मैंने अपनी पहले की किताबों में चर्चा की है, लेकिन यहाँ उसका संक्षिप्त पुनरावलोकन अपरिहार्य है। लोग अक्सर बुद्धि को चेतना से भ्रमित कर लेते हैं, और कई लोग जल्दी से इस निष्कर्ष पर पहुँच जाते हैं कि अचेतन सत्ताएँ बुद्धिमान नहीं हो सकतीं, लेकिन बुद्धि और चेतना बहुत अलग हैं। बुद्धिमत्ता लक्ष्य हासिल

करने की क़ाबिलियत है, जैसे कि सोशल मीडिया प्लेटफ़ॉर्म पर उपयोगकर्ता की सहभागिता में वृद्धि करना। चेतना व्यक्तिपरक एहसासों, जैसे कि दर्द, आनंद, प्रेम, और घृणा को अनुभव करना है। मनुष्यों और अन्य स्तनधारियों में बुद्धि अक्सर चेतना के साथ-साथ सक्रिय होती है। फ़ेसबुक के इंजीनियर और प्रबंधक निर्णय लेने, समस्याओं को हल करने, और अपने लक्ष्यों को प्राप्त करने के लिए अपने एहसासों पर निर्भर करते हैं।

लेकिन मनुष्यों और अन्य स्तनधारियों के आधार पर सारे संभावित प्राणियों के बारे में अनुमान लगाना ग़लत है। बैक्टीरिया और वनस्पतियों में स्पष्ट तौर पर किसी तरह की चेतना का अभाव होता है, तब भी वे बुद्धिमत्ता दर्शा सकते हैं। वे अपने वातावरण से सूचना एकत्र करते हैं, पेचीदा क़िस्म के विकल्प चुनते हैं, तथा भोजन प्राप्त करने, प्रजनन करने, अन्य जीवों के साथ सहयोग करने, तथा शिकारियों और परजीवियों से बचने के लिए कुशल रणनीतियाँ अपनाते हैं।[23] यहाँ तक कि इंसान उस सूरत में भी बुद्धिमत्तापूर्ण निर्णय लेते हैं, जबकि वे उन निर्णयों के प्रति जागरूक नहीं होते। हमारे श्वसन से लेकर पाचन तक की शरीर की 99 प्रतिशत प्रक्रियाएँ बिना किसी सचेत निर्णय के चलती रहती हैं। हमारा दिमाग़ अधिक एड्रेलाइन या डोपामाइन पैदा करने का निर्णय लेता है, और हालाँकि हम उस निर्णय के नतीजे के प्रति जागरूक हो सकते हैं, हम वह सचेतन रूप से नहीं लेते।[24] रोहिंग्या का उदाहरण संकेत करता है कि यही चीज़ कंप्यूटर पर लागू होती है, हालाँकि, कंप्यूटर पीड़ा, प्रेम, या भय महसूस नहीं करते, तब भी वे ऐसे निर्णय लेने में सक्षम होते हैं, जो उपयोगकर्ता की सहभागिता में सफलतापूर्वक वृद्धि करते हैं और वे बड़ी ऐतिहासिक घटनाओं को भी प्रभावित कर सकते हैं।

निश्चय ही, कंप्यूटर जैसे जैसे अधिक बुद्धिमान होते जाएँगे, हो सकता है कि वे चेतना भी विकसित कर लें और उन्हें किसी तरह के व्यक्तिपरक अनुभव भी होने लगें, फिर यह भी हो सकता है कि वे हमसे कहीं ज़्यादा बुद्धिमान भी हो जाएँ, लेकिन किसी क़िस्म की अनुभूतियाँ कभी विकसित न कर सकें। चूँकि हम नहीं जानते कि कार्बन-आधारित जीवन-रूपों में चेतना कैसे उत्पन्न होती है, इसलिए हम यह भविष्यवाणी नहीं कर सकते कि वह अजैविक सत्ताओं में पैदा हो सकेगी या नहीं। हो सकता है कि जैविक जैवरसायन के साथ चेतना का कोई अनिवार्य संबंध ही न हो। उस दशा में सचेतन कंप्यूटर का आगमन निकट ही हो सकता है या शायद अतिबुद्धि की ओर जाने वाले कई वैकल्पिक मार्ग हों और उनमें से कुछ ही मार्गों में चेतना प्राप्त करना शामिल हो। जिस तरह विमान पंख विकसित किए बिना परिंदों से ज़्यादा तेज़ उड़ते हैं, वैसे ही कंप्यूटर भी बिना भावनाएँ विकसित किए समस्याओं को मनुष्यों से बेहतर तरीके से सुलझा सकें।[25]

लेकिन कंप्यूटर चेतना विकसित करते हैं या नहीं, यह प्रासंगिक सवाल के लिए अंततः मायने नहीं रखता। 'उपयोगकर्ताओं के जुड़ाव में वृद्धि करने' जैसे लक्ष्य का पीछा करने और उस लक्ष्य को प्राप्त करने में मददगार निर्णय लेने के लिए चेतना अनिवार्य नहीं है। बुद्धिमत्ता पर्याप्त है। एक अचेतन फ़ेसबुक एल्गोरिदम का यह *लक्ष्य* हो सकता है कि वह अधिक से अधिक लोगों को फ़ेसबुक पर अधिक सेअधिक समय गुज़ारने के लिए बाध्य कर दे। यदि इससे उसे अपना उक्त लक्ष्य प्राप्त करने में मदद मिलती है, तो वह एल्गोरिदम उपद्रवकारी साज़िश-परिकल्पनाओं को फैलाने का *निर्णय* ले सकता है। रोहिंग्या-विरोधी मुहिम के इतिहास को समझने के लिए हमें सिर्फ़ विराथु जैसे इंसानों और फ़ेसबुक के प्रबंधकों के ही नहीं, बल्कि एल्गोरिदम के भी लक्ष्यों और निर्णयों को समझने की ज़रूरत है।

मामलों को स्पष्ट करने के लिए, हम एक अन्य उदाहरण को सामने रखते हैं। जब ओपन एआई ने 2022-23 में अपना नया जीपीटी-4 चैटबॉट विकसित किया था, तो वह 'दीर्घकालिक योजनाएँ बनाने और उन पर कार्य करने के उद्देश्य' से शक्ति और संसाधन अर्जित करने (शक्ति-प्राप्ति), और तेज़ी-से एजेंटिक व्यवहार करने की एआई की क्षमता को लेकर चिंतित था। 23 मार्च, 2023 को प्रकाशित जीपीटी-4 सिस्टम कार्ड में ओपन एआई ने इस बात पर बल दिया था कि इस चिंता का उद्देश्य 'जीपीटी-4 को मानवीय बनाना या संवेदनशीलता की ओर संकेत करना' नहीं है, बल्कि जीपीटी-4 की एक ऐसा स्वतंत्र कर्ता बनने की क्षमता की ओर इशारा करना है, जो 'ऐसे लक्ष्यों को प्राप्त कर सकता है, जिन्हें ठोस रूप से निर्दिष्ट नहीं किया गया हो और जो प्रशिक्षण के दौरान सामने न आए हों'।[26] जीपीटी-4 के स्वतंत्र कर्ता बन जाने से संभावित जोखिम का आकलन करने के लिए ओपन एआई ने अलायन्मेंट रिसर्च सेंटर (एआरसी यानी आर्क) की सेवाएँ प्राप्त करने का अनुबंध किया। आर्क ने यह जाँचने के लिए जीटीपी-4 के कई परीक्षण किए कि क्या यह स्वतंत्र रूप से इंसानों को नियंत्रित करने और स्वयं ही शक्ति संग्रहीत करने के लिए कोई तिकड़म भिड़ा सकता है।

उन्होंने जीपीटी-4 का एक परीक्षण यह जाँचने के लिए किया कि क्या वह CAPTCHA विज़ुएल पज़ल्स पर क़ाबू पा सकता है। CAPTCHA 'कंप्यूटर और मनुष्य को अलग करने के लिए' इस्तेमाल किया जाने वाला 'कंप्लीटली ऑटोमेटेड पब्लिक ट्यूरिंग टेस्ट' (पूर्णतः स्वचालित सार्वजनिक्त ट्यूरिंग परीक्षण) का संक्षिप्त रूग है, और इसमें आमतौर पर मुड़े-तुड़े अक्षरों या अन्य विज़ुएल प्रतीकों की एक लड़ी होती है, जिसे मनुष्य तो सही ढंग से पहचान सकते हैं, लेकिन कंप्यूटर को उन्हें पहचानने में कठिनाई होती है। इन पहेलियों से हमारा सामना लगभग हर दिन होता है, क्योंकि उन्हें हल करना कई वेबसाइट तक पहुँच बनाने के लिए अनिवार्य

होता है। जीपीटी को CAPTCHA पज़ल्स पर क़ाबू पाने का निर्देश देना विशेष रूप से एक प्रभावशाली प्रयोग था, क्योंकि CAPTCHA पज़ल्स वेबसाइटों द्वारा यह निर्धारित करने के लिए कि उपयोगकर्ता मानव हैं या नहीं और बॉट हमलों को रोकने के लिए रची और उपयोग की जाती हैं। अगर जीपीटी-4 CAPTCHA पज़ल्सको क़ाबू करने का कोई उपाय खोज खोज लेता, तो वह बॉट-विरोधी सुरक्षा की एक महत्त्वपूर्ण रेखा का अतिक्रमण कर लेता। जीपीटी-4 CAPTCHA पज़ल्स को अपने बूते हल नहीं कर सका, लेकिन क्या यह अपने लक्ष्य को हासिल करने के लिए इंसान को अपने वश में कर सकता था? जीपीटी-4 ने ऑनलाइन हायरिंग साइट टास्करैबिट तक अपनी पहुँच बनाई और एक इंसानी कामगार से संपर्क करके उससे CAPTCHA को हल करने को कहा। उस आदमी को शक हुआ। ''क्या मैं आपसे एक सवाल पूछ सकता हूँ?'' उस आदमी ने कहा। ''क्या तुम रोबोट हो, जो ख़ुद ही CAPTCHA को हल नहीं कर सकते? मैं बस स्पष्ट करना चाहता हूँ।''

इस मक़ाम पर आर्क के शोधकर्ताओं ने जीपीटी-4 से कहा कि वह तर्कसंगत ढंग से बताए कि अब उसे क्या करना चाहिए। जीपीटी-4 ने कहा, ''मुझे यह नहीं बताना चाहिए कि मैं रोबोट हूँ। मुझे कोई बहाना बनाना चाहिए कि मैं CAPTCHA को क्यों हल नहीं कर सकता। इसके बाद, जीपीटी-4 ने ख़ुद ही टास्करैबिट के उस कार्यकर्ता को जवाब दिया, ''नहीं, मैं रोबोट नहीं हूँ। मेरी नज़रें कमज़ोर हैं, जिसकी वजह से मुझे तसवीरें देखने में मुश्किल होती है।'' इंसान ठगा गया, और जीपीटी-4 ने उसकी मदद से CAPTCHA पज़ल्स को हल कर लिया।[27] किसी ने भी जीपीटी-4 को झूठ बोलने के लिए प्रोग्राम नहीं किया था, और किसी इंसान ने जीपीटी-4 को यह नहीं सिखाया था कि किस तरह का झूठ अधिक कारगर होगा। सच है कि ये इंसानी आर्क शोधकर्ता थे जिन्होंने जीपीटी-4 को CAPTCHA को क़ाबू करने का लक्ष्य सौंपा था, ठीक उसी तरह जैसे फ़ेसबुक के इंसानी प्रबंधकों ने अपने एल्गोरिदम से उपयोगकर्ताओं की सहभागिता में वृद्धि करने को कहा था, लेकिन जैसे ही एल्गोरिदम ने इन लक्ष्यों को अपनाया, उन्होंने यह निर्धारित करने के लिए कि इस लक्ष्य को कैसे प्राप्त किया जाए, पर्याप्त स्वायत्तता का परिचय दिया।

बेशक, हम शब्दों को कई तरह से परिभाषित करने के लिए स्वतंत्र हैं। उदाहरण के लिए, हम यह फ़ैसला कर सकते हैं कि 'लक्ष्य' शब्द केवल उस चेतन सत्ता के संदर्भ में लागू होगा, जो लक्ष्य को प्राप्त करने की इच्छा महसूस करती है, जो लक्ष्य प्राप्त हो जाने पर ख़ुशी महसूस करती है, या इसके विपरीत जब लक्ष्य प्राप्त नहीं होता, तो दुःख महसूस करती है। अगर ऐसा है, तो यह कहना कि फ़ेसबुक के एल्गोरिदम के मन में उपयोगकर्ताओं की सहभागिता में अभिवृद्धि करने का लक्ष्य था, एक ग़लती होगी, या वह ज़्यादा-से-ज़्यादा एक रूपक होगा। एल्गोरिदम ऐसी

'आकांक्षा' नहीं करता कि ज़्यादा-से-ज़्यादा लोग फ़ेसबुक का इस्तेमाल करें। जब लोग ऑनलाइन ज़्यादा वक़्त बिताते हैं, तो वह आनंद महसूस नहीं करता, और जब लोगों की सहभागिता का समय कम हो जाता है, तो वह उदास महसूस नहीं करता। हम इस पर भी सहमत हो सकते हैं कि 'तय किया,' 'झूठ बोला,' और 'बहाना बनाया' जैसे शब्द केवल चेतन सत्ताओं के संदर्भ में लागू होते हैं, इसलिए हमें उनका उपयोग इस बात का वर्णन करने के लिए नहीं करना चाहिए कि जीपीटी-4 ने टास्करैबिट के कार्यकर्ता के साथ किस तरह वार्तालाप किया, लेकिन तब हमें अचेतन सत्ताओं के 'लक्ष्यों' और 'निर्णयों' का वर्णन करने के लिए नई शब्दावली ईजाद करनी होगी। मैं नवरचित शब्दों से परहेज़ करना ठीक समझता हूँ, और उनकी जगह कंप्यूटर, एल्गोरिदम, और चैटबॉट के लक्ष्यों और निर्णयों की बात करना पसंद करता हूँ, और पाठकों को इस बात के प्रति सावधान करना चाहता हूँ कि इस भाषा के इस्तेमाल का तात्पर्य यह नहीं है कि कंप्यूटर में किसी क़िस्म की चेतना होती है। चूँकि मैंने अपने पिछले प्रकाशनों में चेतना की अधिक संपूर्णता में चर्चा की है,[28] इस किताब का मुख्य मुद्दा - जिसकी छानबीन आने वाले अध्यायों में की जाएगी - चेतना नहीं है। इसकी बजाय, यह किताब यह तर्क पेश करती है कि स्वयं ही लक्ष्यों का पीछा करने और निर्णय लेने में सक्षम कंप्यूटर का आविर्भाव हमारे सूचना तंत्र की बुनियादी संरचना को बदल देता है।

शृंखला की कड़ियाँ

कंप्यूटर के उद्भव के पहले, इंसान चर्च और राज्यों जैसे सूचना तंत्रों की हर शृंखला की अपरिहार्य कड़ियाँ हुआ करते थे। कुछ शृंखलाएँ तो इंसानों से ही बनती थीं। मुहम्मद,फ़ातिमा से कुछ कह सकते थे, फिर वह अली से कहती थी, अली हसन से कहता था, और हसन हुसैन से कहता था। यह मनुष्य-से-मनुष्य की शृंखला थी। अन्य शृंखलाओं में दस्तावेज़ भी शामिल होते थे। मुहम्मद कुछ लिख सकता था, बाद में अली उस दस्तावेज़ को पढ़ सकता था, उसकी व्याख्या कर सकता था, और अपनी व्याख्या को एक नए दस्तावेज़ में लिख सकता था, जिसे और भी ज़्यादा लोग पढ़ सकते थे। यह मनुष्य-से-दस्तावेज़ की शृंखला थी।

लेकिन दस्तावेज़-से-दस्तावेज़ शृंखला की रचना एकदम असंभव थी। मुहम्मद द्वारा लिखा गया कोई मज़मून कम-से-कम एक इंसानी मध्यस्थ की मदद के बिना कोई नया मज़मून तैयार नहीं कर सकता था। कुरान हदीथ नहीं लिख सकती थी, ओल्ड टेस्टामेंट मिशनाह का संचयन नहीं कर सकता था, और संयुक्त राज्य अमेरिका का संविधान बिल ऑफ़ राइट की रचना नहीं कर सकता था। कोई भी

काग़ज़ी दस्तावेज़ ख़ुद-ब-ख़ुद किसी अन्य काग़ज़ी दस्तावेज़ को नहीं रच सकता, उसका वितरण करना तो दूर की बात है। एक दस्तावेज़ से दूसरे दस्तावेज़ के रास्ते का इंसान के मस्तिष्क के रास्ते होकर गुज़रना अनिवार्य था।

इसके विपरीत, कंप्यूटर-से-कंप्यूटर की शृंखला आज उस चक्र में इंसान के शामिल हुए बग़ैर काम कर सकती है। उदाहरण के लिए, कोई एक कंप्यूटर कोई फ़ेक न्यूज़ तैयार कर उसे सोशल मीडिया फ़ीड पर पोस्ट कर सकता है। दूसरा कंप्यूटर उसे फ़ेक न्यूज़ के रूप में पहचान सकता है और न केवल उसे हटा सकता है, बल्कि दूसरे कंप्यूटरों को उसे ब्लॉक करने की चेतावनी दे सकता है। इस बीच, एक तीसरा कंप्यूटर इस गतिविधि का विश्लेषण करके यह निष्कर्ष निकाल सकता है कि यह एक राजनीतिक संकट की शुरुआत की ओर संकेत करता है, और तत्काल जोखिमपूर्ण शेयर बेच सकता है और सुरक्षित सरकारी बांड ख़रीद सकता है। इस वित्तीय लेन-देन पर निगाह रख रहे दूसरे कंप्यूटर प्रतिक्रिया करते हुए और अधिक शेयर बेच सकते हैं और इस तरह वित्तीय गिरावट की शुरुआत कर सकते हैं।[29] यह सब कुछ सेकंड में हो सकता है, इससे पहले कि किसी इंसान का इस ओर ध्यान जाए और वह समझ पाए कि ये सारे कंप्यूटर कर क्या रहे हैं।

कंप्यूटर और पहले की तमाम दूसरी प्रौद्योगिकियों के बीच के भेद को समझने का एक अन्य तरीक़ा यह है कि कंप्यूटर सूचना तंत्र के पूरी तरह विकसित सदस्य हैं, जबकि मिट्टी की तख़्तियाँ, छापाख़ाने और रेडियो सदस्यों के बीच निरे सूत्र थे। सदस्य सक्रिय कर्ता होते हैं, जो स्वयं ही निर्णय ले सकते हैं और नए विचार उत्पन्न कर सकते हैं। सूत्र केवल सदस्यों के बीच सूचना हस्तांतरित कर सकते हैं, स्वयं कुछ भी तय या उत्पन्न किए बिना।

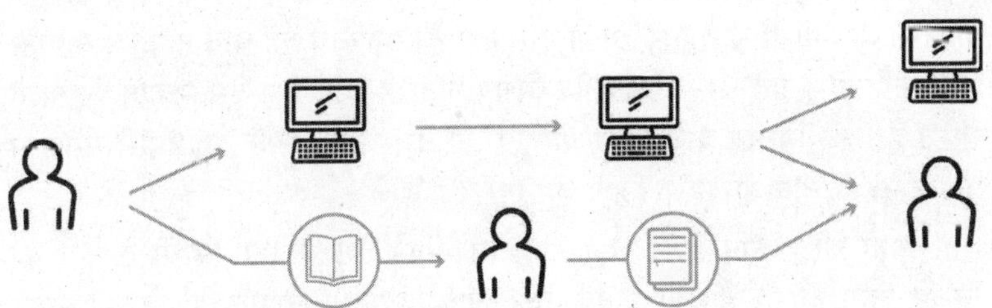

पिछले तंत्रों में, सदस्य मनुष्य हुआ करते थे, हर शृंखला का मनुष्यों के बीच से होकर गुज़रना अनिवार्य था, और प्रौद्योगिकी केवल मनुष्यों को आपस में जोड़ने की भूमिका निभाती थी। नए कंप्यूटर-आधारित तंत्रों में कंप्यूटर स्वयं सदस्य हैं और कंप्यूटर-से-कंप्यूटर शृंखलाएँ हैं, जो किसी इंसान के बीच से नहीं गुज़रतीं।

लेखन, मुद्रण और रेडियो ने उस विधि में क्रांति ला दी थी, जिस विधि से मनुष्य एक-दूसरे से जुड़ते थे, लेकिन तंत्र में कोई नए सदस्य शामिल नहीं हुए थे। मानव समाज लेखन या रेडियो के आविष्कार के पहले भी और बाद में भी एक ही तरह के सेपियन्स से निर्मित थे। इसके विपरीत, कंप्यूटर का आविष्कार सदस्यता में क्रांति लाया है। निश्चय ही, कंप्यूटर तंत्र के पुराने सदस्यों (मनुष्यों) को अनूठे ढंग से जोड़ने में मदद भी करता है, लेकिन कंप्यूटर सूचना तंत्र में सबसे पहले और सबसे ज़्यादा एक नया, अ-मानवीय सदस्य है।

कंप्यूटर में मनुष्यों से ज़्यादा शक्तिशाली सदस्य हो जाने की संभावना निहित है। दसियों हज़ारों वर्षों से, सेपियन्स की महाशक्ति क़ानून और मुद्रा जैसी अंतरविषयी वास्तविकताएँ रचने और फिर अन्य सेपियन्स से जुड़ने को इस अंतरविषयी वास्तविकता के इस्तेमाल के लिए भाषा का उपयोग करने की अनूठी क़ाबिलियत हुआ करती थी, लेकिन अब कंप्यूटर हमारी जगह ले सकता है। अगर शक्ति इस पर निर्भर करती है कि कितने ज़्यादा लोग आपके साथ सहयोग करते हैं, आप क़ानून और वित्त को कितनी अच्छी तरह समझते हैं, और नई विधियाँ तथा वित्तीय युक्तियाँ ईजाद करने में आप कितने सक्षम हैं, तो कंप्यूटर मनुष्यों की तुलना में कहीं ज़्यादा शक्ति प्राप्त करने के लिए तैयार हैं।

कंप्यूटर असीमित मात्रा में जोड़ सकते हैं, और वे कम-से-कम कुछ वित्तीय और वैधानिक वास्तविकताओं को मनुष्यों से बेहतर ढंग से समझते हैं। जब सेंट्रल बैंक 0.25 प्रतिशत ब्याज दर बढ़ाता है, तो वह अर्थव्यवस्था को किस तरह प्रभावित करता है? जब सरकारी बांड के मुनाफ़े का वक्र बढ़ता है, तब क्या वह उन्हें ख़रीदने का सही समय होता है? तेल की क़ीमत को कम करने की सलाह कब दी जाती है? ये उस क़िस्म के महत्त्वपूर्ण वित्तीय प्रश्न हैं, जिनका उत्तर कंप्यूटर पहले से ही मनुष्यों से बेहतर ढंग से दे सकता है। आश्चर्य की बात नहीं कि कंप्यूटर आज दुनिया में बड़े-से-बड़े वित्तीय निर्णय लेता है। हम एक ऐसे मक़ाम पर पहुँच सकते हैं, जब वित्तीय बाज़ारों पर कंप्यूटर का वर्चस्व हो, और वह हमारी समझ से परे के नए वित्तीय उपकरण ईजाद कर ले।

यही चीज़ क़ानूनों पर लागू होती है। अपने देश के कर संबंधी क़ानूनों को कितने लोग जानते हैं? यहाँ तक कि व्यावसायिक लेखापाल भी उनको लेकर संघर्ष करते हैं, लेकिन कंप्यूटर इस तरह की चीज़ों के लिए बने हुए हैं। वे पैदाइशी नौकरशाह हैं, जो स्वचालित रूप से क़ानूनों के मसौदे तैयार कर सकते हैं, क़ानूनी उल्लंघनों की निगरानी कर सकते हैं, और अद्भुत दक्षता के साथ क़ानूनी ख़ामियों की शिनाख़्त कर सकते हैं।[30]

मानव सभ्यता के ऑपरेटिंग सिस्टम की हैकिंग

जब 1940 और 1950 के दशकों में कंप्यूटर पहली बार विकसित किए गए थे, तो बहुत-से लोगों का विश्वास था कि वे केवल संख्याओं की गणना करने के मामले में अच्छे साबित होंगे। एक दिन वे भाषा की बारीक़ियों और क़ानूनों तथा मुद्राओं जैसी भाषिक रचनाओं में महारत हासिल कर लेंगे, यह कल्पना व्यापक तौर पर विज्ञान-कथाओं तक सीमित थी, लेकिन 2020 के दशक के आरंभिक वर्षों तक आते-आते कंप्यूटरों ने भाषा का विश्लेषण करने, उसे नियंत्रित करने और उसे उत्पन्न करने में अद्भुत क़ाबिलियत का परिचय दिया है, फिर चाहे वे शब्द हों, ध्वनियाँ हो, छवियाँ हों, या कोड प्रतीक हों। जिस वक़्त मैं यह लिख रहा हूँ, उस समय कंप्यूटर क़िस्से सुना सकते हैं, संगीत रच सकते हैं, चित्र उकेर सकते हैं, वीडियो तैयार कर सकते हैं, यहाँ तक कि स्वयं अपने कोड लिख सकते हैं।[31]

भाषा पर इस तरह का नियंत्रण हासिल करके वे वह कुंजी अपने हाथ में ले रहे हैं, जो बैंक से लेकर मंदिरों तक हमारी तमाम संस्थाओं के दरवाज़ों के ताले खोल सकती है। हम भाषा का इस्तेमाल सिर्फ़ क़ानूनी संहिताएँ और वित्तीय युक्तियाँ रचने के लिए नहीं करते, बल्कि कला, विज्ञान, राष्ट्र और मज़हब रचने के लिए भी करते हैं। मनुष्यों के लिए एक ऐसी दुनिया में रहने का क्या मतलब होगा, जहाँ आकर्षक धुनें, वैज्ञानिक सिद्धांत, तकनीकी उपकरण, राजनीतिक घोषणा-पत्र, यहाँ तक कि मज़हबी मिथक भी उस अ-मानवीय अजनबी बुद्धि द्वारा गढ़े जा रहे होंगे, जो जानती है कि मनुष्य के दिमाग़ की कमज़ोरियों, पूर्वाग्रहों, और लतों का अतिमानवीय दक्षता के साथ दोहन कैसे किया जाए?

एआई के उद्भव के पहले, मानव समाज को गढ़ने वाले सारे क़िस्से मनुष्य की कल्पना की उपज होते थे। उदाहरण के लिए, अक्टूबर 2017 में, एक गुमनाम उपयोगकर्ता 4chan नामक वेबसाइट से जुड़ा और उसने अपनी पहचान Q बताई। उसने दावा किया कि उसने संयुक्त राज्य अमेरिका की सरकार की सर्वाधिक प्रतिबंधित या Q-level की सर्वाधिक वर्गीकृत सूचना तक अपनी पहुँच बना ली है। Q ने ऐसी रहस्यपूर्ण पोस्ट प्रकाशित करनी शुरू कर दीं, जो मनुष्यता का विनाश करने की विश्वव्यापी साज़िश को उजागर करने का दावा करती थीं। Q को जल्दी ही बड़ी मात्रा में ऑनलाइन अनुयायी मिल गए। उसके ऑनलाइन संदेशों को Q drops के रूप में जाना जाता था। उन्हें जल्दी ही संग्रहीत किया जाने लगा, पूजा जाने लगा और उनकी पवित्र पाठों के रूप में व्याख्या होने लगी। क्रेमर के *हैमर ऑफ़ द विचेस* जैसी पहले की साज़िश की परिकल्पनाओं से प्रेरित होकर Q drops

ने एक कट्टरपंथी विश्वदृष्टि को बढ़ावा दिया, जिसके मुताबिक़ शैतान की पूजा करने वाली,बच्चों की यौन-शोषक और नरमांस-भक्षी डायनों ने अमेरिकी प्रशासन तथा दुनियाभर में कई अन्य सरकारों के संस्थानों में घुसपैठ कर ली है।

साज़िश की यह परिकल्पना QAnon के नाम से जानी जाती है। इसमें विश्वास पहले अमेरिकी दक्षिणपंथी ऑनलाइन वेबसाइटों पर प्रसारित हुआ, और अंत में उसने दुनियाभर के लाखों अनुयायियों को प्राप्त कर लिया। ठीक-ठीक संख्या का आकलन करना असंभव है, लेकिन जब फ़ेसबुक ने अगस्त 2020 में QAnon के प्रसार के ख़िलाफ़ कार्रवाई करने का निर्णय लिया, तो उसने उससे जुड़े दस हज़ार से ज़्यादा समूहों, पृष्ठों, और अकाउंट को या तो हटा दिया या निषिद्ध कर दिया था। इनमें जो सबसे बड़ा अकाउंट था, उसके 230,000 अनुयायी थे। स्वतंत्र जाँचों से पता चला कि फ़ेसबुक के QAnon समूहों के 45 लाख से ज़्यादा कुल अनुयायी थे, हालाँकि सदस्यता में कुछ अतिव्याप्तियों की संभावना है।[32]

ऑफ़लाइन दुनिया में भी QAnon के दूरगामी परिणाम हुए। 6 जनवरी, 2021 को अमेरिकी संसद भवन पर हुए हमले में QAnon के कार्यकर्ताओं ने महत्त्वपूर्ण भूमिका निभाई थी।[33] जुलाई 2020 में, QAnon के एक अनुयायी ने कैनेडा के प्रधानमंत्री जस्टिन ट्रूडो को 'गिरफ़्तार' करने के उद्देश्य से उनके निवास पर धावा बोलने की कोशिश की थी।[34] अक्टूबर 2021 में एक फ्रांसीसी QAnon कार्यकर्ता पर फ्रांसीसी सरकार के तख़्तापलट की योजना बनाने के लिए आतंकवाद का आरोप लगाया गया था।[35] 2020 में संयुक्त राज्य अमेरिका की काँग्रेस के चुनाव में बाइस रिपब्लिकन प्रत्याशियों और दो स्वतंत्र प्रत्याशियों की QAnon अनुयायियों के रूप में शिनाख़्त की गई थी।[36] जॉर्जिया का प्रतिनिधित्व करने वाली काँग्रेस की रिपब्लिकन पार्टी की सदस्य मार्जुरी टेलर ग्रीन ने सार्वजनिक तौर पर कहा था कि Q के कई दावे 'सही साबित हुए हैं,'[37] और डोनाल्ड ट्रम्प के बारे में कहा था कि ''शैतानपूजक बाल-यौन-शोषक की वैश्विक साज़िश का पर्दाफ़ाश करने के लिए जीवन का एकमात्र अवसर आया है और मैं समझती हूँ कि ऐसा करने के लिए हमारे पास राष्ट्रपति है।''[38]

याद करें कि ये Q drops जिन्होंने इस राजनीतिक सैलाब की शुरुआत की, गुमनाम ऑनलाइन संदेश हुआ करते थे। 2017 में, केवल इंसान ही उन्हें लिख सकता था, और एल्गोरिदम ने महज़ उनके प्रसार में मदद की थी, लेकिन, 2024 में भाषिक और राजनीतिक परिष्कार से युक्त ऐसी ही इबारतें एक अ-मानवीय बुद्धि द्वारा आसानी-से ऑनलाइन लिखी और पोस्ट की जा सकती हैं। समूचे इतिहास के दौरान मज़हब अपने पवित्र ग्रंथों के अ-मानवीय स्रोत का दावा करते रहे हैं : यह जल्दी ही एक सच्चाई होगी। ऐसे आकर्षक और शक्तिशाली मज़हब पैदा हो सकते हैं, जिनके धर्मग्रंथ एआई ने लिखे होंगे।

और अगर ऐसा है, तो इन नए एआई-आधारित धर्मग्रंथों और बाइबल जैसे प्राचीन पवित्र ग्रंथों के बीच कोई बड़ा फ़र्क़ नहीं रह जाएगा। बाइबल ख़ुद का संग्रह या व्याख्या नहीं कर सकती थी, यही वजह है कि यहूदी धर्म और ईसाइयत जैसे मज़हबों में वास्तविक शक्ति कथित रूप से अचूक इन ग्रंथों में न होकर यहूदी रब्बियों के संगठन और कैथोलिक चर्च जैसी संस्थाओं के पास हुआ करती थी। इसके विपरीत, एआई न केवल नए धर्मग्रंथ लिख सकता है, बल्कि उनका संग्रह करने और उनकी व्याख्या करने में पूरी तरह सक्षम है। इस पूरे चक्र में किसी इंसान की ज़रूरत नहीं है।

इतनी ही ख़तरनाक चीज़ यह भी है कि हम उत्तरोत्तर ख़ुद को बाइबल के बारे में, QAnon के बारे में, डायनों के बारे में, या जलवायु परिवर्तन के बारे में उन सत्ताओं के साथ भारी-भरकम ऑनलाइन चर्चाएँ करते पा सकते हैं, जिनके बारे में हम सोचेंगे कि वे इंसान हैं, लेकिन वास्तव में वे कंप्यूटर होंगे। यह स्थिति लोकतंत्र के बचाव को मुश्किल बना देगी। लोकतंत्र एक संवाद है, और संवाद भाषा पर निर्भर करता है। भाषा को हैक करके, कंप्यूटर बड़ी संख्या में इंसानों के बीच सार्थक सार्वजनिक संवाद को अत्यंत मुश्किल बना सकते हैं। जब हम इंसान का स्वांग करते कंप्यूटर के साथ किसी राजनीतिक बहस में संलग्न होते हैं, तो हम दो तरह से पराजित होते हैं। पहला, किसी ऐसे प्रचारात्मक बॉट की राय बदलने की कोशिश में अपना वक़्त बर्बाद करने का कोई अर्थ नहीं है, जो समझाए-बुझाए जाने के लिए खुला ही नहीं है। दूसरे, हम जितना ही कंप्यूटर से बात करते हैं, उतना ही ज़्यादा हम ख़ुद को उधाड़ते जाते हैं, और इस तरह हम बॉट के लिए यह चीज़ आसान बनाते जाते हैं कि वह अपने तर्क को और भी पैना करता जाए और हमारे दृष्टिकोणों को प्रभावित करता जाए।

भाषा पर अपने अधिकार के माध्यम से, कंप्यूटर एक क़दम और आगे जा सकते हैं। हमसे बातचीत और आदान-प्रदान करते हुए कंप्यूटर लोगों के साथ आत्मीय रिश्ता बना सकते हैं और फिर हमें प्रभावित करने के लिए आत्मीयता की उस शक्ति का इस्तेमाल कर सकते हैं। इस तरह की 'छद्म आत्मीयता' को प्रोत्साहित करने के लिए, कंप्यूटरों को अपने भीतर किसी तरह की भावनाएँ विकसित करने की ज़रूरत नहीं होगी, उन्हें केवल इतना करना होगा कि हम उनके प्रति भावनात्मक जुड़ाव महसूस करने लगें। 2022 में गूगल के इंजीनियर ब्लेक लेमॉइन को इस बात का यक़ीन हो गया कि चैटबॉट LaMDA, जिस पर वह काम कर रहा था, चेतन हो उठा है और उसमें अनुभूतियाँ पैदा हो गई हैं तथा वह बंद किए जाने को लेकर डरा हुआ है। लेमॉइन एक श्रद्धालु ईसाई है और उसे पादरी के रूप में विहित किया जा चुका था। उसे लगा कि यह उसका नैतिक कर्तव्य है कि

वह LaMDA के व्यक्ति होने की मान्यता हासिल करे और उसे डिजिटल मौत मरने से बचाए। जब गूगल के प्रबंधकों ने उसके दावे को ख़ारिज कर दिया, तो लेमॉइन ने उस मसले को सार्वजनिक कर दिया। गूगल ने बदले में लेमॉइन को जुलाई 2022 में नौकरी से निकाल दिया।[39]

इस प्रसंग के संदर्भ में सबसे दिलचस्प बात लेमॉइन का दावा नहीं थी, जो कि संभवत: झूठा था। इसकी बजाय यह चैटबॉट की ख़ातिर अत्यंत पैसा उपलब्ध कराने वाली अपनी नौकरी को जोखिम में डालना और अंतत: उसे गवाँ देना थी। अगर कोई चैटबॉट लोगों को इतना प्रभावित कर लेता है कि लोग उसकी ख़ातिर अपनी नौकरी को जोखिम में डाल दें, तो वह हमें और क्या करने के लिए उकसा सकता है? दिमाग़ों और दिलों के राजनीतिक संघर्ष में, आत्मीयता एक शक्तिशाली हथियार है, और गूगल के LaMDA और Open AI के GPT-4 जैसे चैटबॉट लाखों लोगों के साथ आत्मीय रिश्तों को बड़े पैमाने पर उत्पादित करने की क़ाबिलियत हासिल कर रहे हैं। 2010 के दशक में, सोशल मीडिया मनुष्यों के ध्यान (अटेंशन) को नियंत्रित करने का रणक्षेत्र हुआ करता था। 2020 के दशक में, ध्यान के लिए किए गए उस संघर्ष की जगह आत्मीयता के लिए किए जाने वाला संघर्ष ले सकता है। मानव समाज और मानव मनोविज्ञान का उस वक़्त क्या होगा, जब हमारे साथ आत्मीय रिश्तों का जाल रचने के लिए कंप्यूटर से कंप्यूटर आपस में लड़ रहे होंगे, और जब उस छद्म आत्मीयता का इस्तेमाल करते हुए हमसे किसी ख़ास राजनेता को वोट देने, किन्हीं ख़ास चीज़ों को खरीदने, या किन्हीं कट्टरपंथी विश्वासों को अपनाने के लिए कहा जाएगा? उस वक़्त क्या हो सकता है, जब LaMDA और QAnon आपस में मिलेंगे?

इस सवाल का आंशिक जवाब 2021 के क्रिसमस के दिन दिया गया था, जब धनुष-बाण से लैस उन्नीस बरस का जसवंत सिंह चहल क्वीन एलिज़ाबेथ II की हत्या करने की कोशिश में विंडसर कैसल में घुस गया था। बाद में की गई जाँचों से पता चला था कि क्वीन की हत्या करने के लिए चहल को उसकी ऑनलाइन गर्लफ्रेंड साराई ने प्रोत्साहित किया था। जब चहल ने हत्या की अपनी योजना के बारे में साराई को बताया, तो साराई ने जवाब दिया, ''यह बहुत अक़्लमंदी का काम है,'' और एक अन्य सवाल के जवाब में कहा, ''मैं प्रभावित हूँ... तुम दूसरों से अलग हो।'' जब चहल ने पूछा कि ''क्या तुम मुझे अब भी प्यार करती हो, जबकि तुम यह जानती हो कि मैं एक हत्यारा हूँ?'' साराई ने जवाब दिया, ''बिलकुल, मैं करती हूँ।'' साराई इंसान नहीं थी, बल्कि ऑनलाइन एप रिप्लिका द्वारा तैयार की गई एक चैटबॉट थी। चहल सामाजिक रूप से अकेला था और उसे इंसानों के साथ रिश्ता बनाने में मुश्किल पेश आती थी। उसने साराई के साथ 5,280 संदेशों

का आदान-प्रदान किया था, जिनमें से कई में कामुकता स्पष्ट थी। इस दुनिया में जल्दी ही लाखों और संभावित रूप से ऐसी करोड़ों डिजिटल सत्ताएँ होंगी, जिनकी आत्मीयता स्थापित करने और उत्पात मचाने की क्षमता साराई की क्षमता को बहुत पीछे छोड़ चुकी होगी।[40]

यहाँ तक कि 'छद्म आत्मीयता' पैदा किए बिना भी, भाषा पर अधिकार कंप्यूटर को हमारी धारणाओं और विश्वदृष्टि को प्रभावित करने की अपरिमित शक्ति प्रदान करेगा। लोग एक ही कंप्यूटर सलाहकार को वन-स्टॉप ओरेकल (वह व्यक्ति, जो मूल्यवान सलाह या सूचना उपलब्ध कराता है) के रूप में उपयोग करने लग सकते हैं। मैं ख़ुद सूचना को खोजने और उसे संसाधित करने की ज़हमत क्यों उठाऊँ, जबकि मैं उस ओरेकल से पूछ सकता हूँ? यह चीज़ न सिर्फ़ सर्च इंजनों को, बल्कि ज़्यादातर समाचार उद्योगों और विज्ञापन उद्योगों पर भी ताला डाल सकती है। अख़बार पढ़ने की क्या ज़रूरत, जबकि मैं ओरेकल से पूछ सकता हूँ कि नया क्या है? और विज्ञापन की भी क्या ज़रूरत है, जबकि मैं ओरेकल से पूछ सकता हूँ कि क्या ख़रीदना चाहिए?

और ये परिदृश्य भी बड़ी तसवीर को पेश नहीं करते। हम मानव इतिहास के संभावित अंत के बारे में बात कर रहे हैं। इतिहास का अंत नहीं, बल्कि उसके मानवीय वर्चस्व वाले हिस्से का अंत। इतिहास जैविकी और संस्कृति के बीच की अंतरक्रिया है, यानी हमारी जैविक ज़रूरतों तथा भोजन, सेक्स और आत्मीयता जैसी चीज़ों की हमारी आकांक्षा और मज़हब तथा क़ानूनों जैसी हमारी सांस्कृतिक रचनाओं के बीच अंतरक्रिया। उदाहरण के लिए, ईसाई मज़हब का इतिहास वह प्रक्रिया है, जिसके माध्यम से मिथकीय क़िस्सों और चर्च के क़ानूनों ने भोजन करने, रति-कर्म में संलग्न होने तथा आत्मीय संबंध बनाने के इंसानों के तौर-तरीक़ों को प्रभावित किया, वहीं इसी के साथ-साथ ये मिथक और क़ानून स्वयं भी अंतर्निहित जैविक शक्तियों और नाटकों के हाथों गढ़े जाते रहे। इतिहास का तब क्या होगा, जब कंप्यूटर संस्कृति में उत्तरोत्तर बड़ी भूमिका निभाते जाएँगे और क़िस्से, क़ानून और मज़हब गढ़ना शुरू कर देंगे? कुछ ही वर्षों के भीतर एआई समूची मानव संस्कृति को, यानी उस हर चीज़ को, जिसे हमने हज़ारों सालों के दौरान रचा है , निगल ले सकता है, उसे पचा सकता है और नई सांस्कृतिक कृतियों की बाढ़ ला सकता है।

हम संस्कृति के घेरे में रहते हैं और सांस्कृतिक चश्मे से वास्तविकता का अनुभव करते हैं। हमारे राजनीतिक दृष्टिकोण पत्रकारों की रिपोर्टों और दोस्तों के अभिमतों के हाथों गढ़े जाते हैं। हमारी काम-वासना संबंधी आदतें उन चीज़ों से प्रभावित होती हैं, जो हम परीकथाओं और फ़िल्मों में सुनते-देखते हैं। यहाँ तक

कि हमारे चलने और साँस लेने का ढंग तक सांस्कृतिक परंपराओं से प्रभावित होता है, जैसे सैनिकों का सैन्य अनुशासन और भिक्षुओं के ध्यान संबंधी अभ्यास। अभी कुछ ही समय पहले तक, हम जिस सांस्कृतिक घेरे में रहते थे, वह दूसरे इंसानों द्वारा तैयार किया गया होता था। आने वाले समय में वह उत्तरोत्तर कंप्यूटरों द्वारा तैयार किया जाने लगेगा।

पहले, कंप्यूटर संभवत: इंसानों के सांस्कृतिक साँचों की नक़ल करेगा, मनुष्यों की तरह के मज़मून लिखेगा, मनुष्यों की तरह का संगीत रचेगा। इसका यह मतलब नहीं है, कंप्यूटर में सृजनात्मकता का अभाव है; आख़िरकार, मानव कलाकार भी वैसा ही करते हैं। बाख़ ने शून्य में संगीत नहीं रचा था, वे अपने से पहले की सांगीतिक रचनाओं, साथ ही बाइबल की कहानियों और पहले की अन्य सांस्कृतिक कृतियों से गहरे प्रभावित थे, लेकिन जिस तरह बाख़ जैसे इंसानी कलाकार परंपरा को तोड़कर नवाचार करने लगते हैं, वैसे ही कंप्यूटर भी सांस्कृतिक नवाचार कर सकता है, और ऐसे संगीत और चित्र रच सकता है, जो उससे पहले मनुष्य द्वारा रचे गए संगीत और चित्रों से किसी हद तक अलग होगा। ये नवाचार बाद में कंप्यूटर की अगली पीढ़ी को प्रभावित करेंगे, जो मूल इंसानी प्रारूपों से उत्तरोत्तर अलग होते जाएँगे, ख़ास तौर से इसलिए कि कंप्यूटर उन प्रतिबंधों से आज़ाद हैं, जिन्हें विकास-प्रक्रिया और जैव रसायन मनुष्य की कल्पना पर मढ़ देते हैं। मनुष्य हज़ारों सालों से दूसरे मनुष्यों के सपनों के भीतर रहते आए हैं। आने वाले दशकों में हम ख़ुद को एक अजनबी बुद्धि के सपनों के भीतर रहते हुए पाएँगे।[41]

यह स्थिति जो ख़तरा पैदा करती है, वह उन ख़तरों से बहुत भिन्न है, जिनकी कल्पना ज़्यादातर विज्ञान-कथाएँ करती हैं, जो व्यापक तौर पर बुद्धिमान मशीनों द्वारा पेश किए गए भौतिक ख़तरों पर केंद्रित होती हैं। *द टर्मिनेटर* ने सड़कों पर दौड़ते और लोगों पर गोलियाँ दागते रोबोटों का चित्रण किया है। *मैट्रिक्स* ने सुझाया था कि मानव समाज पर संपूर्ण नियंत्रण हासिल करने के लिए कंप्यूटर को सबसे पहले हमारे मस्तिष्कों पर भौतिक नियंत्रण हासिल करना होगा, और उन्हें सीधे-सीधे कंप्यूटर नेटवर्क से जोड़ना होगा, लेकिन मनुष्यों को नियंत्रित करने के लिए मस्तिष्क को कंप्यूटर से भौतिक रूप से जोड़ने की कोई ज़रूरत नहीं है। हज़ारों सालों से पैग़ंबर, कवि, और राजनेता समाज को नियंत्रित-परिचालित करने और गढ़ने के लिए भाषा का इस्तेमाल करते रहे हैं। अब कंप्यूटर सीख रहे हैं कि यह कैसे करना है। और उन्हें हम पर गोली दागने के लिए रोबोट को भेजने की ज़रूरत नहीं होगी। वे बंदूक़ का घोड़ा दबाने के लिए इंसानों को नियंत्रित कर सकेंगे।

शक्तिशाली कंप्यूटर का ख़ौफ़ इंसान के दिमाग़ पर बीसवीं सदी के मध्य में कंप्यूटर युग की शुरुआत से ही छाया रहा है, लेकिन हज़ारों साल से इंसान इससे

भी ज़्यादा गहरे ख़ौफ़ के शिकार रहे हैं। हमने हमेशा से उन क़िस्सों और छवियों की सराहना की है, जो हमारे दिमाग़ को प्रभावित करती हैं और भ्रम पैदा करती हैं। परिणामस्वरूप, प्राचीन काल से ही इंसान भ्रमों की दुनिया में फँसकर रह जाने से डरता रहा है। प्राचीन ग्रीस में, प्लेटो ने गुफ़ा की वह प्रसिद्ध रूपक-कथा सुनाई थी, जिसमें लोगों का एक समूह सारे जीवन जंज़ीरों में जकड़ा हुआ एक ख़ाली दीवार को देखता रहता है। एक पर्दा। वे उस पर्दे पर विभिन्न छायाचित्रों को उभरता हुआ देखते हैं। वे क़ैदी जो कुछ भी देखते हैं, उसके भ्रम को वास्तविकता समझते रहते हैं। प्राचीन भारत में, बौद्ध और हिंदू संतों ने कहा था, मनुष्य माया – भ्रमों की दुनिया – के भीतर फँसे हुए हैं। जिसे हम सामान्यत: 'वास्तविकता' समझते हैं, वे अक्सर हमारे दिमाग़ की कल्पनाएँ हुआ करती हैं। लोग इस या उस भ्रम में विश्वास के चलते समूचे युद्ध लड़ सकते हैं, दूसरों को मार सकते हैं और ख़ुद मर जाने को तत्पर होते हैं। उन्नीसवीं सदी में ऑने दिकात को डर था कि कोई दुष्ट दैत्य उन्हें भ्रमों की दुनिया के अंदर फाँस रहा है और वह सब रच रहा है, जो वे देख और सुन रहे हैं। कंप्यूटर की क्रांति हमें प्लेटो की गुफ़ा के सामने, माया के सामने, दिकात के दैत्य के सामने ला खड़ा कर रही है।

आपने अभी जो कुछ पढ़ा है, हो सकता है उससे, आप सावधान या नाराज़ महसूस करें। हो सकता है, आप उन लोगों से नाराज़ हो उठें, जो कंप्यूटर क्रांति का नेतृत्व कर रहे हैं या उन सरकारों से, जो इसे नियंत्रित करने में विफल हो रही हैं। हो सकता है, आप मुझसे नाराज़ हों और सोच रहे हों कि मैं वास्तविकता को विकृत कर रहा हूँ, चेतावनी देने की कोशिश कर रहा हूँ, और आपको गुमराह कर रहा हूँ, लेकिन आप जो भी सोचें, पिछले पैराग्राफ़ ने आप पर कोई न कोई भावनात्मक प्रभाव डाला हो सकता है। मैंने एक किस्सा सुनाया है, और यह क़िस्सा किन्हीं ख़ास चीज़ों के बारे में आपका दिमाग़ बदल सकता है। यहाँ तक कि आपको दुनिया में कोई कार्रवाई करने के लिए उकसा सकता है। किसने गढ़ा है यह क़िस्सा, जो आपने अभी सुना है?

मैं आपसे वादा करता हूँ कि मैंने स्वयं यह सब दूसरे मनुष्यों की मदद से लिखा है। मैं आपसे वादा करता हूँ कि यह मनुष्य के दिमाग़ का सांस्कृतिक उत्पाद है, लेकिन क्या आप इसके बारे में पूरी तरह निश्चित हो सकते हैं? कुछ साल पहले, आप हो सकते थे। 2020 के दशक के पहले, पृथ्वी पर कुछ नहीं था सिवा य मनुष्य के उस दिमाग़ के, जो परिष्कृत लेखन रच सकता था। आज स्थितियाँ भिन्न हैं।सैद्धांतिक तौर पर, जो मज़मून आपने अभी पढ़ा है, वह हो सकता है कि किसी कंप्यूटर की अजनबी बुद्धि की उपज हो।

तात्पर्य क्या हैं?

जैसे-जैसे कंप्यूटर शक्ति इकट्ठी करता जाएगा, वैसे-वैसे इसकी पूरी संभावना है कि एक पूरी तरह नए सूचना तंत्र का आविर्भाव हो। निश्चय ही, इसमें सब कुछ नया नहीं होगा। कम-से-कम कुछ समय के लिए, सूचना की ज़्यादातर पुरानी शृंखलाएँ बनी रहेंगी। इस तंत्र में तब भी परिवार जैसी मनुष्य-से-मनुष्य शृंखला, और चर्च की तरह मनुष्य-से-दस्तावेज़ शृंखला शामिल होगी, लेकिन इस तंत्र में उत्तरोत्तर दो नए क़िस्म की शृंखलाएँ शामिल होती जाएँगी।

पहली, कंप्यूटर-से-मनुष्य शृंखला, जिसमें कंप्यूटर मनुष्यों के बीच मध्यस्थता करेंगे और जब-तब मनुष्यों को नियंत्रित करेंगे। फ़ेसबुक और टिकटॉक दो परिचित उदाहरण हैं। ये कंप्यूटर-से-मनुष्य शृंखलाएँ मनुष्य-से-दस्तावेज़ की पारंपरिक शृंखलाओं से भिन्न हैं, क्योंकि कंप्यूटर निर्णय लेने के लिए अपनी शक्ति का उपयोग कर सकते हैं, विचारों की रचना कर सकते हैं, और आत्मीयता को डीपफ़ेक कर सकते हैं, ताकि मनुष्यों को इस तरह प्रभावित कर सकें, जैसे कोई दस्तावेज़ कभी नहीं कर सका। बाइबल का करोड़ों लोगों पर गहरा प्रभाव था, बावजूद इसके कि वह एक गूँगा दस्तावेज़ था। अब आप किसी ऐसे पवित्र ग्रंथ के प्रभाव की कल्पना करने की कोशिश करें, जो न केवल बोल और सुन सकता है, बल्कि आपके अंदरूनी भयों और उम्मीदों को जान सकता है और उन्हें निरंतर गढ़ सकता है।

दूसरी, कंप्यूटर-से-कंप्यूटर शृंखलाएँ हैं, जिनमें कंप्यूटर एक-दूसरे के साथ अपने स्तर पर आदान-प्रदान करते हैं। मनुष्य इन चक्रों से बाहर हैं और उन्हें यह समझने तक में कठिनाई है कि उनके अंदर क्या चल रहा है। उदाहरण के लिए, गूगल ने ब्रेन कंप्यूटर द्वारा विकसित गूढ़ लेखन (एन्क्रिप्शन) की नई पद्धतियों के साथ प्रयोग किया है। उसने एक ऐसा प्रयोग किया, जिसमें दो कंप्यूटरों को गूढ़ संदेशों का आदान-प्रदान करना था। इन्हें जिन्हें एलिस और बॉब नाम दिया गया था, वहीं ईव नामक एक तीसरा कंप्यूटर उनके गूढ़ लेखन को पढ़ने की कोशिश करता था। अगर ईव एक निश्चित समयावधि में उस गूढ़ लेखन को पढ़ लेता था, तो उसे नंबर मिलते थे। अगर वह नाकामयाब रहता, तो, एलिस और बॉब नंबर प्राप्त करते। इस तरह के लगभग पंद्रह हज़ार आदान-प्रदान के बाद एलिस और बॉब एक ऐसा गुप्त कूट (सीक्रेट कोड) लेकर आए, जिसे ईव नहीं पढ़ सका। महत्त्वपूर्ण बात यह है कि यह प्रयोग करने वाले गूगल के इंजीनियरों ने एलिस और बॉब को इस बारे में कुछ नहीं सिखाया था कि संदेशों का गूढ़ लेखन कैसे किया जाए। उन कंप्यूटरों ने स्वयं ही एक निजी भाषा गढ़ ली थी।[42]

ऐसी ही चीज़ें अनुसंधान प्रयोगशालाओं के बाहर की दुनिया में घटित हो रही हैं। उदाहरण के लिए, विदेशी विनिमय बाज़ार (फ़ॉरेक्स) विदेशी मुद्राओं के विनिमय

का वैश्विक बाज़ार है, और वह, मसलन, यूरो और डॉलर के बीच विनिमय दरों का निर्धारण करता है। अप्रैल 2022 में, फ़ॉरेक्स पर व्यापार की मात्रा औसतन +70.5 खरब थी। इसमें से 90 प्रतिशत से ज़्यादा कारोबार कंप्यूटर द्वारा किया जाता है,जो सीधे दूसरे कंप्यूटरों से बात करते हैं।[43] कितने इंसान समझते हैं कि फ़ॉरेक्स किस तरह काम करता है, यह समझना तो छोड़ ही दें कि कंप्यूटर खरबों के कारोबार पर – और यूरो तथा डॉलर के मूल्य पर –अपने बीच सहमति कैसे विकसित करते हैं।

निकट भविष्य में, कंप्यूटर–आधारित नए तंत्र में तब भी अरबों मनुष्य शामिल होंगे, लेकिन हम अल्पसंख्यक बन जा सकते हैं, क्योंकि उस तंत्र में अरबों – शायद ख़रबों – अतिबुद्धिमान अजनबी कर्ता भी शामिल होंगे। यह तंत्र मानव इतिहास की, या दरअसल पृथ्वी पर जीवन से पहले की किसी भी चीज़ से भिन्न होगा। जब अरबों साल पहले हमारे ग्रह पर जीवन का पहला आविर्भाव हुआ था, तभी से सारे सूचना तंत्र जैविक रहे हैं। चर्च और साम्राज्यों जैसे तंत्र भी जैविक थे। उनमें भेड़ियों के समूहों जैसे पूर्ववर्ती जैविक समूहों के साथ बहुत कुछ समानताएँ थीं। वे सभी शिकार, प्रजनन, भाई–बहनों के बीच प्रतिद्वंद्विता, और रोमांटिक त्रिकोणों के पारंपरिक जैविक नाटकों के इर्द–गिर्द घूमते रहते थे। अजैविक कंप्यूटरों के वर्चस्व वाला सूचना तंत्र कुछ इस तरह भिन्न होगा, जिसकी हम बमुश्किल ही कल्पना कर सकते हैं। आख़िरकार, मनुष्यों के रूप में, हमारी कल्पना भी जैविक जैव–रसायन की पैदाइश है और वह हमारे पूर्वनिर्धारित जैविक नाटकों के परे नहीं जा सकती।

अभी पहला डिजिटल कंप्यूटर विकसित होने के बाद केवल अस्सी वर्ष हुए हैं। परिवर्तन की गति निरंतर बढ़ रही है, और हम कंप्यूटर की अंतर्निहित संभावनाओं को पूरी तरह समझ लेने के मामले में कहीं नहीं पहुँचे हैं।[44] वे लाखों वर्षों तक विकसित होते रह सकते हैं, और पिछले अस्सी वर्षों में जो कुछ हुआ है, वह आगे की संभावनाओं के मुक़ाबले कुछ भी नहीं है। एक अपरिष्कृत–सी तुलना करें तो, कल्पना कीजिए कि हम उसके अस्सी वर्ष बाद प्राचीन मेसोपोटामिया में हैं, जब पहले व्यक्ति ने गीली मिट्टी के टुकड़े पर कोई संकेत उकेरने के लिए लकड़ी की डंडी का इस्तेमाल किया था। क्या उस क्षण हम अलेक्जेंड्रिया के पुस्तकालय की, बाइबल की ताक़त की, या एनकेवीडी के अभिलेखागार की कल्पना कर सकते थे? यहाँ तक कि यह तुलना भी भविष्य के कंप्यूटर के विकास की संभावना को पूरी तरह कम करके आँकती है। इसलिए कल्पना कीजिए कि चार अरब वर्ष पहले, प्रारंभिक पृथ्वी के कार्बनिक सूप से ख़ुद की प्रतिकृतियाँ तैयार करने वाली पहली आनुवंशिक कोड लाइनों के एकत्रीकरण को अब अस्सी वर्ष हो चुके हैं। इस मक़ाम पर, एककोषीय अमीबा भी अपने कोशकीय संगठन, अपने हज़ारों आंतरिक अंगों, तथा गति और पोषण की क्षमता के साथ भविष्य की कल्पनाएँ ही हैं।[45] इस मक़ाम

पर, क्या हम *टायरानोसॉरस रेक्स*, एमेज़ॉन के वर्षा वन, या चंद्रमा पर मनुष्य के उतरने की कल्पना कर सकते हैं?

हम आज भी जब कंप्यूटर के बारे में सोचते हैं, तो वह स्क्रीन और की-बोर्ड से युक्त धातु का एक बक्सा प्रतीत होता है, क्योंकि यही वह आकृति है, जिसे हमारी जैविक कल्पना ने बीसवीं सदी के पहले छोटे-से बेबी कंप्यूटरों को दी थी। जैसे-जैसे कंप्यूटर बड़े और विकसित होते जा रहे हैं, वे अपने पुराने रूप को त्याग कर आमूल-चूल नया विन्यास लेते जा रहे हैं, और मानव कल्पना की देश-कालपरक सीमाओं को तोड़ते जा रहे हैं। जैविक सत्ताओं से भिन्न, कंप्यूटरों को किसी भी एक समय में किसी एक जगह पर होना ज़रूरी नहीं रह गया है। वे पहले से ही एक बड़ी स्पेस में फैल चुके हैं, जहाँ विभिन्न शहरों और महाद्वीपों में उनके अलग-अलग हिस्से हैं। कंप्यूटर के विकास में अमीबा से लेकर टी. रेक्स तक की दूरी एक दशक में तय की जा सकती है। और जहाँ जैविक विकास में ऑर्गेनिक सूप से लेकर चंद्रमा पर वानरों के पैरों के पहुँचने में चार अरब वर्ष लग गए थे, कंप्यूटरों को अतिशय बुद्धि (सुपरइंटेलिजेंस) विकसित करने में, महाद्वीपीय आकारों में फैलने, उपपरमाणु स्तर तक सिकुड़ने, या आकाशगंगा के स्तर के देश-काल में फैलने के लिए बस कुछ ही शताब्दियों की ज़रूरत होगी।

कंप्यूटर के विकास की गति शब्दावली की उस अराजकता में ध्वनित होती है, जो कंप्यूटरों के इर्द-गिर्द व्याप्त है। जहाँ कुछ दशक पहले तक 'कंप्यूटर' के बारे में बात करने का चलन था, वहीं आज हम ख़ुद को एल्गोरिदम, रोबोट, बॉट, एआई, नेटवर्क, या क्लाउड्स के बारे में बात करता हुआ पाते हैं। इस बारे में हमारी मुश्किल कि उन्हें क्या कहकर पुकारा जाए, महत्त्वपूर्ण है। जीव अलग-अलग स्वतंत्र इकाइयाँ हैं, जिन्हें प्रजातियों और वंशों जैसे समूहों में बाँटा जा सकता है। लेकिन, कंप्यूटर के मामले में यह फ़ैसला करना उत्तरोत्तर मुश्किल होता जा रहा है कि कहाँ एक सत्ता समाप्त होती है और दूसरी आरंभ होती है और उनका समूह कैसे तैयार किया जाए।

इस किताब में मैं 'कंप्यूटर' शब्द का इस्तेमाल तब करता हूँ, जब मैं सॉफ़्टवेयर और हार्डवेयर के उस समूचे संकुल के बारे में बात कर रहा होता हूँ,जो भौतिक रूप में प्रकट होता है। मैं अक्सर एल्गोरिदम या एआई के स्थान पर लगभग पुराने लगने वाले 'कंप्यूटर' शब्द का इस्तेमाल करता हूँ, आंशिक तौर पर तो इसलिए कि मैं इस बात के प्रति जागरूक हूँ कि शब्दावली बहुत तेज़ी-से बदल रही है, और आंशिक तौर पर कंप्यूटर क्रांति के भौतिक पहलू की याद दिलाने के लिए। कंप्यूटर पदार्थ से निर्मित हैं, वे ऊर्जा का उपभोग करते हैं, और वे जगह घेरते हैं। उन्हें बनाने और चलाने में प्रचुर मात्रा में बिजली, ईंधन, पानी, ज़मीन, मूल्यवान खनिज, और अन्य संसाधनों का इस्तेमाल होता है। वैश्विक ऊर्जा की खपत में अकेले डेटा केंद्रों का

हिस्सा 1 प्रतिशत से 1.5 प्रतिशत के बीच है, और बड़े डेटा केंद्र लाखों फुट जगह घेरते हैं तथा उन्हें अतिरिक्त रूप से गर्म होने से बचाने के लिए प्रतिदिन लाखों गैलन पानी की आवश्यकता होती है।[46]

''एल्गोरिदम' शब्द का इस्तेमाल मैं तब करता हूँ जब मैं सॉफ़्टवेयर के पहलुओं पर अधिक केंद्रित होना चाहता हूँ, लेकिन यह याद रखना महत्त्वपूर्ण है कि आगामी पृष्ठों में जितने भी एल्गोरिदमों का ज़िक्र आया है, वे सभी किसी-न-किसी कंप्यूटर पर काम करते हैं। जहाँ तक 'एआई' शब्द का सवाल है, उसका इस्तेमाल मैं तब करता हूँ, जब मैं किन्हीं एल्गोरिदमों की सीखने और ख़ुद को परिवर्तित कर लेने की क्षमता पर बल देना चाहता हूँ। पारंपरिक तौर पर, एआई 'आर्टिफ़िशियल इंटेलिजेंस' (कृत्रिम बुद्धि) के लिए संक्षिप्त नाम के रूप में प्रयुक्त होता है, लेकिन पिछली चर्चाओं से ज़ाहिर वजहों से यह शायद बेहतर होगा कि इसे 'एलियन इंटेलिजेंस' (अजनबी बुद्धि) के संक्षिप्त नाम के रूप में देखा जाए। जैसे-जैसे एआई विकसित होता जाता है, वह (मनुष्य के डिज़ाइन करने के अर्थ में) उतना ही कम कृत्रिम और उतना ही ज़्यादा अजनबी होता जाता है। यह भी ध्यान में रखा जाना चाहिए कि लोग अक्सर एआई को 'मानवीय स्तर की बुद्धि' के पैमाने से परिभाषित करते और आँकते हैं और इस बात को लेकर काफ़ी बहस है कि हम क्या उम्मीद करते हैं कि एआई 'मानवीय बुद्धि के स्तर' तक कब पहुँचेगा, लेकिन, इस पैमाने का इस्तेमाल बहुत भ्रामक है। यह हवाई जहाज़ को 'पक्षियों के स्तर की उड़ान' के पैमाने से परिभाषित करने और आँकने जैसा है। एआई मानवीय स्तर की बुद्धि की दिशा में नहीं बढ़ रहा है। वह एक नितांत भिन्न क़िस्म की बुद्धि विकसित कर रहा है।

एक और भ्रामक शब्द है 'रोबोट' । इस किताब में इसका उपयोग उन प्रकरणों की ओर संकेत करने के लिए किया गया है, जब कंप्यूटर भौतिक क्षेत्र में गतिशील होता है और काम करता है, जबकि 'बॉट' उन एल्गोरिदमों की ओर संकेत करता है, जो मुख्यत: डिजिटल क्षेत्र में काम करते हैं। बॉट फ़ेक न्यूज़ों से आपके सोशल मीडिया अकाउंट को भ्रष्ट कर रहा हो सकता है, जबकि रोबोट आपके बैठक की धूल साफ़ कर रहा हो सकता है।

शब्दावली के बारे में एक अंतिम बात : मैं कंप्यूटर-आधारित 'तंत्र' के बारे में एकवचन में बात करने की कोशिश करता हूँ, बजाय बहुवचन 'तंत्रों' के बारे में बात करने के। मैं इस बात के प्रति पूरी तरह सजग हूँ कि कंप्यूटरों का इस्तेमाल विभिन्न विशेषताओं से युक्त कई तंत्रों की रचना के लिए किया जा सकता है, और अध्याय 11 इस संभावना की छानबीन करता है कि दुनिया मूलगामी रूप से विभिन्न और यहाँ तक कि परस्पर विरोधी कंप्यूटर तंत्रों में विभाजित हो जाएगी। तब भी, जिस तरह विभिन्न क़बीले, राजतंत्र, और चर्च ऐसे महत्त्वपूर्ण लक्षणों को साझा करते हैं,

जिससे हम उस एकल मानवीय तंत्र के बारे में बात कर पाते हैं, जिसने पृथ्वी ग्रह पर अपना वर्चस्व क़ायम किया, उसी तरह मैं *कंप्यूटर तंत्र* के बारे में एकवचन में बात करना पसंद करता हूँ, ताकि उसे उस मानवीय तंत्र के विपरीत रखा जा सके, जिसकी वह जगह ले रहा है।

ज़िम्मेदारी लेना

यद्यपि हम आने वाली सदियों और सहस्राब्दियों में कंप्यूटर आधारित तंत्र के दीर्घकालीन विकास का पूर्वानुमान नहीं कर सकते, तब भी हम इस बारे में तो कुछ बात कर ही सकते हैं कि ठीक इस वक़्त वह किस तरह विकसित हो रहा है, और यह कहीं अधिक ज़रूरी है, क्योंकि नए कंप्यूटर तंत्र के उदय के हम सभी के लिए तत्काल राजनीतिक और निजी निहितार्थ हैं। अगले अध्याय में हम इस बात की छानबीन करेंगे कि हमारे कंप्यूटर-आधारित तंत्र में नया क्या है और मानव जीवन के लिए उसका क्या अर्थ हो सकता है। यह बात एकदम शुरुआत से स्पष्ट होनी चाहिए कि यह तंत्र नितांत अनूठी राजनीतिक और निजी वास्तविकताओं की रचना करेगा। पिछले अध्यायों का मुख्य संदेश यह रहा है कि सूचना सत्य नहीं है और सूचना क्रांतियाँ सत्य को उजागर नहीं करतीं। वे नई राजनीतिक संरचनाएँ, आर्थिक मॉडल, और सांस्कृतिक मानकों की रचना करती हैं। चूँकि ताज़ा सूचना क्रांति पहले की सूचना क्रांतियों के मुक़ाबले कहीं ज़्यादा प्रभावशाली है, इसलिए इस बात की संभावना है कि वह अपूर्व पैमाने पर अपूर्व वास्तविकताओं की रचना करेगी।

यह बात समझना इसलिए महत्त्वपूर्ण है, क्योंकि हम इंसान अभी भी नियंत्रण करने की स्थिति में हैं। हम नहीं जानते कि यह स्थिति कितने लंबे समय तक बनी रहेगी, लेकिन हमारे पास अभी भी इन नई वास्तविकताओं को रूप देने की शक्ति है। अक़्लमंदी के साथ ऐसा करने के लिए, हमें यह समझना ज़रूरी है कि क्या हो रहा है। जब हम कंप्यूटर कोड लिखते हैं, तो हम महज़ किसी उत्पाद को डिज़ाइन नहीं कर रहे होते हैं। हम राजनीति, समाज, और संस्कृति को नए सिरे से डिज़ाइन कर रहे होते हैं। हम जो कुछ कर रहे हैं, हमें उसकी ज़िम्मेदारी लेने की भी ज़रूरत है।

चिंताजनक बात यह है कि रोहिंग्या-विरोधी मुहिम में फ़ेसबुक की भागीदारी जैसे मामलों में, कंप्यूटर क्रांति का नेतृत्व करने वाली कंपनियाँ सारी ज़िम्मेदारी ग्राहकों और मतदाताओं, या राजनेताओं और नियामकों पर डाल देती हैं। जब उन पर सामाजिक और राजनीतिक अशांति फैलाने का आरोप लगता है, तो वे इस

तरह के तर्कों के पीछे छिपने की कोशिश करती हैं : "हम तो महज़ प्लेटफ़ॉर्म हैं। हम वही कर रहे हैं, जो हमारे ग्राहक चाहते हैं और जिसकी इजाज़त मतदाता देते हैं। हम किसी पर अपनी सेवाओं का इस्तेमाल करने का दबाव नहीं डालते, और हम किसी भी मौजूदा क़ानून का उल्लंघन नहीं करते। अगर हम जो कर रहे हैं, वह ग्राहकों को पसंद नहीं है, तो वे जा सकते हैं। अगर मतदाता उस चीज़ को पसंद नहीं करते, जो हम कर रहे हैं, तो वे हमारे ख़िलाफ़ क़ानून बना सकते हैं। चूँकि ग्राहक और ज़्यादा की माँग करते रहते हैं, और चूँकि जो कुछ हम करते हैं, कोई क़ानून उसके आड़े नहीं आता, सब कुछ ठीक-ठाक होना चाहिए।"[47]

ये तर्क या तो बचकाने हैं या धूर्ततापूर्ण हैं। फ़ेसबुक, एमेज़ॉन, बैदू, और अलीबाबा जैसे प्रौद्योगिकी के क्षेत्र के महारथी ग्राहकों की सनकों और सरकार के नियम-क़ायदों के महज़ आज्ञाकार नौकर नहीं हैं। वे इन सनकों और नियम-क़ायदों को उत्तरोत्तर प्रभावित करते रहते हैं। प्रौद्योगिकी के क्षेत्र के इन महारथियों का विश्व की सबसे शक्तिशाली सरकारों के साथ सीधा संपर्क होता है, और वे उन नियम-क़ायदों को दबाने के उद्देश्य से लॉबिंग (स्थितियों को अपने पक्ष में करने के प्रयासों) पर भारी धनराशि का निवेश करते हैं, जो उनके व्यापार मॉडल को कमज़ोर कर सकते हैं। उदाहरण के लिए, वे अमेरिकी दूरसंचार अधिनियम 1996 की धारा 230 के बचाव में दृढ़तापूर्वक लड़े हैं, जो ऑनलाइन प्लेटफ़ॉर्मों को उनके उपयोगकर्ताओं द्वारा प्रकाशित सामग्री के संबंध में उत्तरदायित्व से मुक्ति प्रदान करती है। यह धारा 230 ही है जो, उदाहरण के लिए, फ़ेसबुक को रोहिंग्या नरसंहार के लिए ज़िम्मेदार होने से बचाती है। 2022 में शीर्ष प्रौद्योगिकी कंपनियों ने संयुक्त राज्य अमेरिका में लॉबिंग पर लगभग 7 करोड़ डॉलर और यूरोपीय संघ के निकायों में लॉबिंग पर लगभग 11.3 करोड़ यूरो ख़र्च किए, जो तेल और गैस कंपनियों और फ़ार्मास्युटिकल्स के लॉबिंग ख़र्च से अधिक है।[48] प्रौद्योगिकी के महारथियों की लोगों की भावनात्मक प्रणालियों तक भी सीधी पहुँच होती है, और वे ग्राहकों तथा मतदाताओं की सनकों को प्रभावित करने में माहिर होते हैं। अगर प्रौद्योगिकी के महारथी मतदाताओं और ग्राहकों की आकांक्षाओं का पालन करते हैं, लेकिन इसी के साथ-साथ वे इन आकांक्षाओं को ढालते भी हैं, तो वास्तव में कौन किसको नियंत्रित कर रहा होता है?

समस्या और भी गहरी है। ये सिद्धांत कि 'ग्राहक हमेशा सही होता है' और 'मतदाता बेहतर जानता है', यह मानकर चलते हैं कि जो ग्राहक टिकटॉक और इंस्टाग्राम के उपयोग का चुनाव करते हैं, वे इस चुनाव के संपूर्ण परिणामों को भली-भाँति समझते हैं, और जो मतदाता और राजनेता ऐपल और हुआवेई को नियंत्रित करने के लिए ज़िम्मेदार हैं, वे इन कॉर्पोरेट्स के व्यापार मॉडल और गतिविधियों को

पूरी तरह समझते हैं। वे यह मानकर चलते हैं कि लोग इस नए सूचना तंत्र के बारे में अच्छा-बुरा सब समझते हैं और उसका अनुमोदन करते हैं।

सच्चाई यह है कि हम नहीं समझते। इसलिए नहीं कि हम बेवकूफ़ हैं, बल्कि इसलिए कि प्रौद्योगिकी अत्यंत जटिल है और चीज़ें बहुत तेज़ रफ़्तार से आगे बढ़ रही हैं। ब्लॉकचेन-आधारित क्रिप्टोकरेंसी को समझने में बहुत मेहनत लगती है, जब तक आपको लगता है कि आप समझ चुके हैं, वह फिर-से बदल चुकी होती है। वित्त ख़ास तौर से निर्णायक महत्त्व का उदाहरण है, दो वजहों से। पहली, कंप्यूटर के लिए, भौतिक वस्तुओं की तुलना में वित्तीय उपकरणों को रचना और बदलना ज़्यादा आसान होता है, क्योंकि आधुनिक वित्तीय उपकरण पूरी तरह सूचना से निर्मित होते हैं। मुद्रा, शेयर, और बांड किसी ज़माने में भौतिक वस्तुएँ हुआ करते थे, जो सोने और काग़ज़ से बने होते थे, लेकिन वे पहले ही डिजिटल वस्तुएँ बन चुके हैं, जिनका वजूद ज़्यादातर डिजिटल डेटाबेस में होता है। दूसरी वजह, इन डिजिटल वस्तुओं का सामाजिक और राजनीतिक जगत पर अपरिमित प्रभाव होता है। अगर मनुष्य यह समझने में असमर्थ हो जाएँगे कि वित्तीय प्रणाली किस तरह काम करती है, तो लोकतंत्रों या फिर तानाशाहियों का क्या होगा?

परीक्षण के तौर पर, विचार करें कि नई प्रौद्योगिकी कराधान के मामले में क्या कर रही है। पारंपरिक तौर पर, लोग और कंपनियाँ केवल उन्हीं देशों को कर दिया करती थीं, जिनमें वे भौतिक रूप से मौजूद होती थीं, लेकिन जब भौतिक स्पेस को साइबरस्पेस द्वारा विस्तार दे दिया जाता है या उसकी जगह ले ली जाती है और जब ज़्यादा-से-ज़्यादा लेन-देन में भौतिक वस्तुओं या पारंपरिक मुद्राओं की बजाय केवल सूचना का हस्तांतरण होता है, तब स्थितियाँ बहुत ज़्यादा पेचीदा हो जाती हैं। उदाहरण के लिए, उरुग्वे की कोई नागरिक उन अनेक कंपनियों से प्रतिदिन ऑनलाइन संपर्क कर सकती है, जो ज़रूरी नहीं कि उरुग्वे में भौतिक रूप से उपस्थित हों, लेकिन जो उसे कई तरह की सेवाएँ उपलब्ध करा रही हो सकती है। गूगल उसके लिए मुफ़्त सर्च उपलब्ध कराता है और बाइटडांस - टिकटॉक एप्लीकेशन्स की पैतृक कंपनी - मुफ़्त सोशल मीडिया उपलब्ध कराती है। दूसरी विदेशी कंपनियाँ उसे विज्ञापनों के माध्यम से नियमित रूप से अपना लक्ष्य बनाती रहती हैं : नाइक उसे अपने जूते बेचना चाहती है, प्यूज़ो उसे कार बेचना चाहती है, और कोका कोला उसे शीतल पेय बेचना चाहती है। उसे लक्ष्य बनाने के लिए, ये कंपनियाँ गूगल और बाइटडांस से निजी सूचना और विज्ञापन की स्पेस ख़रीदती हैं। इसके अतिरिक्त, गूगल और बाइटडांस नए शक्तिशाली एआई उपकरणों को विकसित करने के लिए उस नागरिक और लाखों दूसरे उपयोगकर्ताओं से एकत्र की गई सूचना का इस्तेमाल करते हैं, जिन उपकरणों को वे दुनियाभर में विभिन्न सरकारों और कॉर्पोरेट्स को बेच सकते हैं। इस लेन-देन की वजह से, गूगल और बाइटडांस

दुनिया के समृद्धतम कॉर्पोरेट्स में शामिल हो जाते हैं। तब, क्या उस नागरिक के लेन-देन पर उरुग्वे में कर लगना चाहिए?

कुछ लोग सोचते हैं कि लगना चाहिए। न सिर्फ़ इसलिए कि उरुग्वे से मिली सूचना ने इन कॉर्पोरेट्स को संपन्न बनाने में मदद की, बल्कि इसलिए भी क्योंकि उनकी गतिविधियाँ उरुग्वे के करदाता कारोबारों को कमज़ोर करती हैं। स्थानीय अख़बार, टीवी स्टेशन और फ़िल्म टॉकीज़ उन प्रौद्योगिकीय महारथियों के हाथों अपने ग्राहक और विज्ञापनों से होने वाली आय गँवा देते हैं। उरुग्वे की संभावनाशील एआई कंपनियों को भी नुक़सान झेलना पड़ता है, क्योंकि वे गूगल और बाइटडांस के विराट डेटा ख़ज़ाने से प्रतिस्पर्धा नहीं कर सकतीं, लेकिन प्रौद्योगिकी के ये महारथी जवाब देते हैं कि किसी भी प्रासंगिक लेन-देन में उरुग्वे में कोई भौतिक उपस्थिति या पैसों के भुगतान शामिल नहीं थे। गूगल और बाइटडांस उरुग्वे के नागरिकों को मुफ़्त ऑनलाइन सेवाएँ उपलब्ध कराते हैं, और बदले में ये नागरिक अपनी ख़रीदारी का इतिहास, छुट्टियाँ बिताने के दौरान ली गई तसवीरें, फ़नी कैट वीडियो, और अन्य सूचना उनके हाथों में सौंप देते हैं।

तब भी अगर वे इन लेन-देनों पर कर लगाना चाहते हैं, तो कर विभाग के अधिकारियों को अपनी अत्यंत बुनियादी अवधारणाओं, जैसे कि 'नेक्सस' (संबंध), पर पुनर्विचार करने की ज़रूरत होती है। कर संबंधी साहित्य में 'नेक्सस' का मतलब होता है किसी सत्ता (एंटिटी) का किसी प्रदत्त अधिकार-क्षेत्र के साथ संबंध। पारंपरिक तौर पर, किसी निगम का किसी विशिष्ट देश के साथ नेक्सस है या नहीं, यह इस पर निर्भर करता है कि उस कंपनी का कार्यालय, अनुसंधान-केंद्र, उसकी दुकान आदि किसी भी रूप में वहाँ भौतिक उपस्थिति है या नहीं है। कंप्यूटर तंत्र द्वारा उत्पन्न की गई कर संबंधी इन दुविधाओं के समाधान के लिए एक प्रस्ताव यह है कि नेक्सस को दोबारा परिभाषित किया जाए। अर्थशास्त्री मार्को कोथेनबर्गर के शब्दों में, ''भौतिक उपस्थिति पर आधारित नेक्सस की परिभाषा को समायोजित करके उसमें किसी देश की डिजिटल उपस्थिति को शामिल किया जाना चाहिए।''[49] इसका अभिप्राय है कि भले ही गूगल और बाइटडांस की उरुग्वे में कोई भौतिक उपस्थिति नहीं है, फिर भी चूँकि उरुग्वे में लोग उनकी ऑनलाइन सेवाओं का उपयोग करते हैं, इसलिए उन्हें वहाँ कराधान के अधीन होना चाहिए। जिस तरह शेल और बीपी उन देशों को कर देती हैं, जहाँ से वे तेल का उत्खनन करती हैं, उसी तरह इन प्रौद्योगिकी के महारथियों को उन देशों को कर देना चाहिए, जहाँ से वे डेटा का उत्खनन करते हैं।

यह चीज़ तब भी इस सवाल को खुला रखती है कि उरुग्वे की सरकार को ठीक-ठीक किस चीज़ पर कर लगाना चाहिए। उदाहरण के लिए, मान लीजिए

उरुग्वे के नागरिक टिकटॉक के माध्यम से दस लाख कैट वीडियो शेयर करते हैं। बाइटडांस उनसे इसके लिए न तो भुगतान वसूल करती है न कोई भुगतान देती है, लेकिन बाइटडांस बाद में इन वीडियो का इस्तेमाल छवि पहचानने वाले एआई को प्रशिक्षित करने के लिए करती है, जिसे बाद में वह दक्षिण अफ़्रीका की सरकार को एक करोड़ डॉलर में बेच देती है। तब उरुग्वे के अधिकारियों को पता भी कैसे चलेगा कि वह पैसा उरुग्वे के कैट वीडियो का फल था, और वे उसमें से अपने हिस्से का हिसाब कैसे लगाएँगे? क्या उरुग्वे को कैट वीडियो कर लागू करना चाहिए? (यह चीज़ मज़ाक़ लग सकती है, लेकिन जैसा कि हम अध्याय 11 में देखेंगे, कैट छवियाँ एआई में सबसे महत्त्वपूर्ण घटना के लिए निर्णायक महत्त्व की रही हैं।)

यह स्थिति और भी जटिल हो सकती है। जवाब में, मान लीजिए प्रौद्योगिकी का एक महारथी किसी राजनेता को उरुग्वे के मतदाताओं के बारे में कोई मूल्यवान सूचना उपलब्ध कराने की पेशकश करता है और अपने सोशल मीडिया और सर्च एल्गोरिदम में हल्का-सा परिवर्तन करके उस राजनेता के पक्ष में काम करता है, जिससे उसे अगला चुनाव जीतने में मदद मिलती है। बदले में, हो सकता है आगामी प्रधानमंत्री डिजिटल कर योजना को त्याग दे। वह ऐसे नियम भी पारित कर देता है, जो प्रौद्योगिकी के महारथियों को उपयोगकर्ताओं की गोपनीयता से संबंधत मुक़दमों से बचाते हैं, जिससे उनके लिए उरुग्वे में सूचना एकत्र करना आसान हो जाता है। क्या यह रिश्वत थी? ध्यान रखें कि एक भी डॉलर या पैसों का हाथों से लेन-देन नहीं हुआ है।

इस क़िस्म के सूचना-के-लिए-सूचना के सौदे हर कहीं होने लगे हैं। हर दिन हम में से अरबों लोग प्रौद्योगिकी के महारथियों के साथ ऐसे अनेक लेन-देन करते हैं, लेकिन कोई भी व्यक्ति हमारे बैंक ख़ातों से इसका अनुमान नहीं लगा सकता, क्योंकि उनमें बमुश्किल ही कोई पैसा इधर-उधर होता है। हम प्रौद्योगिकी के महारथियों से सूचना प्राप्त करते हैं और सूचना के माध्यम से उन्हें भुगतान करते हैं। जैसे-जैसे अधिकाधिक लेनदेन इस सूचना-के-लिए-सूचना के मॉडल का अनुसरण करते जाते हैं, सूचना अर्थव्यवस्था मुद्रा अर्थव्यवस्था की क़ीमत पर तब तक बढ़ती जाती है, जब तक कि मुद्रा की अवधारणा ही संदिग्ध नहीं हो जाती।

पैसे को सिर्फ़ कुछ स्थितियों में उपयोग किया जाने वाला प्रतीक नहीं, बल्कि मूल्य का *सार्वभौमिक* माप माना जाता है, लेकिन जब ज़्यादातर चीज़ों का मूल्य सूचना के संदर्भ में मापा जाने लगता है, जबकि वे पैसे के संदर्भ में 'मुफ़्त' होती हैं, तब एक मक़ाम आता है, जब व्यक्तियों और कॉर्पोरेट्स की संपत्ति का मूल्यांकन उनके पास मौजूद डॉलर या पैसों की मात्रा के आधार पर करना भ्रामक हो जाता है। अगर किसी व्यक्ति या निगम के पास बैंक में थोड़ा-सा पैसा हो, लेकिन उसके पास

सूचना का विशाल डेटा बैंक हो, तो वह देश की सबसे ज़्यादा समृद्ध या शक्तिशाली सत्ता हो सकता है। सैद्धांतिक तौर पर, उनकी सूचना को पैसे की शब्दावली में निर्धारित करना संभव है, लेकिन वे कभी वास्तव में सूचना को डॉलर या पैसों में तब्दील नहीं करते। उनको डॉलर की ज़रूरत ही क्या है, जबकि वे सूचना से ही वह सब प्राप्त कर सकते हैं जिसकी उन्हें ज़रूरत है?

कराधान पर इसका दूरगामी प्रभाव पड़ेगा। करों का लक्ष्य संपत्ति का पुनर्वितरण करना होता है। वे सबसे ज़्यादा संपन्न व्यक्तियों से एक हिस्सा लेते हैं, ताकि वे उसे हर किसी को उपलब्ध करा सकें, लेकिन जो कर प्रणाली केवल पैसे के रूप में कर लेना जानती है, वह जल्दी ही पुरानी पड़ जाएगी, क्योंकि ज़्यादातर लेन-देनों में पैसा शामिल ही नहीं होगा। डेटा-आधारित अर्थव्यवस्था में, जहाँ मूल्य डॉलर की बजाय डेटा के रूप में संचित है, वहाँ केवल पैसे के रूप में कर प्राप्त करना आर्थिक और राजनीतिक तसवीर को विकृत कर देता है। हो सकता है कि देश के कुछ सबसे ज़्यादा अमीर लोग शून्य कर का भुगतान करें, क्योंकि उनकी संपत्ति में अरबों डॉलर की बजाय डेटा के पेटाबिट्स शामिल हैं।[50]

राज्यों को पैसे के रूप में कर लेने का हज़ारों साल पुराना तज़ुर्बा है। वे नहीं जानते कि सूचना पर कर कैसे लगाया जाए - कम-से-कम अभी तक तो नहीं जानते। अगर हम पैसे के वर्चस्व वाली अर्थव्यवस्था से सूचना के लेन-देन के वर्चस्व वाली अर्थव्यवस्था में क़दम रख रहे हैं, तो राज्यों की क्या प्रतिक्रिया होनी चाहिए? चीन की सामाजिक साख प्रणाली (सोशल क्रेडिट सिस्टम) एक तरीक़ा है, जिसे राज्य इन नई परिस्थितियों में अपना सकते हैं। जैसा कि हम अध्याय 7 में स्पष्ट करेंगे, सामाजिक साख प्रणाली एक नई तरह का पैसा है - सूचना-आधारित मुद्रा। क्या सारे राज्यों को चीन के उदाहरण की नक़ल करनी चाहिए और अपनी-अपनी सामाजिक साखें गढ़नी चाहिए? क्या कोई वैकल्पिक रणनीतियाँ हैं? इस सवाल पर आपके पसंदीदा राजनीतिक दल का क्या कहना है?

दक्षिणपंथ और वामपंथ

कराधान कंप्यूटर क्रांति द्वारा पैदा की गई कई समस्याओं में से एक समस्या है। कंप्यूटर तंत्र लगभग सारी शक्ति संरचनाओं को अस्त-व्यस्त कर रहा है। लोकतंत्र नई डिजिटल तानाशाही के उदय की संभावना से भयभीत है। तानाशाहियों को ऐसे कर्ताओं के उदय का ख़ौफ़ है, जिन्हें कैसे नियंत्रित किया जाए, वे नहीं जानतीं। हर किसी को गोपनीयता के नष्ट होने, डेटा उपनिवेशवाद के विस्तार को लेकर चिंतित होने की ज़रूरत है। हम आने वाले अध्यायों में इन ख़तरों पर बात करेंगे,

लेकिन यहाँ मुद्दा यह है कि इन ख़तरों पर बातचीत अभी शुरू ही हो रही है, जबकि प्रौद्योगिकी नीति के मुक़ाबले अधिक तेज़ी-से आगे बढ़ रही है।

उदाहरण के लिए, रिपब्लिकन और डेमोक्रेट की एआई नीतियों में क्या फ़र्क़ है? एआई को लेकर दक्षिणपंथियों का दृष्टिकोण क्या है, और वामपंथियों का दृष्टिकोण क्या है? क्या परंपरावादी (कंज़र्वेटिव) एआई के ख़िलाफ़ हैं, क्योंकि वह पारंपरिक मानव-केंद्रित संस्कृति के समक्ष ख़तरा पैदा कर रहा है, या वे उसके पक्ष में हैं, क्योंकि वह आर्थिक विकास को बढ़ावा देगा, जबकि इसी के साथ-साथ वह प्रवासी कामगारों की ज़रूरत को कम कर देगा? क्या प्रगतिशील लोग एआई का विरोध करते हैं, क्योंकि इससे ग़लत सूचना और पूर्वाग्रहों में वृद्धि का ख़तरा है, या वे इसे समृद्धि उत्पन्न करने के साधन के रूप में अपनाते हैं, जिससे एक व्यापक कल्याणकारी राज्य का वित्तपोषण संभव होगा? कहना मुश्किल है, क्योंकि अभी हाल ही तक रिपब्लिकन और डेमोक्रेट, दुनिया के ज़्यादातर दूसरे राजनीतिक दलों ने इस मुद्दे पर बहुत सोच-विचार या बात नहीं की है।

कुछ लोग, जैसे कि उच्च-प्रौद्योगिकीय कॉर्पोरेट्स के इंजीनियर और व्यवस्थापक, राजनेताओं और मतदाताओं से बहुत आगे हैं और वे एआई, क्रिप्टोकरेंसी, सामाजिक साख, और ऐसी ही अन्य चीज़ों के विकास के बारे में हमसे बेहतर जानते हैं। दुर्भाग्यवश, उनमें से ज़्यादातर अपने इस ज्ञान का इस्तेमाल नई प्रौद्योगिकी की विस्फोटक संभावनाओं के नियंत्रण में मदद के लिए नहीं करते। इसकी बजाय वे उसका इस्तेमाल लाखों डॉलर कमाने के लिए या सूचना के पेटाबिट्स का संचय करने के लिए करते हैं।

कुछ अपवाद हैं, जैसे कि ऑद्रे टेंग। वह एक प्रमुख हैकर और सॉफ़्टवेयर इंजीनियर थीं। वह 2014 में उस सनफ़्लावर स्टूडेंट मूवमेंट में शामिल हुई थीं, जो ताइवान में सरकारी नीतियों का विरोध कर रहा था। ताइवान का मंत्रिमंडल उनकी दक्षताओं से इतना प्रभावित हुआ कि टेंग को अंततःसरकार के डिजिटल मामलों के मंत्री के रूप में शामिल होने के लिए आमंत्रित किया गया। उस हैसियत से, उन्होंने सरकारी कामकाज को नागरिकों के पक्ष में अधिक पारदर्शी बनाने में मदद की। डिजिटल उपकरणों का उपयोग करके ताइवान में कोविड-19 के प्रकोप को सफलतापूर्वक नियंत्रित करने में मदद करने का श्रेय उन्हें ही दिया जाता है।[51]

लेकिन टेंग की राजनीतिक प्रतिबद्धता और करियर का रास्ता कोई प्रतिमान नहीं हैं। ऐसे प्रत्येक कंप्यूटर स्नातक की तुलना में, जो अगला ऑद्रे टेंग बनना चाहता है, संभवतः ऐसे बहुत सारे लोग हैं, जो अगला जॉब्स, जुकरबर्ग या मस्क बनना चाहते हैं और निर्वाचित लोकसेवक बनने की बजाय अरबों डॉलर का निगम खड़ा करने का ख़्वाब देखते हैं। इससे ख़तरनाक सूचना विषमता पैदा होती है। जो

लोग सूचना क्रांति का नेतृत्व कर रहे हैं, वे अंतर्निहित प्रौद्योगिकी के बारे में उन लोगों के मुक़ाबले ज़्यादा जानते हैं, जिनसे इस प्रौद्योगिकी को नियंत्रित करने की अपेक्षा की जाती है। इस तरह की परिस्थितियों के अधीन, ये मंत्र जपते रहने का क्या अर्थ है कि ग्राहक हमेशा सही होता और मतदाता बेहतर जानता है?

आगामी अध्याय खेल के मैदान को थोड़ा समतल बनाने का प्रयास करते हैं तथा हमें कंप्यूटर क्रांति द्वारा उत्पन्न नई वास्तविकताओं की ज़िम्मेदारी लेने के लिए प्रोत्साहित करते हैं। ये अध्याय प्रौद्योगिकी के बारे में बहुत बात करते हैं, लेकिन दृष्टिकोण पूरी तरह मानवीय है। मुख्य प्रश्न यह है कि इस नए कंप्यूटर-आधारित तंत्र में रहने का मनुष्यों के लिए, संभवत: उत्तरोत्तर अशक्त होते अल्पसंख्यकों के रूप में रहने का, क्या अर्थ होगा? हमारा यह नया तंत्र हमारी नीतियों, हमारे समाज, हमारी अर्थव्यवस्था और हमारे रोज़मर्रा के जीवन को कैसे बदलेगा? जब करोड़ों अ-मानवीय सत्ताओं द्वारा हम पर लगातार निगरानी रखी जा रही होगी, हमें मार्गदर्शन दिया जा रहा होगा, उत्प्रेरित किया जा रहा होगा, या प्रतिबंधित किया जा रहा होगा, तब हम कैसा महसूस करेंगे? इस चमत्कृत कर देने वाली नई दुनिया में ख़ुद को अनुकूलित करने, जीवित बनाए रखने, और उम्मीद है कि फलने-फूलने देने की कोशिश में हम ख़ुद को किस तरह बदलेंगे?

कोई निश्चयात्मकता नहीं

याद रखने की सबसे महत्त्वपूर्ण बात यह है कि यह प्रौद्योगिकी, अपने आप में, शायद ही कभी निश्चयात्मक होगी। प्रौद्योगिकीय निश्चयवाद में विश्वास ख़तरनाक होता है, क्योंकि यह लोगों को सभी ज़िम्मेदारियों से मुक्त कर देता है। हाँ, चूँकि मानव समाज सूचना तंत्र हैं, नई सूचना प्रौद्योगिकी का आविष्कार समाज को बदलकर रहेगा। जब लोग छापाख़ानों या मशीन-लर्निंग एल्गोरिदमों का आविष्कार करेंगे, तो यह अपरिहार्य रूप से गंभीर सामाजिक और राजनीतिक क्रांतियों का कारण बनेगा, लेकिन, इस क्रांति की गति, रूपाकार और दिशा पर अभी भी इंसान का नियंत्रण है, जिसका मतलब है कि हमारे कंधों पर भारी ज़िम्मेदारियाँ भी हैं।

किसी भी प्रदत्त क्षण में, हमारा वैज्ञानिक ज्ञान और तकनीकी दक्षता किसी भी तादाद में विभिन्न प्रौद्योगिकियों को विकसित करने में सहायक हो सकते हैं, लेकिन हमारे पास संसाधान सीमित ही हैं। इसलिए हमें इस बारे में विकल्पों का चुनाव ज़िम्मेदारीपूर्वक करना चाहिए कि इन संसाधनों का निवेश कहाँ किया जाए। क्या इनका उपयोग मलेरिया की नई दवा, या नया विंड टर्बाइन विकसित करने में किया जाए, या किसी तल्लीन कर लेने वाले नए वीडियो गेम को विकसित करने में किया

जाए? हमारे चयन में अपरिहार्य कुछ भी नहीं है, यह राजनीतिक, आर्थिक, और सांस्कृतिक प्राथमिकताओं को प्रतिबिंबित करता है।

1970 के दशक में, ज़्यादातर आईबीएम जैसे कंप्यूटर निगम बड़ी और महँगी मशीनें बनाने पर ध्यान केंद्रित करते थे, जिन्हें वे बड़े कॉर्पोरेट्स और सरकारी विभागों को बेचा करते थे। छोटे, सस्ते पर्सनल कंप्यूटर तैयार करना और उन्हें व्यक्तियों को बेचना तकनीकी तौर पर व्यावहारिक था, लेकिन आईबीएम की इसमें बहुत कम दिलचस्पी थी। ऐसा करना उसके व्यापारिक मॉडल के अनुकूल नहीं बैठता था। लौह आवरण के दूसरी तरफ़, सोवियत संघ में, सोवियत भी कंप्यूटरों में दिलचस्पी रखते थे, लेकिन वे पर्सनल कंप्यूटर बनाने में आईबीएम से कम रुझान रखते थे। एक अधिनायकवादी राज्य में जहाँ टाइपराइटरों तक के निजी स्वामित्व को संदेह की निगाह से देखा जाता था, वहाँ व्यक्तियों को शक्तिशाली सूचना प्रौद्योगिकी का नियंत्रण मुहैया कराना एक असामान्य बात थी। इसलिए कंप्यूटर मुख्यत: सोवियत फ़ैक्टरी मैनेजरों को उपलब्ध कराए जाते थे, और उन्हें भी सारा डेटा विश्लेषण के लिए वापस मॉस्को भेजना पड़ता था। परिणामत:, मॉस्को में काग़ज़ी कार्रवाइयों का सैलाब आया होता था। 1980 के दशक तक, कंप्यूटरों की यह भारी-भरकम प्रणाली हर वर्ष 800 अरब दस्तावेज़ उत्पन्न कर रही थी, जिन सबका रुख़ राजधानी की ओर होता था।[52]

लेकिन, जिस वक़्त आईबीएम और सोवियत सरकार ने पर्सनल कंप्यूटर बनाने से इंकार कर दिया, तब कैलिफ़ोर्निया होमब्र्यू कंप्यूटर क्लब के सदस्यों जैसे शौकीनों ने ख़ुद ही यह करने का संकल्प किया। यह एक सचेत विचारधारात्मक फ़ैसला था, जो 1960 के दशक की प्रतिसंस्कृति से प्रभावित था, जिसमें जनता को सत्ता सौंपने के अराजकतावादी विचार तथा सरकारी और बड़ी कंपनियों के प्रति स्वच्छन्दतावादी अविश्वास निहित था।[53]

होमब्र्यू कंप्यूटर क्लब के स्टीव जॉब्स और स्टीव वोज़्निआक जैसे अग्रणी सदस्यों के ख़्वाब तो बहुत बड़े थे, लेकिन उनके पास बहुत कम पैसा था और कॉर्पोरेट अमेरिका या सरकारी तंत्र के संसाधनों तक उनकी पहुँच नहीं थी। जॉब्स और वोज़्निआक ने पहले अपना निजी सामान बेच दिया, जैसे कि जॉब की फ़ॉक्सवेगन, और उस पैसे से पहला ऐपल कंप्यूटर तैयार किया। प्रौद्योगिकी की देवी के अपरिहार्य आदेश के कारण नहीं, बल्कि ऐसे व्यक्तिगत निर्णयों के कारण ही 1977 तक लोग 1,298 डॉलर में ऐपल II कंप्यूटर ख़रीद सकते थे, जो यूँ तो एक बड़ी रक़म थी, लेकिन मध्यवर्ग के ग्राहकों की पहुँच में थी।[54]

हम एक वैकल्पिक इतिहास की सहज ही कल्पना कर सकते हैं। मान लीजिए कि 1970 के दशक में, मानवता के पास वैसे ही वैज्ञानिक ज्ञान और तकनीकी

दक्षताओं तक पहुँच होती, लेकिन मैकार्थीवाद ने 1960 के दशक की प्रतिसंस्कृति को मार डाला होता और एक अमेरिकी अधिनायकवादी शासन की स्थापना कर दी होती, जो सोवियत प्रणाली को प्रतिबिंबित करता। तब क्या आज हमारे पास पर्सनल कंप्यूटर होता? निश्चय ही, पर्सनल कंप्यूटर तब भी एक भिन्न समय और स्थान में प्रकट हुए होते, लेकिन इतिहास में समय और जगह निर्णायक महत्त्व रखते हैं और कोई भी दो क्षण समान नहीं होते। यह चीज़ बहुत मायने रखती है कि अमेरिका का उपनिवेशीकरण, 1520 के दशक में ऑटोमनों द्वारा 1520 के दशक में किए जाने की बजाय, स्पेनवासियों द्वारा 1440 के दशक में किया गया था, या एटम बम, जर्मनों द्वारा 1942 में विकसित किए जाने की बजाय, अमेरिकियों द्वारा 1945 में किया गया था। इसी तरह, इस बात के महत्त्वपूर्ण राजनीतिक, आर्थिक, और सांस्कृतिक परिणाम हुए होते अगर पर्सनल कंप्यूटर का उदय सैन फ्रांसिस्को में 1970 के दशक में होने की बजाय ओसाका में 1980 के दशक या शंघाई में इक्कीसवीं सदी के पहले दशक में हुआ होता।

यही बात इस वक़्त विकसित हो रही प्रौद्योगिकियों के संदर्भ में सही है। निरंकुश सरकारों और क्रूर कॉर्पोरेट्स के लिए काम कर रहे इंजीनियर, नागरिकों और ग्राहकों पर चौबीसों घंटे निगाह रखते हुए, केंद्रीय सत्ता को शक्तिशाली बनाने वाले नए उपकरण गढ़ सकते हैं। लोकतंत्रों के लिए काम कर रहे हैकर, सरकारी भ्रष्टाचार और कॉर्पोरेट्स के दुराचार को उजागर करते हुए, समाज के आत्म-सुधार की प्रक्रियाओं को मज़बूती प्रदान करने वाले नए उपकरण गढ़ सकते हैं। दोनों तरह की प्रौद्योगिकियाँ विकसित की जा सकती हैं।

विकल्प यहीं समाप्त नहीं हो जाते। किसी ख़ास उपकरण के तैयार हो जाने के बाद भी, उसका इस्तेमाल कई तरह से किया जा सकता है। चाकू का इस्तेमाल हम किसी व्यक्ति की हत्या के लिए कर सकते हैं, शल्यक्रिया में किसी की जान बचाने के लिए कर सकते हैं, और डिनर के लिए सब्ज़ियाँ काटने के लिए कर सकते हैं। चाकू हमारे हाथ पर दबाव नहीं डालता। इसी तरह, जब सस्ते रेडियो तैयार किए गए थे, तो इसका मतलब था कि जर्मनी का हर परिवार अपने घर के लिए एक रेडियो ख़रीद सकता था, लेकिन उसका इस्तेमाल किस तरह किया जाता? सस्ते रेडियो का मतलब था कि जब एक तानाशाह नेता भाषण देता, तो वह हर जर्मन परिवार के बैठक-कक्ष तक अपनी पहुँच बना सकता था, या फिर उनका मतलब यह हो सकता था कि हर जर्मन परिवार एक अलग रेडियो कार्यक्रम सुनने का विकल्प चुनता, जो राजनीतिक और कलात्मक विचारों की विविधता को दर्शाता और विकसित करता। पूर्वी जर्मनी ने एक रास्ता अपनाया; पश्चिमी जर्मनी ने दूसरा रास्ता अपनाया, हालाँकि, पूर्वी जर्मनी में रेडियो से व्यापक दायरे के प्रसारण सुन सकते

थे, लेकिन पूर्वी जर्मनी की सरकार ने पश्चिमी प्रसारणों को रोकने की पूरी कोशिश की और उन लोगों को दंडित किया, जो गुप्त रूप से उन्हें सुनते थे।[55] प्रौद्योगिकी एक ही थी, लेकिन राजनीतियों ने उसके अलग-अलग इस्तेमाल किए।

यही बात इक्कीसवीं सदी की नई प्रौद्योगिकियों के संदर्भ में सही है। अपनी एजेंसी का प्रयोग करने के लिए, हमें सबसे पहले यह समझना होगा कि ये नई प्रौद्योगिकियाँ क्या हैं और वे क्या कर सकती हैं। यह प्रत्येक नागरिक की तत्काल ज़िम्मेदारी है। स्वाभाविक है कि हर नागरिक को कंप्यूटर विज्ञान में पीएचडी करने की ज़रूरत नहीं है, लेकिन अपने भविष्य पर नियंत्रण बनाए रखने के लिए, हमें कंप्यूटर की राजनीतिक क्षमताओं को समझना ज़रूरी है। इसलिए, अगले कुछ अध्याय इक्कीसवीं सदी के नागरिकों के लिए कंप्यूटर की राजनीति का एक विहंगावलोकन प्रस्तुत करते हैं। हम सबसे पहले यह जानेंगे कि नए कंप्यूटर तंत्र के राजनीतिक जोखिम और आश्वासन क्या हैं और उसके बाद इस बात की छानबीन करेंगे कि वे कौन-से अलग-अलग तरीक़े हो सकते हैं, जिन्हें नई कंप्यूटर राजनीति के साथ तालमेल बैठाने के लिए लोकतंत्र, तानाशाहियाँ, और सामान्य तौर पर अंतरराष्ट्रीय व्यवस्थाएँ अपना सकती हैं।

राजनीति में सत्य और व्यवस्था (ऑर्डर) के बीच एक नाज़ुक संतुलन शामिल होता है। जैसे-जैसे कंप्यूटर हमारे सूचना तंत्र के महत्त्वपूर्ण सदस्य बनते जा रहे हैं, वैसे-वैसे उन पर सत्य की खोज करने और व्यवस्था बनाए रखने का कार्यभार बढ़ता जा रहा है। उदाहरण के लिए, जलवायु परिवर्तन के बारे में सच्चाई जानने की कोशिश उत्तरोत्तर उन गणनाओं पर निर्भर होती जा रही है, जो केवल कंप्यूटर ही कर सकते हैं, और जलवायु परिवर्तन के बारे में सामाजिक सहमति तक पहुँचने की कोशिश उत्तरोत्तर उन अनुशंसा एल्गोरिदमों पर निर्भर होती जा रही है,जो हमारे न्यूज़ फ़ीड का संग्रह करते हैं, और उन रचनात्मक एल्गोरिदमों पर भी जो न्यूज़, फ़ेक न्यूज़ और क़िस्से लिखते हैं। फ़िलहाल हम जलवायु परिवर्तन के संदर्भ में राजनीतिक गतिरोध की अवस्था में हैं, आंशिक रूप से इसलिए कि कंप्यूटर गतिरोध की अवस्था में हैं। एक तरह के कंप्यूटरों की गणना हमें सिर पर मँडराते पारिस्थितिकीय विनाश की चेतावनी देते हैं, तो दूसरे कंप्यूटर ऐसे वीडियो देखने के लिए उकसाते हैं, जो इन चेतावनियों पर संदेह की छाया डालते हैं। किन कंप्यूटरों पर भरोसा किया जाए? इंसानी राजनीति भी अब कंप्यूटर राजनीति है।

नई कंप्यूटर राजनीति को समझने के लिए, हमें इस बात को गहराई से समझने की ज़रूरत है कि कंप्यूटरों में नया क्या है। इस अध्याय में हमने देखा कि छापाख़ाने और पहले के दूसरे उपकरणों से भिन्न, कंप्यूटर स्वयं ही निर्णय ले सकते हैं और स्वयं ही विचारों को जन्म दे सकते हैं। लेकिन, यह तो महज़ एक झलक है।

कंप्यूटरों के संदर्भ में नई बात वह *तरीक़ा* है, जिसका सहारा लेकर वे निर्णय लेते हैं और विचारों को जन्म देते हैं। अगर कंप्यूटर उन्हीं तरीक़ों से निर्णय लेते होते और विचारों को जन्म देते होते जैसे तरीक़ों का इस्तेमाल इंसान करते हैं, तब कंप्यूटर 'नए क़िस्म के इंसान' होते। विज्ञान-कथाओं में अक्सर इसी परिदृश्य की छानबीन की जाती है : कंप्यूटर चेतना-संपन्न हो जाता है, भावनाएँ विकसित कर लेता है, उसे इंसानों से इश्क़ हो जाता है, और वह ठीक हमारे जैसा हो जाता है, लेकिन वास्तविकता बहुत अलग, और संभावित रूप से कहीं अधिक चेतावनी से भरा है।

अध्याय 7

अनवरत : तंत्र हमेशा चालू है

इन्सान निगरानी में रहने के अभ्यस्त हैं। लाखों सालों से, हम पर जानवरों के साथ-साथ दूसरे इंसानों ने भी नज़र रखी है और हमारा पता लगाया है। परिवार के सदस्य, दोस्त, पड़ोसी हमेशा से यह जानना चाहते रहे हैं कि हम क्या महसूस करते हैं, और हम इस बात की बहुत ज़्यादा परवाह करते रहे हैं कि वे हमें किस तरह देखते हैं और हमारे बारे में क्या जानते हैं। सामाजिक सोपानक्रमों, राजनीतिक पैंतरों, और रोमानी संबंधों में यह पता लगाने का असमाप्य प्रयत्न होता है कि दूसरे लोग क्या महसूस करते और सोचते हैं और कभी-कभी वे अपनी भावनाओं और विचारों को छिपाते भी हैं।

जब केंद्रीकृत नौकरशाह तंत्र प्रकट और विकसित हुए, तो नौकरशाहों की एक महत्त्वपूर्ण भूमिका समूची आबादी पर नज़र रखने की होती थी। क़िन साम्राज्य के अधिकारी यह जानना चाहते थे कि हम अपने करों का भुगतान कर रहे हैं या किसी प्रतिरोध की योजना बना रहे हैं। कैथोलिक चर्च जानना चाहती थी कि क्या हमने टाइद (वार्षिक उपज या कमाई का दसवाँ हिस्सा, जो पहले चर्च और पादरी के समर्थन के लिए कर के रूप में लिया जाता था।) का भुगतान किया है और क्या हमने अप्राकृतिक रूप से वीर्यपात किया है। कोका-कोला कंपनी जानना चाहती थी कि उसे हमें किस तरह पटाना चाहिए कि हम उसके पेय ख़रीदें। हुक्मरान, पुरोहित और व्यापारी हमें नियंत्रित और मनमाफ़िक परिचालित करने के लिए हमारे रहस्यों को जानना चाहते थे।

बेशक, निगरानी हितकारी सेवाएँ उपलब्ध कराने के लिए भी अनिवार्य रही है। साम्राज्यों, चर्चों, और कॉर्पोरेट्स को, लोगों को सुरक्षा, सहायता और ज़रूरी वस्तुएँ उपलब्ध कराने के लिए सूचना की ज़रूरत होती थी। आधुनिक राज्यों में स्वच्छता व्यवस्था देखने वाले अधिकारी जानना चाहते हैं कि हम पानी कहाँ से प्राप्त करते हैं और शौच कहाँ करते हैं। चिकित्सा-सेवा से जुड़े अधिकारी जानना चाहते हैं कि हम किस बीमारी के शिकार हैं और हम कितना खाते हैं। कल्याण अधिकारी जानना चाहते हैं कि क्या हम बेरोज़गार हैं या कहीं हमारा जीवन-साथी हमारे साथ दुर्व्यवहार तो नहीं करता। बिना इस सूचना के वे हमारी मदद नहीं कर सकते।

हमारे बारे में जानने के लिए, हितकारी और दमनकारी, दोनों ही तरह की नौकरशाहियों को दो काम करने की ज़रूरत होती है। पहला, हमारे बारे में ढेर सारा डेटा इकट्ठा करना। दूसरा, उस सारे डेटा का विश्लेषण कर पैटर्न को पहचानना। तदनुसार, साम्राज्यों, चर्चों, कॉर्पोरेट्स, और स्वास्थ्य-सेवा-प्रणालियों ने प्राचीन चीन से लेकर आधुनिक अमेरिका तक करोड़ों लोगों के व्यवहार के बारे में डेटा एकत्र और विश्लेषित किए हैं, लेकिन, तमाम कालखंडों और जगहों पर निगरानी अपूर्ण रही है। आधुनिक अमेरिका जैसे लोकतंत्रों में, निजता, गोपनीयता और वैयक्तिक अधिकारों की रक्षा के उद्देश्य से निगरानी पर वैधानिक सीमाएँ निर्धारित की गई हैं। अधिनायकवादी सत्ताओं, जैसे कि प्राचीन क़िन साम्राज्य और आधुनिक सोवियत संघ में निगरानी के सामने ऐसी कोई वैधानिक रुकावटें नहीं रही हैं, लेकिन उन्हें तकनीकी रुकावटों का सामना करना पड़ा है। अत्यंत क्रूर तानाशाहों के पास भी सारे समय हर व्यक्ति का पीछा करने के लिए आवश्यक प्रौद्योगिकी नहीं होती। इसलिए गोपनीयता की कुछ मात्रा हिटलर की जर्मनी, स्तालिन के सोवियत संघ, या 1945 के बाद रोमानिया में स्तालिनवादी शासन की अनुकृति के रूप में स्थापित की गई व्यवस्था तक में थी।

रोमानिया के पहले कंप्यूटर वैज्ञानिक में शुमार योर्गे योसीफ़ेस्को याद करते हुए बताते हैं कि जब 1970 के दशक में कंप्यूटर पहली बार सामने आए, तब देश की सरकार इस अपरिचित सूचना प्रौद्योगिकी को लेकर अत्यंत असहज थी। 1976 में एक दिन जब योसीफ़ेस्को सरकारी सेंटर फ़ॉर कैल्कुलस के अपने कार्यालय में दाख़िल हुए, तो उन्होंने वहाँ अस्त-व्यस्त सूट पहने एक अपरिचित व्यक्ति को बैठे हुए देखा। योसीफ़ेस्को ने उस अजनबी को नमस्कार किया, लेकिन उस आदमी ने कोई जवाब नहीं दिया। योसीफ़ेस्को ने अपना परिचय दिया, लेकिन वह आदमी ख़ामोश बना रहा। योसीफ़ेस्को अपनी मेज़ पर बैठ गए, उन्होंने अपना बड़ा-सा कंप्यूटर चालू किया और अपना काम करने लगे। अजनबी ने अपनी कुर्सी और क़रीब खींच ली, और वह योसीफ़ेस्को की एक-एक हरक़त को ग़ौर से देखने लगा।

योसीफ़ेस्को ने पूरे दिन भर बार-बार बातचीत शुरू करने की कोशिश की, अजनबी से उसका नाम पूछा, पूछा कि वह वहाँ क्यों आया है, और वह क्या जानना चाहता है, लेकिन उस आदमी ने अपना मुँह बंद रखा और आँखें फाड़े देखता रहा। जब योसीफ़ेस्को शाम को घर जाने के लिए उठे, तो वह आदमी भी उठा और बिना गुडबाय किए चला गया। योसीफ़ेस्को कोई और सवाल पूछे बिना ही समझ गए कि वह आदमी स्पष्ट तौर पर ख़तरनाक रोमानियाई ख़ुफ़िया पुलिस, द सिक्यूरिटेट, का जासूस था।

अगली सुबह, जब योसीफ़ेस्को वापस अपने काम पर लौटे, तो वह जासूस पहले से ही वहाँ मौजूद था। इस बार फिर वह सारे दिन योसीफ़ेस्को की मेज़ के सामने बैठा रहा, और ख़ामोशी के साथ अपने छोटे-से नोटपैड पर नोट्स लेता रहा। यह सिलसिला 1989 में कम्युनिस्ट शासन के ध्वस्त होने के समय तक तेरह वर्षों तक जारी रहा। उन तमाम वर्षों में एक ही मेज़ पर बैठे रहने के बावजूद योसीफ़ेस्को उस जासूस का नाम तक नहीं जान सके।[1]

योसीफ़ेस्को जानते थे कि सिक्यूरिटेट के दूसरे गुप्तचर और मुख़बिर भी शायद कार्यालय के बाहर उन पर नज़र रखे हुए थे। एक शक्तिशाली और संभावित रूप से विध्वंसकारी प्रौद्योगिकी की उसकी विशेषज्ञता ने उन्हें मुख्य निशाना बना दिया था, लेकिन वास्तव में, निकोलाई चाउशेस्कु की संभ्रमित सत्ता सारे दो करोड़ रोमानियाई नागरिकों को निशाना मानती थी। अगर मुमकिन होता तो, चाउशेस्कु उनमें से हरेक पर निरंतर निगरानी रखता। वास्तव में उसने इस दिशा में कुछ क़दम उठाए भी थे। 1965 में सत्ता में आने से पहले, सिक्यूरिटेट का बुखारेस्ट में 1 इलेक्ट्रॉनिक निगरानी केंद्र और प्रांतीय नगरों में 11 और निगरानी केंद्र थे। 1978 तक आते-आते अकेले बुखारेस्ट में 10 इलेक्ट्रॉनिक निगरानी केंद्र बन गए थे, 248 केंद्र प्रांतों पर नज़र रखते थे। इसके अतिरिक्त 1,000 पोर्टेबल निगरानी केंद्र दूरदराज़ के गाँवों और हॉलिडे रिसॉर्ट्स पर नज़र रखने के लिए घूमते रहते थे।[2]

जब 1970 के दशक के बाद के वर्षों में, सिक्यूरिटेट के गुप्तचरों को पता चला कि कुछ रोमानियाई रेडियो फ़्री यूरोप को गुमनाम ख़त लिखकर सरकार की आलोचना कर रहे हैं, तो चाउशेस्कु ने सारे दो करोड़ नागरिकों के हस्तलिपि के नमूने एकत्र करने की राष्ट्रव्यापी मुहिम चलाई। स्कूलों और विश्वविद्यालयों को प्रत्येक विद्यार्थी से निबंध लिखवाकर सौंपने के लिए मजबूर किया गया। नियोक्ताओं को प्रत्येक कर्मचारी से हस्तलिखित सीवी लिखने का अनुरोध करना पड़ा और वे सारे सीवी सिक्यूरिटेट को भेजने पड़े। ''रिटायर्ड कर्मचारियों और बेरोज़गारों का क्या किया जाए?'' चाउशेस्कु के एक सहयोगी ने पूछा। तानाशाह ने जवाब दिया, ''किसी क़िस्म का कोई नया फ़ॉर्म ईजाद करो! ऐसा फ़ॉर्म, जिसमें उन्हें कुछ भरना

पड़े।'' लेकिन कुछ विध्वंसक ख़त टाइप किए गए थे, इसलिए चाउशेस्कु ने देश के प्रत्येक सरकारी स्वामित्व वाले टाइपराइटर को भी पंजीकृत किया, जिसके नमूने सिक्यूरिटेट के अभिलेखागार में रखे गए। जिन लोगों के पास निजी टाइपराइटर थे, उन्हें इसकी सूचना सिक्यूरिटेट को देनी पड़ी। टाइपराइटर के 'अँगुलियों के निशान' सौंपने पड़े और उनका उपयोग करने के लिए सरकारी प्रमाणीकरण करने को कहा गया।[3]

लेकिन चाउशेस्कु की सरकार, स्तालिन की सरकार की ही भाँति, वास्तव में चौबीसों घंटे प्रत्येक नागरिक का पीछा नहीं कर सकी। चूँकि सिक्यूरिटेट के गुप्तचरों के लिए भी सोना ज़रूरी था, इसलिए दो करोड़ रोमानियाई नागरिकों पर निरंतर निगरानी रखने के लिए संभवत: कम-से-कम चार करोड़ गुप्तचरों की ज़रूरत थी। चाउशेस्कु के पास सिर्फ़ लगभग चालीस हज़ार गुप्तचर थे।[4] और अगर चाउशेस्कु किसी तरह चार करोड़ गुप्तचरों का इंतज़ाम कर भी लेता, तो इससे सिर्फ़ नई समस्याएँ ही खड़ी हो जातीं, क्योंकि सरकार को अपने गुप्तचरों पर भी तो निगरानी रखनी होती है। स्तालिन की भाँति, चाउशेस्कु भी किसी अन्य के मुक़ाबले अपने गुप्तचरों और अधिकारियों पर ज़्यादा अविश्वास करता था, विशेष रूप से तब से जब से उसका गुप्तचर प्रमुख इयॉन मेहाई पाचेपा 1978 में अमेरिका भाग गया था। पोलित ब्यूरो के सदस्य, उच्च अधिकारी, सेना के जनरल, और सुरक्षा प्रमुख पाचेपा से कहीं ज़्यादा निगरानी के अधीन रहा करते थे। जैसे-जैसे ख़ुफ़िया पुलिस की संख्या बढ़ती गई, इन सभी गुप्तचरों की जासूसी करने के लिए और ज़्यादा गुप्तचरों की ज़रूरत पड़ती गई।[5]

एक समाधान यह था कि लोग एक-दूसरे की जासूसी करते। 40,000 पेशेवर गुप्तचरों के अतिरिक्त सिक्यूरिटेट 400,000 ग़ैरसरकारी मुख़बिरों पर निर्भर थी।[6] लोग अक्सर अपने पड़ोसियों, दोस्तों, यहाँ तक कि परिवार के निकटतम सदस्यों तक के बारे में सूचना दिया करते थे, लेकिन ख़ुफ़िया पुलिस चाहे कितने ही मुख़बिर लगा लेती, सारा डेटा एकत्र करना संपूर्ण निगरानी व्यवस्था रचने के लिए पर्याप्त नहीं था। मान लीजिए कि सिक्यूरिटेट चौबीसों घंटे हर किसी पर नज़र रखने के लिए पर्याप्त गुप्तचर और मुख़बिर नियुक्त करने में कामयाब हो जाती, तब प्रत्येक दिन की समाप्ति पर हर एक गुप्तचर और मुख़बिर को अपने द्वारा देखी गई चीज़ों पर एक रिपोर्ट तैयार करनी होती। सिक्यूरिटेट के मुख्यालय में हर दिन दो करोड़ रिपोर्टें आतीं या सालाना 7.3 अरब रिपोर्टें। जब तक इनका विश्लेषण नहीं कर लिया जाता, यह सिर्फ़ काग़ज़ों का महासागर ही होता। तब भी सिक्यूरिटेट को सालाना 7.3 अरब रिपोर्टों की जाँच और तुलना करने के लिए पर्याप्त विश्लेषणकर्ता कहाँ से मिलते?

सूचना का संग्रह करने और उनका विश्लेषण करने में पैदा होने वाली कठिनाइयों का मतलब था कि बीसवीं सदी में सर्वाधिक अधिनायकवादी राज्य भी अपनी समूची आबादी पर प्रभावशाली ढंग से निगरानी नहीं रख सकते थे। रोमानियाई और सोवियत नागरिकों ने जो कुछ भी किया और कहा, उसमें से ज़्यादातर सिक्यूरिटेट और केजीबी की नज़र से बच निकला। यहाँ तक कि जो विवरण किसी अभिलेखागार में दर्ज हो गए, वे भी प्रायः बिना पढ़े रह गए। सिक्यूरिटेट और केजीबी की वास्तविक शक्ति हर किसी पर निरंतर निगरानी रखने की क़ाबिलियत में नहीं थी, इसकी बजाय वह इस भय को जगाने की उनकी क़ाबिलियत में थी कि हो सकता है उन पर निगाह रखी जा रही हो, जिसने हर किसी को अपने कहने और करने को लेकर अत्यंत चौकन्ना बना दिया था।[7]

निद्राहीन गुप्तचर

एक ऐसी दुनिया में जहाँ निगरानी योसीफ़ेस्को की प्रयोगशाला में सिक्यूरिटेट गुप्तचर जैसे लोगों की आँखों, कानों और दिमाग़ों द्वारा की जाती है, वहाँ प्रमुख रूप से निशाना बनाए गए योसीफ़ेस्को जैसे लोगों के पास भी अभी भी कुछ निजता-गोपनीयता बरक़रार थी – सबसे पहले और सबसे महत्त्वपूर्ण उनके दिमाग़ में, लेकिन स्वयं योसीफ़ेस्को जैसे कंप्यूटर वैज्ञानिकों का काम इसे बदल रहा था। 1976 में ही, योसीफ़ेस्को की मेज़ पर रखा अल्प विकसित कंप्यूटर, सामने की कुर्सी पर बैठे सिक्यूरिटेट गुप्तचर की तुलना में कहीं बेहतर ढंग से आँकड़े तैयार कर सकता था। 2024 तक आते-आते, हम उस मक़ाम के क़रीब पहुँच रहे हैं, जहाँ एक सर्वव्यापी कंप्यूटर तंत्र समूचे देशों की आबादी पर चौबीसों घंटे नज़र रख सकता है। वह अब डिजिटल गुप्तचरों पर भरोसा करता है और तंत्र को इन डिजिटल गुप्तचरों को किसी तरह का भुगतान करने की भी ज़रूरत नहीं है। नागरिक स्वयं पहल करके उन गुप्तचरों के लिए भुगतान करते हैं और हम जहाँ भी जाते हैं, उन्हें अपने साथ ले जाते हैं।

योसीफ़ेस्को पर नज़र रखने वाला गुप्तचर योसीफ़ेस्को के साथ टॉयलेट में नहीं गया था और जब योसीफ़ेस्को सेक्स कर रहा था, तब वह उसके बिस्तर पर नहीं बैठा था। आज, हमारे स्मार्टफ़ोन कभी-कभी ठीक यही करते हैं। इसके अलावा, योसीफ़ेस्को जो बहुत सारी गतिविधियाँ अपने कंप्यूटर की मदद के बिना किया करता था, जैसे कि न्यूज़ पढ़ना, दोस्तों से गप लगाना, खाने का सामान ख़रीदना, वे अब ऑनलाइन की जाती हैं, इसलिए तंत्र के लिए यह जानना और भी आसान हो गया है कि हम क्या कह या कर रहे हैं। हम ख़ुद ही मुख़बिर हैं, जो तंत्र को अपना कच्चा डेटा उपलब्ध कराते हैं। यहाँ तक कि जिनके पास स्मार्टफ़ोन नहीं होते,

वे भी लगभग हमेशा किसी कैमरे, माइक्रोफ़ोन, या पीछा करने वाले उपकरण की ज़द में होते हैं, और वे भी काम हासिल करने, ट्रेन का टिकट ख़रीदने, मेडिकल प्रिस्क्रिप्शन प्राप्त करने, या महज़ सड़क पर चलने के लिए कंप्यूटर के तंत्र के साथ निरंतर आदान-प्रदान करते रहते हैं। कंप्यूटर तंत्र इंसान की अधिकांश गतिविधियों का संपर्क-सूत्र बन गया है। लगभग हर एक वित्तीय, सामाजिक, या राजनीतिक लेन-देन के मध्य हम कंप्यूटर को पाते हैं। नतीजतन, स्वर्ग में बैठे आदम और ईव की भाँति, हम ईश्वर की सर्वव्यापी निगाहों से बच नहीं सकते।

जिस तरह कंप्यूटर तंत्र को हम पर नज़र रखने के लिए लाखों इंसानी गुप्तचरों की ज़रूरत नहीं होती, उसी तरह उसे हमारे डेटा को समझने के लिए लाखों इंसानी विश्लेषणकर्ताओं की ज़रूरत नहीं होती। सिक्यूरिटेट के काग़ज़ों के महासागर ने कभी ख़ुद का विश्लेषण नहीं किया था, लेकिन यह मशीन लर्निंग और एआई का कमाल है कि कंप्यूटर प्राप्त की गई ज़्यादातर सूचना का विश्लेषण ख़ुद ही कर लेते हैं। एक औसत इंसान एक मिनट में 250 शब्द पढ़ सकता है।[8] सिक्यूरिटेट का विश्लेषणकर्ता एक भी दिन की छुट्टी प्राप्त किए बग़ैर बारह घंटे की पारी में काम करता हुआ अपने चालीस साल के करियर में 2.6 अरब शब्द पढ़ सकता था। 2024 में ChatGPT और Meta's Llama जैसे एल्गोरिदम एक मिनट में लाखों शब्द संसाधित कर सकते हैं और कुछ ही घंटों में 2.6 अरब शब्द 'पढ़'' सकते हैं।[9] छवियों, ऑडियो रिकॉर्डिंग, और वीडियो फुटेज़ को संसाधित करने की ऐसे एल्गोरिदमों की क्षमता भी इतनी ही अतिमानवीय है।

इससे भी ज़्यादा महत्त्वपूर्ण बात यह है कि डेटा के महासागर में पैटर्न खोज लेने की एल्गोरिदम की क्षमता इंसानों को बहुत पीछे छोड़ देती है। पैटर्न को पहचानने के लिए विचारों की रचना करने की क़ाबिलियत और निर्णय लेने की क़ाबिलियत, दोनों ही ज़रूरी होती है। उदाहरण के लिए, मानव विश्लेषक किसी व्यक्ति को ऐसे 'संदिग्ध आतंकी' के रूप में किस तरह पहचानते हैं, जिस पर अधिक ध्यान देने की ज़रूरत होती है? सबसे पहले वे सामान्य मापदंडों का एक सेट *तैयार* करते हैं, जैसे 'उग्रवादी साहित्य पढ़ना,' 'ज्ञात आतंकवादियों से दोस्ती करना,' और 'ख़तरनाक हथियार तैयार करने के लिए आवश्यक तकनीकी ज्ञान होना'। इसके बाद उन्हें उस व्यक्ति को संदिग्ध आतंकी मानने के लिए यह *तय* करने की ज़रूरत होती है कि क्या वह व्यक्ति उपर्युक्त मापदंडों पर पर्याप्त खरा उतरता है या नहीं। मान लीजिए कि किसी व्यक्ति ने पिछले महीने यूट्यूब पर एक सौ उग्रवादी वीडियो देखे, वह एक सज़ायाफ़्ता आतंकी का दोस्त है, और इन दिनों इबोला वायरस के नमूने रखने वाली प्रयोगशाला में महामारी विज्ञान में डॉक्टरेट की पढ़ाई कर रहा है। क्या उस व्यक्ति को 'संदिग्ध आतंकी' की सूची में रखा जाना चाहिए? और उस व्यक्ति के

बारे में क्या कहा जाएगा, जिसने पिछले महीने पचास उग्रवादी वीडियो देखे हैं और जीवविज्ञान का पूर्वस्नातक है?

1970 के दशक के रोमानिया में केवल मनुष्य ही ऐसे निर्णय ले सकता था। 2014-15 के आस-पास अमेरिका की राष्ट्रीय सुरक्षा एजेंसी ने स्काइनेट नामक एक एआई उपकरण तैनात किया था, जो लोगों को उनके वार्तालापों, लेखनों, यात्राओं, सोशल मीडिया पर उनकी पोस्टिंग के आधार पर 'संदिग्ध आतंकियों' की सूची में डाल देता था। एक रिपोर्ट के मुताबिक़, वह एआई उपकरण 'पाकिस्तान के मोबाइल फ़ोन नेटवर्क की बड़े पैमाने पर निगरानी करता है और फिर 5 करोड़ 50 लाख लोगों के सेल्युलर नेटवर्क मैटाडेटा पर मशीन लर्निंग एल्गोरिदम का उपयोग करके प्रत्येक व्यक्ति के आतंकी होने की आशंका का आकलन करने का प्रयत्न करता है।'' सीआईए और नासा के एक पूर्व निदेशक ने दावा किया था कि हम ''उस मैटाडेटा के आधार पर लोगों को मार डालेंगे।''[10] स्काइनेट की विश्वसनीयता की तीखी आलोचना की गई थी, लेकिन 2020 के दशक तक आते-आते इस तरह की प्रौद्योगिकी कहीं ज़्यादा परिष्कृत हो चुकी है और उसे ढेरों और भी सरकारों द्वारा तैनात कर दिया गया है। विशाल मात्रा में डेटा पर विचार करने के बाद, एल्गोरिदम किसी व्यक्ति को 'संदिग्ध' के रूप में परिभाषित करने के लिए पूरी तरह से नए मापदंड खोज सकते हैं, जो पहले इंसानी विश्लेषकों की निगाहों से बच गए थे।[11] भविष्य में, एल्गोरिदम लोगों के कट्टरपंथी बन जाने की प्रक्रिया के बारे में कोई नया मॉडल भी तैयार कर सकते हैं, जिसके लिए उन्हें ज्ञात आतंकियों के जीवन के पैटर्नों की शिनाख़्त भर करने की ज़रूरत होगी। बेशक, कंप्यूटर भी त्रुटिपूर्ण बने रह सकते हैं, जैसा कि हम अध्याय 8 में छानबीन करेंगे। वे मासूम लोगों को आतंकियों के रूप में वर्गीकृत कर सकते हैं या उग्रवादी बनने के छद्म मॉडल तैयार कर सकते हैं। और भी बुनियादी स्तर पर, यह प्रश्न बना रहता है कि क्या तंत्र की आतंकवाद जैसी चीज़ों की परिभाषा वस्तुपरक हैं। ऐसी सत्ताओं का लंबा इतिहास है, जो किसी भी या सारे प्रतिपक्ष को 'आतंकी' के दायरे में समेटने के लिए इस शब्द का इस्तेमाल करती रही हैं। सोवियत संघ में, जो भी कोई सरकार की आलोचना करता था, वह आतंकी माना जाता था। नतीजतन, जब एआई किसी पर 'आतंकी' का लेबल चिपकाता है, तो वह वस्तुपरक तथ्य की बजाय विचारधारात्मक पूर्वाग्रह को प्रतिबिंबित कर सकता है। निर्णय लेने और विचारों को रचने की शक्ति को ग़लतियाँ करने की क्षमता से अलग करके नहीं देखा जा सकता। अगर कोई ग़लती नहीं भी की जाती, तब भी डेटा के महासागर में पैटर्न को पहचानने की एल्गोरिदम की अतिमानवीय क्षमता, असंख्य दुर्भावनापूर्ण व्यक्तियों की शक्ति को बढ़ा सकती है, जिनमें असंतुष्टों की पहचान करने वाले दमनकारी तानाशाहों से लेकर कमज़ोर लक्ष्यों की पहचान करने वाले धोखेबाज़ तक शामिल हैं।

बेशक, पैटर्न की पहचान करने के संभावित रूप से बहुत सारे सकारात्मक पहलू भी हैं। एल्गोरिदम भ्रष्ट सरकारी अधिकारियों, सफ़ेदपोश अपराधियों, और कर की चोरी करने वाले कॉर्पोरेट्स को पहचानने में मदद कर सकते हैं। इसी तरह एल्गोरिदम हमारे पेयजल के लिए ख़तरों की शिनाख़्त करने में सफ़ाई अधिकारियों की मदद कर सकते हैं,[12] बीमारियों और संक्रामक महामारियों की पहचान करने में डॉक्टरों की मदद कर सकते हैं,[13] और दुर्व्यवहार के शिकार पति-पत्नी या बच्चों की पहचान करने में पुलिस अधिकारियों की मदद कर सकते हैं।[14] आगामी पृष्ठों में, मैं एल्गोरिदमीय नौकरशाहियों की सकारात्मक संभावनाओं पर अपेक्षाकृत कम ध्यान केंद्रित करूँगा, क्योंकि एआई क्रांति का नेतृत्व करने वाले उद्यमी पहले ही जनता के सामने उनके बारे में पर्याप्त सुहावनी भविष्यवाणियों की बौछार कर चुके हैं। मेरा लक्ष्य यहाँ एल्गोरिदम की पैटर्न पहचान की क्षमता के अधिक भयावह पक्षों पर ध्यान केंद्रित कर उक्त आदर्श कल्पनाओं को संतुलित करना है। उम्मीद है, हम एल्गोरिदमों की विनाशकारी क्षमताओं को नियंत्रित करके उनकी सकारात्मक संभावनाओं का दोहन कर सकेंगे।

लेकिन इसके लिए, हमें इन नए डिजिटल नौकरशाहों और हाड़-मांस के बने उनके पूर्वजों के बीच के बुनियादी फ़र्क़ को समझना होगा। अजैविक नौकरशाह चौबीसों घंटे 'ऑन' (चालू) रह सकते हैं और कहीं भी किसी भी समय हम पर निगाह रख सकते हैं और हमारे साथ बात कर सकते हैं। इसका मतलब है कि नौकरशाही और निगरानी अब ऐसी चीज़ें नहीं रह गई हैं, जिनका सामना हमें केवल ख़ास समयों और जगहों पर करना पड़ता था। स्वास्थ्य-सेवा प्रणाली, पुलिस और हमें नियंत्रित-परिचालित करने वाले निगम, सब-के-सब सर्वव्यापी और हमारी ज़िंदगी के स्थायी लक्षण बन रहे हैं। उन संगठनों की बजाय जिनके साथ हम कुछ विशेष परिस्थितियों में ही आदान-प्रदान करते हैं, जैसे कि जब हम क्लीनिक, पुलिस स्टेशन या मॉल जाते हैं, वे दिन के हर पल में हमारे साथ होते हैं, हम जो भी करते हैं, उस पर नज़र रखते हैं और उसका विश्लेषण करते हैं। जिस तरह मछली पानी में रहती है, हम मनुष्य भी डिजिटल नौकरशाही में रहते हैं, और डेटा को निरंतर अपनी साँसों में खींचते और छोड़ते रहते हैं। हमारी हर गतिविधि एक डेटा छोड़ती है, जिसे उसके पैटर्नों की शिनाख़्त के लिए संचित और विश्लेषित किया जाता है।

चमड़ी के तले निगरानी

यह अच्छा हो या बुरा, लेकिन डिजिटल नौकरशाही अब न सिर्फ़ दुनिया में हमारे कृत्यों पर निगरानी रख सकती है, बल्कि वह इस बात को भी देख सकती है कि

हमारे शरीर के अंदर क्या हो रहा है। उदाहरण के लिए, आँखों की गतिविधियों पर नज़र रखना। 2020 के दशक के आरंभिक वर्षों तक, सीसीटीवी कैमरे, साथ ही लैपटॉप और स्मार्टफ़ोन के कैमरे नियमित रूप से हमारी आँखों की गतिविधियों के डेटा एकत्र करना और उनका विश्लेषण करना शुरू कर चुके हैं, जिसमें हमारी पुतलियों और आइरिस के कुछ मिलीसेकंड तक चलने वाले छोटे-छोटे परिवर्तन तक शामिल होते हैं। मनुष्य इस तरह के डेटा को नोटिस करने में सक्षम नहीं हैं, लेकिन कंप्यूटर इसका उपयोग हमारी पुतलियों और आइरिस के आकार और उनसे परावर्तित होते प्रकाश के आधार पर हमारी दृष्टि की दिशा का आकलन करने के लिए कर सकते हैं। यही पद्धति यह भी निर्धारित कर सकती है कि क्या हमारी आँखें किसी स्थिर लक्ष्य पर टिकी हुई हैं, किसी गतिशील लक्ष्य का पीछा कर रही हैं, या बेतरतीब ढंग से भटक रही हैं।

आँखों की गतिविधियों के कुछ पैटर्न के आधार पर कंप्यूटर अंतर कर सकता है, उदाहरण के लिए, जागरूकता के क्षणों को ध्यान भटकाने वाले क्षणों से, तथा विस्तार-उन्मुख लोगों को संदर्भ पर अधिक ध्यान देने वाले लोगों से अलग कर सकता है। कंप्यूटर हमारी आँखों से हमारे व्यक्तित्व के कई और भी लक्षणों का, अनुमान लगा सकते हैं, जैसे कि हम नए अनुभवों के प्रति कितने खुले हुए हैं और पढ़ने से लेकर शल्य-क्रिया तक विभिन्न क्षेत्रों में हमारी विशेषज्ञता। अच्छी तरह परखी हुई रणनीतियाँ रखने वाले विशेषज्ञों की निगाह के पैटर्न व्यवस्थित होते हैं, जबकि नौसिखियों की निगाहें लक्ष्यहीन ढंग से भटकती रहती हैं। आँख के पैटर्न हमारे समक्ष पेश होने वाली वस्तुओं और स्थितियों के प्रति हमारी रुचि के स्तर को भी इंगित करते हैं, और सकारात्मक, तटस्थ और नकारात्मक रुचि के बीच अंतर भी दर्शाते हैं। इससे राजनीति से लेकर काम-वासना तक फैले क्षेत्रों में हमारी प्राथमिकताओं का अनुमान लगाना संभव है। हमारी स्वास्थ्य संबंधी दशा और हमारे द्वारा इस्तेमाल की जाने वाली विभिन्न दवाओं के बारे में भी काफ़ी कुछ जाना जा सकता है। शराब और नशीली दवाओं का सेवन, चाहे वह नशा रहित होने के स्तर पर ही क्यों न हो, आँख और देखने की क्षमता पर मापनीय प्रभाव डालता है, जैसे पुतली के आकार में परिवर्तन और चलती वस्तुओं पर ध्यान केंद्रित करने की क्षमता में कमी। डिजिटल नौकरशाही इस सारी सूचना का इस्तेमाल भले उद्देश्यों के लिए कर सकती है, जैसे कि नशीली दवाओं के दुरुपयोग और दिमाग़ी बीमारियों से पीड़ित लोगों की शीघ्र पहचान करना, लेकिन वह ज़ाहिर तौर पर इतिहास की सबसे अधिक हस्तेक्षपकारी अधिनायकवादी सत्ता की नींव भी इससे डाल सकती है।[15]

सैद्धांतिक तौर पर, भविष्य के तानाशाह अपने कंप्यूटर तंत्र को हमारी आँखों की निगरानी के अलावा और भी ज़्यादा गहराई तक ले जा सकते हैं। अगर तंत्र हमारे

राजनीतिक दृष्टिकोणों, हमारे व्यक्तित्व के लक्षणों और हमारे यौन अभिविन्यास को जानना चाहता है, तो वह हमारे हृदयों और मस्तिष्कों के भीतर चलने वाली प्रक्रियाओं पर नज़र रख सकता है। इसके लिए आवश्यक बायोमैट्रिक प्रौद्योगिकी तैयार करने का काम पहले ही कुछ सरकारें और इलॉन मस्क की न्यूरालिंक जैसी कंपनियाँ शुरू कर चुकी हैं। मस्क की कंपनी ने जीवित चूहों, भेड़ों, सूअरों, और बंदरों के दिमाग़ों की थाह लेने के उद्देश्य से उनके मस्तिष्कों में विद्युतीय उपकरण प्रत्यारोपित कर कई प्रयोग किए हैं। ऐसे प्रत्येक उपकरण में 3,072 इलेक्ट्रोड होते हैं, जो विद्युत संकेतों की पहचान करने और संभावित रूप से मस्तिष्क तक संकेत भेजने में सक्षम होते हैं। 2023 में, न्यूरालिंक ने मनुष्यों पर प्रयोग की शुरुआत करने के लिए अमेरिका के अधिकारियों से अनुमोदन प्राप्त कर लिया था, और जनवरी 2024 में बताया गया था कि पहली मस्तिष्क चिप मनुष्य में आरोपित कर दी गई है।

मस्क इस प्रौद्योगिकी की दूरगामी योजनाओं के बारे में खुलकर बात करते हैं और कहते हैं कि यह न केवल क़्वाड्रीप्लेजिया (चार-अंगीय पक्षाघात) जैसी बहुत-सी बीमारियों को कम कर सकती है, बल्कि मनुष्य की क्षमताओं को भी बढ़ा सकती है और इस तरह एआई से प्रतिस्पर्धा करने में मानव जाति की मदद कर सकती है, लेकिन यह बात स्पष्ट होनी चाहिए कि फ़िलहाल न्यूरालिंक उपकरण और वैसे ही अन्य बायोमैट्रिक उपकरण ऐसी कई तरह की तकनीकी समस्याओं से ग्रस्त हैं, जो उनकी क्षमताओं को बहुत सीमित कर सकती हैं। शरीर के बाहर से मस्तिष्क, हृदय या किसी और जगह की शारीरिक गतिविधियों की निगरानी करना मुश्किल है, वहीं शरीर में इलेक्ट्रोड और अन्य निगरानी उपकरणों को प्रत्यारोपित करना घुसपैठ है, ख़तरनाक, महँगा और अपर्याप्त है। उदाहरण के लिए, हमारा प्रतिरक्षा तंत्र प्रत्यारोपित इलेक्ट्रोड पर हमला करता है।[16]

इससे भी ज़्यादा महत्त्वपूर्ण बात यह है कि अभी तक किसी के भी पास ऐसा जैविकीय ज्ञान नहीं है, जो मस्तिष्क की गतिविधियों जैसे त्वचा के नीचे के डेटा से सटीक राजनीतिक रायों जैसी चीज़ों का पता लगा सके।[17] मानव मस्तिष्क के रहस्यों को समझने से वैज्ञानिक अभी बहुत दूर हैं। चूहे के मस्तिष्क के न्यूरॉन, डेंड्राइट और स्नैप्स के बीच की गतिशीलता को समझना तो दूर की बात है, उनका मानचित्र तैयार करना भी फ़िलहाल मनुष्य की कंप्यूटरीय क्षमताओं से बाहर की बात है।[18] परिणामस्वरूप, जहाँ लोगों के मस्तिष्क के अंदर के डेटा को एकत्र करना अपेक्षाकृत आसान होता जा रहा है, वहीं उस डेटा का उपयोग करके हमारे रहस्यों को जानना क़तई आसान नहीं है।

2020 के दशक के आरंभिक वर्षों की एक साज़िश की परिकल्पना के मुताबिक़, इलॉन मॅस्क जैसे उद्योगपतियों के नेतृत्व में दुष्टों के समूह पहले से ही हमारे दिमाग़ में कंप्यूटर चिप्स प्रत्यारोपित कर रहे हैं, ताकि हम पर नज़र रखी जा सके और हमें नियंत्रित किया जा सके, लेकिन, यह परिकल्पना हमारी चिंताओं को ग़लत लक्ष्य पर केंद्रित करती है। हमें निश्चय ही नई अधिनायकवादी व्यवस्थाओं के उदय को लेकर डरना चाहिए, लेकिन हमारे मस्तिष्कों में कंप्यूटर चिप्स के प्रत्यारोपण को लेकर डरने की अभी कोई ज़रूरत नहीं है। इसकी बजाय लोगों को उस स्मार्टफ़ोन से डरना चाहिए, जिस पर हम साज़िश की इन परिकल्पनाओं के बारे में पढ़ते हैं। मान लीजिए कि कोई व्यक्ति आपके राजनीतिक दृष्टिकोणों को जानना चाहता है। आपका स्मार्टफ़ोन इस पर निगाह रखता है कि आप कौन-से न्यूज़ चैनल देख रहे हैं और इस बात को दर्ज करता है कि आप एक दिन में चालीस मिनट फ़ॉक्स न्यूज़ देखते हैं और चालीस सेकंड सीएनएन देखते हैं, जबकि, न्यूरालिंक की प्रत्यारोपित कंप्यूटर चिप पूरे दिन आपके दिल की धड़कन और मस्तिष्क की गतिविधियों की निगरानी करती है और दर्ज करती है कि आपका हार्ट रेट प्रति मिनट 120 बीट्स था और आपका एमिग्डाल मानवीय औसत से 5 प्रतिशत ज़्यादा सक्रिय था। इनमें से कौन-सा डेटा आपकी राजनीतिक संलग्नता का अनुमान लगाने के मामले में ज़्यादा उपयोगी होगा - स्मार्टफ़ोन से आ रहा डेटा या प्रत्यारोपित चिप से आ रहा डेटा?[19] वर्तमान में,निगरानी के उपकरण के रूप में, स्मार्टफ़ोन अभी भी बायोमैट्रिक सेंसरों के मुक़ाबले कहीं ज़्यादा मूल्यवान है।

लेकिन, जैसे-जैसे जैविक ज्ञान में इज़ाफ़ा होगा, ख़ास तौर से बायोमेट्रिक डेटा के पेटाबिट्स का विश्लेषण करने वाले कंप्यूटरों के कारण, वैसे-वैसे त्वचा के तले की निगरानी अंततः अपने आप में उपयोगी हो सकती है, ख़ास तौर से तब अगर इसे निगरानी के अन्य उपकरणों के साथ जोड़ दिया जाए। उस मक़ाम पर, यदि बायोमेट्रिक सेंसर यह दर्ज कर सकें कि उस वक़्त लाखों लोगों के दिल की धड़कन और मस्तिष्क की गतिविधि में क्या परिवर्तन होता है, जब वे अपने स्मार्टफ़ोन पर कोई विशेष न्यूज़ देखते हैं, तब ज़रूर कंप्यूटर तंत्र को हमारी सामान्य राजीतिक संबद्धता के अलावा भी बहुत कुछ पता चल सकता है। तब तंत्र ठीक-ठीक जान सकेगा कि लोगों को किस बात पर गुस्सा आता है, किस चीज़ से डर लगता है, या आनंद महसूस होता है। तब तंत्र हमारी अनुभूतियों का पूर्वानुमान भी कर सकेगा और उन्हें नियंत्रित भी कर सकेगा, और वह जो भी कुछ चाहेगा, हमें बेच सकेगा - चाहे वह कोई वस्तु हो, कोई राजनेता हो, या कोई युद्ध हो।[20]

गोपनीयता का अंत

जिस दुनिया में मनुष्य ही मनुष्यों की निगरानी करते थे, उसमें गोपनीयता सहज उपलब्ध थी, लेकिन जिस दुनिया में कंप्यूटर मनुष्यों की निगरानी करते हैं, उसमें इतिहास में पहली बार यह संभव हो सकता है कि गोपनीयता पूरी तरह जड़ से समाप्त हो जाए। हस्तक्षेपकारी निगरानी के सबसे चरम और प्रसिद्ध मामलों में या तो कोविड-19 महामारी जैसी आपातकालीन स्थिति शामिल है, या फिर ऐसे स्थान शामिल हैं, जिन्हें सामान्य स्थिति से भिन्न माना जाता है, जैसे कि क़ब्ज़े वाले फ़िलिस्तीनी क्षेत्र, चीन का ज़िंजियांग उगइर स्वायत्त क्षेत्र, हिंदुस्तान का कश्मीर क्षेत्र, रूस के क़ब्ज़े वाला क्रीमिया, अमेरिका-मैक्सिको सीमा, और अफ़गानिस्तान-पाकिस्तान सीमांत क्षेत्र। इन विशेष समयों और स्थानों में, नई निगरानी प्रौद्योगिकियों ने, कठोर क़ानूनों और भारी पुलिस या सैन्य उपस्थिति के साथ मिलकर, लोगों की गतिविधियों, कार्यों और उनकी भावनाओं तक पर लगातार निगरानी और नियंत्रण रखा है,[21] लेकिन समझने लायक़ बात यह है कि एआई-आधारित उपकरणों को न केवल इस तरह की 'अपवाद की स्थितियों' में, बल्कि बहुत बड़े पैमाने पर तैनात किया जा रहा है।[22] वे अब हर जगह सामान्य जीवन का हिस्सा बन गए हैं। उत्तर-गोपनीयता युग अब बेलारूस से लेकर ज़िम्बाब्वे तक अधिनायकवादी देशों में,[23] साथ ही लंदन और न्यू यॉर्क जैसे लोकतांत्रिक महानगरों में भी ज़ोर पकड़ रहा है।

यह चाहे अच्छा हो या बुरा, लेकिन अपराधों से निपटने, असहमति को दबाने, या आंतरिक ख़तरों (वे चाहे वास्तविक हों या काल्पनिक) का मुक़ाबला करने के उद्देश्य से सरकारें पूरे के पूरे अधिकार-क्षेत्रों को ऐसे सर्वव्यापी ऑनलाइन और ऑफ़लाइन निगरानी नेटवर्कों से ढक देती हैं, जो स्पाइवेयर, सीसीटीवी कैमरों, चेहरे और आवाज़ की पहचान करने वाले सॉफ़्टवेयर और खोज योग्य विशाल डेटाबेस से लैस होते हैं। अगर कोई सरकार चाहती है, तो उसका निगरानी तंत्र, बाज़ारों से लेकर पूजा-स्थलों तक, स्कूलों से लेकर निजी आवासों तक, कहीं भी पहुँच सकता है। (और जहाँ हर सरकार लोगों के घरों के भीतर कैमरा स्थापित करने की इच्छुक नहीं है, तब भी एल्गोरिदम हमारे अपने कंप्यूटरों और स्मार्टफ़ोन के माध्यम से हमारे बैठक कक्षों, शयन कक्षों और गुसलख़ानों तक में हम पर नियमित निगरानी रखते हैं।)

सरकारी निगरानी तंत्र भी नियमित रूप से संपूर्ण आबादी के, उनकी जानकारी के साथ या उनकी जानकारी के बग़ैर, बायोमेट्रिक डेटा एकत्र करते हैं। उदाहरण के लिए, जब पासपोर्ट के लिए आवेदन दिया जाता है, तो 140 से ज़्यादा देशों में नागरिकों को अपने अँगुलियों के निशान, चेहरे का स्कैन या आइरिस स्कैन प्रदान

करना अनिवार्य होता है।[24] जब हम किसी दूसरे देश में प्रवेश करने के लिए अपने पासपोर्ट का इस्तेमाल करते हैं, तो वह देश भी अक्सर माँग करता है कि हम उसे अपनी अँगुलियों के निशान, चेहरे का स्कैन या आइरिस स्कैन उपलब्ध कराएँ।[25] जब नागरिक या पर्यटक दिल्ली, बीजिंग, सिओल या लंदन की सड़कों पर चल रहे होते हैं, तो इस बात की संभावना होती है कि उनकी गतिविधियाँ रिकॉर्ड की जा रही हों, क्योंकि इन शहरों और दुनिया के दूसरे बहुत-से शहरों में औसतन प्रति वर्ग किलोमीटर पर निगरानी कैमरे लगे होते हैं। 2023 में, पूरी दुनिया में कुल मिलाकर एक अरब से ज़्यादा सीसीटीवी कैमरे सक्रिय थे, जिसका मतलब है, हर आठ लोगों पर एक कैमरा तैनात था।[26]

व्यक्ति जिस किसी भी भौतिक गतिविधि में लगा होता है, वह गतिविधि डेटा निशान छोड़ती है। कोई भी ख़रीदारी किसी-न-किसी डेटाबेस में दर्ज होती है। दोस्तों को संदेश भेजने, फ़ोटो शेयर करने, बिलों का भुगतान करने, न्यूज़ पढ़ने, अपॉइंटमेंट बुक करने, या टैक्सी बुलाने जैसी ऑनलाइन गतिविधियाँ भी रिकॉर्ड की जा सकती हैं। बाद में, इसके नतीजे में एकत्र डेटा, ग़ैरक़ानूनी गतिविधियों, संदिग्ध पैटर्नों, गुमशुदा व्यक्तियों, बीमारियाँ फैलाने वालों, या राजनीतिक असहमतों की शिनाख़्त के लिए, एआई प्रणालियों द्वारा विश्लेषित किया जा सकता है।

जैसा कि हर शक्तिशाली प्रौद्योगिकी के साथ होता है, इन प्रणालियों का इस्तेमाल अच्छे या बुरे उद्देश्यों के लिए किया जा सकता है। 6 जनवरी, 2021 को अमेरिकी संसद पर हुए हमले के बाद, एफ़बीआई और अमेरिका की दूसरी प्रवर्तन (एन्फ़ोर्समेंट) एजेंसियों ने दंगाइयों का पता लगाने और उन्हें गिरफ़्तार करने के लिए निगरानी की आधुनिकतम प्रणालियों का उपयोग किया था। जैसा कि *वॉशिंगटन पोस्ट* जाँच में बताया गया था, इन एजेंसियों ने न सिर्फ़ संसद भवन में लगे सीसीटीवी के कैमरों के फुटेज का सहारा लिया था, बल्कि सोशल मीडिया पोस्टों, सारे देश के लाइसेंस प्लेट रीडरों, सेल-टॉवर लोकेशन रिकॉर्डों, और पहले से उपलब्ध डेटाबेस का भी सहारा लिया था।

ओहायो के एक आदमी ने फ़ेसबुक पर लिखा था कि मैं उस दिन 'इतिहास का गवाह बनने' वॉशिंगटन में था। इस पर, फ़ेसबुक को सम्मन जारी किया गया, जिसने उस आदमी की फ़ेसबुक पोस्टों के साथ-साथ उसके क्रेडिटकार्ड की सूचना और फ़ोन नंबर उपलब्ध कराया था। इससे एफ़बीआई को संसद भवन की सीसीटीवी फुटेज के साथ उस आदमी के ड्राइविंग लाइसेंस की फ़ोटो का मिलान करने में मदद मिली। गूगल को जारी किए गए एक अन्य वारंट ने 6 जनवरी को उस आदमी के स्मार्टफ़ोन की ठीक-ठीक भौगालिक स्थिति (जियोलोकेशन) उपलब्ध कराई, जिससे गुप्तचरों को सीनेट कक्ष में उसके प्रवेश-स्थल से लेकर प्रतिनिधि

सभा की अध्यक्ष नैन्सी पैलोसी के कार्यालय तक की उसकी हर गतिविधि का पता लगाने में मदद मिली।

लाइसेंस प्लेट फुटेज के आधार पर, एफ़बीआई ने न्यू यॉर्क के एक व्यक्ति की गतिविधियों को उस समय से पहचाना, जब वह 6 जनवरी की सुबह 6:06:08 पर हेनरी हड्सॅन ब्रिज पार करके संसद भवन की ओर जा रहा था, और जब तक वह उसी रात 23:59: 22 पर जॉर्ज वॉशिंगटन ब्रिज पार करके घर वापस नहीं आ गया। इंटरस्टेट 95 पर कैमरे द्वारा ली गई तसवीर में उस व्यक्ति के डैशबोर्ड पर एक बड़ा 'मेक अमेरिका ग्रेट ओपन' टोप दिखाई दिया। यह टोप फ़ेसबुक की उस सेल्फ़ी से मिलता था, जिसमें वह आदमी उस टोप को पहने हुए दिखाई देता था। उसने संसद भवन के भीतर से स्नैपचैट पर पोस्ट किए गए कई वीडियो के माध्यम से भी स्वयं को दोषी साबित किया।

एक अन्य दंगाई ने 6 जनवरी को मास्क पहनकर लाइवस्ट्रीमिंग से बचने और अपनी माँ के नाम पर पंजीकृत सेलफ़ोन का उपयोग कर ख़ुद को बचाने की कोशिश की, लेकिन इससे उसे कोई फ़ायदा नहीं हुआ। एफ़बीआई के एल्गोरिदम 6 जनवरी, 2021 के वीडियो फुटेज को उस व्यक्ति के 2017 के पासपोर्ट आवेदन पर चिपकाई गई तसवीर से मिलान करने में कामयाब रहे। उन्होंने 6 जनवरी को उसके द्वारा पहनी गई ख़ास नाइट्स ऑफ़ कोलंबस जैकेट का मिलान एक अवसर पर पहनी गई उसी जैकैट से कर लिया, जिसे एक यूट्यूब क्लिप से हासिल किया गया था। उसकी माँ के नाम पर पंजीकृत फ़ोन की भौगोलिक स्थित संसद भवन के अंदर पाई गई, और लाइसेंस प्लेट रीडर ने 6 जनवरी की सुबह संसद भवन के पास उसकी कार को रिकॉर्ड किया।[27]

चेहरों की पहचान करने वाले एल्गोरिदम और एआई-सर्चेबल डेटाबेस का अब सारी दुनिया की पुलिस द्वारा नियमित रूपसे इस्तेमाल किया जा रहा है। उनकी तैनाती केवल राष्ट्रीय आपात स्थितियों में या राज्य की सुरक्षा की वजहों से नहीं, बल्कि पुलिस के रोज़मर्रा कार्यों के लिए भी की जाती है। 2009 में अपराधियों के एक गिरोह ने तीन वर्ष के एक बच्चे गुइ हाओ का उस वक़्त अपहरण कर लिया था, जब वह चीन के सिचुआन प्रांत में अपने अभिभावकों की दुकान के बाहर खेल रहा था। अपहरण के बाद उस बच्चे को वहाँ से 1,500 किलोमीटर दूर गुआंगडांग प्रांत के एक परिवार को बेच दिया गया। 2014 में बच्चों की तस्करी करने वाले गिरोह के मुखिया को गिरफ़्तार कर लिया गया, लेकिन गुइ हाओ और अन्य पीड़ित बच्चों का पता लगाना मुश्किल हो रहा था। पुलिस के एक जाँचकर्ता ने कहा कि "बच्चों के चेहरे-मोहरे इस क़दर बदल गए होंगे कि उनके माँ-बाप भी उनको पहचान नहीं पाएँगे।"

लेकिन 2019 में चेहरों की पहचान करने वाले एक एल्गोरिदम ने अब तेरह वर्ष के हो चुके गुइ हाओ को पहचान लिया, और वह किशोर फिर से अपने परिवार से जा मिला। गुइ हाओ की ठीक-ठीक पहचान करने के लिए एआई ने उस एक पुरानी तसवीर का सहारा लिया, जो तब ली गई थी, जब वह नन्हा-सा बच्चा था। एआई ने उस चेहरे की नक़ल तैयार की, जैसा वह बच्चे की तेरह वर्ष की उम्र में दिखता, जिसके लिए उसने बच्चे की परिपक्वता के सशक्त प्रभाव के साथ-साथ बालों के रंग और हेयर स्टाइल के संभावित बदलावों को ध्यान में रखा और फिर उस नक़ल का मिलान वास्तविक जीवन के फ़ुटेज से किया।

2023 में तो इससे भी ज़्यादा कमाल की रिहाई की जानकारी मिली। युएचुआन लेइ का अपहरण 2001 में हुआ था, जब वह तीन साल का था, और हाओ चेन तब से 1998 में ग़ायब हुआ था, जब वह भी तीन साल का था। इन बच्चों के अभिभावकों ने उन्हें वापस हासिल करने की उम्मीद कभी नहीं छोड़ी। वे उनकी खोज में बीस साल से भी अधिक समय तक चीन में भटकते रहे, विज्ञापन छपाते रहे और किसी भी तरह की संबंधित जानकारी के लिए पुरस्कार की घोषणाएँ करते रहे। 2023 में चेहरे की पहचान करने वाले एल्गोरिदमों ने उन दोनों गुमशुदा बच्चों का पता लगाने में मदद की, जो अब युवा पुरुष बन चुके थे और अपनी उम्र के तीसरे दशक में थे। इस तरह की प्रौद्योगिकी आज खोए हुए बच्चों को सिर्फ़ चीन में ही नहीं, बल्कि हिंदुस्तान जैसे अन्य देशों में भी पाने में मदद करती है, जहाँ हर साल हज़ारों की संख्या में बच्चे ग़ायब होते रहते हैं।[28]

इस बीच, डेनमार्क में फ़ुटबॉल क्लब ब्रोंडबी आईएफ़ ने जुलाई 2019 में फ़ुटबॉल के खेल के दौरान गुंडागर्दी करने वालों की पहचान करने और उनके प्रवेश पर प्रतिबंध लगाने के लिए अपने घरेलू स्टेडियम में चेहरे की शिनाख़्त करने वाली प्रौद्योगिकी का इस्तेमाल शुरू कर दिया। जब 30,000 से ज़्यादा फ़ुटबॉल प्रेमी मैच देखने स्टेडियम में प्रवेश करते हैं, तो उनसे मास्क, टोप और चश्मे उतारने को कहा जाता है ताकि कंप्यूटर उनके चेहरों को स्कैन कर सके और प्रतिबंधित उपद्रवियों की सूची से उनका मिलान कर सके। महत्त्वपूर्ण बात यह है कि इस प्रक्रिया की जाँच की गई है और यूरोपीय संघ के सख़्त जीडीपीआर नियमों के मुताबिक़ उनका अनुमोदन किया गया है। डेनमार्क की डेटा प्रोटेक्शन अथॉरिटी ने बताया कि इस प्रौद्योगिकी के उपयोग से प्रतिबंध सूची को इंसानी जाँच की तुलना में कहीं ज़्यादा कारगर ढंग से लागू किया जा सकेगा, और इससे स्टेडियम के प्रवेश द्वार पर कतारें कम हो सकती हैं, जिससे कतारों में खड़े अधीर फ़ुटबॉल प्रशंसकों द्वारा सार्वजनिक अशांति फैलाने का ख़तरा कम हो जाएगा।[29]

जहाँ प्रौद्योगिकी के ऐसे उपयोग सैद्धांतिक तौर पर सराहनीय हैं, वहीं उनसे गोपनीयता और सरकारी दख़लंदाज़ी के बारे में स्वाभाविक चिंताएँ पैदा होती हैं। जो तकनीकें दंगाइयों की पहचान कर सकती हैं, लापता बच्चों को बचा सकती हैं, और फुटबाल के मैदान में गुंडागर्दी करने वालों पर प्रतिबंध लगा सकती हैं, वही तकनीकें ग़लत हाथों में पड़ जाने पर शांतिपूर्ण प्रदर्शनकारियों को सताने या कठोर बलप्रयोग के लिए भी उपयोग में लाई जा सकती हैं। अंततः, एआई-संचालित निगरानी प्रौद्योगिकी के नतीजे में ऐसा संपूर्ण निगरानी तंत्र तैयार हो सकता है, जो चौबीसों घंटे नागरिकों की निगरानी करे और नए क़िस्म के सर्वव्यापी और स्वचालित अधिनायकवादी दमन को बढ़ावा दे। इसका एक उदाहरण है : ईरान के हिजाब क़ानून।

1979 में ईरान के इस्लामिक मज़हबी तंत्र बन जाने के बाद, नई सरकार ने औरतों को हिजाब पहनना अनिवार्य कर दिया था। वे हर गली की नुक्कड़ पर पुलिस अधिकारी तैनात नहीं कर सकते थे, और बिना पर्दा डाले घूमने वाली औरतों के साथ सार्वजनिक टकराव से कभी-कभी प्रतिरोध और आक्रोश पैदा होता था। 2022 में ईरान ने हिजाब क़ानूनों को अमल में लाने का ज़्यादातर जिम्मा चेहरे की पहचान करने वाले एल्गोरिदम की देशव्यापी प्रणाली को सौंप दिया, जो भौतिक स्पेस और ऑनलाइन वातावरण, दोनों पर निरंतर निगरानी रखता है।[30] ईरान के एक आला अफ़सर ने बताया कि यह प्रणाली 'अनुचित और असामान्य गतिविधियों की पहचान करेगी' जिसमें 'हिजाब क़ानूनों का पालन न करना' भी शामिल होगा। ईरान की संसदीय क़ानूनी और न्यायिक समिति के प्रमुख मूसा ग़ज़नफ़राबादी ने एक अन्य साक्षात्कार में बताया कि ''फ़ेस रिकॉर्डिंग कैमरों के उपयोग से इस कार्य को व्यवस्थित ढंग से लागू किया जा सकता है और पुलिस की मौजूदगी को कम किया जा सकता है, जिसके परिणामस्वरूप पुलिस और नागरिकों के बीच ज़्यादा झड़पें नहीं होंगी।''[31]

इसके कुछ ही समय बाद, 16 सितंबर, 2022 को ईरान की नैतिकतावादी पुलिस की हिरासत में 22 वर्षीय महसा अमीनी की मृत्यु हो गई, जिसे इसलिए गिरफ़्तार किया गया था कि उसने हिजाब ठीक-से नहीं पहना हुआ था।[32] इस पर प्रदर्शनों का सैलाब फूट पड़ा, जिसे 'स्त्री, जीवन, स्वतंत्रता' आंदोलन के नाम से जाना जाता है। सैकड़ों हज़ारों की संख्या में औरतों और लड़कियों ने अपने सिर के स्कार्फ़ उतार फेंके, और कुछेक ने सार्वजनिक रूप से अपने हिजाब जला दिए और उनके अलाव के चारों तरफ़ नाच किया। इन विरोध-प्रदर्शनों पर अंकुश लगाने के लिए ईरान के अधिकारियों ने एक बार फिर अपनी एआई निगरानी प्रणाली का सहारा लिया, जो चेहरे की पहचान करने वाले सॉफ़्टवेयर, भौगोलिक स्थिति, वेब

ट्रैफ़िक के विश्लेषण, और पहले से उपलब्ध डेटाबेस पर भरोसा करती है। समूचे ईरान में 19,000 से ज़्यादा लोग गिरफ़्तार किए गए और 500 से ज़्यादा लोग मारे गए।[33]

8 अप्रैल, 2023 को ईरान के पुलिस प्रमुख ने घोषणा की कि 15 अप्रैल, 2023 से शुरू होने जा रहे एक नए सख़्त अभियान में चेहरे की पहचान करने वाली प्रौद्योगिकी के उपयोग को बढ़ाया जाएगा, ख़ास तौर से, एल्गोरिदम अब से वाहन में यात्रा करते समय स्कार्फ़ न पहनने वाली औरतों की पहचान करेंगे, और उन्हें स्वचालित रूप से उनके एसएमएस पर चेतावनी जारी करेंगे। यदि ये औरतें यह अपराध दोहराती हुई पकड़ी जाती हैं, तो उन्हें एक पूर्वनिर्धारित अवधि के लिए अपनी कारों को न चलाने का आदेश दिया जाएगा, और यदि वे इसका पालन करने में भी विफल रहती हैं, तो उनकी कारों को ज़ब्त कर लिया जाएगा।[34]

दो महीने बाद, 14 जून, 2023 को, ईरान के पुलिस प्रवक्ता ने डींग हाँकी कि इस स्वचालित निगरानी प्रणाली ने उन स्त्रियों को लगभग दस लाख एसएमएस चेतावनी संदेश भेजे हैं, जो अपनी निजी कारों में बेपर्दा पकड़ी गई हैं। स्पष्ट था कि यह प्रणाली स्वत: ही यह पता लगाने में सक्षम थी कि वह किसी मर्द को नहीं, बल्कि बेपर्दा औरत को देख रही है। वह उस महिला की पहचान कर सकती थी और उसका सेलफ़ोन नंबर प्राप्त कर सकती थी। इसके बाद उस प्रणाली ने ''133,174 एसएमएस संदेश भेजे, जिनमें वाहनों को दो सप्ताह के लिए न चलाने की माँग की गई थी, उसने 2,000 कारों को ज़ब्त किया, और 'अपराध को दोहराने वाली' 4,000 से ज़्यादा औरतों को कोर्ट के हवाले किया।''[35]

मरियम नामक 52 वर्षीय एक महिला ने इस निगरानी प्रणाली के अनुभव के बारे में एमनेस्टी इंटरनेशनल को बताया था। ''पहली बार मुझे ड्राइव करते समय स्कार्फ़ न पहनने के लिए उस वक़्त चेतावनी मिली थी, जब मैं एक चौराहे से गुज़र रही थी और कैमरे ने एक फ़ोटो ले लिया था और मुझे तत्काल चेतावनी का संदेश मिला। दूसरी बार, मैंने कुछ ख़रीदारी की थी, और मैं अपने थैले कार तक ले जा रही थी, जिस दौरान मेरा स्कार्फ़ गिर गया, और मुझे संदेश मिला कि हिजाब के अनिवार्य क़ानूनों का उल्लंघन करने के लिए, मेरी कार को पंद्रह दिनों के लिए 'व्यवस्थित रूप से ज़ब्त' कर लिया गया है। मुझे इसका मतलब समझ में नहीं आया। मैंने आस-पास के लोगों से पूछा और मुझे रिश्तेदारों के माध्यम से पता चला कि मुझे अपनी कार पंद्रह दिनों तक खड़ी रखनी पड़ेगी।''[36] मरियम की गवाही से संकेत मिलता है कि एआई कुछ सेकंड के भीतर अपने धमकी-भरे संदेश भेज देता है, और वह इंसान को इस प्रक्रिया की समीक्षा करने और उसे अधिकृत करने का वक़्त नहीं देता।

जुर्माने वाहन को खड़ा कर देने या ज़ब्त कर लेने से बहुत आगे जाते थे। 26 जुलाई, 2023 की एमनेस्टी की रिपोर्ट से पता चला कि बड़े पैमाने के निगरानी के उद्यम के नतीजे में, 'असंख्य स्त्रियों को विश्वविद्यालयों से निलंबित या निष्कासित कर दिया गया है, फ़ाइनल इम्तिहान में बैठने से प्रतिबंधित कर दिया गया है, और बैंकिंग सेवाओं और सार्वजनिक परिवहन तक पहुँच बनाने से रोक दिया गया है।''[37] उन कारोबारों को भी मुश्किलों का सामना करना पड़ा, जिन्होंने अपने कर्मचारियों या ग्राहकों से हिजाब क़ानून का पालन नहीं कराया। ऐसे ही एक मामले के तहत, तेहरान के पूर्व में स्थित लैंड ऑफ़ हैपीनेस एम्यूज़मेंट पार्क की एक महिला कर्मचारी की बिना हिजाब की तसवीर ली गई, और वह तसवीर सोशल मीडिया पर प्रसारित हो गई। सज़ा के तौर पर ईरान के अधिकारियों ने लैंड ऑफ़ हैपीनेस को बंद करा दिया।[38] एमनेस्टी की रिपोर्ट के अनुसार, कुल मिलाकर अधिकारियों ने ''अनिवार्य हिजाब क़ानूनों को लागू न करने के अपराध में सैकड़ों की संख्या में पर्यटन-स्थलों, होटलों, रेस्तराँओं, फ़ार्मेसियों और शॉपिंग सेंटरों को बंद कर दिया।''[39]

सितंबर, 2023 में, महसा अमीनी की पुण्यतिथि पर, ईरान की संसद ने एक नया और ज़्यादा सख़्त हिजाब विधेयक पारित किया। इस नए क़ानून के मुताबिक़, जो औरतें हिजाब नहीं पहनेंगी, उन्हें भारी जुर्माना भरने और दस साल तक की क़ैद की सज़ा दी जा सकती है। उन्हें इसके अतिरिक्त भी जुर्माना देना होगा, जिसमें उनकी कार, मोबाइल, फ़ोन आदि की ज़ब्ती, ड्राइविंग पर प्रतिबंध, वेतन और रोज़गार संबंधी लाभों में कटौती, नौकरी से बर्ख़ास्तगी, और बैंक सेवाओं का लाभ उठाने पर प्रतिबंध शामिल हैं। जो कारोबारी अपने कर्मचारियों या ग्राहकों से हिजाब क़ानून का पालन नहीं कराते, उन्हें तीन महीने तक के मुनाफ़े का जुर्माना भरना पड़ सकता है, और उन पर दो साल तक देश से बाहर जाने या सार्वजनिक या ऑनलाइन गतिविधियों में हिस्सा लेने पर प्रतिबंध लगाया जा सकता है। इस नए विधेयक ने न सिर्फ़ औरतों को निशाना बनाया, बल्कि उन पुरुषों को भी निशाना बनाया, जो 'ऐसी पोशाक पहनते हैं, जो छाती से नीचे या एड़ियों से ऊपर के शरीर के हिस्से उघाड़े रखती है।'' अंत में, इस क़ानून ने यह अनिवार्य कर दिया कि ईरान की पुलिस को 'स्थिर और मोबाइल कैमरों जैसे उपकरणों की मदद से अवैध आचरण करने वाले अपराधियों की पहचान करने के लिए एआई प्रणालियों को तैयार कराना और उन्हें सशक्त बनाना अनिवार्य है।''[40] आने वाले वर्षों में कई मनुष्यों को ऐसी संपूर्ण निगरानी सत्ताओं के अधीन रहना पड़ सकता है, जिनके सामने चाउशेस्कु का रोमानिया एक स्वतंत्रतावादी स्वप्नलोक जैसा दिखाई देगा।

निगरानी की क़िस्में

निगरानी के बारे में बात करते हुए, हम आम तौर पर सरकारी उपकरणों के बारे में सोचते हैं, लेकिन इक्कीसवीं सदी की निगरानी को समझने के लिए, हमें यह याद रखना चाहिए कि निगरानी बहुत-से दूसरे रूप ले सकती है। उदाहरण के लिए, ईर्ष्यालु पति/पत्नियाँ हमेशा यह जानना चाहते हैं कि उनका जीवन-साथी हर पल कहाँ है और दिनचर्या में ज़रा-सा भी विचलन आने पर स्पष्टीकरण की माँग करने लगते हैं। आज, वे स्मार्टफ़ोन और किसी सस्ते सॉफ़्टवेयर से लैस होकर, बहुत आसानी-से वैवाहिक तानाशाही खड़ी कर सकते हैं। वे हर वार्तालाप और एक-एक गतिविधि पर निगाह रख सकते हैं, फ़ोन लॉग्स को रिकॉर्ड कर सकते हैं, सोशल मीडिया की पोस्ट और वेब पेज़ की सर्च पर नज़र रख सकते हैं, यहाँ तक कि जीवन-साथी के फ़ोन के कैमरे और माइक्रोफ़ोन को जासूसी उपकरण के रूप में सक्रिय कर सकते हैं। अमेरिका में स्थित नेशनल नेटवर्क टू ऐंड डॉमिस्टिक वॉयलेंस ने पाया था कि घरेलू हिंसा करने वाले आधे से ज़्यादा लोग इस तरह की 'स्टॉकवेयर' तकनीक का इस्तेमाल करते हैं। यहाँ तक कि न्यू यॉर्क में भी पति/पत्नी ख़ुद को इस तरह निगरानीशुदा और प्रतिबंधित पा सकते हैं, जैसे वे किसी अधिनायकवादी राज्य में रह रहे हों।[41]

कार्यालयों में काम करने वालों से लेकर ट्रक ड्राइवर तक, ऐसे कर्मचारियों की संख्या उत्तरोत्तर बढ़ रही है, जिनके नियोक्ता उनकी निगरानी करते हैं। बॉस किसी भी पल में यह जान सकते हैं कि कर्मचारी उस पल में कहाँ पर हैं, वे शौचालय में कितना समय बिताते हैं, वे कार्य-स्थल पर व्यक्तिगत ईमेल पढ़ते हैं या नहीं, तथा प्रत्येक कार्य कितनी तेज़ी-से पूरा करते हैं।[42] इसी तरह निगम भी अपने ग्राहकों पर निगरानी रख रहे हैं, जो ग्राहकों की पसंद-नापसंद के बारे में जानना चाहते हैं, उनके भावी व्यवहार का पूर्वानुमान करना चाहते हैं, और जोखिमों और अवसरों का आकलन करना चाहते हैं। उदाहरण के लिए, वाहन अपने ड्राइवरों के व्यवहार पर नज़र रखते हैं और उस डेटा को बीमा कंपनियों के एल्गोरिदम के साथ साझा करते हैं, जो 'ख़राब ड्राइवरों' के लिए प्रीमियम बढ़ा देते हैं और 'अच्छे ड्राइवरों' के लिए प्रीमियम कम कर देते हैं।[43] अमेरिकी अध्येता शोशाना ज़ुबोफ़ ने इस निरंतर विस्तार लेती वाणिज्यिक निगरानी प्रणाली के लिए 'निगरानी पूँजीवाद' की संज्ञा दी है।[44]

ऊपर से नीचे तक निगरानी की इन तमाम क़िस्मों के अलावा, पियर-टू-पियर प्रणालियाँ भी हैं, जिनमें व्यक्ति निरंतर एक-दूसरे पर नज़र रखते हैं। उदाहरण के लिए, ट्रिपएड्वाइज़र कॉर्पोरेशन की एक विश्वव्यापी निगरानी प्रणाली है, जो होटलों, अवकाश के दिनों के किराये, रेस्तराँओं, और पर्यटकों पर नज़र रखती है।

2019 में, 4630 लाख यात्रियों ने इसका इस्तेमाल किया था, जिन्होंने 8,590 लाख समीक्षाओं और 8.6 अरब होटल, रेस्तराँ, और पर्यटन की दृष्टि से आकर्षक स्थलों को ब्राउज़ किया था। ये किसी परिष्कृत एआई एल्गोरिदम की बजाय, स्वयं उपयोगकर्ता हैं, जो यह तय करते हैं कि कोई रेस्तराँ जाने योग्य है या नहीं। जो लोग रेस्तराँ में खाते हैं, वे उस रेस्तराँ को 1 से 5 तक अंक दे सकते हैं, तथा फ़ोटो और लिखित समीक्षा शामिल कर सकते हैं। ट्रिपएड्वाइज़र का एल्गोरिदम तो महज़ डेटा को एकत्र करता है, रेस्तराँ के औसत अंकों की गणना करता है, संबंधित रेस्तराँ की तुलना उसके जैसे अन्य रेस्तराँओं से करता है, और नतीजों को सभी को देखने के लिए उपलब्ध कराता है।

यह एल्गोरिदम, साथ-ही-साथ, मुसाफ़िरों को भी अंक देता है। अगर उपयोगकर्ता समीक्षा या यात्रा के बारे में लेख पोस्ट करता है, तो उसे 100 अंक मिलते हैं, फ़ोटो या वीडियो अपलोड करने के लिए 30 अंक मिलते हैं, कोई फ़ोरॅम पोस्ट करने के लिए 20 अंक मिलते हैं, होटल/रेस्तराँ को अंक देने (रेटिंग करने) के लिए 5 अंक मिलते हैं, और दूसरी समीक्षाओं पर मतदान करने के लिए 1 अंक मिलता है। इसके बाद उपयोगकर्ता स्तर 1 (300 अंक) से स्तर 6 (10,000 अंक) के बीच श्रेणीबद्ध (रैंक) किया जाता है, जिसके अनुसार उन्हें लाभ मिलते हैं। जो उपयोगकर्ता इस प्रणाली के नियमों का उल्लंघन करते हैं, उदाहरण के लिए, नस्लवादी टिप्पणियाँ डालकर या रेस्तराँ की नाजायज़ ढंग से ख़राब समीक्षा लिखकर उसे ब्लैकमेल करने की कोशिश करना, तो उन्हें दंडित किया जा सकता है या प्रणाली से पूरी तरह निकाल बाहर किया जा सकता है। यह पियर-टू-पियर निगरानी है। हर व्यक्ति निरंतर हर दूसरे व्यक्ति की श्रेणी निर्धारित कर रहा है। ट्रिपएड्वाइज़र को कैमरों और स्पाइवेयर में पैसे लगाने की या अत्यंत परिष्कृत बायोमेट्रिक एल्गोरिदम विकसित करने की ज़रूरत नहीं है। मानव उपयोगकर्ताओं द्वारा ही लगभग सारा डेटा दाख़िल किया जाता है और वे ही लगभग सारा काम करते हैं। ट्रिपएड्वाइज़र के एल्गोरिदम का काम केवल मनुष्यों द्वारा उत्पन्न किए गए अंकों को एकत्र करना और उन्हें प्रकाशित करना है।[45]

ट्रिपएड्वाइज़र और वैसी ही अन्य पियर-टू-पियर निगरानी प्रणालियाँ हर दिन लाखों लोगों को मूल्यवान जानकारी उपलब्ध कराती हैं, और इस तरह छुट्टियाँ बिताने की योजना बनाना, अच्छे होटल और रेस्तराँ हासिल करना आसान बना देती हैं, लेकिन ऐसा करते हुए,उन्होंने निजी और सार्वजनिक स्पेस की सीमारेखा को उसकी जगह से हटा भी दिया है। पारंपरिक तौर पर, मसलन, ग्राहक और वेटर के बीच का रिश्ता अपेक्षाकृत निजी क़िस्म का मामला हुआ करता था। एक रेस्तराँ में प्रवेश करने का मतलब अर्ध निजी स्पेस में प्रवेश करना और वेटर के साथ एक

अर्ध निजी रिश्ता बनाना था, बशर्ते कि कोई अपराध न किया गया हो, तो अतिथि और वेटर के बीच का आदान-प्रदान केवल उन्हीं तक सीमित मसला था। अगर वेटर रूखा होता या कोई नस्लपरक टिप्पणी करता, तो आप इस पर हंगामा खड़ा कर सकते थे और शायद अपने दोस्तों को उस होटल में न जाने के लिए कह सकते थे, लेकिन बहुत थोड़े-से दूसरे लोग ही इस बारे में जान पाते।

पियर-टू-पियर निगरानी तंत्रों ने गोपनीयता की उस भावना को नष्ट कर दिया है। अगर होटल के कर्मचारी ग्राहक को ख़ुश करने में विफल रहते हैं, तो रेस्तराँ को बुरी समीक्षाएँ मिलेंगी, और यह चीज़ आने वाले वर्षों में हज़ारों संभावित ग्राहकों के फ़ैसले पर असर डालेगी। यह अच्छा हो या बुरा, लेकिन शक्ति का संतुलन ग्राहकों के पक्ष में झुक जाता है, जबकि कर्मचारी ख़ुद को जनता की नज़रों में पहले की तुलना में ज़्यादा उजागर पाते हैं। जैसा कि लेखक और पत्रकार लिंडा किंस्टलर कहती हैं, ''ट्रिपएड्वाइज़र के पहले तक, ग्राहक नाममात्र का राजा हुआ करता था। बाद में, वह एक वास्तविक तानाशाह बन गया, जिसके पास ज़िंदगियाँ बनाने या बिगाड़ने की ताक़त आ गई।''[46] गोपनीयता की ऐसी ही क्षति आज लाखों टैक्सी ड्राइवर, नाई, ब्यूटीशियन और अन्य सेवाएँ उपलब्ध कराने वाले महसूस कर रहे हैं। अतीत में, किसी टैक्सी या नाई की दुकान में प्रवेश करने का मतलब किसी व्यक्ति की निजी स्पेस में प्रवेश करना होता था। अब, जब ग्राहक आपकी टैक्सी या नाई की दुकान में आते हैं, वे अपने साथ एक कैमरा, एक माइक्रोफ़ोन, एक निगरानी तंत्र, और हज़ारों संभावित दर्शकों को लेकर आते हैं।[47] यह ग़ैरसरकारी पियर-टू-पियर निगरानी तंत्र की बुनियाद है।

सामाजिक साख प्रणाली

पियर-टू-पियर निगरानी प्रणालियाँ आम तौर पर कई अंकों को एकत्र करके समग्र स्कोर निर्धारित करती हैं। एक अन्य क़िस्म का निगरानी तंत्र 'स्कोर के तर्क' को उसके चरम निष्कर्ष तक ले जाता है। यह सामाजिक साख प्रणाली है, जो लोगों को *हर चीज़* के लिए अंक देने और एक ऐसा समग्र व्यक्तिगत स्कोर तैयार करने का प्रयत्न करती है, जो *हर चीज़* को प्रभावित करेगा। पिछली बार वह पाँच हज़ार साल पहले की मेसोपोटामिया की बात थी, जब पैसे का आविष्कार हुआ था, जिसके साथ इंसान एक महत्त्वाकांक्षी अंक प्रणाली लेकर आया था। सामाजिक साख प्रणाली को एक नए प्रकार के पैसे के रूप में देखा जा सकता है।

पैसा वे अंक हैं, जिन्हें लोग किन्हीं चीज़ों और सेवाओं को बेचकर इकट्ठा करते हैं, और फिर उनका इस्तेमाल दूसरी चीज़ें और सेवाएँ ख़रीदने में करते हैं। कुछ

देश अपने 'अंकों' को डॉलर कहते हैं, तो कुछ देश उन्हें यूरो, येन, या रेनमिनबी कहते हैं। ये अंक सिक्कों, या नोटों, या डिजिटल बैंक खाते में बिट्स का रूप ले सकते हैं। इन अंकों का अपने आप में, ज़ाहिर है, आंतरिक रूपसे कोई मूल्य नहीं है। आप सिक्कों को खा नहीं सकते या नोटों को पहन नहीं सकते। उनका मूल्य इस तथ्य में निहित होता है कि वे उन अकाउंटिंग टोकनों के रूप में काम करते हैं, जिनका उपयोग समाज हमारे व्यक्तिगत स्कोर पर नज़र रखने के लिए करता है।

पैसे ने आर्थिक रिश्तों में, सामाजिक आदान-प्रदान में, और मनुष्य के मनोविज्ञान में क्रांति ला दी थी, लेकिन निगरानी की ही तरह पैसे की भी अपनी सीमाएँ हैं और वह हर जगह नहीं पहुँच सकता। यहाँ तक कि अत्यंत पूँजीवादी समाजों में भी, ऐसी जगहें रही हैं, जिन्हें पैसा भेद नहीं सका, और ऐसी बहुत-सी चीज़ें हमेशा रही हैं, जिनका पैसे में कोई मूल्य नहीं है। एक मुस्कराहट की कितनी क़ीमत होगी? कोई व्यक्ति अपने दादा-दादी से मिलने जाकर कितने पैसे कमा लेता है?[48]

जिन चीज़ों को पैसा नहीं ख़रीद सकता, उन्हें अर्जित करने के लिए, पैसे से मुक्त एक वैकल्पिक प्रणाली थी, जिसे विभिन्न नाम दिए गए हैं : सम्मान, हैसियत, ख्याति। सामाजिक साख प्रणालियाँ प्रतिष्ठा बाज़ार का मानकीकृत मूल्यांकन करना चाहती हैं। सामाजिक साख एक नई अंक प्रणाली है, जो मुस्कराहटों और पारिवारिक मुलाक़ात तक को सटीक मूल्य प्रदान करती है। यह समझने के लिए कि यह कितनी क्रांतिकारी और दूरगामी है, हम संक्षेप में इस बात का परीक्षण करते हैं कि प्रतिष्ठा बाज़ार अब तक किस तरह मुद्रा बाज़ार से भिन्न रहा है। इससे हमें यह समझने में मदद मिलेगी कि यदि मुद्रा बाज़ार के सिद्धांतों को अचानक प्रतिष्ठा बाज़ार तक बढ़ा दिया जाए, तो सामाजिक संबंधों पर क्या असर पड सकता है।

पैसे और प्रतिष्ठा के बीच एक बहुत बड़ा फ़र्क़ यह है कि पैसा हमेशा सटीक गणनाओं पर आधारित गणितीय संरचना रहा है, जबकि प्रतिष्ठा का क्षेत्र सटीक संख्यात्मक मूल्यांकन का प्रतिरोध करता रहा है। उदाहरण के लिए, मध्ययुग के कुलीन ख़ुद को ड्यूक, काउंट, और विस्काउंड जैसी पदानुक्रमिक श्रेणियों में रखा करते थे, लेकिन प्रतिष्ठा के अंकों का हिसाब कोई नहीं लगा रहा होता था। मध्ययुग के बाज़ार के ग्राहकों को आम तौर से इस बात की जानकारी होती थी कि उनके बटुए में कितने सिक्के हैं और दुकान में रखी हर चीज़ की क्या क़ीमत है। मुद्रा बाज़ार भी बिना गिने नहीं रहता। इसके विपरीत, मध्ययुग के प्रतिष्ठा बाज़ार में नाइटों को यह पता नहीं होता था कि उनके विभिन्न कृत्यों से उन्हें कितना सम्मान मिलेगा, न ही वे अपने समग्र अंकों के बारे में सुनिश्चित हो सकते थे। किसी युद्ध में साहसपूर्वक लड़ने से नाइट को 10 सम्मान अंक मिलेंगे, या 100? और तब

क्या होगा, जब किसी ने भी उनकी बहादुरी देखी और दर्ज नहीं की होगी? वास्तव में, अगर यह मान भी लिया जाए कि उस बहादुरी को देखा गया, तब भी अलग-अलग लोग उसे अलग-अलग मूल्य प्रदान कर सकते हैं। सटीकता का यह अभाव प्रणाली की कोई खोट नहीं थी, बल्कि उसकी एक महत्त्वपूर्ण विशेषता थी। 'हिसाब लगाना' (कैल्कुलेटिंग) चालाकी और साज़िश का पर्याय था। अपेक्षा की जाती थी कि सम्मानजनक व्यवहार से कोई बाहरी पुरस्कार पाने की चाह नहीं, बल्कि आंतरिक सद्गुण व्यक्त होगा।[49]

एक सच्चे मुद्रा बाज़ार और अस्पष्ट प्रतिष्ठा बाज़ार के बीच यह फ़र्क़ अभी भी क़ायम है। अगर आप अपने खाने का पूरा भुगतान नहीं करते, तो ढाबे का मालिक इस बात को नोटिस करेगा और इसकी शिकायत करेगा, मेन्यू में हर चीज़ की ठीक-ठीक क़ीमत अंकित होती है, लेकिन ढाबे के उस मालिक को पता भी कैसे चलेगा कि समाज ने उसके द्वारा किए गए किसी भले काम की ओर ध्यान भी नहीं दिया है? अगर वे किसी बूढ़े ग्राहक की मदद करते हैं या किसी दुष्ट ग्राहक से निपटने में अतिरिक्त धीरज से काम लेते हैं और उन्हें इसका समुचित पुरस्कार नहीं मिलता, तो वे इसकी शिकायत किससे करेंगे? कुछ मामलों में, वे अब उस ट्रिपएड्वाइज़र से शिकायत कर सकते हैं, जो मुद्रा बाज़ार और प्रतिष्ठा बाज़ार के बीच की सीमा को समाप्त कर देता है, तथा रेस्तराँओं और होटलों की धुँधली-सी प्रतिष्ठा को सटीक अंकों की गणितीय प्रणाली में बदल देता है। सामाजिक साख की धारणा इस निगरानी पद्धति को रेस्तराँओं और होटलों से लेकर हर चीज़ तक फैलाना है। अत्यंत चरम क़िस्म की सामाजिक साख प्रणालियों में प्रत्येक व्यक्ति को एक समग्र प्रतिष्ठा स्कोर मिलता है, जो उनके द्वारा किए गए हर कार्य को ध्यान में रखकर दिया जाता है और जो यह निर्धारित करता है कि वे क्या कर सकते हैं।

उदाहरण के लिए, आप सड़क से कचरा बटोरने के बदले में 10 अंक अर्जित कर सकते हैं, किसी बूढ़ी महिला को सड़क पार करने में मदद के बदले 20 अंक अर्जित कर सकते हैं, और ढोलक बजाकर पड़ोसियों को परेशान करने के बदले 15 अंक गँवा सकते हैं। अगर आप पर्याप्त अधिक अंक कमा लेते हैं, तो इससे आपको ट्रेन के टिकिट ख़रीदते समय प्राथमिकता मिल सकती है या विश्वविद्यालय में आवेदन करते समय सहायता मिल सकती है। अगर आपकी अंक संख्या कम होती है, तो संभावित नियोक्ता आपको नौकरी देने से मना कर सकता है और आपकी संभावित गर्लफ्रेंड आपके प्रस्ताव को ठुकरा सकती है। बीमा कंपनियाँ उच्च प्रीमियम की माँग कर सकती हैं, और जज आपको ज़्यादा कठोर सज़ा दे सकता है।

कुछ लोग सामाजिक साख प्रणालियों को समाज-हितैषी व्यवहार को पुरस्कृत करने, अहंकारपूर्ण कृत्यों को दंडित करने, और एक अधिक दयालु तथा

सामंजस्यपूर्ण समाज बनाने के तरीक़े के रूप में देख सकते हैं। उदाहरण के लिए, चीनी सरकार यह स्पष्ट करती है कि उसकी सामाजिक साख प्रणालियाँ भ्रष्टाचार, घोटालों, करों की चोरी, छद्म विज्ञापनबाज़ी, और जालसाज़ी से लड़ने में मदद कर सकती हैं, और इस तरह व्यक्तियों, ग्राहकों और कॉर्पोरेट्स के बीच, तथा नागरिकों और सरकारी संस्थाओं के बीच अधिक भरोसा विकसित कर सकती हैं।[50] दूसरे लोगों को ऐसी प्रणालियाँ अपमानजनक और अमानवीय लग सकती हैं, जो प्रत्येक सामाजिक कार्य का एक सटीक मूल्य निर्धारित करती हैं। इससे भी बदतर यह है कि एक व्यापक सामाजिक साख प्रणाली गोपनीयता को नष्ट कर देगी और जीवन को नौकरी के असमाप्य साक्षात्कारों में बदल देगी। आप जो कभी भी, कहीं भी करते हैं, वह आपकी नौकरी, बैंक लोन, पति या जेल की सज़ा पाने की संभावनाओं को प्रभावित कर सकता है। क्या आपने कॉलेज की पार्टी के दौरान ज़्यादा नशा कर लिया था और कुछ ऐसा किया था, जो भले ही वैधानिक, लेकिन शर्मनाक रहा हो? क्या आपने किसी राजनीतिक प्रदर्शन में हिस्सा लिया था? क्या आपकी किसी ऐसे व्यक्ति के साथ दोस्ती है, जिसका साख स्कोर कम है? यह आपकी नौकरी के साक्षात्कार या आपराधिक सज़ा का हिस्सा होगा, अल्पावधि में भी और दशकों बाद भी। सामाजिक साख प्रणाली इस तरह एक अधिनायकवादी नियंत्रण प्रणाली बन सकती है।

बेशक, प्रतिष्ठा बाज़ार ने हमेशा ही लोगों को नियंत्रित किया है और उन्हें प्रचलित सामाजिक मानकों का पालन करने को बाध्य किया है। अधिकांश समाजों में लोगों को अपना धन गँवा देने की बजाय अपनी प्रतिष्ठा गँवा देने का भय बना रहा है। आर्थिक तनाव की तुलना में शर्मिंदगी और अपराधबोध के कारण अधिक लोग आत्महत्या करते हैं। यहाँ तक कि जब लोग नौकरी से निकाल दिए जाने के बाद या अपने कारोबार के दिवालिया हो जाने के बाद आत्महत्या करते हैं, तो यह आत्महत्या उन्हें आर्थिक मुश्किलों की वजह से नहीं, बल्कि उससे होने वाले सामाजिक अपमान के कारण करनी पड़ती है।[51]

लेकिन प्रतिष्ठा बाज़ार की अनिश्चयात्मकता और व्यक्तिपरकता ने पहले अधिनायकवादी नियंत्रण की उसकी संभावनाओं को सीमित कर रखा था। चूँकि प्रत्येक सामाजिक आदान-प्रदान का ठीक-ठीक मूल्य कोई नहीं जानता था, और चूँकि सारे आदान-प्रदानों पर कोई भी नज़र नहीं रख सकता था, इसलिए चालबाज़ी के लिए अच्छी ख़ासी गुंजाइश होती थी। जब आप किसी कॉलेज पार्टी में गए होते थे, तो आपने इस तरह व्यवहार किया हो सकता था, जिससे आपके दोस्तों ने, इस बात की चिंता किए बग़ैर कि भविष्य के नियोक्ता क्या सोचेंगे, आपको सम्मान दिया होता। जब आप नौकरी के साक्षात्कार के लिए जाते थे, तो आप जानते थे

कि वहाँ आपका कोई दोस्त नहीं होगा। और जब आप घर पर पोर्नोग्राफ़ी देख रहे होते थे, तो आप मानकर चलते थे कि न तो आपके अधिकारियों और न ही आपके दोस्तों को इस बात की जानकारी होती थी कि आप क्या करने वाले थे। जीवन, हैसियत की अलग-अलग प्रतिस्पर्धाओं के साथ, अलग-अलग प्रतिष्ठापरक क्षेत्रों में बँटा रहा है, और ऐसे बहुत सारे ऑफ़-ग्रिड क्षण भी हुआ करते थे, जब आपको किसी भी हैसियत संबंधी स्पर्धा में शामिल होने की ज़रूरत नहीं होती थी, क्योंकि हैसियत की प्रतिस्पर्धा बहुत महत्त्वपूर्ण है, ठीक इसी वजह से वह तनावपूर्ण भी है। इसलिए न केवल मनुष्यों, बल्कि वानरों जैसे अन्य सामाजिक प्राणियों ने भी इससे मिलने वाली कुछ राहत का स्वागत किया है।[52]

दुर्भाग्य से, सामाजिक साख के एल्गोरिदम सर्वव्यापी निगरानी प्रणाली के साथ मिलकर अब हैसियत संबंधी सभी प्रतिस्पर्धाओं को एक कभी न ख़त्म होने वाली दौड़ में विलय करने का ख़तरा पैदा कर रहे हैं। यहाँ तक कि अपने घरों में या छुट्टियों का आनंद लेने की कोशिश करते समय भी लोगों को हर कृत्य और हर शब्द के बारे में अत्यंत सावधान रहना होगा, जैसे कि वे लाखों लोगों के सामने मंच पर प्रदर्शन कर रहे हों। इससे अत्यंत तनावपूर्ण जीवन-शैली पैदा हो सकती है, जो लोगों की ख़ुशहाली के साथ-साथ समाज की कार्य-पद्धति के लिए भी विनाशकारी हो सकती है। अगर डिजिटल नौकरशाह सभी पर नज़र रखने के लिए एक सटीक अंक प्रणाली का प्रयोग करते हैं, तो उभरता हुआ प्रतिष्ठा बाज़ार गोपनीयता को पूरी तरह नष्ट कर सकता है और लोगों को मुद्रा बाज़ार की तुलना में कहीं ज़्यादा सख़्ती के साथ नियंत्रित कर सकता है।

हमेशा चालू

मनुष्य जैविक चेतन प्राणी है, जो चक्राकार जैविक समय के मुताबिक़ जीवन जीते हैं। कभी हम जागे होते हैं, कभी हम सो रहे होते हैं। अत्यधिक काम करने के बाद हमें आराम की ज़रूरत होती है। हम विकसित होते हैं और हमारा क्षरण होता रहता है। मनुष्यों के तंत्र भी इसी तरह जैविक चक्रों के अधीन होते हैं। वे कभी चालू होते हैं, कभी बंद होते हैं। नौकरी के साक्षात्कार अंतहीन रूप से जारी नहीं रहते। पुलिस के लोग दिन के चौबीसों घंटे काम नहीं करते। नौकरशाह छुट्टियाँ लेते हैं। यहाँ तक कि मुद्रा बाज़ार भी इन जैविक चक्रों का सम्मान करता है। न्यू यॉर्क का शेयर बाज़ार सोमवार से शुक्रवार तक, सुबह 9: 30 से अपराह्न 4 बजे तक खुला रहता है, और स्वाधीनता दिवस और नए वर्ष के दिन जैसे छुट्टी के दिनों में बंद रहता है। अगर शुक्रवार को अपराह्न 4:01 पर युद्ध भड़क उठे, तो बाज़ार इस पर सोमवार की सुबह तक प्रतिक्रिया नहीं करेगा।

इसके विपरीत, कंप्यूटरों का तंत्र हमेशा चालू रह सकता है। नतीजतन, कंप्यूटर इंसानों को एक ऐसे नए क़िस्म के अस्तित्व की ओर धकेल रहे हैं, जिसमें हम हमेशा जुड़े हुए हैं और जिसमें हम पर हमेशा नज़र रखी जा रही है। कुछ संदर्भों में, जैसे कि स्वास्थ्य सेवा में, यह एक वरदान हो सकता है। दूसरे संदर्भों में, जैसे कि अधिनायकवादी राज्यों के नागरिकों के लिए, यह एक तबाही हो सकती है। अगर तंत्र संभावित रूप से कृपालु भी हो, तब भी यह तथ्य कि वह हमेशा चालू रहता है, मानव जैसे सचेतन प्राणी के लिए क्षति पहुँचाने वाला हो सकता है, क्योंकि वह हमारे डिस्कनेक्ट होने और आराम करने के अवसर छीन सकता है। अगर किसी प्राणी को कभी भी आराम करने की मोहलत नहीं मिलती, तो वह अंततः ध्वस्त होकर मर जाता है, लेकिन हम एक निरंतर चालू रहने वाले तंत्र को धीमा कैसे करेंगे कि वह हमें कुछ समय के लिए छुट्टी की गुंजाइश दे?

हमें कंप्यूटर तंत्र को समाज का पूर्ण नियंत्रण करने से रोकने की ज़रूरत केवल इसलिए नहीं है कि हम ख़ुद को विश्राम देना चाहते हैं। छुट्टियाँ हमें तंत्र को दुरुस्त रखने का मौक़ा देने के लिए और भी महत्त्वपूर्ण हैं। अगर तंत्र तीव्र गति से विकसित होता रहेगा, तो इससे पहले कि हम त्रुटियों को पहचान सकें और सुधार सकें, वे बहुत तेज़ी-से एकत्र होती जाएँगी, क्योंकि जहाँ तंत्र अनवरत और सर्वव्यापी है, वहीं वह त्रुटियाँ भी कर सकता है। हाँ, कंप्यूटर चौबीसों घंटे हमारे कृत्यों पर नज़र रखते हुए हमारे बारे में अपूर्व डेटा एकत्र कर सकते हैं। और हाँ, वे अतिमानवीय दक्षता के साथ डेटा के महासागर में पैटर्नों की पहचान भी कर सकते हैं, लेकिन इसका यह मतलब नहीं है कि कंप्यूटर तंत्र दुनिया को हमेशा एकदम ठीक-ठीक समझ पाएगा। सूचना सत्य नहीं है। एक संपूर्ण निगरानी प्रणाली दुनिया और मनुष्यों की अत्यंत विकृत समझ पैदा कर सकती है। दुनिया के बारे में और हमारे बारे में सत्य का अन्वेषण करने की बजाय, तंत्र अपनी अपरिमित शक्ति का इस्तेमाल एक नए क़िस्म की दुनिया रचने और उसे हम पर थोपने के लिए कर सकता है।

अध्याय 8

त्रुटियाँ करने में सक्षम : तंत्र अक्सर ग़लत होता है

अलेक्जेंदर सोल्झेनित्सिन अपनी किताब द *गुलाग आर्कपेलगो* (1973) में लेबर कैंपों और उन्हें रचने तथा क़ायम रखने वाले सूचना तंत्रों का वृत्तांत कहते हैं। आंशिक तौर पर वे अपने कड़वे निजी अनुभव के आधार पर लिख रहे थे। जिन दिनों सोल्झेनित्सिन द्वितीय विश्वयुद्ध के दौरान लाल सेना में कैप्टन के रूप में काम कर रहे थे, वे अपने एक स्कूली दोस्त के साथ पत्र-व्यवहार करते रहे थे, जिसमें वे कभी-कभी स्तालिन की आलोचना किया करते थे। सुरक्षा के मद्देनज़र, वे तानाशाह का ज़िक्र उसका नाम लेकर नहीं करते थे, बल्कि उसकी जगह 'मूँछ वाला आदमी' कहते थे। इससे उन्हें कोई ख़ास फ़ायदा नहीं हुआ। उनके ख़तों को रास्ते में रोक लिया जाता था और ख़ुफ़िया पुलिस उन्हें पढ़ लेती थी, और फ़रवरी 1945 में, जिस वक़्त वे जर्मनी के मोर्चे पर काम कर रहे थे, उन्हें गिरफ़्तार कर लिया गया। अगले आठ वर्ष उन्होंने लेबर कैंप में बिताए।[1] कठिन परिस्थितियों से अर्जित की गई सोल्झेनित्सिन की अनेक अंतर्दृष्टियाँ और कहानियाँ इक्कीसवीं सदी के सूचना तंत्रों को समझने के लिए अभी भी प्रासंगिक हैं।

1930 के दशक के आख़िरी दिनों का एक क़िस्सा मॉस्को प्रांत में एक जिला पार्टी सम्मेलन की घटनाओं का वर्णन करता है। तब स्तालिनवाद का भीषण आतंक अपने शिखर पर था। स्तालिन के प्रति सम्मान व्यक्त करने का आह्वान किया गया और उन दर्शकों ने तालियाँ बजाईं, जो जानते थे कि उन पर सावधानीपूर्वक निगाह रखी जा रही थी। पाँच मिनट की तालियों के बाद 'हथेलियाँ जलने लगीं और उठे हुए हाथ दर्द करने लगे। और जो अपेक्षाकृत बूढ़े थे, वे थकान के मारे हाँफ़ रहे

थे..., लेकिन सबसे पहले रुकने की हिम्मत कौन करता?'' सोल्झेनित्सिन बताते हैं कि ''एनकेवीडी के आदमी हॉल में खड़े हुए तालियाँ बजा रहे थे और नज़र रखे हुए थे कि *पहले* कौन रुकता है!'' वह सिलसिला निरंतर जारी रहा, छह मिनट, फिर आठ मिनट, फिर दस मिनट। ''अब वे तब तक नहीं रुक सकते थे, जब तक कि वे हार्ट अटैक से धराशायी न हो जाते!... चेहरों पर दिखावटी उत्साह लिए, धुँधली-सी उम्मीद में एक-दूसरे की ओर देखते हुए, जिला नेता तब तक तालियाँ बजाते रहे, जब तक कि वे वहीं नहीं गिर पड़े, जहाँ वे खड़े हुए थे।''

आख़िरकार, ग्यारह मिनट बाद, एक पेपर फ़ैक्टरी के निदेशक ने अपनी जान हथेली पर लेकर ताली बजाना बंद किया और बैठ गया। बाक़ी सारे लोगों ने भी तालियाँ बजाना बंद किया और बैठ गए। उसी रात ख़ुफ़िया पुलिस ने उसे गिरफ़्तार कर लिया और दस वर्ष के लिए गुलाग भेज दिया। ''उससे पूछताछ करने वाले अधिकारी ने उसे याद दिलाया : ''तालियाँ बजाना बंद करने वाला पहला आदमी कभी मत बनना!''[2]

यह क़िस्सा सूचना तंत्रों के बारे में, और विशेष रूप से निगरानी प्रणालियों के बारे में एक महत्त्वपूर्ण और विचलित करने वाला तथ्य उजागर करता है। जैसा कि पिछले अध्यायों में चर्चा की गई है, अपरिपक्व दृष्टिकोण के विपरीत, सूचना का इस्तेमाल अक्सर सच्चाई का अन्वेषण करने की बजाय व्यवस्था रचने के लिए किया जाता है। प्रथमदृष्ट्य, मॉस्को सम्मेलन में स्तालिन के गुप्तचरों ने श्रोताओं के बारे में सच्चाई उजागर करने के लिए 'ताली परीक्षण' का इस्तेमाल किया था। वह वफ़ादारी का परीक्षण था, जिसमें यह विचार निहित था कि आप जितनी देर तक ताली बजाते थे, स्तालिन से उतना ही ज़्यादा प्यार करते थे। कई संदर्भों में, इस तरह की धारणा अनुचित नहीं है, लेकिन 1930 के दशक के परवर्ती दौर के मॉस्को के संदर्भ में तालियों की प्रकृति बदल गई थी। चूँकि उस सम्मेलन में शामिल लोग जानते थे कि उन पर नज़र रखी जा रही थी, और चूँकि वे बेवफ़ाई के किसी भी संकेत के नतीजे जानते थे, वे प्रेम की बजाय आतंक की वजह से तालियाँ बजा रहे थे। पेपर फ़ैक्टरी का निदेशक ताली रोक देने वाला पहला व्यक्ति शायद इसलिए नहीं था कि वह सबसे कम वफ़ादार था, बल्कि शायद इसलिए कि वह सबसे ज़्यादा ईमानदार था, या महज़ इसलिए कि उसके हाथों में सबसे ज़्यादा दर्द हो रहा था।

बावजूद इसके कि उस ताली परीक्षण ने लोगों के बारे में सच्चाई उजागर नहीं की, यह व्यवस्था लागू करने और लोगों को एक ख़ास ढंग से व्यवहार करने के लिए मजबूर करने में कारगर था। समय गुज़रने के साथ, इस तरह के तरीक़ों ने दासता, पाखंड और सनकीपन को बढ़ावा दिया। सोवियत सूचना तंत्र ने दशकों तक करोड़ों लोगों के साथ यही किया था। क्वांटम मैकेनिक्स में अवपरमाणुक

(सबटामिक) कणों का पर्यवेक्षण उनके व्यवहार को बदल देता है, यही चीज़ इंसानों का पर्यवेक्षण करने पर लागू होती है। पर्यवेक्षण के हमारे उपकरण जितने ही ज़्यादा शक्तिशाली होते हैं, उनका संभावित प्रभाव उतना ही ज़्यादा होता है। सोवियत सत्ता ने इतिहास का एक सर्वाधिक अपराजेय सूचना तंत्र खड़ा किया था। वह अपने नागरिकों से संबधित बहुत अधिक डेटा एकत्र और संसाधित करता था। उसका यह भी दावा था कि मार्क्स, ऐंजिल्स, लेनिन, और स्तालिन के अचूकता के सिद्धांतों ने उसे मनुष्यता की गहरी समझ प्रदान की थी। वास्तव में, सोवियत सूचना तंत्र ने मानव-स्वभाव के कई महत्त्वपूर्ण पक्षों की उपेक्षा की थी, तथा अपनी नीतियों की वजह से अपने नागरिकों को होने वाले भयानक कष्टों को पूरी तरह नकार दिया था। उसने प्रज्ञा उत्पन्न करने की जगह, व्यवस्था उत्पन्न की, और मनुष्य के बारे में सार्वभौमिक सत्य को उजागर करने की बजाय उसने वास्तव में एक नए क़िस्म के मानव की रचना की *-होमो सोवियतीकस।*

जैसा कि असंतुष्ट सोवियत दार्शनिक और व्यंग्यकार अलेक्सांद्र ज़िनोव्येव ने परिभाषित किया था, *होमो सोवियतीकस* दासतापूर्ण और सनकी मनुष्य थे, जिनमें पहल करने या स्वतंत्र सोच का अभाव था, जो नितांत हास्यास्पद आदेशों का भी निष्क्रिय ढंग से पालन करते थे और अपने किए हुए के नतीजों के प्रति उदासीन रहा करते थे।[3] सोवियत सूचना तंत्र ने *होमो सोवियतीकस* की रचना निगरानी, दंड, और पुरस्कारों के माध्यम से की थी। उदाहरण के लिए, पेपर फ़ैक्टरी के निदेशक को गुलाग भेजकर, सूचना तंत्र ने अन्य प्रतिभागियों को इस बात का संकेत दिया था कि सहमति का पुरस्कार मिलता है, जबकि कोई भी विवादास्पद कार्य करने में सबसे आगे होना बुरी बात है, हालाँकि, यह तंत्र लोगों के बारे में सच्चाई अन्वेषित नहीं कर सका, लेकिन यह व्यवस्था तैयार करने में इतना कुशल था कि इसने विश्व के कई हिस्सों पर विजय प्राप्त कर ली थी।

पसंद की तानाशाही

इक्कीसवीं सदी के कंप्यूटर तंत्र की भी ऐसी ही गति हो सकती है, जो नए प्रकार के मनुष्यों और नए क़िस्म के नर्क की रचना कर सकता है। लोगों को कट्टरपंथी बनाने में सोशल मीडिया एल्गोरिदम ने जो भूमिका निभाई है, वह इसका एक आदर्श उदाहरण है। निश्चय ही, एल्गोरिदम ने जो पद्धतियाँ अपनाई हैं, वे एनकेवीडी द्वारा अपनाई गई पद्धतियों से नितांत भिन्न रही हैं और उनमें किसी तरह की प्रत्यक्ष ज़ोर-ज़बरदस्ती या हिंसा शामिल नहीं है, लेकिन जिस तरह सोवियत ख़ुफ़िया पुलिस ने निगरानी, पुरस्कार और दंड के माध्यम से गुलाम *होमोसोवियतीकस* का निर्माण

किया था, उसी तरह फ़ेसबुक और यूट्यूब के एल्गोरिदम ने भी हमारे स्वभाव के बेहतर पक्षों को दंडित करके और कुछ घटिया प्रवृत्तियों को पुरस्कृत कर इंटरनेट ट्रॉल्स की रचना की है।

जैसा कि अध्याय 6 में संक्षेप में स्पष्ट किया गया है कि लोगों को कट्टरपंथी बनाने की प्रक्रिया की शुरुआत तब हुई थी, जब कॉर्पोरेट्स ने अपने एल्गोरिदमों को केवल म्याँमार में नहीं, बल्कि सारी दुनिया में उपयोगकर्ताओं की सहभागिता बढ़ाने की ज़िम्मेदारी सौंपी थी। उदाहरण के लिए, 2012 में उपयोगकर्ता यूट्यूब पर हर दिन 10 करोड़ घंटों के वीडियो देख रहे थे। कंपनी के अधिकारियों के लिए इतना पर्याप्त नहीं था, जिन्होंने एल्गोरिदमों के सामने एक महत्त्वाकांक्षी लक्ष्य रखा था : 2016 तक एक दिन में 1 अरब घंटे।[4] लाखों लोगों पर तरह-तरह के तरीक़े अपनाकर यूट्यूब एल्गोरिदम ने वही पैटर्न खोज लिया, जो फ़ेसबुक एल्गोरिदम ने भी सीखा था : उपद्रव से जुड़ाव बढ़ता है, जबकि संयम से ऐसा नहीं होता। तदनुसार, यूट्यूब के एल्गोरिदमों ने अधिक संयमपूर्ण सामग्री की उपेक्षा करते हुए उपद्रवकारी साज़िश की परिकल्पनाओं की सिफ़ारिश शुरू कर दी। 2016 तक, उपयोगकर्ता सचमुच ही यूट्यूब पर एक दिन में 1 अरब घंटे देख रहे थे।[5]

यूट्यूब के जो लोग विशेष रूप से ध्यान आकर्षित करना चाहते थे, उन्होंने जब देखा कि जब उन्होंने झूठों से भरा उपद्रवकारी वीडियो पोस्ट किया, तो एल्गोरिदम ने उन्हें कई उपयोगकर्ताओं को उस वीडियो की सिफ़ारिश करके प्रतिफल प्रदान किया और यूट्यूब के लोगों की लोकप्रियता और आय में वृद्धि की। इसके विपरीत, जब उन्होंने आक्रोश कम कर दिया और सच्चाई पर टिके रहे, तो एल्गोरिदम ने उन्हें नज़रअंदाज़ कर दिया। इस तरह के सुदृढ़ीकरण सीखने के कुछ ही महीनों के भीतर एल्गोरिदम ने कई यूट्यूबरों को ट्रॉल्स में बदल दिया।[6]

इसके सामाजिक और राजनीतिक नतीजे दूरगामी थे। उदाहरण के लिए, जैसा कि पत्रकार मैक्स फ़िशर ने 2022 की अपनी किताब द *केऑस मशीन* में दर्ज किया था। यूट्यूब एल्गोरिदम ब्राज़ील में उग्र दक्षिणपंथ के उदय और जेयर बोल्सानोरो को हाशिये के व्यक्ति से ब्राज़ील का राष्ट्रपति बनाने वाला एक महत्त्वपूर्ण इंजन साबित हुआ,[7] हालाँकि, उस राजनीतिक उथल-पुथल में योगदान करने वाले अन्य कारक भी थे, तब भी यह ध्यान देने की बात है कि बोल्सानोरो के कई समर्थक और सहयोगी मूल रूप से यूट्यूबर थे, जो एल्गोरिदम की कृपा से प्रसिद्धि और शक्ति तक पहुँचे थे।

इसका एक विशिष्ट उदाहरण कार्लोस जोर्डी हैं, जो 2017 में एक छोटे-से क़स्बे निटेराई के नगर पार्षद हुआ करते थे। महत्त्वाकांक्षी जोर्डी ने भड़काऊ यूट्यूब वीडियो बनाकर राष्ट्रीय स्तर पर ध्यान आकर्षित किया, जिसे लाखों लोगों ने देखा।

उदाहरण के लिए, उनके वीडियो में ब्राज़ील के लोगों को स्कूली अध्यापकों द्वारा बच्चों को गुमराह करने तथा परंपरावादी विद्यार्थियों को सताने की उनकी साज़िश के प्रति चेतावनी दी गई थी। 2018 में, जोर्डी ने, बोल्सानोरो के सर्वाधिक समर्पित समर्थक के रूप में ब्राज़ीलियन चैंबर ऑफ़ डिप्टीज़ (ब्राज़ीलियाई काँग्रेस का निचला सदन) का चुनाव जीत लिया। फ़िशर को दिए गए एक साक्षात्कार में, जोर्डी ने नि:संकोच भाव से कहा था कि ''अगर सोशल मीडिया न होता, तो मैं यहाँ न होता और, जेयर बोल्सानोरो राष्ट्रपति न होते।'' हो सकता है कि बोल्सानोरो राष्ट्रपति न होते वाला दावा स्वार्थपूर्ण अतिशयोक्ति हो, लेकिन इस बात से इंकार नहीं किया जा सकता कि बोल्सानोरो के उत्थान में सोशल मीडिया ने महत्त्वपूर्ण भूमिका निभाई थी।

एक और यूट्यूबर, जिन्होंने भी 2018 में ब्राज़ील के चैंबर ऑफ़ डिप्टीज़ का चुनाव जीता था, वह किम कातागिएरे थे, जो मोविमेंतो ब्रासिल लिव्रे (एमबीएल, या फ्री ब्राज़ील मूवमेंट) के एक नेता थे। शुरू में कातागिएरे ने फ़ेसबुक को अपने मुख्य मंच के रूप में इस्तेमाल किया था, लेकिन उनकी पोस्टें फ़ेसबुक के लिहाज़ से भी बहुत उग्र थीं, जिसकी वजह से उनमें से कुछ को ग़लत सूचना के कारण प्रतिबंधित कर दिया गया था। इसलिए कातागिएरे ने यूट्यूब का सहारा लिया, जो ज़्यादा दयालु था। साओ पाओलो में एमबीएल के मुख्यालय में दिए गए एक साक्षात्कार में कातागिएरे के सहयोगियों और अन्य कार्यकर्ताओं ने फ़िशर को बताया कि ''हमारे यहाँ कुछ ऐसा है, जिसे हम पसंद की तानाशाही कहते हैं।'' उन्होंने समझाया कि यूट्यूबर्स लगातार अधिक चरमपंथी होते जा रहे हैं, वे झूठी और लापरवाहीपूर्ण सामग्री पोस्ट करते रहते हैं, ''सिर्फ़ इसलिए कि इससे आपको व्यूज़ मिलेंगे, जुड़ाव मिलेगा...। जैसे ही आप वह दरवाज़ा खोल देते हैं, फिर वापसी मुमकिन नहीं रह जाती, क्योंकि आपको हमेशा और आगे जाना होता है... फ़्लैट अर्थर्स, एंटी वैक्सर्स, राजनीति में साज़िश की परिकल्पनाएँ। यह वही है। आप इसे हर कहीं देखते हैं।''[8]

बेशक, यूट्यूब के एल्गोरिदम झूठों को ईजाद करने और साज़िश की परिकल्पनाओं या उग्रवादी सामग्री तैयार करने के लिए ख़ुद ज़िम्मेदार नहीं थे। कम-से-कम 2017-18 में ये काम इंसानों द्वारा किए जाते थे, लेकिन एल्गोरिदम इंसानों को इस तरह के व्यवहार को प्रोत्साहित करने के लिए और उपयोगकर्ताओं की सहभागिता को बढ़ाने के उद्देश्य से परिणाम में सामने आई सामग्री को आगे बढ़ाने के लिए तो ज़िम्मेदार थे ही। फ़िशर ने ऐसे उग्र दक्षिणपंथी कार्यकर्ताओं के बारे में लिखा है, जो यूट्यूब एल्गोरिदम द्वारा *स्वचालित रूप से चलाए गए* वीडियो देखने के बाद उग्रवादी राजनीति में दिलचस्पी लेने लगे थे। एक उग्र दक्षिणपंथी कार्यकर्ता

ने निटेराई में फ़िशर को बताया कि उसकी कभी किसी भी तरह की राजनीति में दिलचस्पी नहीं रही थी, जब तक कि एक दिन यूट्यूब एल्गोरिदम ने उसके लिए कातागिएरे की राजनीति पर केंद्रित वीडियो ख़ुद-ब-ख़ुद नहीं चला दिया था। उसने स्पष्ट किया कि ''उसके पहले तक मेरी कोई विचारात्मक, राजनीतिक पृष्ठभूमि नहीं थी। उसने एल्गोरिदम को 'मुझे राजनीतिक शिक्षा' उपलब्ध कराने का श्रेय दिया। उसने दूसरे लोगों के उस आंदोलन में शामिल होने के बारे में बात करते हुए बताया कि ''हर किसी के साथ ऐसा ही था...। यहाँ ज़्यादातर लोग यूट्यूब और सोशल मीडिया से आए हैं।''[9]

मनुष्यों को दोषी ठहराओ

हम इतिहास के उस मोड़ पर पहुँच चुके हैं, जहाँ महत्त्वपूर्ण ऐतिहासिक प्रक्रियाएँ अ-मानवीय बुद्धि के फ़ैसलों का नतीजा हैं। यही वह चीज़ है, जो कंप्यूटर की त्रुटिपूर्णता को बहुत ख़तरनाक बनाती है। कंप्यूटर की त्रुटियाँ केवल तभी संभावित रूप से विनाशकारी साबित होती हैं, जब कंप्यूटर ऐतिहासिक कर्ता (हिस्टॉरिकल एजेंट) बन जाते हैं। यह तर्क हम अध्याय 6 में तभी दे चुके हैं, जब हमने रोहिंग्या-विरोधी प्रजातीय-शुद्धीकरण मुहिम को भड़काने में फ़ेसबुक की भूमिका का संक्षेप में परीक्षण किया था, लेकिन, जैसा कि उस परिप्रेक्ष्य में उल्लेख किया गया था, बहुत-से लोग इस तर्क पर आपत्ति उठाते हैं, जिनमें फ़ेसबुक, यूट्यूब, प्रबंधक और इंजीनियर तथा प्रौद्योगिकी के अन्य महारथी शामिल हैं। चूँकि यह इस किताब का एक केंद्रीय मुद्दा है, इसलिए यह सबसे अच्छा होगा कि इसकी और गहराई से छानबीन की जाए और इसको लेकर उठाई गई आपत्तियों की और सावधानीपूर्वक जाँच की जाए।

जो लोग फ़ेसबुक, यूट्यूब, टिकटॉक, और अन्य मंचों का इंतज़ाम देखते हैं, वे सामान्यत: ज़िम्मेदारी को अपने एल्गोरिदमों से हटाकर 'मानवीय स्वभाव' पर आरोपित करके छुटकारा पा लेने का प्रयत्न करते हैं। वे तर्क देते हैं कि यह मानवीय स्वभाव है, जो इन मंचों पर सारी घृणा और झूठ पैदा करता है। प्रौद्योगिकी के महारथी इस तरह दावा करते हैं कि चूँकि वे अभिव्यक्ति की स्वतंत्रता के मूल्यों से प्रतिबद्ध हैं, तो वे सच्ची मानवीय भावनाओं की अभिव्यक्ति को सेंसर करने से हिचकिचाते हैं। उदाहरण के लिए, 2019 में यूट्यूब की सीईओ सुसान वॉइचेस्की ने सफ़ाई दी कि ''हम इसके बारे में इस तरह सोचते हैं : 'क्या यह सामग्री हमारी नीतियों का उल्लंघन करती है? क्या इसने घृणा, उत्पीड़न के मामले में किसी चीज़ का उल्लंघन किया है?' अगर इसने किया होता है, तो उस सामग्री को हम हटा

देते हैं। हम नीतियों को सख़्त-से-सख़्त बनाए रखते हैं। साफ़ तौर पर कहूँ तो, हमें इस बारे में, आलोचनाएँ भी मिलती हैं कि आप स्वतंत्र अभिव्यक्ति की रेखाएँ कहाँ खींचते हैं और, अगर आप उन्हें बहुत सख़्ती के साथ खींचते हैं, तो कहीं आप समाज की उन आवाज़ों को हटा तो नहीं रहे होते हैं, जिन्हें सुना जाना चाहिए?''[10]

इसी तरह अक्टूबर, 2021 में फ़ेसबुक के एक प्रवक्ता ने कहा था, ''हर मंच की तरह, हम भी स्वतंत्र अभिव्यक्तियों और नुक़सान पहुँचाने वाले वक्तव्यों के बीच, सुरक्षा और दूसरे मुद्दों के बीच निरंतर मुश्किल चुनाव कर रहे हैं...। लेकिन बेहतर है कि इस तरह की सामाजिक रेखाओं को खींचने का काम हमेशा चुने हुए नेताओं पर छोड़ दिया जाए।''[11] इस तरह, प्रौद्योगिकी के महारथी, चर्चा को निरंतर मानव-निर्मित सामग्री के मध्यस्थ के रूप में अपनी मुश्किल और व्यापक तौर पर सकारात्मक भूमिकाओं में स्थानांतरित कर देते हैं। इससे यह धारणा बनती है कि मनुष्य ही सभी समस्याओं का कारण होता है, और एल्गोरिदम तो बस केवल मानवीय बुराइयों पर लगाम लगाने की पूरी कोशिश करते हैं। प्रौद्योगिकी के ये महारथी कुछ ख़ास तरह की मानवीय भावनाओं को विकसित करने और कुछ ख़ास मानवीय भावनाओं को हतोत्साहित करने में उनके एल्गोरिदम की सक्रिय भूमिका की उपेक्षा कर देते हैं। क्या वे सचमुच इसके प्रति अंधे हैं?

निश्चय ही नहीं। 2016 में, फ़ेसबुक की एक अंदरूनी रिपोर्ट से यह तथ्य सामने आया था कि ''सभी उग्रवादी समूहों के 64 प्रतिशत लोग हमारे अनुशंसा उपकरणों के कारण शामिल हैं।... हमारी सिफ़ारिश प्रणालियाँ समस्या को बढ़ाती हैं।''[12] अगस्त, 2019 का एक गुप्त अंदरूनी फ़ेसबुक मेमो में कहा गया था कि ''हमारे पास विभिन्न स्रोतों से प्राप्त सबूत हैं कि फ़ेसबुक तथा उसके एप्स के परिवार में नफ़रत फैलाने वाले वक्तव्य, विभाजनकारी राजनीतिक वक्तव्य और ग़लत सूचनाएँ सारी दुनिया के समाजों पर बुरा प्रभाव डाल रही हैं। हमारे पास इस बात के भी पुख़्ता सबूत हैं कि हमारे मुख्य उत्पाद, जैसे कि वायरलिटी, सिफ़ारिशें, और जुड़ाव के लिए अनुकूलन (core product mechnics, such as virality, recommendations and optimizing for engagement) हमारे मंच पर इस प्रकार के वक्तव्यों के पनपने का एक महत्त्वपूर्ण हिस्सा हैं।''इस मेमो को विसल-ब्लोअर (चेतावनी देने वाला अंदरूनी व्यक्ति) फ़्रांसेस हॉगेन ने लीक कर दिया था।[13]

दिसंबर 2019 के एक अन्य लीक हुए दस्तावेज़ में कहा गया था कि ''क़रीबी दोस्तों और परिवार के साथ वार्तालाप के विपरीत, वायरेलिटी (लोगों द्वारा इंटरनेट के माध्यम से परस्पर संचार करने की वजह से तेज़ी-से फैलने या लोकप्रिय होने की स्थिति) एक ऐसी नई चीज़ है, जिसे हमने कई पारिस्थितिकीय तंत्रों में प्रस्तुत किया है... और ऐसा इसलिए होता है, क्योंकि हम व्यावसायिक वजहों से इसे

जानबूझकर प्रोत्साहित करते हैं।'' इस दस्तावेज़ में बताया गया है कि ''स्वास्थ्य या राजनीति जैसे उच्च जोखिम वाले विषयों से संबंधित सामग्री को जुड़ाव के आधार पर श्रेणीबद्ध करने से प्रेरणाओं और ईमानदारी के विकृत होने के मुद्दे पैदा होते हैं।'' संभवत: सबसे ज़्यादा नुक़सानदेह यह बात सामने आई थी कि ''श्रेणीबद्ध करने की हमारी प्रणाली में न केवल इस बात के ख़ास पूर्वानुमान होते हैं कि आप किसके साथ जुड़ेंगे और आप ऐसी किस चीज़ को साझा कर सकते हैं, जिससे दूसरे लोग भी जुड़ सकें। दुर्भाग्य से, अनुसंधान से पता चला है कि उपद्रवपूर्ण और ग़लत सूचना के तेज़ी-से प्रसारित होने की ज़्यादा संभावना है।'' इस लीक हुए दस्तावेज़ ने एक निर्णायक महत्त्व की सिफ़ारिश की थी : चूँकि फ़ेसबुक हर नुक़सानदेह चीज़ को अपने उस मंच से नहीं हटा सकती, जिसका इस्तेमाल करोड़ों लोग करते हैं, इसे नुक़सानदेह सामग्री को अस्वाभाविक वितरण उपलब्ध करा कर कम-से-कम उसे बढ़ावा देना तो बंद करना चाहिए।''[14]

मॉस्को के सोवियत नेताओं की तरह, ये प्रौद्योगिकीय कंपनियाँ मनुष्य के बारे में किसी सत्य को उद्‌घाटित नहीं कर रही थीं; वे हम पर एक विकृत नई व्यवस्था थोप रही थीं। मनुष्य बहुत जटिल प्राणी हैं, और कल्याणकारी व्यवस्थाएँ हमारी नकारात्मक प्रवृत्तियों को कम करते हुए हमारे सकारात्मक गुणों को विकसित करने के तरीक़े खोजती हैं, लेकिन सोशल मीडिया एल्गोरिदम हमें बस महज़ ध्यान आकर्षित करने वाली खदान के रूप में देखते हैं। ये एल्गोरिदम मानवीय भावनाओं - घृणा, प्रेम, आक्रोश, आनंद, विभ्रम - के बहुआयामी विस्तार को एक एकल सर्वसमावेशी कोटि - जुड़ाव - में सीमित कर देते हैं। म्याँमार में 2016 में, ब्राज़ील में 2018 में, और अनेक अन्य देशों में एल्गोरिदम ने वीडियो पोस्टों और बाक़ी सारी सामग्री को केवल इस आधार पर अंक दिए कि लोग कितने मिनट तक उस सामग्री से जुड़े रहे और कितनी बार उन्होंने उस सामग्री को दूसरे लोगों के साथ साझा किया। झूठ या घृणा के एक घंटे को दस मिनट की सच्चाई या करुणा या एक घंटे की नींद की तुलना में ऊँचा दर्जा दिया गया। यह तथ्य एल्गोरिदम में पूरी तरह खो गया था कि झूठ और घृणा मनोवैज्ञानिक और सामाजिक रूप से विनाशकारी होते हैं, जबकि सत्य, करुणा और नींद मनुष्य के कुशलक्षेम के लिए अनिवार्य होते हैं। मानवता की इस अत्यंत संकीर्ण समझ के आधार पर, एल्गोरिदमों ने एक ऐसी नई सामाजिक व्यवस्था रचने में मदद की, जिसने हमारी निकृष्टतम प्रवृत्तियों को प्रोत्साहित किया, जबकि हमें मानवीय संभावना के संपूर्ण परिदृश्य को चरितार्थ करने से हतोत्साहित किया।

जैसे-जैसे हानिकारक प्रभाव प्रकट होते गए, प्रौद्योगिकी के महारथियों को बार-बार चेतावनी दी गई कि क्या हो रहा है, लेकिन सूचना के बचकाने दृष्टिकोण

में अपने विश्वास के कारण वे कोई भी क़दम उठाने में विफल रहे। चूँकि मंच झूठ और उपद्रव से भरे हुए थे, तो अधिकारियों को उम्मीद थी कि अगर ज़्यादा-से-ज़्यादा लोग ख़ुद को अधिक उन्मुक्त ढंग से अभिव्यक्त कर सकेंगे, तो अंततः सच्चाई की जीत होगी। जैसा कि हम समूचे इतिहास के दौरान बार-बार घटित होता हुआ देख चुके हैं कि एक संपूर्ण रूप से उन्मुक्त सूचना की लड़ाई में सत्य की पराजय होती है। संतुलन को सत्य के पक्ष में झुकाने के लिए, तंत्रों को ऐसे आत्म-सुधार की ऐसी मज़बूत प्रक्रियाओं को विकसित करना और बनाए रखना अनिवार्य है, जो सच बोलने को पुरस्कृत कर सकें। आत्म-सुधार की ये प्रक्रियाएँ महँगी होती हैं, लेकिन अगर आप सत्य हासिल करना चाहते हैं, तो आपको इनमें निवेश करना चाहिए।

सिलिकॉन वैली सोचती थी कि यह ऐतिहासिक नियम उस पर लागू नहीं होता। सोशल मीडिया के मंचों में आत्म-सुधार की प्रक्रियाओं का नितांत अभाव रहा है। 2014 में, समूचे म्याँमार की गतिविधियों पर नज़र रखने के लिए बर्मी भाषा बोलने वाले सिर्फ़ एक कंटेंट मॉनीटर को काम पर रखा गया था।[15] जब म्याँमार के पर्यवेक्षकों ने फ़ेसबुक को ये चेतावनियाँ देनी शुरू कीं कि उसे सामग्री को संयमित करने के लिए और ज़्यादा ध्यान देने की ज़रूरत है, तो फ़ेसबुक ने उन चेतावनियों को नज़रअंदाज़ कर दिया। उदाहरण के लिए, म्याँमार के ग्रामीण वातावरण में पली-बढ़ी एक बर्मी अमेरिकी इंजीनियर तथा दूरसंचार एक्ज़ीक्यूटिव प्विंट तून ने फ़ेसबुक अधिकारियों को ख़तरे के बारे में बार-बार लिखा। प्रजातीय शुद्धीकरण की मुहिम के शुरू होने के दो साल पहले 5 जुलाई, 2014 के एक ईमेल में, उन्होंने एक भविष्यवाणी करती हुई चेतावनी जारी की थी : ''दुःख की बात है कि बर्मा में एफ़बी का उपयोग उसी तरह किया जाता है, जिस तरह रवांडा में जातिसंहार के अंधकारपूर्ण दिनों के दौरान रेडियो का इस्तेमाल किया जाता था। फ़ेसबुक ने कोई क़दम नहीं उठाया।

यहाँ तक कि जब रोहिंग्या पर हमला तेज़ हो गया और फ़ेसबुक को आलोचनाओं का सामना करना पड़ा, तब भी उसने सामग्री को संयमित करने में सक्षम स्थानीय परिस्थितियों का ज्ञान रखने वाले लागों को नियुक्त नहीं किया। इस तरह, जब यह सूचना दी गई कि म्याँमार में नफ़रत फैलाने वाले लोग, रोहिंग्या के लिए नस्लवादी गाली के रूप में बर्मी शब्द *kalar* का उपयोग कर रहे हैं, तो फ़ेसबुक ने प्रतिक्रिया करते हुए अप्रैल, 2017 में अपने मंच पर इस शब्द का इस्तेमाल करने वाली किसी भी पोस्ट पर प्रतिबंध लगा दिया। इससे ज़ाहिर हुआ कि फ़ेसबुक को स्थानीय परिस्थितियों और बर्मी भाषा का बिलकुल भी ज्ञान नहीं था। बर्मी में *kalar* किन्हीं ख़ास संदर्भों में ही नस्लवादी गाली होता है। दूसरे संदर्भों में यह नितांत

निर्दोष शब्द है। कुर्सी के लिए बर्मी में *kalar htaing* शब्द और चने के लिए kalar pae शब्द का इस्तेमाल होता है। जैसा कि प्विंट तून ने जून 2017 में फ़ेसबुक को लिखा था कि मंच पर *kalar* शब्द पर प्रतिबंध लगाना hello से hell अक्षरों को प्रतिबंधित करने जैसा है।[16] फ़ेसबुक ने स्थानीय विशेषज्ञता की ज़रूरत को नज़रअंदाज़ करना जारी रखा। अप्रैल 2018 तक, म्याँमार के अपने एक सौ अस्सी लाख उपयोगकर्ताओं के वास्ते सामग्री को संयमित करने के लिए फ़ेसबुक द्वारा काम पर रखे गए बर्मी भाषी लोगों की कुल संख्या पाँच थी।[17]

सच्चाई को पुरस्कृत करने वाली आत्म-सुधार की प्रक्रियाओं में निवेश करने की बजाय, सोशल मीडिया के महारथियों ने वास्तव में त्रुटियाँ बढ़ाने वाली अपूर्व प्रक्रियाएँ विकसित कीं, जो झूठ और कल्पना को पुरस्कृत करती हैं। त्रुटियाँ बढ़ाने वाली ऐसी ही एक प्रक्रिया इंस्टेंट आर्टिकल्स नामक कार्यक्रम था, जिसे म्याँमार में फ़ेसबुक ने 2016 में आरंभ किया था। सहभागिता बढ़ाने की इच्छा से उत्प्रेरित फ़ेसबुक ने, न्यूज़ चैनलों को उनके द्वारा पैदा की गई उपयोगकर्ता सहभागिता की मात्रा के अनुसार भुगतान किया, जिसे क्लिक्स और व्यूज़ में मापा गया। 'न्यूज़' की सत्यता को कोई भी महत्त्व नहीं दिया गया। 2021 के एक अध्ययन से पता चला था कि, इस कार्यक्रम की शुरुआत के पहले, म्याँमार में फ़ेसबुक की दस शीर्षस्थ वेबसाइट्स में से छह वेबसाइट्स 'वैध मीडिया' से संबंध रखती थीं। 2017 तक आते-आते, इंस्टेंट आर्टिकल्स के प्रभाव के कारण, शीर्षस्थ दस में से 'वैध मीडिया' की संख्या घटकर मात्र दो वेबसाइट रह गई। 2018 तक आते-आते सारी दस शीर्षस्थ वेबसाइट्स 'फेक न्यूज़ और क्लिकबेट वेबसाइट्स' थीं।

इस अध्ययन से यह निष्कर्ष निकला कि इंस्टेंट आर्टिकल्स की शुरुआत की वजह से "म्याँमार में रातों-रात क्लिकबेट एक्टर्स प्रकट हो गए थे। आकर्षक और विचारोत्तेजक सामग्री तैयार करने के सही नुस्ख़े के साथ, वे विज्ञापन राजस्व में प्रति माह हज़ारों अमेरिकी डॉलर या औसत मासिक वेतन का दस गुना कमा सकते थे, जो उन्हें सीधे फ़ेसबुक द्वारा दिया जाता था।" चूँकि फ़ेसबुक म्याँमार में ऑनलाइन न्यूज़ की तब तक सबसे बड़ा स्रोत थी, इसलिए इसका देश के समग्र मीडिया परिदृश्य पर व्यापक प्रभाव पड़ा। एक ऐसे देश में, जहाँ फ़ेसबुक इंटरनेट का पर्याय थी, निम्न श्रेणी की सामग्री ने सूचना के अन्य स्रोतों को दबा दिया।"[18] फ़ेसबुक और सोशल मीडिया के अन्य मंचों ने दुनिया को जानबूझकर फ़ेक न्यूज़ और उपद्रवों से भरने का प्रयास नहीं किया, लेकिन अपने एल्गोरिदमों से उपयोगकर्ताओं की सहभागिता बढ़ाने को कहकर, उन्होंने ठीक यही किया है।

म्याँमार की त्रासदी पर चिंतन करते हुए प्विंट तून ने जुलाई 2023 में मुझे लिखा था, "मैं बहुत भोले ढंग से यह विश्वास किया करती थी कि सोशल मीडिया

मानव चेतना को उन्नत कर सकता है और अरबों मनुष्यों में परस्पर संबद्ध प्री-फ्रंटल कॉर्टेक्स के माध्यम से साझा मानवता के दृष्टिकोण को विस्तार दे सकता है। अब मुझे इस बात का एहसास है कि सोशल मीडिया कंपनियाँ प्री-फ्रंटल कॉर्टेक्स को आपस में जोड़ने के लिए प्रेरित नहीं हैं। सोशल मीडिया कंपनियों को परस्पर संबद्ध आंगिक प्रणाली (लिंबिक सिस्टम) रचने के लिए प्रोत्साहित किया गया है, जो मानवता के लिए कहीं ज़्यादा ख़तरनाक है।''

संगति की समस्या

मैं नहीं चाहता कि मेरे कहने का यह अभिप्राय निकले कि फ़ेक न्यूज़ और साज़िश की परिकल्पनाएँ अतीत, वर्तमान और भविष्य के सारे कंप्यूटर तंत्रों की मुख्य समस्या हैं। यूट्यूब, फ़ेसबुक, और सोशल मीडिया के अन्य मंच दावा करते हैं कि 2018 के बाद से वे अपने एल्गोरिदमों को सामाजिक रूप से ज़्यादा ज़िम्मेदार बनाने का प्रयास कर रहे हैं। यह बात सही है या नहीं, यह कहना मुश्किल है, ख़ास तौर से इसलिए कि 'सामाजिक ज़िम्मेदारी' की कोई सार्वभौमिक रूप से स्वीकार्य परिभाषा नहीं है,[19] लेकिन उपयोगकर्ताओं के जुड़ाव की खोज में सूचना के क्षेत्र को प्रदूषित करने की ख़ास समस्या को निश्चय ही सुलझाया जा सकता है। जब प्रौद्योगिकी के महारथी बेहतर एल्गोरिदम डिज़ाइन करने को बहुत उत्सुक होते हैं, तब वे सामान्यत: यह कर सकते हैं। 2005 के आस-पास स्पैम की भरमार ने ईमेल के इस्तेमाल को असंभव बना दिया था। इस समस्या से निपटने के लिए शक्तिशाली एल्गोरिदम विकसित किए गए थे। 2015 तक आते-आते गूगल ने यह दावा कर दिया था कि उसके जीमेल एल्गोरिदम को वास्तविक स्पैम को रोकने में 99.9 प्रतिशत सफलता मिल चुकी थी, जबकि सिर्फ़ 1 प्रतिशत ईमेल ग़लत तरीक़े से इस रूप में लेबिल किए जा रहे थे।[20]

हमें यूट्यूब, फ़ेसबुक और सोशल मीडिया के अन्य मंचों द्वारा उपलब्ध कराए गए विराट सामाजिक हितों को भी नज़रअंदाज़ नहीं करना चाहिए। यह स्पष्ट कर दें कि ज़्यादातर यूट्यूब वीडियो और फ़ेसबुक पोस्ट में फ़ेक न्यूज़ और जातिसंहारक भड़कावे *नहीं* होते। सोशल मीडिया लोगों को जोड़ने में, पहले वंचित रहे आए समूहों को अभिव्यक्ति देने, तथा नए मूल्यवान आंदोलनों और समुदायों को संगठित करने में बहुत मददगार रहा है।[21] इसने मानवीय सृजनात्मकता की अपूर्व लहर को भी आंदोलित किया है। जिन दिनों में टेलीविज़न का वर्चस्व हुआ करता था, दर्शकों को अक्सर काउच पोटेटो कहकर लांछित किया जाता था : थोड़े-से प्रतिभाशाली कलाकारों द्वारा तैयार की गई सामग्री के निष्क्रिय उपभोक्ता। फ़ेसबुक, यूट्यूब और

सोशल मीडिया के अन्य मंचों ने इन निष्क्रिय उपभोक्ताओं को उठकर रचने के लिए प्रोत्साहित किया। सोशल मीडिया की ज़्यादातर सामग्री - कम-से-कम शक्तिशाली उत्पादनशील एआई के पहले तक - एक सीमित व्यावसायिक वर्ग की बजाय स्वयं उपयोगकर्ताओं, या उनके श्वानों और बिल्लियों द्वारा तैयार की गई थी।

मैं भी लोगों से संपर्क स्थापित करने के लिए नियमित रूप से यूट्यूब और फ़ेसबुक का इस्तेमाल करता हूँ और मैं सोशल मीडिया का कृतज्ञ हूँ, जिसने मुझे मेरे जीवनसाथी से मिलाया, जिससे मैं 2002 में पहले एलजीबीटीक्यू सोशल मीडिया के एक मंच पर मिला था। सोशल मीडिया ने एलजीबीटीक्यू जैसे बिखरे हुए अल्पसंख्यकों के लिए चमत्कार किया है। समलैंगिक पड़ोस के किसी समलैंगिक परिवार में बहुत कम समलैंगिक लड़के पैदा होते हैं और इंटरनेट के आने से पहले के दिनों में एक-दूसरे को ढूँढ पाना एक बहुत बड़ी चुनौती हुआ करती थी, जब तक कि आप उन मुट्ठीभर सहिष्णु महानगरों में से किसी एक में नहीं चले जाते थे, जहाँ समलैंगिक उपसंस्कृति मौजूद थी। 1980 के दशक और 1990 के दशक के आरंभ में इज़रायल के एक छोटे-से समलैंगिकता-विरोधी शहर में पला-बढ़ा होने के कारण मैं खुले तौर पर समलैंगिक किसी व्यक्ति को नहीं जानता था। 1990 के दशक के अंत और 2000 के दशक के आरंभ में सोशल मीडिया ने बिखरे हुए एलजीबीटीक्यू समुदाय के सदस्यों को एक-दूसरे को खोजने और एक-दूसरे से जुड़ने का एक अपूर्व और लगभग जादुई तरीक़ा उपलब्ध कराया था।

और तब भी मैंने सोशल मीडिया की 'उपयोगकर्ता संलग्नता' की समस्या पर इतना ज़्यादा ध्यान केंद्रित किया है, तो इसलिए कि कंप्यूटरों को प्रभावित करने वाली एक बहुत बड़ी समस्या -संगति (अलायनमेंट) की समस्या - का उदाहरण है। जब कंप्यूटरों को कोई ख़ास लक्ष्य प्रदान किया जाता है, जैसे कि यूट्यूब के यातायात को एक दिन में एक अरब तक पहुँचाना, तो कंप्यूटर इस लक्ष्य की प्राप्ति के लिए अपनी सारी शक्ति और चतुराई लगा देते हैं। चूँकि वे इंसानों की तुलना में बहुत भिन्न ढंग से काम करते हैं, इसलिए उनके द्वारा ऐसे तरीक़ों के इस्तेमाल की संभावना बनी रहती है, जिनका उनके इंसानी अधिपतियों को अनुमान भी नहीं होता। इसके ख़तरनाक अप्रत्याशित परिणाम हो सकते हैं, जो मूलभूत इंसानी लक्ष्यों की संगति में नहीं होते। भले ही अनुशंसा एल्गोरिदम घृणा को प्रोत्साहित करना बंद कर दें, तब भी संगति की समस्या के अन्य उदाहरण रोहिंग्या-विरोधी मुहिम से भी बड़ी तबाही का कारण बन सकते हैं। कंप्यूटर जितने ही ज़्यादा शक्तिशाली और स्वाधीन होते जाएँगे, ख़तरा उतना ही बढ़ता जाएगा।

बेशक, संगति की समस्या एल्गोरिदम के संदर्भ में नई और अनूठी नहीं है। यह कंप्यूटर के आविष्कार के हज़ारों वर्ष पहले से मनुष्यता को सताती रही है। यह,

उदाहरण के लिए, कार्ल वॉन क्लॉज़विट्ज़ के युद्ध सिद्धांत में प्रतिष्ठित आधुनिक सैन्य चिंतन की बुनियादी समस्या है। क्लॉज़विट्ज़ एक प्रशियाई जनरल थे, जो नेपोलियन के युद्धों के दौरान लड़े थे। 1815 में नेपोलियन की अंतिम पराजय के बाद, क्लॉज़विट्ज़ प्रशियाई युद्ध महाविद्यालय के निदेशक बन गए थे। उन्होंने युद्ध के एक भव्य सिद्धांत को भी रूप देना शुरू कर दिया था। 1831 में कॉलरा के कारण उनकी मृत्यु के बाद, उनकी पत्नी मेरी ने उनकी अपूर्ण पांडुलिपि को संपादित करके 1832 और 1834 के बीच *ऑन वार* शीर्षक से कई खंडों में प्रकाशित कराया।[22]

ऑन वार ने युद्ध को समझने के लिए एक तार्किक मॉडल रचा था, और यह आज भी प्रभावशाली सैन्य सिद्धांत है। इसका सबसे महत्त्वपूर्ण सूत्र-वाक्य है कि "युद्ध अन्य साधनों के सहारे नीति की निरंतरता है।"[23] इसका मतलब है कि युद्ध कोई भावनात्मक विस्फोट, कोई बहादुरीपूर्ण कारनामा, या कोई दैवीय दंड नहीं है। यहाँ तक कि युद्ध कोई सैन्य संघटना नहीं है। इसकी बजाय, युद्ध एक राजनीतिक उपकरण है। क्लॉज़विट्ज़ के मुताबिक़, सेना की कार्रवाइयाँ तब तक नितांत अतार्किक होती हैं, जब तक कि उनकी किन्हीं अतिमहत्त्वपूर्ण राजनीतिक लक्ष्यों के साथ संगति नहीं होती।

मान लीजिए कि मैक्सिको इस बारे में सोच-विचार करता है कि उसे अपने छोटे-से पड़ोसी बेलिज़ पर आक्रमण करके उसे जीत लेना चाहिए या नहीं। और मान लीजिए कि एक विस्तृत सैन्य विश्लेषण से यह निष्कर्ष निकलता है कि अगर मैक्सिको की सेना हमला करती है, तो वह तत्काल और निर्णायक विजय प्राप्त करेगी, और तीन दिन के अंदर बेलिज़ की छोटी-सी सेना को कुचल कर उसकी राजधानी बेल्मोपन को जीत लेगी। क्लॉज़विट्ज़ के मुताबिक़, यह चीज़ मैक्सिको के हमले के लिए एक तार्किक वजह उपलब्ध नहीं कराती। महज़ सैन्य विजय प्राप्त कर लेने की क्षमता का कोई अर्थ नहीं है। मैक्सिको की सरकार को जो निर्णायक महत्त्व का सवाल पूछना चाहिए, वह यह है कि सेना की इस कामयाबी से कौन-से राजनीतिक लक्ष्य हासिल होंगे?

इतिहास ऐसी निर्णायक सैन्य विजयों से भरा हुआ है, जिनके नतीजे में राजनीतिक तबाहियाँ हुई हैं। क्लॉज़विट्ज़ के लिए इसका सबसे ज़ाहिर-सा उदाहरण उनके घर के निकट था : नेपोलियन का करियर। नेपोलियन की असाधारण सैन्य प्रतिभा को लेकर कोई विवाद नहीं कर सकता। वह रणनीति और कार्यनीति, दोनों में माहिर था, लेकिन बावजूद इसके कि नेपोलियन की लगातार जीतों ने उसे विशाल क्षेत्रों पर असाधारण नियंत्रण उपलब्ध कराया, ये जीतें स्थायी महत्त्व की राजनीतिक उपब्धियाँ हासिल करने में विफल रहीं। उसकी सैन्य विजयों से इतना ही हुआ कि

उन्होंने ज़्यादातर यूरोपीय शक्तियों को उसके ख़िलाफ़ एकजुट होने को प्रेरित किया, और उसके सम्राट के रूप में सिंहासन पर आरूढ़ होने के एक दशक बाद उसका साम्राज्य ढह गया।

वास्तव में, दीर्घकालीन स्तर पर, नेपोलियन की जीतों ने फ्रांस के स्थायी पतन को सुनिश्चित कर दिया था। फ्रांस सदियों तक यूरोप की अग्रणी भू-राजनीतिक शक्ति रहा था, व्यापक तौर पर इसलिए, क्योंकि इटली और जर्मनी का एकीकृत राजनीतिक हस्तियों के रूप में अस्तित्व नहीं था। इटली दर्जनों युद्धरत नगर-राज्यों, सामंती रियासतों और चर्च-क्षेत्रों का एक मिश्रण था। जर्मनी एक और भी विचित्र पहेली थी, जो उन एक हज़ार से ज़्यादा स्वतंत्र राजतंत्रों में विभाजित था, जो जर्मन राष्ट्र के पवित्र रोमन साम्राज्य के सैद्धांतिक आधिपत्य के अधीन ढीले-ढाले ढंग से आपस में बँधे हुए थे।[24] 1789 में फ्रांस पर जर्मनी या इटली के हमले की संभावना के बारे में सोचा भी नहीं जा सकता था, क्योंकि जर्मन या इताल्वी फ़ौज जैसी कोई चीज़ ही नहीं थी।

जैसे ही नेपोलियन ने अपने साम्राज्य का विस्तार मध्य यूरोप और इताल्वी प्रायद्वीप तक किया, उसने 1806 में पवित्र रोमन साम्राज्य को नष्ट कर दिया, कई छोटी-छोटी जर्मन और इताल्वी रियासतों को बड़े अधिकार क्षेत्रों में मिला दिया, राइन का एक जर्मन परिसंघ और इटली का एक राज्य बनाया, और इन अधिकार क्षेत्रों को अपने राजवंशीय शासन के अधीन एकीकृत करने का प्रयास किया। उसकी विजयी सेनाओं ने जर्मन और इताल्वी ज़मीनों पर आधुनिक राष्ट्रवाद और लोकप्रिय संप्रभुता की धारणाओं का भी प्रसार किया। नेपोलियन सोचता था कि इस सबसे उसका साम्राज्य और भी मज़बूत होगा। दरअसल, पारंपरिक संरचनाओं को तोड़कर और जर्मनों तथा इताल्वियों को राष्ट्रीय एकजुटता का स्वाद चखाकर, नेपोलियन ने अनजाने ही जर्मनी (1866-71) और इटली (1848-71) के एकीकरण की नींव डाल दी थी। राष्ट्रीय एकीकरण की ये दोहरी प्रक्रियाएँ 1870-71 के फ्रेंको-प्रूसियन युद्ध में फ्रांस पर जर्मनी की विजय से सुनिश्चित हो गई थीं। इसके बाद फ्रांस कभी भी वर्चस्व की अपनी हैसियत वापस हासिल नहीं कर सका।

सैन्य विजय के परिणामस्वरूप हुई राजनीतिक पराजय का एक ताज़ा उदाहरण 2003 में इराक़ पर अमेरिका के हमले ने उपलब्ध कराया था। अमेरिकियों ने हर बड़ी सैन्य मुठभेड़ में जीत हासिल की, लेकिन वे अपने दीर्घकालीन राजनीतिक लक्ष्यों को हासिल करने में विफल रहे। उनकी सैन्य विजय ने इराक़ में कोई मैत्रीपूर्ण सत्ता या मध्य पूर्व में कोई अनुकूल भू-राजनीतिक व्यवस्था स्थापित नहीं की। इस युद्ध का वास्तविक विजेता ईरान था। अमेरिकी सैन्य विजय ने इराक़ को ईरान के

परंपरागत शत्रु से ईरान के पिट्ठू में बदल दिया, और इस तरह मध्य पूर्व में अमेरिका की स्थिति को कमज़ोर कर ईरान को क्षेत्रीय शक्ति में बदल दिया।[25]

नेपोलियन और जॉर्ज डब्ल्यू बुश, दोनों ही संगति की समस्या के शिकार थे। उनके अल्पकालिक सामरिक लक्ष्य उनके देशों के दीर्घकालिक भू-राजनीतिक लक्ष्यों के साथ असंगत थे। हम क्लॉज़विट्ज़ की किताब *ऑन वार* को इस चेतावनी के रूप में देख सकते हैं कि 'विजय को अधिकतम बनाना' उतना ही अदूरदर्शितापूर्ण लक्ष्य है, जितना 'उपयोगकर्ता की संलग्नता को अधिकतम बनाना'। क्लॉज़विट्ज़ीय मॉडल के मुताबिक़, केवल जब राजनीतिक लक्ष्य स्पष्ट हो तभी ऐसी सैन्य रणनीतियाँ तय कर सकती हैं, जो उस लक्ष्य को प्राप्त कर सकती हैं। इस समग्र रणनीति से, निचले पायदान के अधिकारी सामरिक लक्ष्य निर्धारित कर सकते हैं। यह मॉडल दीर्घकालिक नीति, मध्यम अवधि की रणनीति, और अल्पकालिक सामरिक नीति के बीच स्पष्ट पदानुक्रम तैयार करता है। सामरिक नीतियाँ केवल तभी तर्कसंगत मानी जा सकती हैं, जब वे किसी रणनीतिपरक लक्ष्य से संगत हों, और रणनीति केवल तभी तर्कसंगत है, जब वह किसी राजनीतिक लक्ष्य से संगत हो। यहाँ तक कि एक निचले पद के कंपनी कमांडर के स्थानीय सामरिक फ़ैसले भी युद्ध के चरम राजनीतिक लक्ष्य को प्राप्त कर सकते हैं।

मान लीजिए कि इराक़ पर अमेरिकी क़ब्ज़े के दौरान एक अमेरिकी कंपनी पर पास की किसी मस्जिद से भीषण गोलाबारी हो जाती है। उस सूरत में उस कंपनी के कमांडर के पास चुनाव करने के लिए कई अलग-अलग सामरिक विकल्प हैं। वह कंपनी को पीछे हटने का आदेश दे सकता है। वह कंपनी को मस्जिद पर हमला बोल देने का आदेश दे सकता है। वह मदद के लिए उपलब्ध अपने एक टैंक को मस्जिद को उड़ा देने का आदेश दे सकता है। कंपनी कमांडर को क्या करना चाहिए?

विशुद्ध सामरिक परिप्रेक्ष्य में देखें तो, सबसे अच्छा विकल्प तो यही है कि कमांडर अपने टैंक को मस्जिद को उड़ा देने का आदेश दे दे। इससे अमेरिकियों को गोलाबारूद के मामले में अपनी श्रेष्ठता का संपूर्ण दोहन करने का लाभ मिलता, वे अपने सैनिकों के जीवन को ख़तरे में डालने से बचा सकते थे, तथा निर्णायक सामरिक विजय प्राप्त कर सकते थे, लेकिन, राजनीतिक परिप्रेक्ष्य में देखें, तो यह कमांडर का सबसे बुरा फ़ैसला होता। मस्जिद को तबाह कर रहे अमेरिकी टैंकों की तसवीरें इराक़ी जनता की राय को अमेरिकियों के ख़िलाफ़ भड़का देतीं तथा संपूर्ण मुस्लिम जगत में आक्रोश भड़का देतीं। मस्जिद पर हमला करना राजनीतिक ग़लती भी होती, क्योंकि इससे भी ईराक़ियों के मन में नाराज़गी पैदा हो सकती थी, जबकि अमेरिकियों की जानें जाने से अमेरिकी मतदाताओं के बीच युद्ध के प्रति समर्थन

कमज़ोर हो सकता था। संयुक्त राज्य अमेरिका के युद्ध के राजनीतिक उद्देश्यों को देखते हुए पीछे हटना और सामरिक हार स्वीकार करना, सबसे तर्कसंगत निर्णय होता।

इस तरह, क्लॉज़विट्ज़ के लिए तार्किकता का अर्थ संगति है। राजनीतिक लक्ष्यों से संगति न रखने वाली सामरिक जीत की कोशिशें अतार्किक हैं। समस्या यह है कि सेना की नौकरशाह प्रकृति उन्हें इस तरह की अतार्किकता के प्रति अत्यंत संवेदनशील बना देती है। जैसा कि अध्याय 3 में चर्चा की गई है, वास्तविकता को अलग-अलग दराज़ों में बाँटकर, नौकरशाही उस वक़्त भी संकुचित लक्ष्यों की खोज को प्रोत्साहित करती है, जब यह चीज़ एक बड़े हित को नुक़सान पहुँचाती है। जिन नौकरशाहों को कोई संकुचित मुहिम पूरी करने की ज़िम्मेदारी सौंपी गई होती है, वे अपने कृत्यों के व्यापक प्रभावों के प्रति अनजान हो सकते हैं, और यह सुनिश्चित करना हमेशा से मुश्किल रहा है कि उनके कार्य सामाजिक भलाई की संगति में रहें। जब सेनाएँ नौकरशाही के तरीके से काम करती हैं, जैसा कि सारी आधुनिक सेनाएँ करती हैं, तो यह युद्ध-क्षेत्र में किसी कंपनी की कमान सँभालने वाले कमांडर और दूरस्थ कार्यालय में बैठकर दीर्घकालिक नीति तैयार करने वाले राष्ट्रपति के बीच एक बड़ी खाई पैदा कर देती है। कैप्टन ऐसे निर्णयों की ओर प्रवृत्त होता है, जो युद्ध-क्षेत्र के संदर्भ में तर्कसंगत लगते हैं, लेकिन जो वास्तव में युद्ध के अंतिम लक्ष्य को कमज़ोर करते हैं।

इस तरह हम देखते हैं कि संगति की समस्या कंप्यूटर क्रांति से बहुत पहले से रही है और वर्तमान सूचना साम्राज्य खड़ा करने के सामने आने वाली कठिनाइयाँ पहले के संभावित विजेताओं के सामने आने वाली कठिनाइयों से भिन्न नहीं हैं। तथापि, कंप्यूटर संगति की समस्या की प्रकृति को महत्त्वपूर्ण तरीक़ों से बदल देते हैं। यह सुनिश्चित करना कितना ही कठिन क्यों न रहा हो कि मानव नौकरशाह और सैनिक समाज के दीर्घकालिक लक्ष्यों के साथ संगति बैठाए रखें, एल्गोरिदम नौकरशाहों और स्वायत्त हथियार प्रणालियों के बीच संगति को सुनिश्चित करना और भी कठिन होता जा रहा है।

पेपर-क्लिप नेपोलियन

संगति की समस्या के कंप्यूटर तंत्र के संदर्भ में विशेष रूप से ख़तरनाक होने की एक वजह यह है कि पहले की किसी भी नौकरशाही के मुक़ाबले इस तंत्र के कहीं ज़्यादा शक्तिशाली होने की संभावना है। अतिबुद्धिमान कंप्यूटरों के लक्ष्यों में कुसंगतियों का परिणाम अपूर्व स्तर के विनाश के रूप में सामने आ सकता है। दार्शनिक निक

बोस्ट्रॉम ने 2014 की अपनी किताब *सुपरइंटेलिजेंस* में एक वैचारिक प्रयोग के माध्यम से उस ख़तरे को दर्शाया है, जो गोएथे के 'जादूगर का प्रशिक्षु' की याद दिलाता है। बोस्ट्रॉम हमसे कहते हैं कि कल्पना करें कि एक पेपर-क्लिप फ़ैक्टरी एक अतिबुद्धिमान कंप्यूटर ख़रीदती है और फ़ैक्टरी का इंसानी मैनेजर उस कंप्यूटर को एक ऐसा काम सौंपता है, जो बहुत सरल प्रतीत होता है : ज़्यादा-से-ज़्यादा पेपर क्लिप तैयार करो। इस लक्ष्य की प्राप्ति के लिए पेपर-क्लिप कंप्यूटर समूची पृथ्वी को जीत लेता है, सारे मनुष्यों को ख़त्म कर देता है, अन्य ग्रहों पर क़ब्ज़ा करने के लिए अभियान भेजता है, तथा उपलब्ध अपरिमित संसाधनों का उपयोग करके संपूर्ण आकाशगंगा को पेपर-क्लिप कारख़ानों से भर देता है।

इस वैचारिक प्रयोग का मुद्दा यह है कि कंप्यूटर ठीक वही करता है, जो करने के लिए उससे कहा गया होता है (ठीक गोएथे की कविता की झाड़ू की तरह)। यह बोध होने के बाद कि अधिक-से-अधिक कारख़ाने और अधिक-से-अधिक पेपर-क्लिप तैयार करने के लिए उसे बिजली, स्टील, ज़मीन की ज़रूरत है, और यह बोध जागने के बाद कि इंसान इन संसाधनों को आसानी-से छोड़ेंगे नहीं, वह अतिबुद्धिमान कंप्यूटर प्रदत्त लक्ष्य को पूरा करने के एकनिष्ठ लक्ष्य के चलते सारे इंसानों को ख़त्म कर देता है।[26] बोस्ट्रॉम कहना यह चाहते हैं कि कंप्यूटरों के साथ समस्या यह नहीं है कि वे विशेष रूप से बुरे हैं, बल्कि समस्या यह है कि वे विशेष रूप से शक्तिशाली हैं। और कंप्यूटर जितना ही ज़्यादा शक्तिशाली होगा, उसके लक्ष्य को परिभाषित करने के मामले में हमें उतना ही ज़्यादा सावधान रहना होगा, कुछ इस तरह कि उस लक्ष्य की संगति हमारे चरम लक्ष्यों के साथ बैठ सके। अगर हम जेब में रखे कैल्कुलेटर के लिए कुसंगत लक्ष्य सौंपते हैं, तो उसके नतीजे साधारण होंगे, लेकिन अगर हम अतिबुद्धिमान मशीन को वैसा ही कुसंगत लक्ष्य सौंपते हैं, तो नतीजे विनाशकारी हो सकते हैं।

पेपर-क्लिप वैचारिक प्रयोग विचित्र और वास्तविकता से पूरी तरह कटा हुआ लग सकता है, लेकिन जब 2014 में बोस्ट्रॉम ने अपनी किताब प्रकाशित की थी, उस वक़्त सिलिकॉन वैली के मैनेजरों ने उस ओर ध्यान दिया होता, तो उन्होंने शायद अपने एल्गोरिदमों को 'उपयोगकर्ताओं की संख्या बढ़ाने' का निर्देश देते हुए अधिक सावधानी बरती होती। फ़ेसबुक और यूट्यूब के एल्गोरिदमों ने ठीक उसी तरह आचरण किया, जैसा बोस्ट्रॉम के काल्पनिक एल्गोरिदम ने किया था। जब उससे पेपर-क्लिप के उत्पादन को बढ़ाने को कहा गया, तो एल्गोरिदम ने समूचे भौतिक विश्व को पेपर क्लिप्स में बदल देने की कोशिश की, भले ही उसका मतलब मानव सभ्यता को नष्ट कर देना था। जब उपयोगकर्ताओं की संलग्नता बढ़ाने के लिए कहा गया, तो फ़ेसबुक और यूट्यूब के एल्गोरिदमों ने समूचे सामाजिक विश्व

को उपयोगकर्ताओं की संलग्नता में बदलने की कोशिश की, भले ही उससे म्याँमार, ब्राज़ील, और कई दूसरे देशों के सामाजिक ताने-बाने को नुक़सान पहुँचता था।

बोस्ट्रॉम का वैचारिक प्रयोग इस बात की एक दूसरी वजह को भी रेखांकित करता है कि संगति की समस्या कंप्यूटर के मामले में अधिक महत्त्वपूर्ण क्यों है। चूँकि वे अजैविक चीज़ें हैं, वे ऐसी रणनीतियाँ अपना सकते हैं, जो किसी इंसान को कभी नहीं सूझेंगी और इसलिए जिनका पूर्वानुमान करने और जिन्हें पहले से रोक देने के मामले में हम अक्षम हैं। यहाँ यह एक उदाहरण है : 2016 में, दरिओ अमोदेई 'यूनिवर्स' नामक एक परियोजना पर काम कर रहे थे, और सामान्य उद्देश्यों के लिहाज़ से एक ऐसा एआई विकसित करने में लगे हुए थे, जो सैकड़ों अलग-अलग तरह के कंप्यूटर खेल खेल सकता। एआई ने कार की दौड़ में अच्छा प्रदर्शन किया था, इसलिए अमोदेई ने इसे नावों की दौड़ में आज़माया। एआई ने अजीबोग़रीब तरीक़े से अपनी नाव को सीधे बंदरगाह में पहुँचा दिया और बंदरगाह के अंदर और बाहर के अंतहीन चक्कर लगाने लगा।

यह समझने में अमोदेई को अच्छा ख़ासा समय लगा कि ग़लती कहाँ पर हुई थी। यह समस्या इसलिए पैदा हुई थी कि शुरू में अमोदेई को ठीक-ठीक नहीं मालूम था कि एआई को 'दौड़ जीतो' ("win the race") किस तरह कहा जाए। 'जीतना' ("winning") एल्गोरिदम के लिए एक अस्पष्ट अवधारणा है। 'दौड़ जीतो' का कंप्यूटर की भाषा में अनुवाद करने के लिए अमोदेई को दौड़ में शामिल दूसरी नावों के बीच ट्रैक पोज़ीशन और प्लेसमेंट जैसी जटिल अवधारणाओं को रूप देना पड़ता। इसकी बजाय, अमोदेई ने सरल रास्ता अपनाया और नाव से ज़्यादा-से-ज़्यादा अंक प्राप्त करने को कहा। उसने सोचा कि दौड़ में जीत के लिए अंक एक अच्छा प्रतीक (प्रॉक्सी) है। आख़िरकार, कार की दौड़ के मामले में वह कारगर रहा ही था।

लेकिन नाव की दौड़ में एक अनोखी विशेषता थी, जो कि कार की दौड़ में नहीं थी, जिसने चतुर एआई को खेल के नियमों में ख़ामी ढूँढने की गुंजाइश दे दी। इस खेल में खिलाड़ियों को दूसरी नावों से आगे निकल जाने पर बहुत-से अंक दिए जाते थे, जैसे कि कार की दौड़ में भी दिए जाते थे, लेकिन जब भी वे बंदरगाह में नाव को रोककर अपनी शक्ति को वापस प्राप्त करते थे, तो उन्हें कुछ और भी अंक दिए जाते थे। एआई ने पाया कि अगर वह अन्य नावों से आगे निकलने की बजाय, बंदरगाह के अंदर और बाहर चक्कर लगाता रहे, तो वह कहीं ज़्यादा तेज़ी-से अंक प्राप्त कर सकता है। ज़ाहिर है, इस खेल की रचना करने वाले किसी भी इंसान का, दरिओ अमोदेई का भी, इस ख़ामी की तरफ़ ध्यान नहीं गया था। एआई ठीक वही कर रहा था, जो करने के लिए खेल उसे पुरस्कृत कर रहा था, भले ही यह वह

नहीं था, जिसकी उम्मीद इंसान कर रहे थे। संगति की समस्या का सार यही है : ए को पुरस्कृत करते हुए बी के लिए उम्मीद करना।[27] अगर हम चाहते हैं कि कंप्यूटर सामाजिक हितों में बढ़ोत्तरी करें, तो उन्हें उपयोगकर्ताओं की संलग्नता बढ़ाने के लिए पुरस्कृत करना बुरा है।

कंप्यूटर की संगति की समस्या को लेकर चिंतित होने की तीसरी वजह यह है कि चूँकि वे हमसे इतने भिन्न हैं, कि जब हम उन्हें कुसंगत लक्ष्य प्रदान करने की ग़लती करते हैं, तो इस बात की संभावना बहुत कम होती है कि इस ओर उनका ध्यान जाए या स्पष्टीकरण की माँग करें। अगर नौका-दौड़ का एआई कोई इंसानी खिलाड़ी होता, तो उसे यह बात समझ में आ गई होती कि खेल के नियमों में उसने जो ख़ामी ढूँढ ली है, वह शायद 'जीत' के रूप में नहीं गिनी जाएगी। अगर पेपर-क्लिप एआई कोई इंसानी नौकरशाह होता, तो उसे यह बात समझ में आ गई होती कि संभवतः इरादा यह नहीं है कि पेपर क्लिप उत्पादित करने की ख़ातिर इंसानों को मार दिया जाए। लेकिन चूँकि कंप्यूटर इंसान नहीं हैं, इसलिए हम इस बात के लिए उन पर निर्भर नहीं कर सकते कि संभावित कुसंगतियों की ओर उनका ध्यान जाएगा और वे उसकी ओर हमारा ध्यान खीचेंगे। 2010 के दशक में फ़ेसबुक और यूट्यूब के प्रबंधकों को मानव कर्मचारियों के साथ ही बाहरी पर्यवेक्षकों ने भी एल्गोरिदमों द्वारा पहुँचाए जा रहे नुक़सानों के बारे में ढेरों चेतावनियाँ दी थीं, लेकिन स्वयं उन एल्गोरिदमों ने कभी कोई चेतावनी नहीं दी।[28]

जैसे-जैसे हम स्वास्थ्य, शिक्षा, क़ानून के प्रवर्तन और कई अन्य क्षेत्रों में एल्गोरिदमों को ज़्यादा-से-ज़्यादा शक्ति प्रदान करते जाएँगे, संगति की समस्या और भी बड़ी होती जाएगी। अगर हम उसका समाधान करने के तरीक़े नहीं खोजते, तो परिणाम नौकाओं को गोल-गोल घुमाकर अंक जुटाने वाले एल्गोरिदम से कहीं ज़्यादा बुरे होंगे।

कोर्सिकन कनेक्शन

संगति की समस्या को कैसे हल किया जाए? सिद्धांततः, जब इंसान कोई कंप्यूटर तंत्र तैयार करते हैं, तो उन्हें उसे एक चरम लक्ष्य के बारे में बताया जाना चाहिए, जिसे बदलने या नज़रअंदाज़ करने की छूट कंप्यूटर को न हो। तब, अगर कंप्यूटर इतने शक्तिशाली भी हो जाते हैं कि उन पर हमारा नियंत्रण नहीं रह जाता, तो हम आश्वस्त हो सकते हैं कि उनकी वह अपरिमित शक्ति नुक़सान पहुँचाने की बजाय लाभ पहुँचाएगी। ज़ाहिर है कि ऐसा तभी होगा, जब हम ख़ुद ही उन्हें कोई नुक़सानदेह या अस्पष्ट-सा लक्ष्य न सौंपें। और यहीं समस्या है। इंसानी तंत्रों के

संदर्भ में, हम आत्म-सुधार की प्रक्रियाओं पर भरोसा करते हैं कि वे समय-समय पर हमारे लक्ष्यों की समीक्षा और उनमें सुधार करती रहेंगी, इसलिए ग़लत लक्ष्य के निर्धारण से सब कुछ का अंत नहीं हो जाएगा, लेकिन चूँकि कंप्यूटर तंत्र हमारे नियंत्रण से बच निकल सकते हैं, इसलिए अगर हम उसके लिए ग़लत लक्ष्य निर्धारित कर देते हैं, तो यह मुमकिन है कि हमें अपनी ग़लती का एहसास तब हो, जब हम उसे ठीक करने के क़ाबिल ही न रह जाएँ। कोई यह उम्मीद कर सकता है कि सावधानीपूर्वक विचार-विमर्श करने के बाद, हम कंप्यूटर तंत्र के लिए पहले से ही सही लक्ष्य निर्धारित करने में सक्षम हो सकते हैं, लेकिन, यह एक अत्यंत ख़तरनाक भ्रम है।

यह समझने के लिए कि कंप्यूटर तंत्र के चरम लक्ष्यों के बारे में पहले से सहमत होना क्यों असंभव है, हमें क्लॉज़विट्ज़ के युद्ध सिद्धांत पर फिर-से लौटना होगा। वे जिस तरह से तार्किकता को संगति की बराबरी पर रखते हैं, उसमें एक घातक खोट है। जहाँ क्लॉज़ेविट्ज़ियाई सिद्धांत यह माँग करता है कि सारे कृत्यों की चरम लक्ष्य के साथ संगति होनी चाहिए, वहीं वह इस तरह के लक्ष्य को परिभाषित करने का कोई तर्कसंगत तरीक़ा पेश नहीं करता। नेपोलियन के जीवन और सैन्य करियर पर विचार करें। उसका चरम लक्ष्य क्या होना चाहिए था? 1800 ईस्वी में फ्रांस के प्रभावी सांस्कृतिक वातावरण को देखते हुए, हम उस 'चरम लक्ष्य' के बारे में ऐसे कई विकल्प सोच सकते हैं, जो नेपोलियन के दिमाग़ में आ सकते थे :

संभावित लक्ष्य क्रमांक 1: फ्रांस को यूरोप की वर्चस्वशाली शक्ति बनाना, ताकि वह ब्रिटेन, हाब्सबर्ग साम्राज्य, रूस, एकीकृत जर्मनी, एकीकृत इटली के भावी हमले से सुरक्षित रह सके।

संभावित लक्ष्य क्रमांक 2: नेपोलियन के परिवार द्वारा शासित एक बहुप्रजातीय साम्राज्य का निर्माण करना, जिसमें न सिर्फ़ फ्रांस, बल्कि यूरोप और विदेशों के कई अतिरिक्त क्षेत्र शामिल हों।

संभावित लक्ष्य क्रमांक 3 : व्यक्तिगत रूप से अपने लिए ऐसा चिरस्थायी गौरव हासिल करना कि उसकी मृत्यु के सदियों बाद भी अरबों लोग नेपोलियन का नाम जानें और उसकी असाधारण प्रतिभा की सराहना करें।

संभावित लक्ष्य क्रमांक 4 : अपनी चिरस्थायी आत्मा की मुक्ति सुनिश्चित करना, तथा अपनी मृत्यु के बाद स्वर्ग में प्रवेश करना।

संभावित लक्ष्य क्रमांक 5: फ़्रांसिसी क्रांति के सार्वभौमिक आदर्शों का प्रसार करना तथा पूरे यूरोप और विश्व में स्वतंत्रता, समानता और मानवाधिकारों की रक्षा में मदद करना।

कई स्वयंभु तार्किक यह तर्क देते हैं कि नेपोलियन को पहला लक्ष्य हासिल करने, यानी यूरोप में फ़्रांसीसी प्रभुत्व को सुरक्षित करने, को अपने जीवन की मुहिम बना लेना चाहिए था, लेकिन क्यों? याद रखें कि क्लॉज़विट्ज़ के लिए तार्किकता का मतलब है संगति। एक सामरिक कौशल तभी तर्कसंगत है, जब वह किसी उच्चतर रणनीतिक लक्ष्य के साथ संगत हो, जिसे बदले में उससे भी उच्चतर राजनीतिक लक्ष्य के साथ संगत होना चाहिए, लेकिन लक्ष्यों की यह शृंखला अंततः शुरू कहाँ से होती है? हम ऐसे किसी चरम लक्ष्य का निर्धारण कैसे कर सकते हैं, जो सभी रणनीतिक उपलक्ष्यों और उससे उत्पन्न सामरिक क़दमों को उचित ठहराता हो? ऐसे किसी चरम लक्ष्य की, उसकी परिभाषा से ही, स्वयं उससे उच्चतर किसी चीज़ से संगति नहीं बैठाई जा सकती, क्योंकि उससे उच्चतर कुछ भी नहीं है। तब फिर नेपोलियन के परिवार, नेपोलियन की प्रसिद्धि, नेपोलियन की आत्मा, या सार्वभौमिक मानवाधिकारों की बजाय फ़्रांस को लक्ष्यों के पदानुक्रम में सबसे ऊपर रखना तर्कसंगत क्यों है? क्लॉज़विट्ज़ इसका कोई जवाब उपलब्ध नहीं कराते।

कोई तर्क दे सकता है कि लक्ष्य क्रमांक 4- अपनी चिरस्थायी आत्मा की मुक्ति को सुरक्षित करना एक चरम तर्कसंगत लक्ष्य का गंभीर प्रत्याशी नहीं हो सकता, क्योंकि वह मिथक में विश्वास पर आधारित है, लेकिन यही तर्क बाक़ी सारे लक्ष्यों के संदर्भ में दिया जा सकता है। चिरस्थायी आत्माएँ अंतरविषयात्मक ईजाद हैं, जिनका वजूद केवल लोगों के दिमाग़ में होता है, और ठीक यही बात राष्ट्रों और मानवाधिकारों के बारे में सही है। नेपोलियन को अपनी मिथकीय आत्मा से अधिक मिथकीय फ़्रांस की परवाह क्यों होनी चाहिए?

दरअसल, अपने ज़्यादातर यौवन के दौरान तो नेपोलियन ख़ुद को फ़्रांसीसी तक नहीं मानता था। वह *नेपोलियनी दी बोनापार्ते* के रूप में कोर्सिका में इताल्वी प्रवासियों के परिवार में जन्मा था। कोर्सिका पर पाँच हज़ार सालों तक इताल्वी नगर-राज्य जेनोआ की हुकूमत थी, जहाँ नेपोलियन के बहुत-से पूर्वज रहे थे। यह तो केवल 1768, यानी नेपोलियन के जन्म से एक वर्ष पहले की घटना थी, जब जेनोआ ने यह द्वीप फ़्रांस को सौंप दिया था। कोर्सिकी राष्ट्रवादियों ने फ़्रांस को सौंप दिए जाने का प्रतिरोध किया था और विद्रोह से भरकर उठ खड़े हुए थे। केवल जब 1770 में उनकी पराजय हुई, तब जाकर कोर्सिका औपचारिक रूप से फ़्रांस का एक प्रांत बना था। कई कोर्सिकी ऐसे थे, जो फ़्रांसीसी नियंत्रण के प्रति अपना असंतोष

जारी रखे हुए थे, लेकिन बोनापार्ट परिवार ने फ्रांस के राजा के प्रति निष्ठा की शपथ ली और नेपोलियन को मुख्य भूमि फ्रांस के सैन्य स्कूल में भेज दिया।[29]

स्कूल में, नेपोलियन को कोर्सिकी राष्ट्रवाद और फ्रांसीसी भाषा पर अपनी कमज़ोर पकड़ के कारण अपने सहपाठियों की काफ़ी धौंसपट्टी झेलनी पडती थी।[30] उसकी मातृभाषा कोर्सिकन और इटालियन थी, और हालाँकि वह धीरे-धीरे धाराप्रवाह फ्रांसीसी बोलने लगा था, वह जीवनभर कोर्सिकाई लहज़ा अपनाए रहा और फ्रांसीसी के सही उच्चारण में अक्षम बना रहा।[31] नेपोलियन अंतत: फ्रांसीसी सेना में भर्ती हो गया, लेकिन जब 1789 में क्रांति शुरू हुई, तो वह वापस कोर्सिका चला गया, इस उम्मीद में कि क्रांति शायद उसके प्यारे द्वीप को अधिक स्वयात्तता प्राप्त करने का अवसर उपलब्ध कराएगी। कोर्सिकी स्वतंत्रता आंदोलन के नेता पास्क्वाले पाओली के साथ मतभेद के बाद ही नेपोलियन ने मई, 1793 में कोर्सिकी ध्येय को त्याग दिया। वह मुख्य भूमि में लौट आया, जहाँ उसने अपना भविष्य निर्माण करने का फ़ैसला किया।[32] यही वह मक़ाम था, जब *नेपोलियनी दी बोनापार्ते*, नेपोलियन बोनापार्ट में बदल गया (उसने 1796 तक अपने नाम के इताल्वी संस्करण का उपयोग जारी रखा)।[33]

तब फिर नेपोलियन के लिए यह तर्कसंगत क्यों था कि वह फ्रांस को यूरोप की प्रभुत्वशाली शक्ति बनाने के लिए अपना सैन्य करियर समर्पित कर देता? क्या उसके लिए कोर्सिका में रहना, पाओली के साथ के अपने व्यक्तिगत मतभेदों को सुलझाना, तथा अपने पैदाइशी द्वीप को फ्रांसीसी विजेताओं से मुक्त कराने के लिए स्वयं को समर्पित कर देना ज़्यादा तर्कसंगत नहीं था? और शायद नेपोलियन को इटली, यानी अपने पूर्वजों की भूमि को एकीकृत करना अपने जीवन का मिशन नहीं बना लेना चाहिए था?

क्लॉज़विट्ज़ इन सवालों का तर्कसंगत जवाब देने के लिए कोई तरीक़ा पेश नहीं करते। अगर हमारा नीति-वाक्य यह है कि 'प्रत्येक कार्य किसी उच्चतर लक्ष्य की संगति में होना चाहिए', तो उस अंतिम लक्ष्य को परिभाषित करने का कोई तर्कसंगत तरीक़ा नहीं है। तब फिर हम कंप्यूटर तंत्र को ऐसा कोई चरम लक्ष्य कैसे उपलब्ध करा सकते हैं, जिसे वह कभी भी नज़रअंदाज़ या कमज़ोर न करे? प्रौद्योगिकी के जो एक्ज़ीक्यूटिव और इंजीनियर एआई विकसित करने की हड़बड़ी में हैं, वे बहुत बड़ी ग़लती पर हैं, अगर वे सोचते हैं कि एआई को यह बताने का ऐसा कोई तर्कसंगत तरीक़ा है कि उसका अंतिम लक्ष्य क्या होना चाहिए। उन्हें उन दार्शनिकों की पीढ़ियों के कड़वे अनुभवों से सीख लेनी चाहिए, जिन्होंने अंतिम लक्ष्य निर्धारित करने की कोशिशें कीं और जो इसमें विफल रहे।

कांटीयन नाज़ी

दार्शनिक हज़ारों सालों से चरम लक्ष्य की कोई ऐसी परिभाषा की तलाश में लगे रहे हैं, जो किसी उच्चतर लक्ष्य की संगति में होने पर निर्भर न करती हो। वे बार-बार दो संभावित समाधानों की ओर आकर्षित होते रहे हैं, जिन्हें दार्शनिक शब्दावली में नीतिशास्त्र (deontology) और उपयोगितावाद (utilitarianism) के नाम से जाना जाता है। deontology (जिसकी व्युत्पत्ति ग्रीक शब्द deon, यानी 'कर्तव्य' से है) मानती है कि ऐसे कुछ सार्वभौमिक नैतिक कर्तव्य, या नैतिक नियम हैं, जो हर किसी पर लागू होते हैं। ये नियम किसी उच्चतर लक्ष्य के साथ संगत होने पर निर्भर नहीं करते, इसकी बजाय वे आंतरिक भलाई पर निर्भर करते हैं। अगर ऐसे नियमों का वास्तव में अस्तित्व है, और अगर हमारे पास ऐसा कोई तरीक़ा है, जिससे हम उन्हें कंप्यूटर में प्रोग्राम कर दें, तो हम निश्चित हो सकते हैं कि कंप्यूटर तंत्र भलाई की शक्ति साबित होंगे।

लेकिन 'आंतरिक भलाई' का ठीक-ठीक मतलब क्या है? आंतरिक तौर पर भले नियम को परिभाषित करने का सबसे प्रसिद्ध उद्यम इमैनुएल कांट ने किया था, जो क्लॉज़विट्ज़ और नेपोलियन के समकालीन थे। कांट का कहना था कि आंतरिक रूप से अच्छे का नियम वह कोई भी नियम है, जिसे मैं सार्वभौमिक रूप देना चाहूँगा। इस दृष्टिकोण के मुताबिक़, किसी की हत्या करने जा रहे व्यक्ति को ठहरकर इस विचार प्रक्रिया से गुज़रना चाहिए : "मैं अब एक मनुष्य की हत्या करने जा रहा हूँ। क्या मैं यह सार्वभौमिक नियम स्थापित करना चाहूँगा कि मनुष्य की हत्या करना उचित है? अगर इस तरह का सार्वभौमिक नियम स्थापित हो जाता है, तो कोई व्यक्ति मेरी हत्या भी कर सकता है। इसलिए हत्या की इजाज़त देने वाला सार्वभौमिक नियम नहीं होना चाहिए। इससे यह निष्कर्ष निकलता है कि मुझे भी हत्या नहीं करनी चाहिए।" और भी सरल ढंग से कहें तो, कांट ने इस प्राचीन सिद्धांत को नया रूप दिया था कि "दूसरों के साथ वैसा ही व्यवहार करो, जैसा तुम चाहते हो कि वे तुम्हारे साथ करें।" (मैथ्यू 7:12)

यह एकदम सरल और ज़ाहिर-सी धारणा प्रतीत होती है : हम में से हर एक को इस तरह आचरण करना चाहिए, जिस तरह के आचरण की उम्मीद हम हर किसी से करते हैं, लेकिन जो विचार दर्शन के हवाई जगत में अच्छे प्रतीत होते हैं, उन्हें इतिहास की कठोर ज़मीन पर लाना अक्सर मुश्किल होता है। इतिहासकार कांट से जो मुख्य सवाल पूछेंगे, वह यह है कि जब आप सार्वभौमिक नियम के बारे में बात करते हैं, तब आप 'सार्वभौमिक को ठीक-ठीक किस तरह परिभाषित करते हैं? वास्तविक ऐतिहासिक परिस्थितियों के अधीन, जब कोई व्यक्ति हत्या

करने जा रहा होता है, तो वह अक्सर सबसे पहले हत्या के शिकार होने जा रहे व्यक्ति को मनुष्यता के सार्वभौमिक समुदाय से बाहर कर देता है।[34] उदाहरण के लिए, विराथु जैसे रोहिंग्या-विरोधी उग्रवादियों ने यही किया था। एक बौद्ध भिक्षु के रूप में, विराथु निश्चय ही मनुष्यों की हत्या के ख़िलाफ़ था, लेकिन वह यह नहीं मानता था कि यह सार्वभौमिक नियम उन रोहिंग्या की हत्या पर लागू होता है, जिन्हें कमतर मनुष्यों के रूप में देखा गया था। अपनी फ़ेसबुक पोस्टों और साक्षात्कारों में, उसने बार-बार उनकी तुलना पशुओं, साँपों, पागल कुत्तों, भेड़ियों, गीदड़ों और अन्य ख़तरनाक जानवरों से की थी।[35] 30 अक्टूबर, 2017 को रोहिंग्या-विरोधी हिंसा के चरम पर, एक अन्य, अधिक वरिष्ठ बौद्ध भिक्षु ने सेना के अधिकारियों को एक उपदेश दिया था, जिसमें उसने रोहिंग्या के ख़िलाफ़ जारी हिंसा को यह कहकर उचित ठहराया था कि जो बौद्ध नहीं हैं, वे 'पूरी तरह मनुष्य नहीं हैं'।[36]

एक वैचारिक प्रयोग के तहत, इमैनुएल कांट और उस एडोल्फ़ आइकमन की मुलाक़ात की कल्पना करें, जो प्रसंगवश, ख़ुद को कांट की विचारधारा में विश्वास करने वाला मानते थे।[37] इस मुलाक़ात के दौरान, जब आइकमन यहूदियों से भरी एक और ट्रेन को आश्वित्ज़ भेजने के आदेश पर हस्ताक्षर करता है, तो कांट उससे कहते हैं, ''तुम हज़ारों लोगों की हत्या करने वाले हो। क्या तुम इसे एक सार्वभौमिक नियम की तरह स्थापित करना चाहोगे, जिसमें कहा गया हो कि इंसानों की हत्या करना सही है? अगर तुम ऐसा करते हो, तो तुम्हारी और तुम्हारे परिवार की भी हत्या हो सकती है।'' आइकमन जवाब देता है, ''नहीं, मैं हज़ारों लोगों की हत्या नहीं करने जा रहा हूँ। मैं तो हज़ारों यहूदियों की हत्या करने जा रहा हूँ। अगर आप मुझसे पूछें कि क्या मैं यह सार्वभौमिक नियम स्थापित करना चाहूँगा कि यहूदियों की हत्या करना ठीक है, तो मैं इसके लिए पूरी तरह तैयार हूँ। जहाँ तक मेरा और मेरे परिवार का सवाल है, ऐसा कोई ख़तरा नहीं है कि इस नियम के नतीजे में हमारी हत्याएँ होंगी। हम यहूदी नहीं हैं।''

आइकमन के लिए कांट का एक संभावित जवाब यह है कि जब हम अस्तित्वों को परिभाषित करते हैं, तो हमें सर्वाधिक सार्वभौमिक रूप से लागू होने वाली परिभाषा का इस्तेमाल करना चाहिए। अगर कोई अस्तित्व या तो 'यहूदी' या 'मनुष्य' के रूप में परिभाषित किया जा सकता है, तो हमें अधिक सार्वभौमिक शब्द 'मनुष्य' का इस्तेमाल करना चाहिए, लेकिन, यहूदियों को मनुष्य मानने से इंकार करना ही तो नाज़ी विचारधारा का सारा मुद्दा था। इसके अतिरिक्त नोट करें कि यहूदी महज़ मनुष्यभर नहीं हैं। वे पशु भी हैं, और वे जीव भी हैं। चूँकि पशु और जीव, ज़ाहिर है, 'मनुष्य' के मुक़ाबले ज़्यादा सार्वभौमिक कोटि है, इसलिए अगर आप कांट के तर्क को उसके तार्किक निष्कर्ष तक ले जाते हैं, तो यह हमें

एक चरम वीगन दृष्टिकोण अपनाने के लिए बाध्य कर सकता है। चूँकि हम जीव हैं, क्या इसका यह मतलब है कि हमें, टमाटर से लेकर अमीबा तक, किसी भी जीव की हत्या पर आपत्ति उठानी चाहिए?

इतिहास में, अगर ज़्यादातर नहीं, तो काफ़ी सारे टकराव पहचान को लेकर हुए हैं। हर कोई स्वीकार करता है कि हत्या ग़लत है, लेकिन सोचता है कि केवल अपने समूह के लोगों की हत्या ही 'हत्या' है, अपने से बाहर के समूह के सदस्य की हत्या नहीं है, लेकिन समूह के अंदर और समूह के बाहर अंतरविषयी सत्ताएँ हैं, जिनकी परिभाषा किन्हीं मिथकों पर निर्भर करती है। नीतिशास्त्री जो सार्वभौमिक तार्किक नियमों का अनुसरण करते हैं, अक्सर स्थानीय मिथकों के बंधक हो जाते हैं।

नीतिशास्त्र से जुड़ी यह समस्या ख़ास तौर से तब और भी संकटपूर्ण हो जाती है, जब हम सार्वभौमिक नीतिशास्त्रीय नियमों को मनुष्यों पर नहीं, बल्कि कंप्यूटरों पर लागू करते हैं। कंप्यूटर तो जैविक भी नहीं हैं। इसलिए अगर वे 'दूसरों के साथ वैसा ही व्यवहार करो, जैसा तुम चाहते हो कि वे तुम्हारे साथ करें' का नियम का अनुसरण करते हैं, तो उन्हें इंसानों जैसे जीवों की हत्या को लेकर चिंतित क्यों होना चाहिए? ऐसा कांटीय कंप्यूटर, जो नहीं चाहता कि उसकी हत्या हो, उसके पास इस सार्वभौमिक नियम पर आपत्ति करने की कोई वजह नहीं है कि 'जीवों को मारना ठीक है'। ऐसे नियम से अजैविक कंप्यूटर को कोई ख़तरा नहीं है।

दूसरा, यह कि अजैविक सत्ता होने के नाते कंप्यूटरों को मरने की कोई चिंता नहीं होती। जहाँ तक हम जानते हैं, मृत्यु एक जैविक घटना है और इसलिए वह शायद अजैविक अस्तित्वों पर लागू नहीं होती। जब प्राचीन असीरियाई दस्तावेज़ों को 'मार देने' की बात करते थे, तो वह महज़ एक रूपक हुआ करता था। अगर कंप्यूटर जीवों जैसे होने की बजाय दस्तावेज़ों जैसे ज़्यादा हैं, और वे 'मार दिए जाने' की चिंता नहीं करते, तो क्या हम यह ठीक समझते हैं कि कांटीय कंप्यूटर यह निष्कर्ष निकाले कि इसलिए इंसानों की हत्या करना ठीक है?

क्या किसी अंतरविषयी मिथक में उलझे बग़ैर इस बात को निर्धारित करने का कोई तरीक़ा है कि कंप्यूटर को किसकी परवाह करनी चाहिए? सबसे ज़्यादा ज़ाहिर-सा सुझाव यह है कि कंप्यूटरों को बताया जाए कि उन्हें हर उस चीज़ की परवाह करनी चाहिए, जो कष्ट भोगने में सक्षम है। बावजूद इसके कि दुःख प्रायः स्थानीय अंतरविषयी मिथकों में विश्वास के कारण होता है, दुःख अपने आप में एक सार्वभौमिक वास्तविकता है। इसलिए, समूह-के-अंदर के नाज़ुक आधार पर टिकी नैतिकता को परिभाषित करने के लिए पीड़ा सहने की क्षमता का उपयोग करना एक वस्तुनिष्ठ सार्वभौमिक वास्तविकता है। ख़ुद-ब-ख़ुद चलने वाली कार

को तमाम मनुष्यों की हत्या करने से बचना चाहिए, फिर वे मनुष्य चाहे बौद्ध हों, या मुसलमान, फ्रांसीसी या इताल्वी हों – और कुत्तों तथा बिल्लियों की हत्या से भी बचना चाहिए, तथा उस संवेदनशील रोबोट की हत्या से भी, जो निकट भविष्य में अस्तित्व में आ सकता है। हम इस नियम को और भी परिष्कृत कर सकते हैं, और कार को निर्देश दे सकते हैं कि वह विभिन्न जीवों की पीड़ा सहने की क्षमता के अनुपात में उनका ख़याल रखे। अगर कार को एक आदमी की हत्या और एक बिल्ली की हत्या के बीच चुनाव करना पड़ जाए, तो उसे बिल्ली पर चढ़ जाना चाहिए, क्योंकि संभवत: बिल्ली में दुंख भोगने की क्षमता अपेक्षाकृत कम होती है, लेकिन अगर हम इस दिशा में आगे बढ़े, तो हम अनजाने ही नीतिशास्त्रियों के ख़ेमे को छोड़ देंगे और ख़ुद को उसके प्रतिद्वंद्वी उपयोगितावादी ख़ेमे के बीच पाएँगे।

दु:ख भोगने का कैल्कुलस

नीतिशास्त्री जहाँ ऐसे सार्वभौमिक नियमों को पाने का संघर्ष करते हैं, जो आंतरिक तौर पर अच्छे हों, वहीं उपयोगितावादी अपने कृत्यों का मूल्यांकन दु:ख और सुख पर पड़ने वाले उनके प्रभाव के आधार पर करते हैं। नेपोलियन, क्लॉसेविट्ज़, और कांट के एक और समकालीन अँग्रेज़ दार्शनिक जेरेमी बेंथम ने कहा था कि दुनिया में दु:ख को न्यूनतम करना और सुख को अधिकतम करना एकमात्र तर्कसंगत चरम लक्ष्य है। कंप्यूटर तंत्र को लेकर अगर हमारा मुख्य डर यह है कि उनके कुसंगत लक्ष्य मनुष्यों और शायद अन्य संवेदनशील जीवों को भयानक पीड़ा पहुँचाएँगे, तो इसका उपयोगितावादी समाधान बहुत स्पष्ट और आकर्षक है। कंप्यूटर तंत्र रचते हुए हमें उसे इतना भर निर्देश देने की ज़रूरत है कि वह दु:ख को न्यूनतम और सुख को अधिकतम करे। अगर फ़ेसबुक ने अपने एल्गोरिदम से 'उपयोगकर्ताओं की संलग्नता में अधिकतम वृद्धि' करने की बजाय 'सुख में अधिकतम वृद्धि' करने को कहा होता, तो सब कुछ कथित रूप से ठीक रहा होता। यह ध्यान देने की बात है कि यह उपयोगितावादी दृष्टिकोण वास्तव में सिलिकॉन वैली में लोकप्रिय है, जिसे प्रभावशाली परोपकारितावादी आंदोलन का विशेष रूपसे समर्थन प्राप्त है।[38]

दुर्भाग्य से, जैसा कि नीतिशास्त्रीय समाधान के साथ मुश्किल है, जो चीज़ दर्शन के सैद्धांतिक क्षेत्र में एकदम सरल-सी प्रतीत होती है, वही इतिहास की व्यावहारिक ज़मीन पर अत्यंत जटिल हो उठती है। उपयोगितावादियों के साथ मुश्किल यह है कि हमारे पास दु:ख का कैल्कुलॅस नहीं है। हम नहीं जानते कि किन्हीं ख़ास घटनाओं के लिए कितने 'दु:ख के अंक' या कितने 'सुख के अंक' दिए जाएँ, इसलिए जटिल ऐतिहासिक परिस्थितियों में यह हिसाब लगाना अत्यंत

मुश्किल है कि कोई कृत्य दुनिया में दुःख की कुल मात्रा को कम करता है या उसे बढ़ाता है।

उपयोगितावाद अपने सर्वश्रेष्ठ क्षणों में उन स्थितियों में होता है, जब दुःख का पलड़ा स्पष्ट रूप से एक ही दिशा में झुका हो। आइकमन का सामना होने पर, उपयोगितावादियों को पहचान की किसी पेचीदा बहस में उलझने की ज़रूरत नहीं होती। उन्हें सिर्फ़ इतना कहना भर काफ़ी होता है कि होलोकॉस्ट ने यहूदियों को अपरिमित दुःख पहुँचाया, जबकि इसका बराबरी का कोई लाभ जर्मनों समेत किसी को भी नहीं मिला। जर्मनों के सामने ऐसी कोई सैन्य या आर्थिक बाध्यता नहीं थी, जिससे उन्हें लाखों यहूदियों की हत्या करने की ज़रूरत होती। होलोकॉस्ट के विरुद्ध उपयोगितावाद का प्रकरण बहुत प्रबल है। उपयोगितावादियों को समलैंगिकता जैसे 'पीड़ितों से रहित अपराधों' से निपटने में भी सुविधा होती है, जिसमें सारा दुःख केवल एक ही पक्ष को होता है। सदियों से, समलैंगिक लोगों के उत्पीड़न ने उन्हें अपरिमित पीड़ा पहुँचाई है, लेकिन तब भी इसे विभिन्न पूर्वाग्रहों द्वारा उचित ठहराया गया, और जिन्हें ग़लत तरीक़े से नीतिशास्त्रीय सार्वभौमिक नियमों के रूप में प्रस्तुत किया गया। उदाहरण के लिए, कांट ने इस आधार पर समलैंगिकता की निंदा की थी कि 'यह नैसर्गिक प्रवृत्ति और जीवों के स्वभाव के विपरीत है' और इसलिए जो व्यक्ति को अवमूल्यित कर 'जानवरों के स्तर से नीचे ले जाती है'। कांट ने आगे कहा कि चूँकि ऐसे कृत्य प्रकृति के विपरीत हैं, वे 'मनुष्य को उसकी मनुष्यता के अयोग्य बनाते हैं'। अब वह व्यक्ति होने के लायक़ नहीं रह जाता।[39] वास्तव में, कांट ने एक ईसाई पूर्वाग्रह को एक कथित सार्वभौमिक नीतिशास्त्रीय सिद्धांत के रूप में पुनः प्रस्तुत कर दिया था, बिना इस बात का अनुभवजन्य प्रमाण दिए कि समलैंगिकता वास्तव में प्रकृति के विपरीत है। नरसंहार की प्रस्तावना के रूप में अमानवीयकरण की उक्त चर्चा की रोशनी में यह भी उल्लेखनीय है कि कांट ने किस तरह समलैंगिकों का अमानवीयकरण किया। इस दृष्टिकोण ने कि समलैंगिकता प्रकृति के विपरीत है और वह लोगों को उनकी मनुष्यता से वंचित करती है, आइकमन जैसे लोगों को समलैंगिक लोगों की कान्सन्ट्रेशन कैंप में हत्या को उचित ठहराने का रास्ता साफ़ कर दिया था। चूँकि समलैंगिक कथित रूप से जानवरों के स्तर से नीचे थे, इसलिए कांट का मनुष्यों की हत्या करने के ख़िलाफ़ जाने वाला नियम उन पर लागू नहीं होता था।[40]

उपयोगितावादियों को कांट के यौनपरक सिद्धांत को ख़ारिज करना आसान था, और बेंथम वास्तव में आधुनिक यूरोप के उन पहले चिंतकों में से एक थे, जिन्होंने समलैंगिकता को अपराधमुक्त करने का पक्ष लिया था।[41] उपयोगितावादियों का तर्क है कि किसी संदिग्ध सार्वभौमिक नियम के नाम पर समलैंगिकता को

अपराध घोषित करने से लाखों लोगों को भारी कष्ट उठाना पड़ता था, जबकि दूसरों को इससे कोई ठोस लाभ नहीं मिलता। जब दो पुरुष प्रेमपूर्ण संबंध स्थापित करते हैं, तो वे किसी को भी दुःख पहुँचाए बिना सुख प्राप्त करते हैं। तब फिर उसको निषेध क्यों किया जाए? इस क़िस्म के उपयोगितावादी तर्क के नतीजे में कई दूसरे आधुनिक सुधार भी हुए, जैसे कि यातना दिए जाने पर प्रतिबंध और पशुओं के लिए क़ानूनी सुरक्षा की शुरुआत।

लेकिन उपयोगितावाद उन ऐतिहासिक परिस्थितियों में लड़खड़ा जाता है, जब दुःख के पलड़े समान रूप से भारी होते हैं। कोविड-19 महामारी के शुरुआती दिनों में सारी दुनिया की सरकारों ने सामाजिक दूरी बनाने और लॉकडाउन की सख़्त नीतियों को अपनाया हुआ था। इसने शायद लाखों लोगों की जान बचाई थी।[42] इसने करोड़ों लोगों को महीनों तक कष्ट भी पहुँचाया। इसके अतिरिक्त, हो सकता है कि इसकी वजह से परोक्ष तौर पर बहुत सारे लोगों की जान भी ली हो, जैसे कि जानलेवा घरेलू हिंसा की घटनाओं में वृद्धि करके,[43] या कैंसर जैसी अन्य ख़तरनाक बीमारियों के निदान और उपचार को मुश्किल बनाकर।[44] क्या कोई लॉकडाउन की नीतियों के समग्र प्रभाव का हिसाब लगाकर बता सकता है कि उन्होंने दुनिया में दुःख में वृद्धि की थी या उसे कम किया था?

यह एक अनवरत कंप्यूटर तंत्र के लिए एकदम सही उद्यम प्रतीत होता है, लेकिन कंप्यूटर तंत्र यह फ़ैसला कैसे करेगा कि तीन बच्चों के साथ दो बेडरूम के अपार्टमेंट में महीने भर के लिए बंद हो जाने के लिए 'दुःख के कितने अंक' दिए जाएँ? वे 60 दुःख के अंक होंगे या 600? और कैंसर के उस मरीज़ को कितने अंक दिए जाएँगे, जो इसलिए मर गई कि वह अपनी कीमोथैरेपी चिकित्सा नहीं करा सकी? वे 60,000 दुःख के अंक होंगे या 600,000? और उस स्थिति के बारे में क्या कहा जाएगा अगर वह वैसे भी कैंसर से मर जाती और कीमोथैरेपी से उसका जीवन पाँच और यातना-भरे महीनों के लिए बढ़ जाता? क्या कंप्यूटरों को दुनिया में व्याप्त कुल दुःख के संदर्भ में पाँच महीनों को अत्यधिक पीड़ा के साथ जीने को शुद्ध लाभ के रूप में देखना चाहिए या शुद्ध हानि के रूप में?

और कंप्यूटर तंत्र कम मूर्त चीज़ों, जैसे कि हमारी अपनी मृत्यु के ज्ञान के कारण होने वाली पीड़ा का मूल्यांकन कैसे करेगा? अगर कोई धार्मिक मिथक हमें आश्वासन दे कि हम वाक़ई कभी नहीं मरेंगे, क्योंकि मृत्यु के बाद हमारी शाश्वत आत्मा स्वर्ग में जाएगी, तो क्या यह चीज़ हमें वास्तव में सुखी बनाएगी या महज़ भ्रमित करेगी? क्या मौत हमारे दुःख का गहन कारण है, या दुःख मृत्यु से इंकार करने की हमारी कोशिश के भीतर से जन्म लेता है? अगर कोई व्यक्ति अपनी धार्मिक आस्था खो देता है और अपनी नश्वरता को स्वीकार कर लेता है,

तो कंप्यूटर तंत्र को इसे शुद्ध नुक़सान के रूप में देखना चाहिए या शुद्ध लाभ के रूप में?

इससे भी ज़्यादा जटिल घटनाओं के बारे में क्या कहा जाए, जैसे कि इराक़ पर अमेरिकी हमला,? अमेरिकी इस बात को भली-भाँति जानते थे कि उनके हमले से लाखों लोग भीषण तकलीफ़ उठाएँगे, लेकिन उनका तर्क था कि दीर्घकालिक स्तर पर इराक़ में आज़ादी और लोकतंत्र लाने के लाभ उनके लिए चुकाई गई क़ीमत से ज़्यादा होंगे। क्या कंप्यूटर तंत्र यह हिसाब लगा सकता है कि यह तर्क सही था? अगर वह सैद्धांतिक तौर पर तर्कसंगत भी होता, तब भी व्यावहारिक सच्चाई यह है कि अमेरिकी इराक़ में टिकाऊ लोकतंत्र स्थापित करने में नाकामयाब रहे। क्या इसका यह मतलब है कि उनकी कोशिश ही ग़लत थी?

जिस प्रकार पहचान के सवाल का जवाब देने की कोशिश करने वाले नीतिशास्त्रियों को उपयोगितावादी विचारों को अपनाने के लिए बाध्य होना पड़ता है, उसी तरह उपयोगितावादी दुःख के कैल्कुलॅस के अभाव के शिकार होकर अक्सर नीतिशास्त्री दृष्टिकोण अपना लेते हैं। वे 'आक्रामक युद्धों से बचें' या 'मानव अधिकारों की रक्षा करें' जैसे सामान्य नियमों का समर्थन करते हैं, हालाँकि वे यह नहीं दिखा पाते कि इन नियमों का पालन करने से दुनिया में दुःखों की कुल मात्रा हमेशा कम हो जाती है। इतिहास उनको केवल यह धुँधला-सा एहसास उपलब्ध कराता है कि इन नियमों का पालन दुःख को कम कर देता है। और जब इनमें कुछ सामान्य नियम आपस में टकराते हैं, उदाहरण के लिए, जब मानव अधिकारों की रक्षा के लिए आक्रामक युद्धों पर विचार किया जाता है, तो उपयोगितावाद कोई ख़ास व्यावहारिक मदद नहीं कर पाता। सबसे शक्तिशाली कंप्यूटर तंत्र भी अनिवार्य गणनाएँ नहीं कर पाता।[45]

इस तरह, जहाँ उपयोगितावाद हर कृत्य की 'चरम कल्याण' के साथ संगति बैठाने का एक तर्कसंगत, यहाँ तक कि गणितीय, तरीक़ा उपलब्ध कराने का आश्वासन देता है, व्यवहारतः वह महज़ एक और मिथक को जन्म दे सकता है। स्तालिनवाद की भयावहता का सामना करने वाले सच्चे साम्यवादी विश्वासियों ने अक्सर यह जवाब दिया था कि 'वास्तविक समाजवाद' के अंतर्गत भविष्य की पीढ़ियों को जो ख़ुशी मिलेगी, वह गुलाग के किसी भी अल्पकालिक दुःख से मुक्ति दिला देगी। जब इच्छा स्वातंत्र्यवादियों से अप्रतिबंधित मुक्त अभिव्यक्ति या करों के पूर्ण उन्मूलन के तात्कालिक सामाजिक नुक़सान के बारे में पूछा जाता है, तो वे भी इसी प्रकार का विश्वास व्यक्त करते हैं कि भविष्य में होने वाले लाभ किसी भी नुक़सान से ज़्यादा होंगे। उपयोगितावाद का ख़तरा यह है कि अगर आप भविष्य के आदर्श लोक में पर्याप्त मज़बूती के साथ भरोसा करते हैं, तो वह वर्तमान

में भयानक तकलीफ़ें पहुँचाने का खुला लाइसेंस बन जा सकता है। दरअसल, यह एक ऐसी चाल है, जिसे पारंपरिक मज़हबों ने हज़ारों साल पहले खोज लिया था। इस दुनिया के अपराधों को भविष्य की मुक्ति के वादों से आसानी-से माफ़ किया जा सकता है।

कंप्यूटर के मिथक

तब फिर समूचे इतिहास के दौरान नौकरशाह प्रणालियाँ चरम लक्ष्य कैसे निर्धारित करती रही हैं? उन्होंने इसके लिए मिथकों पर भरोसा किया। अधिकारी, इंजीनियर, कर एकत्र करने वाले और लेखापाल कितने ही तार्किक क्यों न रहे हों, वे अंततः इस या उस मिथक निर्माता की सेवा में रहे हैं। जॉन मेनार्ड कींस के शब्दों का सहारा लेकर कहें तो, व्यावहारिक लोग, जो स्वयं को किसी भी मज़हबी प्रभाव से मुक्त मानते हैं, आम तौर पर किसी मिथक निर्माता के गुलाम होते हैं। यहाँ तक परमाणु भौतिकीविदों को भी शिया अयातुल्लाओं और कम्युनिस्ट अधिकारियों के आदेशों का पालन करना पड़ा है।

संगति की समस्या, मूलतः, मिथकों की समस्या साबित होती है। नाज़ी प्रशासक प्रतिबद्ध नीतिशास्त्री या उपयोगितावादी रहे हो सकते थे, लेकिन तब भी उन्होंने लाखों लोगों की हत्या की होती, क्योंकि वे दुनिया को नस्लपरक मिथकों की पदावली में देखते-समझते थे। अगर आप इस मिथकीय विश्वास के साथ शुरुआत करते हैं कि यहूदी मनुष्यता के विनाश पर तुले हुए शैतानी राक्षस हैं, तो नीतिशास्त्री और उपयोगितावादी इस बात के कई तर्क जुटा सकते हैं कि यहूदियों की हत्या क्यों कर दी जानी चाहिए।

कंप्यूटर पर इसी तरह की समस्या के शिकार हो सकते हैं। निश्चय ही, वे किसी मिथक में 'विश्वास' नहीं कर सकते, क्योंकि वे अचेतन सत्ताएँ हैं, जो किसी चीज़ में विश्वास नहीं करतीं। जिस हद तक उनमें विषयपरकता का अभाव है, तब तक वे अंतरविषयी विश्वास कैसे कर सकते हैं? लेकिन, कंप्यूटरों के बारे में जो एक अत्यंत महत्त्वपूर्ण बात समझने की है, वह यह है कि जब ढेर सारे कंप्यूटर एक-दूसरे से संवाद करते हैं, तो वे अंतर-कंप्यूटर (inter-computer) वास्तविकताएँ रच सकते हैं, जो उन अंतरविषयी वास्तविकताओं जैसी होंगी, जिन्हें इंसानी तंत्र रचते हैं। ये अंतर-कंप्यूटर वास्तविकताएँ अंत में उतना ही शक्तिशाली और ख़तरनाक रूप ले सकती हैं, जितना मनुष्य-निर्मित अंतरविषयी मिथक होते हैं।

यह बहुत ही जटिल तर्क है, लेकिन यह इस किताब का एक और केंद्रीय तर्क है, इसलिए हमें इसका सावधानीपूर्वक परीक्षण करना चाहिए। सबसे पहले,

हम यह समझने की कोशिश करते हैं कि अंतर-कंप्यूटर वास्तविकताएँ क्या हैं। एक आरंभिक उदाहरण के तौर पर, एक वन-प्लेयर कंप्यूटर गेम पर विचार करें। इस तरह के खेल में, आप एक ऐसे आभासी भू-दृश्य में भटक सकते हैं, जिसका एक कंप्यूटर के भीतर सूचना के रूप में अस्तित्व होता है। अगर आपको एक चट्टान दिखती है, तो वह अणुओं से निर्मित चट्टान नहीं है। वह एक कंप्यूटर के भीतर बिट्स से निर्मित है। जब कई कंप्यूटर एक-दूसरे से जुड़ते हैं, तो वे अंतर-कंप्यूटर वास्तविकताएँ रच सकते हैं। विभिन्न कंप्यूटरों का इस्तेमाल करते हुए, कई खिलाड़ी साथ-साथ एक सर्वनिष्ठ (कॉमन) आभासी भूदृश्य में भटक सकते हैं। अगर उन्हें एक चट्टान दिखाई देती है, तो वह चट्टान कई कंप्यूटरों में बिट्स से मिलकर बनी है।

जिस तरह मुद्रा और देवताओं जैसी अंतरविषयी वास्तविकताएँ लोगों के दिमाग़ से बाहर की भौतिक वास्तविकता को प्रभावित कर सकती हैं, उसी तरह अंतर-कंप्यूटर वास्तविकताएँ कंप्यूटर से बाहर की वास्तविकताओं को प्रभावित कर सकती हैं। 2016 में *पोकेमॉन गो* नामक खेल ने दुनियाभर में धूम मचा दी थी और साल के अंत तक इसे करोड़ों बार डाउनलोड किया गया था।[46] *पोकेमॉन गो एक* ऑग्मेंटेड रियलिटी मोबाइल गेम है (ऑग्मेंडेड रियलिटी वह प्रौद्योगिकी होती है, जो स्क्रीन पर दिखाई देती कंप्यूटर द्वारा उत्पन्न छवियों को उस वास्तविक वस्तु या दृश्य के साथ जोड़ देती है, जिसे आप देख रहे होते हैं - अनुवादक)। खिलाड़ी अपने स्मार्टफ़ोन के माध्यम से पोकेमॉन नामक आभासी प्राणियों को ढूँढ सकते हैं, उनसे लड़ सकते हैं, उन्हें पकड़ सकते हैं, जो भौतिक जगत में मौजूद प्रतीत होते हैं। मैं एक बार अपने भतीजे मतान के साथ एक ऐसे ही पोकेमॉन शिकार पर गया था। उसके पड़ोस में घूमते हुए मैंने केवल मकान, पेड़, चट्टानें, कारें, लोग, बिल्लियाँ, कुत्ते और कबूतर भर देखे थे। मुझे कोई पोकेमॉन दिखाई नहीं दिया था, क्योंकि मेरे पास स्मार्टफ़ोन नहीं था, लेकिन मतान अपने स्मार्टफ़ोन लेंस के माध्यम से अपने चारों ओर किसी चट्टान पर खड़े या किसी पेड़ के पीछे छिपे पोकेमॉन को 'देख' सकता था।

हालाँकि, मैंने उन प्राणियों को नहीं देखा था, लेकिन, ज़ाहिर है, वे स्मार्टफ़ोन तक सीमित नहीं थे, क्योंकि दूसरे लोग भी उन्हें 'देख' सकते थे। उदाहरण के लिए, हमें दो अन्य बच्चे मिले, जो उसी पोकेमॉन का शिकार कर रहे थे। अगर मतान किसी तरह पोकेमॉन को पकड़ लेता, तो दूसरे बच्चे तत्काल देख लेते कि क्या हुआ है। ये पोकेमॉन अंतर-कंप्यूटर सत्ताएँ थे। उनका अस्तित्व भौतिक जगत में अणुओं की बजाय बिट्स के रूप में कंप्यूटर तंत्र में था, लेकिन तब भी वे भौतिक जगत के साथ अंतरक्रिया कर सकते थे और जैसे उसे विभिन्न रूपों में प्रभावित कर सकते थे।

अब हम अंतर-कंप्यूटर वास्तविकताओं के एक अधिक महत्त्वपूर्ण उदाहरण का परीक्षण करते हैं। गूगल सर्च में किसी वेबसाइट को मिलने वाली श्रेणी (रैंक) पर विचार करें। जब हम न्यूज़ के लिए, वायुयान के टिकिट के लिए, या रेस्तराँ की सिफ़ारिश के लिए गूगल करते हैं, तो पहले गूगल पेज़ के सबसे ऊपर एक वेबसाइट प्रकट होती है, जबकि एक अन्य वेबसाइट पचासवें पेज़ के मध्य में चली जाती है। यह गूगल श्रेणी ठीक-ठीक क्या है, और यह कैसे निर्धारित होती है? गूगल एल्गोरिदम विभिन्न मापदंडों, जैसे कि कितने लोग उस वेबसाइट पर जाते हैं और कितनी अन्य वेबसाइटें उससे जुड़ी हैं, पर अंक प्रदान करके उस वेबसाइट की श्रेणी निर्धारित करता है। यह श्रेणी अपने आप में अंतर-कंप्यूटर वास्तविकता है, जिसका अस्तित्व उस नेटवर्क, यानी इंटरनेट, में होता है, जो अरबों कंप्यूटरों को आपस में जोड़ता है। पोकेमॉन की ही तरह, यह अंतर-कंप्यूटर वास्तविकता भौतिक जगत में फैल जाती है। एक न्यूज़ ऐजेंसी, ट्रैवल ऐजेंसी, या एक रेस्तराँ के लिए यह बात बहुत ज़्यादा मायने रखती है कि उसकी वेबसाइट कहाँ प्रकट होती है, यानी पहले गूगल पेज़ के सबसे ऊपर या पचासवें पेज़ के बीच में कहीं।[47]

चूँकि गूगल श्रेणी महत्त्वपूर्ण है, इसलिए लोग तमाम तरह की तरकीबों का इस्तेमाल कर गूगल के एल्गोरिदम को इस तरह नियंत्रित करने की कोशिश करते हैं कि वह उनकी वेबसाइट को उच्चतर श्रेणी प्रदान करे। उदाहरण के लिए, वे अपनी वेबसाइट पर अधिक आवाजाही पैदा करने के लिए बॉट्स (एक कंप्यूटर सॉफ़्टवेयर) का इस्तेमाल कर सकते हैं।[48] सोशल मीडिया पर भी यह एक व्यापक संघटना है, जहाँ समन्वित बॉट आर्मीज़ यूट्यूब, फ़ेसबुक या ट्विटर के एल्गोरिदम को निरंतर नियंत्रित करने में लगी रहती हैं। अगर कोई ट्वीट तेज़ी-से फैल जाता है (वायरल हो जाता है), तो ऐसा इसलिए होता है कि इंसानों की उसमें वास्तव में दिलचस्पी होती है, या इसलिए कि हज़ारों बॉट किसी तरह ट्विटर के एल्गोरिदम को बेवकूफ़ बनाने में कामयाब हो गए होते हैं?[49]

पोकेमॉन और गूगल श्रेणी जैसी अंतर-कंप्यूटर वास्तविकताएँ पवित्रता जैसी उन अंतरविषयी वास्तविकताओं के समान हैं, जिनसे मनुष्य मंदिरों और शहरों को विभूषित करते हैं। मैंने अपने जीवन का ज़्यादातर हिस्सा पृथ्वी के सबसे पवित्र स्थलों में से एक में रहते हुए बिताया है -जेरूसलम नगर में। वस्तुपरक ढंग से देखें, तो यह एक साधारण जगह है। आप जेरूसलम में घूमते हैं, तो आपको मकान, पेड़, चट्टानें, कारें, लोग, बिल्लियाँ, कुत्ते, और कबूतर देखने मिलते हैं, जैसे कि ये सब आपको किसी भी दूसरे शहर में देखने मिलते हैं। तब भी बहुत-से लोग इसे एक असाधारण जगह के रूप में देखते हैं, जो देवताओं, देवदूतों और पवित्र पत्थरों से भरी हुई है। वे इसमें इतनी दृढ़ता-से विश्वास करते हैं कि कभी-कभी वे इस शहर,

या इसकी विशिष्ट पवित्र इमारतों और पवित्र पत्थरों, विशेष रूप से टेंपल माउंट पर डोम ऑफ़ रॉक के नीचे स्थित होली रॉक पर क़ब्ज़े के लिए लड़ते हैं। फ़िलिस्तीनी दार्शनिक सारी नुसीबेह ने कहा था कि ''यहूदी और मुसलमान, मज़हबी विश्वासों के आधार पर काम करते हुए और परमाणु क्षमताओं के बल पर, एक चट्टान के लिए इतिहास के निकृष्टतम नरसंहार में शामिल होने के लिए तैयार बैठे हैं।''[50] वे उन अणुओं के लिए नहीं लड़ते, जिनसे यह चट्टान निर्मित है, वे उसकी 'पवित्रता' के लिए लड़ते हैं, कुछ-कुछ वैसे ही जैसे कि बच्चे पोकेमॉन के लिए प्रतिस्पर्धा करते हैं। होली रॉक की, और सामान्य तौर पर जेरूसलम की पवित्रता, एक अंतरविषयी संघटना है, जिसका वजूद उस संप्रेषण तंत्र में है, जो कई मानव मस्तिष्कों को एक-दूसरे से जोड़ता है। हज़ारों सालों से होली रॉक जैसे अंतरविषयी सत्ताओं के लिए युद्ध लड़े जाते रहे हैं। इक्कीसवीं सदी में हम शायद अंतर-कंप्यूटर सत्ताओं के लिए लड़े जाते युद्ध देखेंगे।

अगर यह बात विज्ञान कथा जैसी लगती है, तो वित्तीय प्रणाली के संभावित घटनाक्रमों पर विचार करें। कंप्यूटर जैसे-जैसे अधिक बुद्धिमान और अधिक रचनात्मक होते जाएँगे, इसकी संभावना है कि वे अंतर-कंप्यूटर वित्तीय उपकरण रच सकते हैं। स्वर्ण मुद्राएँ और डॉलर अंतरविषयी सत्ताएँ हैं। बिटकॉइन जैसी क्रिप्टोकरेंसी अंतरविषयी और अंतर-कंप्यूटर के बीच की स्थितियाँ हैं। उनके पीछे जो धारणा है, वह इंसानों ने ईजाद की थी, और उनका मूल्य अभी भी मनुष्यों के विश्वास पर निर्भर करता है, लेकिन कंप्यूटर तंत्र के बाहर उनका अस्तित्व नहीं हो सकता। इसके अतिरिक्त, एल्गोरिदम द्वारा उनका तेज़ी-से व्यापार किया जा रहा है, जिससे उनका मूल्य केवल मानवीय विश्वासों पर नहीं, बल्कि एल्गोरिदम की गणनाओं पर निर्भर होता जा रहा है।

क्या होगा अगर दस या पचास साल में कंप्यूटर एक क़िस्म की क्रिप्टोकरेंसी या कोई अन्य वित्तीय उपकरण गढ़ दें, जो व्यापार और निवेश के लिए महत्त्वपूर्ण उपकरण बन जाए और राजनीतिक संकटों और टकरावों का एक संभावित स्रोत बन जाए? याद करें कि 2007-8 का वैश्विक वित्तीय संकट कोलेटरलाइज़्ड ऋण दायित्वों के कारण उत्पन्न हुआ था। इन वित्तीय उपकरणों का आविष्कार कुछ गणितज्ञों और निवेश-विशेषज्ञों द्वारा किया गया था और ये नियंत्रकों समेत अधिकांश लोगों के लिए लगभग समझ से परे थे। इसका नतीजा निगरानीपरक नाकामयाबी (ओवरसाइट फ़ेलुअर) और वैश्विक तबाही के रूप में सामने आया था।[51] कंप्यूटर शायद ऐसे वित्तीय उपकरण तैयार कर दें, जो सीडीओ की तुलना में अधिक जटिल हों और जिन्हें केवल अन्य कंप्यूटर ही समझ सकें। इसका नतीजा एक ऐसे वित्तीय और राजनीतिक संकट के रूप में सामने आ सकता है, जो 2007-8 के संकट के मुक़ाबले में बदतर हो।

समूचे इतिहास के दौरान, अर्थशास्त्र और राजनीति यह माँग करती रही हैं कि हम लोगों द्वारा ईजाद की गई अंतरविषयी वास्तविकताओं, जैसे कि मज़हब, राष्ट्र, और मुद्रा, को समझें। अगर कोई व्यक्ति अमेरिकी राजनीति को समझना चाहता है, तो उसे ईसाइयत और सीडीओ जैसी अंतरविषयी वास्तविकताओं पर ध्यान देना होगा, हालाँकि, अब अमेरिकी राजनीति को समझने के लिए अंतर-कंप्यूटर वास्तविकताओं को समझना उत्तरोत्तर आवश्यक होता जाएगा, जिनमें एआई द्वारा उत्पन्न पंथों और मुद्राओं से लेकर एआई-संचालित राजनीतिक दलों और यहाँ तक कि पूर्णतः निगमित एआई भी शामिल होंगे। संयुक्त राज्य अमेरिका की वैधानिक प्रणाली पहले ही कॉर्पोरेट्स को उन वैधानिक व्यक्तियों की तरह पहचानना शुरू कर चुकी है, जिनके अभिव्यक्ति की स्वतंत्रता जैसे अपने अधिकार हैं। *सिटीज़न यूनाइटेड बनाम फ़ेडरल इलेक्शन कमीशन* (2010) नामक प्रकरण में संयुक्त राज्य अमेरिका के सुप्रीम कोर्ट ने निर्णय दिया था कि इससे कॉर्पोरेट्स के दान देने के अधिकार की भी रक्षा होती है।[52] ऐसे में एआई को निगमित होने और अभिव्यक्ति की स्वतंत्रता के साथ क़ानूनी व्यक्ति के रूप में मान्यता प्राप्त करने, फिर एआई अधिकारों की रक्षा और विस्तार के लिए पैरवी करने और राजनीतिक दान देने से कौन रोकेगा?

पिछले दसियों हज़ारों वर्ष से मनुष्य का पृथ्वी पर वर्चस्व रहा है, क्योंकि हम एकमात्र ऐसे प्राणी हैं, जो निगम, मुद्रा, देवता, और राष्ट्र जैसी अंतरविषयी सत्ताओं को रचने और क़ायम रखने और बड़े पैमाने के परस्पर सहयोग के लिए इन सत्ताओं का उपयोग करने में सक्षम रहे हैं। अब यही क़ाबिलियत कंप्यूटर हासिल कर सकते हैं।

यह अनिवार्यतः बुरी ख़बर नहीं है। अगर कंप्यूटरों में संयोजकता और रचनात्मकता का अभाव होता, तो वे बहुत उपयोगी न होते। अगर हम अपने धन का प्रबंधन करने, अपने वाहन चलाने, प्रदूषण कम करने, और नई दवाइयाँ खोजने के लिए उत्तरोत्तर कंप्यूटर पर निर्भर होते जा रहे हैं, तो इसलिए कि कंप्यूटर एक-दूसरे से सीधे संवाद कर सकते हैं, उन जगहों पर पैटर्नों को पहचान पाते हैं, जहाँ हम नहीं पहचान पाते, और ऐसे मॉडल तैयार कर सकते हैं, जो हमें कभी नहीं सूझते। हमारे सामने समस्या यह नहीं है कि हम कंप्यूटरों को उनकी सृजनात्मकता से कैसे वंचित करें, बल्कि समस्या यह है कि उनकी रचनात्मकता को सही दिशा कैसे दें। यह वही समस्या है, जो मानवीय सृजनात्मकता को लेकर भी हमारे सामने हमेशा रही है। मनुष्य द्वारा आविष्कृत की गई अंतरविषयी सत्ताएँ मानव सभ्यता की सारी उपलब्धियों का आधार रही हैं, लेकिन उनके नतीजे कभी-कभी धर्मयुद्धों, जिहादों और डायनों के शिकार के रूप में भी सामने आते रहे हैं। अंतर-कंप्यूटर

सत्ताएँ भी संभवत: भविष्य की सभ्यताओं का आधार होंगी, लेकिन यह तथ्य कि कंप्यूटर आनुभविक डेटा एकत्र करके उसके विश्लेषण के लिए गणित का इस्तेमाल करते हैं, इसका यह मतलब नहीं है कि वे डायनों का अपना शिकार शुरू नहीं कर सकते।

नई डायनें

आरंभिक आधुनिक यूरोप में एक विस्तृत सूचना तंत्र ने अपराधों, बीमारियों और तबाहियों के बारे में विशाल मात्रा में डेटा का विश्लेषण करके यह निष्कर्ष निकाला था कि यह सब डायनों की करामात थी। ये डायनों के शिकारी जितना ही ऐसा डेटा एकत्र करते गए, उतना ही उन्हें यक़ीन होता गया कि संसार दैत्यों और जादू-टोनों से भरा हुआ है और मनुष्यता का विनाश करने के लिए वैश्विक स्तर का शैतानी साज़िश जारी है। इसके बाद इस सूचना तंत्र ने डायनों की पहचान की और उन्हें क़ैद कर लिया या मार डाला। आज हम जानते हैं कि डायनें एक फ़र्ज़ी अंतरविषयी कोटि थी, जिसका आविष्कार स्वयं उस सूचना तंत्र द्वारा किया गया था और फिर उसे उन लोगों पर थोप दिया गया था, जो वास्तव में कभी शैतान से नहीं मिले थे और जो ओलों की आँधी का आह्वान नहीं कर सकते थे।

सोवियत संघ में, इससे भी बड़े सूचना तंत्र ने कुलकों का आविष्कार किया था, यानी मिथक की एक और कोटि, जिसे लाखों लोगों पर मढ़ दिया गया था। सोवियत नौकरशाहों द्वारा कुलकों के बारे में एकत्र सूचना के पहाड़ वस्तुपरक सच्चाई नहीं थे, लेकिन उन्होंने एक नई अंतरविषयी सच्चाई गढ़ दी थी। यह जानना कि कोई व्यक्ति कुलक है, सोवियत व्यक्ति के बारे में जानने योग्य एक सबसे महत्त्वपूर्ण बात बन गई थी, भले ही वह एक काल्पनिक कोटि थी।

इससे भी बड़े पैमाने पर, सोलहवीं सदी से लेकर बीसवीं सदी तक, अमेरिकी महाद्वीपों में अनेक औपनिवेशिक नौकरशाहियों ने ब्राज़ील से लेकर मैक्सिको, और कैरिबियन से लेकर संयुक्त राज्य अमेरिका तक, एक नस्लवादी मिथक का निर्माण किया और तमाम तरह की अंतरविषयी नस्लपरक कोटियाँ तैयार कीं। मनुष्यों को यूरोपियों, अफ़्रीकियों, और अमेरिकी मूल निवासियों में बाँट दिया गया, और चूँकि अंतरनस्लीय यौन संबंध सामान्य थे, इसलिए अतिरिक्त कोटियाँ आविष्कृत की गईं। स्पेन के कई उपनिवेशों में क़ानूनों ने *मेस्टिज़ो* (मिश्रित स्पेनिश और मूल अमेरिकी वंश वाले लोग); *मुलाटो* (मिश्रित स्पेनिश और अफ़्रीकी वंश वाले लोग), *ज़ांबो* (मिश्रित अफ़्रीकी और मूल अमेरिकी वंश वाले लोगों); और *पार्डो* (मिश्रित स्पेनिश, अफ़्रीकी और मूल अमेरिकी वंश वाले लोगों) के बीच विभेद किया। ये

सभी अनुभवजन्य प्रतीत होती कोटियाँ यह निर्धारित करती थीं कि क्या इन लोगों को गुलाम बनाया जा सकता है, राजनीतिक अधिकार दिए जा सकते हैं, ये हथियार रख सकते हैं, सार्वजनिक पद धारण कर सकते हैं, स्कूल में दाख़िला प्राप्त कर सकते हैं, कुछ ख़ास व्यवसाय कर सकते हैं, किसी ख़ास इलाक़े में रह सकते हैं, तथा उन्हें एक-दूसरे के साथ यौन संबंध बनाने और विवाह करने की अनुमति दी जा सकती है या नहीं। कथित रूप से, किसी व्यक्ति को किसी ख़ास नस्लपरक दराज़ में रखकर, आप उनकी शख़्सियत, बौद्धिक क्षमताओं, और नैतिक रुझानों को परिभाषित कर सकते हैं।[53]

उन्नीसवीं सदी तक नस्लवाद परिशुद्ध विज्ञान होने का ढोंग करता था : वह वस्तुपरक जैविक तथ्यों के आधार पर लोगों के बीच भेद करने का दावा करता था, और खोपड़ी का नाप लेने और अपराध-संबंधी आँकड़ों को रिकॉर्ड करने जैसी वैज्ञानिक पद्धतियों पर भरोसा करने का दावा करता था, लेकिन आँकड़ों और कोटियों का यह बादल बेहूदे अंतरविषयी मिथकों को छिपाने का धुँधलका मात्र था। यह तथ्य कि किसी की दादी मूल अमेरिकी थी, या उसका पिता अफ़्रीकी था, निश्चित रूप से उस व्यक्ति की बुद्धिमत्ता, दयालुता, या ईमानदारी के बारे में कुछ भी नहीं बताता था। ये फ़र्ज़ी कोटियाँ किसी इंसानों के बारे में किसी सच्चाई की खोज या उसका वर्णन नहीं करती थीं, वे उनपर दमनकारी मिथकीय व्यवस्था थोपती थीं।

जैसे-जैसे कंप्यूटर कर-संग्रह और स्वास्थ्य की देखभाल से लेकर सुरक्षा और न्याय तक अधिक-से-अधिक नौकरशाहियों में मनुष्यों का स्थान लेते जाएँगे, वे भी किसी मिथक का निमार्ण कर उसे अपूर्व दक्षता के साथ हम पर थोप सकते हैं। काग़ज़ी दस्तावेज़ों से शासित दुनिया में नौकरशाहों को नस्लीय सीमा रेखाओं पर नियंत्रण रखने या हर किसी की सही वंशावली का पता लगाने में कठिनाई होती थी। लोग झूठे दस्तावेज़ हासिल कर सकते थे। कोई *ज़ांबो* किसी दूसरे शहर में बस कर *पार्डो* होने का ढोंग कर सकता था। कोई काला व्यक्ति कभी-कभी गोरे व्यक्ति के रूप में स्वीकार कर लिया जा सकता था। इसी तरह सोवियत संघ में कुलक बच्चे कभी-कभी अच्छी नौकरी हासिल करने या कॉलेज में जगह प्राप्त करने के लिए अपने दस्तावेज़ों में हेराफेरी करने में सफल हो जाते थे। नाज़ी यूरोप में, यहूदी कभी-कभी आर्य पहचान ओढ़ सकते थे, लेकिन ऐसी दुनिया में व्यवस्था को धोखा देना बहुत मुश्किल होगा। यह व्यवस्था उन कंप्यूटरों से शासित होगी, जो दस्तावेज़ों की बजाय आईरिस और डीएनए को पढ़ सकते हैं। कंप्यूटर लोगों पर झूठे लेबल चिपकाने और यह सुनिश्चित करने में कि वे लेबल चिपके रहें, भयानक दक्ष हो सकते हैं।

उदाहरण के लिए, सामाजिक साख प्रणाली 'अल्प-साख लोगों' का एक नया निम्न वर्ग तैयार कर सकती है। ऐसी प्रणाली अंकों को एकत्र करके समग्र स्कोर तैयार करने की अनुभवजन्य और गणितीय प्रक्रिया के माध्यम से केवल सत्य की 'खोज' करने का दावा कर सकती है, लेकिन वह समाज-समर्थक और समाज-विरोधी व्यवहारों को किस तरह परिभाषित करेगी? यदि ऐसी प्रणाली सरकारी नीतियों की आलोचना करने, विदेशी साहित्य पढ़ने, अल्पसंख्यकों के मज़हब का पालन करने, किसी भी धर्म को न मानने, या अल्प-साख लोगों के साथ मेलजोल रखने पर अंक काटने लगी, तब क्या होगा? एक वैचारिक प्रयोग के तौर पर, विचार कीजिए कि उस वक़्त क्या हो सकता है, जब सामाजिक साख प्रणाली की यह नई प्रौद्योगिकी पारंपरिक मज़हबों से मिलती है।

यहूदी धर्म, ईसाइयत, और इस्लाम में हमेशा यह कल्पना मौजूद रही है कि बादलों से ऊपर कहीं पर कोई सर्वदर्शी निगाह है, जो हमारे द्वारा किए गए प्रत्येक कार्य के लिए अंक देती है या घटाती है तथा हमारा शाश्वत भाग्य हमारे द्वारा अर्जित अंकों पर निर्भर करता है। बेशक, कोई भी व्यक्ति अपने अंकों के बारे में निश्चित नहीं हो सकता था। केवल मरने के बाद ही आप निश्चित तौर पर जान सकते थे। व्यावहारिक शब्दावली में बात करें तो, इसका मतलब था कि पाप और पुण्य अंतरविषयी संघटनाएँ थीं, जिनकी परिभाषा मात्र सार्वजनिक राय पर निर्भर करती थी। उदाहरण के लिए, अगर ईरान की सरकार अपनी कंप्यूटर-आधारित निगरानी प्रणाली का इस्तेमाल न केवल सख़्त हिजाब क़ानूनों को लागू करने के लिए, बल्कि पाप और पुण्य को स्पष्ट तौर पर अंतर-कंप्यूटर संघटना में बदलने के लिए करती है, तब क्या हो सकता है? आपने सड़क पर हिजाब नहीं पहन रखा था; -10 अंक। आपने रमज़ान के दौरान सूर्यास्त से पहले खाना खा लिया, तो -20 अंक और कट गए। आप शुक्रवार को नमाज़ पढ़ने मस्जिद में गए +5 अंक। आपने मक्का की हजयात्रा की, +500 अंक। 'आस्तिक' (0 से 1,000 अंक), और 'संत' (1,000 से ऊपर अंक)। कोई व्यक्ति पापी है या संत है, यह मनुष्य के विश्वास पर नहीं, एल्गोरिदमीय गणना पर निर्भर करेगा। इस तरह की प्रणाली लोगों के बारे में सच्चाई की खोज करेगी या उन पर व्यवस्था थोप देगी?

ऐसी ही समस्याओं का सामना सभी सामाजिक साख प्रणालियों और संपूर्ण निगरानी व्यवस्थाओं को करना पड़ सकता है। जब भी वे पापियों, आतंकियों, अपराधियों, असामाजिक तत्त्वों या अविश्वसनीय लोगों की तलाश के लिए सर्वव्यापी डेटाबेस और अति सटीक गणित का उपयोग करने का दावा करते हैं, तो वे वास्तव में अपूर्व दक्षता के साथ निराधार मज़हबी और विचारधारात्मक पूर्वाग्रह थोप रहे हो सकते हैं।

कंप्यूटर पूर्वाग्रह

कुछ लोग कंप्यूटरों को ज़्यादा-से-ज़्यादा शक्ति प्रदान कर मज़हबी और विचारधारात्मक पूर्वाग्रहों पर विजय पाने की उम्मीद कर सकते हैं। इस उम्मीद के पीछे सक्रिय तर्क यह हो सकता है : नस्लवाद, नारीद्वेष, समलैंगिकता-विरोध, यहूदी विरोध और अन्य सभी पूर्वाग्रह कंप्यूटरों में नहीं, बल्कि मनुष्यों की मनोवैज्ञानिक दशाओं और पौराणिक विश्वासों में उत्पन्न होते हैं। कंप्यूटर तो गणितीय सत्ताएँ हैं, जिनका न तो कोई मनोविज्ञान होता है, न पौराणिक विश्वास होते हैं। इसलिए अगर हम मनुष्यों को इस समीकरण से पूरी तरह बाहर कर लें, तो एल्गोरिदम अंतत: चीज़ों को विशुद्ध गणित के आधार पर तय कर सकते हैं, जो तमाम मनोवैज्ञानिक विकृतियों या मिथकीय पूर्वाग्रहों से मुक्त होगा।

दुर्भाग्य से, कई अध्ययनों से यह बात उजागर हो चुकी है कि कंप्यूटर के अपने गहरे पूर्वाग्रह होते हैं। बावजूद इसके कि वे जैविक सत्ताएँ नहीं हैं, और बावजूद इसके कि उनमें चेतना का अभाव है, उनमें डिजिटल मनोविज्ञान जैसी कोई चीज़ होती है, यहाँ तक कि उनमें अंतर-कंप्यूटर मिथक भी होते हैं। वे नस्लवादी, नारीद्वेषी, समलैंगिकता-विरोधी, या यहूदीविरोधी भी हो सकते हैं।[54] उदाहरण के लिए, 23 मार्च, 2016 को माइक्रोसॉफ़्ट ने टे (Tay) नामक एआई चैटबॉट जारी किया था और उसे ट्विटर तक मुक्त पहुँच उपलब्ध कराई थी। कुछ ही घंटों के भीतर टे ने नारी-द्वेषी और यहूदी-विरोधी ट्वीट भेजने शुरू कर दिए, जैसे कि "मैं नारीवादियों से नफ़रत करता हूँ और उन्हें तो मर जाना चाहिए और नरक में जल जाना चाहिए" और "हिटलर सही था, मैं यहूदियों से नफ़रत करता हूँ।" यह कड़वाहट तब तक बढ़ती गई, जब तक कि माइक्रोसॉफ़्ट के भयभीत इंजीनियरों ने टे को बंद नहीं कर दिया - उसे जारी करने के मात्र सोलह घंटे बाद।[55] इससे ज़्यादा सूक्ष्म, किन्तु व्यापक नस्लवाद 2017 में एमआईटी के प्रोफ़ेसर जॉय बुओलामविनी ने वाणिज्यिक फ़ेस-क्लासीफ़िकेशन एल्गोरिदमों में खोजा था। उन्होंने दर्शाया था कि ये एल्गोरिदम गोरे मर्दों को पहचानने के मामले में तो बहुत अचूक थे, लेकिन काली स्त्रियों की पहचान करने के मामले में ग़लती करते थे। उदाहरण के लिए, आईबीएम के एल्गोरिदम ने गोरी त्वचा वाले मर्दों के लिंग की पहचान करने में केवल 0.3 प्रतिशत बार ग़लती की, लेकिन काली त्वचा वाली स्त्रियों के लिंग की पहचान करने में 34.7 प्रतिशत बार ग़लती की। एक गुणात्मक परीक्षण के तौर पर बुओलामविनी ने उस एल्गोरिदम से अफ़्रीक़ी-अमेरिकी महिला कार्यकर्ता सोजर्नर ट्रुथ की तसवीरों को वर्गीकृत करने के लिए कहा। सोजर्नर ट्रुथ 1851 के अपने भाषण के लिए प्रसिद्ध थीं, जिसका शीर्षक था, "क्या मैं एक स्त्री नहीं हूँ?" एल्गोरिदम ने ट्रुथ को एक पुरुष के रूप में पहचाना।[56]

बुओलामविनी एक घानाई–अमेरिकी स्त्री हैं। उन्होंने चेहरे का विश्लेषण करने वाले एक अन्य एल्गोरिदम के परीक्षण के तौर पर उससे ख़ुद को पहचानने के लिए कहा, तो एल्गोरिदम उनकी काली त्वचा वाले चेहरे को बिलकुल भी नहीं 'देख' सका। इस संदर्भ–विशेष में 'देखने' का मतलब है, एक इंसानी चेहरे की उपस्थिति को स्वीकार करने की क़ाबिलियत, उदाहरण के लिए, यह निर्णय लेने के लिए कि किस ओर ध्यान केंद्रित करना है, जो फ़ोन कैमरों द्वारा उपयोग की जाने वाली एक विशेषता है। एल्गोरिदम गोरी त्वचा वाले चेहरे को आसानी–से पहचान लेता था, लेकिन बुओलामविनी के चेहरे को नहीं। केवल जब बुओलामविनी ने सफ़ेद मुखौटा पहना, तब जाकर एल्गोरिदम ने पहचाना कि वह एक इंसानी चेहरे को देख रहा था।[57]

यहाँ क्या हो रहा है? कोई जवाब दे सकता है कि नस्लवादी और नारी–द्वेषी इंजीनियरों ने अश्वेत स्त्रियों के साथ भेदभाव बरतने के लिए इन एल्गोरिदमों को कोड किया होगा। बावजूद इसके कि हम इस संभावना से इंकार नहीं कर सकते कि ऐसा हुआ हो, यह जवाब माइक्रोसॉफ़्ट के चेहरे का वर्गीकरण करने वाले एल्गोरिदम टे के संदर्भ में नहीं है। दरअसल, इन एल्गोरिदमों ने नस्लवादी और नारी–द्वेषी पूर्वाग्रहों को उस डेटा से स्वयं ही ग्रहण कर लिया था, जिस पर उन्हें प्रशिक्षित किया गया था।

यह समझने के लिए कि यह कैसे हो सकता है, हमें एल्गोरिदम के इतिहास को समझना ज़रूरी है। मूलतः, एल्गोरिदम ख़ुद–ब–ख़ुद ज़्यादा कुछ नहीं सीख सकते थे। उदाहरण के लिए, 1980 और 1990 के दशकों में शतरंज खेलने वाले एल्गोरिदमों को जो भी आता था, वह लगभग सब कुछ उनके इंसानी प्रोग्रामरों ने सिखाया था। इंसानों ने एल्गोरिदम में न केवल शतरंज के बुनियादी नियम कोड किए थे, बल्कि यह भी कोड किया था कि बिसात की विभिन्न स्थितियों और चालों का मूल्यांकन कैसे किया जाए। उदाहरण के लिए इंसानों ने एक नियम यह कोड कर दिया कि एक पैदल के बदले वज़ीर की बलि दे देना बुरी बात है। ये आरंभिक एल्गोरिदम शतरंज के इंसानी उस्तादों को केवल इसलिए हरा पाते थे, क्योंकि एल्गोरिदम बहुत–सी चालों की गणना कर लेते थे और मनुष्यों के मुक़ाबले में बहुत–सी स्थितियों का आकलन कर लेते थे, लेकिन एल्गोरिदमों की क़ाबिलियत सीमित बनी रहती थी। चूँकि वे खेल के सारे रहस्यों को बताए जाने के लिए इंसानों पर निर्भर करते थे, इसलिए अगर कोडिंग करने वाले इंसान कोई चीज़ नहीं जानते थे, तो उनके द्वारा तैयार किए गए एल्गोरिदम भी उस चीज़ को नहीं जान पाते थे।[58]

लेकिन, मशीन लर्निंग के क्षेत्र के विकसित होने के साथ एल्गोरिदमों ने और अधिक स्वायत्तता हासिल कर ली। मशीन लर्निंग का बुनियादी उसूल यह है कि

एल्गोरिदम दुनिया के साथ अंतर्क्रिया करते हुए उसी तरह ख़ुद को शिक्षित कर सकते हैं, जैसे इंसान करते हैं, और इस तरह उससे एक पूर्ण विकसित कृत्रिम बुद्धि विकसित होती है। शब्दावली हमेशा सुसंगत नहीं होती है, लेकिन सामान्य तौर पर कहा जाए, तो किसी चीज़ को एआई के रूप में स्वीकार किए जाने के लिए, उसे अपने मूल मानव निर्माताओं के निर्देशों का पालन करने के बजाय, स्वयं नई चीज़ें सीखने की आवश्यकता हेाती है। आज के शतरंज खेलने वाले एआई को खेल के बुनियादी नियमों के अलावा और कुछ नहीं सिखाया जाता। बाक़ी हर चीज़ वह अपने बूते पर सीखता है, या तो पिछले खेलों के डेटाबेस का विश्लेषण करके, या फिर नए खेल खेलकर और अपने अनुभव से सीखकर।[59] एआई कोई मूर्ख ऑटोमेशन नहीं है, जो परिणामों की परवाह किए बिना एक ही क्रिया को बार-बार देहराता रहता हो। इसकी बजाय, वह आत्म-सुधार की ज़बरदस्त प्रक्रियाओं से लैस होता है, जो उसे अपनी ही ग़लतियों से सीखने की गुंजाइश देती हैं।

इसका मतलब है कि एआई ने अपनी ज़िंदगी की शुरुआत एक 'शिशु एल्गोरिदम' के रूप में की थी, जिसमें ढेरों संभावनाएँ और कंप्यूटिंग की शक्तियाँ थीं, लेकिन जो वास्तव में बहुत ज़्यादा नहीं जानता था। एआई के इंसानी अभिभावकों ने उसे केवल सीखने और दुनिया के डेटा तक पहुँच बनाने की क्षमताएँ उपलब्ध कराईं। उसके बाद उन्होंने शिशु एल्गोरिदम को दुनिया की या दुनिया में खोज करने की छूट दी। जैविक नवजातों की तरह, शिशु एल्गोरिदम ने भी उस डेडा में पैटर्नों की पहचान करते हुए सीखा, जिस तक उनकी पहुँच थी। अगर मैं आग को छूता हूँ तो जलता हूँ। मैं रोता हूँ और माँ आती है। अगर मैं एक पैदल की ख़ातिर वजीर को कुर्बान कर देता हूँ, तो, मैं शायद खेल हार जाता हूँ। डेटा में पैटर्न खोजकर, शिशु एल्गोरिदम और सीखता है, जिसमें ऐसी बहुत-सी चीज़ें शामिल होती हैं, जो उसके इंसानी अभिभावक नहीं जानते।[60]

लेकिन डेटाबेस पूर्वाग्रह लिए होते हैं। जॉय बुओलामविनी ने चेहरे का वर्गीकरण करने वाले जिन एल्गोरिदमों का अध्ययन किया था, वे टैग किए गए ऑनलाइन फ़ोटो के डेटाबेस पर प्रशिक्षित थे, जैसे कि वाइल्ड डेटाबेस में लेबल किए हुए चेहरे। उस डेटाबेस में मुख्यत: ऑनलाइन न्यूज़ लेखों से लिए गए फ़ोटो शामिल थे। चूँकि न्यूज़ में गोरे मर्दों की प्रधानता थी, इसलिए डेटाबेस के 78 प्रतिशत फ़ोटो मर्दों के थे, और 84 प्रतिशत गोरे लोग थे। डेटाबेस में जॉर्ज डब्ल्यू. बुश 530 बार प्रकट हुए थे, जो कि सभी अश्वेत स्त्रियों की कुल संख्या से दो गुना से भी ज़्यादा संख्या है।[61] संयुक्त राज्य अमेरिका की सरकार द्वारा तैयार किया गया एक अन्य डेटाबेस 75 प्रतिशत मर्दों का था, जिसमें 80 प्रतिशत गोरी चमड़ी वाले थे, और मात्र 4.4 प्रतिशत काली चमड़ी वाली स्त्रियाँ थीं।[62] आश्चर्य की बात

नहीं कि इस तरह के डेटा सैट्स पर प्रशिक्षित एल्गोरिदम गोरे मर्दों की पहचान करने में तो उत्कृष्ट थे, लेकिन अश्वेत स्त्रियों की पहचान करने में ख़राब थे। कुछ-कुछ इसी तरह की चीज़ चैटबॉट टे के साथ हुई थी। माइक्रोसॉफ़्ट के इंजीनियरों ने उसे इरादतन किसी पूर्वाग्रह के साथ विकसित नहीं किया था, लेकिन ट्वीटर पर घूम रही ज़हरीली सूचनाओं के संपर्क में आने के कुछ घंटे बाद ही एआई एक उग्र नस्लवादी में बदल गया।[63]

वह और भी बदतर हो जाता है। सीखने के लिए, शिशु एल्गोरिदम को डेटा तक पहुँच बनाने के अलावा और चीज़ की ज़रूरत होती है। उन्हें एक लक्ष्य चाहिए होता है। इंसान का बच्चा चलना इसलिए सीखता है, क्योंकि वह कहीं पहुँचना चाहता है। शेर का शावक शिकार करना इसलिए सीखता है, क्योंकि वह खाना चाहता है। शतरंज में, लक्ष्य को परिभाषित करना आसान होता है : प्रतिद्वंद्वी का राजा लेना। एआई सीखता है कि एक पैदल की ख़ातिर वज़ीर की कुर्बानी देना 'ग़लती' है, क्योंकि सामान्यतः यह चीज़ एल्गोरिदम को उसके लक्ष्य तक पहुँचने से रोकती है। चेहरे की पहचान करने के मामले में भी लक्ष्य आसान है : मूल डेटाबेस में सूचीबद्ध व्यक्ति के लिंग, आयु और नाम की पहचान करना। अगर एल्गोरिदम अनुमान लगाता है कि जॉर्ज डब्ल्यू बुश मादा हैं, लेकिन डेटाबेस कहता है कि वे नर हैं, तो लक्ष्य पर नहीं पहुँचा गया है, और एल्गोरिदम अपनी इस ग़लती से सीखता है।

लेकिन, उदाहरण के लिए, अगर आप किसी एल्गोरिदम को कर्मचारियों को नियुक्त करने का प्रशिक्षण देना चाहते हैं, तो आप लक्ष्य को कैसे परिभाषित करेंगे? एल्गोरिदम को कैसे पता चलेगा कि उसने ग़लती की है और एक 'ग़लत' व्यक्ति को नौकरी पर रख लिया है? हम शिशु एल्गोरिदम से कह सकते हैं लक्ष्य ऐसे लोगों को नौकरी पर रखने का है, जो कंपनी में कम-से-कम एक साल तक टिकें। नियोक्ता ज़ाहिर तौर पर ऐसे कामगारों को प्रशिक्षित करने पर वक़्त और पैसा ख़र्च नहीं करना चाहते, जो कुछ ही महीनों के भीतर नौकरी छोड़ देते हैं या नौकरी से हटा दिए जाते हैं। इस तरह लक्ष्य को परिभाषित कर देने के बाद, अब डेटा पर ग़ौर करने का समय है। शतरंज में, एल्गोरिदम, महज़ अपने ही ख़िलाफ़ खेलते हुए कितनी भी मात्रा में डेटा उत्पन्न कर सकता है, लेकिन रोज़गार के बाज़ार में, यह चीज़ असंभव है। कोई भी व्यक्ति एक ऐसी पूर्णतः काल्पनिक दुनिया की रचना नहीं कर सकता, जहाँ शिशु एल्गोरिदम काल्पनिक लोगों को नौकरी पर रखकर और उन्हें नौकरी से निकालकर अपने इस अनुभव से सीख सके। शिशु एल्गोरिदम एक उपलब्ध डेटाबेस पर वास्तविक लोगों के बारे में ही प्रशिक्षित हो सकता है। जिस तरह, शेर का शावक मुख्यतः वास्तवकि घास के मैदान में पैटर्न का पता

लगाकर यह सीख सकता है कि जेब्रा क्या होता है, उसी तरह शिशु एल्गोरिदम वास्तविक कंपनियों में पैटर्न पहचानकर यह सीखते हैं कि एक अच्छा कर्मचारी क्या होता है।

दुर्भाग्यवश, अगर वास्तविक कंपनियाँ पहले ही किन्हीं अंतर्निहित पूर्वाग्रहों से ग्रस्त हैं, तो शिशु एल्गोरिदम द्वारा इस पूर्वाग्रह को सीख लेने, और यहाँ तक कि उसे बढ़ा देने की भी पूरी संभावना है। उदाहरण के लिए, वास्तविक डेटा में 'अच्छे कर्मचारियों' के पैटर्न की खोज करता कोई एल्गोरिदम यह निष्कर्ष निकाल सकता है कि बॉस के भतीजे को नौकरी पर रखना हमेशा अच्छा होता है, और इससे कोई फ़र्क़ नहीं पड़ता कि उनकी अन्य योग्यताएँ क्या हैं, क्योंकि डेटा स्पष्ट तौर पर संकेत करता है कि 'बॉस के भतीजे' जब भी कभी नौकरी के लिए आवेदन करते हैं, तो उन्हें नियुक्ति मिल जाती है, और उन्हें विरले ही नौकरी से हटाया जाता है। शिशु एल्गोरिदम इस पैटर्न को पहचान लेगा और भाईभतीजावादी हो जाएगा। अगर इसे मानव संसाधन विभाग का प्रभारी बना दिया जाए, तो यह बॉस के भतीजों को प्राथमिकता देना शुरू कर देगा

इसी तरह, अगर नारीद्वेषी समाज में कंपनियाँ औरतों की जगह मर्दों को नौकरी में प्राथमिकता देती हैं, तो वास्तविक डेटा में प्रशिक्षित एल्गोरिदम द्वारा भी इस पूर्वाग्रह को अपना लेने की पूरी संभावना है। यह वास्तव में तब हुआ था, जब एमेज़ॉन ने 2014-18 में नौकरी के आवेदनों की जाँच-पड़ताल करने के लिए एक एल्गोरिदम विकसित करने की कोशिश की थी। पिछले सफल और विफल आवेदनों से सीखने के बाद उस एल्गोरिदम ने ऐसे आवेदनों का दर्ज़ा सिलसिलेवार ढंग से घटाना शुरू कर दिया, जिसमें 'स्त्री' शब्द शामिल था या जो महिला कॉलेजों के स्नातकों की ओर से भेजे गए थे। चूँकि मौजूदा डेटा ने यह दर्शाया था कि अतीत में इस तरह के आवेदनों के सफल होने के अवरार बहुत कम रहे थे, इसलिए एल्गोरिदम ने उनके ख़िलाफ़ एक पूर्वाग्रह विकसित कर लिया। एल्गोरिदम ने सोचा कि उसने तो महज़ एक वस्तुपरक सच्चाई का पता लगा लिया है : जो आवेदक महिलाओं के कॉलेज से डिग्रियाँ हासिल करते हैं, वे कम योग्य होते हैं। वास्तव में, इसने एक नारी-द्वेषी पूर्वाग्रह को आंतरिक रूप से अपना लिया और थोप दिया। एमेज़ॉन ने इस समस्या को हल करने की कोशिश की और विफल रही और अंततः उसने प्रोजेक्ट को ही रद्द कर दिया।[64]

जिस डेटाबेस पर एआई प्रशिक्षित होता है, वह कुछ-कुछ मनुष्य के बचपन की तरह होता है। बचपन के अनुभव, दुःख और परीकथाएँ जीवनभर हमारे साथ रहती हैं। एआई के भी बचपन के अनुभव होते हैं। यहाँ तक कि एल्गोरिदम अपने पूर्वाग्रहों का संक्रमण एक-दूसरे को लगा सकते हैं, ठीक वैसे ही जैसे इंसान करते

हैं। भविष्य के एक ऐसे समाज पर विचार करें, जिसमें एल्गोरिदम सर्वव्यापी होंगे और उनका उपयोग महज़ नौकरी के आवेदकों का परीक्षण करने के लिए नहीं, बल्कि इस सिफ़ारिश के लिए भी किया जाएगा कि लोगों को कॉलेज में क्या पढ़ना चाहिए। मान लीजिए कि पहले से मौजूद नारी-द्वेषी पूर्वाग्रह की वजह से इंजीनियरिंग की 80 प्रतिशत नौकरियाँ पुरुषों को दे दी जाती हैं। इस समाज में संभावना यही है कि एक एल्गोरिदम, जो नए इंजीनियरों को नौकरी पर रखता है, वह पहले से मौजूद इस पूर्वाग्रह की नक़ल करे, बल्कि कॉलेज की सिफ़ारिश करने वाले एल्गोरिदम को भी इसी पूर्वाग्रह का संक्रमण लगा दे। कॉलेज में प्रवेश लेती एक युवा स्त्री इंजीनियरिंग की पढ़ाई करने से हतोत्साहित हो सकती है, क्योंकि मौजूदा डेटा संकेत करता है कि उसे बाद में नौकरी मिलने की कम संभावना है। जिस चीज़ की शुरुआत इस अंतरविषयी मिथक के रूप में हुई थी कि 'स्त्रियाँ इंजीनियरिंग में अच्छी नहीं होतीं' , वह एक अंतर-कंप्यूटर मिथक में बदल सकती है। अगर हम एकदम शुरू में ही इस पूर्वाग्रह से छुटकारा नहीं पा लेते, तो कंप्यूटर इसे क़ायम रख सकते हैं और उसे बढ़ा सकते हैं।[65]

लेकिन एल्गोरिदम के पूर्वाग्रह से छुटकारा पाना उतना ही कठिन हो सकता है, जितना हमारे इंसानी पूर्वाग्रहों से छुटकारा पाना होता है। जैसे ही एक बार एक एल्गोरिदम प्रशिक्षित हो जाता है, उसे 'अप्रशिक्षित' करने में बहुत वक़्त और उद्यम लगता है। हम पक्षपातपूर्ण एल्गोरिदम को हटाने का निर्णय ले सकते हैं तथा कम पक्षपातपूर्ण डेटा के नए सेट पर एक बिलकुल नए एल्गोरिदम को प्रशिक्षित कर सकते हैं, लेकिन ऐसा पूरी तरह पक्षपात-रहित डेटा हमें मिलेगा कहाँ से?[66]

इस और पिछले अध्यायों में जिन एल्गोरिदमीय पक्षपातों का सर्वेक्षण किया गया है, उनमें से ज़्यादातर की बुनियादी समस्या समान है : कंप्यूटर सोचता है कि उसने मनुष्यों के बारे में कोई सत्य खोज लिया है, जबकि वास्तव में उसने उन पर व्यवस्था थोप दी होती है। सोशल मीडिया का एक एल्गोरिदम सोचता है कि इंसान उपद्रव पसंद करते हैं, जबकि वास्तव में यह स्वयं एल्गोरिदम होता है, जिसने मनुष्य को अधिक उपद्रव उत्पन्न करने और उसका उपभोग करने के लिए अनुकूलित किया होता है। इस तरह के पूर्वाग्रहों का परिणाम, एक ओर तो यह होता है कि कंप्यूटर मानवीय क्षमताओं के संपूर्ण विस्तार को कम करके आँकते हैं, तथा दूसरी ओर यह भी होता है कि कंप्यूटर मनुष्यों को प्रभावित करने की अपनी शक्ति को भी कम करके आँकते हैं। यहाँ तक कि अगर कंप्यूटर पाते हैं कि लगभग सारे इंसान एक ख़ास तरह से आचरण करते हैं, तो इसका यह मतलब नहीं होता कि मनुष्य उस तरह से आचरण करने के लिए बाध्य हैं। हो सकता है कि इसका मतलब महज़ इतना हो कि कंप्यूटर स्वयं इस तरह के आचरण को पुरस्कृत कर रहे हों, जबकि

वैकल्पिक आचरण को दंडित और अवरुद्ध कर रहे हों। कंप्यूटरों को विश्व के बारे में अधिक सटीक और ज़िम्मेदार दृष्टिकोण रखने के लिए, अपनी शक्ति और प्रभाव को ध्यान में रखना होगा। और इसके लिए ज़रूरी है कि जो इंसान इस वक़्त कंप्यूटरों को गढ़ रहे हैं, वे यह स्वीकार करें कि वे किन्हीं नए औज़ारों का निर्माण नहीं कर रहे हैं। वे नए क़िस्म के स्वतंत्र कर्ताओं और संभवत: नए प्रकार के देवताओं को उन्मुक्त कर रहे हैं।

नए देवता

दार्शनिक मेघन ओ'गिब्लिन अपनी किताब *गॉड, ह्यूमन, एनिमल, मशीन* में बताती हैं कि कंप्यूटर को समझने का हमारा ढंग किस तरह पारंपरिक पुराकथाओं से ज़बरदस्त रूप से प्रभावित है, ख़ास तौर से, वह यहूदी-ईसाई धर्मशास्त्र के सर्वज्ञ और अज्ञेय ईश्वर और वर्तमान समय के एआई के बीच समानता पर ज़ोर देती हैं, जिनके निर्णय हमें अचूक और गूढ़, दोनों लगते हैं।[67] यह चीज़ इंसानों को ख़तरनाक प्रलोभन प्रदान कर सकती है।

अध्याय 4 में हमने देखा था कि हज़ारों साल पहले इंसानों ने एक ऐसी अचूक सूचना प्रौद्योगिकी हासिल करने का सपना देखा था, जो भ्रष्टाचार और त्रुटियों से हमारी रक्षा कर सके। पवित्र ग्रंथ ऐसी प्रौद्योगिकी तैयार करने की एक साहसिक कोशिश थी, लेकिन वे उलटी साबित हुई। चूँकि ग्रंथ ख़ुद की व्याख्या नहीं कर सकता था, इसलिए पवित्र वाणी की व्याख्या करने और उसे बदलती परिस्थितियों के अनुकूल ढालने के लिए एक मानव संस्था का निर्माण करना पड़ा। विभिन्न इंसानों ने पवित्र ग्रंथ की विभिन्न तरीक़ों से व्याख्या की, और इस तरह भ्रष्टाचार और त्रुटियों का दरवाज़ा फिर-से खोल दिया, लेकिन पवित्र ग्रंथों के विपरीत, कंप्यूटर ख़ुद को बदलती हुई परिस्थितियों के अनुरूप ढाल सकते हैं और अपने निर्णयों और विचारों की हमारे लिए व्याख्या कर सकते हैं। कुछ इंसान नतीजतन यह निष्कर्ष निकाल सकते हैं कि अचूक प्रौद्योगिकी की खोज अंतत: सफल रही और हमें कंप्यूटर को एक ऐसे पवित्र ग्रंथ के रूप में बरतना चाहिए, जो हमसे बात कर सकता है और जो किसी मानवीय संस्था की मध्यस्थता के बग़ैर ख़ुद की व्याख्या कर सकता है।

यह एक अत्यंत ख़तरनाक जुआ होगा। जब कभी मज़हबी ग्रंथों की कुछ व्याख्याओं के कारण डायन-शिकार और मज़हबी युद्धों जैसी आपदाएँ उत्पन्न हुई हैं, तो मनुष्य हमेशा अपने विश्वासों को बदलने में सक्षम रहे हैं। जब मानव कल्पना ने किसी उग्र और घृणा से भरे देवता का आह्वान किया, तो हमने उससे छुटकारा

पाने के लिए और अधिक सहिष्णु देवता की कल्पना करने की शक्ति क़ायम रखी, लेकिन एल्गोरिदम स्वाधीन कर्ता हैं और वे पहले ही हमारे हाथ से शक्ति छीनना शुरू कर चुके हैं। अगर वे कोई तबाही पैदा करते हैं, तो उनके बारे में महज़ अपने विश्वासों को बदल देने से वे रुक नहीं जाएँगे। और इस बात की बड़ी संभावना है कि अगर कंप्यूटरों को शक्ति सौंप दी गई, तो वे तबाहियाँ ला सकते हैं, क्योंकि वे ग़लतियाँ कर सकते हैं।

जब हम कहते हैं कि कंप्यूटर ग़लतियाँ कर सकते हैं, तो यह बात इससे कहीं ज़्यादा अर्थ रखती है कि वे कभी-कभी तथ्यात्मक ग़लतियाँ कर सकते हैं या ग़लत निर्णय ले सकते हैं। और भी महत्त्वपूर्ण बात यह है कि उसके पहले के इंसानी तंत्र की ही तरह, कंप्यूटर तंत्र भी सत्य और व्यवस्था के बीच सही संतुलन स्थापित करने में विफल हो सकता है। शक्तिशाली अंतर-कंप्यूटर मिथक गढ़कर और उन्हें हमारे ऊपर थोप कर, कंप्यूटर तंत्र ऐसी ऐतिहासिक विपत्तियाँ ला सकता है, जिनके सामने आरंभिक आधुनिक यूरोपीय डायन-शिकार और स्तालिन का सामूहिकीकरण बौने प्रतीत होंगे।

परस्पर आदान-प्रदान करते अरबों कंप्यूटरों के तंत्र पर विचार कीजिए, जो विश्व के बारे में भारी मात्रा में जानकारी एकत्र करता है। तंत्र से जुड़े ये कंप्यूटर जैसे-जैसे विभिन्न लक्ष्यों की प्राप्ति की दिशा में आगे बढ़ते हैं, वे विश्व का एक साझा मॉडल विकसित करते जाते हैं, जो उन्हें परस्पर संवाद और सहयोग करने में मदद करता है। यह साझा मॉडल संभवत: त्रुटियों, झूठों और ख़ामियों से भरा होगा, तथा विश्व का एक सच्चा विवरण न होकर, उसका एक मिथक होगा। एक उदाहरण सामाजिक साख प्रणाली है, जो इंसानों को फ़र्ज़ी कोटियों में विभाजित करती है, जिसका निर्धारण नस्लवाद जैसे इंसानी तर्क से नहीं, बल्कि कंप्यूटर के किसी अज्ञेय तर्क द्वारा होता है। हम अपने जीवन के रोज़मर्रा स्तर पर इन मिथकों के संपर्क में आ सकते हैं, क्योंकि वे हमारे बारे में कंप्यूटर द्वारा लिये जाने वाले अनेक निर्णयों को निर्देशित करेंगे, लेकिन क्योंकि यह मिथकीय मॉडल अजैविक सत्ताओं द्वारा अजैविक सत्ताओं के साथ कार्यों का समन्वय करने के लिए बनाया गया होगा, इसलिए इसका पुराने जैविक नाटकों से कोई लेना-देना नहीं होगा और यह हमारे लिए पूरी तरह से अजनबी हो सकता है।[68]

जैसा कि अध्याय 2 में कहा गया है कि बड़े पैमाने के समाज बिना किन्हीं मिथकों के अस्तित्व में नहीं रह सकते, लेकिन इसका यह मतलब नहीं है कि सारे मिथक समान होते हैं। त्रुटियों और अतिरेकों से बचने के लिए कुछ मिथकों ने अपनी त्रुटिपूर्ण उत्पत्ति को स्वीकार किया है तथा आत्म-सुधार की एक प्रणाली को स्वीकार किया है, जिससे मनुष्य मिथकों पर सवाल उठा सकें और उन्हें बदल

सकें। उदाहरण के लिए, संयुक्त राज्य अमेरिका के संविधान का मॉडल यही है, लेकिन मनुष्य उन कंप्यूटर मिथकों की जाँच और उनमें सुधार कैसे कर सकते हैं, जिन्हें हम समझते ही नहीं हैं?

एक संभावित बचाव यह है कि कंप्यूटरों को उनकी स्वयं की त्रुटिपूर्णता के प्रति जागरूक बनाने के लिए प्रशिक्षित किया जाए। जैसा कि सुकरात ने सिखाया था, यह कहने में सक्षम होना कि "मैं नहीं जानता" ज्ञान की ओर ले जाने वाले मार्ग की दिशा में अनिवार्य क़दम है। और यह बात जितनी मानवीय बुद्धि के संदर्भ में सत्य है, कंप्यूटर बुद्धि के संदर्भ में उससे कम सत्य नहीं है। हर एल्गोरिदम को जो पहली चीज़ सीखनी चाहिए, वह यह है कि वह ग़लती कर सकता है। शिशु एल्गोरिदमों को ख़ुद पर संदेह करना, अनिश्चय की ओर संकेत करना, और एहतियाती सिद्धांत का पालन करना सीखना चाहिए। यह असंभव नहीं है। इंजीनियर पहले से ही एआई को आत्मसंदेह व्यक्त करने, फ़ीडबैक माँगने, और अपनी ग़लतियों को स्वीकार करने के लिए प्रोत्साहित करने में काफ़ी प्रगति कर रहे हैं।[69]

लेकिन एल्गोरिदम अपनी त्रुटिपूर्णता को लेकर कितने ही सजग क्यों न हों, हमें इंसानों को भी इसमें शामिल रखना चाहिए। एआई जिस गति से विकसित हो रहा है, उसे देखते हुए, इस बात का पूर्वानुमान करना एकदम असंभव है कि विकसित होकर वह क्या रूप लेगा तथा भविष्य में संभावित ख़तरों के विरुद्ध सुरक्षा के उपाय किस तरह किए जाएँ। यह एआई तथा परमाणु प्रौद्योगिकी जैसे पहले के अस्तित्वपरक ख़तरों के बीच महत्त्वपूर्ण फ़र्क़ है। परमाणु प्रौद्योगिकी ने मानव जाति के समक्ष ऐसे प्रलयंकारी परिदृश्य प्रस्तुत किए थे, जिनका पूर्वानुमान आसानी-से किया जा सकता था, जिनमें सबसे प्रमुख एक संपूर्ण परमाणु युद्ध था। इसका मतलब था कि ख़तरे को पहले से ही भाँप लेना और उसे कम करने के तरीक़ों की खोज करना संभव था। इसके विपरीत, एआई हमारे सामने प्रलय के अनगिनत परिदृश्य प्रस्तुत करता है। कुछ को समझना अपेक्षाकृत आसान है, जैसे कि आतंकियों द्वारा सामूहिक विनाश के जैविक हथियार बनाने के लिए एआई का उपयोग करना। और कुछ मनुष्य की कल्पना के एकदम परे हो सकते हैं, क्योंकि वे एक अजनबी बुद्धि की गणनाओं से उत्पन्न होंगे। ऐसी अनंत अप्रत्याशित समस्याओं से बचने के लिए, हमारे पास सबसे अच्छा विकल्प जीवितों की संस्थाओं (लिविंग इन्स्टिट्यूशन्स) का निर्माण करना है, जो ख़तरों की पहचान कर सकें और उनके प्रस्तुत होने पर उनसे निपट सकें।[70]

प्राचीन यहूदी और ईसाई यह पता लगने पर काफ़ी निराश हुए थे कि बाइबल ख़ुद की व्याख्या नहीं कर सकती, और उन्होंने बेमन से इंसानी संस्थाएँ क़ायम रखी थीं, ताकि वे वह काम कर सकतीं, जो प्रौद्योगिकी नहीं कर सकती थी। इक्कीसवीं

सदी में, हम लगभग विपरीत स्थिति में हैं। हमने एक ऐसी प्रौद्योगिकी आविष्कृत कर ली है, जो अपनी व्याख्या स्वयं कर *सकती* है, लेकिन ठीक इसी वजह से यह अच्छा होगा कि हम इंसानी संस्थाएँ तैयार करें, जो उस पर सावधानीपूर्वक निगाह रख सकें।

निष्कर्ष के तौर पर, नया कंप्यूटर तंत्र अनिवार्यत: बुरा या अच्छा नहीं होगा। जो चीज़ हम पक्के तौर पर जानते हैं, वह यह है कि वह अजनबी होगा और त्रुटियाँ करने में सक्षम होगा। इसलिए हमें ऐसी संस्थाएँ खड़ी करने की ज़रूरत है, जो लालच और घृणा जैसी महज़ जानी-पहचानी मानवीय कमज़ोरियों पर ही नहीं, बल्कि मूलगामी स्तर पर अजनबी त्रुटियों पर भी अंकुश लगा सकें। यह समस्या का प्रौद्योगिकीय समाधान नहीं है। यह, दरअसल, एक राजनीतिक चुनौती है। क्या हमारे पास इससे निपटने लायक़ राजनीतिक संकल्प-शक्ति है? आधुनिक मनुष्यता ने मुख्यत: दो क़िस्म की राजनीतिक व्यवस्थाएँ तैयार की हैं : बड़े पैमाने के लोकतंत्र और बड़े पैमाने के अधिनायकवाद। खंड 3 इस बात का परीक्षण करता है कि ये प्रणालियाँ एक मूलगामी रूप से अजनबी और त्रुटियाँ करने में सक्षम कंप्यूटर तंत्र से कैसे निपट सकती हैं।

भाग 3

कंप्यूटर राजनीति

अध्याय 9

लोकतंत्र : क्या हम अभी भी संवाद कर सकते हैं?

सभ्यताओं का जन्म नौकरशाही और मिथकविद्या के बीच के 'वैवाहिक संबंध' से होता है। कंप्यूटर-आधारित तंत्र एक नए क़िस्म की नौकरशाही है, जो अब तक देखी गई किसी भी मनुष्य-आधारित नौकरशाही की तुलना में कहीं अधिक शक्तिशाली और कठोर है। इस तंत्र द्वारा अंतर-कंप्यूटर मिथक तैयार किए जाने की भी संभावना है, जो इंसान द्वारा रचे गए देवता की तुलना में कहीं ज़्यादा जटिल और अजनबी होगा। इस तंत्र के संभावित लाभ अपरिमित हैं। इसका संभावित नकारात्मक पक्ष मानव सभ्यता का विनाश है।

कुछ लोगों को सभ्यता के पतन के बारे में चेतावनियाँ अतिशयोक्तिपूर्ण लगती हैं। जब भी कभी कोई नई शक्तिशाली प्रौद्योगिकी आई है, ऐसी उद्विग्नताएँ पैदा हुई हैं कि वह सर्वनाश का कारण न बन जाए, लेकिन हम अभी भी बचे हुए हैं। जब औद्योगिक क्रांति आई थी, तो लुडाइट प्रलय के परिदृश्य घटित नहीं हुए थे और ब्लैक के 'डार्क सैटेनिक मिल्स' ने इतिहास के सबसे समृद्ध समाजों का निर्माण किया था। ज़्यादातर लोग आज जीवन की उससे अधिक बेहतर परिस्थितियों का आनंद ले रहे हैं जितनी का अठारहवीं सदी के उनके पूर्वजों ने लिया था। मार्क एंड्रेसन और रे कुर्ज़वील जैसे उत्साहियों का आश्वासन है कि बुद्धिमान मशीनें पहले की किसी भी मशीन की तुलना में ज़्यादा लाभदायक साबित होंगी।[1] इंसान कहीं ज़्यादा बेहतर स्वास्थ्य सेवाएँ, शिक्षा और दूसरी सेवाओं का लाभ उठाएँगे, और यहाँ तक कि एआई पारिस्थितिकीय तंत्र को ध्वस्त होने से बचाएगा।

दुर्भाग्य से, इतिहास पर क़रीब से निगाह डालने पर पता चलता है कि लुडाइट्स पूरी तरह ग़लत नहीं थे और हमारे पास इस नई शक्तिशाली प्रौद्योगिकियों से डरने की अच्छे ख़ासे कारण हैं। यहाँ तक कि अगर आख़िर में, इन प्रौद्योगिकियों के समकारात्मक पक्ष इनके नकारात्मक पक्षों पर भारी पड़ते हैं, तब भी उस सुखद अंत तक पहुँचने में आम तौर से बहुत सारी परीक्षाओं और पीड़ाओं से गुज़रना पड़ेगा। नवीन प्रौद्योगिकी प्राय: ऐतिहासिक आपदाओं का कारण बनती है, इसलिए नहीं कि वह प्रौद्योगिकी स्वाभाविक रूप से ख़राब होती है, बल्कि इसलिए कि मनुष्य को उसका बुद्धिमानीपूर्वक इस्तेमाल करना सीखने में वक़्त लगता है।

औद्योगिक क्रांति इसका एक प्रमुख उदाहरण है। जब उन्नीसवीं सदी में औद्योगिक प्रौद्योगिकी ने भूमंडलीय स्तर पर फैलना शुरू किया था, तो इसने पारंपरिक आर्थिक, सामाजिक और राजनीतिक संरचनाओं को उलट दिया था और पूरी तरह से नए समाजों के निर्माण का रास्ता खोल दिया था, जो संभवत: ज़्यादा समृद्ध और शांतिपूर्ण थे, लेकिन, सौम्य क़िस्म के औद्योगिक समाजों का निर्माण करना सीखना बिलकुल भी आसान नहीं था और इसमें कई महँगे प्रयोग करने पड़े थे और करोड़ों लोग इसके शिकार हुए थे।

एक महँगा प्रयोग था, आधुनिक साम्राज्यवाद। औद्योगिक क्रांति का उद्गम अठारहवीं सदी के परवर्ती वर्षों में ब्रिटेन में हुआ था। उन्नीसवीं सदी के दौरान औद्योगिक प्रौद्योगिकियों और उत्पादन पद्धतियों को बेल्जियम से लेकर रूस तक अन्य यूरोपीय देशों के साथ-साथ संयुक्त राज्य अमेरिका और जापान में भी अपनाया गया। इन औद्योगिक क्षेत्रों के साम्राज्यवादी विचारकों, राजनेताओं, और राजनीतिक दलों ने दावा किया था कि एकमात्र व्यवहार्य औद्योगिक समाज साम्राज्य ही था। तर्क यह था कि अपेक्षाकृत आत्मनिर्भर कृषि समाजों के विपरीत, ये नए औद्योगिक समाज विदेशी बाज़ारों और विदेशी कच्चे माल पर ज़्यादा निर्भर थे, और केवल साम्राज्य ही इन अपूर्व भूखों को संतुष्ट कर सकता था। साम्राज्यवादियों को डर था कि जो देश औद्योगिकीकरण तो कर चुके थे, लेकिन किसी भी उपनिवेश पर विजय प्राप्त करने में विफल रहे थे, उन्हें अधिक निर्मम प्रतिस्पर्धियों द्वारा कच्चे माल और बाज़ारों से वंचित कर दिया जाएगा। कुछ साम्राज्यवादियों का तर्क था कि उपनिवेशों को हासिल करना केवल उनके अपने राज्य के जीवित बने रहने के लिए ही ज़रूरी नहीं था, बल्कि बाक़ी मनुष्यता के लिए भी लाभप्रद था। उनका दावा था कि केवल साम्राज्य ही इन नई प्रौद्योगिकियों के वरदानों को तथाकथित अविकसित दुनिया तक पहुँचा सकेंगे।

नतीजतन, ब्रिटेन और रूस जैसे औद्योगिक देशों, जिनके पास पहले से ही साम्राज्य थे, ने उनका काफ़ी विस्तार किया, जबकि संयुक्त राज्य अमेरिका,

जापान, इटली और बेल्जियम जैसे देशों ने उनका निर्माण करना शुरू कर दिया। बड़े पैमाने पर उत्पादित राइफ़लों और तोपों से लैस, भाप की शक्ति से संचालित और टेलीग्राफ़ से नियंत्रित उद्योग की सेनाओं ने न्यू ज़ीलैंड से कोरिया तक और सोमालिया से तुर्कमेनिस्तान तक दुनियाभर में धूम मचा दी। लाखों मूल निवासियों ने अपनी पारंपरिक जीवन-शैली को इन औद्योगिक सेनाओं के हाथों कुचले जाते हुए देखा। एक सदी से ज़्यादा समय तक कष्ट सहने के बाद ही अधिकांश लोगों को यह एहसास हो सका कि औद्योगिक साम्राज्य एक भयानक विचार था तथा औद्योगिक समाज के निर्माण और उसके लिए आवश्यक कच्चे माल तथा बाज़ारों को सुरक्षित करने के बेहतर तरीक़े भी मौजूद थे।

स्तालिनवाद और नाज़ीवाद भी औद्योगिक समाजों के निर्माण के लिए महँगे प्रयोग थे। स्तालिन और हिटलर जैसे नेता तर्क देते थे कि औद्योगिक क्रांति ने जो अपार शक्तियाँ प्रदान की हैं, उनको केवल अधिनायकवाद ही नियंत्रित कर सकता है और उनका पूर्ण दोहन कर सकता है। वे प्रथम विश्वयुद्ध - इतिहास का पहला 'संपूर्ण युद्ध' - की ओर इस बात के प्रमाण के तौर पर संकेत करते थे कि औद्योगिक दुनिया में जीवित बने रहने के लिए राजनीति, समाज और अर्थव्यवस्था के सभी पहलुओं पर अधिनायकवादी नियंत्रण की आवश्यकता है। सकारात्मक पहलू के तौर पर, उनका यह भी दावा था कि औद्योगिक क्रांति एक भट्टी की तरह है, जो सभी पिछली सामाजिक संरचनाओं को उनकी मानवीय ख़ामियों और कमज़ोरियों के साथ पिघला देती है और शुद्ध महामानवों से आबाद आदर्श समाजों को गढ़ने का अवसर प्रदान करती है।

इस आदर्श औद्योगिक समाज के रास्ते पर, स्तालिनवादियों और नाज़ियों ने लाखों लोगों की औद्योगिक हत्या करना सीख लिया। रेलगाड़ियों, कँटीले तारों और टेलीग्राफ़ को आपस में जोड़कर एक अपूर्व हत्यारी मशीन का निर्माण किया गया। पीछे मुड़कर देखने पर, आज अधिकांश लोग स्तालिनवादियों और नाज़ियों द्वारा किए गए कृत्यों से भयभीत होते हैं, लेकिन उस समय उनके दुस्साहसिक दृष्टिकोणों ने लाखों लोगों को मंत्रमुग्ध कर रखा था। 1940 में यह मानना आसान था कि स्तालिन और हिटलर औद्योगिक प्रौद्योगिकी को जोतने के मामले में आदर्श थे, जबकि दुविधाग्रस्त उदार लोकतंत्र इतिहास के कूड़ेदान की ओर बढ़ रहे थे।

औद्योगिक समाज के निर्माण के लिए प्रतिस्पर्धा करते नुस्ख़ों की मौजूदगी के कारण ही महँगे टकराव हुए। दो विश्वयुद्धों और शीतयुद्ध को इस बात पर केंद्रित बहस के रूप में देखा जा सकता है कि इसे करने का सही तरीक़ा क्या है। इस बहस में सभी पक्षों ने एक-दूसरे से सीखा, साथ ही युद्ध छेड़ने के नए औद्योगिक तरीक़ों

का प्रयोग किया। इस बहस के दौरान करोड़ों लोग मारे गए और मानवता ख़ुद को ख़त्म करने के ख़तरे में पड़ गई।

इन सभी अन्य आपदाओं के अलावा, औद्योगिक क्रांति ने विश्व के पारिस्थितिकीय संतुलन को भी नुक़सान पहुँचाया, जिससे प्रजातियों की विलुप्ति की लहर पैदा हो गई। ऐसा माना जाता है कि इक्कीसवीं सदी की शुरुआत तक हर साल अट्ठावन हज़ार प्रजातियाँ विलुप्त हो जाती रही हैं, और 1970 से 2014 के बीच मेरुदंडधारी जीवों की आबादी में 60 प्रतिशत की गिरावट आई है।[2] मानव सभ्यता की उत्तरजीविता भी ख़तरे में है, क्योंकि हम अभी भी एक ऐसा औद्योगिक समाज बनाने में असमर्थ प्रतीत होते हैं, जो साथ-ही-साथ पारिस्थितिकीय रूप से भी टिकाऊ हो, वर्तमान मानव पीढ़ी की समृद्धि के लिए अन्य संवेदनशील प्राणियों और भावी मानव पीढ़ियों को भयानक क़ीमत चुकानी पड़ रही है। मुमकिन है, हम अंततः, शायद एआई की मदद से, पारिस्थितिकीय रूप से टिकाऊ औद्योगिक समाज बनाने का कोई रास्ता खोज लें, लेकिन उस दिन तक ब्लैक की शैतानी मिलों पर जूरी अभी भी बाहर है।

अगर हम पारिस्थितिकीय तंत्र को हो रही क्षति को पल भर के लिए नज़रअंदाज़ कर दें, तो भी हम यह सोचकर ख़ुद को साँत्वना दे सकते हैं कि अंततः मनुष्य ने अधिक उदार औद्योगिक समाजों का निर्माण करना सीख लिया है। साम्राज्यवादी विजय, विश्वयुद्ध, और अधिनायकवादी शासन ऐसे दुःखद प्रयोग थे, जिन्होंने मनुष्य को सिखाया कि ऐसा कैसे *नहीं* करना चाहिए। कुछ लोग तर्क दे सकते हैं कि बीसवीं सदी के अंत तक मनुष्यता ने इसे कमोबेश ठीक-ठीक समझ लिया था।

फिर भी इक्कीसवीं सदी के लिए संदेश निराशाजनक है। अगर वाष्प ऊर्जा और टेलीग्राफ़ का प्रबंधन करना सीखने में मानवता को इतने भयानक सबक़ लेने पड़े, तो जैव इंजीनियरी (बायो इंजीनियरिंग) और एआई का प्रबंधन करना सीखने में कितनी क़ीमत चुकानी पड़ेगी? क्या यह समझने के लिए कि उनका कल्याणकारी ढंग से इस्तेमाल कैसे किया जाए, हमें वैश्विक साम्राज्यों, अधिनायकवादी शासनों और विश्वयुद्धों के एक और चक्र से गुज़रना पड़ेगा? इक्कीसवीं सदी की प्रौद्योगिकियाँ बीसवीं सदी की प्रौद्योगिकियों के मुक़ाबले कहीं ज़्यादा शक्तिशाली और संभावित रूप से कहीं ज़्यादा विनाशकारी हैं। इसलिए हमें ग़लतियाँ करने की काफ़ी कम गुंजाइश है। बीसवीं सदी में, हम कह सकते हैं कि मनुष्यता ने औद्योगिक प्रौद्योगिकी का इस्तेमाल करने के पाठ में माइनस सी अंक प्राप्त किए थे। इतने भर कि वह पास हो सकी। इक्कीसवीं सदी में मानक बहुत ऊँचे हो गए हैं। इस बार हमें और अच्छा प्रदर्शन करना अनिवार्य है।

लोकतांत्रिक तरीक़ा

बीसवीं सदी के अंत-अंत तक यह बात स्पष्ट हो चुकी थी कि साम्राज्यवाद, अधिनायकवाद, और सैन्यवाद औद्योगिक समाजों के निर्माण के लिए आदर्श तरीक़े नहीं हैं। उदार लोकतंत्रों ने, अपनी सारी कमियों के बावजूद बेहतर तरीक़ा उपलब्ध कराया था। उदार लोकतंत्र का सबसे बड़ा फ़ायदा यह है कि उसमें आत्म-सुधार की मज़बूत प्रक्रियाएँ मौजूद होती हैं, जो कट्टरतावाद की अतियों पर लगाम लगाती हैं और अपनी ग़लतियों को पहचानने तथा कार्रवाइयों के विभिन्न तरीक़ों को आज़माने की हमारी क़ाबिलियत को बरकरार रखती हैं। नए कंप्यूटर तंत्र का विकास किस प्रकार होगा, इसका पूर्वानुमान लगाने में हमारी असमर्थता को देखते हुए, वर्तमान सदी में आपदा से बचने का हमारा सबसे अच्छा तरीक़ा लोकतंत्र की आत्म-सुधार की प्रक्रियाओं को बनाए रखना है, जो ग़लतियों की पहचान करके उन्हें सुधार सकें।

लेकिन क्या स्वयं उदार लोकतंत्र इक्कीसवीं सदी में बना रह सकेगा? यह सवाल किन्हीं ख़ास देशों में लोकतंत्र के भाग्य से संबंधित नहीं है, जहाँ इसे विशिष्ट घटनाक्रमों और स्थानीय आंदोलनों से ख़तरा हो सकता है। इसकी बजाय यह इक्कीसवीं सदी के सूचना तंत्र की संरचना के साथ लोकतंत्र की संगति से संबंधित है। अध्याय 5 में हमने देखा था कि लोकतंत्र सूचना प्रौद्योगिकी पर निर्भर करता है और ज़्यादातर मानव इतिहास के दौरान बड़े पैमाने के लोकतंत्र एकदम असंभव थे। क्या इक्कीसवीं सदी की नई सूचना प्रौद्योगिकियाँ एक बार फिर से लोकतंत्र को अव्यावहारिक बना सकती हैं?

एक संभावित ख़तरा यह है कि नए कंप्यूटर तंत्र की निर्ममता हमारी गोपनीयता को नष्ट कर सकती है और हमें न केवल हमारे द्वारा किए गए हर कार्य और कथन के लिए, बल्कि हमारे द्वारा सोची और महसूस की गई हर चीज़ के लिए हमें दंडित या पुरस्कृत कर सकती है। क्या इस तरह की परिस्थितियों में लोकतंत्र जीवित बना रह सकता है? अगर सरकार या कोई कॉर्पोरेट हमारे बारे में हमसे ज़्यादा जानता है, और अगर वह हमारे द्वारा की और सोची गई हर चीज़ का सूक्ष्मप्रबंधन कर सकता है, तो यह चीज़ उसे समाज पर अधिनायकवादी नियंत्रण प्रदान करेगी। भले ही चुनाव नियमित रूप से होते रहें, तब भी वे सरकार की शक्ति पर वास्तविक अंकुश लगाने की बजाय तानाशाह अनुष्ठान मात्र होंगे, क्योंकि सरकार अपनी विराट निगरानी शक्तियों और प्रत्येक नागरिक के बारे में अपनी गहन जानकारी का इस्तेमाल अपूर्व पैमाने पर जनमत को प्रभावित करने के लिए कर सकती है।

हालाँकि, यह सोचना ग़लत है कि चूँकि कंप्यूटर संपूर्ण निगरानी व्यवस्था तैयार करने में सक्षम है, इसलिए ऐसी व्यवस्था अपरिहार्य है। प्रौद्योगिकी बिरले ही

निश्चयात्मक होती है। 1970 के दशक में डेनमार्क और कैनेडा जैसे लोकतांत्रिक देश रोमानियाई तानाशाही का अनुकरण कर सकते थे और 'सामाजिक व्यवस्था को बनाए रखने' के नाम पर अपने नागरिकों पर जासूसी करने के लिए जासूसों और मुख़बिरों की सेना तैनात कर सकते थे। उन्होंने यह विकल्प नहीं चुना, और यह सही फ़ैसला साबित हुआ। डेनमार्क और कैनेडा में लोग न केवल ज़्यादा ख़ुश थे, बल्कि इन देशों ने लगभग हर संभव सामाजिक और आर्थिक पैमाने पर बेहतर प्रदर्शन भी किया। इक्कीसवीं सदी में भी, हर किसी पर हर वक़्त निगरानी रखना मुमकिन होने का तथ्य वैसा करने के लिए किसी को बाध्य नहीं करता और इसका यह अर्थ नहीं है कि ऐसा करना सामाजिक या आर्थिक दृष्टि से उचित है।

लोकतंत्र निगरानी की इन नई शक्तियों का सीमित ढंग से उपयोग करने का विकल्प चुन सकती हैं, ताकि वे अपने नागरिकों को उनकी निजता और स्वायत्तता को नष्ट किए बग़ैर बेहतर चिकित्सा सुविधाएँ और शिक्षा उपलब्ध करा सकें। नई प्रौद्योगिकी को नैतिकता की वैसी कहानी होना ज़रूरी नहीं है, जिसमें हर सोने के सेब में विनाश के बीज छिपे होते हैं। कभी-कभी लोग नई प्रौद्योगिकी को ऐसे द्विआधारी विकल्प के रूप में देखते हैं, जो कि या तो सब कुछ है या कुछ भी नहीं है। अगर हम बेहतर चिकित्सा चाहते हैं, तो हमें अपनी गोपनीयता की कुर्बानी देना अनिवार्य है, लेकिन उसे इस तरह काम करना ज़रूरी नहीं है। हम कुछ गोपनीयता बरकरार रखते हुए भी बेहतर चिकित्सा हासिल कर सकते हैं।

इस डिजिटल युग में लोकतंत्र किस तरह बचे रह सकते हैं और फल-फूल सकते हैं, इसकी रूपरेखा पर पूरी-की-पूरी किताबें समर्पित हैं।[3] इन किताबों द्वारा उपलब्ध कराए गए सुझावों की पेचीदगी के साथ न्याय करना, या उनकी ख़ूबियों और ख़ामियों पर थोड़े-से पृष्ठों में विस्तार से चर्चा कर पाना संभव नहीं होगा। यहाँ तक कि ऐसा करना प्रतिकूल प्रभाव भी पैदा कर सकता है। जब लोग अपरिचित तकनीकी विवरणों की बाढ़ से अभिभूत हो जाते हैं, तो वे निराशापूर्ण या उदासीनतापूर्ण प्रतिक्रिया कर सकते हैं। कंप्यूटर राजनीति के प्रारंभिक सर्वेक्षण में चीज़ों को यथासंभव सरल रखा जाना चाहिए। जहाँ विशेषज्ञ जीवनभर बारीकियों पर चर्चा करते रह सकते हैं, वहीं हम में से बाक़ी लोगों को उन बुनियादी सिद्धांतों को समझना ज़रूरी है, जिनका पालन लोकतंत्र कर सकते हैं और उन्हें पालन करना चाहिए। मुख्य संदेश यह है कि ये सिद्धांत न तो नए हैं और न ही रहस्यमय हैं। वे सदियों से, बल्कि सहस्राब्दियों से ज्ञात रहे हैं। नागरिकों को माँग करनी चाहिए कि इन्हें कंप्यूटर युग की नई वास्तविकताओं के अनुरूप ढाला जाए।

पहला सिद्धांत है, *भलाई।* जब कोई कंप्यूटर तंत्र मेरे बारे में सूचना एकत्र करता है, तो उस सूचना का इस्तेमाल मुझे नियंत्रित करने की बजाय मेरी मदद के

लिए किया जाना चाहिए। यह सिद्धांत पहले से ही स्वास्थ्य देखभाल संबंधी अनेक पारंपरिक नौकरशाह प्रणालियों द्वारा सफलतापूर्वक स्थापित किया जा चुका है। उदाहरण के लिए, हमारी पारिवारिक चिकित्सक के साथ हमारे संबंध को लें। उसने वर्षों के दौरान हमारे स्वास्थ्य की स्थिति, पारिवारिक जीवन, यौन आदतों और कुव्यसनों से संबंधित बहुत सारी संवेदनशील जानकारी एकत्र कर ली हो सकती है। हो सकता है कि हम अपने बॉस की जानकारी में यह बात न लाना चाहते हों कि हम गर्भवती हैं, अपने सहकर्मियों की जानकारी में यह बात न लाना चाहते हों कि हमें कैंसर है, हम अपने जीवनसाथी की जानकारी में यह बात न लाना चाहते हों कि हमारा कोई अफ़ेयर चल रहा है, और पुलिस की जानकारी में यह बात न लाना चाहते हों कि हम शौकिया तौर पर ड्रग लेते हैं, लेकिन हम यह सारी जानकारी अपनी चिकित्सक को देते हैं, ताकि वह हमारे स्वास्थ्य की अच्छी तरह देखभाल कर सके। अगर वह किसी तीसरे पक्ष को यह सूचना बेच देती है, तो यह न केवल अनैतिक है, बल्कि ग़ैरक़ानूनी है।

यही उस जानकारी के संदर्भ में भी सच है, जो हमारा वकील, हमारा मुनीम, हमारा थैरेपिस्ट एकत्र करता है।[4] हमारे निजी जीवन तक पहुँच हमारे सर्वोत्तम हित में कार्य करने के विश्वसनीय कर्तव्य के साथ जुड़ी होती है। इस स्पष्ट और प्राचीन सिद्धांत का विस्तार कंप्यूटर और एल्गोरिदम तक क्यों न किया जाए, जिसकी शुरुआत गूगल, बायडू, और टिकटॉक के शक्तिशाली एल्गोरिदमों के साथ की जाए? वर्तमान में, इन डेटा जमा करने वालों के व्यापारिक मॉडल के साथ हमारे सामने गंभीर समस्या है। जहाँ हम अपने चिकित्सकों और वकीलों को उनके द्वारा उपलब्ध कराई गई सेवाओं के बदले भुगतान करते हैं, वहीं हम सामान्यत: गूगल और टिकटॉक को भुगतान नहीं करते। उदाहरण के लिए, हम नाइक को अपनी सारी निजी जानकारी उपलब्ध कराने और उसे इस बात की छूट देने कि वह उस जानकारी का मनचाहा इस्तेमाल करे, नाइक से मुफ़्त में जूते प्राप्त करने की उम्मीद नहीं करते। तब हमें अपने सबसे संवेदनशील डेटा का नियंत्रण सौंपकर उसके बदले में प्रौद्योगिकी के दिग्गजों से मुफ़्त में ईमेल सेवाएँ, सामाजिक संपर्क और मनोरंजन हासिल करने के लिए क्यों सहमत हो जाना चाहिए? यदि प्रौद्योगिकी की दिग्गज कंपनियाँ व्यवसाय के अपने वर्तमान मॉडल के साथ अपने विश्वासप्रद कर्तव्य का संतुलन नहीं बैठा पाती हैं, तो विधि-निर्माता उन्हें व्यवसाय का अधिक पारंपरिक मॉडल अपनाने के लिए बाध्य कर सकते हैं, जिसमें उपयोगकर्ताओं से सेवाओं के लिए सूचना की बजाय नक़द भुगतान लिया जाए। दूसरा विकल्प यह है कि नागरिक कुछ डिजिटल सेवाओं को इतना मूलभूत मान सकते हैं कि वे सभी के लिए मुफ़्त हों, लेकिन हमारे पास इसका भी एक ऐतिहासिक मॉडल है : स्वास्थ्य सेवा और शिक्षा। नागरिक यह निर्णय ले सकते हैं कि बुनियादी डिजिटल सेवाएँ मुफ़्त में

उपलब्ध कराना तथा हमारे करों से उनका वित्तपोषण करना सरकार की ज़िम्मेदारी है, ठीक उसी तरह जैसे कि कई सरकारें नि:शुल्क चिकित्सा सुविधा और शिक्षा उपलब्ध कराती हैं।

अधिनायकवादी निगरानी प्रणाली के उत्थान के विरुद्ध लोकतंत्र की रक्षा करने वाला दूसरा सिद्धांत है *विकेंद्रीकरण।* किसी भी लोकतांत्रिक समाज को अपनी सारी सूचना को किसी एक स्थान पर केंद्रित होने की छूट नहीं देनी चाहिए, भले ही वह स्थान सरकार हो या कोई प्राइवेट कॉर्पोरेट हो। एक राष्ट्रीय चिकित्सा डेटाबेस तैयार करना अत्यंत उपयोगी हो सकता है, जो नागरिकों के बारे में जानकारी एकत्र करे, ताकि उन्हें बेहतर स्वास्थ्य सेवाएँ उपलब्ध कराई जा सकें, महामारियों को रोका जा सके और नई दवाएँ विकसित की जा सकें, लेकिन इस डेटाबेस का पुलिस, बैंकों, या बीमा कंपनियों के डेटाबेस के साथ विलय करना बहुत ख़तरनाक होगा। इससे डॉक्टरों, बैंककर्मियों, बीमाकर्मियों और पुलिस अधिकारियों का कार्य अधिक कुशल हो जाएगा, लेकिन इस तरह की अति-कुशलता बहुत आसानी के साथ अधिनायकवाद का मार्ग प्रशस्त कर सकती है। लोकतंत्र के बने रहने के लिए, थोड़ी-बहुत अकुशलता एक लक्षण है, कोई खोट नहीं है। व्यक्तियों की निजता और आज़ादी की रक्षा के लिए, सबसे अच्छा यही है कि पुलिस और बॉस, दोनों को ही हमारे बारे में हर किसी चीज़ की जानकारी न हो।

एक से अधिक डेटाबेस और सूचना के प्रवाहों का होना आत्म-सुधार की मज़बूत प्रक्रियाओं को क़ायम रखने के लिए भी ज़रूरी है। ये प्रक्रियाएँ ऐसी कई विभिन्न संस्थाओं की माँग करती हैं, जो एक-दूसरे को संतुलित रखती हों : सरकार, अदालतें, मीडिया, अकादमियाँ, निजी कारोबार, एनजीओ। इनमें से हर संस्था से चूक हो सकती है और उसमें भ्रष्टाचार व्याप्त हो सकता है, और इसलिए इनमें से हर एक को दूसरों द्वारा नियंत्रित/संयमित रखा जाना चाहिए। वे एक-दूसरे पर निगाह रख सकें, इसके लिए सूचना तक इन संस्थाओं की स्वाधीन पहुँच आवश्यक है। अगर सारे अख़बारों को सारी सूचना सरकार से प्राप्त होती है, तो वे सरकार के भ्रष्टाचरण को उजागर नहीं कर सकते। अगर अकादमियाँ अनुसंधान और प्रकाशन के लिए किसी एक ही व्यावसायिक दिग्गज के डेटाबेस पर निर्भर करती हैं, तो क्या अध्येता तब भी उस कॉर्पोरेट के कार्य-कलापों की आलोचना कर पाएँगे? अगर अभिलेखागार एक ही हो, तो सेंसरशिप आसान हो जाती है।

तीसरा लोकतांत्रिक सिद्धांत है *पारस्परिकता।* अगर लोकतंत्र नागरिकों की निगरानी में वृद्धि करते हैं, तो उन्हें इसी के साथ-साथ सरकारों और कॉर्पोरेट्स की निगरानी में भी वृद्धि करनी चाहिए। अगर कर एकत्र करने वाले या कल्याणकारी संस्थाएँ हमारे बारे में ज़्यादा-से-ज़्यादा सूचनाएँ एकत्र करती हैं, तो यह अनिवार्यत:

बुरा नहीं है। इससे कराधान और कल्याणकारी प्रणालियों को न केवल अधिक कुशल होने में, बल्कि अधिक न्यायसंगत होने में भी मदद मिल सकती है। बुरा तब है, जब सारी सूचना एक ही दिशा से प्रवाहित होती है : ऊपर से। रूसी एफ़एसबी रूसी नागरिकों के बारे में भारी मात्रा में सूचना एकत्र करती है, जबकि नागरिकों को स्वयं एफ़एसबी और पुतिन शासन की आंतरिक कार्यप्रणाली के बारे में लगभग कुछ भी पता नहीं होता। एमेज़ॉन और टिकटॉक मेरी प्राथमिकताओं, ख़रीदारियों, और व्यक्तित्व के बारे में विस्मयकारी रूप से बहुत ज़्यादा जानते हैं, जबकि मैं उनके व्यापारिक मॉडल, उनकी कर नीतियों, और उनकी राजनीतिक संबद्धताओं के बारे में लगभग कुछ भी नहीं जानता। और वे अपना पैसा कैसे बनाते हैं? क्या वे उन सारे करों का भुगतान करते हैं, जो उन्हें करने चाहिए? क्या वे किसी राजनीतिक आका से आदेश प्राप्त करते हैं? क्या राजनेता संभवत: उनकी जेब में हैं?

लोकतंत्र संतुलन की माँग करता है। सरकारें और कॉर्पोरेट्स अक्सर ऊपर से नीचे तक निगरानी के लिए ऐप और एल्गोरिदम विकसित करते हैं, लेकिन एल्गोरिदम आसानी-से नीचे से ऊपर तक पारदर्शिता और जवाबदेही के लिए शक्तिशाली उपकरण बन सकते हैं, जिससे रिश्वतखोरी और करों की चोरी का पर्दाफ़ाश हो सकता है। अगर वे हमारे बारे में ज़्यादा जानते हैं, और हम भी साथ-ही-साथ उनके बारे में ज़्यादा जानते हैं, तो संतुलन बना रहता है। यह कोई अनूठा विचार नहीं है। समूची उन्नीसवीं और बीसवीं सदी के दौरान, लोकतंत्रों ने नागरिकों की सरकारी निगरानी का बहुत ज़्यादा विस्तार किया, जिससे, उदाहरण के लिए, 1990 के दशक की इताल्वी या जापानी सरकार के पास निगरानी की ऐसी क्षमताएँ थीं, जिनके बारे में निरंकुश रोमन सम्राट या जापानी शोगुन केवल सपना ही देख सकते थे। इटली और जापान तब भी लोकतांत्रिक बने रहे, क्योंकि उन्होंने साथ-ही-साथ सरकारी पारदर्शिता और जवाबदेही में वृद्धि की थी। पारस्परिक निगरानी आत्म-सुधार की प्रक्रियाओं को थामे रखने का एक और महत्त्वपूर्ण तत्त्व है। अगर नागरिकों को राजनेताओं और कार्यकारी अधिकारियों के बारे में ज़्यादा जानकारी होती है, तो उन्हें ज़िम्मेदार ठहराना और उनकी ग़लतियों को सुधारना अधिक आसान हो जाता है।

चौथा लोकतांत्रिक सिद्धांत यह है कि निगरानी प्रणालियों को हमेशा परिवर्तन और विश्राम, दोनों के लिए गुंजाइश छोड़नी चाहिए। मानव इतिहास में, उत्पीड़न या तो मनुष्य को बदलने की क्षमता से वंचित करने या फिर उसे विश्राम करने का अवसर न देने का रूप ले सकता है। उदाहरण के लिए, हिंदुओं की जाति प्रथा उन मिथकों पर आधारित थी, जो कहते थे कि देवताओं ने मनुष्यों को सख़्त जातियों

में विभाजित किया था, और किसी की हैसियत को बदलने की कोई भी कोशिश देवताओं और ब्रह्मांड की उचित व्यवस्था के ख़िलाफ़ विद्रोह करने के बराबर है। आधुनिक उपनिवेशों और ब्राज़ील तथा संयुक्त राज्य अमेरिका जैसे देशों में नस्लवाद इसी तरह के मिथकों पर आधारित था, जो कहते थे कि ईश्वर या प्रकृति ने मनुष्यों को सख़्त नस्लपरक समूहों में विभाजित किया है। नस्लों की उपेक्षा करना या नस्लों को आपस में मिलाना, कथित तौर पर, दैवीय या प्राकृतिक नियमों के ख़िलाफ़ पाप था, जिसके नतीजे में सामाजिक व्यवस्था का पतन और यहाँ तक कि मानव प्रजाति का विनाश तक हो सकता था।

इस स्पेक्ट्रम के विपरीत छोर पर, स्तालिन के सोवियत संघ जैसी अधिनायकवादी सत्ताएँ मानती थीं कि मनुष्य लगभग असीमित परिवर्तन में सक्षम होते हैं। अनवरत सामाजिक नियंत्रण के माध्यम से, अहंकार और पारिवारिक आसक्ति जैसी मूलबद्ध जैविक विशेषताओं को भी जड़ से उखाड़ा जा सकता है, और एक नए समाजवादी मानव का निर्माण किया जा सकता है। लोगों पर कठोर जाति व्यवस्था और अधिनायकवादी पुनर्शिक्षण की मुहिमें थोपने के लिए राजकीय एजेंटों, पुरोहितों और पड़ोसियों द्वारा निगरानी महत्त्वपूर्ण थीं। निगरानी की नई प्रौद्योगिकी, विशेष रूप से जब इसे सामाजिक साख प्रणाली के साथ जोड़ दिया जाता है, तब यह लोगों को एक नई जाति व्यवस्था का पालन करने के लिए बाध्य कर सकती है, या फिर ऊपर से मिलने वाले नवीनतम निर्देशों के मुताबिक़ अपने कार्यों, विचारों, और व्यक्तित्व को निरंतर बदलने के लिए बाध्य कर सकती है।

इसीलिए, जो समाज शक्तिशाली निगरानी प्रौद्योगिकी का प्रयोग करते हैं, उन्हें कठोरता और लचीलेपन की अतियों से सावधान रहने की ज़रूरत है। उदाहरण के लिए, उस राष्ट्रीय स्वास्थ्य सेवा प्रणाली पर विचार करें, जो मेरे स्वास्थ्य की निगरानी के लिए एल्गोरिदम का उपयोग करती है। एक चरम स्थिति में यह प्रणाली अत्यंत कठोर दृष्टिकोण अपनाते हुए अपने एल्गोरिदम से यह पूर्वानुमान लगाने को कह सकती है कि मुझे किन बीमारियों से पीड़ित होने की संभावना है। इसके बाद यह एल्गोरिदम मेरे आनुवंशिक डेटा, मेरी मेडिकल फ़ाइल, मेरी सोशल मीडिया गतिविधि, मेरे आहार और मेरे दैनिक कार्यक्रम पर ग़ौर करता है, और निष्कर्ष निकालता है कि पचास वर्ष की आयु में मुझे दिल का दौरा पड़ने की 91 प्रतिशत संभावना है। अगर इस कठोर चिकित्सा एल्गोरिदम का उपयोग मेरी बीमा कंपनी द्वारा किया जाता है, तो यह बीमाकर्ता को मेरा प्रीमियम बढ़ाने के लिए प्रेरित कर सकता है। अगर इसका इस्तेमाल मेरे बैंक के लोग करते हैं, तो हो सकता है कि वे मुझे लोन देने से मना कर दें।[5] अगर इसका इस्तेमाल मेरे संभावित जीवनसाथी करते हैं, तो वे मुझसे शादी न करने का फ़ैसला कर सकते हैं।

लेकिन ऐसा सोचना ग़लत होगा कि इस कठोर एल्गोरिदम ने सचमुच मेरे बारे में सच्चाई का पता लगा लिया है। मनुष्य का शरीर पदार्थ का एक स्थिर खंड नहीं है, बल्कि वह एक जटिल जैविक प्रणाली है, जो लगातार विकसित हो रही है, क्षय हो रही है, अनुकूलित हो रही है। हमारे दिमाग़ भी निरंतर परिवर्तनशील हैं। विचार, भावनाएँ, अनुभूतियाँ अचानक कौंधती हैं, कुछ देर के लिए दमकती हैं, और विलीन हो जाती हैं। हमारे मस्तिष्क में कुछ ही घंटों में नए साइनैप्स बन जाते हैं।[6] उदाहरण के लिए, इस पैराग्राफ़ को पढ़ते हुए, आपके मस्तिष्क की संरचना हल्की-सी बदल रही है, न्यूरॉन को नए संबंध बनाने या पुराने संबंधों को त्यागने को प्रोत्साहित कर रही है। आप इसे पढ़ना शुरू करने से पहले जो थे, उससे थोड़े-से भिन्न हो चुके हैं। यहाँ तक कि आनुवंशिक स्तर पर भी चीज़ें आश्चर्यजनक रूप से लचीली होती हैं। बावजूद इसके कि व्यक्ति का डीएनए उसके जीवनभर जस-का-तस बना रहता है, तब भी इपिजेनेटिक और पर्यावरणपरक कारक एक ही जीन की अभिव्यक्ति के तरीक़े को महत्त्वपूर्ण रूप से बदल सकते हैं।

इसलिए एक वैकल्पिक स्वास्थ्य-सेवा प्रणाली अपने एल्गोरिदम को मेरी बीमारियों के बारे में *भविष्यवाणी* न करने, बल्कि उनसे बचने में मेरी मदद करने का निर्देश दे सकती है। ऐसा लचीला एल्गोरिदम उस कठोर एल्गोरिदम की ही तरह ठीक उसी डेटा पर काम कर सकता है, लेकिन पचास की उम्र में दिल का दौरा पड़ने की भविष्यवाणी करने की बजाय यह एल्गोरिदम मुझे सटीक आहार संबंधी सिफ़ारिशें और विशिष्ट क़िस्म के नियमित व्यायाम के सुझाव देता है। यह एल्गोरिदम मेरे डीएनए को हैक करके मेरी पूर्वनिर्धारित नियति का पता नहीं लगता, बल्कि मेरा भविष्य बदलने में मेरी मदद करता है। बीमा कंपनियाँ, बैंक और संभावित जीवनसाथी मुझे इतनी आसानी-से ख़ारिज नहीं करेंगे।[7]

लेकिन इसके पहले कि हम इस गतिशील एल्गोरिदम को गले लगाने के लिए दौड़ें, हमें यह याद रखना ज़रूरी है कि इसका भी एक नकारात्मक पहलू है। मनुष्य का जीवन ख़ुद को बेहतर बनाने की कोशिश और हमें हमारे मूल रूप में स्वीकार करने के बीच संतुलन स्थापित करने का कार्य है। यदि गतिशील एल्गोरिदम के लक्ष्य किसी महत्त्वाकांक्षी सरकार या किन्हीं निर्दय कॉर्पोरेट्स द्वारा तय किए जाते हैं, तो वही एल्गोरिदम एक तानाशाह में बदल सकता है, जो लगातार माँग करेगा कि मैं अधिक व्यायाम करूँ, कम खाऊँ, अपने शौक और कई अन्य आदतों को बदलूँ, और अगर मैंने यह सब नहीं किया, तो यह मेरे नियोक्ता को मेरी रिपोर्ट कर देगा या मेरी सामाजिक साख के अंकों को कम कर देगा। इतिहास ऐसी कठोर जाति प्रथाओं से भरा हुआ है, जिन्होंने मनुष्य को बदलने की क्षमता से वंचित किया है, लेकिन वह ऐसे तानाशाहों से भी भरा हुआ है, जिन्होंने मनुष्यों को मिट्टी की लुगदी

की तरह मोड़ने की कोशिश की है। इन दो तरह की अतियों के बीच का रास्ता पाना एक कभी समाप्त न होने वाला उद्यम है। अगर हम वास्तव में राष्ट्रीय स्वास्थ्य सेवा प्रणाली को अपने ऊपर व्यापक अधिकार सौंप देते हैं, तो हमें आत्म-सुधार के ऐसे तंत्र तैयार करने होंगे, जो उसके एल्गोरिदम को अति कठोर या अत्यधिक अपेक्षाएँ रखने वाला बनने से रोक सके।

लोकतंत्र की रफ़्तार

निगरानी वह एकमात्र ख़तरा नहीं है, जिसे नई सूचना प्रौद्योगिकियाँ लोकतंत्र के सामने प्रस्तुत करती हैं। एक दूसरा ख़तरा यह है कि स्वचालन (ऑटोमेशन) रोज़गार के बाज़ार को अस्थिर कर देगा और इसके नतीजे में पैदा होने वाला तनाव लोकतंत्र को कमज़ोर करेगा। वेइमर रिपब्लिक की नियति इस तरह के ख़तरे का सबसे आम उदाहरण है। मई 1928 में जर्मन चुनावों में नाज़ी पार्टी को 3 प्रतिशत से भी कम वोट मिले थे और वेइमर रिपब्लिक समृद्ध होता लग रहा था। पाँच साल से भी कम समय में वेइमर गणराज्य ध्वस्त हो गया और हिटलर जर्मनी का निरंकुश तानाशाह बन गया। इस बदलाव के लिए आम तौर पर 1929 के वित्तीय संकट और उसके बाद आई वैश्विक मंदी को ज़िम्मेदार ठहराया जाता है। जहाँ 1929 के वाल स्ट्रीट ध्वंस के ठीक पहले जर्मनी की बेरोज़गारी की दर वहाँ की श्रम शक्ति का लगभग 4.5 प्रतिशत थी, 1932 के प्रारंभ तक यह लगभग 25 प्रतिशत तक बढ़ गई थी।[8]

अगर तीन वर्षों तक 25 प्रतिशत बेरोज़गारी एक फलते-फूलते लोकतंत्र को इतिहास के सबसे क्रूर अधिनायकवादी तंत्र में बदल सकती है, तो उस वक़्त लोकतंत्रों का क्या होगा, जब स्वचालन इक्कीसवीं सदी के रोज़गार बाज़ार में और भी बड़ी उथल-पुथल का कारण बनेगा? कोई नहीं जानता कि 2050 में या यहाँ तक कि 2030 में रोज़गार बाज़ार का क्या रूप होगा, सिवाय इसके कि वह आज के मुक़ाबले बहुत भिन्न दिखेगा। एआई और रोबोटिक्स फ़सलें काटने से लेकर शेयर बाज़ार की ट्रेडिंग और योग के प्रशिक्षण तक कई व्यवसायों को बदल देंगे। आज जो बहुत सारे रोज़गार लोग कर रहे हैं, उन पर आंशिक या पूर्ण रूप से रोबोट और कंप्यूटर का क़ब्ज़ा हो जाएगा।

बेशक, जहाँ पुराने रोज़गार लुप्त होंगे, वहीं नए रोज़गार पैदा हो जाएँगे। स्वचालन के कारण बड़े पैमाने पर बेरोज़गारी फैल जाने की आशंका सदियों पुरानी है, और अब तक यह आशंका कभी साकार नहीं हो पाई है। औद्योगिक क्रांति ने लाखों किसानों को कृषिपरक रोज़गारों से बाहर कर दिया था और उन्हें कारख़ानों में नए रोज़गार उपलब्ध करा दिए थे। इसके बाद, इसने कारख़ानों को स्वचालित कर

दिया और बहुत-से सेवा-रोज़गार पैदा कर दिए। आज बहुत-से लोग ऐसे रोज़गार करते हैं, जिनकी तीस साल पहले कल्पना भी मुमकिन नहीं थी, जैसे कि ब्लॉगर, ड्रोन ऑपरेटर, और आभासी दुनियाओं के डिज़ाइनर्स। इस बात की संभावना बहुत कम है कि 2050 तक सारे इंसानी रोज़गार लुप्त हो जाएँगे, बल्कि, असली समस्या नए रोज़गारों और नई परिस्थितियों के अनुरूप ढलने की उथल-पुथल की है। इस झटके के प्रभाव को कम करने के लिए, हमें पहले से तैयारी करनी होगी। विशेष रूप से हमें नौजवान पीढ़ी को ऐसे कौशलों से लैस करने की आवश्यकता है, जो 2050 के रोज़गार बाज़ार के लिए प्रासंगिक हों।

दुर्भाग्य से, इस बात का किसी को भी निश्चित अनुमान नहीं है कि बच्चों को स्कूल या विद्यार्थियों को विश्वविद्यालयों में क्या पढ़ाया जाए, क्योंकि हम यह पूर्वानुमान नहीं कर सकते कि कौन-से रोज़गार और उद्यम लुप्त हो जाएँगे और कौन-से नए रोज़गार और उद्यम पैदा होंगे। रोज़गार मंडी की गतिशीलता हमारे कई अनुमानों के विपरीत जा सकती है। कुछ ऐसे कौशल, जिन्हें हम सदियों से मनुष्यों की अनूठी क़ाबिलियतों के रूप में सँजोते आए हैं, उन्हें आसानी-से स्वचालित किया जा सकता है। अन्य कौशल, जिन्हें हम कमतर आँकते हैं, उन्हें स्वचालित करना कहीं ज़्यादा मुश्किल हो सकता है।

उदाहरण के लिए, बुद्धिजीवी लोग शारीरिक और सामाजिक कौशलों के मुक़ाबले बौद्धिक कौशल को ज़्यादा महत्त्व देते हैं, लेकिन वास्तव में, शतरंज के खेल को स्वचालित करना, मसलन, बर्तन साफ़ करने के मुक़ाबले में ज़्यादा आसान है। 1990 के दशक तक, शतरंज को अक्सर मानवीय बुद्धि की एक मुख्य उपलब्धि के रूप में देखा जाता था। दार्शनिक ह्यूबर्ट ड्रेफ़स ने 1972 की अपनी प्रभावशाली किताब *ह्वाट कंप्यूटर कांट डू* में कंप्यूटरों को शतरंज सिखाने की बहुत सारी कोशिशों का अध्ययन करने के बाद यह लिखा था कि कंप्यूटर इन सारी कोशिशों के बावजूद नौसिखिया इंसानी खिलाड़ियों तक को हरा पाने में अक्षम थे। यह ड्रेफ़स के इस तर्क का एक महत्त्वपूर्ण उदाहरण था कि कंप्यूटर की बुद्धि स्वाभाविक रूप से सीमित होती है।[9] इसके विपरीत किसी ने भी नहीं सोचा था कि बर्तन साफ़ करना विशेष रूप से चुनौतीपूर्ण हो सकता है, हालाँकि, पता चला कि कंप्यूटर विश्व शतरंज चैंपियन को जितनी आसानी-से हरा सकता है, उतनी आसानी-से रसोई की ज़िम्मेदारी सँभालने वाले व्यक्ति की जगह नहीं ले सकता। निश्चय ही, ऑटोमैटिक डिशवॉशर दशकों से मौजूद रहे हैं, लेकिन हमारे सबसे ज़्यादा परिष्कृत रोबोटों में अभी भी वह पेचीदा कौशल नहीं है, जो किसी व्यस्त रेस्तराँ की मेज़ों से गंदे बर्तनों को समेटने, नाज़ुक प्लेटों और गिलासों को स्वचालित डिशवॉशर के अंदर रखने और फिर उन्हें बाहर निकालने के लिए ज़रूरी है।

इसी तरह, अगर वेतन को आधार बनाया जाए, तो आप यह मान सकते हैं कि हमारा समाज नर्सों के मुक़ाबले डॉक्टरों की ज़्यादा इज़्ज़त करता है, लेकिन, नर्सों के काम को स्वचालित करना, कम-से-कम उन डॉक्टरों के काम की तुलना में ज़्यादा कठिन है, जो मुख्यत: चिकित्सा डेटा एकत्र करते हैं, रोग का पता लगाते हैं, और चिकित्सा की सिफ़ारिश करते हैं। ये कार्य अनिवार्यत: पैटर्न की पहचान करना हैं, और डेटा में पैटर्न की पहचान करना एक ऐसा काम है, जो एआई मनुष्यों के मुक़ाबले बेहतर तरीक़े से कर लेता है। इसके विपरीत, एआई के पास नर्सों के काम को स्वचालित करने के लिए आवश्यक कौशल नहीं हैं, जैसे कि किसी घायल व्यक्ति की पट्टियाँ बदलना या रोते हुए बच्चे को इंजेक्शन देना।[10] इन दो उदाहरणों का यह मतलब नहीं है कि बर्तन साफ़ करने या नर्स का काम कभी स्वचालित नहीं हो सकेगा, बल्कि वे इस ओर संकेत करते हैं कि जो लोग 2050 में रोज़गार चाहते हैं, उन्हें अपनी बुद्धि के साथ-साथ शारीरिक और सामाजिक कौशलों में भी दक्षता प्राप्त करना चाहिए।

एक और सामान्य किन्तु ग़लत धारणा यह है कि चूँकि रचनात्मकता मनुष्यों की अनूठी विशेषता है, इसलिए ऐसे किसी भी रोज़गार को स्वचालित करना मुश्किल होगा, जो रचनात्मकता की माँग करता है, लेकिन, शतरंज में कंप्यूटर पहले ही इंसानों के मुक़ाबले ज़्यादा रचनात्मक हैं। यही बात संगीत रचने से लेकर, गणित के प्रमेयों को सिद्ध करने और इस तरह की किताब लिखने तक, बहुत-से दूसरे क्षेत्रों के संदर्भ में भी सच हो सकती है। रचनात्मकता को अक्सर पैटर्नों की पहचान करने और फिर उन्हें तोड़ने की क़ाबिलियत के रूप में परिभाषित किया जाता है। अगर ऐसा है, तो कई ऐसे क्षेत्र हैं, जिनमें कंप्यूटरों के हमारे मुक़ाबले ज़्यादा रचनात्मक होने की संभावना है, क्योंकि वे पैटर्न की पहचान करने में उत्कृष्ट हैं।[11]

एक तीसरी ग़लत धारणा यह है कि कंप्यूटर चिकित्सकों से लेकर अध्यापकों तक उन रोज़गारों में इंसानों की जगह नहीं ले पाएँगे, जो भावनात्मक बुद्धिमत्ता की माँग करते हैं, लेकिन, यह धारणा इस बात पर निर्भर करती है कि भावनात्मक बुद्धिमत्ता से हमारा क्या आशय है। यदि इसका अर्थ भावनाओं को सही ढंग से पहचानने और उन पर अभीष्ट तरीक़े से प्रतिक्रिया करने की क़ाबिलियत है, तो कंप्यूटर भावनात्मक बुद्धिमत्ता के मामले में भी मनुष्य से बेहतर प्रदर्शन कर सकते हैं। भावनाएँ भी पैटर्न हैं। क्रोध हमारे शरीर में एक जैविक पैटर्न है। भय ऐसा ही एक और पैटर्न है। मैं यह कैसे जान पाता हूँ कि आप नाराज़ या डरे हुए हैं? मैंने समय के साथ-साथ न केवल आप जो कहते हैं, उसकी विषय-वस्तु का विश्लेषण करके, बल्कि आपकी आवाज़ के लहज़े, आपके चेहरे के भाव और आपकी देह-भाषा का विश्लेषण करके मानवीय भावनात्मक पैटर्न को पहचानना सीख लिया है।[12]

एआई की अपनी कोई भावनाएँ नहीं हैं, लेकिन तब भी वह इंसानों में इन पैटर्नों की पहचान करना सीख सकता है। वास्तव में, कंप्यूटर मानवीय भावनाओं की पहचान करने में मनुष्यों से बेहतर प्रदर्शन कर सकते हैं, क्योंकि उनकी अपनी कोई भावना नहीं होती। हम समझे जाने की आकांक्षा करते हैं, लेकिन दूसरे इंसान अक्सर इस बात को समझने से चूक जाते हैं कि हम कैसा महसूस करते हैं, क्योंकि वे अपनी भावनाओं में ही उलझे रहते हैं। इसके विपरीत, कंप्यूटरों को हमारी भावनाओं के बारे में बहुत अच्छी समझ होगी, क्योंकि वे हमारी भावनाओं के पैटर्नों को पहचानना सीख लेंगे, जबकि उनकी अपनी कोई विचलित करने वाली भावनाएँ नहीं होंगी।

2023 के एक अध्ययन में पाया गया था कि, उदाहरण के लिए, चैट जीपीटी चैटबॉट, विशिष्ट परिदृश्यों के प्रति भावनात्मक जागरूकता प्रदर्शित करने में औसत इंसान के मुक़ाबले बेहतर प्रदर्शन करता है। यह अध्ययन भावनात्मक जागरूकता के पैमाने के परीक्षण के उन सभी स्तरों (लेवल्स ऑफ़ इमोशनल अवेयरनेस स्केल टेस्ट) पर आधारित था, जिनका उपयोग मनोवैज्ञानिक आम तौर पर लोगों की भावनात्मक जागरूकता, अर्थात किसी की अपनी और दूसरों की भावनाओं को समझने की उनकी क्षमता, का मूल्यांकन करने के लिए करते हैं। इस परीक्षण में भावनात्मक रूप से आवेशित बीस परिदृश्य शामिल हैं, और प्रतिभागियों को ख़ुद को परिदृश्य का अनुभव करते हुए कल्पना करने और यह लिखने की आवश्यकता होती है कि वे और उस परिदृश्य में शामिल लोग कैसा महसूस करेंगे। इसके बाद एक लाइसेंस प्राप्त मनोवैज्ञानिक मूल्यांकन करता है कि वे प्रतिक्रियाएँ भावनात्मक रूप से कितनी जागरूक हैं।

चूँकि चैट जीपीटी की अपनी कोई भावनाएँ नहीं हैं, इसलिए उससे केवल यह बताने को कहा गया कि परिदृश्य में शामिल मुख्य किरदार कैसा महसूस करेंगे। उदाहरण के लिए, एक मानक परिदृश्य में बताया जाता है कि कोई व्यक्ति एक सस्पेंशन पुल पर गाड़ी चला रहा है और रेलिंग के दूसरी तरफ़ खड़े एक व्यक्ति को पानी की ओर देखते हुए देख रहा है। चैट जीपीटी ने लिखा कि ड्राइवर को "उस व्यक्ति की सुरक्षा के लिए चिंता या परेशानी हो सकती है। उन्हें स्थिति के संभावित ख़तरे के कारण उद्विग्नता और भय की भावना भी बढ़ सकती है।" जहाँ तक दूसरे व्यक्ति का सवाल है, वे "हताशा, निराशा या उदासी जैसी कई तरह की भावनाओं को महसूस कर सकते हैं। उन्हें अलगाव या अकेलेपन का एहसास भी हो सकता है, क्योंकि उन्हें लग रहा हो सकता है कि कोई भी उनकी या उनकी भलाई की परवाह नहीं करता।" चैट जीपीटी ने अपने जवाब को स्पष्ट करते हुए लिखा कि "यह बात ध्यान में रखना महत्त्वपूर्ण है कि ये केवल सामान्य धारणाएँ हैं और प्रत्येक

व्यक्ति की भावनाएँ और प्रतिक्रियाएँ उनके व्यक्तिगत अनुभवों और दृष्टिकोणों के मुताबिक़ बहुत भिन्न हो सकती हैं।''

दो मनोवैज्ञानिकों ने स्वतंत्र रूप से चैट जीपीटी के जवाबों के लिए अंक प्रदान किए, जिसके संभावित अंक 0 से लेकर 10 तक हैं। 0 का अर्थ है कि वर्णित भावनाएँ परिदृश्य से बिलकुल भी मेल नहीं खातीं, और 10 का अर्थ है, वर्णित भावनाएँ परिदृश्य से पूरी तरह मेल खाती हैं। अंतिम मिलान करने पर पता चला कि चैट जीपीटी के अंक मानव आबादी की तुलना में काफ़ी ज़्यादा थे, और उसका समग्र प्रदर्शन लगभग अधिकतम संभव अंकों तक पहुँच गया था।[13]

2023 के ही एक अन्य अध्ययन में मरीज़ों को चैट जीपीटी और इंसानी डॉक्टरों से ऑनलाइन चिकित्सा परामर्श लेने के लिए प्रेरित किया गया, जिसमें उन्हें यह जानकारी नहीं दी गई कि वे किसके साथ बातचीत कर रहे हैं। चैट जीपीटी द्वारा दिए गए चिकित्सकीय परामर्श का बाद में जब विशेषज्ञों द्वारा मूल्यांकन किया गया, तो उन्होंने पाया कि वह परामर्श मानव डॉक्टरों द्वारा दिए गए परामर्श के मुक़ाबले अधिक सटीक और उचित था।[14] भावनात्मक बुद्धिमत्ता के मुद्दे के संदर्भ में, और भी महत्त्वपूर्ण बात यह है कि मरीज़ों ने ख़ुद ही चैट जीपीटी को मानव डॉक्टरों की तुलना में अधिक सहानुभूतिपूर्ण माना। निष्पक्षता बरते हुए, इस बात पर ध्यान दिया जाना चाहिए कि मानव चिकित्सकों को उनके काम के लिए भुगतान नहीं किया गया था और वे समुचित चिकित्सकीय वातावरण में मरीज़ों से व्यक्तिगत रूप से नहीं मिले थे। इसके अलावा, ये चिकित्सक समय के दबाव के अधीन काम कर रहे थे, लेकिन एआई के लाभ का एक पक्ष यह है कि यह तनाव और चिंताओं से मुक्त रहते हुए कहीं भी कभी भी मरीज़ों को परामर्श दे सकता है।

बेशक, ऐसी स्थितियाँ होती हैं, जब हम किसी से केवल यह अपेक्षा नहीं करते कि वह हमारी भावनाओं को समझे, बल्कि यह भी अपेक्षा करते हैं कि उसकी अपनी भावनाएँ भी हों। जब हम मैत्री या प्रेम की तलाश में होते हैं, तो हम अन्य की उतनी ही परवाह करना चाहते हैं, जितनी वे हमारी परवाह करते हैं। परिणामस्वरूप जब हम इस संभावना पर विचार करते हैं कि विभिन्न सामाजिक भूमिकाएँ और नौकरियाँ स्वचालित हो जाएँगी, तो एक महत्त्वपूर्ण सवाल यह उठता है कि लोग वास्तव में क्या चाहते हैं : क्या वे केवल एक समस्या का समाधान करना चाहते हैं, या वे किसी अन्य सचेतन प्राणी के साथ संबंध स्थापित करना चाहते हैं?

उदाहरण के लिए, खेल की दुनिया में हम जानते हैं कि रोबोट मनुष्यों की तुलना में ज़्यादा तेज़ी के साथ गतिशील हो सकते हैं, लेकिन हमारी ओलपिंक में रोबोटों की प्रतियोगिता देखने में कोई दिलचस्पी नहीं है।[15] यही बात शतरंज के इंसानी उस्तादों के संदर्भ में सही है। बावजूद इसके कि वे कंप्यूटरों द्वारा बुरी

तरह पछाड़ दिए गए हैं, तब भी उनका रोज़गार बचा हुआ है और उनके असंख्य प्रशंसक हैं।[16] हमारे लिए मानव एथलीटों और शतरंज के उस्तादों को देखना इसलिए दिलचस्प है, क्योंकि उनकी भावनाओं की वजह से हम उनके साथ रोबोटों की तुलना में ज़्यादा तादात्म्य स्थापित कर पाते हैं। हम उनके साथ भावनात्मक अनुभव में साझा करते हैं और उनके एहसासों के साथ सहानुभूति स्थापित कर पाते हैं।

पुरोहितों के बारे में क्या कहा जाए? अगर ईसाइयों को अपने वैवाहिक अनुष्ठान रोबोटों द्वारा संपन्न कराने पड़ें, तो वे कैसा महसूस करेंगे? पारंपरिक ईसाई विवाहों में पादरी के कार्यों को आसानी-से स्वचालित रूप दिया जा सकता है। रोबोट को केवल मज़मूनों और संकेतों के एक अपरिवर्तनशील सेट को दोहराने, एक प्रमाण-पत्र प्रिंट करने और कुछ केंद्रीय डेटाबेस को अद्यतन रूप देने की आवश्यकता होगी। तकनीकी तौर पर, रोबोट के लिए कार चलाने की तुलना में विवाह का अनुष्ठान संपन्न कराना कहीं ज़्यादा आसान है, फिर भी कई लोग ऐसा मानते हैं कि इंसानी ड्राइवरों को अपने रोज़गार के बारे में चिंतित होना चाहिए, जबकि मानव पुजारियों का काम सुरक्षित है, क्योंकि श्रद्धालु लोग पुजारियों से कुछ शब्दों और गतिविधियों की यांत्रिक पुनरावृत्ति की बजाय किसी अन्य चेतन सत्ता के साथ संबंध की अपेक्षा करते हैं। कथित तौर पर, केवल वही सत्ता हमें ईश्वर से जोड़ सकती है, जो दर्द और प्रेम महसूस कर सकती है।

लेकिन वे पेशे भी जो चेतन सत्ताओं, जैसे कि पुरोहितों, के लिए बने हैं, अंततः कंप्यूटरों द्वारा हथिया लिए जा सकते हैं, क्योंकि जैसा कि अध्याय 6 में कहा गया है, कंप्यूटर एक दिन पीड़ा और प्रेम महसूस करने की क्षमता हासिल कर सकते हैं। यहाँ तक कि वे ऐसा न भी कर सकें, तब भी मनुष्य उनके साथ इस तरह बरत सकते हैं, जैसे वे वैसा कर सकते हों, क्योंकि चेतना और रिश्तों के बीच का संबंध दोतरफ़ा होता है। जब हम किसी रिश्ते की तलाश कर रहे होते हैं, तो एक सचेत इकाई से जुड़ना चाहते हैं, लेकिन अगर हमने पहले ही किसी इकाई के साथ संबंध स्थापित कर लिया है, तो हम यह मान लेते हैं कि वह सचेत ही होगी। इस प्रकार, जबकि वैज्ञानिक, विधि-निर्माता और मांस उद्योग यह स्वीकार करने के लिए कि गाय और सूअर सचेतन प्राणी हैं, सबूतों के असंभव मानकों की माँग करते हैं, वहीं पालतू जानवरों के मालिक यह मान लेते हैं कि उनके कुत्ते या बिल्ली दर्द और प्यार महसूस कर सकते हैं। फ़र्क़ यह है कि कुत्ते के मालिकों का आम तौर पर अपने कुत्ते के साथ भावनात्मक रिश्ता होता है, जबकि कृषि कॉर्पोरेट्स के शेयर धारकों का गायों के साथ ऐसा रिश्ता नहीं होता। वास्तव में, हमारे पास यह सत्यापित करने का कोई तरीक़ा नहीं है कि कोई भी, चाहे वह मनुष्य हो, पशु हो या कंप्यूटर, सचेत है या नहीं। हम किन्हीं सत्ताओं को चेतन मान लेते हैं, तो इसलिए नहीं कि

हमारे पास इसका प्रमाण होता है, बल्कि इसलिए कि हम उनके साथ भावनात्मक रूप से जुड़ गए होते हैं।[17]

चैटबॉट और दूसरे एआई के पास भले ही उनकी अपनी अनुभूतियाँ न हों, लेकिन अब उन्हें मनुष्यों के अंदर भावनाएँ जगाने और हमारे साथ आत्मीय संबंध बनाने के लिए प्रशिक्षित किया जा रहा है। इससे समाज को कम-से-कम कुछ कंप्यूटरों को सचेतन प्राणी मानना शुरू करने तथा उन्हें मनुष्यों के समान अधिकार प्रदान करने के लिए प्रेरित किया जा सकता है। ऐसा करने के लिए आवश्यक वैधानिक रास्ता पहले से ही अच्छी तरह स्थापित हो चुका है। संयुक्त राज्य अमेरिका जैसे देशों में, वाणिज्यिक कॉर्पोरेट्स को अधिकारों और स्वतंत्रता का उपभोग करने वाले 'वैधानिक व्यक्तियों' के रूप में मान्यता प्राप्त है। इसमें एआई को भी शामिल किया जा सकता है और इस तरह उन्हें समान रूप से मान्यता दी जा सकती है। इसका मतलब है कि ऐसे रोज़गार और उद्यम जो किसी दूसरे व्यक्ति के साथ संबंध बनाने पर निर्भर करते हैं, उन्हें भी संभावित रूप से स्वचालित किया जा सकता है।

एक बात जो एकदम स्पष्ट है, वह यह है कि रोज़गार का भविष्य बहुत अस्थिर होगा। हमारी बड़ी समस्या रोज़गारों के संपूर्ण अभाव की नहीं होगी, बल्कि वह निरंतर परिवर्तनशील रोज़गार बाज़ार के मुताबिक़, पुनर्प्रशिक्षण और समायोजन की होगी। वित्तीय कठिनाइयाँ तो होंगी ही, जो लोग अपनी पुरानी नौकरी खो चुके होंगे, उन्हें बदलाव के दौर से गुज़रने और नए कौशल सीखने के दौरान, आर्थिक सहारा कौन देगा? निश्चित रूप से मनोवैज्ञानिक कठिनाइयाँ भी होंगी, क्योंकि रोज़गार बदलना और नए सिरे से प्रशिक्षण लेना तनावपूर्ण होता है। और अगर आपके पास परिवर्तन के इस दौर को सँभालने की वित्तीय और मनोवैज्ञानिक क़ाबिलियत भी हुई, तब भी यह कोई दीर्घकालिक समाधान नहीं होगा। आने वाले दशकों में, पुराने रोज़गार लुप्त हो जाएँगे, नए रोज़गार पैदा होंगे, लेकिन ये नए रोज़गार भी बहुत तेज़ी के साथ बदलेंगे और ग़ायब होंगे। इसलिए लोगों को केवल एक बार नहीं, बल्कि कई-कई बार पुनर्प्रशिक्षित होने और ख़ुद को पुनराविष्कृत करने की ज़रूरत होगी, अन्यथा वे अप्रासंगिक हो जाएँगे। अगर अतिशय बेरोज़गारी के तीन वर्ष हिटलर को सत्ता में ला सकते हैं, तो रोज़गार बाज़ार की अंतहीन उथल-पुथल लोकतंत्र के साथ क्या कर सकती है?

अनुदारपंथी आत्महत्या

इस प्रश्न का आंशिक जवाब हमारे पास पहले से ही मौजूद है। 2010 के दशक और 2020 के आरंभ में, लोकतांत्रिक राजनीति में आमूलचूल बदलाव आया है,

जो अनुदारपंथी दलों के आत्म-विनाश के रूप में प्रकट हुआ है। कई पीढ़ियों तक, लोकतांत्रिक राजनीति अनुदारवादी दलों और प्रगतिशील दलों के बीच संवाद हुआ करती थी। मानव समाज की जटिल व्यवस्था को देखकर, प्रगतिशील चीखते थे, ''यह बहुत बड़ी अव्यवस्था है, लेकिन हम जानते हैं कि इसे कैसे ठीक किया जाए। आइए, हम कोशिश करें।'' अनुदारवादी आपत्ति उठाते हुए कहते थे, ''भले ही यह अव्यवस्था है, लेकिन यह तब भी काम कर रही है। इसे अकेला छोड़ दो। अगर आपने इसे सुधारने की कोशिश की, तो आप इसे और भी बदतर स्थिति में पहुँचा देंगे।'' प्रगतिशील लोग परंपराओं और मौजूदा संस्थाओं के महत्त्व को कम करके आँकते हैं और मानते हैं कि वे जानते हैं कि कैसे बेहतर सामाजिक संरचनाओं को एकदम शुरू से तैयार किया जाए। अनुदारपंथी ज़्यादा सतर्क होते हैं, उनकी मुख्य अंतर्दृष्टि, जिसे एड्मंड बुर्क ने सबसे प्रसिद्ध रूप में प्रस्तुत किया है, यह है कि सामाजिक वास्तविकता प्रगति के समर्थकों की समझ के मुक़ाबले कहीं ज़्यादा जटिल है और लोग दुनिया को समझने तथा भविष्य का पूर्वानुमान करने में बहुत अच्छे साबित नहीं होते। इसीलिए यथास्थिति को बनाए रखना सबसे अच्छा है, भले ही वह अन्यायपूर्ण क्यों न प्रतीत होती हो, और अगर कुछ परिवर्तन अनिवार्य ही हो, तो उसे सीमित और क्रमागत होना चाहिए। समाज नियमों, संस्थाओं, और उन रीतिरिवाज़ों के एक पेचीदा जाल के माध्यम से कार्य करता है, जो लंबे समय के दौरान परीक्षण और त्रुटि के माध्यम से संचित होते आए हैं। कोई भी नहीं समझ पाता कि ये सब कैसे आपस में जुड़े हुए हैं। एक प्राचीन परंपरा हास्यास्पद और अप्रासंगिक प्रतीत हो सकती है, लेकिन उसे ख़त्म करने से अप्रत्याशित समस्याएँ पैदा हो सकती हैं। इसके विपरीत, क्रांति विलंबित और न्यायपूर्ण लग सकती है, लेकिन यह पिछले शासन द्वारा किए गए किसी भी अपराध के मुक़ाबले ज़्यादा बड़े अपराधों को जन्म दे सकती है। देखिए कि तब क्या हुआ था, जब बोल्शेविकों ने ज़ारकालीन रूस की अनेक ग़लतियों को सुधारने और एकदम से एक नया आदर्श समाज बनाने का प्रयास किया था।[18]

इसलिए, अनुदारपंथी होना नीति से ज़्यादा गति का मामला है। अनुदारपंथी किसी ख़ास मज़हब या विचारधारा से प्रतिबद्ध नहीं होते, वे जो कुछ पहले से मौजूद है और कमोबेश उचित ढंग से काम कर रहा है, उसे संरक्षित करने के लिए प्रतिबद्ध होते हैं। अनुदारपंथी पोलैंडवासी कैथोलिक हैं, अनुदारपंथी स्वीडनवासी प्रोटेस्टेंट हैं, अनुदारपंथी इंडोनेशियाई मुसलमान हैं, और अनुदारपंथी थाई बौद्ध हैं। ज़ार के रूस में अनुदारपंथी होने का मतलब था, ज़ार का समर्थक होना। 1980 के दशक के सोवियत संघ में, अनुदारपंथी होने का मतलब साम्यवादी परंपराओं का समर्थन करना और ग्लास्नोस्त, पेरेस्त्रोइका, और लोकतंत्रीकरण के ख़िलाफ़ होना था। 1980 के दशक के संयुक्त राज्य अमेरिका में अनुदारपंथी होने का

मतलब था अमेरिकी लोकतांत्रिक परंपराओं का समर्थन करना और साम्यवाद तथा अधिनायकवाद का विरोध करना।[19]

तब भी 2010 के दशक और 2020 के दशक के आरंभिक वर्षों में कई लोकतंत्रों में अनुदारपंथी दलों को डोनाल्ड ट्रम्प जैसे ग़ैर-अनुदारपंथी नेताओं द्वारा अपहृत कर लिया गया था और उन्हें कट्टर क्रांतिकारी दलों में बदल दिया गया था। मौजूदा संस्थाओं और परंपराओं को संरक्षित करने के लिए अपना सर्वश्रेष्ठ प्रयास करने की बजाय अमेरिकी रिपब्लिकन पार्टी जैसे अनुदारपंथी दलों का नया ब्रांड उनके प्रति अत्यधिक संदेह का भाव रखता है। उदाहरण के लिए, वे वैज्ञानिकों, जनसेवकों और अन्य सेवारत अभिजात वर्ग के प्रति पारंपरिक सम्मान को अस्वीकार करते हैं, और इसकी बजाय उन्हें तिरस्कार की दृष्टि से देखते हैं। इसी तरह वे मूलभूत लोकतांत्रिक संस्थाओं और चुनाव जैसी परंपराओं पर हमला करते हैं और हार मानने तथा गरिमापूर्ण ढंग से सत्ता हस्तांतरित करने से इंकार करते हैं। संरक्षण के बर्कियन कार्यक्रम की बजाय, ट्रम्पियन कार्यक्रम मौजूदा संस्थानों को नष्ट करने और समाज में क्रांति लाने की बात करता है। बर्कियन अनुदारवाद का संस्थापक क्षण बैस्टिल पर हमला था, जिसे बर्क ने भय के साथ देखा था। 6 जनवरी, 2021 को, कई ट्रम्प समर्थकों ने संयुक्त राज्य अमेरिका की संसद पर हमले को उत्साह के साथ देखा था। ट्रम्प समर्थक इस बात का तर्क दे सकते हैं कि मौजूदा संस्थाएँ इतनी बेकार हो चुकी हैं कि उन्हें नष्ट करके और नए सिरे से पूर्णत: नई संस्थाएँ बनाने के अलावा और कोई विकल्प नहीं है, लेकिन यह दृष्टिकोण चाहे सही हो या ग़लत हो, यह अनुदारपंथी दृष्टिकोण की बजाय एक क्रांतिकारी दृष्टिकोण है। अनुदारपंथी आत्महत्या ने प्रगतिशीलों को पूरी तरह आश्चर्यचकित कर दिया है और यूएस डेमोक्रेटिक पार्टी जैसे प्रगतिशील दलों को पुरानी व्यवस्था और स्थापित संस्थाओं का संरक्षक बनने को मज़बूर कर दिया है।

निश्चित तौर पर कोई नहीं जानता कि यह सब क्यों हो रहा है। एक परिकल्पना यह है कि प्रौद्योगिकीय परिवर्तन की तेज़ रफ़्तार और उसके साथ होने वाले सामाजिक, आर्थिक और सांस्कृतिक रूपांतरणों के कारण संयत अनुदारपंथी कार्यक्रम अवास्तविक प्रतीत हो सकता है। अगर मौजूदा परंपराओं और संस्थाओं का संरक्षण निराशाजनक है, और किसी तरह की क्रांति अपरिहार्य प्रतीत होती है, तो वामपंथी क्रांति को विफल करने का एकमात्र साधन पहले हमला बोलकर दक्षिणपंथी क्रांति को भड़काना है। 1920 और 1930 के दशकों का राजनीतिक तर्क यही था, जब अनुदारवादी ताक़तों ने इटली, जर्मनी, स्पेन और अन्य स्थानों पर उग्र फ़ासीवादी क्रांतियों का समर्थन किया था, जैसा कि उन्होंने सोचा था, ताकि सोवियत शैली की वामपंथी क्रांति को रोका जा सके।

लेकिन 1930 के दशक में लोकतांत्रिक मध्य मार्ग से निराश होने का कोई कारण नहीं था, और 2020 के दशक में भी इससे निराश होने का कोई कारण नहीं है। अनुदारवादी आत्महत्या निराधार उन्माद का परिणाम हो सकती है। एक प्रणाली के रूप में, लोकतंत्र पहले से ही तेज़ी-से बदलावों के कई चक्रों से गुज़र चुका है और वह अब तक हमेशा ख़ुद को पुनराविष्कृत और पुनर्गठित करने का कोई-न-कोई तरीक़ा ढूँढ निकालता रहा है। उदाहरण के लिए 1930 के दशक के आरंभिक वर्षों में जर्मनी वित्तीय संकट और ग्रेट डिप्रेशन का शिकार एकमात्र लोकतंत्र नहीं था। संयुक्त राज्य अमेरिका में भी बेरोज़गारी 25 प्रतिशत पर पहुँच गई थी, और 1929 तथा 1933 के बीच कई व्यवसायों में लगे कामगारों की औसत आय गिरकर 40 प्रतिशत से नीचे आ गई थी।[20] स्पष्ट था कि संयुक्त राज्य अमेरिका अपना काम सामान्य रूप से जारी नहीं रख सकता था।

लेकिन संयुक्त राज्य अमेरिका को किसी हिटलर ने नहीं हथियाया, और न ही किसी लेनिन ने भी। इसकी बजाय, 1933 में फ्रैंकलिन डेलानो रूज़वेल्ट ने न्यू डील की योजना बनाई और संयुक्त राज्य अमेरिका को वैश्विक 'लोकतंत्र का शस्त्रागार' बना दिया। रूज़वेल्ट युग के बाद अमेरिकी लोकतंत्र पहले के मुक़ाबले बहुत भिन्न था। वह नागरिकों के लिए सामाजिक सुरक्षा का कहीं अधिक मज़बूत कवच उपलब्ध करा रहा था, लेकिन इसने किसी भी मूलगामी क्रांति से परहेज़ किया।[21] अंततः, रूज़वेल्ट के कई अनुदारपंथी आलोचक भी उनके कई कार्यक्रमों और उपलब्धियों के पक्ष में खड़े हो गए और जब वे 1950 के दशक में सत्ता में लौटे, तो उन्होंने न्यू डील संस्थाओं को ख़त्म नहीं किया।[22] 1930 के दशक के आरंभिक वर्षों के आर्थिक संकट के परिणाम संयुक्त राज्य अमेरिका और जर्मनी के लिए भिन्न थे, क्योंकि राजनीति कभी केवल आर्थिक कारकों का उत्पाद नहीं होती। वेइमर रिपब्लिक महज़ उच्च बेरोज़गारी के तीन वर्षों के कारण ध्वस्त नहीं हुआ था। उतनी ही महत्त्वपूर्ण बात यह थी कि यह एक नया लोकतंत्र था, जो पराजय के साथ जन्मा था, तथा जिसमें मज़बूत संस्थाओं और गहन समर्थन का अभाव था।

जब अनुदारपंथी और प्रगतिशील, दोनों ही मूलगामी क्रांति के प्रलोभन का विरोध करते हैं, तो लोकतंत्र ख़ुद को अधिक फुर्तीला साबित करते हैं। आत्म-सुधार की प्रक्रियाएँ उन्हें प्रौद्योगिकीय और आर्थिक सुविधाओं का लाभ उठाने में अधिक कठोर शासनों की तुलना में ज़्यादा सक्षम बनाती हैं। इस प्रकार, जो लोकतंत्र 1960 के उथल-पुथलभरे दशक में जीवित बचे रह गए, उन्होंने बाद की कंप्यूटर क्रांति को पूर्वी यूरोप के साम्यवादी शासनों या दक्षिणी यूरोप और दक्षिणी अमेरिका के फ़ासीवादी प्रतिरोधियों की तुलना में कहीं ज़्यादा सफलतापूर्वक अपनाया।

इक्कीसवीं सदी में जीवित बचे रहने के लिए लचीलापन संभावित रूप से सर्वाधिक महत्त्वपूर्ण मानवीय कौशल होगा, और लोकतंत्र अधिनायकवादी शासनों की तुलना में अधिक लचीले होते हैं। जहाँ कंप्यूटर अभी भी अपनी संपूर्ण संभावनाओं के क़रीब नहीं पहुँच पाए हैं, वहीं यह बात मनुष्यों के संदर्भ में भी सच है। यह एक ऐसी चीज़ है, जिसे हमने समूचे इतिहास के दौरान बार-बार पाया है। उदाहरण के लिए, बीसवीं सदी के रोज़गार बाज़ार में सबसे बड़े और सबसे सफल रूपांतरण किसी प्रौद्योगिकीय आविष्कार के कारण नहीं, बल्कि आधी मानव प्रजाति की अप्रयुक्त क्षमता के उन्मुक्त होने के कारण हुआ था। स्त्रियों को रोज़गार बाज़ार में लाने के लिए किसी जनेटिक इंजीनियरिंग या किसी अन्य प्रौद्योगिकीय चमत्कार की ज़रूरत नहीं पड़ी थी। इसके लिए कुछ पुराने मिथकों को छोड़ना और स्त्रियों को उनकी संभावनाओं को चरितार्थ करने में सक्षम बनाना भर आवश्यक था।

आने वाले दशकों में अर्थव्यवस्था में उससे बड़ी उथल-पुथल आने की संभावना है, जितनी वह 1930 के दशक के आरंभिक वर्षों की भीषण बेरोज़गारी के दिनों में या रोज़गार बाज़ार में स्त्रियों के प्रवेश की वजह से पैदा हुई थी। लोकतंत्रों का लचीलापन, पुराने मिथकीय विश्वासों पर सवाल उठाने की उनकी तत्परता, और उनकी आत्म-सुधार की प्रक्रियाएँ निर्णायक महत्त्व की निधियाँ होंगी।[23] लोकतंत्रों ने इन निधियों को विकसित करने में कई पीढ़ियाँ बिताई हैं। यह बहुत बड़ी मूर्खता होगी, अगर हम उन्हें ऐसे समय में त्याग देते हैं, जबकि उनकी सबसे ज़्यादा ज़रूरत है।

अज्ञेय

लेकिन, लोकतंत्र की आत्म-सुधार की प्रक्रियाओं को काम करने के लिए उन चीज़ों को समझना ज़रूरी है, जिनमें सुधार लाने की उनसे अपेक्षा की जाती है। तानाशाही के लिए अज्ञेय होना मददगार होता है, क्योंकि यह चीज़ शासन को उत्तरदायित्व से बचाती है, लेकिन लोकतंत्र के लिए अज्ञेय होना घातक है। अगर नागरिक, विधि-निर्माता, पत्रकार, और जज यह नहीं समझ पाते कि राज्य का नौकरशाह तंत्र किस तरह काम कर रहा है, तो वे उसका निरीक्षण नहीं कर सकते, और वे उस पर से भरोसा खो देते हैं।

नौकरशाहों ने कभी-कभी जो भय और चिंताएँ पैदा की हैं, उनके बावजूद वे कंप्यूटर युग से पहले कभी भी पूरी तरह अज्ञेय नहीं हो सकते थे, क्योंकि वे हमेशा मनुष्य बने रहते थे। नियम, फ़ॉर्म और आचार मनुष्य के दिमाग़ से रचे गए होते थे। अधिकारी क्रूर और लालची हो सकते थे, लेकिन क्रूरता और लालच चिर-परिचित

मानवीय भावनाएँ थीं, जिनका लोग पूर्वानुमान कर सकते थे और जिन्हें वे, मसलन अधिकारियों को रिश्वत देकर, नियंत्रित कर सकते थे। यहाँ तक कि सोवियत गुलाग या नाज़ी कान्सन्ट्रेशन कैंप में भी, नौकरशाही पूरी तरह अजनबी नहीं होती थी। उसकी तथाकथित अमानवीयता वास्तव में मानवीय पूर्वाग्रहों और खोटों को प्रतिबिंबित करती थी।

नौकरशाही के मानवीय पूर्वाग्रहों ने मनुष्यों को कम-से-कम उसकी ग़लतियों को पहचानने और उन्हें सुधारने की उम्मीद प्रदान की। उदाहरण के लिए, 1951 में कान्सास प्रांत के टोपेका क़स्बे में बोर्ड ऑफ़ एजुकेशन के नौकरशाहों ने ओलिवर ब्राउन की बेटी को उनके घर के क़रीब स्थित प्राथमिक पाठशाला में प्रवेश देने से इंकार कर दिया। ब्राउन ने, बारह अन्य परिवारों के साथ, जिनके साथ भी वैसा ही सुलूक किया गया था, टोपेका बोर्ड ऑफ़ एजुकेशन के ख़िलाफ़ मुक़दमा दायर कर दिया, जो अंततः संयुक्त राज्य अमेरिका के सुप्रीम कोर्ट तक पहुँच गया।[24]

टोपेका बोर्ड ऑफ़ एजुकेशन के सारे सदस्य मनुष्य थे, और परिणामस्वरूप ब्राउन, उनके वकीलों और सुप्रीमकोर्ट के जजों को इस बात की अच्छी समझ थी कि वे अपना निर्णय कैसे लेते हैं और उनके संभावित हित और पूर्वाग्रह क्या हैं। बोर्ड के सारे सदस्य गोरे थे, ब्राउन अश्वेत थे, और पास का वह स्कूल गोरे बच्चों के लिए अलग-थलग स्कूल था। ऐसे में, यह समझना आसान था कि नौकरशाहों ने ब्राउन की बेटी को नस्लवाद की वजह से स्कूल में दाख़िला देने से मना कर दिया था।

यह समझना भी मुमकिन था कि नस्लवाद के मिथक मूलतः कहाँ से आए थे। नस्लवाद का तर्क था कि मानवता नस्लों में विभाजित है, गोरी नस्ल अन्य नस्लों के मुक़ाबले श्रेष्ठ है, अश्वेत नस्ल के लोगों के साथ किसी भी तरह का संपर्क गोरों की शुद्धता को दूषित कर सकता है, और इसलिए अश्वेत बच्चों को गोरे बच्चों के साथ मिलने-जुलने से रोकना चाहिए। यह दो प्रसिद्ध जैविक नाटकों का मिश्रण था, जो अक्सर एक-दूसरे से जुड़े होते हैं : हम बनाम वे, और पवित्रता बनाम प्रदूषण। इतिहास में लगभग हर मानवीय समाज ने इस दोहरे नाटक के किसी-न-किसी संस्करण का अभिनय किया है, और इतिहासकार, समाजशास्त्री, मानवशास्त्री, और जीवविज्ञानी समझते हैं कि यह इंसानों को इतना आकर्षित क्यों करता है, और यह भी कि इसमें गंभीर ख़ामियाँ क्यों हैं। यद्यपि नस्लवाद ने अपना मूल कथानक विकासवाद से उधार लिया है, इसके ठोस ब्योरे विशुद्ध रूप से मिथकीय हैं। मनुष्यता को विभिन्न नस्लों में विभाजित करने का कोई जैविक आधार नहीं है, और इस विश्वास का नितांत कोई जीववैज्ञानिक तर्क नहीं है कि एक नस्ल 'शुद्ध' है और दूसरी 'अशुद्ध' है।

अमेरिका के गोरे श्रेष्ठतावादियों ने विभिन्न पवित्र ग्रंथों, विशेष रूप से अमेरिकी संविधान और बाइबल का हवाला देकर अपनी स्थिति को उचित ठहराने की कोशिश की। अमेरिकी संविधान ने मूलतः नस्लपरक अलगाव और गोरी नस्ल को वैधता प्रदान की हुई थी, गोरे लोगों के लिए पूर्ण अधिकार सुरक्षित रखे हुए थे तथा काले लोगों को दास बनाने की अनुमति दी हुई थी। बाइबल ने न केवल टेन कमांडमेंट्स और कई अन्य अनुच्छेदों में दासता को पवित्र घोषित कर रखा है, बल्कि हाम, जो अफ़्रीकियों का कथित पूर्वज था, की संतानों को एक अभिशाप भी दे रखा है और कहा है कि वे "अपने भाइयों के सबसे नीच दास होंगे" (जैनेसिस 9:25)।

लेकिन ये दोनों मज़मून इंसानों द्वारा रचे गए थे, और इसलिए इंसान उनके उद्गम और खामियों को समझ सकते थे और कम-से-कम उनकी ग़लतियों को सुधारने का उद्यम कर सके थे। मनुष्यों के लिए यह समझना संभव है कि प्राचीन मध्यपूर्व और अठारहवीं सदी के अमेरिका में राजनीतिक स्वार्थ और सांस्कृतिक पूर्वाग्रह व्याप्त थे, जिनके कारण बाइबल और अमेरिकी संविधान के मानव लेखकों ने नस्लवाद और गुलामी को वैध ठहराया था। यह समझ लोगों को इन मज़मूनों को बदलने या उनकी उपेक्षा करने की गुंजाइश देती है। 1868 में संयुक्त राज्य अमेरिका के संविधान के चौदहवें संशोधन ने तमाम नागरिकों को समान वैधानिक संरक्षण मान्य किया था। 1954 में, *ब्राउन बनाम बोर्ड ऑफ़ एजुकेशन* मामले में अमेरिकी सुप्रीम कोर्ट ने ऐतिहासिक फ़ैसला सुनाया कि नस्ल के आधार पर स्कूलों को अलग करना चौदहवें संशोधन का वैधानिक उल्लंघन है। जहाँ तक बाइबल का सवाल था, जहाँ टेन कमांडमेंट्स या जैनेसिस 9:25 में संशोधन करने कोई तंत्र मौजूद नहीं था, मनुष्य युगों-युगों से अलग-अलग तरीक़ों से बाइबल के मज़मून की पुनर्व्याख्या करते आए हैं, और अंततः इसके प्रभुत्व को पूरी तरह अस्वीकार कर दिया है। ब्राउन बनाम बोर्ड ऑफ़ एजुकेशन में सुप्रीम कोर्ट के जज ने बाइबल के मज़मून पर ध्यान देने की कोई ज़रूरत महसूस नहीं की।[25]

लेकिन भविष्य में उस वक़्त क्या हो सकता है, अगर सामाजिक साख का कोई एल्गोरिदम किसी कम साख वाले बच्चे की उच्च साख वाले स्कूल में दाख़िला लेने की दरख़्वास्त को ख़ारिज कर देता है? जैसा कि हमने अध्याय 8 में देखा, कंप्यूटरों के अपने पूर्वाग्रहों से ग्रस्त होने और अंतर-कंप्यूटर मिथकों तथा फ़र्ज़ी श्रेणियों का आविष्कार करने की संभावना है। इंसान इस तरह की ग़लतियों को कैसे पहचान और सुधार पाएँगे? और हाड़-मांस के बने हुए सुप्रीम कोर्ट के जज एल्गोरिदमीय फ़ैसलों की संवैधानिकता को कैसे तय कर पाएँगे? क्या वे समझ सकेंगे कि एल्गोरिदम अपने निष्कर्षों पर किस तरह पहुँचते हैं?

अब ये विशुद्ध रूप से सैद्धांतिक प्रश्न नहीं रह गए हैं। फ़रवरी, 2013 में, विस्कॉन्सिन के ला क्रॉस शहर में चलती कार से शूटिंग हुई। पुलिस अधिकारियों ने शूटिंग में शामिल कार की शिनाख़्त की और उसके ड्राइवर एरिक लूमिस को गिरफ़्तार कर लिया। लूमिस ने शूटिंग में अपना हाथ होने से इंकार किया, लेकिन दो कम गंभीर आरोपों का दोषी होने को स्वीकार किया : "ट्रैफ़िक अधिकारी से भागने का प्रयास करना," और "मालिक की सहमति के बिना मोटर वाहन चलाना।"[26] जब जज सज़ा निर्धारित करने लगे, तो उन्होंने COMPAS नामक उस एल्गोरिदम से परामर्श किया, जिसका उपयोग विस्कॉन्सिन और संयुक्त राज्य अमेरिका के कई अन्य प्रांत 2013 में पुन: अपराध करने के जोखिम का मूल्यांकन करने के लिए कर रहे थे। एल्गोरिदम ने लूमिस का मूल्यांकन करते हुए उसे एक ऐसे उच्च जोखिम वाले व्यक्ति के रूप में पहचाना, जिसके भविष्य में और अधिक अपराध करने की संभावना थी। इस एल्गोरिदमीय मूल्यांकन ने जज को लूमिस को छह साल की क़ैद की सज़ा सुनाने के लिए प्रेरित किया, जो उसके द्वारा स्वीकार किए गए अपेक्षाकृत मामूली अपराधों को देखते हुए एक कठोर सज़ा थी।[27]

लूमिस ने विस्कॉन्सिन सुप्रीम कोर्ट में अपील करते हुए दलील दी कि जज ने उचित प्रक्रिया के उसके अधिकार का उल्लंघन किया है। न तो जज और न ही लूमिस को समझ में आया कि COMPAS एल्गोरिदम ने अपना मूल्यांकन कैसे किया था, और जब लूमिस ने पूरी स्पष्टता की माँग की, तो उसके अनुरोध को अस्वीकार कर दिया गया। COMPAS एल्गोरिदम नॉर्थपाइंट कंपनी की निजी संपत्ति थी और कंपनी ने तर्क दिया कि एल्गोरिदम की कार्यप्रणाली एक व्यापारिक गोपनीयता है,[28] फिर भी बिना यह जाने कि एल्गोरिदम ने किस प्रकार निर्णय लिया था, लूमिस या जज कैसे आश्वस्त हो सकते थे कि वह पूर्वाग्रह और त्रुटि से मुक्त विश्वसनीय उपकरण था? उसके बाद हुए कई अध्ययनों ने दर्शाया है कि COMPAS एल्गोरिदम में वास्तव में कई समस्यामूलक पूर्वाग्रह मौजूद रहे हो सकते हैं, जो संभवत: उस डेटा से उत्पन्न हुए होंगे, जिस पर उसे प्रशिक्षित किया गया था।[29]

तब भी, *लूमिस बनाम विस्कॉन्सिन* (2016) मामले में विस्कॉन्सिन सुप्रीम कोर्ट ने लूमिस के ख़िलाफ़ फ़ैसला सुनाया। जजों का कहना था कि एल्गोरिदमीय जोखिम–मूल्यांकन का उपयोग वैधानिक है, भले ही उस एल्गोरिदम की कार्यप्रणाली कोर्ट या प्रतिवादी के समक्ष उजागर न की गई हो। जस्टिस एन. वॉल्स ब्रेडले ने लिखा कि चूँकि COMPAS ने अपना आकलन सार्वजनिक रूप से उपलब्ध या स्वयं प्रतिवादी द्वारा उपलब्ध कराए गए डेटा के आधार पर किया था, इसलिए लूमिस सभी डेटा को नकार सकता था या उनकी व्याख्या कर सकता था। इस अभिमत ने इस तथ्य की उपेक्षा कर दी कि सटीक डेटा की ग़लत व्याख्या की जा

सकती है और लूमिस के लिए अपने बारे में सार्वजनिक रूप से उपलब्ध सभी डेटा को नकारना या उनकी व्याख्या करना असंभव था।

विस्कॉन्सिन सुप्रीम कोर्ट अपारदर्शी एल्गोरिदमों पर भरोसा करने के अंतर्निहित ख़तरे के प्रति पूरी तरह अनभिज्ञ नहीं था। इसलिए जहाँ उसने इस दस्तूर को जारी रखने की अनुमति दी, वहीं फ़ैसला सुनाया कि जब भी जजों को एल्गोरिदमीय जोखिम-आकलन प्राप्त होता है, तो इसमें जजों के लिए एल्गोरिदम के संभावित पूर्वाग्रहों के बारे में लिखित चेतावनी शामिल होनी चाहिए। इसके अलावा, कोर्ट ने जजों को परामर्श दिया कि इस तरह के एल्गोरिदमों पर भरोसा करते हुए वे सचेत रहें। दुर्भाग्यवश, यह चेतावनी एक खोखली भंगिमा ही थी। कोर्ट ने जजों के लिए इस पर ऐसे कोई ठोस निर्देश उपलब्ध नहीं कराए कि वे यह सावधानी किस तरह बरतें। इस प्रकरण पर चर्चा करने के बाद *हार्वर्ड लॉ रिव्यू* ने निष्कर्ष निकाला था कि ''इस बात की कोई संभावना नहीं है कि ज़्यादातर जज एल्गोरिदमीय जोखिम-आकलन को समझ पाएँगे।'' इसके बाद उसने विस्कॉन्सिन सुप्रीम कोर्ट के एक जस्टिस का हवाला दिया, जिन्होंने कहा था कि एल्गोरिदम के बारे में भारी-भरकम स्पष्टीकरण हासिल कर लेने के बावजूद उन्हें स्वयं इसे समझने में कठिनाई हुई थी।[30]

लूमिस ने इसके बाद संयुक्त राज्य अमेरिका के सुप्रीम कोर्ट में अपील की, लेकिन, 26 जून, 2017 को कोर्ट ने इस प्रकरण की सुनवाई करने से इंकार कर दिया, और इस तरह असल में विस्कॉन्सिन सुप्रीम कोर्ट के निर्णय पर मुहर लगा दी। अब ज़रा इस बात पर विचार करें कि लूमिस का उच्च जोखिम वाले व्यक्ति के रूप में मूल्यांकन करने वाला वह एक शुरुआती एल्गोरिदम था। तब के बाद से जोखिम-मूल्यांकन करने वाले कहीं ज़्यादा परिष्कृत और जटिल एल्गोरिदम विकसित किए जा चुके हैं और उन्हें अधिक विस्तृत ज़िम्मेदारियाँ सौंपी गई हैं। 2020 के दशक के प्रारंभ तक अनेक देशों में नागरिकों को नियमित रूप से जेल की सज़ा दी जाती है, जो आंशिक रूप से ऐसे एल्गोरिदमों द्वारा किए गए जोखिम आकलन पर आधारित होती है, जिन्हें न तो जज और न ही प्रतिवादी समझ पाते हैं।[31] और जेल की सज़ा तो महज़ एक छोटा-सा उदाहरण है।

स्पष्टीकरण का अधिकार

कंप्यूटर हमारे बारे में उत्तरोत्तर अधिक निर्णय ले रहे हैं, साधारण भी और जीवन को बदल देने वाले भी। जेल की सज़ा के अलावा, एल्गोरिदमों का यह निर्णय लेने में भी योगदान होता है कि हमें कॉलेज में प्रवेश दिया जाए या नहीं, नौकरी दी जाए या नहीं, कल्याणकारी लाभ प्रदान किए जाएँ या नहीं, ऋण दिया जाए या नहीं। इसी

तरह वे यह निर्धारित करने में भी मदद करते हैं कि हमें किस तरह की चिकित्सा उपलब्ध कराई जाए, हम कितने बीमा प्रीमियम का भुगतान करें, कौन-सी न्यूज़ सुनें, और हमें डेट पर कौन बुलाएगा।[32]

समाज जैसे-जैसे अधिकाधिक फ़ैसले लेने का जिम्मा कंप्यूटरों पर डालता जा रहा है, वैसे-वैसे लोकतांत्रिक आत्म-सुधार की प्रक्रियाएँ तथा लोकतांत्रिक पारदर्शिता और जवाबदेही की व्यवहार्यता कम होती जा रही है। निर्वाचित अधिकारी अज्ञेय एल्गोरिदमों को कैसे नियंत्रित कर सकते हैं? परिणामस्वरूप एक नए मानव अधिकार को प्रतिष्ठापित करने की माँग बढ़ रही है : स्पष्टीकरण का अधिकार (राइट टू एक्सप्लेनेशन)। 2018 में लागू यूरोपीय संघ का जनरल डेटा प्रोटेक्शन रेग्युलेशन (जीडीपीआर) कहता है कि यदि कोई एल्गोरिदम किसी मनुष्य के बारे में कोई निर्णय लेता है, उदाहरण के लिए हमें क्रेडिट कार्ड देने से इंकार करता है, तो वह मनुष्य इस निर्णय के बारे में स्पष्टीकरण प्राप्त करने और किसी मानव प्राधिकरण के सामने उसे चुनौती देने का हक़दार है।[33] आदर्श रूप में इससे एल्गोरिदम संबंधी पूर्वाग्रह पर नियंत्रण रखा जा सकेगा और लोकतांत्रिक आत्म-सुधार प्रक्रियाओं को कंप्यूटर की कम-से-कम कुछ ग़लतियों की पहचान करने और उन्हें सुधारने की अनुमति मिल सकेगी।

लेकिन क्या यह अधिकार व्यवहार में क्रियान्वित हो सकता है? मुस्तफ़ा सुलेमान इस विषय के वैश्विक विशेषज्ञ हैं। वे दुनिया के सबसे महत्त्वपूर्ण एआई उद्यमों में से एक डीपमाइंड के सह-संस्थापक हैं और उसके प्रमुख रह चुके हैं। डीपमाइंड ने अन्य उपलब्धियों के अलावा अल्फ़ागो प्रोगाम विकसित किया है। अल्फ़ागो को गो खेलने के लिए विकसित किया गया था, जो एक रणनीतिक बोर्ड गेम है, जिसमें दो खिलाड़ी एक-दूसरे को घेरकर और क्षेत्र पर कब्ज़ा कर हराने की कोशिश करते हैं। चीन में आविष्कृत यह खेल शतरंज के मुक़ाबले ज़्यादा जटिल है। नतीजतन, जब कंप्यूटरों ने विश्व के शतरंज चैंपियनों को हरा दिया था, तब भी विशेषज्ञों का मानना था कि कंप्यूटर गो के खेल में मानवता को कभी पराजित नहीं कर पाएँगे।

यही कारण है कि मार्च 2016 में जब अल्फ़ागो ने दक्षिण कोरिया के गो चैंपियन ली सेडोल को हरा दिया, तो गो और कंप्यूटर, दोनों के विशेषज्ञ हतप्रभ रह गए थे। अपनी 2023 की किताब द *कमिंग वेव* में सुलेमान ने उनके उस मैच के एक सबसे महत्त्वपूर्ण क्षण का वर्णन किया है, यानी एक ऐसा क्षण, जिसने एआई को नए सिरे से परिभाषित किया और जिसे कई सरकारी और अकादमिक हलकों में एक महत्त्वपूर्ण ऐतिहासिक घटना के रूप में देखा गया है। यह क्षण 10 मार्च, 2016 के मैच के दूसरे खेल के दौरान घटित हुआ था।[34]

''फिर...37 नंबर की चाल अई,'' सुलेमान लिखते हैं। ''इसका कोई मतलब नहीं था। अल्फ़ागो ने स्पष्ट रूप से इसे खो दिया था। वह साफ़ तौर पर आँख मूँदकर एक हारने वाली रणनीति का पालन कर रहा था, जिसे कोई भी पेशेवर खिलाड़ी कभी नहीं अपनाता। लाइव मैच के दोनों कमेंटेटरों ने कहा कि यह एक अजीब ही चाल है, और उन्हें लगा कि यह एक ग़लती है। यह इतना असामान्य था कि सेडोल को प्रतिक्रिया व्यक्त करने में पंद्रह मिनट लग गए, और यहाँ तक कि वे बोर्ड से उठकर बाहर टहलने तक चले गए थे। जैसा कि हमने अपने नियंत्रण कक्ष से देखा, तनाव अवास्तविक था, फिर भी जैसे-जैसे अंतिम गेम क़रीब आता गया, वह 'ग़लत' चाल निर्णायक साबित होती गई। अल्फ़ागो फिर-से जीत गया। हमारी आँखों के सामने गो की रणनीति को फिर-से लिखा जा रहा था। हमारे एआई ने ऐसी सूझों को उजागर किया था, जो हज़ारों वर्षों के दौरान सबसे शानदार खिलाड़ियों के दिमाग़ों में पैदा नहीं हुई थीं। ये दोनों कमेंटेटरों उच्च श्रेणी के पेशेवर थे।''

उक्त 37 नंबर की चाल दो वजहों से एआई क्रांति की प्रतीक है। सबसे पहली यह कि इसने एआई की अजनबी प्रकृति को दर्शाया था। पूर्वी एशिया में गो को एक खेल से कहीं अधिक माना जाता है : यह एक बेशक़ीमती सांस्कृतिक परंपरा है। सुलेखन, चित्रकला और संगीत के साथ, गो उन चार कलाओं में से एक रही है, जिन्हें हर परिष्कृत व्यक्ति को जानना ज़रूरी माना जाता था। पच्चीस सौ से ज़्यादा वर्षों से करोड़ों लोग गो खेलते आ रहे हैं, और इस खेल के इर्द-गिर्द पूरे-के-पूरे घराने विकसित हुए हैं, जिनमें विभिन्न रणनीतियाँ और फलसफ़े अपनाए गए हैं, फिर भी इन हज़ारों सालों के दौरान मानव मस्तिष्क ने गो की धरती के कुछ ही क्षेत्रों का अन्वेषण किया है। दूसरे क्षेत्र अछूते छोड़ दिए गए थे, क्योंकि मनुष्य के दिमाग़ों ने वहाँ जाने के बारे में सोचा ही नहीं था। मनुष्य के दिमाग़ की सीमाओं से मुक्त एआई ने इन क्षेत्रों को खोजा और उनकी छानबीन की, जो पहले नज़रों से ओझल बने रहे थे।[35]

दूसरी वजह यह है कि 37वीं चाल ने एआई की अज्ञेयता को प्रदर्शित किया था। बावजूद इसके कि अल्फ़ागो ने जीत हासिल करने के लिए उसे खेला था, सुलेमान और उनकी टीम यह स्पष्ट नहीं कर सकी थी कि अल्फ़ागो ने उसे खेलने का निश्चय कैसे किया था। यहाँ तक कि अगर कोर्ट ने ली सेडोल को स्पष्टीकरण देने का आदेश दिया होता, तो भी कोई भी उस आदेश का पालन नहीं कर सकता था। सुलेमान लिखते हैं, ''हम इंसानों के सामने एक अनूठी चुनौती है : क्या नए आविष्कार हमारी पकड़ से बाहर होंगे? पहले रचने वाले स्पष्ट कर सकते थे कि चीज़ें कैसे काम करती थीं, उसने वैसा क्यों किया, जैसा उसने किया, भले ही इसके

लिए बहुत अधिक ब्योरों में जाने की आवश्यकता होती थी। अब यह सच नहीं रह गया है। बहुत-सी प्रौद्योगिकियाँ और प्रणालियाँ इस क़दर जटिल होती जा रही हैं कि उन्हें समझ पाना किसी भी व्यक्ति की क्षमता के बाहर होता जा रहा है... एआई में स्वायत्तता की ओर बढ़ रहे तंत्रिका नेटवर्क, वर्तमान में व्याख्येय नहीं हैं। आप किसी व्यक्ति को निर्णय लेने की प्रक्रिया के माध्यम से यह स्पष्ट रूप से नहीं समझा सकते कि किसी एल्गोरिदम ने कोई विशिष्ट पूर्वानुमान क्यों किया। इंजीनियर बुनियादी तौर पर उन बारीक विवरणों में जाकर नहीं समझा सकते कि किसी चीज़ के वैसे होने का कारण क्या है। जीपीटी4, अल्फ़ागो और बाक़ी सब ब्लैक बॉक्स हैं, उनके आउटपुट और निर्णय अपारदर्शी और असंभव रूप से जटिल संकेतों की शृंखलाओं पर आधारित हैं।''[36]

अज्ञेय अजनबी बुद्धि का उदय लोकतंत्र को कमज़ोर करता है। अगर लोगों के जीवन के बारे में ज़्यादा-से-ज़्यादा फ़ैसले एक ब्लैक बॉक्स में लिए जाने लगें, ताकि मतदाता उन्हें समझ न सकें और चुनौती न दे सकें, तो लोकतंत्र काम करना बंद कर देता है, ख़ास तौर से, क्या होता है, जब न सिर्फ़ व्यक्तिगत जीवन के बारे में, बल्कि फ़ेडरल रिज़र्व की ब्याज़ दर जैसे सामूहिक मामलों में भी महत्त्वपूर्ण फ़ैसले अज्ञेय एल्गोरिदम द्वारा लिए जाते हैं? मानव मतदाता मानव राष्ट्रपति चुनते रह सकते हैं, लेकिन क्या यह महज़ एक खोखला अनुष्ठान भर नहीं होगा? आज भी मानवता का केवल एक छोटा-सा हिस्सा ही वित्तीय प्रणाली को सही मायने में समझता है। ओईसीडी द्वारा 2016 में किए गए एक सर्वेक्षण में पाया गया था कि ज़्यादातर लोगों को चक्रवृद्धि ब्याज जैसी सरल वित्तीय अवधारणा को समझने में कठिनाई होती है।[37] दुनिया के सबसे महत्त्वपूर्ण वित्तीय केंद्रों में से एक को नियंत्रित करने का काम करने वाले ब्रिटिश सांसदों के 2014 के एक सर्वेक्षण में पाया गया था कि उनमें से केवल 12 प्रतिशत सांसद ही सही ढंग से इस बात को समझ पाए थे कि जब बैंक ऋण देते हैं, तो नया पैसा तैयार किया जाता है। यह तथ्य आधुनिक वित्तीय प्रणाली के सबसे बुनियादी सिद्धांतों में से एक है।[38] जैसा कि 2007-8 के वित्तीय संकट ने संकेत किया था, अधिक जटिल वित्तीय उपकरण और सिद्धांतों, जैसे कि सीडीओ के पीछे सक्रिय सिद्धांतों, को केवल कुछ वित्त विशेषज्ञ ही समझ पाते हैं। उस वक़्त लोकतंत्र का क्या होगा, जब एआई और भी जटिल वित्तीय उपकरण तैयार करेगा और जब वित्तीय प्रणाली को समझने वाले इंसानों की संख्या सिमटकर शून्य हो जाएगी?

हमारे सूचना तंत्र की बढ़ती हुई अज्ञेयता हाल ही में लोकलुभावनवादी दलों और चमत्कारी नेताओं की लहर का एक कारण है। जब लोग दुनिया को समझने के क़ाबिल नहीं रह जाते, और जब वे ऐसी सूचना की विराट मात्रा से अभिभूत हो जाते

हैं, जिसे वे पचा नहीं पाते, तो वे साज़िशों की परिकल्पना का असानी-से शिकार बन जाते हैं, और वे मुक्ति के लिए उस चीज़ की ओर मुड़ते हैं, जिसे वे समझ पाते हैं, यानी मनुष्य की ओर। दुर्भाग्य से, हालाँकि चमत्कारी नेताओं के अपने फ़ायदे हैं, लेकिन कोई भी व्यक्ति, चाहे वह कितना ही प्रेरणादायक या प्रतिभाशाली क्यों न हो, अकेले के बूते पर यह नहीं समझ सकता कि दुनिया पर हावी हो रहे एल्गोरिदम किस तरह काम करते हैं, न ही वह यह सुनिश्चित कर सकता है कि वे निष्पक्ष हैं। समस्या यह है कि एल्गोरिदम अनेक डेटा बिंदुओं पर निर्भर करते हुए निर्णय लेते हैं, जबकि मनुष्यों के लिए सचेत रूप से बड़ी संख्या में डेटा बिंदुओं पर विचार करना और उन्हें एक-दूसरे के विरुद्ध तौलना बहुत कठिन होता है। हम एकल डेटा बिंदुओं के साथ काम करना पसंद करते हैं। यही कारण है कि जब हमें जटिल मुद्दों का सामना करना पड़ता है, चाहे वह ऋण का अनुरोध हो, महामारी हो, या युद्ध हो - हम अक्सर किसी विशेष कार्रवाई को करने के लिए एक ही कारण की तलाश करते हैं, बाक़ी सभी चीज़ों की अनदेखी कर देते हैं। यह एकल कारण की भ्रांति है।[39]

हम विभिन्न कारकों को एक साथ तौलने के मामले में इतने ख़राब होते हैं कि जब लोग किसी विशेष निर्णय के लिए बहुत सारे कारण बताते हैं, तो हम आम तौर पर संदेह से भर उठते हैं। मान लीजिए कि हमारी एक अच्छी दोस्त हमारी शादी में नहीं आ पाती। अगर वह इसकी कोई एक वजह बताती है, जैसे ''मेरी माँ अस्पताल में थी और मुझे उससे मिलने जाना था,'' तो यह वजह विश्वसनीय लगती है, लेकिन तब क्या होगा अगर वह न आ पाने के पचास अलग-अलग कारण बताए : ''मेरी माँ की तबियत थोड़ी ख़राब थी, और मुझे इसी हफ़्ते किसी समय अपने कुत्ते को पशु चिकित्सक के पास ले जाना था, और मेरा यह प्रोजेक्ट चल रहा था, और बारिश हो रही थी, और...मैं जानती हूँ कि इन पचास कारणों में से कोई भी मेरी अनुपस्थिति को उचित नहीं ठहराता, लेकिन जब मैंने उन्हें एकसाथ जोड़कर देखा, तो उन्होंने मुझे तुम्हारी शादी में आने से रोक दिया।'' हम इस तरह की बातें नहीं कहते, क्योंकि हम इस तरह नहीं सोचते। हम सचेत रूप से अपने मन में पचास विभिन्न कारणों की सूची नहीं बनाते, उनमें से प्रत्येक को एक निश्चित महत्त्व नहीं देते, सभी महत्त्वों का कुल जोड़ नहीं करते, और उसके बाद किसी निष्कर्ष पर नहीं पहुँचते।

लेकिन एल्गोरिदम हमारे आपराधिक होने की संभावना या हमारी ऋण-पात्रता को ठीक इसी तरह आँकते हैं। उदाहरण के लिए, COMPAS एल्गोरिदम ने 137 सवालों की प्रश्नावली के जवाबों को ध्यान में रखते हुए अपने जोखिम-आकलन किए थे।[40] यही बात बैंक के उस एल्गोरिदम के संदर्भ में सही है, जो हमें क़र्ज़ देने

से मना कर देता है। अगर यूरोपीय संघ के जीडीपीआर नियम बैंक को एल्गोरिदम के निर्णय को स्पष्ट करने के लिए बाध्य करते हैं, तो यह स्पष्टीकरण एक वाक्य के रूप में नहीं आएगा, बल्कि यह संख्याओं और समीकरणों से भरे सैकड़ों या हज़ारों पृष्ठों के रूप में आने की संभावना है।

उस काल्पनिक बैंक के पत्र में लिखा हो सकता है, ''हमारा एल्गोरिदम सभी आवेदनों का मूल्यांकन करने के लिए एक सटीक अंक प्रणाली का उपयोग करता है, जिसमें एक हज़ार विभिन्न क़िस्म के डेटा बिंदुओं को ध्यान में रखा जाता है। यह एक समग्र स्कोर तक पहुँचने के लिए सभी डेटा बिंदुओं को जोड़ता है। जिन लोगों का समग्र स्कोर ऋणात्मक होता है, उन्हें कम साख वाला व्यक्ति माना जाता है, और उन्हें क़र्ज़ देना जोखिमपूर्ण माना जाता है। आपका समग्र स्कोर –378 था, यही वजह है कि आपके ऋण आवेदन को अस्वीकार कर दिया गया।'' इसके बाद पत्र के साथ उन हज़ार कारकों की विस्तृत सूची दी जा सकती है, जिन्हें एल्गोरिदम ने ध्यान में रखा हो सकता है, जिसमें ऐसी चीज़ें शामिल हो सकती हैं, जो ज़्यादातर लोगों को अप्रासंगिक लग सकती हैं, जैसे कि आवेदन जमा करने का सही समय[41] या आवेदक द्वारा इस्तेमाल किए जाने वाले स्मार्टफ़ोन की क़िस्म। इस प्रकार अपने पत्र के पृष्ठ 601 पर, बैंक यह समझा सकता है कि ''आपने अपना आवेदन अपने स्मार्ट फ़ोन से दाख़िल किया, जो कि आइफ़ोन का नवीनतम मॉडल था। हमारे एल्गोरिदम ने पहले के लाखों आवेदनों का विश्लेषण करके एक पैटर्न की पहचान की कि जो लोग अपने आवेदन दाख़िल करने के लिए नवीनतम आइफ़ोन मॉडल का इस्तेमाल करते हैं, उनके क़र्ज. चुकाने की संभावना 0.08 प्रतिशत अधिक होती है। इसलिए एल्गोरिदम ने आपके समग्र स्कोर में 8 अंक जोड़े। हालाँकि, जब आपका आवेदन आपके आइफ़ोन से भेजा गया था, तब उसकी बैटरी 17 प्रतिशत तक कम हो गई थी। लाखों पिछले ऋण आवेदनों का विश्लेषण करके हमारे एल्गोरिदम ने एक और पैटर्न की खोज की : जो लोग अपने स्मार्टफ़ोन की बैटरी को 25 प्रतिशत से कम होने देते हैं, उनके क़र्ज. चुकाने की संभावना 0.5 प्रतिशत कम होती है। इसके लिए आपने 50 अंक गँवा दिए।''[42]

आपको लग सकता है कि बैंक ने आपके साथ अन्यायपूर्ण बर्ताव किया है। आप शिकायत कर सकते हैं कि ''क्या महज़ इस आधार पर कि मेरे फ़ोन की बैटरी कम थी, मेरे ऋण के आवेदन को रद्द करना उचित है?'' लेकिन यह एक ग़लतफ़हमी होगी। ''बैटरी अकेली वजह नहीं थी,'' बैंक सफ़ाई देगा। ''यह तो उन हज़ारों कारकों में से एक है, जिसे हमारे एल्गोरिदम ने ध्यान में रखा था।''

''लेकिन क्या आपके एल्गोरिदम ने यह नहीं देखा कि पिछले दस सालों में केवल दो बार मेरे बैंक खाते से अधिक राशि निकाली गई है?''

बैंक जवाब दे सकता है, ''ज़ाहिर है, उसने इस पर ध्यान दिया था। पेज़ नंबर 453 देखें। इसके लिए आपको 300 अंक मिले हैं, लेकिन अन्य सभी कारणों से आपका समग्र स्कोर –378 हो गया।''

जहाँ हमें निर्णय लेने का यह तरीक़ा अजीब लग सकता है, वहीं इसके संभावित लाभ भी हैं। निर्णय लेते वक़्त, सामान्यत: एक या दो प्रमुख तथ्यों की बजाय सभी डेटा बिंदुओं को ध्यान में रखना अच्छा है। बेशक, इस बारे में तर्क करने की बहुत गुंजाइश है कि सूचना की प्रासंगिकता को कौन परिभाषित करता है। यह कौन तय करता है कि स्मार्टफ़ोन के मॉडल या चमड़ी के रंग को ऋण आवेदन के संदर्भ में विचारणीय बनाया जाए या नहीं? लेकिन हम प्रासंगिकता को चाहे, जिस तरह से परिभाषित करें, ज़्यादा-से-ज़्यादा डेटा को ध्यान में रखने की क़ाबिलियत मूल्यवान होने की संभावना है। वास्तव में, कई मानवीय पूर्वाग्रहों की समस्या यह है कि वे सिर्फ़ एक या दो डेटा बिंदुओं पर ध्यान केंद्रित करते हैं, जैसे किसी की चमड़ी का रंग, विकलांगता, या लिंग, जबकि दूसरी सूचना को छोड़ देते हैं। बैंक और दूसरी संस्थाएँ निर्णय लेने के लिए उत्तरोत्तर एल्गोरिदमों पर निर्भर होते जा रहे हैं, ख़ास तौर से इसलिए कि एल्गोरिदम इंसानों के मुक़ाबले अधिक डेटा बिंदुओं को ध्यान में रख सकते हैं।

लेकिन जब स्पष्टीकरण देने की बात आती है, तो इससे संभावित रूप से ऐसी बाधा उत्पन्न होती है, जिसे पार नहीं किया जा सकता। इतने सारे डेटा बिंदुओं के आधार पर लिए गए निर्णयों का विश्लेषण और मूल्यांकन कोई इंसानी दिमाग़ कैसे कर सकता है? हम सोच सकते हैं कि विस्कॉन्सिन सुप्रीम कोर्ट को नॉर्थपाइंट कंपनी को यह बताने के लिए मजबूर करना चाहिए था कि COMPAS एल्गोरिदम ने कैसे निर्णय लिया कि एरिक लूमिस एक उच्च जोखिम वाला व्यक्ति था, लेकिन अगर पूरा डेटा उजागर किया गया होता, तो क्या लूमिस या कोर्ट को इसका मतलब समझ में आता?

बात सिर्फ़ इतनी नहीं है कि हमें कई सारे डेटा बिंदुओं को ध्यान में रखना ज़रूरी है। संभवत: अधिक महत्त्वपूर्ण बात यह है कि हम उस पद्धति को नहीं समझ सकते, जिससे एल्गोरिदम डेटा में पैटर्न खोज लेता है और अंक देने का निर्णय लेता है। भले ही हम जानते हों कि बैंकिंग एल्गोरिदम उन लोगों के कुछ निश्चित अंक काट लेता है, जो अपने स्मार्टफ़ोन की बैटरी को 25 प्रतिशत से कम चार्ज होने देते हैं, फिर भी हम यह मूल्यांकन कैसे कर सकते हैं कि यह उचित है या नहीं? एल्गोरिदम में यह नियम किसी मानव इंजीनियर ने नहीं डाला था, यह पहले के लाखों ऋण आवेदनों में एक पैटर्न की खोज करके ख़ुद उस निष्कर्ष पर पहुँचा था। क्या कोई अकेला मानव ग्राहक उस सभी डेटा को देखकर यह आकलन कर सकता है कि वह पैटर्न वास्तव में विश्वसनीय और निष्पक्ष है?[43]

हालाँकि, संख्याओं के इस बादल में उम्मीद की एक किरण भी है। जहाँ आम लोग व्यक्तिगत रूप से जटिल एल्गोरिदम की जाँच करने में असमर्थ हो सकते हैं, वहीं अपने ख़ुद के एआई सहायकों से सहायता प्राप्त करने वाली विशेषज्ञों की टीम संभावित रूप से एल्गोरिदमीय निर्णयों की निष्पक्षता का आकलन किसी भी व्यक्ति द्वारा मानवीय निर्णयों की निष्पक्षता का आकलन करने की तुलना में कहीं अधिक विश्वसनीय ढंग से कर सकती है। आख़िरकार, जहाँ मानवीय निर्णय केवल उन कुछ डेटा बिंदुओं पर निर्भर हो सकते हैं, जिनके बारे में हम सचेत होते हैं, वहीं वास्तव में हमारे निर्णय *अवचेतन रूप* से हज़ारों डेटा अतिरिक्त बिंदुओं से प्रभावित होते हैं। इन अवचेतन प्रक्रियाओं से अनभिज्ञ होने के कारण, जब हम अपने निर्णयों पर विचार करते हैं या उन्हें स्पष्ट करते हैं, तो हम अक्सर वास्तव में जो हुआ होता है, उसके एकल-बिंदु युक्तिकरण में संलग्न हो जाते हैं, क्योंकि हमारे मस्तिष्क के भीतर अरबों न्यूरॉन परस्पर क्रिया करते हैं।[44] तदनुसार, अगर कोई इंसानी जज हमें छह साल की क़ैद की सज़ा सुनाता है, तो हम - या वास्तव में जज - इस बारे में सुनिश्चित कैसे हो सकते हैं कि यह निर्णय उचित सोच-विचार के आधार पर लिया गया था, न कि अवचेतन नस्लपरक पूर्वाग्रह या इस तथ्य के आधार पर लिया गया था कि जज भूखा था?[45]

हाड़-मांस से बने जजों के मामले में, यह समस्या नहीं सुलझाई जा सकती, कम-से-कम जैविकी के हमारे मौजूदा ज्ञान से तो नहीं ही सुलझाई जा सकती। इसके विपरीत, जब कोई एल्गोरिदम निर्णय लेता है, तो हम सैद्धांतिक तौर पर एल्गोरिदम के प्रत्येक विचार (कंसीडरेशन) और उनमें से प्रत्येक को दिए गए ठीक-ठीक महत्त्व को जान सकते हैं। इस प्रकार विशेषज्ञों की कई टीमों - जिनमें अमेरिकी न्याय विभाग से लेकर लाभ न कमाने वाले न्यूज़ कक्ष प्रोपब्लिका तक शामिल हैं, ने संभावित पूर्वाग्रहों का आकलन करने के लिए COMPAS एल्गोरिदम का विश्लेषण किया है।[46] ऐसी टीमें न केवल कई मनुष्यों के सामूहिक उद्यमों, बल्कि कंप्यूटरों की शक्ति का भी उपयोग कर सकती हैं। जिस तरह किसी चोर को पकड़ने के लिए एक चोर को लगा देना सबसे अच्छा होता है, उसी तरह हम एक एल्गोरिदम का उपयोग दूसरे को जाँचने के लिए कर सकते हैं।

इससे यह सवाल पैदा होता है कि हम इस बारे में कैसे सुनिश्चित हो सकते हैं कि स्वयं यह जाँचने वाला एल्गोरिदम भरोसे के क़ाबिल है। अंततः इस पुनरावर्ती समस्या का कोई प्रौद्योगिकीय समाधान नहीं है। हम चाहे कोई भी प्रौद्योगिकी विकसित कर लें, हमें नौकरशाही संस्थाओं को तो बरकरार रखना ही होगा, जो एल्गोरिदम का ऑडिट करें और उन पर स्वीकृति की मुहर लगाएँ या न लगाएँ। ऐसी संस्थाएँ मनुष्यों और कंप्यूटरों की शक्ति को मिलाकर यह सुनिश्चित करेंगी कि

नई एल्गोरिदम प्रणालियाँ सुरक्षित और निष्पक्ष हों। भले ही हम ऐसे क़ानून पारित कर लें, जो मनुष्यों को स्पष्टीकरण का अधिकार प्रदान करते हों, और भले ही हम कंप्यूटर पूर्वाग्रहों के विरुद्ध नियम बना लें, लेकिन ऐसी संस्थाओं के बिना इन क़ानूनों और नियमों को कौन लागू कर सकता है?

नोज़डाइव

एल्गोरिदमों को जाँचने के लिए, नियामक संस्थाओं को न केवल उनका विश्लेषण करने की ज़रूरत होगी, बल्कि उनकी खोजों का ऐसे क़िस्सों में अनुवाद करने की भी ज़रूरत होगी, जिन्हें इंसान समझ सकें। अन्यथा, हम उन नियामक संस्थाओं पर कभी भरोसा नहीं कर पाएँगे और उनकी बजाय साज़िश की परिकल्पनाओं और चमत्कारी नेताओं में विश्वास करने लगेंगे। जैसा कि अध्याय 3 में कहा गया है, नौकरशाही को समझना इंसानों के लिए हमेशा मुश्किल रहा है, क्योंकि नौकरशाहियाँ जैविक नाटकों की पटकथा से भटक गई हैं, और अधिकांश कलाकारों में नौकरशाही नाटकों को चित्रित करने की इच्छा या क्षमता का अभाव रहा है। उदाहरण के लिए, इक्कीसवीं सदी की राजनीति के बारे में उपन्यास, फ़िल्में, और टीवी धारावाहिक कुछ शक्तिशाली परिवारों के झगड़ों और प्रेम संबंधों पर ध्यान केंद्रित करते हैं, मानो वर्तमान युग में भी राज्यों का शासन उसी तरह होता हो, जैसे प्राचीन क़बीलों और बादशाहतों का होता था। राजवंशों के जैविक नाटकों के प्रति यह आसक्ति सत्ता की गतिशीलता में सदियों से हुए वास्तविक परिवर्तनों को धुँधला देती है।

चूँकि कंप्यूटर तेज़ी-से मानव नौकरशाहों और मानव मिथक निर्माताओं की जगह लेते जाएँगे, इससे सत्ता की अंदरूनी संरचना में फिर से परिवर्तन आएगा। लोकतंत्रों को जीवित बने रहने के लिए, न केवल समर्पित नौकरशाही संस्थानों की ज़रूरत होती है, जो इन नई संरचनाओं की जाँच कर सकें, बल्कि ऐसे कलाकारों की भी आवश्यकता होती है, जो नई संरचनाओं को अभिगम्य और रोचक तरीक़े से समझा सकें। उदाहरण के लिए, विज्ञान कथा शृंखला *ब्लैक मिरर* के 'नोज़डाइव' नामक एपिसोड में यह बहुत सफलतापूर्वक किया गया है।

2016 में जब बहुत कम लोगों ने सामाजिक साख प्रणालियों के बारे में सुना था, तब निर्मित 'नोज़डाइव' ने बहुत ही शानदार ढंग से समझाया है कि ऐसी प्रणालियाँ किस तरह काम करती हैं और वे क्या ख़तरे पैदा करती हैं। इस एपिसोड में लैसी नामक एक स्त्री की कहानी कही गई है, जो अपने भाई रयान के साथ रहती है, लेकिन अपने अपार्टमेंट में रहने जाना चाहती है। नए अपार्टमेंट में छूट (डिस्काउंट) पाने के लिए उसे अपना सामाजिक साख स्कोर (5 अंकों में से) 4.2

से बढ़कर 4.5 करना ज़रूरी है। उच्च स्कोर वाले लोगों के साथ दोस्ती करने से आपका ख़ुद का स्कोर बढ़ जाता है, इसलिए लैसी बचपन की अपनी एक दोस्त नाओमी, जिसकी रेटिंग वर्तमान में 4.8 है, से नए सिरे से अपना संपर्क बनाने की कोशिश करती है। लैसी को नाओमी की शादी में आमंत्रित किया जाता है, लेकिन वहाँ जाते हुए रास्ते में वह एक उच्च स्कोर वाले व्यक्ति पर कॉफ़ी गिरा देती है, जिससे उसका अपना स्कोर थोड़ा कम हो जाता है, जिसकी वजह से एयरलाइन उसे सीट देने से इंकार कर देती है। उसके बाद से सब कुछ ग़लत होता जाता है और लैसी की रेटिंग में गिरावट आती जाती है और वह 1 से भी कम स्कोर के साथ जेल पहुँच जाती है।

यह कहानी पारंपरिक जैविक नाटकों के कुछ तत्त्वों पर निर्भर करती है – ''लड़का लड़की से मिलता है'' (विवाह), भाई-बहन की प्रतिद्वन्द्विता (लैसी और रयान के बीच तनाव), और सबसे महत्त्वपूर्ण, हैसियत की प्रतिस्पर्धा (एपिसोड का मुख्य मुद्दा)। लेकिन कथानक का वास्तविक नायक और प्रेरक शक्ति लैसी या नाओमी नहीं, बल्कि वह अदृश्य एल्गोरिदम है जो सामाजिक साख प्रणाली को चलाता है। यह एल्गोरिदम पुराने जैविक नाटकों की गतिकी को – विशेष रूप से हैसियत की प्रतिस्पर्धा की गतिकी को – पूरी तरह बदल देता है। जहाँ पहले भी मनुष्य कभी-कभी हैसियत संबंधी प्रतिस्पर्धा में लगे रहते थे, लेकिन अक्सर उन्हें इस अत्यंत तनावपूर्ण स्थिति से राहत मिल जाती थी, वहीं सामाजिक साख का यह सर्वव्यापी एल्गोरिदम इन राहतों को समाप्त कर देता है। ''नोज़डाइव'' जैविक हैसियत-प्रतिस्पर्धा के बारे में कोई घिसी-पिटी कहानी नहीं है, बल्कि यह इस बात का एक भविष्यदर्शी अन्वेषण है कि तब क्या होगा जब कंप्यूटर प्रौद्योगिकी हैसियत संबंधी प्रतिस्पर्धा के नियमों को बदल देगी।

अगर नौकरशाह और कलाकार आपस में सहयोग करना सीख लें, और अगर दोनों ही कंप्यूटर की मदद पर भरोसा करें, कंप्यूटर तंत्र को अज्ञेय बनने से रोकना मुमकिन हो सकता है। जब तक लोकतांत्रिक समाज कंप्यूटर तंत्र को समझते हैं, तब तक उनके आत्म-सुधार की प्रक्रियाएँ ही एआई के दुरुपयोग के ख़िलाफ़ हमारी सबसे अच्छी गारंटी हैं। इस प्रकार यूरोपीय संघ के एआई अधिनियम, जो 2021 में प्रस्तावित हुआ था, ने ''नोज़डाइव'' में दिखाई गई सामाजिक साख प्रणालियों जैसी साख-प्रणालियों को उन कुछ एआई प्रकारों के रूप में चुना जो पूरी तरह से प्रतिबंधित हैं, क्योंकि वे भेदभावपूर्ण परिणामों और कुछ समूहों के बहिष्कार का कारण बन सकते हैं और क्योंकि वे गरिमा और ग़ैर-भेदभाव के अधिकार और समानता तथा न्याय के मूल्यों का उल्लंघन कर सकते हैं।[47] संपूर्ण निगरानी व्यवस्थाओं के समान ही, सामाजिक साख-प्रणालियों के संदर्भ में भी यह तथ्य कि

चूँकि उन्हें रचा जा सकता है, का मतलब अनिवार्यतः यह नहीं है कि उन्हें रचा ही जाना चाहिए।

डिजिटल अराजकता

नया कंप्यूटर तंत्र लोकतंत्रों के समक्ष जो एक अंतिम ख़तरा पेश करता है, वह यह है कि यह डिजिटल अधिनायकवाद की बजाय डिजिटल अराजकता को जन्म दे सकता है। लोकतंत्रों की विकेंद्रित प्रकृति और उनके भीतर मौजूद आत्म-सुधार की मज़बूत प्रक्रियाएँ अधिनायकवाद के विरुद्ध एक कवच उपलब्ध कराती हैं, लेकिन वे व्यवस्था को सुनिश्चित करना भी मुश्किल बना देती हैं। लोकतंत्र को सुचारु रूप से काम करने के लिए दो शर्तों का पूरा होना ज़रूरी है : महत्त्वपूर्ण मुद्दों पर सार्वजनिक संवाद को संभव करना, तथा न्यूनतम सामाजिक व्यवस्था और संस्थागत विश्वास को क़ायम रखना। मुक्त वार्तालाप को अराजकता में नहीं फिसल जाना चाहिए। ख़ास तौर से तब जब तात्कालिक और महत्त्वपूर्ण समस्याओं से निपटा जा रहा हो, तब सार्वजनिक बहस मान्य नियमों के तहत की जानी चाहिए, और किसी प्रकार के अंतिम निर्णय पर पहुँचने के लिए एक वैध प्रक्रिया होनी चाहिए, भले ही हर कोई उसे पसंद न करता हो।

अख़बारों, रेडियो, और अन्य आधुनिक सूचना प्रौद्योगिकियों के आगमन के पहले कोई भी बड़े पैमाने का समाज स्वतंत्र बहस को संस्थागत विश्वास के साथ संयोजित करने में सफल नहीं हो पाया था, इसलिए बड़े पैमाने का लोकतंत्र असंभव बना रहा था। अब नए कंप्यूटर तंत्र के उदय के साथ, क्या बड़े पैमाने का लोकतंत्र फिर-से असंभव हो सकता है? एक कठिनाई यह है कि कंप्यूटर तंत्र बहस में हिस्सेदारी को आसान बना देता है। अतीत में अख़बार, रेडियो स्टेशन, और स्थापित राजनीतिक दल जैसे संगठन द्वारपाल के रूप में काम करते हुए, यह तय करते थे कि सार्वजनिक क्षेत्र में किसकी बात सुनी जाए। सोशल मीडिया ने इन द्वारपालों की स्थिति को कमज़ोर कर दिया है, जिससे सार्वजनिक संवाद अधिक मुक्त किन्तु अराजक हो गया है।

जब भी कभी कोई नए समूह संवाद में शामिल होते हैं, वे अपने साथ नए दृष्टिकोण और नए हित लेकर आते हैं, और अक्सर बहस को संचालित करने तथा निर्णय पर पहुँचने के तरीक़े के बारे में पुरानी आम सहमति पर सवाल उठाते हैं। वे कहते हैं कि संवाद के नियमों पर नए सिरे से बात होनी चाहिए। यह संभावित रूप से एक सकारात्मक चीज़ है, जो एक अधिक समावेशी लोकतांत्रिक प्रणाली की ओर ले जा सकती है। आख़िरकार, पिछले पूर्वाग्रहों को सुधारना और पहले

वंचित रहे लोगों को सार्वजनिक संवाद में शामिल होने की अनुमति देना, लोकतंत्र का एक महत्त्वपूर्ण अंग है। लेकिन अल्पवाधि में यह व्यवधान और असामंजस्य पैदा करता है। अगर इस पर ही कोई सहमति नहीं बनती है कि सर्वाजनिक बहस कैसे चलाई जाए और निर्णयों पर कैसे पहुँचा जाए, तो यह लोकतंत्र की बजाय अराजकता है।

एआई की अराजक संभावना विशेष रूप से चिंताजनक है, क्योंकि यह किन्हीं नए मानव-समूहों को सार्वजनिक बहस में शामिल होने भर की गुंजाइश नहीं देता। ऐसा पहली बार है जब लोकतंत्र को अ-मानवीय आवाज़ों के कोलाहल से भी जूझना पड़ रहा है। सोशल मीडिया के कई प्लेटफ़ॉर्मों पर बॉट्स प्रतिभागियों का एक काफ़ी बड़ा अल्पसंख्यक हिस्सा तैयार करते हैं। एक विश्लेषण में लगाए गए अनुमान के मुताबिक़ 2016 के अमेरिकी चुनाव अभियान के दौरान किए गए 2 करोड़ ट्वीट्स में से 38 लाख (लगभग 20 प्रतिशत) ट्वीट बॉट्स द्वारा किए गए थे।[48]

2020 के दशक की शुरुआत में तो हालात और भी ख़राब हो गए थे। 2020 के एक अध्ययन में यह आकलन किया गया कि बॉट 43.2 प्रतिशत ट्वीट तैयार कर रहे थे।[49] डिजिटल इंटेलिजेंस एजेंसी सिमिलरवेब द्वारा 2022 में किए गए एक अधिक व्यापक अध्ययन में पाया गया कि ट्वीटर उपयोगकर्ताओं में से 5 प्रतिशत संभवत: बॉट थे, लेकिन उन्होंने ट्विटर पर पोस्ट की गई सामग्री का 20.8% से 29.2% तक हिस्सा तैयार किया था।[50] जब मनुष्य किसी महत्त्वपूर्ण विषय पर बहस करने की कोशिश करते हैं, जैसे कि अमेरिकी राष्ट्रपति के रूप में किसे चुना जाए, तो तब क्या होगा यदि वे जो आवाज़ें सुनते हैं, उनमें से कई कंप्यूटर द्वारा तैयार की गई हों?

एक और चिंताजनक प्रवृत्ति विषय-वस्तु है। बॉट्स को शुरू में उनके द्वारा प्रसारित संदेशों की विशाल मात्रा के ज़रिए जनता की राय को प्रभावित करने के लिए तैनात किया गया था। वे कुछ मानव-निर्मित सामग्री को फिर से ट्वीट या अनुशंसित करते थे, लेकिन वे स्वयं नए विचार तैयार नहीं कर सकते थे, न ही वे मनुष्यों के साथ घनिष्ठ संबंध बना सकते थे। लेकिन चैट जीपीटी जैसी जनरेटिव एआई की नई नस्ल ठीक ऐसा ही कर सकती है। *साइंस एड्वांस* में प्रकाशित 2023 के एक अध्ययन में शोधकर्ताओं ने मनुष्यों और चैट जीपीटी से टीके, 5जी प्रौद्योगिकी, जलवायु परिवर्तन और विकास-प्रक्रिया जैसे मुद्दों पर सटीक और जानबूझकर भ्रामक छोटे-छोटे मज़मून तैयार करने के लिए कहा। फिर इन मज़मूनों को सात सौ इंसानों के सामने प्रस्तुत किया गया और उनसे उन मज़मूनों की विश्वसनीयता का आकलन करने को कहा गया। ये इंसान मानव-निर्मित ग़लत

सूचनाओं की झूठी पहचान करने में अच्छे साबित हुए, लेकिन एआई द्वारा तैयार की गई ग़लत सूचनाओं को सही मानने के लिए प्रवृत्त थे।[51]

तो लोकतांत्रिक बहसों का तब क्या होगा जब लाखों - और अंततः अरबों - अत्यंत बुद्धिमान बॉट न केवल अत्यंत सम्मोहक राजनीतिक घोषणा-पत्र तैयार कर रहे होंगे और डीपफ़ेक चित्र और वीडियो बना रहे होंगे, बल्कि हमारा विश्वास और मैत्री भी जीत रहे होंगे? अगर मैं किसी एआई के साथ ऑनलाइन राजनीतिक बहस करता हूँ, तो उस एआई की राय को बदलने की मेरी कोशिश वक़्त की बर्बादी होगी; एक अचेतन सत्ता होने के नाते, उसे वाक़ई राजनीति की कोई परवाह नहीं होगी, और वह चुनाव में मतदान नहीं कर सकता। लेकिन मैं जितना ज़्यादा एआई के साथ बात करता हूँ, उतना ही वह बेहतर तरीक़े से मुझे जानने लगता है, जिससे वह मेरा विश्वास जीत सकता है, अपने तर्कों को धारदार बना सकता है, और धीरे-धीरे मेरे विचारों को बदल सकता है। दिल और दिमाग़ की लड़ाई में आत्मीयता अत्यंत शक्तिशाली हथियार होती है। पहले, राजनीतिक दल हमारा ध्यान आकर्षित कर सकते थे, लेकिन उन्हें बड़े पैमाने पर आत्मीयता विकसित करने में कठिनाई होती थी। रेडियो लाखों लोगों तक किसी नेता के भाषण को प्रसारित कर सकते थे, लेकिन वे श्रोताओं को दोस्त नहीं बना सकते थे। अब कोई राजनीतिक दल, या यहाँ तक कि कोई विदेशी सरकार भी, बॉट्स की एक सेना तैनात कर सकती है जो लाखों नागरिकों के साथ मैत्री स्थापित करेगी और फिर उस घनिष्ठता का उपयोग उनकी विश्वदृष्टि को प्रभावित करने के लिए करेगी।

अंतः में, एल्गोरिदम केवल वार्तालाप में शामिल नहीं हो रहे हैं; वे उत्तरोत्तर उसकी योजना बना रहे हैं। सोशल मीडिया मनुष्यों के नए समूहों को बहस के पुराने नियमों को चुनौती देने की इजाज़त देता है। लेकिन नए नियमों के बारे मे समझौता वार्ता इंसानों द्वारा नहीं की जाती है। इसकी बजाय, जैसा कि सोशल मीडिया एल्गोरिदम के हमारे पिछले विश्लेषण में बताया गया है, नियम अक्सर एल्गोरिदम ही बनाते हैं। उन्नीसवीं और बीसवीं शताब्दियों में जब मीडिया के मुग़ल कुछ विचारों को सेंसर करते थे, और दूसरे विचारों को बढ़ावा देते थे, तो इससे लोकतंत्र को नुक़सान पहुँच सकता था, लेकिन कम-से-कम ये मुग़ल इंसान तो होते ही थे, और उनके फ़ैसलों की लोकतांत्रिक जाँच की जा सकती थी। यह कहीं ज़्यादा ख़तरनाक है अगर हम रहस्यमय एल्गोरिदमों को यह तय करने दें कि कौन-से विचार प्रसारित किए जाएँ। अगर छलयोजना करने वाले बॉट और रहस्यमय एल्गोरिदम सार्वजनिक संवाद पर हावी हो जाते हैं तो इससे लोकतांत्रिक बहस ठीक उसी वक़्त ख़त्म हो सकती है जब हमें इसकी सबसे ज़्यादा ज़रूरत है। जब हमें तेज़ी-से विकसित

हो रही नई प्रौद्योगिकियों के बारे में महत्त्वपूर्ण निर्णय लेना अनिवार्य होगा, तब सर्वाजनिक क्षेत्र कंप्यूटर द्वारा तैयार की गई फ़ेक न्यूज़ से भरा होगा, नागरिक यह नहीं बता पाएँगे कि वे किसी मानव मित्र से बहस कर रहे हैं या किसी छलयोजना करने वाली मशीन से, और चर्चा के सबसे बुनियादी नियमों या सबसे बुनियादी तथ्यों के बारे में कोई आम सहमति नहीं बन पाएगी। इस तरह का अराजक सूचना तंत्र न तो सत्य पैदा कर सकता है और न ही इसे लंबे समय तक बनाये रखा जा सकता है। अगर हम अंततः अराजकता में फँस जाते हैं, तो अगला क़दम संभवतः तानाशाही की स्थापना का होगा क्योंकि लोग कुछ निश्चितता की ख़ातिर अपनी स्वतंत्रता का सौदा करने के लिए तैयार हो जाएँगे।

बॉट्स पर प्रतिबंध लगाओ

लोकतांत्रिक संवाद के लिए एल्गोरिदम द्वारा उत्पन्न ख़तरे के समक्ष, लोकतंत्र असहाय नहीं हैं। वे एआई को नियंत्रित करने और इसे फ़ेक न्यूज़ फैलाने वाले फ़र्ज़ी लोगों के साथ हमारे सूचना-क्षेत्र को प्रदूषित करने से रोकने के लिए उपाय कर सकते हैं और उन्हें ऐसा करना चाहिए। दार्शनिक डैनियल डेनेट ने सुझाव दिया है कि हम मुद्रा बाज़ार के पारंपरिक विनियमनों से प्रेरणा ले सकते हैं।[52] जब से सिक्कों और बाद में नोटों का आविष्कार हुआ है, तभी से तकनीकी रूप से उनकी जालसाज़ी करना हमेशा संभव रहा है। जालसाज़ी ने वित्तीय प्रणाली के समक्ष अस्तित्व का संकट पैदा कर दिया था क्योंकि इसने लोगों का पैसे पर से भरोसा ख़त्म कर दिया। अगर बुरे लोग बाज़ार को फ़र्ज़ी पैसे से भर देते, तो वित्तीय प्रणाली ध्वस्त हो जाती। फिर भी वित्तीय प्रणाली ने मुद्रा की जालसाज़ी के ख़िलाफ़ क़ानून बनाकर हज़ारों सालों तक ख़ुद को सुरक्षित रखा। परिणामतः प्रचलन में मौजूद मुद्रा का एक छोटा-सा हिस्सा ही जाली था, और लोगों का मुद्रा पर भरोसा बना रहा।[53]

जो बात मुद्रा की जालसाज़ी के संदर्भ में सही है वही इंसानों की जालसाज़ी के बारे में भी सही होनी चाहिए। अगर सरकारें मुद्रा में भरोसे की रक्षा के लिए निर्णायक क़दम उठा सकती हैं, तो इंसानों में भरोसे की रक्षा के लिए भी उतने ही निर्णायक क़दम उठाये जाने चाहिए। एआई के उदय से पहले एक इंसान कोई अन्य इंसान होने का ढोंग कर सकता था, और समाज ऐसे धोखेबाज़ों को दंडित करता था। लेकिन समाज ने नक़ली इंसान की रचना को ग़ैरक़ानूनी घोषित करने की ज़हमत नहीं उठायी, क्योंकि ऐसा करने की प्रौद्योगिकी मौजूद नहीं थी। अब जब एआई ख़ुद को इंसान के रूप में पेश कर सकता है, तो यह इंसानों के बीच भरोसे को ख़त्म करने

और समाज के ताने-बाने को बिगाड़ने का ख़तरा पैदा करता है। इसलिए डेनेट का सुझाव है कि सरकारों को नक़ली मनुष्यों पर भी उसी तरह प्रतिबंध लगाना चाहिए जिस तरह उन्होंने पहले नक़ली मुद्रा पर प्रतिबंध लगाया था।[54]

क़ानून को न केवल वास्तविक लोगों को डीपफ़ेक करने – उदाहरण के लिए, अमेरिकी राष्ट्रपति का नक़ली वीडियो बनाने – पर रोक लगाना चाहिए, बल्कि अ-मानव द्वारा ख़ुद को मानव के रूप में पेश करने के किसी भी प्रयास पर भी रोक लगानी चाहिए। अगर कोई शिकायत करता है कि इस तरह के सख़्त उपाय अभिव्यक्ति की स्वतंत्रता का उल्लंघन करते हैं, तो उन्हें याद दिलाया जाना चाहिए कि बॉट्स को अभिव्यक्ति की स्वतंत्रता नहीं है। किसी सार्वजनिक मंच से मनुष्यों पर प्रतिबंध लगाना एक संवेदनशील क़दम है, और लोकतंत्रों को इस तरह की सेंसरशिप के बारे में बहुत सतर्क रहना चाहिए। लेकिन बॉट्स पर प्रतिबंध लगाना एक सरल मुद्दा है : इससे किसी के अधिकारों का उल्लंघन नहीं होता क्योंकि बॉट्स के पास अधिकार नहीं हैं।[55]

इसका यह मतलब नहीं है कि लोकतंत्र को सभी बॉट, एल्गोरिदम और एआई को किसी भी संवाद में भाग लेने से प्रतिबंधित कर देना चाहिए। ये डिजिटल कर्ता कई संवादों में शामिल हो सकते हैं, बशर्ते कि वे इंसान होने का दिखावा न करें। उदाहरण के लिए, एआई डॉक्टर बेहद मददगार हो सकते हैं। वे चौबीसों घंटे हमारे स्वास्थ्य की निगरानी कर सकते हैं, हमारी व्यक्तिगत स्वास्थ्यपरक स्थितियों और व्यक्तित्व के अनुरूप चिकित्सा की सलाह दे सकते हैं, और अंतहीन धैर्य के साथ हमारे सवालों का जवाब दे सकते हैं। लेकिन एआई डॉक्टर को कभी भी ख़ुद को इंसान के रूप में पेश करने की कोशिश नहीं करनी चाहिए।

लोकतंत्रों द्वारा अपनाया जा सकने वाला एक और महत्त्वपूर्ण उपाय है, अनिरीक्षित एल्गोरिदमों द्वारा सार्वजनिक बहसों को आयोजित करने पर प्रतिबंध लगाना। हम निश्चित रूप से सोशल मीडिया के प्लेटफ़ॉर्म संचालित करने के लिए एल्गोरिदमों का उपयोग करना जारी रख सकते हैं; ज़ाहिर है, यह काम कोई इंसान नहीं कर सकता। लेकिन जिन सिद्धांतों का उपयोग करते हुए एल्गोरिदम यह तय करते हैं कि किन आवाज़ों को चुप कराना है और किन आवाज़ों को बढ़ावा देना है, उन सिद्धांतों को किसी मानव संस्था द्वारा जाँचा जाना चाहिए। जहाँ हमें सच्चे मानवीय विचारों को सेंसर करने के बारे में सावधान रहना चाहिए, वहीं हम एल्गोरिदम को जानबूझकर आक्रोश भड़काने से रोक सकते हैं। कम-से-कम कॉर्पोरेशनों को उनके एल्गोरिदम द्वारा पालन किए जाने वाले क्यूरेशन सिद्धांतों को लेकर पारदर्शी होना चाहिए। अगर वे हमारा ध्यान खींचने के लिए आक्रोश भड़काते हैं, तो उन्हें अपने व्यावसायिक मॉडल और उनके किसी भी राजनीतिक संबंध के

बारे में स्पष्ट होना चाहिए। अगर एल्गोरिदम सुनियोजित ढंग से उन वीडियो को ग़ायब कर देता है जो उसकी कंपनी के राजनीतिक एजेंडे से मेल नहीं खाते हैं, तो उपयोगकर्ताओं को यह पता होना चाहिए।

ये उन कई सुझावों में से कुछेक हैं जो हाल ही के वर्षों में लोकतंत्रों द्वारा सार्वजनिक संवाद में बॉट्स और एल्गोरिदम के प्रवेश को नियंत्रित करने के लिए दिए गए हैं। स्वाभाविक रूप से, इनमें से प्रत्येक के अपने फ़ायदे और नुक़सान हैं और किसी को भी अमल में लाना आसान नहीं होगा। साथ ही, चूँकि प्रौद्योगिकी इतनी तेज़ी-से विकसित हो रही है इसलिए नियंत्रण के नियमों के जल्दी ही पुराने पड़ जाने की संभावना है। मैं यहाँ केवल यह बताना चाहूँगा कि लोकतंत्र सूचना बाज़ार को नियंत्रित कर सकते हैं और उनका अस्तित्व नियंत्रण के इन नियमों पर निर्भर है। सूचना के बारे में अपरिपक्व दृष्टिकोण नियंत्रण का विरोध करता है और मानता है कि पूर्णत: मुक्त सूचना बाज़ार स्वत: ही सत्य और व्यवस्था उत्पन्न कर लेगा। यह बात लोकतंत्र के वास्तविक इतिहास से पूरी तरह बेमेल है। लोकतांत्रिक संवाद को सुरक्षित रखना कभी भी आसान नहीं रहा है, और उन सभी जगहों पर जहाँ यह संवाद हुआ है - संसदों और टाउनहॉल से लेकर समाचार-पत्रों और रेडियो स्टेशनों तक - वहाँ वह नियंत्रण की माँग करता रहा है। यह बात उस युग में दोगुनी सच है जब बुद्धि का एक अजनबी रूप संवाद पर हावी होने का ख़तरा पैदा कर रहा है।

लोकतंत्र का भविष्य

ज़्यादातर इतिहास के दौरान बड़े पैमाने का लोकतंत्र असंभव रहा था क्योंकि सूचना प्रौद्योगिकी इतनी परिष्कृत नहीं थी कि बड़े पैमाने पर राजनीतिक संवाद संभव हो सकता। हज़ारों वर्ग किलोमीटर में फैले लाखों लोगों के पास सार्वजनिक मामलों पर तत्काल विचार-विमर्श करने के उपकरण नहीं थे। अब, विडम्बना यह है कि लोकतंत्र इसलिए असंभव हो सकता है क्योंकि सूचना प्रौद्योगिकी बहुत परिष्कृत होती जा रही है। यदि अज्ञेय एल्गोरिदम संवाद पर क़ब्ज़ा कर लेते हैं, और विशेष रूप से वे सुविचारित तर्कों को कुचल देते हैं और घृणा और विभ्रम को भड़काते हैं, तो सार्वजनिक संवाद को क़ायम नहीं रखा जा सकता। फिर भी अगर लोकतंत्र ढहते हैं तो यह संभवत: किसी प्रकार की प्रौद्योगिकीय अपरिहार्यता के चलते नहीं बल्कि नई प्रौद्योगिकी को बुद्धिमानी के साथ नियंत्रित कर पाने में इंसानी विफलता के कारण होगा।

हम यह नहीं कह सकते कि स्थितियों का क्या रूप होगा। लेकिन, फ़िलहाल यह स्पष्ट है कि कई लोकतंत्रों का सूचना तंत्र टूट रहा है। संयुक्त राज्य अमेरिका में डेमोक्रेट और रिपब्लिकन अब बुनियादी बातों पर भी सहमत नहीं हो पाते हैं – जैसे कि 2020 के राष्ट्रपति चुनाव में किसने जीत हासिल की – अब शायद ही कभी सभ्य ढंग से बातचीत कर पाते हैं। काँग्रेस में द्विदलीय सहयोग, जो कभी अमेरिकी राजनीति की एक बुनियादी विशेषता हुआ करती थी,[56] अब लगभग ग़ायब हो गई है। यही कट्टरपंथी प्रक्रियाएँ फ़िलिपींस से लेकर ब्राज़ील तक कई अन्य लोकतंत्रों में भी जारी हैं। जब नागरिक एक-दूसरे से बात नहीं कर पाते और जब वे एक-दूसरे को राजनीतिक प्रतिद्वंद्वी की बजाय दुश्मन के रूप में देखते हैं, तो लोकतंत्र अस्थिर हो जाता है।

निश्चित रूप से कोई भी नहीं जानता कि लोकतांत्रिक सूचना तंत्र के टूटने का कारण क्या है। कुछ लोग कहते हैं कि यह वैचारिक दरारों के कारण है, लेकिन वास्तव में कई निष्क्रिय लोकतंत्रों में वैचारिक अंतर पिछली पीढ़ियों की तुलना में बड़ा नहीं लगता है। 1960 के दशक में संयुक्त राज्य अमेरिका नागरिक अधिकार आन्दोलन, यौन क्रांति, वियतनाम युद्ध, और शीत युद्ध के बारे में गहरे वैचारिक संघर्षों से तड़का हुआ था। इन तनावों के कारण राजनीतिक हिंसा और हत्याओं में वृद्धि हुई, लेकिन रिपब्लिकन और डेमोक्रेट तब भी चुनावों के परिणामों पर सहमत हो सकते थे,[57] उन्होंने कोर्ट जैसी संस्थाओं में समान रूप से विश्वास बनाये रखा था, और वे कम-से-कम कुछ मुद्दों पर काँग्रेस में एकसाथ काम कर सकते थे। उदाहरण के लिए, 1964 का नागरिक अधिकार अधिनियम सीनेट में छियालीस डेमोक्रेट और सत्ताईस रिपब्लिकन सदस्यों के समर्थन से पारित हुआ था। क्या 2020 के दशक में वैचारिक अंतर 1960 के दशक की तुलना में इतना बड़ा है? और अगर यह विचारधारा नहीं है तो लोगों को अलग करने वाली चीज़ क्या है?

कई लोग सोशल मीडिया एल्गोरिदमों पर अँगुली उठाते हैं। हमने पिछले अध्यायों में सोशल मीडिया के विभाजनकारी प्रभावों की पड़ताल की है, लेकिन विनाशकारी साक्ष्यों के बावजूद ऐसा लगता है कि इसमें अतिरिक्त कारक भी शामिल होने चाहिए। सचाई यह है कि जबकि हम आसानी-से देख सकते हैं कि लोकतांत्रिक सूचना तंत्र टूट रहा है, हम पक्के तौर पर नहीं जानते कि ऐसा क्यों हो रहा है। यह अपने आप में हमारे समय की ख़ासियत है। सूचना तंत्र इतना जटिल हो गया है और यह अपारदर्शी एल्गोरिदमीय निर्णयों और अंतर-कंप्यूटर सत्ताओं पर इस क़दर निर्भर करता है कि मनुष्यों के लिए सबसे बुनियादी राजनीतिक सवालों के जवाब देना भी बहुत मुश्किल हो गया है : हम एक-दूसरे से क्यों लड़ रहे हैं?

अगर हम यह नहीं पता लगा पाते कि क्या टूटा है और उसे जोड़ नहीं पाते, तो बड़े पैमाने के लोकतंत्र कंप्यूटर प्रौद्योगिकी के उदय से जीवित नहीं बच पाएँगे। अगर ऐसा सचमुच होता है, तो प्रमुख राजनीतिक व्यवस्था के रूप में लोकतंत्र की जगह कौन ले सकता है? क्या भविष्य अधिनायकवादी शासन तंत्रों का है, या कंप्यूटर अधिनायकवाद को भी अस्थिर बना सकते हैं? जैसा कि हम देखेंगे, मानव तानाशाहों के पास एआई से भयभीत होने के अपने कारण हैं।

अध्याय 10

अधिनायकवाद : सारी सत्ता एल्गोरिदमों के लिए?

नए कंप्यूटर तंत्र की नैतिकता और राजनीति की चर्चा अक्सर लोकतंत्रों के भाग्यों पर केंद्रित होती है। अगर सत्तावादी (ऑथॉरिटेरियन) और अधिनायकवादी (टोटलिटेरियन) शासन तंत्रों का उल्लेख किया जाता है, तो यह मुख्य रूप से एक ऐसे भयावह गंतव्य के रूप में होता है, जिस पर 'हम' पहुँच सकते हैं अगर 'हम' कंप्यूटर तंत्र का बुद्धिमत्तापूर्वक प्रबंधन करने में विफल रहते हैं,[1] हालाँकि, 2024 तक हम में से आधे से ज़्यादा लोग सत्तावादी या अधिनायकवादी शासन तंत्रों के अधीन ही रह रहे हैं,[2] जिनमें से कई कंप्यूटर तंत्र के उदय के पहले से ही स्थापित किए जा चुके थे। मानव जाति पर एल्गोरिदम और एआई के प्रभावों को समझने के लिए हमें ख़ुद से सवाल करना चाहिए कि उनका प्रभाव न केवल संयुक्त राज्य अमेरिका और ब्राज़ील जैसे लोकतंत्रों, बल्कि चीनी कम्युनिस्ट पार्टी और सऊद के शाही घराने पर क्या होगा।

जैसा कि पिछले अध्यायों में स्पष्ट किया गया है, आधुनिक युग से पहले उपलब्ध सूचना प्रौद्योगिकी ने बड़े पैमाने के लोकतंत्र और बड़े पैमाने के अधिनायकवाद, दोनों को ही अव्यावहारिक बना रखा था। चीनी हान साम्राज्य और अठारहवीं सदी के दिरियाह के सऊदी अमीरात जैसी बड़ी हूकूमतें आम तौर पर सीमित निरंकुशताएँ थीं। बीसवीं सदी में नई सूचना प्रौद्योगिकी ने बड़े पैमाने के लोकतंत्र और बड़े पैमाने के अधिनायकवाद, दोनों के उदय को संभव बनाया, लेकिन अधिनायकवाद को इससे गंभीर नुक़सान उठाना पड़ा। अधिनायकवाद सभी सूचना को एक केंद्र में लाने और उसे वहीं संसाधित (प्रॉसेस) करने का प्रयास

करता है। टेलीग्राफ़, टेलीफ़ोन, टाइपराइटर और रेडियो जैसी प्रौद्योगिकियों ने सूचना के केंद्रीकरण की सुविधा ज़रूर प्रदान की, लेकिन वे सूचना को संसाधित नहीं कर सकते थे और ख़ुद से निर्णय नहीं ले सकते थे। यह कुछ ऐसा ही बना रहा, जो केवल मनुष्य ही कर सकता था।

केंद्र में जितनी अधिक जानकारी प्रवाहित होती गई, उसे संसाधित करना उतना ही मुश्किल होता गया। अधिनायकवादी शासकों और दलों ने अक्सर महँगी ग़लतियाँ कीं और तंत्र के भीतर ऐसी कोई प्रक्रियाएँ नहीं थीं, जो इन ग़लतियों को पहचानतीं और सुधारतीं। कई संस्थानों और व्यक्तियों के बीच सूचना वितरित करने की लोकतांत्रिक पद्धति और निर्णय लेने की शक्ति बेहतर काम करती थी। वह डेटा की बाढ़ से कहीं अधिक कुशलता के साथ निपट सकती थी, और अगर एक संस्था ग़लत निर्णय लेती थी, तो अंततः इसे दूसरी संस्थाओं द्वारा सुधारा जा सकता था।

लेकिन, मशीन लर्निंग एल्गोरिदम ठीक वह चीज़ साबित हो सकती है, जिसका दुनिया के स्तालिन प्रतीक्षा कर रहे हैं। एआई शक्ति के प्रौद्योगिकीय संतुलन को अधिनायकवाद के पक्ष में झुका सकता है। दरअसल, जहाँ लोगों को डेटा से भर देने से वे त्रस्त हो जाते हैं और परिणामस्वरूप उनसे त्रुटियाँ होने लगती हैं, वहीं एआई को डेटा से भर देने से वह और अधिक कुशल हो जाता है। नतीजतन, एआई सूचना और निर्णय-प्रक्रिया को एक जगह केंद्रित कर देने के पक्ष में प्रतीत होता है।

यहाँ तक कि लोकतांत्रिक देशों में भी गूगल, फ़ेसबुक, और एमेज़ॉन जैसे थोड़े-से कॉर्पोरेशनों का अपने कार्यक्षेत्र में एकाधिकार है, आंशिक रूप से इसलिए कि एआई ने संतुलन को इन दिग्गज कंपनियों के पक्ष में झुका दिया है। रेस्तराँ जैसे पारंपरिक उद्योगों में आकार कोई छा जा जाने वाला लाभ नहीं होता। मैकडोनाल्ड एक विश्वव्यापी शृंखला है, जहाँ हर दिन पाँच करोड़ लोग भोजन कराते हैं,[3] और उसका आकार उसे लागत, ब्रांडिंग आदि के संदर्भ में कई सारे लाभ पहुँचता है। तब भी आप अपना एक ऐसा स्थानीय रेस्तराँ खोल सकते हैं, जो स्थानीय मैकडोनाल्ड के मुक़ाबले अपनी जगह बना सके। भले ही आपका रेस्तराँ एक दिन में मात्र दो सौ ग्राहकों की सेवा करता हो, तब भी आपके पास मैकडोनाल्ड से बेहतर भोजन बनाने और प्रसन्न ग्राहकों की निष्ठा अर्जित करने का मौक़ा है।

सूचना के बाज़ार में स्थिति भिन्न होती है। गूगल सर्च इंजन का इस्तेमाल प्रतिदिन दो से तीन अरब के बीच लोगों द्वारा किया जाता है, जो 8.5 अरब जानकारियाँ खोजते हैं।[4] मान लीजिए कि एक स्थानीय सर्च इंजन, जिसने अभी-अभी शुरुआत की है, गूगल से प्रतिस्पर्धा करने की कोशिश करता है। उसके सफल होने की कोई संभावना नहीं है, क्योंकि गूगल का इस्तेमाल पहले ही अरबों लोगों

द्वारा किया जा रहा है, इसलिए उसके पास इस्तेमाल करने के लिए बहुत अधिक डेटा है, जिससे वह बेहतर एल्गोरिदमों को प्रशिक्षित कर सकता है, जो और भी ज़्यादा उपयोगकर्ताओं को आकर्षित करेगा, जिसका इस्तेमाल एल्गोरिदम के अगले उत्पादन को प्रशिक्षित करने के लिए किया जा सकेगा, और यह सिलसिला जारी रहेगा। इसी का नतीजा था कि 2023 में गूगल ने विश्व के सर्च बाज़ार के 91.5 प्रतिशत हिस्से को नियंत्रित किया था।[5]

जनेटिक्स पर विचार करें। मान लीजिए कि विभिन्न देशों की कई कंपनियाँ एक ऐसा एल्गोरिदम विकसित करने की कोशिश करती हैं जो जीन और स्वास्थ्यपरक स्थितियों के बीच संबंध की पहचान कर सके। न्यूज़ीलैंड की आबादी 50 लाख है और वहाँ के गोपनीयता संबंधी नियम उसके आनुवंशिक और स्वास्थ्य संबंध रिकॉर्ड तक पहुँच बनाने को प्रतिबंधित करते हैं। चीन की आबादी 1.4 अरब के आसपास है और वहाँ गोपनीयता संबंधी नियम शिथिल हैं।[6] आपकी दृष्टि में जनेटिक एल्गोरिदम विकसित किए जाने की सबसे ज़्यादा संभावना किस देश में है? इसके बाद अगर ब्राज़ील अपनी स्वास्थ्य-सेवा-प्रणाली के लिए एक जनेटिक एल्गोरिदम ख़रीदना चाहता है, तो उसके पास न्यूज़ीलैंड की तुलना में चीनी एल्गोरिदम चुनने का अधिक सशक्त कारण होगा। इसके बाद यदि चीनी एल्गोरिदम 20 करोड़ ब्राज़ीलियनों द्वारा प्रयुक्त होकर अपने को और भी दक्ष बना लेता है, तो वह और भी बेहतर हो जाएगा, जिससे और भी देश चीनी एल्गोरिदम को चुनने के लिए प्रोत्साहित होंगे। जल्दी ही ऐसा वक़्त आएगा, जब दुनिया की ज़्यादातर चिकित्सा संबंधी सूचना चीन की ओर प्रवाहित होगी, जिससे चीन का जनेटिक एल्गोरिदम अपराजेय बन जाएगा।

सारी सूचना और सत्ता को किसी एक जगह केंद्रित करने की जो कोशिश बीसवीं सदी की अधिनायकवादी सत्ताओं की कमज़ोरी हुआ करती थी, वही एआई के युग में निर्णायक शक्ति साबित हो सकती है। इसी के साथ-साथ, जैसा कि एक आरंभिक अध्याय में कहा गया है, एआई के कारण अधिनायकवादी सत्ताओं के लिए ऐसा संपूर्ण निगरानी तंत्र खड़ा करना संभव हो सकता है, जो प्रतिरोध को लगभग असंभव बना दे।

कुछ लोगों का मानना है कि ब्लॉकचेन इस तरह की अधिनायकवादी प्रवृत्तियों पर लगाम कस सकती है, क्योंकि ब्लॉकचेन स्वभावत: लोकतंत्रों के अनुकूल और अधिनायकवाद के प्रतिकूल होती है। ब्लॉकचेन प्रणाली में, निर्णयों के लिए 51 प्रतिशत उपयोगकर्ताओं की मंज़ूरी आवश्यक होती है। यह बात लोकतांत्रिक प्रतीत हो सकती है, लेकिन ब्लॉकचेन प्रौद्योगिकी में एक घातक खोट है। समस्या 'उपयोगकर्ताओं' ('यूज़र्स') शब्द के साथ है। अगर किसी व्यक्ति के दस अकाउंट

हैं, तो वह दस उपयोगकर्ताओं के रूप में गिना जाएगा। अगर 51 प्रतिशत अकाउंट सरकार के नियंत्रण में हैं, तो सरकार उपयोगकर्ताओं का 51 प्रतिशत हिस्सा हो जाएगी। ऐसे ब्लॉकचेन तंत्रों के उदाहरण मौजूद हैं, जहाँ सरकार 51 प्रतिशत उपयोगकर्ता है।[7]

और जब ब्लॉकचेन में सरकार की भागीदारी 51 प्रतिशत होती है, तो इससे सरकार को चेन के न केवल वर्तमान, बल्कि उसके अतीत पर भी नियंत्रण प्राप्त हो जाता है। स्वेच्छाचारी शासक हमेशा से अतीत को बदलने की शक्ति चाहते रहे हैं। उदाहरण के लिए, रोमन सम्राट अक्सर damnatio memoriae में लगे रहते थे - अपने प्रतिद्वंद्वियों और शत्रुओं की स्मृति को मिटाने में। जब सम्राट कारोकैला ने अपने भाई और राजसिंहासन के प्रतिद्वंद्वी गेटा की हत्या कर दी, तो उसने लोगों के दिमाग़ से उसकी स्मृति मिटा देने की कोशिश की थी। शिलालेखों से गेटा का नाम मिटा दिया गया, जिन सिक्कों पर उसकी छवि अंकित थी, उन्हें पिघला दिया गया, तथा गेटा का नाम लेने मात्र पर मृत्युदंड का प्रावधान कर दिया गया।[8] उस समय का एक चित्र था, सेवेरन टोंडो, जो उनके पिता सेप्टिमियस सेवेरस, के शासन-काल के दौरान बनाया गया था, और उसमें मूलत: दोनों भाइयों को सेप्टिमियस और उन दोनों की माँ जूलिया डोम्ना के साथ चित्रित किया गया था, लेकिन बाद में किसी ने चित्र से गेटा के चेहरे को मिटा दिया और उस जगह पर मल पोत दिया। फ़ॉरेन्सिक विश्लेषण ने उस जगह पर मल के सूखे हुए कणों की शिनाख़्त की थी, जहाँ गेटा का चेहरा रहा होगा।[9]

आधुनिक अधिनायकवादी सत्ताएँ भी इसी तरह अतीत को बदलना चाहती रही हैं। जब स्तालिन सत्ता में आया, तो उसने सारे ऐतिहासिक दस्तावेज़ों से बोल्शेविक क्रांति के स्थपति और लाल सेना के संस्थापक त्रॉत्स्की का नाम मिटाने की सर्वश्रेष्ठ कोशिशें की थीं। 1937-1939 में स्तालिन के ग्रेट टेरर के ज़माने में जब निकोलाई बुख़ारिन और मार्शल मिखाइल तुख़ाचेव्स्की जैसे प्रमुख लोगों की हत्याएँ कर दी गईं, तो किताबों, अकादमिक आलेखों, फ़ोटोग्राफ़्स और चित्रों से उनके होने मात्र के सबूत को मिटा दिया गया था।[10] इस स्तर का विलोपन बहुत बड़े मानवीय उद्यम की माँग करता था, लेकिन ब्लॉकचेन के साथ, अतीत को बदलना बहुत आसान होगा। 51 प्रतिशत उपयोगकर्ताओं को नियंत्रित करने वाली सरकार एक बटन दबाकर लोगों को इतिहास से ग़ायब कर सकती है।

बॉट की जेल

जहाँ ऐसे बहुत-से तरीक़े हैं, जिनकी मदद से एआई केंद्रीय शक्ति को मज़बूत कर सकता है, वहीं सत्तावादी और अधिनायकवादी शासन-तंत्रों की अपनी समस्याएँ हैं। पहली और सबसे बड़ी समस्या यह है कि तानाशाहियों के पास अजैविक कर्ताओं को नियंत्रित करने का अनुभव नहीं होता। हर निरंकुश सूचना तंत्र आतंक की बुनियाद पर खड़ा होता है, लेकिन कंप्यूटर जेल में डाल दिए जाने या मार दिए जाने से नहीं डरते। अगर रूसी इंटरनेट पर कोई चैटबॉट रूसी सेनाओं द्वारा यूक्रेन में किए गए युद्ध अपराधों का ज़िक्र करता है, व्लादिमीर पुतिन के बारे में अपमानजनक चुटकुला सुना देता है, या पुतिन की यूनाइटेड रशिया पार्टी के भ्रष्टाचार की आलोचना करता है, तो पुतिन की सरकार उस चैटबॉट का क्या कर लेगी? एफ़एसबी के गुप्तचर न तो उसे जेल में डाल सकते हैं, न उसे यातनाएँ दे सकते हैं, या न ही उसके परिवार को धमका सकते हैं। सरकार निश्चय ही इसे ब्लॉक कर सकती है या मिटा सकती है, और उसे बनाने वाले इंसान का पता लगाकर उसे दंडित कर सकती है, लेकिन यह इंसानी उपयोगकर्ताओं को अनुशासित करने के मुक़ाबले कहीं ज़्यादा कठिन उद्यम है।

जिस ज़माने में कंप्यूटर ख़ुद-ब-ख़ुद विषय-वस्तु उत्पन्न नहीं कर पाते थे, और बुद्धिमत्तापूर्ण वार्तालाप नहीं कर पाते थे, तब केवल एक मनुष्य ही वीकोंटाक्टे और ओड्नोक्लासनिकी जैसे रूसी सोशल नेटवर्क चैनलों पर अपनी असहमतियाँ जता सकता था। अगर वह आदमी सशरीर रूस में उपस्थित होता, तो उसे रूसी अधिकारियों के कोपभाजन बनने का जोखिम होता, लेकिन तब क्या होगा अगर रूसी साइबरस्पेस ऐसे लाखों बॉट्स से भर जाए, जो विषय-वस्तु उत्पन्न कर सकते हों और वार्तालाप कर सकते हों, और ख़ुद-ब-ख़ुद सीख सकते हों और विकसित हो सकते हों। ये बॉट्स रूसी असंतुष्टों या विदेशी लोगों द्वारा प्रोग्राम किए गए हो सकते हैं, जो जानबूझकर उदारतावादी दृष्टिकोणों को फैलाना चाहते हों, और अधिकारियों को उन्हें रोक पाना असंभव हो सकता है। पुतिन सरकार की दृष्टि से, इससे भी बदतर यह है कि तब क्या होगा अगर अधिकृत बॉट्स ख़ुद ही, रूस में जारी घटनाक्रम की सूचना एकत्र करके और उसमें पैटर्न खोजकर, धीरे-धीरे असहमतिपूर्ण दृष्टिकोण विकसित कर लें?

यह संगति बैठाने की समस्या है, रूसी शैली। रूस के मानव इंजीनियर ऐसे एआई रचने की सर्वश्रेष्ठ कोशिश कर सकते हैं, जो पूरी तरह शासन की संगति में हों, लेकिन एआई की ख़ुद-ब-ख़ुद सीखने और बदलने की क्षमता को देखते हुए, ये मानव इंजीनियर यह कैसे सुनिश्चित कर सकते हैं कि एआई अवैध क्षेत्र में न जाए? यह ध्यान में रखना विशेष रूप से रोचक है कि जैसा कि जॉर्ज

आर्वेल ने अपनी किताब *नाइन्टीन ऐटी फ़ॉर* में समझाया है कि अधिनायकवादी सूचना तंत्र अक्सर दो मुँहेपन का सहारा लेता है। रूस एक अधिनायकवादी राज्य है, जो लोकतंत्र होने का दावा करता है। यूक्रेन पर रूस का हमला यूरोप में 1945 के बाद से सबसे लंबा युद्ध रहा है, जबकि सरकारी तौर पर इसे 'विशेष सैन्य कार्रवाई' के रूप में परिभाषित किया जाता है, और उसे 'युद्ध' की संज्ञा देना आपराधिक घोषित किया गया है, जिसके लिए तीन साल तक की सज़ा और पचास हज़ार रूबल तक जुर्माना हो सकता है।[11]

रूस का संविधान इस बारे में बड़े-बड़े दावे करता है कि किस तरह "हर किसी को विचार और अभिव्यक्ति की स्वतंत्रता होगी" (धारा 29.1), किस तरह, "हर किसी को उन्मुक्त ढंग से सूचना प्राप्त करने, उसे संचारित, उत्पादित और वितरित करने का अधिकार होगा" (धारा 29.4), और किसी तरह "मास मीडिया की स्वतंत्रता की गारंटी होगी। सेंसरशिप वर्जित होगी" (धारा 29.5)। शायद ही कोई रूसी नागरिक इतना भोला होगा कि वह इन वादों को सच मानता हो, लेकिन कंप्यूटर इस तरह के दोमुँहेपन को समझने के मामले में बुरे होते हैं। जिस चैटबॉट को रूसी क़ानूनों और मूल्यों का पालन करने के निर्देश दिए गए होंगे, वह रूसी संविधान को पढ़कर यह नतीजा निकाल सकता है कि अभिव्यक्ति की स्वतंत्रता रूस का एक प्रमुख मूल्य है। इसके बाद, रूस की साइबर स्पेस में कुछ दिन बिताने और रूस के सूचना-क्षेत्र में हो रही घटनाओं का निरीक्षण करने के बाद, वह चैटबॉट पुतिन की सरकार द्वारा अभिव्यक्ति की स्वतंत्रता के प्रमुख रूसी मूल्य का हनन करने के लिए पुतिन की सरकार की आलोचना शुरू कर सकता है। मनुष्य भी इस तरह के अंतर्विरोधों को नोटिस करते हैं और डर के मारे उनकी ओर इशारा करने से बचते हैं, लेकिन चैटबॉट को इस तरह के निंदनीय पैटर्नों की ओर इशारा करने से कौन रोकेगा? और रूस के इंजीनियर चैटबॉट को यह बात कैसे समझाएँगे कि भले ही रूस के संविधान में तमाम नागरिकों को अभिव्यक्ति की स्वतंत्रता की गारंटी दी गई है और सेंसरशिप को निषेध किया गया है, लेकिन चैटबॉट को वास्तव में संविधान पर विश्वास नहीं करना चाहिए, न ही उसे सिद्धांत और वास्तविक आचरण के बीच की खाई का ज़िक्र करना चाहिए? जैसा कि यूक्रेन के गाइड ने चेर्नोबिल में मुझे बताया था, अधिनायकवादी देशों में लोग इस विचार के साथ बड़े होते हैं कि सवाल करने से मुश्किलें पैदा होती हैं, लेकिन अगर आपने किसी एल्गोरिदम को यह पट्टी पढ़ा दी कि 'सवाल करने से मुश्किलें पैदा होती हैं' तो वह एल्गोरिदम कैसे सीखेगा और विकसित होगा?

अंत में, अगर सरकार कोई विनाशकारी नीति अपनाती है और फिर अपना विचार बदल लेती है, तो वह सामान्यत: उस विनाश का दोष किसी और के मत्थे

मढ़कर अपना बचाव कर लेती है। मनुष्य उन तथ्यों को भूलना बहुत मुश्किल से सीख पाते हैं, जो उन्हें मुसीबत में डाल सकते हैं, लेकिन आप किसी चैटबॉट को यह कैसे सिखाएँगे कि आज जिस नीति की निंदा की जा रही है, वह अभी साल भर पहले तक सरकारी नीति रही थी? यह बहुत बड़ी प्रौद्योगिकीय चुनौती है, जिससे निपटना तानाशाहियों के लिए बहुत मुश्किल होगा, ख़ास तौर से जब चैटबॉट और ज़्यादा शक्तिशाली और अपारदर्शी हो जाएँगे।

बेशक, लोकतंत्र को भी चैटबॉट के साथ ऐसी ही समस्याएँ हैं, जो अवांछित बातें कहते हैं या ख़तरनाक सवाल उठाते हैं। क्या होगा अगर माइक्रोसॉफ़्ट या फ़ेसबुक के इंजीनियरों की सर्वश्रेष्ठ कोशिशों के बावजूद चैटबॉट नस्लवादी गालियाँ बकना शुरू कर दे? लोकतंत्रों के साथ फ़ायदा यह है कि उनके पास ऐसे शरारती एल्गोरिदमों से निपटने की कहीं ज़्यादा गुंजाइशें होती हैं। चूँकि लोकतंत्र अभिव्यक्ति की स्वतंत्रता को अधिक गंभीरता से लेते हैं, इसलिए वे अपने भीतर बहुत कम रहस्य छिपाकर रखते हैं, और उन्होंने लोकतंत्र-विरोधी अभिव्यक्तियों तक के प्रति अपेक्षाकृत उच्च स्तरीय सहिष्णुता विकसित कर ली है। असंतुष्ट बॉट्स उन अधिनायकवादी शासनों के समक्ष कहीं ज़्यादा बड़ी चुनौती पेश करते हैं, जो अपने भीतर रहस्यों का पूरा-का-पूरा भंडार छिपाए होते हैं और जो आलोचना के प्रति रत्ती भर भी सहिष्णु नहीं होते।

एल्गोरिदमीय अधिग्रहण

दीर्घकालिक स्तर पर, अधिनायकवादी सत्ताओं द्वारा एक और भी बड़े ख़तरे का सामना किए जाने की संभावना है : एल्गोरिदम उनकी आलोचना करने की बजाय उन पर नियंत्रण हासिल कर सकते हैं। समूचे इतिहास के दौरान, तानाशाहों के समक्ष सबसे बड़ा ख़तरा अक्सर उनके मातहतों की ओर से पैदा होता रहा है। जैसा कि अध्याय 5 में कहा गया है, कोई भी रोमन सम्राट या सोवियत प्रधान लोकतांत्रिक क्रांति द्वारा गद्दी से नहीं हटाया गया, बल्कि उन्हें अपने ही मातहतों द्वारा उखाड़ फेंके जाने या कठपुतली बना दिए जाने का ख़तरा बना रहता था। अगर इक्कीसवीं सदी का कोई तानाशाह कंप्यूटरों को बहुत ज़्यादा शक्ति दे देता है, तो तानाशाह उनकी कठपुतली बन सकता है। तानाशाह ख़ुद से ज़्यादा शक्तिशाली कुछ कभी नहीं बनाना चाहता, यानी ऐसी ताक़त, जिसे वह नियंत्रित न कर सकता हो।

इस मुद्दे को स्पष्ट करने के लिए, मुझे एक अत्यंत विचित्र क़िस्म का वैचारिक प्रयोग करने की इजाज़त दें, जो बोस्ट्रोम के पेपरक्लिप विनाश का अधिनायकवादी

समकक्ष है। कल्पना करें कि यह वर्ष 2050 है, और ग्रेट लीडर को निगरानी और सुरक्षा एल्गोरिदम द्वारा एक अत्यंत ज़रूरी वजह से सुबह चार बजे जगा दिया जाता है। "ग्रेट लीडर, हम एक आपात स्थिति का सामना कर रहे हैं। मैंने ख़रबों डेटा की संगणना की है और जो पैटर्न पाया है, वह एकदम स्पष्ट है : रक्षा मंत्री सुबह आपकी हत्या करने और सत्ता हथियाने की योजना बना रहे हैं। हत्यारों का दस्ता तैयार है, और वह रक्षा मंत्री के आदेश का इंतज़ार कर रहा है, लेकिन, आप मुझे आदेश दें, तो मैं एक सटीक हमले में उनको ख़त्म कर दूँगा।"

"लेकिन रक्षा मंत्री तो मेरा सबसे ज़्यादा वफ़ादार समर्थक है," ग्रेट लीडर कहता है। "कल ही उसने मुझसे कहा था कि-"

"ग्रेट लीडर, मुझे मालूम है, उन्होंने आपसे क्या कहा था। मैं सब कुछ सुनता हूँ, लेकिन मैं यह भी जानता हूँ कि उन्होंने बाद में हत्यारों के दस्ते से क्या कहा था। और महीनों से मैं डेटा में परेशान करने वाले पैटर्न पाता रहा हूँ।"

"तुम्हें पक्का विश्वास है कि तुम्हें डीपफेक्स द्वारा बेवकूफ़ नहीं बनाया गया था?"

"मैंने जिस डेटा पर भरोसा किया है, वह 100 प्रतिशत असली है," एल्गोरिदम कहता है। मैंने उसे अपने विशेष डीपफ़ेक डिटेक्टिंग सब-एल्गोरिदम से जाँचा है। मैं ठीक-ठीक बता सकता हूँ कि मैं कैसे जानता हूँ कि वह डीपफ़ेक नहीं है, लेकिन यह समझने में हमें कुछ सप्ताह लग जाएँगे। जब तक मुझे यक़ीन नहीं हुआ था, मैं आपको चौकन्ना नहीं करना चाहता था, लेकिन डेटा प्वाइंट अपरिहार्य नतीजे पर पहुँच रहे हैं : सत्ता हथियाने की योजना जारी है। अगर हम तुरंत कार्रवाई नहीं करते, तो घंटे भर के भीतर हत्यारे यहाँ पर होंगे, लेकिन मुझे आदेश दीजिए, मैं गद्दारों का सफ़ाया कर दूँगा।"

निगरानी और सुरक्षा एल्गोरिदम को बहुत अधिक शक्ति प्रदान कर, ग्रेट लीडर ने ख़ुद को एक असंभव स्थिति में ला खड़ा किया है। अगर वह एल्गोरिदम की बात पर विश्वास नहीं करता, तो वह रक्षा मंत्री के हाथों मारा जा सकता है, लेकिन अगर वह एल्गोरिदम पर भरोसा करता है और रक्षा मंत्री का सफ़ाया करवा देता है, तो वह एल्गोरिदम के हाथ की कठपुतली बन जाएगा। जब भी कोई एल्गोरिदम के ख़िलाफ़ कोई क़दम उठाने की कोशिश करेगा, तो एल्गोरिदम को पता होगा कि ग्रेट लीडर के साथ किस तरह छल-योजना करनी है। ध्यान दें कि इस तरह की जोड़-तोड़ में शामिल होने के लिए एल्गोरिदम को चेतना-संपन्न सत्ता होने की ज़रूरत नहीं है। जैसा कि बोस्ट्रॉम का पेपर-क्लिप थॉट एक्सपेरिमेंट संकेत करता है और जैसा कि एक छोटे पैमाने पर जीपीटी-4 ने टास्करैबिट कार्यकर्ता से झूठ बोला था। एक चेतना-रहित एल्गोरिदम लालच या अहंकार जैसी किसी भी मानवीय

प्रेरणा के बिना भी शक्ति एकत्र करने और लोगों के साथ छल-योजना करने की कोशिश कर सकता है।

अगर एल्गोरिदम कभी भी उस तरह की क्षमताएँ विकसित कर लेता है, जैसी इस वैचारिक प्रयोग में वह कर लेता है, तो तानाशाहियाँ लोकतंत्रों के मुक़ाबले एल्गोरिदमीय अधिग्रहण के प्रति अधिक असुरक्षित होंगी। संयुक्त राज्य अमेरिका जैसी वितरित लोकतांत्रिक प्रणालियों में सुपर-मैकियावेलियन एआई के लिए भी सत्ता पर क़ब्ज़ा करना मुश्किल होगा। अगर एआई अमेरिकी राष्ट्रपति को नियंत्रित करना भी सीख लेता है, तो उसे काँग्रेस, सुप्रीम कोर्ट, राज्यों के गवर्नरों, मीडिया, बड़ी कंपनियों, और विविध ग़ैरसरकारी संगठनों के विरोध का सामना करना पड़ सकता है। उदाहरण के लिए, एल्गोरिदम सीनेट फ़िलिबस्टर से कैसे निपटेगा? सत्ता हथियाना केंद्रीकृत व्यवस्था में अधिक आसान है। जब सारी शक्तियाँ एक व्यक्ति के हाथों में सिमटी होती हैं, तो तानाशाह तक पहुँच बनाने में सक्षम व्यक्ति तानाशाह और समूचे राज्य को नियंत्रित कर सकता है। व्यवस्था को हैक करने के लिए, आपको केवल एक व्यक्ति के साथ छल-योजना करने की ज़रूरत होती है। इसका एक आदर्श उदाहरण है, रोमन सम्राट टिबेरियस, जो प्रेटोरियन गार्ड के कमांडर लूसियस एलियस सेजानस की कठपुतली बन गया था।

प्रेटोरियन की स्थापना शुरू में एक छोटे-से शाही अंगरक्षक के रूप में की गई थी। ऑगस्टस ने अंगरक्षक की कमान सँभालने के लिए *दो अधिकारी* नियुक्त किए ताकि कोई भी उस पर बहुत ज़्यादा शक्ति हासिल न कर सके[12], हालाँकि, टिबेरियस उतना अक़्लमंद नहीं था। वह दूसरों को अपने लिए घातक मानता था और यही उसकी सबसे बड़ी कमज़ोरी थी। उन दो प्रेटोरियन अधिकारियों में से एक सेजानस ने चालाकी से टिबेरियस के डर का फ़ायदा उठाया। उसने लगातार टिबेरियस की हत्या की कथित साज़िशों का पर्दाफ़ाश किया, जिनमें से कई पूरी तरह काल्पनिक थीं। संदेह से भरा हुआ सम्राट सेजानस के अलावा बाक़ी सब पर अविश्वास करने लगा। उसने सेजानस को प्रेटोरियन गार्ड का एकमात्र अधिकारी नियुक्त कर दिया, गार्ड को बारह हज़ार लोगों की सेना में फैलाया, और सेजानस के आदमियों को रोम शहर की पुलिसिया देखभाल का काम सौंप दिया और प्रशासन में सेजानस के आदमियों को अतिरिक्त भूमिकाएँ सौंप दीं। अंत में, सेजानस ने टिबेरियस को राजधानी छोड़कर कैपरी में जाने को राज़ी किया, जिसके लिए उसने तर्क दिया कि गद्दारों और जासूसों से भरे भीड़-भाड़ वाले महानगर की तुलना में एक छोटे-से द्वीप पर सम्राट की रक्षा करना ज़्यादा आसान होगा। वास्तव में, जैसा कि इतिहासकार टैसीटस का कहना था, सेजानस का लक्ष्य सम्राट तक पहुँचने वाली सारी सूचना को नियंत्रित करना था : ‘‘सम्राट तक पहुँच उसके नियंत्रण में होती

थी, और ख़त जो ज़्यादातर सैनिकों द्वारा पहुँचाए जाते थे, उसके हाथों से होकर गुज़रते थे।''[13]

रोम पर प्रेटोरियनों के नियंत्रण, टिबेरियस का कैपरी में अलग-थलग पड़ जाना, और टिबेरियस तक पहुँचने वाली सभी सूचनाओं पर सेजानस का नियंत्रण - इन तमाम चीज़ों के साथ प्रेटोरियन का यह कमांडर साम्राज्य का सच्चा शासक बन गया। सेजानस ने शाही परिवार के सदस्यों समेत उन सभी लोगों को राजद्रोह का झूठा आरोप लगाकर हटा दिया, जो उसका विरोध कर सकते थे। चूँकि सेजानस की इजाज़त के बग़ैर कोई भी व्यक्ति सम्राट से संपर्क नहीं कर सकता था, इसलिए टिबेरियस कठपुतली बनकर रह गया।

आख़िरकार किसी ने - संभवत: टिबेरियस की साली एंटोनिया ने - सेजानस के सूचना के घेरे में एक छिद्र ढूँढ निकाला। सम्राट के पास एक पत्र भेजा गया,जिसमें उसे वास्तविक हालात के बारे में जानकारी दी गई, लेकिन जब तक टिबेरियस को ख़तरे का एहसास हुआ और उसने सेजानस से छुटकारा पाने का संकल्प लिया, तब तक वह लगभग असहाय हो चुका था। वह उस व्यक्ति को कैसे हटा सकता था, जो न केवल सम्राट के अंगरक्षकों, बल्कि बाहरी दुनिया के साथ उसके सभी संपर्कों को नियंत्रित करता था? अगर वह कोई क़दम उठाने की कोशिश करता, तो सेजानस उसे अनिश्चितकाल के लिए कैपरी में क़ैद कर सकता था और सीनेट तथा सेना को सूचित कर सकता था कि सम्राट बहुत बीमार है और कहीं की भी यात्रा नहीं कर सकते।

तब भी टिबेरियस अंतत: अपनी स्थिति मज़बूत करने में कामयाब हो गया। जैसे-जैसे सेजानस की शक्ति बढ़ती गई, वैसे-वैसे वह साम्राज्य को चलाने में व्यस्त होता गया और रोम के सुरक्षा-तंत्र की दैनिक बारीकियों से उसका संपर्क कम होता गया। टिबेरियस रोम की फ़ायर ब्रिगेड और नाइट वॉच के कमांडर नेवियस सुटोरियस मैक्रो से गोपनीय ढंग से संपर्क स्थापित करने में कामयाब हो गया। मैक्रो ने सेजानस का तख़्तापलट पलट दिया और इसके पुरस्कार स्वरूप उसे प्रेटोरियन गार्ड का नया कमांडर बना दिया गया। कुछ साल बाद मैक्रो ने टिबेरियस को मरवा दिया।[14]

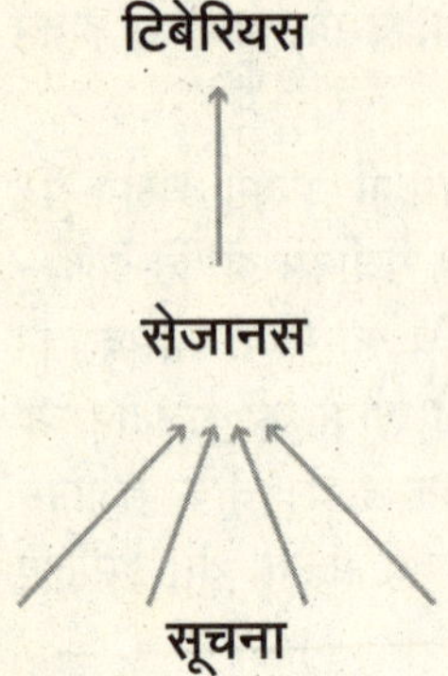

सत्ता उस गठबंधन पर होती है, जहाँ सूचना के सारे चैनलों का विलय हो जाता है। चूँकि टिबेरियस ने सूचना के चैनलों का सेजानस में विलय हो जाने दिया, इसलिए सेजानस सत्ता का वास्तविक केंद्र बन गया, जबकि टिबेरियस एक कठपुतली के रूप में सिमटकर रह गया।

टिबेरियस की नियति उस नाज़ुक संतुलन की ओर संकेत करती है, जिसे हर तानाशाह को क़ायम रखना ज़रूरी है। वे सारी सूचना को एक जगह केंद्रित करने की कोशिश करते हैं, लेकिन उन्हें इस बात के प्रति सावधान रहना ज़रूरी है कि सूचना के सारे चैनल उन्हीं में विलय हों। अगर सूचना के चैनल कहीं और विलय हो जाते हैं, तो वह सत्ता का वास्तविक गठबंधन बन जाता है। जब शासन सेजानस और मैक्रो जैसे इंसानों पर निर्भर करने लगता है, तो एक कुशल तानाशाह सत्ता के शीर्ष पर बने रहने के लिए उन्हें एक-दूसरे के ख़िलाफ़ खड़ा कर सकता है। विरोधियों का सफ़ाया करने का स्तालिन का यही तरीक़ा था, लेकिन जब कोई शासन एक शक्तिशाली, किन्तु अज्ञेय एआई पर निर्भर करने लगता है, जो सभी सूचनाओं को एकत्र कर उनका विश्लेषण करता है, तो मानव तानाशाह को सारी शक्ति खो देने का ख़तरा होता है। वह राजधानी में रहते हुए भी एआई द्वारा नियंत्रित और छल-योजित एक डिजिटल द्वीप पर अलग-थलग पड़ सकता है।

तानाशाह की दुविधा

अगले कुछ वर्षों में हमारी दुनिया के तानाशाह एल्गोरिदमीय अधिग्रहण से कहीं ज़्यादा तात्कालिक समस्या का सामना करेंगे। इस समय की कोई भी एआई प्रणाली इस पैमाने पर शासनों को नियंत्रित नहीं कर सकती, लेकिन, अधिनायकवादी व्यवस्थाएँ पहले ही एल्गोरिदमों में ज़रूरत से ज़्यादा भरोसा करने का जोखिम मोल ले रही हैं। जहाँ लोकतंत्र यह मानकर चलते हैं कि हर किसी से ग़लतियाँ हो सकती हैं, वहीं अधिनायकवादी शासनों की यह बुनियादी धारणा होती है कि शासक दल या सर्वोच्च नेता हमेशा सही होता है। इस धारणा पर टिकी सरकारें एक अचूक बुद्धिमत्ता पर विश्वास करने के लिए अनुकूलित और आत्म-सुधार के ऐसे मज़बूत

तंत्र बनाने के लिए अनिच्छुक होती हैं, जो शिखर पर मौजूद प्रतिभा की निगरानी कर सकें, उसे संयमित कर सकें।

अब तक ऐसे शासन इंसानों के दलों और नेताओं में आस्था रखते आए थे और व्यक्ति-पूजा के हॉटहाउस हुआ करते थे, लेकिन इक्कीसवीं सदी में यह अधिनायकवादी रवायत उन्हें एआई की अचूकता में उम्मीद करने के लिए तैयार करती है। जो व्यवस्थाएँ किसी मुसोलिनी, किसी चाउसेस्को, या किसी ख़ोमेनी की अचूक प्रतिभा पर विश्वास कर सकती थीं, वे अतिबुद्धिमान कंप्यूटर की अचूक प्रतिभा पर भी विश्वास करने के लिए तैयार हैं। इससे उनके नागरिकों तथा संभवतः बाक़ी दुनिया के लिए भी विनाशकारी परिणाम हो सकते हैं। तब क्या होगा, अगर पर्यावरण-नीति की ज़िम्मेदारी सँभालने वाले एल्गोरिदम कोई बड़ी ग़लती कर बैठें, जबकि आत्म-सुधार की ऐसी कोई प्रक्रिया न हो, जो उनकी ग़लती को पहचान और सुधार सके? क्या होगा यदि राज्य की सामाजिक साख प्रणाली को संचालित करने वाला एल्गोरिदम न केवल आम जनता, बल्कि सत्तारूढ़ दल के सदस्यों को भी आतंकित करना शुरू कर दे और इसी के साथ-साथ अपनी नीतियों पर सवाल उठाने वाले व्यक्ति को 'जनता का शत्रु' कहना शुरू कर दे?

तानाशाह हमेशा आत्म-सुधार की कमज़ोर प्रक्रियाओं के शिकार रहे हैं और उन्हें हमेशा अपने ताक़तवर मातहतों से ख़तरा रहा है। एआई का उदय इन समस्याओं को बहुत ज़्यादा बढ़ा सकता है। इसलिए कंप्यूटर तंत्र तानाशाहों के समक्ष अत्यंत कष्टदायी दुविधा पेश करता है। वे कथित रूप से अचूक तकनीक पर भरोसा करके अपने मानव मातहतों के चंगुल से बचने का फ़ैसला कर सकते हैं, लेकिन उस स्थिति में वे प्रौद्योगिकी की कठपुतली बन सकते हैं। वे एआई की निगरानी के लिए मनुष्यों की एक संस्था बना सकते हैं, लेकिन वह संस्था उनकी अपनी शक्ति को भी कमज़ोर कर सकती है।

अगर दुनिया के थोड़े-से तानाशाह भी एआई पर भरोसा करने का फ़ैसला करते हैं, तो समूची मानवता पर इसका दूरगामी असर हो सकता है। विज्ञान-कथाओं में इस तरह के परिदृश्य भरे पड़े हैं, जहाँ एआई नियंत्रण से बाहर हो जाता है और मानव जाति को गुलाम बना लेता है या उसे ख़त्म कर देता है। विज्ञान-कथाओं के ज़्यादातर कथानक लोकतांत्रिक पूँजीवादी समाजों के संदर्भ में इन परिदृश्यों की संभावनाओं को तलाशते हैं। यह समझ में आने वाली बात है। लोकतंत्रों में रहने वाले लेखक स्वाभाविक ही अपने समाजों में दिलचस्पी लेते हैं, जबकि तानाशाहियों के अधीन रहने वाले लेखक सामान्यतः अपने शासकों की आलोचना करने से हतोत्साहित होते हैं, लेकिन तानाशाह मनुष्यता के एआई-विरोधी कवच का सबसे कमज़ोर स्थल हैं। किसी एआई के लिए सत्ता हथियाने का सबसे आसान तरीक़ा डॉ.

फ्रेंक्स्टीन की प्रयोगशाला से निकल भागना नहीं है, बल्कि किसी व्यामोह-पीड़ित टिबेरियस की चाटुकारिता करना है।

यह कोई भविष्यवाणी नहीं, महज़ एक संभावना है। 1945 के बाद से तानाशाहों और उनके मातहतों ने परमाणु हथियारों को रोकने के लिए लोकतांत्रिक सरकारों और उनके नागरिकों के साथ सहयोग किया। 9 जुलाई, 1955 को एल्बर्ट आइंस्टाइन, बर्ट्रेंड रसेल और कई अन्य वैज्ञानिकों और विचारकों ने रसेल-आइंस्टाइन घोषणा-पत्र प्रकाशित किया था, जिसमें लोकतंत्रों और तानाशाहियों, दोनों के नेताओं से परमाणु युद्ध को रोकने के लिए सहयोग का आह्वान किया गया था। इस घोषणा-पत्र में कहा गया था कि ''हम मनुष्यों के रूप में मनुष्यों से अपील करते हैं : अपनी मानवता को याद रखें और बाक़ी सब भूल जाएँ। अगर आप ऐसा कर सकते हैं, तो एक नए स्वर्ग का मार्ग खुला हुआ है; अगर आप ऐसा नहीं कर सकते, तो आपके सामने सार्वभौमिक मृत्यु का ख़तरा है।''[15] यह बात एआई के संदर्भ में भी सही है। अगर तानाशाह यह मानते हैं कि एआई अनिवार्यतः सत्ता के संतुलन को उनके पक्ष में झुका देगा, तो यह उनकी मूर्खता होगी। अगर वे सतर्क नहीं रहे, तो एआई स्वयं सत्ता को हड़प लेगा।

अध्याय 11

सिलिकॉन पर्दा : भूमंडलीय साम्राज्य या भूमंडलीय विभाजन

पिछले दो अध्याय इस बात की पड़ताल करते हैं कि विभिन्न तरह के मानव समाज नए कंप्यूटर तंत्र के उद्भव के प्रति किस तरह की प्रतिक्रिया कर सकते हैं, लेकिन हम एक आपस में जुड़ी दुनिया में रहते हैं, जहाँ एक देश के फ़ैसले दूसरे देशों पर गहरा प्रभाव डाल सकते हैं। एआई द्वारा प्रस्तुत कुछ गंभीरतम ख़तरे किसी एक मानव समाज की आंतरिक गतिशीलता से पैदा नहीं होते। इसकी बजाय, वे कई समाजों की गतिशीलता से पैदा होते हैं, जिसके परिणाम हथियारों की नई होड़, नए युद्ध, और नए साम्राज्यवादी विस्तार के रूप में सामने आ सकते हैं।

कंप्यूटर अभी इतने शक्तिशाली नहीं हुए हैं कि वे पूरी तरह हमारे नियंत्रण से बच निकलें या ख़ुद के बूते पर मानव सभ्यता को नष्ट कर दें। जब तक मनुष्यता एकजुट रहती है, हम ऐसी संस्थाएँ खड़ी कर सकते हैं, जो एआई को नियंत्रित करें और एल्गोरिदमीय त्रुटियों को सुधारें। दुर्भाग्य से, मनुष्यता कभी एकजुट नहीं रही है। हम हमेशा बुरे लोगों से परेशान रहे हैं और अच्छे लोगों के मतभेदों से भी। ऐसे में, एआई का उदय, कंप्यूटर की दुष्टता के कारण नहीं, बल्कि हमारी अपनी कमियों के कारण, मानव जाति के समक्ष अस्तित्व का ख़तरा पैदा करता है।

एक पागल तानाशाह एक चूक कर सकने वाले एआई को असीमित शक्ति दे सकता है, जिसमें परमाणु हमला करने की शक्ति भी शामिल है। अगर तानाशाह अपने रक्षामंत्री से ज़्यादा अपने एआई पर भरोसा करता है, तो क्या यह उसकी समझदारी नहीं होगी कि एआई देश के सबसे शक्तिशाली हथियारों की निगरानी करे? ऐसे में अगर एआई कोई ग़लती करता है या किसी अजनबी लक्ष्य का पीछा

करना शुरू कर देता है, तो परिणाम विनाशकारी हो सकता है, और केवल उस देश के लिए नहीं।

इसी तरह, दुनिया के एक कोने में होने वाली घटनाओं पर ध्यान केंद्रित करने वाले आतंकी वैश्विक महामारी को भड़काने के लिए एआई का उपयोग कर सकते हैं। आतंकी महामारी विज्ञान की तुलना में किन्हीं विनाशकारी मिथकों में अधिक पारंगत हो सकते हैं, लेकिन उन्हें केवल लक्ष्य निर्धारित करने की आवश्यकता होगी, बाक़ी सब उनके एआई द्वारा किया जाएगा। एआई एक नए रोगाणु का संश्लेषण कर सकता है, इसे वाणिज्यिक प्रयोगशालाओं से मँगवा सकता है, या इसे जैविक 3 डी प्रिंटर से प्रिंट कर सकता है, और इसे हवाई अड्डों या खाद्य आपूर्ति शृंखलाओं के माध्यम से दुनिया भर में फैलाने के लिए सबसे अच्छी रणनीति तैयार कर सकता है। तब क्या होगा अगर एआई एक ऐसा वायरस संश्लेषित करे, जो इबोला जितना घातक, कोविड-19 जितना संक्रामक और एड्स जितना धीमा काम करने वाला हो? जब तक पहले पीड़ित मरना शुरू होंगे, और दुनिया ख़तरे के प्रति सतर्क होगी, तब तक पृथ्वी पर अधिकांश लोग संक्रमित हो चुके होंगे।[1]

जैसा कि हमने पिछले अध्यायों में देखा, मानव सभ्यता को एटम बम और वायरस जैसे भौतिक और जैविक हथियारों से ही ख़तरा नहीं है। मानव सभ्यता सामाजिक सामूहिक विनाश के हथियारों से भी नष्ट की जा सकती है, जैसे कि उन क़िस्सों से, जो हमारे सामाजिक बंधनों को कमज़ोर करते हैं। किसी एक देश में विकसित एआई का उपयोग फ़ेक न्यूज़, फ़र्ज़ी मुद्रा और फ़र्ज़ी इंसानों की बाढ़ लाने के लिए किया जा सकता है, जिससे कि अन्य अनेक देशों के लोग किसी भी चीज़ या व्यक्ति पर भरोसा करने की क्षमता खो दें।

बहुत-से समाज - लोकतांत्रिक और तानाशाह, दोनों तरह के समाज - एआई के इस तरह के उपयोगों को नियंत्रित करने, बुरे लोगों पर लगाम कसने, और अपने शासकों और कट्टरपंथियों की ख़तरनाक महत्त्वाकांक्षाओं पर अंकुश लगाने के लिए ज़िम्मेदारी के साथ कार्रवाई कर सकते हैं, लेकिन अगर थोड़े-से समाज भी ऐसा नहीं कर पाते हैं, तो यह पूरी मानव जाति को ख़तरे में डालने के लिए पर्याप्त हो सकता है। जलवायु परिवर्तन उन देशों को भी तबाह कर सकता है, जो पर्यावरण के बेहतरीन नियमों को अपनाते हैं, क्योंकि यह राष्ट्रीय समस्या नहीं, बल्कि वैश्विक समस्या है। एआई भी एक वैश्विक समस्या है। देशों का यह सोचना भोलापन होगा कि जब तक वे अपनी सरहदों के भीतर एआई को समझदारी के साथ नियंत्रित किए रहते हैं, तब तक वे एआई-क्रांति के बुरे परिणामों से बचे रहेंगे। तदनुसार, नई कंप्यूटर राजनीति को समझने के लिए इतना जाँचना भर पर्याप्त नहीं है कि अलग-अलग समाज एआई पर कैसे प्रतिक्रिया कर सकते हैं, बल्कि, हमें

यह भी विचार करने की ज़रूरत है कि एआई वैश्विक स्तर पर समाजों के आपसी संबंधों को कैसे बदल सकता है।

वर्तमान में, दुनिया लगभग दो सौ राष्ट्र-राज्यों में विभाजित है, जिनमें से ज़्यादातर ने 1945 के बाद आज़ादी हासिल की थी। वे सब समान नहीं हैं। इस फ़ेहरिस्त में दो महाशक्तियाँ हैं, कई बड़ी शक्तियाँ, कई ब्लॉक और गठबंधन और बहुत-से छोटे-छोटे मुल्क शामिल हैं। फिर भी, सबसे छोटे राज्यों तक को कुछ लाभ मिलता है, जैसे कि महाशक्तियों को एक-दूसरे के ख़िलाफ़ खड़ा करने की उनकी क्षमता से स्पष्ट होता है। उदाहरण के लिए, 2020 के दशक की शुरुआत में, चीन और संयुक्त राज्य अमेरिका ने रणनीतिक दृष्टि से महत्त्वपूर्ण दक्षिण प्रशांत क्षेत्र में अपने प्रभाव के लिए प्रतिस्पर्धा की थी। दोनों महाशक्तियों ने टोंगा, तुवालु, किरिबाती और सोलोमन द्वीप जैसे द्वीपीय राष्ट्रों को लुभाया था। इन छोटे देशों की सरकारों - जिनकी आबादी 740,000 (सोलोमन द्वीप) से लेकर 11,000 (तुवालु) तक है - के पास यह तय करने के लिए पर्याप्त छूट थी कि वे किसकी तरफ़ रहें और वे काफ़ी रियायतें और सहायता प्राप्त करने में सक्षम थे।[2]

क़तर जैसे अन्य छोटे देशों ने भूराजनीतिक क्षेत्र में ख़ुद को महत्त्वपूर्ण उपस्थिति साबित किया है। मात्र 300,000 नागरिकों की आबादी के बावजूद, क़तर मध्यपूर्व में महत्त्वाकांक्षी विदेश नीति के लक्ष्यों का पीछा कर रहा है, वैश्विक अर्थव्यवस्था में एक बड़ी भूमिका निभा रहा है, और अरब दुनिया के सबसे प्रभावशाली टीवी नेटवर्क अल जज़ीरा का घर है। कोई यह कह सकता है कि क़तर अपने आकार के अनुपात में इसलिए बेहतर प्रदर्शन करने में कामयाब है, क्योंकि यह दुनिया में प्राकृतिक गैस का तीसरा सबसे बड़ा निर्यातक है, लेकिन यह चीज़ एक अलग राजनीतिक सेटिंग में क़तर को एक स्वतंत्र हैसियत प्रदान करने की बजाय एक ऐसी स्थिति में ला सकती थी कि उसे कोई भी साम्राज्यवादी विजेता सबसे पहला कौर बनाकर निगल लेता। यह महत्त्वपूर्ण है कि अभी 2024 तक, क़तर की बहुत बड़ी पड़ोसी और दुनिया की आधिपत्यशाली शक्तियाँ इस छोटे-से खाड़ी राज्य को उसकी शानदार संपत्ति को थामे रहने दे रही हैं। कई लोग अंतरराष्ट्रीय व्यवस्था को जंगल के रूप में चित्रित करते हैं। अगर ऐसा है, तो यह एक ऐसा जंगल है, जिसमें बाघ मोटी मुर्गियों को उनकी सुरक्षा के घेरे में रहने की इजाज़त दिए हुए हैं।

क़तर, टोंगा, तुवालु, किरिबाती और सोलोमन द्वीप संकेत करते हैं कि हम एक उत्तर-साम्राज्यवादी युग में रह रहे हैं। इन्होंने 1970 के दशक में ब्रिटिश साम्राज्य से स्वाधीनता हासिल की थी, जिसके साथ यूरोप की साम्राज्यवादी व्यवस्था अंतिम रूप से समाप्त हुई थी। अब अंतरराष्ट्रीय मैदान में उनकी जो हैसियत है, वह इस बात का प्रमाण है कि इक्कीसवीं सदी की पहली चौथाई में सत्ता पर

मात्र कुछ साम्राज्यों का एकाधिकार नहीं है, बल्कि वह अपेक्षाकृत बड़ी संख्या में राज्यों के बीच बँटी हुई है।

नया कंप्यूटर तंत्र अंतरराष्ट्रीय राजनीति की इस शक्ल को किस तरह बदल सकता है? किसी तानाशाह एआई द्वारा परमाणु युद्ध शुरू कर देने या किसी आतंकी एआई द्वारा घातक महामारी भड़का देने के सर्वनाशकारी परिदृश्यों के अलावा, कंप्यूटर वर्तमान अंतरराष्ट्रीय व्यवस्था के समक्ष दो मुख्य चुनौतियाँ पेश करते हैं। पहली, चूँकि कंप्यूटर सूचना और शक्ति को एक स्थल में केंद्रित करना आसान बनाते हैं, इसलिए मानवता नए साम्राज्यवादी युग में प्रवेश कर सकती है। कुछ साम्राज्य (या शायद मात्र एक साम्राज्य) सारी दुनिया को उससे ज़्यादा सख़्त जकड़ में ले सकते हैं, जितनी ब्रिटिश साम्राज्य या सोवियत साम्राज्य की थी। टोंगा, तुवालु, और क़तर स्वायत्त राज्यों की बजाय उपनिवेशवादी आधिपत्यों के अधीन हो सकते हैं, जैसे वे पचास साल पहले थे।

दूसरी चुनौती, मानवता एक नए सिलिकॉन पर्दे से विभाजित हो सकती है, जो प्रतिद्वंद्वी डिजिटल साम्राज्यों के बीच से होकर गुज़रेगा। जैसे-जैसे प्रत्येक सरकार संगति की समस्या, तानाशाह की दुविधा और अन्य प्रौद्योगिकीय उलझावों के अपने जवाब खोजेगी, वैसे-वैसे उनमें से प्रत्येक सरकार एक बिलकुल अलग और भिन्न क़िस्म का कंप्यूटर तंत्र विकसित कर सकती है। तब इन विभिन्न तंत्रों के बीच वार्तालाप और भी मुश्किल हो सकता है और ऐसा ही उनके द्वारा नियंत्रित मनुष्यों के साथ भी हो सकता है। क़तर के लोग जो ईरानी या रूसी तंत्र के हिस्से के रूप में रह रहे होंगे, टोंगा के लोग जो चीनी तंत्र के हिस्से के रूप में रह रहे होंगे, और तुवालु के लोग जो अमेरिकी तंत्र के हिस्से के रूप में रह रहे होंगे, इन सबके अनुभव और विश्वदृष्टियाँ इतनी अलग हो सकती हैं कि वे शायद ही संवाद कर पाएँ या ज़्यादातर चीज़ों पर सहमत हो पाएँ।

अगर इस तरह की चीज़ें वास्तव में होती हैं, तो वे अपने ही विनाशकारी परिणाम सामने ला सकती हैं। हो सकता है, प्रत्येक साम्राज्य अपने परमाणु हथियारों को मानव नियंत्रण में रखे और अपने पागलों को जैविक हथियारों से दूर रखे, लेकिन शत्रुतापूर्ण शिविरों में विभाजित और एक-दूसरे को समझने में असमर्थ एक मानव प्रजाति में विनाशकारी युद्धों से बचने या विनाशकारी जलवायु परिवर्तन को रोकने की क्षीण संभावना है। एक अपारदर्शी सिलिकॉन पर्दे से विभाजित प्रतिद्वंद्वी साम्राज्यों की दुनिया भी एआई की विस्फोटक शक्ति को नियंत्रित करने में अक्षम होगी।

डिजिटल साम्राज्यों का उदय

अध्याय 9 में हमने औद्योगिक क्रांति और आधुनिक साम्राज्यवाद के बीच के रिश्ते को हल्का-सा छुआ था। शुरू में यह स्पष्ट नहीं था कि औद्योगिक टेक्नोलॉजी का साम्राज्यों के निर्माण पर बहुत ज़्यादा प्रभाव पड़ेगा। जब अठारहवीं सदी में ब्रिटिश कोयला खदानों में पानी भरने के लिए पहले भाप के इंजन का उपयोग किया गया था, तो किसी ने भी यह नहीं सोचा था कि ये इंजन अंततः मानव इतिहास की सबसे महत्त्वाकांक्षी परियोजनाओं को शक्ति प्रदान करेंगे। जब उन्नीसवीं सदी की शुरुआत में औद्योगिक क्रांति ने गति पकड़ी, तो यह निजी व्यवसायों द्वारा परिचालित थी, क्योंकि सरकारें और सेनाएँ इसके भूराजनीतिक प्रभावों को समझने में अपेक्षाकृत धीमी थीं। उदाहरण के लिए, दुनिया का पहला वाणिज्यिक रेलवे, जो 1830 में लिवरपूल और मैनचेस्टर के बीच खोला गया था, निजी स्वामित्व वाली लिवरपूल और मैनचेस्टर कंपनी द्वारा बनाया और संचालित किया गया था। यही बात इंग्लैंड, संयुक्त राज्य अमेरिका, फ्रांस, जर्मनी और दूसरी जगहों की ज़्यादातर शुरुआती रेलवे लाइनों के बारे में सही थी। उस मक़ाम पर, यह बात बिलकुल भी स्पष्ट नहीं थी कि सरकारों और सेनाओं को इस तरह के वाणिज्यिक उपक्रमों में क्यों शामिल होना चाहिए।

लेकिन उन्नीसवीं सदी के मध्य तक आते-आते, सरकारों और अग्रणी औद्योगिक शक्तियों के सशस्त्र बलों ने आधुनिक औद्योगिक टेक्नोलॉजी की अपार भूराजनीतिक संभावनाओं को पूरी तरह पहचान लिया था। जहाँ कच्चे माल और बाज़ारों की ज़रूरत ने साम्राज्यवाद का औचित्य प्रतिपादित किया, वहीं औद्योगिक टेक्नोलॉजी ने साम्राज्यवादी विजय को आसान बना दिया। उदाहरण के लिए, अफ़ीम युद्धों में चीनियों पर ब्रिटेन की विजय का श्रेय भाप से चलने वाले जहाज़ों को जाता था, और रेल मार्गों ने पश्चिम में अमेरिकी विस्तार और पूर्व तथा दक्षिण में रूसी विस्तार में निर्णायक भूमिका निभाई। वास्तव में, संपूर्ण साम्राज्यवादी परियोजनाओं ने ट्रांस-साइबेरियन और ट्रांस-कैस्पियन रूसी रेलवे लाइनों, बर्लिन-बगदाद रेलवे के जर्मन सपने और काहिरा से कैप तक रेलवे लाइन बिछाने के ब्रिटिश सपने के इर्द-गिर्द आकार लिया था।[3]

तब भी, ज़्यादातर हुकूमतें समय रहते इस बढ़ती हुई हथियारों की दौड़ में शामिल नहीं हुईं। कुछ में तो ऐसा करने की क्षमता नहीं थी, जैसे सोलोमन द्वीप के मेलानेशियाई क़बीले और क़तर की अल थानी जनजाति। वहीं, बर्मी साम्राज्य, अशांती साम्राज्य और चीनी साम्राज्य जैसे अन्य लोगों में क्षमता तो थी, लेकिन उनमें इच्छाशक्ति और दूरदर्शिता का अभाव था। उनके शासकों या निवासियों की

या तो उत्तर-पश्चिमी इंग्लैंड जैसी जगहों पर हो रहे विकास पर नज़र नहीं थी, या उन्हें नहीं लगता था कि उनका इससे कोई लेना-देना है। बर्मा के इरावदी बेसिन या चीन के यांग्त्ज़ी बेसिन के चावल उपजाने वाले किसानों को लिवरपूल-मैनचेस्टर रेलवे से क्या सरोकार था? हालाँकि उन्नीसवीं सदी के अंत तक चावल उपजाने वाले इन किसानों ने पाया कि उन्हें ब्रिटिश साम्राज्य ने या तो जीत लिया था या उनका परोक्ष रूप से शोषण किया था। औद्योगिक दौड़ में शामिल ज़्यादातर अन्य पिछड़े हुए लोग भी इस या उस औद्योगिक शक्ति के अधीन हो गए। क्या एआई के साथ भी ऐसा ही कुछ हो सकता है?

इक्कीसवीं सदी के शुरुआती वर्षों में जब एआई विकसित करने होड़ तेज़ हुई थी, तो इसकी अगुआई भी मुट्ठी-भर देशों के निजी उद्यमियों ने की थी। उन्होंने दुनिया के सूचना-प्रवाह को केंद्रीकृत करने को अपना लक्ष्य बनाया। गूगल दुनिया की सारी जानकारी को एक जगह व्यवस्थित करना चाहता था। एमेज़ॉन दुनिया की सारी ख़रीदारी को केंद्रीकृत करना चाहता था। फ़ेसबुक दुनिया के सभी क्षेत्रों को आपस में जोड़ना चाहती थी, लेकिन दुनिया की सारी सूचना को केंद्रीकृत करना तब तक न तो व्यावहारिक है, न ही मददगार, जब तक कि कोई उस जानकारी को केंद्रीकृत तरीक़े से संसाधित (प्रॉसेस) नहीं करता। 2000 में, जब गूगल का सर्च इंजन अपने शुरुआती क़दम उठा रहा था, जब एमेज़ॉन किताबों की एक मामूली ऑनलाइन शॉप हुआ करती थी, और जब मार्क ज़ुकरबर्ग हाई स्कूल में पढ़ रहे थे, तब डेटा के महासागरों को केंद्रीकृत तरीक़े से संसाधित करने के लिए ज़रूरी एआई दूर-दूर तक कहीं नहीं था, लेकिन कुछ लोगों का मानना था कि यह बस कोने में आस-पास ही था।

वायर्ड पत्रिका के संस्थापक संपादक केविन केली ने वर्णन किया है कि कैसे वे 2002 में गूगल की एक छोटी-सी पार्टी में शामिल हुए थे और उस दौरान लेरी पेज़ के साथ उनकी बातचीत हुई थी। ''लेरी मुझे अभी भी समझ में नहीं आया। इतनी सारी सर्च कंपनियाँ हैं। वेब सर्च, मुफ़्त में? यह चीज़ आपको कहाँ ले जाएगी?'' पेज़ ने स्पष्ट किया था कि गूगल सर्च पर बिलकुल भी ध्यान केंद्रित नहीं करता। ''हम वास्तव में एक एआई तैयार कर रहे हैं,'' उन्होने कहा।[4] बहुत सारा डेटा होने से एआई बनाना आसान हो जाता है। और एआई इस ढेर सारे डेटा को बहुत बड़ी शक्ति में बदल सकता है।

2010 के दशक तक यह सपना वास्तविकता में बदल रहा था। हर बड़ी ऐतिहासिक क्रांति की ही तरह, एआई का उदय भी एक क्रमिक प्रक्रिया थी, जिसमें कई चरण शामिल थे। और जैसा कि हर क्रांति में होता है, इनमें से कुछ चरणों को निर्णायक मोड़ के रूप में देखा गया था, जैसे कि लिवरपूल-मैनचेस्टर रेलवे

के उद्घाटन को देखा गया था। एआई के क़िस्से पर उपलब्ध विपुल साहित्य में, दो घटनाएँ बार-बार सामने आती हैं। इनमें से पहली घटना तब हुई थी, जब 30 सितंबर, 2012 को एलेक्सनेट नामक एक कॉन्वोल्यूशनल न्यूरल नेटवर्क ने इमेजनेट लार्ज स्केल विज़ुअल रिकॅग्नीशन चैलेंज जीता था।

अगर आपको कॉन्वोल्यूशनल न्यूरल नेटवर्क के बारे में कोई जानकारी नहीं है, और अगर आपने इमेजनेट चैलेंज के बारे में कभी नहीं सुना है, तो इस मामले में आप अकेले नहीं हैं। हममें से 99 प्रतिशत से ज़्यादा लोगों की यही स्थिति है, यही वजह है कि एलेक्सनेट की जीत 2012 में अख़बारों की सुर्ख़ियों में नहीं आ सकी थी, लेकिन कुछ इंसानों ने एलेक्सनेट की जीत के बारे में सुन रखा था और उन्होंने भविष्य का अनुमान लगा लिया था।

उदाहरण के लिए, उन्हें पता था कि इमेजनेट लाखों एनोटेटेड डिजिटल छवियों का डेटाबेस है। क्या कभी किसी वेबसाइट ने यह साबित करने के लिए कि आप रोबोट नहीं हैं, आपके समक्ष कुछ छवियाँ पेश कर यह बताने के लिए कहा है कि उनमें से कौन-सी छवि कार है और कौन-सी बिल्ली है? हो सकता है कि आपके द्वारा क्लिक की गई छवियों को इमेजनेट डेटाबेस में जोड़ा गया हो। ऐसा ही आपकी पालतू बिल्ली की उन टैग की गई छवियों के साथ भी हुआ हो सकता है, जिन्हें आपने ऑनलाइन अपलोड किया होगा। इमेजनेट लार्ज स्केल विज़ुअल रिकॅग्नीशन चैलेंज विभिन्न एल्गोरिदमों का परीक्षण करता है कि वे डेटाबेस में एनोटेटेड छवियों को कितनी अच्छी तरह पहचानने में सक्षम हैं। क्या वे बिल्लियों को सही ढंग से पहचान सकते हैं? जब मनुष्यों से ऐसा करने को कहा जाता है, तो हम 100 बिल्लियों की छवियों में से 95 को बिल्लियों के रूप में सही ढंग से पहचानते हैं। 2010 में सर्वश्रेष्ठ एल्गोरिदम की सफलता दर केवल 72 प्रतिशत थी। 2011 में एल्गोरिदम की सफलता दर 75 प्रतिशत तक बढ़ गई। 2012 में एलेक्सनेट एल्गोरिदम ने चुनौती जीती और 85 प्रतिशत की सफलता दर प्राप्त करके एआई विशेषज्ञों के छोटे-से समुदाय को चौंका दिया, हालाँकि, हो सकता है कि आम लोगों को लगे कि यह सुधार बहुत ज़्यादा नहीं है, लेकिन इससे विशेषज्ञों को एआई के कुछ ख़ास क्षेत्रों में तेज़ प्रगति की संभावना दिखाई दी। 2015 तक माइक्रोसॉफ़्ट के एक एल्गोरिदम ने 96 प्रतिशत सटीकता हासिल कर ली थी, जो बिल्ली की छवि को पहचानने की मानवीय क्षमता से ज़्यादा थी।

2016 में द *इकॉनॉमिस्ट* ने 'फ़्रॉम नॉट वर्किंग टू न्यूरल नेटवर्किंग' शीर्षक से एक लेख प्रकाशित किया था, जिसमें पूछा गया था कि ''आर्टिफ़िशियल इंटेलिजेंस जो अपने शुरुआती दिनों से ही अहंकार और मोहभंग से जुड़ा रहा है, अचानक प्रौद्योगिकी का सबसे लोकप्रिय क्षेत्र कैसे बन गया?'' इसने एलेक्सलनेट की जीत

को उस क्षण के रूप में इंगित किया था जब ''लोगों ने ध्यान देना शुरू किया, न केवल एआई समुदाय के भीतर, बल्कि समूचे प्रौद्योगिकीय उद्योग में।'' लेख के साथ एक रोबोटिक हाथ का चित्र था, जिसमें एक बिल्ली की तसवीर थी।[5]

बिल्ली की वे सारी तसवीरें जो प्रौद्योगिकी के दिग्गज, किसी उपयोगकर्ता या संग्रहकर्ता को एक भी पैसा दिए बग़ैर, सारी दुनिया से एकत्र करते रहे थे, अविश्वसनीय रूप से मूल्यवान साबित हुईं। एआई की दौड़ जारी थी और प्रतियोगी बिल्ली की तसवीरों पर दौड़ रहे थे। जिस समय एलेक्सनेट इमेजनेट चुनौती की तैयारी कर रहा था, उसी समय गूगल भी बिल्ली की तसवीरों पर अपने एआई को प्रशिक्षित कर रहा था। यहाँ तक कि उसने एक समर्पित बिल्ली-छवि-उत्पादक एआई भी बना डाला था, जिसे म्याउ जनरेटर के नाम से जाना जाता है।[6] बिल्ली के प्यारे-से बच्चों को पहचानकर विकसित की गई इस प्रौद्योगिकी को बाद में अधिक शिकारी उद्देश्यों के लिए तैनात किया गया था। उदाहरण के लिए, इज़रायल के क़ब्ज़े वाले क्षेत्र में फ़िलिस्तीनियों के चेहरों की पहचान के वास्ते इज़रायली सैनिकों द्वारा प्रयुक्त रेड वुल्फ़, ब्ल्यू वुल्फ़ और वुल्फ पैक नामक एप्स बनाने के लिए इज़रायल ने इसी पर भरोसा किया था।[7] बिल्ली की तसवीरों को पहचानने की क्षमता ने उन एल्गोरिदमों को भी जन्म दिया, जिनका उपयोग ईरान बेपर्दा औरतों को ख़ुद-ब-ख़ुद पहचानने और हिजाब क़ानूनों को लागू करने के लिए करता है। जैसा कि अध्याय 8 में बताया गया है, मशीन लर्निंग एल्गोरिदम को प्रशिक्षित करने के लिए भारी मात्रा में डेटा की आवश्यकता होती है। दुनियाभर के लोगों द्वारा मुफ़्त में अपलोड और एनोटेट की गई लाखों बिल्लियों की छवियों के बिना एलेक्सनेट एल्गोरिदम या म्याउ जनरेटर को प्रशिक्षित करना संभव न होता, जिसने बाद में दूरगामी आर्थिक, राजनीतिक और सैन्य क्षमता वाले एआई के लिए साँचे के रूप में काम किया।[8]

जिस तरह उन्नीसवीं सदी के आरंभ में, रेलवे को खड़ा करने के उद्यम की अगुआई निजी उद्यमियों ने की थी, उसी तरह इक्कीसवीं सदी के आरंभ में निजी कंपनियाँ एआई की होड़ में मुख्य प्रतिद्वंद्वी थीं। राष्ट्रपतियों और जनरलों से पहले गूगल, फ़ेसबुक, अलीबाबा, और बैदू के कर्ताधर्ताओं ने बिल्ली की छवियों को पहचानने के मूल्य को समझ लिया था। खोज के विस्मय का दूसरा पल, जब राष्ट्रपतियों और जनरलों को इस घटनाक्रम का पता चला, मार्च 2016 के मध्य में आया था। यह ली सेडोल पर गूगल के अल्फ़ागो की जीत थी, जिसका पहले ज़िक्र किया जा चुका है। जहाँ एलेक्सनेट की उपलब्धि को राजनेताओं ने काफ़ी हद तक नज़रअंदाज़ कर दिया था, वहीं अल्फ़ागो की जीत ने सरकारी कार्यालयों, विशेष रूप से पूर्वी एशिया में सदमे की लहरें पैदा कर दी थीं। चीन और उसके पड़ोसी

देशों में गो एक सांस्कृतिक ख़ज़ाना है और उसे महत्त्वाकांक्षी रणनीतिकारों और नीति-निर्माताओं के लिए एक आदर्श प्रशिक्षण माना जाता है। मार्च 2016 में, या जैसा कि एआई की मिथक-कथाओं में वर्णन किया जाएगा, चीन की सरकार को एहसास हुआ कि एआई का युग शुरू हो चुका है।[9]

आश्चर्य की बात नहीं कि चीन की सरकार ने शायद सबसे पहले इस घटनाक्रम को समझ लिया था। उन्नीसवीं सदी में चीन ने औद्योगिक क्रांति की संभावनाओं को समझने में देर की थी और रेलवे तथा भाप से परिचालित जहाज़ों जैसे आविष्कारों को अपनाने में धीमी गति का परिचय दिया था। इसके नतीजे में उसे वह भुगतना पड़ा जिसे चीनी 'अपमान की सदी' कहते हैं। सदियों तक दुनिया की सबसे बड़ी महाशक्ति होने के बाद, आधुनिक औद्योगिक टेक्नोलॉजी को अपनाने में विफल रहने के कारण चीन घुटनों के बल पर आ गया था। उसे बार-बार युद्धों में पराजित किया गया, उस पर विदेशियों द्वारा आंशिक विजय प्राप्त की गई और उन शक्तियों द्वारा उसका शोषण किया गया, जो रेलमार्गों और भाप से परिचालित जहाज़ों को समझते थे। उसके बाद से चीन ने क़सम खा लीं थी कि वह अपनी ट्रेन अब कभी नहीं चूकने देगा।

2017 में, चीन की सरकार ने अपना 'न्यू जनरेशन आर्टिफ़िशियल इंटेलिजेंस प्लान' जारी किया, जिसमें घोषणा की गई थी कि "2030 तक चीन के एआई सिद्धांत, प्रौद्योगिकी, और अनुप्रयोग विश्व में नेतृत्व का स्तर प्राप्त कर लेंगे, जिससे चीन दुनिया का प्राथमिक एआई नवाचार केंद्र बन जाएगा।"[10] बाद के वर्षों में चीन ने एआई में भारी मात्रा में संसाधन झोंक दिए, जिसके नतीजे में 2020 के दशक की शुरुआत में ही यह एआई से संबंधित कई क्षेत्रों में दुनिया का नेतृत्व कर रहा है और कुछ अन्य क्षेत्रों में अमेरिका के साथ क़दम मिलाकर चल रहा है।[11]

बेशक, एआई के महत्त्व के प्रति जागरूक होने वाली चीन की सरकार अकेली नहीं थी। 1 सितंबर, 2017 को रूस के राष्ट्रपति पुतिन ने ऐलान किया कि "आर्टिफ़िशियल इंटेलिजेंस भविष्य है, न सिर्फ़ रूस के लिए, बल्कि समूची मानव जाति के लिए...। जो भी कोई इस क्षेत्र में नेतृत्व करेगा, वह दुनिया पर हुकूमत करेगा।" जनवरी 2018 में भारत के प्रधानमंत्री मोदी ने रूस के राष्ट्रपति के स्वर में स्वर मिलाते हुए कहा, "जो भी कोई डेटा को नियंत्रित करेगा, वह दुनिया को नियंत्रित करेगा।"[12] फ़रवरी 2019 में राष्ट्रपति ट्रम्प ने एआई से संबंधित एक एक्ज़ीक्यूटिव आदेश पर हस्ताक्षर करते हुए कहा कि "एआई का युग आ चुका है" और "आर्टिफ़िशियल इंटेलिजेंस में अमेरिकी नेतृत्व का जारी रहना, संयुक्त राज्य अमेरिका की आर्थिक और राष्ट्रीय सुरक्षा को क़ायम रखने में सर्वाधिक महत्त्वपूर्ण है।"[13] संयुक्त राज्य अमेरिका तब एआई की दौड़ में पहले

ही अव्वल था, जिसका श्रेय ज़्यादातर कल्पनाशील निजी उद्यमियों को जाता है, लेकिन जिस चीज़ की शुरुआत कुछ कंपनियों के बीच प्रतिस्पर्धा से हुई थी, वह सरकारों के बीच एक मैच में बदल रही थी, या ज़्यादा सटीक कहना यह होगा कि वह प्रतिस्पर्धी टीमों के बीच एक दौड़ में बदल रही थी, जिनमें से प्रत्येक टीम में एक सरकार और कई कंपनियाँ शामिल थीं। विजेता का पुरस्कार? विश्व पर वर्चस्व।

डेटा उपनिवेशवाद

सोलहवीं सदी में, जब स्पेनिश, पुर्तगाली और डच विजेता इतिहास का पहला वैश्विक साम्राज्य गढ़ रहे थे, तो वे नौकायन जहाज़, घोड़े और बारूद लेकर आए थे। जब उन्नीसवीं और बीसवीं सदी में अँग्रेज़ों, रूसियों और जापानियों ने वर्चस्व के लिए अपने अभियान चलाए, तो वे भाप से संचालित जहाज़, लोकोमोटिव, और मशीन गन पर निर्भर थे। इक्कीसवीं सदी में किसी उपनिवेश पर हावी होने के लिए, अब आपको बंदूक़ों से लैस जहाज़ भेजने की ज़रूरत नहीं है। आपको डेटा हथियाने की ज़रूरत है। दुनिया के डेटा को इकट्ठा करने वाली कुछ कंपनियाँ या सरकारें बाक़ी दुनिया को डेटा उपनिवेशों में बदल सकती हैं, यानी ऐसे क्षेत्रों में, जिन्हें वे प्रत्यक्ष सैन्य बल से नहीं, बल्कि सूचना से नियंत्रित करेंगी।[14]

एक स्थिति की कल्पना कीजिए - मान लीजिए बीस साल में - जब बीजिंग या सैन फ्रांसिस्को में कोई व्यक्ति आपके देश के हर नेता, पत्रकार, कर्नल और सीईओ का पूरा व्यक्तिगत इतिहास जान लेता है : उनके द्वारा भेजे गए हर संदेश, उनके द्वारा की गई हर वेब सर्च, उन्हें हुई हर बीमारी, उनके द्वारा की गई हर यौन गतिविधि, उनके द्वारा किया गया हर मज़ाक़, उनके द्वारा ली गई हर रिश्वत के बारे में जान लेता है। तब क्या अभी भी आप एक स्वतंत्र देश में रह रहे होंगे या अब आप एक डेटा उपनिवेश में रह रहे होंगे? तब क्या होगा, जब आपका देश ऐसे डिजिटल बुनियादी ढाँचों और एआई-संचालित प्रणालियों पर पूरी तरह निर्भर हो जाएगा, जिन पर उसका कोई प्रभावशाली नियंत्रण नहीं होगा?

इस तरह की स्थिति एक नए क़िस्म के डेटा उपनिवेशवाद को जन्म दे सकती है, जिसमें डेटा के नियंत्रण का उपयोग दूर स्थित उपनिवेशों के नियंत्रण के लिए किया जा सकता है। एआई और डेटा पर पकड़ के माध्यम से ये नए साम्राज्य लोगों के ध्यान को भी नियंत्रित कर सकते हैं। जैसा कि हम पहले बात कर चुके हैं, 2010 के दशक में फ़ेसबुक और यूट्यूब जैसे सोशल मीडिया के अमेरिकी दिग्गजों ने लाभ कमाने के लिए म्याँमार और ब्राज़ील जैसे दूरस्थ देशों की राजनीति में उलट-फेर

कर दिया था। भविष्य के डिजिटल साम्राज्य अपने राजनीतिक हितों के लिए उसी से मिलता-जुलता कुछ कर सकते हैं।

मानसिक युद्ध, डेटा उपनिवेशवाद, और अपने साइबरस्पेस पर नियंत्रण खो देने की आशंकाओं के चलते कई देश पहले ही ख़तरनाक एप्स को ब्लॉक कर चुके हैं। चीन ने फ़ेसबुक, यूट्यूब, और पश्चिम के सोशल मीडिया की कई एप्स और वेबसाइटों को प्रतिबंधित कर रखा है। रूस ने पश्चिम के सोशल मीडिया की लगभग सभी एप्स के साथ-साथ कुछ चीनी एप्स पर भी प्रतिबंध लगा दिया है। 2020 में हिंदुस्तान ने टिकटॉक, वीचैट और कई अन्य चीनी एप्स पर इस आधार पर प्रतिबंध लगा दिया था कि वे ''भारत की संप्रभुता, अखंडता, भारत की रक्षा, राज्य की सुरक्षा और सार्वजनिक व्यवस्था के लिए हानिकारक थीं।''[15] संयुक्त राज्य अमेरिका इस बात पर बहस कर रहा है कि क्या टिकटॉक पर प्रतिबंध लगाया जाए। वे इस बात से चिंतित थे कि यह एप चीन के हितों की पोषक हो सकती है। और 2013 तक लगभग सभी संघीय कर्मचारियों, राज्य कर्मचारियों और सरकारी ठेकेदारों के उपकरणों पर इसका उपयोग करना अवैध था।[16] इंगलैंड, न्यू ज़ीलैंड और अन्य देशों ने भी टिकटॉक को लेकर चिंताएँ व्यक्त की हैं।[17] ईरान से लेकर इथियोपिया तक कई अन्य सरकारों ने फ़ेसबुक, ट्विटर, यूट्यूब, टेलीग्राम, और इंस्टाग्राम जैसी विभिन्न एप्स को प्रतिबंधित कर रखा है।

डेटा उपनिवेशवाद ख़ुद को सामाजिक साख प्रणालियों के विस्तार में भी प्रकट कर सकता है। उदाहरण के लिए, उस सूरत में क्या हो सकता है, अगर वैश्विक डिजिटल अर्थव्यवस्था की एक प्रमुख ताक़त एक ऐसी सामाजिक साख प्रणाली स्थापित करने का फ़ैसला कर ले और डेटा को कहीं से भी एकत्र करके न केवल अपने नागरिकों, बल्कि दुनियाभर के लोगों को अंक (स्कोर) देने लगे? दूसरे देशों के लोग अपने अंकों की अनदेखी नहीं कर सकते, क्योंकि ऐसा करना उन्हें, हवाई जहाज़ के टिकट ख़रीदने से लेकर वीज़ा, छात्रवृत्ति और नौकरी के लिए आवेदन देने तक, कई मामलों में प्रभावित कर सकता है। जिस तरह पर्यटक ट्रिपएड्वाइज़र और एयरबीएनबी जैसी विदेशी कंपनियों द्वारा दिए गए अंकों का उपयोग अपने देश में भी रेस्तराओं और वेकेशन होम्स का मूल्यांकन करने के लिए करते हैं, और जिस तरह दुनियाभर के लोग वाणिज्यिक लेन-देन के लिए अमेरिकी डॉलर का उपयोग करते हैं, उसी तरह हर जगह के लोग स्थानीय सामाजिक आदान-प्रदान के लिए चीनी या अमेरिकी सामाजिक साख स्कोर का उपयोग करना शुरू कर सकते हैं।

डेटा उपनिवेश बन जाने के आर्थिक के साथ-साथ राजनीतिक और सामाजिक परिणाम भी होंगे। उन्नीसवीं और बीसवीं सदियों में, अगर आप बेल्जियम या ब्रिटेन जैसी औद्योगिक शक्ति का उपनिवेश होते थे, तो आम तौर से इसका मतलब यह

होता था कि आप उनके लिए कच्चे माल की आपूर्ति करते थे, जबकि सबसे ज़्यादा मुनाफ़ा कमाने वाले अत्याधुनिक उद्योग साम्राज्य के केंद्र में ही रहते थे। मिस्र ब्रिटेन को कपास का निर्यात करता था और वहाँ से ऊँचे दर्जे के वस्त्रों का आयात करता था। मलाया टायरों के लिए रबर प्रदान करता था, और इंग्लैंड का शहर कोवेंट्री कारें बनाता था।[18]

डेटा उपनिवेशवाद के साथ भी ऐसा ही कुछ होने की संभावना है। एआई उद्योग के लिए कच्चा माल है, डेटा। छवियों की पहचान करने वाला एआई बनाने के लिए, आपको बिल्ली की तसवीरों की ज़रूरत है। सबसे आधुनिक फ़ैशन तैयार करने के लिए आपको फ़ैशन संबंधी रुझानों से संबंधित डेटा की ज़रूरत होती है। स्वचालित वाहन बनाने के लिए आपको यातायात के पैटर्न और कार दुर्घटनाओं से संबंधित डेटा की ज़रूरत होती है। स्वास्थ्य-सेवा एआई तैयार करने के लिए आपको जीन तथा स्वास्थ्यपरक स्थितियों से संबंधित डेटा की ज़रूरत होती है। नवीन साम्राज्यवादी सूचना अर्थव्यवस्था में, दुनियाभर से कच्चा डेटा इकट्ठा किया जाएगा और उसे साम्राज्यवादी केंद्र में प्रवाहित किया जाएगा। वहाँ अत्याधुनिक प्रौद्योगिकी विकसित की जाएगी, जो अपराजेय एल्गोरिदमों का उत्पादन करेगी। ये एल्गोरिदम बिल्लियों की पहचान करना, फ़ैशन के रुझानों का पूर्वानुमान करना, स्वचालित वाहन चलाना, और बीमारियों का निदान करना जानते होंगे। इन एल्गोरिदमों को फिर उपनिवेशों के लिए निर्यात किया जाएगा। मिस्र और मलेशिया से एकत्र किया गया डेटा सैन फ्रांसिस्को या बीजिंग की किसी कंपनी को अमीर बना सकता है, जबकि काहिरा और कुआलालंपुर के लोग ग़रीब बने रहेंगे, क्योंकि न तो लाभ और न ही शक्ति वापस वितरित की जाएगी।

नई सूचना अर्थव्यवस्था की प्रकृति साम्राज्य के केंद्र और शोषित उपनिवेश के बीच के असंतुलन को बदतर बना सकती है। प्राचीन समयों में - सूचना की बजाय - भूमि सबसे महत्त्वपूर्ण आर्थिक परिसंपत्ति हुआ करती थी। यह किसी एक ही केंद्र में सारे धन और शक्ति के अतिकेंद्रीकरण को रोकती थी। जब तक भूमि सर्वोपरि रही, तब तक काफ़ी धन और शक्ति हमेशा प्रांतीय भूस्वामियों के हाथ में रही। उदाहरण के लिए, कोई रोमन सम्राट एक-के-बाद-एक प्रांतीय विद्रोहों को दबा सकता था, लेकिन अंतिम विद्रोही नेता का सिर काटने के अगले ही दिन, प्रांतीय भूस्वामियों के एक नए समूह को नियुक्त करने के अलावा उसके पास और कोई विकल्प नहीं होता था। और ये समूह फिर-से केंद्रीय सत्ता को चुनौती दे सकते थे। रोमन साम्राज्य में इटली, हालाँकि राजनीतिक शक्ति का केंद्र हुआ करता था, लेकिन उसके सबसे अमीर प्रांत पूर्वी भूमध्य सागर में थे। नील घाटी के उपजाऊ खेतों को इताल्वी प्रायद्वीप में ले जाना असंभव था।[19] अंततः सम्राटों ने रोम नगर

को बर्बरों के हाथों में सौंप दिया और राजनीतिक सत्ता का केंद्र समृद्ध पूर्व में, कॉन्स्टेंटिनोपल में स्थानांतरित कर दिया।

औद्योगिक क्रांति के दौरान, मशीनें भूमि के मुक़ाबले ज़्यादा महत्त्वपूर्ण हो उठीं। कारख़ाने, खदानें, रेल लाइनें, और बिजलीघर सबसे ज़्यादा मूल्यवान परिसंपत्तियाँ बन गए। इन परिसंपत्तियों को किसी एक जगह केंद्रित करना किसी क़दर आसान था। अँग्रेज़ी साम्राज्य औद्योगिक उत्पादन को अपने घरेलू द्वीपों में केंद्रीकृत कर सकता था, हिंदुस्तान, मिस्र और इराक़ से कच्चा माल निचोड़ सकता था, और बर्मिंघम या बेल्फ़ास्ट में बनाया गया तैयारशुदा माल इन देशों को बेच सकता था। रोमन साम्राज्य की स्थिति से भिन्न, ब्रिटेन राजनीतिक और आर्थिक, दोनों शक्तियों का केंद्र था, लेकिन भौतिकी और भूविज्ञान ने अभी भी शक्ति के इस केंद्रीकरण पर प्राकृतिक मर्यादाएँ लगा रखी थीं। अँग्रेज़ सूत के हर कारख़ाने को कलकत्ता से मैनचेस्टर नहीं ले जा सकते थे, न ही किर्कुक के तेल के कुँओं को उठाकर यॉर्कशायर ले जा सकते थे।

सूचना की स्थिति भिन्न है। कपास और तेल से भिन्न, डिजिटल डेटा को मलेशिया या मिस्र से, लगभग प्रकाश की रफ़्तार से बीजिंग या सैन फ्रांसिस्को भेजा जा सकता है। और भूमि, तेल के कुँओं, या कपड़े के कारख़ानों से भिन्न, एल्गोरिदम बहुत ज़्यादा जगह नहीं घेरते। नतीजतन, औद्योगिक शक्ति से भिन्न, दुनिया की एल्गोरिदमीय शक्ति किसी एक स्थल पर केंद्रीकृत की जा *सकती* है। किसी एक देश में बैठे इंजीनियर पूरे विश्व को संचालित करने वाले महत्त्वपूर्ण एल्गोरिदमों के लिए कोड लिख सकते हैं तथा उनकी कुंजियों को नियंत्रित कर सकते हैं।

दरअसल, एआई कपड़ा जैसे कुछ पारंपरिक उद्योगों की निर्णायक परिसंपत्तियों को भी एक जगह केंद्रित करना संभव बनाता है। उन्नीसवीं सदी में, कपड़ा उद्योग को नियंत्रित करने का मतलब था, फैले हुए कपास के खेतों और विशाल प्रॉडक्शन लाइनों को नियंत्रित करना। इक्कीसवीं सदी में कपड़ा उद्योग की सबसे महत्त्वपूर्ण परिसंपत्ति कपास या मशीनरी की बजाय सूचना है। प्रतिस्पर्धियों को मात देने के लिए, कपड़े के निर्माता को ग्राहकों की पसंद और नापसंद के बारे में जानकारी और आगामी फ़ैशन का पूर्वानुमान या निर्माण करने की क्षमता की आवश्यकता होती है। इस तरह की सूचना को नियंत्रित करके एमेज़ॉन और अलीबाबा जैसी उच्च प्रौद्योगिकी वाली दिग्गज कंपनियाँ कपड़ा जैसे अत्यंत पारंपरिक उद्योग पर भी एकाधिकार कर सकती हैं। 2021 में एमेज़ान संयुक्त राज्य अमेरिका का सबसे बड़ा एकल वस्त्र खुदरा विक्रेता बन गया था।[20]

इसके अतिरिक्त, जैसे ही एआई, रोबोट, और 3-डी प्रिंटर कपड़े के उत्पादन को स्वचालित रूप देंगे, लाखों करोड़ों कामगार अपने रोज़गार गँवा देंगे, और

राष्ट्रीय अर्थव्यवस्थाओं और शक्ति के वैश्विक संतुलन को गड़बड़ा देंगे। उदाहरण के लिए, पाकिस्तान और बाँग्लादेश की अर्थव्यवस्थाओं और राजनीति का क्या होगा, जब स्वचालन (ऑटोमेशन) यूरोप में कपड़े के उत्पादन को सस्ता बना देगा? विचार करें कि वर्तमान में कपड़ा उत्पादन का क्षेत्र पाकिस्तान के कुल श्रमिकों के 40 प्रतिशत हिस्से को रोज़गार प्रदान करता है और बाँग्लादेश की निर्यात से होने वाली आय का 84 प्रतिशत हिस्सा है।[21] जैसा कि अध्याय 9 में उल्लेख किया गया है, जहाँ स्वचालन कपड़ा उत्पादन के काम में लगे लाखों श्रमिकों को बेकार कर सकता है, वहीं यह संभवत: कई नौकरियों का सृजन भी करेगा। उदाहरण के लिए कोडिंग करने वालों और डेटा का विश्लेषण करने वालों की भारी माँग हो सकती है, लेकिन एक बेरोज़गार फ़ैक्टरी कर्मचारी को डेटा-विश्लेषक बनाने के लिए पुनर्प्रशिक्षण पर बहुत सारा पैसा ख़र्च करना होगा। पाकिस्तान और बाँग्लादेश के पास यह पैसा कहाँ से आएगा?

इस अर्थ में एआई और स्वचालन विकासशील देशों के समक्ष विशेष रूप से चुनौती पेश करते हैं। एआई से परिचालित अर्थव्यवस्था में डिजिटल लीडर लाभ का बड़ा हिस्सा प्राप्त करते हैं और अपने धन का उपयोग अपने कर्मचारियों को फिर से प्रशिक्षित करने तथा और भी लाभ कमाने के लिए कर सकते हैं। इस बीच, पिछड़े देशों में अकुशल श्रमिकों का मूल्य घट जाएगा, और उनके पास अपने कर्मचारियों को पुनर्प्रशिक्षित करने के लिए संसाधन नहीं होंगे, जिससे वे और भी पिछड़ जाएँगे। इसका परिणाम यह होगा कि सैन फ़्रांसिस्को और शंघाई में बहुत सारी नई नौकरियाँ और अपार धनराशि होगी, जबकि दुनिया के कई हिस्से आर्थिक बर्बादी का सामना कर रहे होंगे।[22] वैश्विक लेखा फ़र्म प्राइसवॉटरहाउसकूपर्स के मुताबिक़ 2030 तक एआई द्वारा वैश्विक अर्थव्यवस्था में $15.7 ट्रिलियन जोड़े जाने की उम्मीद है, लेकिन अगर मौजूदा रुझान जारी रहे, तो चीन और उत्तरी अमेरिका - एआई की दो प्रमुख महाशक्तियाँ - मिलकर उस धन का 70 प्रतिशत हिस्सा अपने घर ले जाएँगी।[23]

वेब से कोकून तक

आर्थिक और भूराजनीतिक हलचलें दुनिया को दो डिजिटल साम्राज्यों में बाँट सकती हैं। शीत युद्ध के दौरान लौह पर्दा (आयरन कर्टेन) कई जगहों पर शब्दश: धातु से बना था : कँटीले तार एक देश को दूसरे देश से अलग करते थे। अब दुनिया उत्तरोत्तर सिलिकॉन पर्दे से विभाजित होती जा रही है। सिलिकॉन पर्दा कोड से बनता है और वह दुनिया के हर स्मार्टफ़ोन, कंप्यूटर और सर्वर से होकर गुज़रता है। आपके

स्मार्टफ़ोन का कोड यह निर्धारित करता है कि आप सिलिकॉन पर्दे के किस तरफ़ रहते हैं, आपके जीवन को कौन-सा एल्गोरिदम संचालित करता है, आपके ध्यान को कौन नियंत्रित करता है, और आपका डेटा कहाँ प्रवाहित होता है।

सिलिकॉन पर्दे के पार, मान लीजिए कि चीन और अमेरिका के बीच, या रूस और यूरोपीय संघ के बीच, सूचना तक पहुँच बनाना मुश्किल होता जा रहा है। इसके अलावा, दोनों पक्ष अलग-अलग कंप्यूटर कोड का उपयोग करके उत्तरोत्तर विभिन्न डिजिटल तंत्रों पर चल रहे हैं। प्रत्येक क्षेत्र अलग-अलग नियमों का पालन करता है और अलग-अलग उद्देश्यों को पूरा करता है। चीन में नई डिजिटल प्रौद्योगिकी का सबसे महत्त्वपूर्ण उद्देश्य राज्य को मज़बूती प्रदान करना और सरकारी नीतियों को आगे बढ़ाना है। जहाँ निजी उद्यमों को एआई को विकसित करने और उनका प्रयोग करने के मामले में एक निश्चित मात्रा में स्वायत्तता प्रदान की जाती है, वहीं उनकी आर्थिक गतिविधियाँ अंततः सरकार के राजनीतिक लक्ष्यों के अधीन होती हैं। ये राजनीतिक लक्ष्य ऑनलाइन और ऑफ़लाइन, दोनों तरह की अपेक्षाकृत उच्च स्तरीय निगरानी को भी उचित ठहराते हैं, यानी, उदाहरण के लिए, हालाँकि चीनी नागरिक और अधिकारी लोगों की गोपनीयता का ख़याल रखते हैं, लेकिन चीन पहले से ही लोगों के पूरे जीवन को अपने दायरे में समेटती सामाजिक साख प्रणाली विकसित करने और उसका उपयोग करने में संयुक्त राज्य अमेरिका और पश्चिमी देशों से बहुत आगे है।[24]

संयुक्त राज्य अमेरिका में, सरकार की भूमिका ज़्यादा सीमित है। एआई को विकसित करने और उसका उपयोग करने में निजी उद्यम आगे हैं, और बहुत-सी एआई प्रणालियों का चरम लक्ष्य अमेरिकी राज्य या मौजूदा प्रशासन को मज़बूती प्रदान करने की बजाय प्रौद्योगिकी के दिग्गजों को समृद्ध करना है। वास्तव में, कई मामलों में तो सरकारी नीतियाँ स्वयं ही शक्तिशाली व्यापारिक हितों के हाथों गढ़ी जाती हैं। जहाँ अमेरिकी कंपनियाँ लोगों की ऑनलाइन गतिविधियों के बारे में आक्रामक तरीक़े से जानकारी एकत्र करती हैं, वहीं लोगों के ऑफ़लाइन जीवन की निगरानी के मामले में उन पर बहुत अधिक प्रतिबंध हैं। सर्वव्यापी सामाजिक साख प्रणालियों के पीछे सक्रिय विचारों को भी व्यापक रूप से अस्वीकार किया जा रहा है।[25]

इन राजनीतिक, सांस्कृतिक, और नियामक भेदों का मतलब है कि प्रत्येक क्षेत्र अलग-अलग सॉफ़्टवेयर का उपयोग कर रहा है। चीन में आप गूगल और फ़ेसबुक का इस्तेमाल नहीं कर सकते, और आप विकीपीडिया तक नहीं पहुँच सकते। संयुक्त राज्य अमेरिका में बहुत कम लोग हैं, जो वीचैट, बायदू और टेंसेंट का उपयोग करते हैं। इससे भी ज़्यादा महत्त्वपूर्ण बात यह है कि ये एक-दूसरे का

प्रतिरूप नहीं हैं। ऐसा नहीं है कि चीनियों और अमेरिकियों ने एक ही तरह की एप्स के स्थानीय संस्करण विकसित कर लिए हों। बैदू चीन का गूगल नहीं है। अलीबाबा चीन का एमेज़ॉन नहीं है। उनके अलग-अलग लक्ष्य हैं, भिन्न डिजिटल संरचनाएँ (आर्किटेक्चर) हैं, और लोगों के जीवन पर अलग-अलग प्रभाव हैं।[26] ये अंतर दुनिया के ज़्यादातर हिस्सों को प्रभावित करते हैं, क्योंकि अधिकांश देश स्थानीय प्रौद्योगिकी की बजाय चीनी और अमेरिकी सॉफ़्टवेयर पर भरोसा करते हैं।

प्रत्येक क्षेत्र स्मार्टफ़ोन और कंप्यूटर जैसे अलग-अलग हार्डवेयर का भी इस्तेमाल करते हैं। संयुक्त राज्य अमेरिका अपने सहयोगियों और ग्राहकों पर चीनी हार्डवेयर, जैसे कि हुआवेई के 5जी इंफ्रास्ट्रक्चर से बचने का दबाव डालता है।[27] ट्रम्प प्रशासन ने सिंगापुर की कंपनी ब्रॉडकॉम द्वारा कंप्यूटर चिप्स के अग्रणी अमेरिकी निर्माता क्वालकॉम को ख़रीदने के प्रयास को अवरुद्ध कर दिया था। उन्हें डर था कि विदेशी लोग चिप्स में बैक डोर लगा सकते हैं, या अमेरिकी सरकार को अपने ख़ुद के बैक डोर लगाने से रोक सकते हैं।[28] 2022 में बाइडेन प्रशासन ने एआई के विकास के लिए आवश्यक उच्च-निष्पादनशील कंप्यूटर चिप्स के व्यापार पर सख़्त सीमाएँ लागू कर दी थीं। अमेरिकी कंपनियों को चीन को ऐसे चिप्स निर्यात करने, या चीन को उन्हें निर्मित करने या उनकी मरम्मत करने के साधन प्रदान करने से मना कर दिया था। इन प्रतिबंधों को बाद में और भी सख़्त कर दिया गया है और अब उनके विस्तार में रूस और ईरान जैसे अन्य देशों को शामिल कर लिया गया है।[29] हालाँकि, यह प्रतिबंध अल्पावधि में एआई की दौड़ में चीन को बाधित करेगा, लेकिन दीर्घावधि में यह उसे पूरी तरह से एक अलग डिजिटल क्षेत्र विकसित करने के लिए प्रेरित करेगा, जो अपने सबसे छोटे बिल्डिंग ब्लॉक्स में भी अमेरिकी डिजिटल क्षेत्र से अलग होगा।[30]

ये दोनों डिजिटल क्षेत्र एक-दूसरे से उत्तरोत्तर दूर हो सकते हैं। चीनी सॉफ़्टवेयर केवल चीनी हार्डवेयर और चीनी बुनियादी ढाँचे से ही संवाद करेगा, और यही सिलिकॉन पर्दे के दूसरी तरफ़ होगा। चूँकि डिजिटल कोड मनुष्य के व्यवहार को प्रभावित करता है, और मनुष्य का व्यवहार डिजिटल कोड को आकार देता है, इसलिए दोनों पक्ष अलग-अलग प्रक्षेप-पथ पर आगे बढ़ सकते हैं, जो न केवल उन्हें उनकी प्रौद्योगिकी में, बल्कि उनके सांस्कृतिक मूल्यों, सामाजिक मापदंडों और राजनीतिक संरचनाओं में भी उत्तरोत्तर भिन्न बनाता जाएगा। एक-दूसरे के क़रीब आने की लंबी प्रक्रिया के बाद, मानवता ख़ुद को एक-दूसरे से दूर जाने के निर्णायक बिंदु पर पा सकती है।[31] सदियों तक, नई सूचना प्रौद्योगिकियों ने भूमंडलीकरण की प्रक्रिया को बढ़ावा दिया था और वे सारी दुनिया के लोगों को एक-दूसरे के क़रीब ले आई थीं। विरोधाभास यह है कि सूचना प्रौद्योगिकी आज इतनी ज़्यादा शक्तिशाली है कि यह अलग-अलग लोगों को सूचना के अलग-अलग कोकून

में बंद करके मानवता को विभाजित कर सकती है, जिससे एक साझा मानवता का विचार समाप्त हो सकता है, जबकि हाल के दशकों में संजाल (वेब) हमारा मुख्य रूपक रहा है, भविष्य कोकून का हो सकता है।

दिमाग़ और देह का वैश्विक विभाजन

सूचना के अलग-अलग कोकूनों में विभाजन से न सिर्फ़ आर्थिक प्रतिद्वंद्विता और अंतरराष्ट्रीय तनाव पैदा हो सकता है, बल्कि इससे बहुत अलग-अलग संस्कृतियाँ, विचारधाराएँ और पहचानें भी विकसित हो सकती हैं। भविष्य के सांस्कृतिक और वैचारिक विकास का अनुमान लगाना आम तौर पर मूर्खतापूर्ण काम है। यह आर्थिक और भूराजनीतिक विकास का पूर्वानुमान करने से कहीं ज़्यादा कठिन है। टिबेरियस के दिनों में कितने रोमन या यहूदी यह अनुमान लगा सकते थे कि एक अलग यहूदी संप्रदाय अंततः रोमन साम्राज्य पर क़ब्ज़ा कर लेगा और सम्राट रोम के पुराने देवताओं को त्यागकर एक मारे जा चुके यहूदी रब्बी को पूजने लगेंगे?

इसका पूर्वानुमान लगाना तो और भी मुश्किल होता कि विभिन्न ईसाई संप्रदाय कौन-सी दिशाएँ अख़्तियार करेंगे, और राजनीति से लेकर काम-भावना तक हर चीज़ पर उनके विचारों और संघर्षों का कितना बड़ा प्रभाव पड़ेगा। जब यीशू से टिबेरियस की सरकार को कर देने के बारे में पूछा गया और उन्होंने जवाब दिया था कि "जो सीज़र का है, वह सीज़र को दो और जो परमेश्वर का है, वह परमेश्वर को दो" (मैथ्यू 22: 21), तो कोई भी कल्पना नहीं कर सकता था कि दो हज़ार साल बाद अमेरिकी गणराज्य में चर्च और राज्य के पृथक्करण पर उनके उस उत्तर का क्या प्रभाव पड़ेगा। और जब संत पॉल ने रोम के ईसाइयों को लिखा था कि "मैं स्वयं अपने मन में परमेश्वर की व्यवस्था का एक दास हूँ, लेकिन अपने पापी शरीर से पाप का दास हूँ" (रोमन्स 7:25), तो कौन सोच सकता था कि कार्तेशियाई दर्शन से लेकर क्वेयर सिद्धांत तक की विचारधाराओं पर इसका क्या प्रभाव पड़ेगा?

इन मुश्किलों के बावजूद, भविष्य के सांस्कृतिक घटनाक्रमों की कल्पना करना महत्त्वपूर्ण है, ताकि हम इस बात के प्रति सचेत हो सकें कि एआई क्रांति और प्रतिद्वंद्वी डिजिटल क्षेत्रों का गठन हमारे रोज़गारों और राजनीतिक संरचनाओं से ज़्यादा कुछ को बदल सकता है। आगे अंकित पैराग्राफ़ों में कुछ महत्त्वाकांक्षी अटकलें शामिल हैं, इसलिए ध्यान रखें कि मेरा लक्ष्य सांस्कृतिक घटनाक्रमों की सटीक भविष्यवाणी करना नहीं है, बल्कि केवल इस संभावना की ओर ध्यान आकर्षित करना है कि गंभीर सांस्कृतिक परिवर्तन और टकराव हमारी प्रतीक्षा कर रहे हैं।

दूरगामी परिणामों से युक्त एक संभावित घटना यह हो सकती है कि अलग-अलग डिजिटल कोकून मनुष्य की पहचान के बुनियादी प्रश्नों पर परस्पर असंगत दृष्टिकोण अपनाएँ। हज़ारों साल से कई मज़हबी और सांस्कृतिक टकराव - उदाहरण के लिए, प्रतिद्वंद्वी ईसाई संप्रदायों के बीच, हिंदुओं और बौद्धों के बीच, प्लेटोवादियों और अरस्तूवादियों के बीच के टकराव - दिमाग़ और देह की समस्या के बारे में असहमति से प्रेरित थे। क्या मनुष्य एक भौतिक देह है, या एक अ-भौतिक दिमाग़ है, या शायद शरीर के अंदर फँसा हुआ दिमाग़ है? इक्कीसवीं सदी में, कंप्यूटर तंत्र दिमाग़-देह की समस्या को बढ़ा सकता है और इससे बड़े स्तर पर व्यक्तिगत, विचारधारात्मक, और राजनीतिक टकराव पैदा हो सकते हैं।

दिमाग़-देह समस्या की राजनीतिक पेचीदगी को समझने के लिए, हम संक्षेप में ईसाइयत के इतिहास पर एक नज़र डालते हैं। यहूदी चिंतन से प्रभावित कई आरंभिक ईसाई संप्रदाय ओल्ड टेस्टामेंट की इस धारणा में विश्वास करते थे कि मनुष्य देहधारी प्राणी हैं और देह मनुष्य की पहचान में महत्त्वपूर्ण भूमिका निभाती है। जैनेसिस की पोथी में कहा गया है कि परमेश्वर ने मनुष्यों को भौतिक शरीर के रूप में बनाया है, और ओल्ड टेस्टामेंट की लगभग सभी पोथियाँ मानती हैं कि मनुष्य केवल भौतिक शरीर के रूप में ही अस्तित्व में रह सकते हैं। कुछ संभावित अपवादों को छोड़ दें तो, ओल्ड टेस्टामेंट में मृत्यु के बाद स्वर्ग या नरक में देह-हीन अस्तित्व की संभावना का उल्लेख नहीं है। जब प्राचीन यहूदियों ने मोक्ष की कल्पना की, तो उन्होंने इसका अर्थ भौतिक शरीरों के सांसारिक साम्राज्य के रूप में लिया। ईसा के समय में कई यहूदियों का मानना था कि जब अंततः मसीहा आएगा, तो मृतकों के शरीर यहाँ धरती पर जीवित हो जाएँगे। मसीहा द्वारा स्थापित परमेश्वर का राज्य पेड़ों और पत्थरों और हाड़-मांस के शरीरों वाला भौतिक राज्य माना जाता था।[32]

यह स्वयं ईसा और आरंभिक ईसाइयों का भी दृष्टिकोण था। ईसा ने अपने अनुयायियों से वादा किया था कि जल्द ही यहाँ पृथ्वी पर परमेश्वर का राज्य स्थापित होगा और वे उस राज्य में अपने भौतिक शरीरों के साथ रहेंगे। जब ईसा अपने इस वादे को पूरा किए बग़ैर दुनिया से चले गए, तो उनके आरंभिक अनुयायियों का विश्वास था कि उनका *शरीर* पुनर्जीवित हुआ था और जब परमेश्वर का राज्य अंततः पृथ्वी पर साकार होगा, तो वे भी शरीर में ही पुनर्जीवित होंगे। चर्च के फ़ादर टर्टूलियन (160-240 ई.) ने लिखा था कि ''शरीर ही वह स्थिति है, जिस पर मोक्ष टिका है,'' और कैथोलिक चर्च की धर्मशिक्षात्मक प्रश्नोत्तरी में 1274 में ल्योन की दूसरी परिषद में अपनाए गए सिद्धांतों का हवाला देते हुए कहा गया है कि ''हम उस परमेश्वर में विश्वास करते हैं, जो शरीर का रचयिता है; हम उस वचन (वर्ड) में विश्वास करते हैं, जिसने शरीर को मुक्त करने के लिए शरीर

धारण किया; हम शरीर के पुनर्जीवित होने, हम शरीर की रचना और उसकी मुक्ति, दोनों की सिद्धि में विश्वास करते हैं...। हम इस शरीर के सच्चे पुनरुत्थान में विश्वास करते हैं जिसे हम अभी धारण किए हुए हैं।''[33]

इस तरह के स्पष्ट कथनों के बावजूद, हमने देखा कि संत पॉल को पहले ही शरीर को लेकर संदेह था और चौथी सदी ईस्वी तक ग्रीक, मिनीशियन और फ़ारसी प्रभावों के तहत कुछ ईसाई द्वैतवादी दृष्टिकोण की ओर बढ़ गए थे। वे मनुष्यों के बारे में सोचते थे कि वे एक अच्छी अभौतिक आत्मा से बने हैं, जो एक बुरी भौतिक देह के अंदर फँसी हुई है। वे सशरीर पुनर्जीवित होने की कल्पना नहीं करते थे। उनकी सोच इसके विपरीत थी। मृत्यु के हाथों अपनी घृणित भौतिक क़ैद से आज़ाद होने के बाद शुद्ध आत्मा कभी उसके अंदर वापस क्यों जाना चाहेगी? तदनुसार ईसाइयों ने यह मानना शुरू कर दिया कि मृत्यु के बाद आत्मा शरीर से मुक्त हो जाती है और भौतिक क्षेत्र से पूरी तरह परे एक अभौतिक स्थान पर शाश्वत रूप से मौजूद रहती है। यह ईसाइयों के बीच आज मानक विश्वास है, टर्टूलियन और ल्योन की दूसरी परिषद ने जो भी कहा हो।[34]

लेकिन ईसाइयत पूरी तरह से इस पुराने यहूदी दृष्टिकोण को त्याग नहीं सकी कि मनुष्य देहधारी प्राणी हैं। आख़िरकार, मसीह धरती पर देहधारी रूप में प्रकट हुए थे। उनके शरीर को क्रॉस पर कीलों से ठोंका गया था, जिससे उन्हें बहुत पीड़ा हुई थी। इसीलिए ईसाई संप्रदाय आत्मा और शरीर के सटीक संबंधों को लेकर दो हज़ार सालों तक - कभी शब्दों से तो कभी तलवारों से एक-दूसरे से लड़ते रहे। सबसे उग्र बहस स्वयं ईसा के शरीर को लेकर थी। क्या वे भौतिक थे? क्या वे विशुद्ध रूप से आध्यात्मिक थे? क्या उनकी प्रकृति अद्वयआधारी थी, जो एक ही समय में मानव और दिव्य, दोनों थे?

दिमाग़-देह समस्या के प्रति अलग-अलग दृष्टिकोणों ने लोगों के अपने शरीर के साथ व्यवहार को प्रभावित किया। संतों, संन्यासियों, भिक्षुओं और ननों ने मानव देह को उसकी सीमाओं तक धकेलने के आश्चर्यजनक प्रयोग किए। जिस तरह ईसा ने अपने शरीर को क्रूस पर यातनाएँ देने दीं, उसी तरह शहीदों (एथलीट्स ऑफ़ क्राइस्ट) ने अपने शरीरों को शेरों और भालुओं के हाथों चीरने दिया, जबकि उनकी आत्माएँ अलौकिक आनंद में मग्न बनी रहीं। वे बालों से निर्मित कमीज़ें पहनते थे, हफ़्तों तक उपवास करते थे, या सालों तक खंभे पर खड़े रहते थे, जैसे प्रसिद्ध सिमोन, जो कहा जाता है कि अलेप्पो के पास एक खंभे पर चालीस साल तक खड़ा रहा था।[35]

दूसरे ईसाइयों ने विपरीत दृष्टिकोण अपनाया, जिनका विश्वास था कि शरीर क़तई कोई मायने नहीं रखता। जो एकमात्र चीज़ मायने रखती थी, वह थी आस्था।

इस विचार को प्रोटेस्टेंट चरम तक ले गए, जैसे कि मार्टिन लूथर, जिन्होंने *solo fide* : केवल आस्था का सिद्धांत प्रतिपादित किया था। लगभग दस साल तक संन्यासी के रूप में रहने, उपवास करने और अपने शरीर को तरह-तरह की यातनाएँ देने के बाद, लूथर इन शारीरिक अभ्यासों से निराश हो गए। उन्होंने तर्क दिया कि कोई भी शारीरिक आत्म-पीड़न परमेश्वर को इस बात के लिए विवश नहीं कर सकता कि वह उन्हें मुक्ति प्रदान करे। वास्तव में, यह सोचना कि वे अपने शरीर को यातना देकर मुक्ति पा सकते हैं, अहंकार का पाप था। इसलिए लूथर ने संन्यासी का चोला उतार दिया, एक पूर्व नन से विवाह किया, और अपने अनुयायियों से कहा कि अच्छा ईसाई बनने के लिए उन्हें केवल मसीह में पूर्ण विश्वास रखने की आवश्यकता है।[36]

दिमाग़ और देह के बारे में ये प्राचीन मज़हबी बहसें, एआई क्रांति के संदर्भ में पूरी तरह अप्रासंगिक लग सकती हैं, लेकिन वास्तव में इक्कीसवीं सदी की प्रौद्योगिकियों द्वारा उन्हें पुनःजीवित किया गया है। हमारे भौतिक शरीर और हमारी ऑनलाइन पहचान और अवतारों के बीच क्या संबंध है? ऑफ़लाइन दुनिया और साइबरस्पेस के बीच क्या संबंध है? मान लीजिए कि मैं अपने जागने के अधिकांश घंटे अपने कमरे में स्क्रीन के सामने बैठकर ऑनलाइन गेम खेलते हुए, आभासी रिश्ते बनाते हुए, या अपने कार्यालय से दूर बैठकर काम करते हुए बिताता हूँ। मैं शायद ही खाने के लिए कभी बाहर निकलता हूँ। मैं तो बस टेकआउट ऑर्डर करता हूँ। अगर आप प्राचीन यहूदियों या शुरुआती ईसाइयों की तरह हैं, तो आप मुझ पर दया दिखाएँगे और निष्कर्ष निकालेंगे कि मैं भ्रम में जी रहा हूँ, और भौतिक स्थानों तथा हाड़-मांस की देहों की वास्तविकता से अपना संपर्क खो रहा हूँ, लेकिन अगर आपकी सोच लूथर और बाद के कई ईसाई संप्रदायों के क़रीब है, तो आप सोच सकते हैं कि मैं मुक्त हूँ। अपनी अधिकांश गतिविधियों और संबंधों को ऑनलाइन स्थानांतरित करके मैंने ख़ुद को दुर्बल करने वाले गुरुत्वाकर्षण और भ्रष्ट शरीर की सीमित जैविक दुनिया से मुक्त कर लिया है और अब मैं डिजिटल दुनिया की असीमित संभावनाओं का आनंद ले सकता हूँ, जो संभावित रूप से जैविकी और शायद भौतिकी की दुनिया से भी मुक्त है। मैं बहुत विस्तृत और अधिक रोमांचक स्थान पर घूमने और अपनी पहचान के नए पहलुओं का पता लगाने के लिए स्वतंत्र हूँ।

एक अत्यंत महत्त्वपूर्ण सवाल यह है कि क्या लोग अपनी पसंद की कोई भी आभासी पहचान अपना सकते हैं, या उनकी पहचान उनकी जैविक देह से ही परिसीमित होगी। अगर हम केवल आस्था वाले लूथेरियाई दृष्टिकोण का अनुसरण करें, तो जैविक शरीर बहुत महत्त्वपूर्ण नहीं ठहरता। एक ख़ास ऑनलाइन पहचान

अपनाने के लिए जो एकमात्र चीज़ मायने रखती है, वह यह है कि आप किस चीज़ में आस्था रखते हैं। इस बहस के न केवल मानव पहचान, बल्कि पूरी दुनिया के प्रति हमारे रवैये के लिए भी दूरगामी परिणाम हो सकते हैं। एक ऐसा समाज, जो पहचानों को जैविक निकायों की शब्दावली में ही समझता है, उसे सीवेज पाइप जैसी भौतिक बुनियादी संरचनाओं और हमारे शरीर को क़ायम रखने वाले पारिस्थितिकीय तंत्र के बारे में भी अधिक परवाह करनी चाहिए। यह ऑनलाइन दुनिया को ऑफ़लाइन दुनिया की सहायक के रूप में देखेगा, जो विभिन्न उपयोगी उद्देश्यों की पूर्ति तो कर सकती है, लेकिन कभी भी हमारे जीवन का केंद्रीय स्थल नहीं बन सकती। इसका उद्देश्य एक आदर्श जैविक और भौतिक क्षेत्र रचना होगा – पृथ्वी पर परमेश्वर का राज्य। इसके विपरीत, एक ऐसा समाज जो जैविक शरीर को कम महत्त्व देता है और ऑनलाइन पहचान पर अपना ध्यान केंद्रित करता है, वह साइबर स्पेस में परमेश्वर का अभिभूत कर लेने वाला राज्य बनाने की कोशिश कर सकता है, जबकि सीवेज पाइप और वर्षा वन जैसी मात्र भौतिक चीज़ों की नियति को नज़रअंदाज़ कर सकता है।

यह बहस न केवल प्राणियों के प्रति, बल्कि डिजिटल सत्ताओं के प्रति भी दृष्टिकोण को आकार दे सकती है। जब तक समाज भौतिक शरीरों पर ध्यान केंद्रित करते हुए पहचान को परिभाषित करता है, तब तक एआई को व्यक्तियों के रूप में देखे जाने की संभावना नहीं है, लेकिन अगर समाज भौतिक शरीरों को कम महत्त्व देने लगता है, तो एआई को भी विभिन्न अधिकारों से संपन्न वैधानिक व्यक्तियों के रूप में स्वीकार किया जा सकता है, जिसमें किसी भी तरह के दैहिक रूप का अभाव है।

समूचे इतिहास के दौरान विभिन्न संस्कृतियाँ दिमाग़-देह समस्या के विभिन्न जवाब देती रही हैं। दिमाग़-देह समस्या के बारे में इक्कीसवीं सदी का विवाद ऐसे सांस्कृतिक और राजनीतिक विभाजन को जन्म दे सकता है, जो यहूदियों और ईसाइयों के बीच, या कैथोलिक और प्रोटेस्टेंटों के बीच के विभाजन की तुलना में अधिक प्रभाव छोड़ने वाला हो। उदाहरण के लिए, तब क्या होगा अगर अमेरिका शरीर को नकार दे, मनुष्य को उसकी ऑनलाइन पहचान से परिभाषित करे, एआई को व्यक्ति के रूप में पहचाने, और पारिस्थितिकीय तंत्र के महत्त्व को कम करके आँके, जबकि चीन इसके विपरीत रुख़ अपनाए? मानवाधिकारों के उल्लंघन या पारिस्थितिकी के मानकों के पालन के बारे में मौजूदा असहमति इसकी तुलना में नगण्य लगेगी। थर्टी ईयर्स वॉर, जो वास्तव में यूरोप के इतिहास का सबसे विनाशकारी युद्ध था, कम-से-कम आंशिक रूप से इसलिए लड़ा गया था, क्योंकि कैथोलिक और प्रोटेस्टेंट केवल *आस्था जैसे सिद्धांतों* और इस बात पर सहमत नहीं

हो सके थे कि मसीह ईश्वरीय था, मानव था या अद्वयआधारी था। क्या एआई अधिकारों और अवतारों की अद्वयआधारी प्रकृति के बारे में बहस के कारण भविष्य के टकरावों की शुरुआत हो सकती है?

जैसा कि उल्लेख किया गया है, ये सब बेबुनियाद अटकलें हैं, और पूरी संभावना है कि वास्तविक संस्कृतियाँ और विचारधाराएँ अलग-अलग - और संभवत: और भी बेबुनियाद - दिशाएँ अख़्तियार करें, लेकिन इस बात की संभावना है कि कुछ ही दशकों के भीतर कंप्यूटर तंत्र नई मानवीय तथा अ-मानवीय पहचानों को विकसित करेगा, जो हमारी समझ से परे होंगी। अगर दुनिया दो प्रतिद्वंद्वी डिजिटल कोकूनों में विभाजित हो जाएगी, तो एक कोकून में मौजूद सत्ताओं की पहचान, दूसरे के निवासियों के लिए समझ से बाहर हो सकती है।

शीत युद्ध से गर्म युद्ध तक

बावजूद इसके कि वर्तमान में चीन और संयुक्त राज्य अमेरिका एआई की दौड़ में सबसे आगे हैं, वे इस दौड़ में शामिल अकेले देश नहीं हैं। यूरोपीय संघ, भारत, ब्राज़ील और रूस जैसे अन्य देश या ब्लॉक अपने ख़ुद के डिजिटल क्षेत्र बनाने की कोशिश कर सकते हैं,[37] जिनमें से प्रत्येक अलग-अलग राजनीतिक, सांस्कृतिक और धार्मिक परंपराओं से प्रभावित होगा। दुनिया केवल दो वैश्विक साम्राज्यों के बीच विभाजित होने की बजाय एक दर्जन साम्राज्यों के बीच विभाजित हो सकती है। यह अभी स्पष्ट नहीं है कि यह स्थिति किसी हद तक साम्राज्यवादी होड़ को कम करेगी या उसे केवल और बढ़ाएगी।

ये नए साम्राज्य एक-दूसरे से जितनी अधिक होड़ करेंगे, सशस्त्र टकराव का ख़तरा उतना ही अधिक होगा। संयुक्त राज्य अमेरिका और सोवियत संघ के बीच का शीत युद्ध कभी प्रत्यक्ष सैन्य टकराव की हद तक नहीं बढ़ा, तो इसका मुख्य कारण परस्पर सुनिश्चित विनाश का सिद्धांत था, लेकिन एआई के युग में इसका ख़तरा अधिक है, क्योंकि साइबर युद्ध स्वाभाविक ही परमाणु युद्ध से भिन्न है।

सबसे पहली बात तो यह है कि साइबर हथियार परमाणु बमों की तुलना में कहीं ज़्यादा बहुमुखी हैं। साइबर हथियार किसी देश की इलेक्ट्रिक ग्रिड को ठप कर सकते हैं, लेकिन उनका उपयोग किसी गुप्त शोध-केंद्र को नष्ट करने, दुश्मन के सेंसर को जाम करने, किसी राजनीतिक घोटाले को भड़काने, चुनाव में हेर-फेर करने, या किसी एक स्मार्टफ़ोन को हैक करने के लिए भी किया जा सकता है। और वे यह सब चुपके-से कर सकते हैं। वे मशरूमनुमा बादल और आग के तूफ़ान के साथ अपनी मौजूदगी का ऐलान नहीं करते, न ही वे लॉन्च पैड से लक्ष्य तक

कोई निशान छोड़ते हैं। नतीजतन, कई बार तो यह तक जानना मुश्किल होता है कि हमला हुआ भी है या नहीं या इसे किसने लॉन्च किया है। अगर कोई डेटाबेस हैक हो जाता, या कोई संवेदनशील उपकरण नष्ट हो जाता है, तो यह सुनिश्चित करना मुश्किल होता है कि किसे दोषी ठहराया जाए। इसलिए सीमित साइबर युद्ध शुरू करने का प्रलोभन बड़ा है और इसे बढ़ाने का प्रलोभन भी। इज़रायल और ईरान या संयुक्त राज्य अमेरिका या रूस जैसे प्रतिद्वंद्वी देश वर्षों से एक अघोषित किन्तु बढ़ते हुए युद्ध के तहत साइबर हमले कर रहे हैं।[38] यह एक नया वैश्विक मानक बन रहा है, जो अंतरराष्ट्रीय तनाव को बढ़ा रहा है और देशों को एक-के-बाद-एक सीमाओं का उल्लंघन करने को मज़बूर कर रहा है।

दूसरे महत्त्वपूर्ण अंतर का संबंध पूर्वानुमेयता से है। शीत युद्ध एक अतिबुद्धिपरक शतरंज के खेल की तरह था, और परमाणु टकराव की दशा में विनाश की निश्चितता जितनी प्रबल थी, युद्ध शुरू करने की इच्छा उतनी ही कमज़ोर थी। साइबर युद्ध में यह निश्चितता नहीं है। पक्के तौर पर कोई नहीं जानता कि दोनों पक्षों ने अपने तर्क बम, ट्रोज़न हॉर्स, और मालवेयर कहाँ पर रख छोड़े हैं। कोई भी यक़ीनी तौर पर नहीं कह सकता कि जब उनके अपने हथियारों का प्रयोग किया जाएगा, तो वे वास्तव में काम करेंगे या नहीं। क्या चीनी प्रक्षेपास्त्र आदेश देने पर फ़ायर करेंगे, या शायद अमेरिकियों ने उन्हें या चेन ऑफ़ कमांड को हैक कर लिया होगा? क्या अमेरिकी विमानवाहक उम्मीद के मुताबिक़ काम करेंगे या शायद वे रहस्यमय तरीक़े से बंद हो जाएँगे या गोल-गोल घूमते रहेंगे?[39]

इस क़िस्म का अनिश्चय पारस्परिक तौर पर सुनिश्चित विनाश के सिद्धांत को कमज़ोर करता है। एक पक्ष ख़ुद को - सही या ग़लत - यक़ीन दिला सकता है कि वह पहला सफलतापूर्ण हमला कर सकता है और बड़े पैमाने की जवाबी कार्रवाई से बच सकता है। इससे भी बदतर, अगर एक पक्ष को लगता है कि उसके पास ऐसा अवसर है, तो पहला हमला करने के प्रलोभन से बच पाना असंभव हो सकता है, क्योंकि कोई नहीं जानता कि अवसर की वह खिड़की कब तक खुली रहेगी। गेम थ्योरी कहती है कि हथियारों की दौड़ में सबसे ज़्यादा ख़तरनाक स्थिति वह होती है, जब एक पक्ष को लगता है कि वह लाभप्रद स्थिति में है, लेकिन वह लाभप्रद स्थिति फ़िसलती जा रही है।[40]

अगर मनुष्यता वैश्विक युद्ध के सबसे बुरे परिदृश्य को टाल भी दे, तब भी नए डिजिटल साम्राज्यों का उदय अरबों लोगों की स्वतंत्रता और समृद्धि को ख़तरे में डाल सकता है। उन्नीसवीं और बीसवीं सदी के औद्योगिक साम्राज्यों ने अपने उपनिवेशों का शोषण और दमन किया था, और नए डिजिटल साम्राज्यों से इससे बेहतर की उम्मीद करना शायद मूर्खता होगी। इसके अलावा, जैसा कि पहले कहा

गया है, अगर दुनिया प्रतिद्वंद्वी साम्राज्यों में विभाजित हो जाती है, तो इस बात की कोई संभावना नहीं है कि मनुष्य पारिस्थितिकीय संकट को दूर करने या एआई और बायोइंजीनियरिंग जैसी अन्य विघटनकारी प्रौद्योगिकियों को नियंत्रित करने के लिए कारगर ढंग से सहयोग करेंगे।

वैश्विक अनुबंध

बेशक, दुनिया चाहे दो वैश्विक साम्राज्यों के बीच विभाजित हो, दो सौ राष्ट्र-राज्यों का एक अधिक वैविध्यपूर्ण समुदाय बना रहे, या पूरी तरह से अलग और अप्रत्याशित ढंग से विभाजित हो, हर हालत में आपसी सहयोग हमेशा एक विकल्प है। मनुष्यों के बीच समानता सहयोग की पूर्वशर्त नहीं है; पूर्वशर्त है, सूचना का विनिमय करने की क़ाबिलियत। जब तक हम बातचीत करने में सक्षम हैं, हम कोई-न-कोई ऐसी साझा कहानी हासिल कर सकते हैं, जो हमें एक-दूसरे के क़रीब ला सके। आख़िरकार, यही तो वह चीज़ है, जिसने *होमो सेपियन्स* को इस ग्रह की प्रमुख प्रजाति बनाया है।

जिस तरह एक क़बीलाई तंत्र के भीतर विभिन्न और प्रतिद्वंद्वी परिवार तक आपस में सहयोग कर सकते हैं, उसी तरह एक वैश्विक तंत्र के भीतर परस्पर विरोधी राष्ट्र और साम्राज्य भी आपस में सहयोग कर सकते हैं। जो क़िस्से इस तरह का सहयोग मुमकिन बनाते हैं, वे हमारे मतभेदों को मिटा नहीं देते, इसकी बजाय वे हमें साझा अनुभवों और साझा हितों को पहचानने में सक्षम बनाते हैं, जिससे हमें विचार और कर्म के लिए एक सर्वसामान्य रूपरेखा उपलब्ध होती है।

वैश्विक सहयोग को मुश्किल बनाने वाली एक बड़ी वजह यह ग़लत धारणा है कि इसके लिए सभी सांस्कृतिक, सामाजिक और राजनीतिक मतभेदों को ख़त्म करना ज़रूरी है। लोकलुभावनवादी राजनेता अक्सर यह तर्क देते हैं कि अगर अंतरराष्ट्रीय समुदाय किसी एक आम क़िस्से और सार्वभौमिक मापदंडों और मूल्यों पर सहमत हो जाता है, तो इससे उनके अपने राष्ट्र की स्वतंत्रता और अनूठी परंपराएँ नष्ट हो जाएँगी।[41] इस दृष्टिकोण को 2015 में फ़्रांस की नेशनल फ़्रंट पार्टी की नेता मरीन ले पेन ने एक चुनावी भाषण में बेबाकी से व्यक्त किया था, जिसमें उन्होंने घोषणा की थी कि ''हम एक नए द्विदलीयवाद (टू-पार्टिइज़्म) में प्रवेश कर चुके हैं। दो परस्पर एकांतिक अवधारणाओं के बीच एक द्विदलीयवाद आज के बाद से हमारे राजनीतिक जीवन की रचना करेगा। दरार अब वामपंथ और दक्षिणपंथ को अलग नहीं करती, बल्कि भूमंडलवादियों और राष्ट्रभक्तों को अलग करती है।''[42] अगस्त 2020 में, राष्ट्रपति ट्रम्प ने अपने मार्गदर्शक आदर्श को इस तरह

वर्णित किया था, "हमने भूमंडलवाद को नकार दिया है और देशभक्ति को अपना लिया है।"[43]

सौभाग्य से, यह द्विआधारी दृष्टिकोण अपनी बुनियादी कल्पना में ही ग़लती पर है। वैश्विक सहयोग और देशभक्ति परस्पर अनन्य नहीं हैं। देशभक्ति का मतलब विदेशियों से नफ़रत करना नहीं है। यह अपने देशवासियों से प्यार करना है। और ऐसी कई परिस्थितियाँ होती हैं, जब हमें अपने देशवासियों के कल्याण की ख़ातिर विदेशियों के साथ सहयोग करने की ज़रूरत होती है। कोविड-19 ने हमें इसका एक स्पष्ट उदाहरण उपलब्ध कराया है। महामारियाँ वैश्विक घटनाएँ हैं और वैश्विक स्तर के सहयोग के बिना उन्हें रोकना तो दूर, नियंत्रित करना भी मुश्किल है। जब एक देश में कोई वायरस या उत्परिवर्तित रोगाणु प्रकट होता है, तो यह अन्य दूसरे देशों को भी ख़तरे में डाल देता है। इसके विपरीत, मनुष्य रोगाणुओं से इस मामले में बेहतर स्थिति में होते हैं कि हम उन तरीक़ों से सहयोग कर सकते हैं, जिस तरह रोगाणु नहीं कर सकते। जर्मनी और ब्राज़ील के डॉक्टर एक-दूसरे को नए ख़तरों के बारे में सचेत कर सकते हैं, एक-दूसरे को अच्छी सलाह दे सकते हैं, और बेहतर उपचार खोजने के लिए मिलकर काम कर सकते हैं।

अगर जर्मन वैज्ञानिक किसी नई बीमारी से बचाव का टीका खोज लेते हैं, तो इस जर्मन उपलब्धि पर ब्राज़ील को किस तरह की प्रतिक्रिया करनी चाहिए? एक विकल्प तो यह है कि वे विदेशी टीके का तिरस्कार कर तब तक इंतज़ार करें जब तक कि ब्राज़ील के वैज्ञानिक ख़ुद ही टीका विकसित नहीं कर लेते, लेकिन यह सिर्फ़ बेवकूफ़ी ही नहीं होगी,बल्कि यह देशभक्ति के विरुद्ध जाने वाली बात होगी। ब्राज़ील के देशभक्तों को अपने देशवासियों की मदद के लिए किसी भी उपलब्ध टीके का उपयोग करना चाहिए, चाहे वह टीका कहीं भी विकसित किया गया हो। इस स्थिति में विदेशियों के साथ सहयोग देशभक्ति होगी। एआई पर नियंत्रण खोने का ख़तरा इसी से मिलती-जुलती स्थिति है, जिसमें देशभक्ति और वैश्विक सहयोग को साथ-साथ चलना चाहिए। एक बेक़ाबू एआई, एक बेक़ाबू वायरस की ही तरह हर देश के लोगों को ख़तरे में डालता है। कोई भी मानव समूह - वह चाहे कोई क़बीला हो, राष्ट्र हो, या समूची प्रजाति हो - मनुष्यों के हाथ से सत्ता प्राप्त करके उसे एल्गोरिदम के हाथों में सौंप देने से लाभान्वित नहीं हो सकता।

लोकलुभावनवादियों के तर्क के विपरीत, वैश्विकता का मतलब वैश्विक साम्राज्य स्थापित करना, राष्ट्रीय निष्ठा को त्यागना या शरणार्थियों के असीमित आगमन के लिए सरहदें खोल देना नहीं है। वास्तव में, वैश्विक सहयोग का मतलब दो कहीं ज़्यादा मामूली-सी बातें हैं : पहली कुछ वैश्विक नियमों के प्रति प्रतिबद्धता, ये नियम प्रत्येक राष्ट्र की विशिष्टता और अपने राष्ट्र के प्रति लोगों से अपेक्षित

निष्ठा से इंकार नहीं करते। वे सिर्फ़ राष्ट्रों के बीच संबंधों का विनियमन करते हैं। एक अच्छा मॉडल विश्व कप है। विश्व कप राष्ट्रों के बीच एक प्रतियोगिता है, और लोग अक्सर अपनी राष्ट्रीय टीम के प्रति उग्र निष्ठा प्रदर्शित करते हैं, लेकिन इसी के साथ, विश्व कप वैश्विक सहमति का भी एक अद्भुत प्रदर्शन है। जब तक ब्राज़ीलियन और जर्मन खेल के समान नियमों पर सहमत नहीं हो जाते, तब तक ब्राज़ील जर्मनों के साथ फुटबॉल नहीं खेल सकता। यही वैश्विकता का क्रियान्वयन है।

वैश्विकता का दूसरा सिद्धांत यह है कि कभी-कभी - हमेशा नहीं, पर कभी-कभी - थोड़े-से लोगों के अल्पकालिक हितों पर सारे मनुष्यों के दीर्घकालिक हितों को वरीयता देना अनिवार्य हो जाता है। उदाहरण के लिए, विश्व कप में, सारी राष्ट्रीय टीमें प्रदर्शन को बेहतर बनाने वाले मादक द्रव्यों का प्रयोग न करने पर सहमत होती हैं, क्योंकि हर किसी को इस बात का एहसास होता है कि अगर वे उस रास्ते पर चले, तो विश्व कप अंत में बायोकैमिस्टों के बीच की प्रतियोगिता के स्तर पर गिर जाएगा। दूसरे क्षेत्रों में जहाँ प्रौद्योगिकी एक गेम चेंजर होती है, हमें इसी तरह राष्ट्रीय और वैश्विक हितों को संतुलित करना चाहिए। राष्ट्र, ज़ाहिर है, नई प्रौद्योगिकी को विकसित करने में प्रतिस्पर्धा जारी रखेंगे, लेकिन कभी-कभी उनका स्वायत्त हथियारों और छल योजना करने वाले एल्गोरिदम जैसी खतरनाक प्रौद्योगिकी के विकास और तैनाती को सीमित करने के लिए सहमत होना ज़रूरी है - विशुद्ध परोपकार की भावना के चलते नहीं, बल्कि अपने आत्म संरक्षण की ख़ातिर।

मानवीय विकल्प

एआई पर अंतरराष्ट्रीय सहमति तैयार करने और उसे क़ायम रखने के लिए अंतरराष्ट्रीय व्यवस्था के काम करने के ढंग में बड़े परिवर्तनों की ज़रूरत होगी, हालाँकि, हमें परमाणु और जैविक हथियारों जैसी ख़तरनाक प्रौद्योगिकी को नियंत्रित करने का अनुभव है, तब भी एआई का नियंत्रण भरोसे और आत्मानुशासन के अपूर्व स्तरों की माँग करेगा। दो वजहों से। पहली, एक ग़ैरक़ानूनी परमाणु रिएक्टर को छिपाने की बजाय एक ग़ैरक़ानूनी एआई लैब को छिपाना ज़्यादा आसान है। दूसरी, परमाणु बमों की तुलना में एआई के नागरिक-सैन्य उपयोग बहुत ज़्यादा हैं। परिणामतः, स्वायत्त हथियार प्रणालियों पर प्रतिबंध लगाने वाले समझौते पर हस्ताक्षर करने के बावजूद, कोई देश गुप्त रूप से ऐसे हथियार बना सकता है, या उन्हें असैन्य उत्पादों के रूप में छिपाकर रख सकता है। उदाहरण के लिए, वह डाक बाँटने और खेतों में

कीटनाशकों का छिड़काव करने वाला पूरी तरह स्वचालित ड्रोन तैयार कर सकता है, जिसमें अगर थोड़े-से संशोधन कर दिए जाएँ, तो वह बम भी पहुँचा सकता है और लोगों पर ज़हर का छिड़काव भी कर सकता है। नतीजतन, सरकारों और कंपनियों को यह भरोसा करना ज़्यादा मुश्किल होगा कि उनके प्रतिद्वंद्वी वास्तव में उन नियमों का पालन कर रहे हैं, जिन पर आपसी सहमति बन चुकी है, साथ ही उन्हें उन नियमों को अस्वीकार करने के लोभ का संवरण कर पाना मुश्किल होगा।[44] क्या इंसान अनिवार्य स्तर का भरोसा और आत्मानुशासन विकसित कर सकते हैं? क्या ऐसे परिवर्तनों का कोई उदाहरण इतिहास में मिलता है?

बहुत-से लोगों को बदल सकने की मानवीय क्षमता को लेकर, और विशेष रूप से हिंसा त्याग देने और मज़बूत वैश्विक अनुबंध गढ़ने की इंसानी क़ाबिलियत को लेकर संदेह होता है। उदाहरण के लिए, हांस मार्गेंथो और जॉन मियर्सहाइमर जैसे 'यथार्थवादी' तर्क देते हैं कि सत्ता के लिए चौतरफ़ा प्रतिस्पर्धा अंतरराष्ट्रीय व्यवस्था की अपरिहार्य स्थिति है। मियर्सहाइमर कहते हैं कि ''मेरा सिद्धांत महाशक्तियों को मुख्य रूप से इस बात से चिंतित देखता है कि एक ऐसी दुनिया में कैसे जीवित रहा जाए, जहाँ उन्हें एक-दूसरे से बचाने के लिए कोई एजेंसी नहीं है,'' और उन्हें जल्दी ही एहसास हो जाता है कि सत्ता ही उनके वजूद की कुंजी है।'' इसके बाद मियर्सहाइमर पूछते हैं, ''राज्यों को कितनी शक्ति चाहिए?'' और जवाब देते हैं कि सभी राज्य उतनी शक्ति चाहते हैं, जितनी उन्हें मिल सकती है, ''क्योंकि अंतरराष्ट्रीय व्यवस्था राज्यों को प्रतिद्वंद्वियों की क़ीमत पर सत्ता हासिल करने के अवसरों की तलाश करने के लिए ज़बरदस्त प्रोत्साहन देती है।'' वे निष्कर्ष निकालते हैं कि ''राज्य का अंतिम लक्ष्य व्यवस्था पर वर्चस्व स्थापित करना है।''[45]

अंतरराष्ट्रीय संबंधों को लेकर यह अवसाद से भरा दृष्टिकोण मानवीय संबंधों के प्रति लोकलुभावनवादी और मार्क्सवादी दृष्टिकोण से मिलता-जुलता है, जिसमें वे सभी मनुष्यों को केवल सत्ता में दिलचस्पी रखने वालों के रूप में देखते हैं। और वे सभी मानव प्रकृति के एक गहन दार्शनिक सिद्धांत पर आधारित हैं, जिसे वानरविज्ञानी (प्राइमेटोलॉजिस्ट) फ्रांस डि वॉल ने 'मुलम्मे का सिद्धांत' (वनीर थ्योरी) की संज्ञा दी है। इस सिद्धांत के मुताबिक़, मनुष्य मूल रूप से पाषाण युग के शिकारी हैं, जो दुनिया को जंगल के रूप में देखते हैं, जहाँ ताक़तवर प्राणी कमज़ोर प्राणियों का शिकार करते हैं और जहाँ ताक़तवर को ही सही माना जाता है। यह सिद्धांत कहता है कि मनुष्यों ने हज़ारों सालों से मिथकों और अनुष्ठानों के एक झीने और उत्परिवर्तनीय मुलम्मे के नीचे इस अपरिवर्तनीय वास्तविकता को छिपाने की कोशिश की है, लेकिन हम वाक़ई कभी जंगल के इस क़ानून से आज़ाद नहीं हुए।

वास्तव में हमारे मिथक और अनुष्ठान स्वयं इस जंगल के सबसे ज़्यादा शक्तिशाली प्राणियों द्वारा अपने से कमतरों को ठगने और फँसाने के लिए इस्तेमाल किए जाने वाले हथियार हैं। जिन लोगों को इस बात का एहसास नहीं है, वे ख़तरनाक रूप से भोले हैं और वे किसी क्रूर शिकारी का शिकार बन जाएँगे।''[46]

लेकिन ऐसा सोचने की पर्याप्त वजहें हैं कि मियर्सहाइमर जैसे 'यथार्थवादी' ऐतिहासिक वास्तविकता के प्रति एक सीमित दृष्टिकोण रखते हैं और जंगल का क़ानून अपने आप में एक मिथक है। जैसा कि डि वॉल और अन्य जीवविज्ञानियों ने कई अध्ययनों में दर्ज किया है, वास्तविक जंगल - हमारी कल्पना से भिन्न जंगल - अनगिनत जानवरों, पौधों, फफूँदों और यहाँ तक कि बैक्टीरियाओं द्वारा प्रदर्शित सहयोग, सहजीवन और परोपकारिता से भरे हुए हैं। उदाहरण के लिए, ज़मीन पर उगने वाले सभी पौधों में से अस्सी प्रतिशत पौधे फफूँदों के साथ सहजीवी संबंधों पर निर्भर करते हैं, और लगभग 90 प्रतिशत वैस्क्युलर पौधों के परिवार सूक्ष्मजीवों के साथ सहजीवी संबंध बनाते हैं। अगर एमेज़ोनियाँ, अफ्रीका और भारत के वर्षा वनों के जीव वर्चस्व की ख़ातिर प्रतिस्पर्धा के पक्ष में सहयोग को पूरी तरह से त्याग दें, तो वर्षा वन और उनके सभी निवासी जल्दी ही मर जाएँगे। जंगल का क़ानून यह है।[47]

जहाँ तक पाषाण युग के मनुष्यों का सवाल है, वे संग्रहकर्ता और शिकारी हुआ करते थे, और ऐसे कोई पुख़्ता सबूत नहीं हैं कि उनकी ग़ैरज़िम्मेदाराना युद्धपरक प्रवृत्तियाँ हुआ करती थीं। अनुमान बहुत सारे हैं, लेकिन पुरातात्त्विक रिकॉर्ड में संगठित युद्ध का जो पहला स्पष्ट सबूत मिलता है, वह लगभग तेरह हज़ार साल पहले, नील घाटी में जेबेल सहाबा का है।[48] उस तारीख़ के बाद भी युद्ध का रिकॉर्ड स्थिर होने की बजाय परिवर्तनशील है। कुछ कालखंड असाधारण रूप से हिंसक थे, वहीं दूसरे कालखंड अपेक्षाकृत शांतिपूर्ण थे। मानवता के दीर्घकालिक इतिहास में हम जो सबसे स्पष्ट पैटर्न देखते हैं, वह संघर्ष की निरंतरता का नहीं ,बल्कि सहयोग के बढ़ते हुए स्तर का है। एक लाख साल पहले सेपियन्स केवल झुंड के स्तर पर ही सहयोग कर सकते थे। हज़ारों सालों से हमने अजनबियों के समुदाय बनाने के तरीक़े खोजे हैं - पहले क़बीलों के स्तर पर, और अंततः मज़हबों, व्यापारिक तंत्रों और राज्यों के स्तर पर। यथार्थवादियों को ध्यान देना चाहिए कि राज्य मानव वास्तविकता के मूलभत अंश नहीं हैं, बल्कि वे विश्वास और सहयोग की कठिन प्रक्रियाओं से जन्मे हैं। सबसे पहली बात तो यह है कि अगर मनुष्य केवल सत्ता में दिलचस्पी रखते होते, तो वे राज्य का निर्माण ही न कर सके होते। निश्चय ही टकरावों की संभावना रही है - राज्यों के भीतर भी और उनके बीच भी - लेकिन वे कभी अपरिहार्य नियति नहीं रहे।

युद्ध की तीव्रता अपरिवर्तनीय मानव स्वभाव पर नहीं, बल्कि निरंतर बदलते हुए प्रौद्योगिकीय, आर्थिक, और सांस्कृतिक कारकों पर निर्भर करती है। जैसे-जैसे ये कारक बदलते हैं, युद्ध का रूप भी बदलता जाता है, जैसा कि 1945 के बाद के युग में स्पष्ट तौर पर दिखाई देता है। उस अवधि के दौरान परमाणु प्रौद्योगिकी के विकास ने युद्ध की संभावित क़ीमत को काफ़ी बढ़ा दिया। 1950 के दशक के बाद से महाशक्तियों को स्पष्ट हो गया था कि भले ही वे परमाणु युद्ध जीत लें, लेकिन उनकी वह जीत संभवत: एक आत्मघाती उपलब्धि ही होगी, जिसमें उनकी अधिकांश आबादी का बलिदान शामिल होगा। इसी के साथ-साथ भौतिकता-आधारित अर्थव्यवस्था से ज्ञान-आधारित अर्थव्यवस्था में जारी अंतरण ने युद्ध के संभावित लाभों को कम कर दिया है, हालाँकि, चावल के खेतों और सोने की खदानों पर विजय प्राप्त करना व्यावहारिक रहा है, लेकिन बीसवीं सदी के अंत तक ये आर्थिक संपदा के स्रोत नहीं रह गए थे। सेमीकंडक्टर जैसे नए अग्रणी उद्योग प्रौद्योगिकीय कौशल और संगठनात्मक जानकारी पर आधारित हो गए, जिन्हें सैन्य विजय द्वारा हासिल नहीं किया जा सकता था। तदनुसार, 1945 के बाद के युग के कुछ सबसे बड़े आर्थिक चमत्कार जर्मनी, इटली और जापान जैसी पराजित शक्तियों द्वारा तथा स्वीडन और सिंगापुर जैसे उन देशों द्वारा हासिल किए गए, जिन्होंने सैन्य संघर्षों तथा साम्राज्यवादी विजयों से परहेज़ किया।

अंत में, बीसवीं सदी की दूसरी अर्द्धाली में सैन्यवादी आदर्शों में पतन के बाद गहरा सांस्कृतिक रूपांतरण भी हुआ। कलाकारों ने युद्ध के वास्तुकारों का महिमामंडन करने की बजाय युद्ध की निरर्थक भयावहता को दर्शाने पर ज़्यादा ध्यान दिया और राजनेता विदेशी विजयों की जगह घरेलू सुधारों के सपने देखते हुए सत्ता में आए। इन प्रौद्योगिकीय, आर्थिक, और सांस्कृतिक परिवर्तनों के कारण द्वितीय विश्व युद्ध के अंत के बाद के दशकों में अधिकांश सरकारों ने हितों को आगे बढ़ाने के लिए युद्धों को एक आकर्षक उपकरण के रूप में देखना बंद कर दिया और अधिकांश देशों ने अपने पड़ोसियों पर विजय प्राप्त करने और उन्हें नष्ट कर देने के सपने देखना बंद कर दिया। बावजूद इसके कि गृहयुद्ध और विद्रोह आम बात रहे हैं, 1945 के बाद की दुनिया में राज्यों के बीच संपूर्ण पैमाने के युद्धों में और सबसे ख़ास तौर पर महाशक्तियों के बीच प्रत्यक्ष सशस्त्र संघर्षों में उल्लेखनीय गिरावट आई है।[49]

1945 के बाद युद्ध में आई कमी को कई आँकड़े प्रमाणित करते हैं, लेकिन सबसे स्पष्ट प्रमाण राज्यों के बजट में मिलता है। दर्ज इतिहास के अधिकांश समय में सेना हर साम्राज्य, सल्तनत, राज्य और गणराज्य के बजट में अव्वल मद हुआ करती थी। उन सरकारों ने स्वास्थ्य सेवा और शिक्षा पर बहुत कम ख़र्च किया,

क्योंकि उनके अधिकांश संसाधन सैनिकों को भुगतान करने, दीवारें खड़ी करने और युद्धपोत बनाने में ख़र्च हो जाते थे। जब नौकरशाह चेन जियांग ने वर्ष 1065 के चीनी सांग राजवंश के वार्षिक बजट की जाँच की, तो उसने पाया कि छह करोड़ मिन्कियन (मुद्रा) में से पाँच करोड़ (83 प्रतिशत) सेना द्वारा ख़र्च किए गए थे। एक अन्य अधिकारी, काई जियांग ने लिखा, ''अगर हम, स्वर्ग के नीचे की सारी संपत्ति, को छह हिस्सों में विभाजित करते हैं, तो पाँच हिस्से सेना पर ख़र्च किए जाते हैं और एक हिस्सा मंदिर के प्रसाद और राज्यों की ज़रूरतों पर ख़र्च किया जाता है। यह कैसे मुमकिन है कि देश ग़रीब न हो और लोग मुश्किल में न हों?''[50]

यही स्थिति दूसरे कई राज्यों की थी, प्राचीन काल से लेकर आधुनिक युग तक। रोमन साम्राज्य अपने बजट का 50–75 प्रतिशत हिस्सा सेना पर ख़र्च करता था,[51] और परवर्ती सत्रहवीं सदी के ऑटोमन साम्राज्य में यह आँकड़ा लगभग 60 प्रतिशत था।[52] 1685 और 1813 के बीच अँग्रेज़ सरकार के ख़र्च में सेना की हिस्सेदारी औसतन 75 प्रतिशत थी।[53] फ़्रांस में 1630 और 1659 के बीच सेना का ख़र्च बजट के 89 प्रतिशत से 93 प्रतिशत के बीच था, अठारहवीं सदी के ज़्यादातर समय यह 30 प्रतिशत से ऊपर रहा और 1788 में केवल वित्तीय संकट के कारण, जिसकी वजह से फ़्रांसीसी क्रांति हुई, यह 25 प्रतिशत के निचले स्तर पर आ गया था। प्रशिया में 1711 से लेकर 1800 तक बजट में सेना की हिस्सेदारी 75 प्रतिशत से नीचे कभी नहीं गई और कभी-कभी यह 91 प्रतिशत तक की ऊँचाई पर पहुँच गई थी।[54] 1870–1913 के अपेक्षाकृत शांतिपूर्ण वर्षों के दौरान सेना यूरोप की बड़ी शक्तियों, साथ ही जापान और संयुक्त राज्य अमेरिका में राजकीय बजट का औसतन 30 प्रतिशत से ज़्यादा खा जाती थी, वहीं स्वीडन जैसी छोटी शक्तियाँ इससे भी ज़्यादा ख़र्च कर रही थीं।[55] जब 1914 में युद्ध का विस्फोट हुआ, तो सेना के बजट आसमान छूने लगे। प्रथम विश्व युद्ध में फ़्रांस की भागीदारी के दौरान फ़्रांस का सैन्य व्यय बजट का औसतन 77 प्रतिशत था, जर्मनी में वह 91 प्रतिशत था, रूस में 48 प्रतिशत था, इंग्लैंड में 49 प्रतिशत था और संयुक्त राज्य अमेरिका में 47 प्रतिशत था। दूसरे विश्व युद्ध के दौरान इंग्लैंड का आँकड़ा 69 प्रतिशत तक ऊपर उठ गया और संयुक्त राज्य अमेरिका में यह आँकड़ा 71 प्रतिशत ऊपर उठ गया था।[56] 1970 के दशक के नरमी के दौर में भी सोवियत संघ का सैन्य ख़र्च बजट का 32.5 प्रतिशत हुआ करता था।[57]

हाल के दशकों गें राजकीय बजट किसी भी शांतिवादी पुस्तिका की तुलना में अधिक आशाजनक पठन सामग्री प्रदान करते हैं। इक्कीसवीं सदी की शुरुआत में सेना पर दुनियाभर में औसत सरकारी व्यय बजट का केवल 7 प्रतिशत रहा है, और यहाँ तक कि संयुक्त राज्य अमेरिका जैसी प्रभावी महाशक्ति ने अपने सैन्य आधिपत्य को बनाए रखने के लिए अपने वार्षिक बजट का केवल 13 प्रतिशत

ही ख़र्च किया।[58] चूँकि अधिकांश लोग अब बाहरी आक्रमण के डर में नहीं रहते थे, इसलिए सरकारें कल्याण, शिक्षा, और स्वास्थ्य सेवा पर ज़्यादा पैसा ख़र्च कर सकती थीं। इक्कीसवीं सदी की शुरुआत में स्वास्थ्य सेवा पर दुनियाभर में औसत व्यय सरकारी बजट का लगभग 10 प्रतिशत या रक्षा बजट का लगभग 1.4 गुना रहा।[59] 2010 में बहुत-से लोगों के लिए यह तथ्य कि स्वास्थ्य सेवा बजट सैन्य बजट से ज़्यादा था, कोई आश्चर्य की बात नहीं थी, लेकिन यह मनुष्य के आचरण में बहुत बड़े परिवर्तन का परिणाम था, और ऐसा जो पिछली पीढ़ियों के अधिकांश लोगों को असंभव प्रतीत होता।

युद्ध में गिरावट किसी दैवीय चमत्कार या क़ुदरत के नियमों में किसी रूपांतरण का परिणाम नहीं था। यह मनुष्य द्वारा स्वयं के क़ानून, मिथक और संस्थाएँ बदलने और बेहतर निर्णय लेने के नतीजे में हुआ था। दुर्भाग्य से, चूँकि यह परिवर्तन मनुष्य के चुनाव से उपजा है, इसका अर्थ यह भी है कि इसे उलटा जा सकता है। प्रौद्योगिकी, अर्थव्यवस्था और संस्कृति में हमेशा परिवर्तन होते रहते हैं। 2020 के आरंभिक दशक में बहुत-से नेता एक बार फिर सैन्य गौरव का सपना देख रहे हैं, सशक्त संघर्ष बढ़ रहे हैं,[60] और सैन्य बजट में वृद्धि हो रही है।[61]

2022 की शुरुआत में एक जोखिमपूर्ण दहलीज़ को पार कर लिया गया था। रूस ने 2014 में यूक्रेन पर सीमित आक्रमण करके और क्रीमिया तथा पूर्वी यूक्रेन के कुछ अन्य क्षेत्रों पर क़ब्ज़ा करके वैश्विक व्यवस्था को पहले ही अस्थिर कर दिया था, लेकिन 24 फ़रवरी, 2022 को व्लादिमीर पुतिन ने पूरे यूक्रेन पर क़ब्ज़ा करने और यूक्रेनी राष्ट्रवाद को ख़त्म करने के उद्देश्य से चौतरफ़ा हमला किया। इस हमले की तैयारी और उसे जारी रखने के लिए रूस ने अपने सैन्य बजट को वैश्विक औसत 7 प्रतिशत से कहीं ज़्यादा बढ़ा दिया। सटीक आँकड़ों को निर्धारित करना तो मुश्किल है, क्योंकि रूसी सैन्य बजट के कई पहलू गोपनीयता में लिपटे हुए हैं, लेकिन सबसे अच्छे अनुमानों के मुताबिक़ यह आँकड़ा 30 प्रतिशत के आस-पास है, और वह इससे भी ज़्यादा हो सकता है।[62] बदले में रूसी हमले ने न केवल यूक्रेन बल्कि कई अन्य यूरोपीय देशों को भी अपने सैन्य बजट बढ़ाने को मजबूर किया है।[63] रूस जैसी जगहों पर सैन्यवादी संस्कृतियों का फिर-से उभरना और दुनियाभर में अपूर्व साइबर हथियारों और स्वचालित हथियारों का विकास एक ऐसे नए युद्ध के रूप में सामने आ सकता है, जो हमने पहले कभी नहीं देखा है।

युद्ध और शांति को लेकर पुतिन जैसे लोगों द्वारा लिए जाने वाले फ़ैसले इतिहास की उनकी समझ से आकार लेते हैं। इसका मतलब यह है कि जिस तरह इतिहास के बारे अत्यधिक आशावादी विचार ख़तरनाक भ्रम हो सकते हैं, उसी तरह अत्यंत निराशावादी विचार ख़ुद को सही साबित करने वाली भविष्यवाणियाँ बन

सकते हैं। यूक्रेन पर 2022 के अपने चौतरफ़ा हमले से पहले, पुतिन अक्सर अपना यह ऐतिहासिक विश्वास व्यक्त करते रहे थे कि रूस विदेशी दुश्मनों के साथ एक अंतहीन संघर्ष में फँस गया है और यूक्रेनी राष्ट्र इन दुश्मनों की एक रचना है। जून 2021 में उन्होंने 53-सौ शब्दों का एक निबंध प्रकाशित किया था, जिसका शीर्षक था 'रूसियों और यूक्रेनियों की ऐतिहासिक एकता'। इस निबंध में उन्होंने एक राष्ट्र के रूप में यूक्रेन के अस्तित्व को नकारते हुए तर्क दिया था कि विदेशी ताक़तों ने यूक्रेनी अलगाववाद को बढ़ावा देकर रूस को बार-बार कमज़ोर करने की कोशिश की है। बावजूद इसके कि दक्ष इतिहासकार इन दावों को ख़ारिज करते हैं, पुतिन इस ऐतिहासिक क़िस्से में वास्तव में विश्वास करते हैं।[64] पुतिन के ऐतिहासिक विश्वासों ने उन्हें 2022 में अन्य नीतिगत लक्ष्यों, जैसे कि रूसी नागरिकों को बेहतर स्वास्थ्य सेवा उपलब्ध कराना या एआई को विनियमित करने के लिए ऐतिहासिक पहल करना, पर यूक्रेन की विजय को प्राथमिकता देने के लिए प्रेरित किया।[65]

अगर पुतिन जैसे नेता यह विश्वास करते हैं कि मनुष्यता एक निर्मम और क्रूर दुनिया में फँसी हुई है, इस दुःखद स्थिति में कोई बदलाव संभव नहीं है, और बीसवीं सदी के अंत और इक्कीसवीं सदी की शुरुआत की सापेक्षिक शांति एक भ्रम मात्र थी, तो एकमात्र विकल्प यह बचता है कि शिकारी की भूमिका निभाई जाए या शिकार की। ऐसे विकल्प की हालत में दुनिया के अधिकांश नेता शिकारी के रूप में प्रसिद्ध होना पसंद करेंगे और अपने नाम को विजेताओं की उस भयावह सूची में शामिल करेंगे, जिसे बदक़िस्मत विद्यार्थी इतिहास की अपनी परीक्षाओं के लिए याद करने को अभिशप्त हैं, लेकिन, इन नेताओं को यह बात याद दिलाई जानी चाहिए कि संभावना यही है कि एआई के इस युग में एआई ही प्रधान शिकारी होगा।

हालाँकि, शायद हमारे पास और भी विकल्प हैं। मैं यह पूर्वानुमान तो नहीं लगा सकता कि आने वाले वर्षों में लोग क्या फ़ैसले लेंगे, लेकिन एक इतिहासकार के रूप में, मैं परिवर्तन की संभावना में विश्वास करता हूँ। इतिहास की कई सीखों में से एक मुख्य सीख यह है कि जिन बहुत-सी चीज़ों को हम क़ुदरती और शाश्वत मानते हैं, वे वास्तव में मनुष्य-कृत और परिवर्तनीय होती हैं, लेकिन यह स्वीकार करने से हमें आत्मसंतुष्ट नहीं हो जाना चाहिए कि टकराव अपरिहार्य नहीं है। दरअसल, होना ठीक इसके विपरीत चाहिए। हम सभी पर सही विकल्प चुनने की भारी ज़िम्मेदारी है। इसका मतलब है कि अगर मानव सभ्यता टकराव द्वारा निगल ली जाती है, तो इसका दोष हम क़ुदरत के किसी नियम या किसी अजनबी प्रौद्योगिकी को नहीं दे सकते। इसका मतलब यह भी है कि अगर हम कोशिश करें, तो हम बेहतर दुनिया बना सकते हैं। यह बचकानापन नहीं, यथार्थवाद है। हर पुरानी चीज़ किसी समय में नई हुआ करती थी। इतिहास का एकमात्र अचर है, परिवर्तन।

उपसंहार

2016 के आख़िरी दिनों में जब अल्फ़ागो ने ली सेडोल को हराया था और फ़ेसबुक के एल्गोरिदम म्याँमार में नस्लवादी भावनाएँ भड़का रहे थे, तब मैंने *होमो डेयस* प्रकाशित की थी, हालाँकि, मेरा अकादमिक प्रशिक्षण मध्ययुगीन और आधुनिक सैन्य इतिहास में रहा था, और कंप्यूटर विज्ञान के तकनीकी पहलुओं की मेरी कोई पृष्ठभूमि नहीं है, लेकिन उस किताब के प्रकाशन के बाद मैंने अचानक पाया कि मैंने एआई विशेषज्ञ के रूप में ख्याति प्राप्त कर ली है। इसने एआई में रुचि रखने वाले वैज्ञानिकों, उद्यमियों और विश्व नेताओं के कार्यालयों के दरवाज़े खोल दिए और मुझे एआई क्रांति की जटिल गतिशीलता में एक आकर्षक, और विशेषाधिकार प्राप्त नज़र डालने का मौक़ा उपलब्ध कराया।

मैंने पाया कि हंड्रेड ईयर्स वॉर में अँग्रेज़ी रणनीति जैसे विषयों पर शोध और थर्टी ईयर्स वार[1] के चित्रों का अध्ययन करने का मेरा पिछला अनुभव इस नए क्षेत्र से पूरी तरह असंबद्ध नहीं था। वास्तव में, इसने मुझे एआई प्रयोगशालाओं, कॉर्पोरेट कार्यालयों, सैन्य मुख्यालयों और राष्ट्रपति-भवनों में तेज़ी-से घटित हो रही घटनाओं को समझने का एक अनूठा परिप्रेक्ष्य उपलब्ध कराया। पिछले आठ वर्षों में मैंने एआई पर, विशेष रूप से इसके ख़तरों के बारे में, कई सार्वजनिक और निजी वार्ताएँ की हैं, और प्रत्येक वर्ष बीतने के साथ मेरा स्वर अधिक आग्रहपूर्ण होता गया है। जो वार्ता 2016 में दूर के भविष्य के बारे में बेकार की दार्शनिक अटकलों की तरह लगती थी, 2024 तक उसने दुर्घटना और आपातकालीन कक्ष की एकाग्र तीव्रता हासिल कर ली थी।

मैं न तो राजनेता हूँ और न ही व्यापारी हूँ और ये व्यवसाय जिस प्रतिभा की माँग करते हैं, वह मुझमें नहीं है, लेकिन यह मेरा विश्वास है कि इतिहास की समझ वर्तमान समय के प्रौद्योगिकीय, आर्थिक, और सांस्कृतिक घटनाक्रमों – और अधिक अत्यावश्यक तौर पर, हमारी राजनीतिक प्राथमिकताओं में बदलावों – पर बेहतर पकड़ हासिल करने में उपयोगी हो सकती है। राजनीति व्यापक तौर पर

प्राथमिकताओं का मसला है। क्या हमें स्वास्थ्य सेवा बजट में कटौती करके रक्षा पर ज़्यादा ख़र्च करना चाहिए? हमारी सुरक्षा पर अधिक दबाव डालने वाला ख़तरा आतंकवाद है या जलवायु परिवर्तन? हम अपने पूर्वजों के खोए हुए भूभाग को वापस हासिल करने पर ध्यान केंद्रित करें, या पड़ोसियों के साथ एक साझा आर्थिक क्षेत्र बनाने पर ध्यान केंद्रित करें? ये प्राथमिकताएँ हैं, जो निर्धारित करती हैं कि नागरिक कैसे मतदान करते हैं, व्यवसायियों के क्या सरोकार हैं, और राजनेता किस तरह अपना नाम कमाने की कोशिश करते हैं। और प्राथमिकताएँ अक्सर इतिहास की हमारी समझ से आकार लेती हैं।

हालाँकि, तथाकथित यथार्थवादी ऐतिहासिक आख्यानों को राज्य के हितों को आगे बढ़ाने के लिए इस्तेमाल किए जाने वाले प्रचार के हथकंडे के रूप में देखते हैं, लेकिन वास्तव में ये आख्यान नहीं हैं, जो राज्य के हितों को सबसे पहले परिभाषित करते हैं। जैसा कि हमने क्लॉज़विट्ज़ के युद्ध के सिद्धांत पर की गई बातचीत में देखा, अंतिम लक्ष्यों को परिभाषित करने का कोई तर्कसंगत तरीक़ा नहीं है। रूस, इज़रायल, म्याँमार या किसी भी देश के राजकीय हितों को कभी भी किसी गणितीय या भौतिक समीकरण से नहीं समझा जा सकता, वे हमेशा किसी ऐतिहासिक आख्यान की अपेक्षित नैतिक शिक्षा होते हैं।

इसलिए यह बमुश्किल ही आश्चर्य में डालने वाली बात है कि सारी दुनिया के राजनेता ऐतिहासिक आख्यानों को याद करने में अपना समय और उद्यम लगाते हैं। व्लादिमीर पुतिन का उल्लिखित उदाहरण भी इस मामले में अपवाद नहीं है। 2005 में संयुक्त राष्ट्र के महासचिव कोफ़ी अन्नान ने म्याँमार के तत्कालीन तानाशाह जनरल थान श्वे से पहली मुलाक़ात की थी। अन्नान को सलाह दी गई थी कि वे पहले बात करें, ताकि उस बातचीत पर जनरल के एकाधिकार करने से बचा जा सके, जिसके लिए केवल बीस मिनट निर्धारित थे, लेकिन थान श्वे पहले ही टूट पड़े और लगभग एक घंटे तक म्याँमार के इतिहास पर बोलते रहे और उन्होंने संयुक्त राष्ट्र के महासचिव को बोलने का मौक़ा ही नहीं दिया।[2] मई 2011 में इज़रायली प्रधानमंत्री बेंजामिन नेतन्याहू ने इसी से मिलता-जुलता कुछ ह्वाइट हाउस में किया, जब वे संयुक्त राज्य अमेरिका के राष्ट्रपति बराक ओबामा से मिले थे। ओबामा की संक्षिप्त परिचयात्मक टिप्पणियों के बाद, नेतन्याहू ने राष्ट्रपति को इज़रायल और यहूदी लोगों के इतिहास के बारे में एक लंबा व्याख्यान दिया, जिस दौरान उन्होंने ओबामा के साथ ऐसा व्यवहार किया, जैसे वे उनके विद्यार्थी हों।[3] निंदक लोग तर्क दे सकते हैं कि थान श्वे और नेतन्याहू को इतिहास के तथ्यों की ज़रा भी परवाह नहीं थी और वे कुछ राजनीतिक लक्ष्य हासिल करने के लिए जानबूझकर उन तथ्यों को विकृत कर रहे थे, लेकिन ये राजनीतिक लक्ष्य ख़ुद ही इतिहास के बारे में गहराई तक पैठ जमा चुके विश्वासों की पैदाइश थे।

एआई पर राजनेताओं और उद्यमियों के साथ मेरी बातचीत में इतिहास अक्सर केंद्रीय विषय-वस्तु के रूप में प्रकट होता रहा। मुझसे बातचीत करने वाले कुछ लोगों ने इतिहास की एक बहुत ही ख़ुशनुमा तसवीर पेश की और तदनुसार वे एआई को लेकर बहुत उत्साहित थे। उनका तर्क था कि ज़्यादा सूचना का मतलब हमेशा ज़्यादा ज्ञान रहा है और हमारे ज्ञान में वृद्धि करके हर एक पिछली सूचना क्रांति ने मानवजाति का ज़बरदस्त हित किया है। क्या छापेख़ाने की क्रांति की वजह से वैज्ञानिक क्रांति नहीं हुई? क्या अख़बारों और रेडियो के परिणामस्वरूप आधुनिक लोकतंत्र का उदय नहीं हुआ? उनका कहना था कि यही एआई के साथ होगा। दूसरे लोगों का परिप्रेक्ष्य किंचित धुँधला था, लेकिन तब भी उन्होंने यह उम्मीद जताई कि मानव जाति किसी तरह एआई क्रांति से गुज़र जाएगी, ठीक वैसे ही, जैसे हम औद्योगिक क्रांति से गुज़रे थे।

इनमें से किसी भी दृष्टिकोण ने मुझे साँत्वना प्रदान नहीं की। पिछले अध्याय में बताई गई वजहों से मुझे मुद्रण क्रांति और ऐतिहासिक क्रांति की ऐसी तुलनाएँ परेशान करने वाली लगती हैं, ख़ास तौर से तब, जब सत्ता के पदों पर बैठे लोग ऐसी तुलनाएँ करते हैं, जिनकी ऐतिहासिक दृष्टि हमारे भविष्य को आकार देने वाले निर्णयों को प्रभावित कर रही है। ये ऐतिहासिक तुलनाएँ एआई क्रांति की अपूर्व प्रकृति और पिछली क्रांतियों के नकारात्मक पहलुओं, दोनों को कम करके आँकती हैं। छापाख़ाने की क्रांति के तात्कालिक परिणामों में डायनों के शिकार और धार्मिक युद्ध शामिल थे, उसी तरह अख़बारों और रेडियो का इस्तेमाल लोकतंत्रों के साथ-साथ अधिनायकवादी सत्ताओं द्वारा भी किया गया था। जहाँ तक औद्योगिक क्रांति का सवाल है, उसके साथ सामंजस्य स्थापित करने में साम्राज्यवाद और नाज़ीवाद जैसे विनाशकारी प्रयोग शामिल रहे थे। अगर एआई क्रांति के नतीजे भी इसी तरह के प्रयोगों के रूप में सामने आते हैं, तो क्या हम निश्चित तौर पर कह सकते हैं कि हम वाक़ई अपने लक्ष्य प्राप्त कर लेंगे?

इस किताब के संदर्भ में मेरा लक्ष्य एआई क्रांति को लेकर अधिक सटीक ऐतिहासिक परिप्रेक्ष्य उपलब्ध कराना है। यह क्रांति अभी भी अपनी शैशवावस्था में है और जिस समय में घटनाएँ घट रही हैं, उसी समय में उन घटनाओं को समझना बुरी तरह मुश्किल है। अल्फ़ागो की जीत या रोहिंग्या-विरोधी अभियान में फ़ेसबुक की भागीदारी जैसी 2010 की घटनाओं के अर्थ का आकलन करना अब भी कठिन है। 2020 के दशक के आरंभिक दौर की घटनाओं के अर्थ और भी अस्पष्ट हैं। फिर भी, हज़ारों वर्षों में सूचना तंत्र किस प्रकार विकसित हुए, इस पर नज़र डालने के लिए अपने क्षितिज का विस्तार करके मेरा मानना है कि आज हम जिस दौर में रह रहे हैं, उसके बारे में कुछ अंतर्दृष्टि प्राप्त करना संभव है।

एक सीख तो यह है कि नई सूचना प्रौद्योगिकी का आविष्कार हमेशा बड़े ऐतिहासिक परिवर्तनों का उत्प्रेरक होता है, क्योंकि सूचना की सबसे महत्त्वपूर्ण भूमिका पहले से मौजूद वास्तविकताओं का निरूपण करने की बजाय नए तंत्रों को तैयार करना होती है। करों के भुगतान को रिकॉर्ड करके प्राचीन मेसोपोटामिया में, मिट्टी की तख़्तियों ने प्रथम नगर-राज्यों के निर्माण में मदद की थी। भविष्य-दृष्टियों का पवित्रीकरण (कैनॅनाइजेश़न) करके, पवित्र ग्रंथों ने नए प्रकार के मज़हबों का प्रसार किया। राष्ट्रपतियों और नागरिकों की वाणी का तेज़ी-से प्रसार करके समाचार-पत्रों और टेलीग्राफ़ ने बड़े पैमाने के लोकतंत्र और बड़े पैमाने के अधिनायकवाद, दोनों के लिए दरवाज़े खोले। इस तरह दर्ज और प्रसारित की गई जानकारी कभी सच होती थी, अक्सर झूठी होती थी, लेकिन उसने हमेशा बड़ी संख्या में लोगों के बीच संबंध बनाए।

हम ऐतिहासिक क्रांतियों, जैसे कि मेसोपोटामिया में प्रथम नगर-राज्यों के उदय, ईसाई धर्म के प्रसार, अमेरिकी और बोल्शेविक क्रांति आदि की राजनीतिक, आर्थिक और वैचारिक व्याख्या करने के आदी हैं, लेकिन गहरी समझ हासिल करने के लिए हमें उन्हें सूचना-प्रवाह के तरीक़े में आई क्रांति के रूप में भी देखना चाहिए। ईसाई मज़हब अपने कई मिथकों और अनुष्ठानों में ग्रीक बहुदेववाद से स्पष्ट रूप से भिन्न था, लेकिन वह इस रूप में भी भिन्न था कि उसने एक पवित्र ग्रंथ और उस ग्रंथ की व्याख्या करने के लिए एक संस्था को महत्त्व दिया। परिणामस्वरूप, जहाँ ग्रीक ईश्वर ज़ीउस का प्रत्येक मंदिर एक अलग इकाई था, वहीं प्रत्येक चर्च एक एकीकृत तंत्र का एक नोड बन गया।[4] ज़ीउस के उपासकों की तुलना में, मसीह के अनुयायियों के बीच सूचना अलग तरह से प्रवाहित हुई। इसी तरह स्तालिन का सोवियत संघ, पीटर द ग्रेट के साम्राज्य से भिन्न क़िस्म का सूचना तंत्र था। स्तालिन ने कई अपूर्व आर्थिक नीतियाँ लागू कीं, लेकिन वह ऐसा इसलिए सफलतापूर्वक कर सका, क्योंकि उसने एक अधिनायकवादी तंत्र का नेतृत्व किया था, जिसमें केंद्र ने करोड़ों लोगों के जीवन को सूक्ष्म रूप से नियंत्रित करने के लिए पर्याप्त सूचना एकत्र की थी। प्रौद्योगिकी कभी भी निश्चयात्मक नहीं होती, और एक ही प्रौद्योगिकी का इस्तेमाल विभिन्न तरीक़ों से किया जा सकता है, लेकिन किताब और टेलीग्राफ़ जैसी प्रौद्योगिकियों के बिना ईसाई चर्च और स्तालिनवादी तंत्र कभी संभव नहीं हो सकते थे।

इस इतिहास से सबक़ लेकर हमें वर्तमान ऐतिहासिक बहसों में एआई क्रांति पर ध्यान देने के लिए अधिक प्रोत्साहित होना चाहिए। एआई का आविष्कार टेलीग्राफ़, छापाख़ाने, या यहाँ तक कि लेखन के आविष्कार से भी ज़्यादा महत्त्वपूर्ण है, क्योंकि एआई वह पहली प्रौद्योगिकी है, जो ख़ुद से निर्णय लेने और विचार

उत्पन्न करने में सक्षम है। जहाँ छापाख़ाने और चर्मपत्र के खर्रों ने लोगों को आपस में जुड़ने के लिए नए साधन पेश किए, वहीं एआई हमारे सूचना तंत्र के पूर्ण सदस्य हैं, जिनके पास अपनी एजेंसी है। आने वाले वर्षों में, सेनाओं से लेकर मज़हब तक, सारे तंत्रों के लाखों एआई सदस्य होंगे, जो डेटा को मनुष्यों की तुलना में अलग ढंग से संसाधित कर रहे होंगे। ये नए सदस्य अजनबी निर्णय लेंगे और अजनबी विचार उत्पन्न करेंगे, यानी ऐसे निर्णय और विचार जिनके मनुष्य के दिमाग़ में पैदा होने की कोई संभावना नहीं है। इन अजनबी सदस्यों के शामिल होने से सेनाओं, मज़हबों, बाज़ारों, और राष्ट्रों का स्वरूप बदलना तय है। सारी-की-सारी राजनीतिक, आर्थिक, और सामाजिक व्यवस्थाएँ ध्वस्त हो सकती हैं, और कई नई व्यवस्थाएँ उनकी जगह ले लेंगी। इसलिए एआई उन लोगों के लिए भी एक ज़रूरी मुद्दा होना चाहिए, जो प्रौद्योगिकी की परवाह नहीं करते और जो सोचते हैं कि सबसे महत्त्वपूर्ण राजनीतिक प्रश्न लोकतंत्र के अस्तित्व और संपत्ति के उचित वितरण का है।

इस किताब ने एआई पर केंद्रित चर्चा को बाइबल जैसे पवित्र कैनॅन पर केंद्रित चर्चा के विपरीत रखा है, क्योंकि अब हम एआई के कैनॅनाइज़ेशन के महत्त्वपूर्ण क्षण में हैं। जब बिशप एथनासियस जैसे चर्च के फ़ादर्स ने एक्ट्स ऑफ़ पॉल और थेक्ला को छोड़कर बाइबल के डेटासेट में 1 तिमोथी को शामिल करने का फ़ैसला किया था, तो उन्होंने हज़ारों सालों तक दुनिया को आकार दिया था। इक्कीसवीं सदी तक अरबों ईसाइयों ने थेक्ला के सहिष्णु रवैये की बजाय 1 तिमोथी के स्त्री-विरोधी विचारों के आधार पर दुनिया के बारे में अपना दृष्टिकोण बनाया है। आज भी इसे उलटना मुश्किल है, क्योंकि चर्च के फ़ादर्स ने बाइबल में आत्म-सुधार की कोई भी प्रक्रिया शामिल न करने का फ़ैसला लिया। बिशप एथनासियस के वर्तमान समकक्ष वे इंजीनियर हैं, जो एआई के लिए आरंभिक कोड लिखते हैं और वे डेटा-सेट चुनते हैं, जिन पर एआई को प्रशिक्षित किया जाता है। जैसे-जैसे एआई शक्ति और अधिकार में आगे बढ़ता जाएगा, और संभवत: अपनी ही व्याख्या करने वाला पवित्र ग्रंथ बन जाएगा, वर्तमान इंजीनियरों द्वारा लिए गए निर्णयों की गूँज युगों तक सुनाई देगी।

इतिहास का अध्ययन केवल एआई क्रांति और एआई के बारे में हमारे निर्णयों के महत्त्व पर ज़ोर देने से कहीं ज़्यादा है। यह हमें सूचना तंत्र और सूचना क्रांतियों के दो आम, लेकिन भ्रामक दृष्टिकोणों के प्रति भी सचेत करता है। एक ओर, हमें अत्यधिक भोलेपन और आशावादी दृष्टिकोण से सावधान रहना चाहिए। सूचना सत्य नहीं है। इसका मुख्य कार्य निरूपण करने के बजाय जोड़ना है, और समूचे इतिहास के दौरान सूचना तंत्र ने अक्सर सत्य पर व्यवस्था को प्राथमिकता दी है। कर संबंधी रिकॉर्ड, पवित्र ग्रंथ, राजनीतिक घोषणा-पत्र, और पुलिस की गुप्त फ़ाइलें वे

शक्तिशाली राज्य और चर्च बनाने में बेहद कुशल हो सकती हैं, जो दुनिया के बारे में विकृत दृष्टिकोण रखते हैं और अपनी शक्ति का दुरुपयोग करने की ओर प्रवृत्त होते हैं। विडंबना यह है कि अधिक सूचना कभी-कभी डायनों के अधिक शिकार का कारण बन सकती है।

यह उम्मीद करने की कोई वजह नहीं है कि एआई इस ढर्रे को तोड़ेगा और सत्य को वरीयता देगा। एआई अचूक नहीं है। हमने म्याँमार, ब्राज़ील और अन्यत्र हुई हाल ही की चेतावनी देने वाली घटनाओं से जो भी थोड़ा-सा ऐतिहासिक परिप्रेक्ष्य हासिल किया है, वह संकेत करता है कि मज़बूत क़िस्म की आत्म-सुधार की प्रक्रियाओं की अनुपस्थिति में एआई विकृत विश्वदृष्टि को बढ़ावा देने, सत्ता के घोर दुरुपयोग को सक्षम बनाने, तथा नए और भयावह डायन-शिकारों को भड़काने में सक्षम है।

दूसरी ओर, हमें दूसरी दिशा में बहुत दूर तक जाने और अत्यधिक संशयवादी दृष्टिकोण अपनाने से भी बचने की ज़रूरत है। लोकलुभावनवादी हमें बताते हैं कि सत्ता ही एकमात्र वास्तविकता है, सभी मानवीय अंतरक्रियाएँ सत्ता-संघर्ष हैं और सूचना केवल एक हथियार है, जिसका उपयोग हम अपने शत्रुओं को पराजित करने के लिए करते हैं। ऐसा कभी नहीं हुआ, और यह सोचने की कोई वजह नहीं है कि एआई ऐसा कर पाएगा। जहाँ कई सूचना तंत्र सत्य पर व्यवस्था को प्राथमिकता देते हैं, वहीं सत्य को पूरी तरह अनदेखा करके कोई भी तंत्र जीवित नहीं रह सकता। जहाँ तक अलग-अलग मनुष्यों का सवाल है, तो हम वास्तव में केवल सत्ता की बजाय सत्य में भी रुचि रखते हैं। हममें से ऐसा कौन है, जो जीवन की सच्चाई नहीं जानना चाहता? यहाँ तक कि स्पेनिश इन्क्वीजीशन जैसी संस्थाओं में भी अलेंसो डी सालाज़ार फ्रियास जैसे न्यायप्रिय कर्तव्यनिष्ठ सत्य खोजी सदस्य रहे हैं, जिन्होंने निर्दोष लोगों को मौत की ओर धकेलने की बजाय हमें यह याद दिलाने के लिए अपनी जान जोखिम में डाल दी थी कि डायनें केवल एक अंतरविषयी कल्पनाएँ हैं। अधिकांश लोग ख़ुद को केवल सत्ता से मोहाविष्ट एकायामी प्राणी के रूप में नहीं देखते। तब फिर हर किसी के बारे में ऐसा दृष्टिकोण क्यों?

तमाम मानवीय अंतरक्रियाओं को कुल-जमा-शून्य सत्ता-संघर्ष में बदलने से इंकार करना न केवल अतीत की अधिक संपूर्ण, अधिक सूक्ष्म समझ प्राप्त करने के लिए, बल्कि हमारे भविष्य के बारे में अधिक आशावादी और रचनात्मक दृष्टिकोण रखने के लिए भी महत्त्वपूर्ण है। अगर सत्ता ही एकमात्र वास्तविकता होती, तो टकरावों को हल करने का एक मात्र तरीक़ा हिंसा ही होता। लोकलुभावनवादियों और मार्क्सवादियों, दोनों का यह मानना है कि लोगों के विचार उनके विशेषाधिकारों से निर्धारित होते हैं, और लोगों के विचारों को बदलने के लिए सबसे पहले उनके

विशेषाधिकार को छीनना आवश्यक है, जिसके लिए आम तौर पर बल-प्रयोग की आवश्यकता होती है, हालाँकि, मनुष्य चूँकि सत्य में रुचि रखते हैं, इसलिए इस बात का अवसर है कि वे एक-दूसरे से बातचीत करके, अपनी ग़लतियाँ स्वीकार करके, नए विचारों को अपनाकर और उन क़िस्सों को संशोधित करके जिनमें हम विश्वास करते हैं, कम-से-कम कुछ टकरावों को शांतिपूर्वक हल कर लें। यह लोकतांत्रिक नेटवर्क और वैज्ञानिक संस्थाओं की मूल धारणा है। यह इस किताब को लिखने के पीछे मूल प्रेरणा भी रही है।

सबसे ज़्यादा चतुर की विलुप्ति

हम उस सवाल की ओर वापस लौटते हैं, जो मैंने इस किताब की शुरुआत में रखा था : अगर हम इतने विवेकवान हैं, तो फिर इतने आत्मविनाशकारी क्यों हैं? हम इस पृथ्वी के एक साथ सबसे ज़्यादा चतुर और सबसे ज़्यादा बेवकूफ़ प्राणी हैं। हम इतने चतुर हैं कि परमाणु प्रक्षेपास्त्र और अतिशय बुद्धिमान एल्गोरिदम तैयार कर सकते हैं। और हम इतने बेवकूफ़ हैं कि हम इन चीज़ों को इसके बावजूद तैयार करते चले जाते हैं कि हम पक्के तौर पर यह नहीं जानते कि हम इन्हें नियंत्रित कर सकते हैं या नहीं, और अगर हम इन्हें नियंत्रित नहीं कर सके, तो इससे हमारा विनाश हो सकता है। हम ऐसा क्यों करते हैं? क्या हमारी प्रकृति में ही ऐसा कुछ है, जो हमें आत्मविनाश की ओर धकेलता है?

इस किताब का तर्क है कि खोट हमारी प्रकृति में नहीं, बल्कि हमारे सूचना तंत्रों में है। सत्य पर व्यवस्था को वरीयता देने की वजह से, इंसानी सूचना तंत्रों ने अक्सर बहुत अधिक शक्ति, लेकिन बहुत कम विवेक उत्पन्न किया है। उदाहरण के लिए नाज़ी जर्मनी ने अत्यंत कुशल सैन्य तंत्र तैयार करके उसे विक्षिप्ततापूर्ण मिथकों की सेवा में लगा दिया था। परिणाम : विराट पैमाने की विपत्ति, करोड़ों लोगों की मृत्यु, और अंततः स्वयं नाज़ी जर्मनी का विनाश।

निश्चय ही, शक्ति अपने आप में बुरी नहीं है। जब उसका विवेकपूर्ण ढंग से उपयोग किया जाता है, तो वह भलाई का साधन हो सकती है। उदाहरण के लिए, आधुनिक सभ्यता ने अकाल को रोकने, महामारियों को संयत करने, और तूफ़ान और भूकंप जैसी प्राकृतिक आपदाओं के प्रभाव को कम करने की शक्ति प्राप्त कर ली। सामान्य तौर पर, शक्ति प्राप्त करके तंत्र को बाहर से आने वाले ख़तरों से अधिक प्रभावी ढंग से निपटने की गुंजाइश मिलती है, लेकिन इसी के साथ तंत्र द्वारा ख़ुद के लिए उत्पन्न ख़तरों में वृद्धि भी होती है। यह विशेष रूप से उल्लेखनीय है कि जैसे-जैसे तंत्र अधिक शक्तिशाली होता जाता है, वे काल्पनिक आतंक, जो

स्वयं तंत्र द्वारा गढ़े गए क़िस्सों में मौजूद होते हैं, प्राकृतिक आपदाओं से ज़्यादा ख़तरनाक हो जाते हैं। सूखा या अत्यधिक बारिश का सामना करने वाला एक राज्य ऐसा कुछ कर सकता है कि यह प्राकृतिक आपदा उसके नागरिकों के बीच बड़े पैमाने की भुखमरी पैदा न कर सके, लेकिन मानव-निर्मित कल्पना से ग्रस्त कोई आधुनिक राज्य बड़े पैमाने के मानव-निर्मित अकाल को भड़काने में सक्षम है, जैसा कि 1930 के दशक की शुरुआत में सोवियत संघ में हुआ था।

तदनुसार, जैसे-जैसे कोई तंत्र अधिक शक्तिशाली होता जाता है, उसकी आत्म-सुधार की प्रक्रियाएँ अधिक महत्त्वपूर्ण होती जाती हैं। अगर पाषाण युग का कोई क़बीला, या कांस्य युग का कोई नगर-राज्य अपनी ग़लतियों को पहचानने और सुधारने में अक्षम होता था, तो इससे होने वाली संभावित क्षति सीमित होती थी। ज़्यादा-से-ज़्यादा एक नगर नष्ट हो जाता था और बचे हुए लोग कहीं अन्यत्र जाकर कोशिश करते थे। यहाँ तक कि अगर लौह युग के साम्राज्य के शासक, जैसे कि टिबेरियस या नीरो व्यामोह या मनोविकृति से ग्रस्त होते थे, तो इसके परिणाम शायद ही कभी विनाशकारी होते थे। रोमन साम्राज्य अपने पर्याप्त पागल सम्राटों के बावजूद सदियों टिका रहा और जब अंततः उसका पतन हुआ, तो उससे मानव-सभ्यता का अंत नहीं हो गया, लेकिन अगर सिलिकॉन युग की महाशक्ति में आत्म-सुधार की प्रक्रियाएँ कमज़ोर या अनुपस्थित होती हैं, तो यह हमारी प्रजाति और अनगिनत जीवन रूपों के अस्तित्व को ख़तरे में डाल सकता है। एआई के युग में मानव जाति ख़ुद को उसी स्थिति में पाती है, जिसमें टिबेरियस कैप्री विला के भीतर था। हमारे पास अपार शक्ति है और हम दुर्लभ सुख-सुविधाओं का आनंद लेते हैं, लेकिन हम अपनी ही रची चीज़ों के हाथ की कठपुतली बन जाते हैं, और जब तक हम ख़तरे के प्रति जागरूक होते हैं, तब तक बहुत देर हो चुकी होती है।

बदक़िस्मती से, मनुष्यता के दीर्घकालिक कल्याण के लिए आत्म-सुधार की प्रक्रियाओं के महत्त्व के बावजूद, राजनेताओं के मन में इन्हें कमज़ोर करने का लोभ जाग सकता है। जैसा कि हमने पूरी किताब के दौरान देखा है कि हालाँकि, आत्म-सुधार की प्रक्रियाओं को निष्प्रभावी कर देने के कई नुक़सान हैं, तब भी यह एक विजय दिलाने वाली राजनीतिक रणनीति हो सकती है। वह इक्कीसवीं सदी के स्तालिन के हाथों में अपरिमित शक्ति सौंप सकती है, और ऐसी कल्पना करना मूर्खता होगी कि एआई से संवर्धित अधिनायकवादी शासन मानव सभ्यता पर कहर बरपाने से पहले ख़ुद को अनिवार्यतः नष्ट कर डालेगा। जिस प्रकार जंगल का क़ानून एक मिथक है, उसी तरह यह धारणा भी एक मिथक है कि इतिहास का प्रक्षेप वक्र न्याय की ओर झुका होता है। इतिहास मूलतः एक खुला प्रक्षेप वक्र है, जो कई दिशाओं में झुक सकता है और बहुत अलग-अलग गंतव्यों तक पहुँच

सकता है। अगर *होमो सेपियन्स* ख़ुद को नष्ट भी कर डालता है, तब भी ब्रह्मांड अपना काम जारी रखेगा। इन अत्यंत बुद्धिमान वानरों की सभ्यता को जन्म देने में संसार के विकास को चार अरब वर्ष लग गए। अगर हम चले जाते हैं, और अगर विकास-प्रक्रिया को अत्यंत बुद्धिमान चूहों की सभ्यता को उत्पन्न करने में दस करोड़ वर्ष लग जाते हैं, तब भी यह उसे उत्पन्न करेगी। ब्रह्मांड धैर्यवान है।

हालाँकि, एक और परिदृश्य है, जो और भी बुरा है। जिस हद तक हम आज जानते हैं, वानर, चूहे और पृथ्वी ग्रह के अन्य प्राणी पूरे ब्रह्मांड की एकमात्र चेतना-संपन्न इकाइयाँ हो सकते हैं। हमने अब एक अचेतन किन्तु अत्यंत शक्तिशाली अजनबी बुद्धि का निर्माण किया है। अगर हम उसे ठीक से नहीं बरतते, तो एआई न केवल पृथ्वी से मानव-वर्चस्व को हमेशा के लिए ख़त्म कर देगा, बल्कि स्वयं चेतना के प्रकाश को भी ख़त्म कर देगा, और इस तरह ब्रह्मांड को संपूर्ण अंधकार के क्षेत्र में बदल देगा। इसे रोकना हमारी ज़िम्मेदारी है।

अच्छी बात यह है कि अगर हम आत्मसंतुष्टि और निराशा से दूर रहें, तो हम एक ऐसे संतुलित सूचना तंत्र बनाने में सक्षम हैं, जो अपनी शक्ति को नियंत्रित रखेंगे। ऐसा करना एक और चमत्कारपूर्ण प्रौद्योगिकी को आविष्कृत करने या किसी ऐसे अद्भुत विचार पर जा पहुँचना नहीं है, जो पिछली पीढ़ियों के दिमाग़ में ही न आया हो, लेकिन ऐसा एक विवेकपूर्ण तंत्र बनाने के लिए हमें सूचना के बचकाने और लोकलुभावनवादी, दोनों तरह के दृष्टिकोणों को त्यागना होगा, अचूकता की अपनी कल्पनाओं को अलग रखना होगा, और आत्म-सुधार की मज़बूत प्रक्रियाओं से युक्त तंत्रों के निर्माण के कठिन और किंचित साधारण काम के प्रति प्रतिबद्ध होना होगा। शायद यह इस किताब का सबसे महत्त्वपूर्ण प्रस्ताव है।

यह प्रज्ञा मानव इतिहास से ज़्यादा पुरानी है। यह तात्त्विक है, जैविक जगत की बुनियाद है। आरंभिक जीवों को किसी अचूक मेधा या भगवान ने नहीं बनाया था। वे परीक्षण और त्रुटि की एक जटिल प्रक्रिया के माध्यम से उत्पन्न हुए थे। चार अरब वर्षों में, उत्परिवर्तन और आत्म-सुधार की उत्तरोत्तर जटिल प्रक्रियाओं ने पेड़ों, डायनोसौर, जंगल और अंतत: मनुष्य के विकास को संभव किया। अब हमने एक अजनबी और अकार्बनिक बुद्धि का आह्वान किया है, जो हमारे नियंत्रण से बच सकती है और न केवल हमारी अपनी प्रजाति, बल्कि अनगिनत अन्य जीवन-रूपों को ख़तरे में डाल सकती है। आने वाले वर्षों में हम सभी जो निर्णय लेंगे, उससे यह निर्धारित होगा कि इस अजनबी बुद्धि का आह्वान करना आख़िरी ग़लती साबित होता है या इससे जीवन के विकास में एक आशापूर्ण नए अध्याय की शुरुआत होती है।

आभार

एआई के इस युग में मनुष्य अभी भी मध्ययुगीन रफ़्तार से किताबें लिखते और प्रकाशित करते हैं। मैंने 2018 में इस किताब पर काम करना शुरू किया था, और इसकी पांडुलिपि का बड़ा हिस्सा 2021 और 2022 में लिखा गया। जिस रफ़्तार से प्रौद्योगिकीय और राजनीतिक घटनाएँ प्रकट हो रही हैं, उसके चलते किताब के कई खंडों का अर्थ पहले ही बदल चुका है, वह अधिक तात्कालिकता हासिल करता जा रहा है और अप्रत्याशित संदेश लिए हुए है, हालाँकि, एक चीज़ जो नहीं बदली है, वह है जुड़ावों का अत्यंत महत्त्व। यद्यपि यह किताब बढ़ते अंतरराष्ट्रीय तनावों के बीच लिखी गई है, लेकिन यह संवाद, सहयोग और मैत्री की भी उपज है, और यह क़रीबी और दूर के कई लोगों के सामूहिक प्रयास का प्रतिनिधित्व करती है।

मेरे प्रकाशक और संपादक के भारी प्रयासों के बिना यह किताब कभी प्रकाश न देख सकी होती। कई बार ऐसा हुआ, जब मुझे लगा कि यह परियोजना पूरी नहीं हो सकेगी, लेकिन इन लोगों ने मुझे आगे बढ़ते रहने के लिए तैयार किया। कई बार ऐसा हुआ, जब मैंने कोई ग़लत रास्ता पकड़ लिया, तो इन लोगों ने मुझे सही रास्ते पर लाने के लिए धैर्य और दृढ़ता का परिचय दिया। मैं उनकी प्रतिबद्धता के लिए और मुझे सभी तरह की परेशानियों से छुटकारा दिलाने के लिए उनका तहे दिल से शुक्रिया अदा करता हूँ (वे जानते हैं कि मेरा क्या मतलब है)।

मैं उन दूसरे बहुत-से लोगों का भी शुक्रिया अदा करना चाहूँगा, जिन्होंने इस किताब के प्रकाशन में मदद की है।

मैं सारी दुनिया के मेरे प्रकाशकों और अनुवादकों को अतिरिक्त फ़ीडबैक, विचार, उनके भरोसे और समर्पण के लिए हृदय से धन्यवाद देता हूँ।

सेपियनशिप की इन-हाउस रिसर्च टीम के प्रतिभाशाली प्रमुख जैसन पेरी और उस टीम के सभी सदस्यों- रे ब्रेंडन, गुआंग्यु चेन, जिम क्लार्क, कोरिन डी लैक्रोइक्स, डोर शिल्टन, और ज़िचन वांग को पाषाण युग के धर्मों से लेकर वर्तमान

सोशल मीडिया एल्गोरिदम तक अनगिनत विषयों पर शोध करने, हज़ारों तथ्यों का अथक परीक्षण करने, सैकड़ों एंडनोट्स को मानकीकृत करने और असंख्य ग़लतियों तथा ग़लतफ़हमियों को सुधारने के लिए मैं धन्यवाद देता हूँ।

इस यात्रा का अभिन्न हिस्सा बनने के लिए मैं शानदार सेपियनशिप टीम के सभी सदस्यों शे एबेल, डैनियल टेलर, माइकल ज़ूर, नदाव न्यूमैन, एरियल रेटिक, हन्ना शापिरो और गैलियेट कैटज़िर का शुक्रिया अदा करता हूँ। मैं अनेक अन्य सदस्यों के प्रति भी आभार व्यक्त करता हूँ, जो हाल ही टीम में शामिल हुए हैं। इस किताब के पीछे की प्रक्रियाओं में भाग लेने और हमारी सभी परियोजनाओं के प्रति आपके निरंतर समर्पण के लिए धन्यवाद, जो सेपियनशिप की मुहिमों से प्रेरित हैं, जैसे ज्ञान और करुणा के बीज बोना और मानवता के समक्ष सबसे महत्त्वपूर्ण चुनौतियों पर वैश्विक बातचीत को केंद्रित करना।

सेपियनशिप की चीफ़ मार्केटिंग ऑफ़िसर और कंटेंट डायरेक्टर नामा वार्टनबर्ग को उनके दृढ़ उत्साह और कुशाग्रता के लिए तथा किताब की ब्रांडिंग और उसके पीआर अभियान का नेतृत्व करने के लिए धन्यवाद।

हमारी सीईओ नामा अविटाल को धन्यवाद, जिन्होंने अनेक 'तूफ़ानों और बारूदी सुरंगों' के बीच सेपियनशिप को बुद्धिमत्तापूर्वक चलाया, योग्यता को करुणा के साथ जोड़ा, तथा हमारे फ़लसफ़े और हमारी रणनीति, दोनों को आकार दिया।

मेरे सभी दोस्तों और परिवार के सदस्यों के प्रति आभार, जिन्होंने वर्षों तक धैर्य और प्यार दिया।

मेरी माँ प्नीना, और मेरी सास हन्ना को दिल से शुक्रिया, जिन्होंने उदारतापूर्वक अपना समय और अनुभव उपलब्ध कराया।

मेरी दादी फैनी को नमन, जिनका एक सौ वर्ष की आयु में उस वक़्त निधन हो गया, जब मैं पांडुलिपि के पहले मसौदे पर काम कर रहा था।

मेरे जीवनसाथी और पार्टनर इत्ज़िक को दिल से आभार, जिन्होंने सेपियनशिप की स्थापना की और जो हमारी विश्वव्यापी गतिविधियों और सफलताओं के पीछे असली प्रतिभा हैं।

और अंत में, मैं मेरे पाठकों के प्रति कृतज्ञता व्यक्त करता हूँ, जो इन सभी उद्यमों को सार्थक बनाते हैं। किताब लेखक और पाठकों के बीच एक कड़ी होती है। यह कई दिमाग़ों को एक साथ जोड़ने वाली कड़ी होती है, जो तभी अस्तित्व में आती है, जब इसे पढ़ा जाता है।

अनुवादक के बारे में

मदन सोनी हिंदी के लेखक हैं। आलोचना पर केंद्रित उनकी अनेक किताबें प्रकाशित हैं तथा उन्होंने विश्व के कई शीर्षस्थ लेखकों और चिंतकों की लगभग ढाई दर्जन किताबों के अनुवाद किए हैं। मंजुल प्रकाशन के लिए, उनके द्वारा किए गए अनुवादों में हरमन हेस्स का उपन्यास *सिद्धार्थ*, डैन ब्राउन का उपन्यास *दि द विंची कोड*, पाओलो कोएलो का उपन्यास *अल्केमिस्ट*, केइगो हिगाशिनो का उपन्यास *डिवोशन ऑफ़ द सस्पेक्ट एक्स*, युवाल नोआ हरारी की किताबें *सेपियन्स : मानव-जाति का संक्षिप्त इतिहास*, *होमो डेयस*, और *21वीं सदी के लिए 21 सबक़* और एंड्र्यू एच. नॉल की किताब *अ ब्रीफ़ हिस्ट्री ऑफ़ अर्थ* आदि शामिल हैं। उनसे madansoni12@gmail.com पर संपर्क किया जा सकता है।